KB213947

『신약성경신학』

415쪽 하단 한 줄이 누락되어

다음과 같이 바로잡습니다.

다. 이 어머니-아들 관계는 텍스트의 풍부한 영향사로 이어졌는데, 그

⇓

다. 이 어머니-아들 관계는 텍스트의 풍부한 영향사로 이어졌는데, 그 중심에는 예수 어머니의 모든 신앙인의 영적 어머니 됨이 자리한다.[244]

신약성경신학

Joachim Gnilka

THEOLOGIE DES NEUEN TESTAMENTS

Copyright © 1994 Verlag Herder, Freiburg im Breisgau
All rights reserved.

Translated by Lee Jong-Han
Korean Translation Copyright © 2014 Benedict Press, Waegwan, Korea.
Korean translation edition is published by arrangement with
Verlag Herder, Freiburg im Breisgau.

신약성경신학
2014년 4월 초판
옮긴이 · 이종한 l 펴낸이 · 박현동
ⓒ 분도출판사
등록 · 1962년 5월 7일 라15호
718-806 경북 칠곡군 왜관읍 관문로 61
왜관 본사 · 전화 054-970-2400 · 팩스 054-971-0179
서울 지사 · 전화 02-2266-3605 · 팩스 02-2271-3605
www.bundobook.co.kr
ISBN 978-89-419-1408-2 94230
ISBN 978-89-419-0151-8 (세트)
값 30,000원

신학 텍스트 총서 1.6

요아힘 그닐카

신약성경신학

이종한 옮김

분도출판사

【옮긴이 일러두기】
성경 본문과 인명·지명은 원칙적으로 『성경』(한국 천주교 주교회의 2005)을 따르되, 신약성경의 경우 『200주년 신약성서 주해』(분도출판사 2001)도 참조했으며, 드물게 문맥에 따라 조금 다듬었다. 『성경』의 '**주님/주**'는 원문대로 '야훼'로 옮겼다.

1

이끄는
생각들

① **신약성경신학**을 구상하는 과제의 본질이 어디에 있는지를 밝히기 위해서는, 이 개념으로 결합된 두 낱말을 올바로 이해해야 한다. 사실 그래야만 신약성경신학을 서술하려는 이 책의 시도의 한 가지 특징도 드러난다. 이것은 좀 더 분명히 말하자.

신학은 하느님에 관한 말(로고스)이다. 우리 신학자들은 하느님에 관해 예사롭게 말할 수 없게 되었다. 이는 마땅하다 하겠다. 하느님에 관해서는 나무나 다른 사람이나 어떤 외적 실재 — 이것들은 라너[1]가 인지했듯이 그 자체로 자신에 대한 말을 강요하니, 왜냐하면 우리 경험 영역 안의 한 특정 장소에 정말로 존재하기 때문이다 — 에 관해서처럼 말할 수 없다. 하느님은 사람 마음대로 할 수 없다는 사실을 무시하거나 간과한 하느님에 관한 우리의 예사로운 말은, '하느님'이라는 낱말이 인간들의 진지한 말에서 밀려나 그저 상투적 문구나 뜻 없는 말 껍데기 안에 둥지 틀게 만드는 데 한몫을 했다. 이런 배경이 하나의 신학을 구상해야 하는 전반적이고 통상적인 난제를 제기한다. 신약성경신학도 마찬가지다.

신약성경도 하느님에 관해 예사롭게 말하는가? '하느님'($\theta\epsilon\delta s$)이라는 낱말이 이 책에 1318번이나 나오니,[2] 그런 인상을 받을 수도 있겠다. 그러나 신약성경은 예수 그리스도 안에서의 하느님 역사役事에 관해, 또 사람들이 해방하고 구원하는 이 역사에 대한 믿음 안에서 겪고 증언하는 체험들에 관해 말한다. 신약성경신학은 이것을 다룬다. 그러므로 신약성경신학은 신약성경이, 또는 그 책의 개개 문서들이 증언하는 예수 그리스도 안에서 하느님의 구원하시는 역사에 관한 서술로 규정될 수 있다.

② 이 일반적 규정은 세분화가 필요하다. 이 해방하는 역사의 핵심은 예수의 십자가와 죽음으로부터의 부활인데, 케뤼그마 안에 요약·제시되어 있다: "그리스도께서는 성경 말씀대로 우리의 죄 때문에 돌아가시고 … 되

---

[1] K. RAHNER, *Grundkurs des Glaubens* (Freiburg ²1984) 55.

[2] 뮌스터 대학교의 Institut für Ntl. Textforschung과 Rechenzentrum이 펴낸 *Computer-Konkordanz zum Novum Testamentum Graece*에 따름.

살아나시어 … 나타나셨습니다. …"(1코린 15,3 이하). 여기에 이미 앞으로 전
개해야 할 신학의 가장 중요한 관점들 — 신앙고백으로서의 그리스도 칭
호, 절망과 죄 속의 인간, 그리스도를 통한 인간 구원, 구약성경과의 연계,
그리고 성취 — 이 응축되어 있다. 케뤼그마의 도입부(1코린 15,1-2)도 포함
시키면, 사도에 의해 이 신앙고백 위에 세워진 공동체, 교회 또한 모습을
드러낸다.

③ 이 신약성경신학은 옛 계약에서의 하느님 증언들에, 따라서 (방금 암
시했듯이) 구약성경 문서들에 열려 있다. 이 개방성은 오늘날 흔히들 구약
성경과 신약성경이라 말하지 않고 히브리어 성경과 그리스어 성경이라고
말하는 데서도 드러난다. 새 계약과 옛 계약이라는 말은 물론 '신약성경'에
바탕을 두고 있다(루카 22,20; 1코린 11,25; 2코린 3,6.14; 갈라 4,14; 히브 9,15). 그러
나 이 말은 두 계약의 긴밀한 관계도 암시해 준다. 구약성경에 대한 개방
성은, 구약성경이 신약성경에 주어져 있다는 통찰을 의미한다. 이제 신약
성경이 구약성경 이해의 열쇠가 된다. 신약성경 문서들은 구약성경과의
긴밀한 관련성을 보여 주는데, 농도는 제각각이다.

이 개방성은 또한 옛 계약의 하느님은 새 계약의 하느님이기도 하다는
통찰, 아브라함과 이사악과 야곱의 하느님(참조: 마태 22,32//; 사도 3,13; 7,32)은
우리 주 예수 그리스도의 아버지이신 하느님과 같은 분이라는 통찰을 의
미하는데, 이분 안에서 하느님이 새롭고 결정적으로 그리고 온전히 자유
로이, 다시 말해 은총으로 역사하셨다. 그러나 여기서 신약성경의 성경신
학/신론Biblische Theologie을 서술하는 일은 포기되었고,[3] 이로써 두 성경,
즉 전체 성경의 구체적 중심을 찾는 일도 포기되었다. 그런 중심을 규정하
려는 시도는 필경 방금 말한 하느님의 동일성 이상의 확실한 결과에는 이
르지 못한다. 여기서 더 나아가는 통합Synthese들은 억지스럽다는 인상을
준다.

---

[3] 참조: HÜBNER와 STUHLMACHER.

진지하게 고려해야 할 또 하나의 난점이 있다. 신약성경 저자들은 그리스어로 번역된 구약성경(칠십인역)을 사용했다.[4] 게다가 당대의 유다교 해석 전통들도 거듭 참작했다.[5] 이런 맥락이 차이점과 난제들을 야기한다.

④ 나자렛 예수는 신약성경신학에 포함되는가? 좀 오래된 신학들 또는 구상들은 예수, 바오로, 요한이라는 세 기둥 위에 세워졌다. 불트만은 유명한 명제를 세웠으니, 예수와 그의 선포는 신약성경신학의 전제들에 속하지, 그 신학의 한 부분이 아니라는 것이다.[6] 예수는 믿음을 깨워 일으킨 사건이었다. 이는 그의 설교 이상의 것이다. 그럼에도 여기서 예수는 (그의 말씀과 역사歷史는) 신약성경신학과 분리하여 다루는 것이 더 낫다는 견해가 대두된다. 왜냐하면 복음서들에서 우리는 복음서 저자들의 신학적 반성을 통해 예수에게 접근하기 때문이다.[7] 이 반성은 역사적 되물음과 구별되어야 한다. 이 견해는 역사상 예수에 대한 되물음에서 회의懷疑가 증대했음을 의미하는 것이 결코 아니다. 나는 독자들이 신학 입문서로 읽을 만한 예수 책(『나자렛 예수』Jesus von Nazaret) 한 권을 내놓은 바 있다.

⑤ 신약성경신학들에서는 거의 통상적으로 원교회의 선포를 별도로 서술한다.[8] 이는 오랜 역사를 가지고 있으니, 신약성경신학 정립을 위한 최초의 시도들에까지 소급된다.[9] 그런데 이 과정에서는 신약성경신학을 원

---

[4] HÜBNER(Theologie I 66)는 구약성경과 신약성경에 인용된 구약성경을 구별함으로써 상당히 옳게 보았다. 비판: STUHLMACHER, Theologie I 36-37. 칠십인역 텍스트를 널리 보급한 J. ZIEGLER는 자기 강의에서 칠십인역 구약성경신학의 정립 필요성을 거듭 촉구했다. 그러나 안타깝게도 이 분야에서는 아직 몇 가지를 더 손대야 한다.

[5] 참조: M. MCNAMARA, *The NT and the Palestinian Targum to the Pentateuch* (AnBib 27) (Rom 1966); R. Le DEAUT, *La nuit pascale* (AnBib 22) (Rom 1963).

[6] R. BULTMANN, *Theologie* 1.

[7] 참조: SCHNACKENBURG, *Die Person Jesu Christi*.

[8] BULTMANN은 원교회의 케뤼그마와 바오로 이전과 동시대의 헬라계 교회의 케뤼그마를 구별한다. CONZELMANN은 두 개념을 하나의 표제 아래 결합시킨다. STUHLMACHER는 구별을 반대하고 원교회의 선포를 서술한다.

[9] 시사하는 바 많은 논총: G. STRECKER (Hrsg.), *Das Problem der Theologie des NT* (WdF 367) (Darmstadt 1975).

그리스도교 역사와 연계시키고, 나아가 가능한 한 종교사적 문제 제기도 포함시켜야 한다고 거듭 강조되었다. 일례로 브레데는 원그리스도교 역사를 너무 강조한 나머지, 사실상 신약성경신학을 문제 삼고 일종의 원그리스도교 종교사 또는 원그리스도교 신학과 종교의 역사를 정립할 것을 요구했다.[10]

오늘날에는 원그리스도교 역사 자체의 서술로 건너갔는데, 옳다고 생각한다. 원교회의 선포에는 결국 신약성경 문서들을 통해 접근할 수밖에 없다. 그런 까닭에 여기서 원교회의 선포에 대한 논구는 포기되어야 하겠다. 우리는 다만 신약성경 문서들의 선포와 신학에 대한 서술을 시도하려니와, 이 문서들 안에서 원교회의 선포도 알아볼 수 있다.

⑥ 이 신학은 자신이 신약성경 정경正經에, 즉 이 책에 모아들여진 27편 문서에 묶여 있음을 잘 알고 있다. 물론 이 문서들의 정경화는 상당히 늦게 이루어졌다. 그러나 이 문서들은, 몇 편을 제외하면, 처음부터 그리스도교와 교회에서 전반적 인정을 받아 왔다. 또한 신약성경 정경은, 구약성경 정경과는 달리, 오늘에 이르기까지 모든 교파적 경계선을 뛰어넘어 그런 공식적 권위를 향유하고 있다는 사실도 언급해야겠다. 신약성경 주석 총서들이 주해하는 것이 바로 이 27편의 문서다. 이것 또한 진지하게 고려해야 할 요소다. 각 문서의 신학적 중요성에 대한 물음은 또 다른 문제다.

이 정경의 인정과 수용은 신약성경신학의 정립과 관련하여 아직도 논란의 여지가 없지 않은데, 이 신학을 원그리스도교 역사학 이상의 것으로 여기는 경우 특히 그렇다. 예컨대 다시금 브레데는 논구 대상을 호교가들에게까지 확대할 것을 요구했고(왜냐하면 이들의 저작이 처음으로 그리스도교 원문헌들과 근본적으로 다른 성격을 지녔기 때문에), 그래서 사도 교부들이 꼭 포함되기

---

[10] W. WREDE, *Über Aufgabe und Methode der sogenannten Neutestamentlichen Theologie* (Göttingen 1897). WREDE의 책 7-80쪽은 앞의 각주 9의 책 81-154쪽에 수록되어 있다. WREDE는 '신약성경신학'(Neutestamentliche Theologie)이라는 명칭은 양쪽 절반 모두 잘못이라고 말한다(153).

를 바랐다.[11] 불트만도 자기 책 『신학』 3부에서 사도 교부들의 문헌을 함께 다루었다. 실상 유다서와 베드로 2서(신약 정경 중 가장 늦게 쓰인 문서이며 여러 사도 교부의 저작보다도 늦다)의 수용은 오직 형식적 이유로만 설명될 수 있으니, 이 문서들이 내세운 존귀한 이름들이 결정적 구실을 했음을 인정해야 한다. 하지만 이런 주변 현상들을 제쳐 놓으면, 신약 정경 안에는 사도 시대와 그 시대의 믿음에 대한 중요하고 규범적인 증언들이 결집되어 있거니와, 이것들의 신학적 재처리는 언제나 다시금 수행되어야 할 중요한 과제다. 이 27편 문서에 집중하는 것은, 이것들 안에서 교회가 자신의 믿음을 되찾았다는 사실에 대한 인정이기도 하다.

⑦ 신약성경신학과 교의신학의 관계에 대한 내 소견을 간략히 밝혀야겠다. 이 둘의 구분에서 성경신학Biblische Theologie이 나왔다. 이 일은 개신교 영역에서 이루어졌다.[12] 성경신학이 가톨릭 영역에 밀고 들어오기까지는 상당한 시간이 걸렸는데, 열광과 의혹의 혼합 현상을 동반했다. 교의신학은 언제나 성경을 되잡기는 했지만, 흔히는 중요하게 여겨지는 구절들만 참작했다. 성경이 조직신학을 규정지은 게 아니라, 반대로 조직신학이 선별이라는 의미에서 성경을 이용했으니, 여러모로 성경은 일종의 채석장이었다고 할 수도 있다. 논구 주제들은 조직신학으로부터 주어졌다.

그럭저럭 이 관계는 굳어졌고, 특히 여러 긴장 속에서 효과적인 것으로 입증되었다. 아직 가톨릭 영역에서, 특히 구약성경신학과 관련하여, 성경신학의 포괄적 정립은 부족하지만, 그래도 성경–신학적 주제들을 다룬 일별하기도 어려운 수많은 전공 연구서와 논문이 있다. 독일어권에서는 두 가톨릭 학자 마이네르츠와 쉘클레가 신약성경신학들을 내놓았다.[13]▶ 구조

---

[11] STRECKER가 펴낸 책(각주 9) 91.

[12] 그 선두에 섰던 J. PH. GABLER의 유명한 1787년 Altdorf 대학교 교수 취임 강연의 제목은 "성경신학과 교의신학의 올바른 구분 그리고 양자의 목적의 적절한 규정에 관하여"이다. O. MERK가 이 라틴어 강연을 *Biblische Theologie des NT in ihrer Anfangszeit* (MThSt 9) (Marburg 1972) 273-282에 번역하여 실었다. 이 텍스트는 STRECKER가 펴낸 책(각주 9) 32-44에도 실려 있다.

상 마이네르츠는 예수-원교회-바오로-요한이라는 통상적 도식을 따른 반면, 쉘클레는 교의신학과의 관계 정립을 용이하게 해 준 체계적 분류를 선택했다. 오늘날 주도적 조직신학자들이 성경-신학적 연구의 성과들에 찬동하는 것은 다행스런 일이다.

교의신학에 대한 신약성경신학의 관계는, 자주적 동반자 관계로 표현할 수 있겠다. 신약성경신학의 자주성은 예컨대 더는 일종의 채석장으로 교의신학에 봉사하지 않는다는 데서 드러난다. 신약성경신학은 자신의 주제들 또한 교의신학으로부터 제시받지 않고, 성경 텍스트에서 끌어낸다. 여기서 신약성경신학은 신약성경 저자들 — 특히 바오로와 요한 그리고 히브리서와 베드로 1서, 에페소서, 요한 묵시록의 필자들도 — 은 (매우) 뛰어난 신학자들로서 (더러는 그저 우연한 기회에 집필하게 된 것이지만) 자기 작품에 신학적 구상과 체계적 단초들을 부여할 수 있었다는 데서 출발할 수 있다. 양식 비평 시대에 순전한 편집자와 전승자로 여겨졌던 공관복음서 저자들조차 오늘날 신학 사상가 지위를 인정받고 있는데, 마땅한 일이다. 신약성경 문서들의 우연적 성격은, 슐리어가 지칭한 그 문서들 신학의 단편적 성격으로 귀결된다. 덧붙여 슐리어는 신약성경신학은 그 단편성을 교의-사변 신학과 공유하고 있다는 사실에도 주의를 환기시켰다.[14] 신약성경신학의 자주성은 또한 이 신학이 성경 텍스트에 정향되어 있기에, 개념성에서 기존의 어떤 철학에도 매여 있지 않다는, 또는 매여서는 안 된다는 점에서도 드러난다.[15] 긴장이 없지 않은 동반자 관계, 서로에게 기꺼이 귀 기울이는 자세는 진리에 대한 심화된 인식으로 나아가는 데 적

◀[13] M. MEINERTZ, *Theologie des NT*, 2 Bde. (Bonn 1950); K.H. SCHELKLE, *Theologie des NT*, 4 Bde. (Düsseldorf 1968~1976). W. THÜSING은 여러 권으로 계획한 신약성경신학의 첫 권을 내놓았는데, 무엇보다도 기준들을 명백히 했다: *Ntl. Theologien und Jesus Christus* (Düsseldorf 1981).

[14] H. SCHLIER, *Über Sinn und Aufgabe einer Theologie des NT: Besinnung auf das NT* (Freiburg 1964) 7-24, hier 9f und Anm. 5.

[15] SCHLIER가 펴낸 책(각주 14) 8-9.

합하다. 조직신학은 오늘날 개념성에 딱지가 앉을 위험에 처해 있다. 조직신학은 생기를 주는 힘을 성경 언어에서 기대할 수 있을 것이니, 사실 해방적 출발의 경우에는 언제나 그러했다. 주석학자는 텍스트의 해석과 영향사를 잘 알고 있으며, 오늘날 그것을 더욱 유념한다.

⑧ 이 신약성경신학은 구조상 연대기적이고 객관적인 관점들을 고려하려고 노력한다. 그래서 바오로 사도에서 출발한다[신약성경의 시작(Incipit Novum Testamentum)]. 나아가 모든 문서와 관련하여 원자료들을 캐묻는 것도 두드러진 특징이라고 하겠는데, 사실 이것도 얼마든지 가능한 작업이다. 여기서 완벽함을 추구할 수는 없다. 중요하다고 생각되는 것들만 다룬다. 독자들은 신약성경 문서들이 연속성과 전승의 강江 속에 있다는 인상도 받게 될 것이다. 이는 신약성경신학에 대한 다른 설명들에서 원교회의 선포로 지칭되는 것과 일정하게 상응한다고 하겠다. 아무튼 이런 방식을 통해 각 문서의 원자료를 꼼꼼히 밝히고, 또 그럼으로써 단호히 텍스트에 머무는 것이 가능하다.

독자들은 다양한 신학적 구상들과 마주칠 터인데, 이것들은 일치하는 점들을 보여 주지만, (종종 현저히) 서로 어긋나기도 한다. 많은 문제에서 대답들이 조화되지 않는다. 신약성경신학은 신학들의 결집으로 나타난다.[16] 우리는 우선 이 점을 인식해야 하며, 구경할 것 많은 고도古都의 길들을 안내받듯 해야 한다. 다양성이 의미하는 것이 무엇인지, 다양성 안에 일치가 있는지, 또는 적어도 어떤 중심이 있는지에 관해서도 '마무리'에서 다룰 것이다.[17]

---

[16] 참조: 각주 13에 언급된 W. THÜSING의 책 제목.

[17] 테살로니카 2서와 야고보서는 각기 부설(附說)로 따로 다루었다. 이는 이 두 문서의 유별남을 특기(特記)하기 위함이니, 테살로니카 2서는 그리스도의 재림이라는 오직 한 가지 문제에 몰두하고 있기 때문이고, 야고보서는 그리스도교적 지위가 논란되고 있기 때문이다.

2
바오로
사도의
신학

1. 앞마당

바오로는 신약성경에서 만날 수 있는 최초의 신학자다. 그가 제2세대 사람으로서 지상 예수를 전혀 알지 못했고 이미 존재하던, 또는 형성되어 가던 그리스도교 공동체에 합류했어도, 이 말은 타당하다. 바오로가 (특정 상황에서 쓴) 서간 몇 편만 남겼고, 완결된 체계를 정립할 기회를 전혀 가지지 못했거나 그저 모색했을 뿐이었지만, 그에게 힘입은 신학적 자극들은 극히 소중하다. 바오로는 선두에 서 있지는 않았지만, 뭐라 해도 갓 출발하던 그리스도교를 결정적으로 꼴짓는 데 함께했다.

그러나 바오로는 이미 그리스도교 공동체들 안에서 여러 가지 신학 사상·전승·전승 단편들을 발견했으며, 그것들을 의식적으로 수용·숙고하고 자기 서간에서 계속 제공했다. 이 요소 가운데 몇 가지를 여기서 논구해야 하려니와, 나머지는 내용적으로 상응하는 곳에서 다룰 것이다. 이것들은 바오로 신학의 앞마당을 이루고 있으며, 그 위에 사도의 신학 사상이라는 건물이 세워져 있는 기초다. 따라서 여기서는 타르수스에서 태어난 바오로가 결속되어 있던, 그리고 다양한 방식으로 그의 서간에서 드러나는 유다교와 헬레니즘의 이중 문화권은 다루지 않기로 한다. 이에 관해서는 거듭 언급할 기회가 있을 것이다. 여기서 우리 관심의 대상은 그리스도교 특유의 것으로서 이미 존재하던 것이다. 그리스도교 신앙의 진술들, 거의 전적으로 그리스도론적인, 즉 예수 그리스도에 대한 믿음과 관계되는 언명들이 그것이다. 우리는 이 진술들이 그리스도교 신앙의 시초에까지 우리를 이끌어 주리라 기대해도 좋다.

1.1 그리스도의 죽음과 부활과 재림에 관한 그리스도론적 신조들

"하느님께서 그분을 죽은 이들 가운데에서 일으키셨습니다"(ὁ θεὸς αὐτὸν ἤγει-
ρεν ἐκ νεκρῶν). 예수에게 귀착되는 이 신조는 초창기에 생겨났음이 분명하
다. 다른 신약성경 저자들처럼 바오로도 이 신조를 자주 인용·변조變調하
는 것으로 미루어, 아직 말마디는 확정되지 않았어도 근본 구성 요소들은
확정된 신앙 정식이 있었음을 상정할 수 있다.[1] 이 신앙 정식들은 과거에
있었던, 죽임을 당한 예수에 대한 하느님의 유일무이한 위업을 선포한다.
생명을 부여하시는 하느님의 위업과 마찬가지로, 부정不定 과거Aorist 시제
에도 주목해야 한다. 짐작건대 이 신앙 정식은 본디 그리스도론적 존칭을
몰랐고, '그분'에 관해 말했다. 그러다 나중에 그런 존칭들을 취할 수 있었
다(그리스도, 주님: 로마 8,11; 1코린 6,14; 2코린 4,14). 바오로에게도 이 신조는 그
리스도 신앙의 총괄이다: "그대가 … 하느님께서 예수님을 죽은 이들 가운
데에서 일으키셨다고 마음으로 믿으면 구원을 받을 것입니다"(로마 10,9).

이 신조는 사건을 기념할 뿐 아니라, 해석도 한다. 이 해석은 세상 종말
에 죽은 이들의 부활을 고대하던 유다교 묵시문학에서 유래한다. 이 열망
하던 죽은 이들의 부활에 똑같은 낱말(일으키다, 부활하다)이 사용됨을 유의해
야 한다: "하느님을 경외하는 자들은 영원한 생명으로 부활한다"(솔로몬 시
편 3,12); "의로운 자는 (죽음의) 잠으로부터 부활할 것이다"(에티오피아어 에녹
서 91,10); "그들은 기뻐 어쩔 줄 모르며 (하느님의) 오른쪽으로 부활할 것이
다"(벤야민의 유언 10,6). 하느님을 멀리하는 자들에 관해서는 모든 죽은 이의
처소인 지하 세계(세올)에 머묾을 말한다: "그들의 영혼은 여기에서 일으켜
지지 않을 것이다"(에티오피아어 에녹서 22,13).[2]

---

[1] 참조: 로마 10,9; 4,24; 6,4; 7,4; 8,11; 1코린 6,14; 2코린 4,14; 갈라 1,1; 1테살 1,10; 콜로
2,12; 에페 1,20; 2티모 2,8; 사도 3,15; 4,10; 13,30; 1베드 1,21. 전체에 관해: KRAMER,
Christos 16-22.

[2] 자료: BILLERBECK IV, 1168-1172.

이 비교는 부활절 사건을 말로 표현할 수 있는 개념성을 유다교 묵시문학의 종말론이 제공해 주었음을 가르쳐 준다. 그러나 또한 예수의 부활은 종말 사건들의 선취先取라는 것도 가르쳐 준다. 이런 지평에서 예수 부활은 최종적인 것의 시작으로, 엄청난 종말론적 전환으로 파악되었음이 분명하다. '죽은 이들 가운데서'(ἐκ νεκρῶν)라는 규정은 그리스도교 신조의 특징으로 볼 수 있다.[3] 그러나 이 규정은 방금 언급한 종말론적 표상의 지평을 전제하고 있다. 죽은 이들은 이 생명으로부터 분리된 모든 사람이다. 그러나 '죽은 이들 가운데서'라는 개념에는 망자들이 모여 있는 공간에 관한 표상도 어른거린다.[4] 그러므로 '하느님께서 그분을 죽은 이들 가운데서 일으키셨다'는 언명은 '궁극적 생명에 도달한 실존'이라는 의미를 넘어서는, 듣는 이에게 구상적具象的 연상聯想을 불러 일으킬 수 있는 신조였다.

이 신조는 그 진술에 예수의 죽음이 명시적으로 포함됨으로써 상당히 확장된다. 이 확장이 하나의 신앙 정식으로 농축되었다는 것은, 이 정식이 거듭 사용되었고 또 신앙 증언으로 특징지어졌다는 사실이 확인해 준다. 이것은 테살로니카 1서 4,14에서 매우 뚜렷이 드러난다: "예수님께서 돌아가셨다가 다시 살아나셨음을 우리는 믿습니다"(πιστεύομεν ὅτι Ἰησοῦς ἀπέθανεν καὶ ἀνέστη). 바오로는 예수의 죽음과 부활/일으켜짐의 이 병렬을 다양한 맥락 안에 들여놓을 수 있었고(2코린 5,15; 로마 6,10; 14,9), 때로는 개념들도 교체할 수 있었다: "사실 그리스도께서는 약한 모습으로 십자가에 못 박히셨지만, 이제는 하느님의 힘으로 살아 계십니다"(2코린 13,4); "이 예수님께서는 우리의 잘못 때문에 죽음에 넘겨지셨지만, 우리를 의롭게 하시려고 되살아나셨습니다"(로마 4,25).[5] 중요한 것은, 이 구절들 가운데 여럿

---

[3] 가끔씩만 관사가 붙는다: ἐκ τῶν νεκρῶν. 테살로니카 1서 1,10은 물론 본문비평상 논란거리다.

[4] 참조: HOFFMANN, *Die Toten* 180-185.

[5] 로마서 4,25는 전체를 바오로의 표현으로 볼 수 있을 것이다. 그러나 바오로는 아직 말마디는 확정되지 않은 신앙 언명 '죽으시고-일으켜지셨다'를 근간으로 이 구절을 꾸몄다. 토론: WILCKENS, *Röm* I 279-280; KRAMER, *Christos* 26-27.

에 이미 그리스도 칭호가 나타난다는 사실이다: "그리스도께서 돌아가셨다가 살아나신 것은, 바로 죽은 이들과 산 이들의 주님이 되시기 위해서입니다"(로마 14,9); "돌아가셨다가 참으로 되살아나신 분, 또 하느님의 오른쪽에 앉아 계신 분, 그리고 우리를 위하여 간구해 주시는 분이 바로 그리스도[6]이십니다"(로마 8,34). 덧붙여 말하면 마지막 구절은 시편 110,1에서 빌려 온 고양高揚 진술로 보충되어 있다.

이로써 바오로 서간에서 가장 포괄적인 전통적 신앙 증언, 즉 코린토 1서 15,3ㄴ-5의 근본 요소들이 이미 언급되었다.

> 곧 그리스도께서는 성경 말씀대로 우리의 죄 때문에 돌아가시고 묻히셨으며,
> 성경 말씀대로 사흘날에 되살아나시어, 케파에게, 또 이어서 열두 사도에게 나타나셨습니다.[7]

이미 널리 알려져 있던 죽음과 부활의 병렬이 근본 구조를 이루고 있다. 이 구조가 한편 매장에 의해, 다른 한편 케파와 열두 제자에게의 발현에 의해 확장되었다. 이로써 이 이행절二行節은 설화적 성격의 싹을 보이는데, 이것이 표어 비슷하게 언명된 내용이 설화조調 형태를 갖추도록 촉진시켰으리라고 생각할 수 있다. 그리고 구약성경이 설화적 자극들을 길어 온 원천으로 지적되는데, 구체적 성경 구절들을 가리키는 것인지 — 예컨대 이사야서 53,12: "그가 많은 이들의 죄를 메고 갔으며"(또한 4절 이하도 참조)와 호세아서 6,2: "사흘째 되는 날에 우리를 일으키시어 우리가 그분 앞에서 살게 되리라" — 아니면 구약성경 전체를 그리스도에 대한 증언으로 보는

---

[6] 몇몇 사본에는 '그리스도 예수'라고 되어 있다. 본문 결정은 어렵다. 기존 신앙 진술에는 '그리스도' 칭호만 들어 있었다고 보아도 무방하다.

[7] 이 재구성을 가장 많이 받아들인 것은 옳은 판단으로 여겨진다. 다른 재구성들: CONZELMANN, *1 Kor* 296-297.

것인지는 미해결로 남아 있다. 아무튼 '사흗날'은 신학적 언명이니, 하느님의 구원 개입 시점을 둘러 말한다. 죽음과 관련하여 성경을 언급하는 것은, 예수의 운명에 담겨 있는 하느님의 구원 의지를 암시한다. 매장은 죽음의 사실성을 확인해 주며, 발현은 부활의 사실성에 주의를 환기시킨다. 시제가 변한 것도 유의해야 한다. 짧은 신조에서는 유일회적 사건을 가리키는 부정 과거 시제(ἤγειρεν)가 사용되었으나, 여기서는 현재완료 시제가 사용된다: '그분은 되살아나셨습니다'(ἐγήγερται). 이 시제는 그분의 일으켜 짐과 살아 있음의 지속성을 나타내고자 한다. 바오로가 그 전승성을 특기 特記하는 — "나도 전해 받았고 여러분에게 … 전해 준 복음은 …" — 이 신앙 증언의 첫머리에 그리스도 칭호[8]가 나오는데, 이 칭호는 증언에 포함되는 것으로 보아야 한다. 신앙고백을 통해 그리스도 칭호는 고유의 색조를 얻는다. 그리스도는 구원 업적의 완성자다. 그분은 당신의 죽음과 부활에서 그리스도임이 입증되었다.

이 신앙 증언은 매우 오래되었음이 확실하다(예수 사후 5년?). 그 기원은 그리스어를 사용하던 유다계 그리스도인 공동체에 소급된다. 그곳은 예루살렘일 가능성이 있다(스테파노 동아리?). 코린토 1서 15,7 — "그다음에는 야고보에게, 또 이어서 다른 모든 사도에게 나타나셨습니다" — 역시 필경 바오로 이전에 이미 꼴지어져 있었을 것이다.[9] 전승에 대한 바오로 자신의 태도와 관련해서, 사도가 이 텍스트 마지막에 자기에게 그리스도가 발현하신 것을 겸손하면서도 단호히 제시함으로써 이 기본 전승의 창시자들 무리에 자신을 끼워 넣었다는 사실은 시사하는 바가 크다: "맨 마지막으로는 칠삭둥이 같은 나에게도 나타나셨습니다"(8절).

바오로 이전 공동체를 특징짓는 또 하나의 신앙 증언은 마지막 날 그리스도의 재림에 관한 것인데, 사람들은 이 재림이 가까운 장래에 있으리라

---

[8] 관사가 없는 것이 케뤼그마 신조들의 양식에 걸맞다. 참조: 로마 8,34; 14,9.

[9] KREMER, *Zeugnis* 28.

고대했다. 코린토 1서 16,22에서 바오로는 팔레스티나 공동체에서 유래하는 아람어 외침 '마라나 타!'를 수용했는데, 이는 본디 그리스도의 재림에 대한 청원으로 발설되었음이 확실하므로, '우리 주님, 오소서!'로 번역할 수 있다. 사도가 이 외침을 저주와 연결시켜 놓은 것은 주목할 만하다: "누구든지 주님을 사랑하지 않는 자는 저주를 받으라! 마라나 타!"[10] 이 증언의 맥락은 필시 주님과의 맞갖은 만남을 겨냥하고 있다. 짐작건대 이 외침은 공동체의 성찬례 집회에서 생겨났을 것이다. 성찬례의 종말론적 정향定向은 코린토 1서 11,26도 확인해 준다: "사실 주님께서 오실 때까지, 여러분은 이 빵을 먹고 이 잔을 마실 적마다 주님의 죽음을 전하는 것입니다."

테살로니카 1서 1,9ㄴ-10에서도 대부분 확정되어 있던 신앙 정식을 알아볼 수 있다고 연구자들은 생각한다. 그러면서 기존 그리스도교 선교 설교의 강요綱要, 그리고 세례식 노래에 관해서도 말한다. 좀 더 자세히 살펴보면 여기서 세 가지 요소를 식별할 수 있다: "그들은 여러분이 어떻게 우상들을 버리고 하느님께 돌아서서 살아 계신 참하느님을 섬기게 되었는지(회개 언명), 그리고 여러분이 어떻게 하느님께서 죽은 이들 가운데에서 일으키신 그분의 아드님(부활 언명), 곧 닥쳐오는 진노에서 우리를 구해 주실 예수님께서 하늘로부터 오실 것을(재림 언명) 기다리게 되었는지 말하고 있습니다." 그러나 이 세 요소가 처음에는 독립적이었는데, 나중에 바오로가 함께 짜 맞추었다고 보는 것이 더 설득력 있다.[11] 필리피서 3,20-21에도 (말마디가 아니라 내용의 관점에서) 주목할 만한, 유사한 재림 언명이 있다: "그러나 우리는 하늘의 시민입니다. 그리고 그곳에서 구세주로 오실

---

[10] 디다케 10,6에서는 이 외침이 경고와 연결된다: "거룩하지 않은 사람은 회개하시오. 마라나 타." 여기서 마라나 타는 '우리 주님께서 오셨다'는 완료형으로 이해해야 한다. 본디 명령형으로 이해되었다는 것은 요한 묵시록 22,20도 지지해 준다. 토론: K.G. Kuhn: ThWNT IV 470-475; Conzelmann, 1 Kor 360f.; J. Salquero, Maranatha: CuBi 26 (1969) 73-80.

[11] 하나의 전승 텍스트임을 지지하는 연구자들: Wilckens, Missionsreden 81-91; G. Friedrich, Ein Tauflied hellenistischer Judenchristen. 1 Thess 1,9f: ThZ 21 (1965) 502-516. 회개 관련 어휘들: 사도 14,15 참조.

주 예수 그리스도를 고대합니다. 그리스도께서는 만물을 당신께 복종시키실 수도 있는 그 권능으로, 우리의 비천한 몸을 당신의 영광스러운 몸과 같은 모습으로 변화시켜 주실 것입니다." 일치하는 요소들은 하늘로부터 다시 오실 예수에 대한 고대와 그분의 구원 행위다 — 테살로니카 1서 1장에서는 닥쳐오는 진노에서 구한다는 것으로 표현되고, 필리피서 3장에서는 '구세주'($\sigma\omega\tau\acute{\eta}\rho$)라는 칭호 안에 총괄되며 또 몸의 변화로 표현되어 있다. 필리피서 3,20-21의 많은 부분은 바오로 자신이 꼴지었음이 확실하지만, 아무튼 테살로니카 1서 1장과의 구조적 일치와 바오로 친서에서는 필리피서 3장에만 나오는 '구세주' 호칭 그리고 그 밖의 여러 가지는 적어도 하나의 관념적 도식이 이미 존재하고 있었음을 말해 준다.[12] 테살로니카 1서에서 예수를 하느님의 아들로 지칭하는 것은 주목해 마땅하니, 이 명칭이 통례적 재림 언명에서는 아주 드물게 사용되기 때문이다. 이 지칭은 다시 오실 예수를 하느님과 극히 가까운 관계에 있다고 특징짓거니와, 바로 그렇기에 예수는 이 순간 사람들을 구원할 수 있다. 연구자들은 이 도식이 본디 인자人子(사람의 아들)에 관해 말했는데, 하느님의 아들 칭호가 인자를 밀어냈으리라 추측해 왔다.[13] 그러나 이는 바오로 이전 텍스트와 관련해서 거의 신빙성이 없다. 아무튼 바오로의 가장 오래된 문서인 테살로니카 1서의 이 구절은, 사도의 선교 설교에서 마지막 날과 그리스도의 재림이 매우 강력히 내세워졌음을 확인해 준다.

바오로는 필요에 따라 묵시문학의 전승재財를 받아들여 그리스도의 재림 또는 그와 관련된 사건들을 묘사했다. 테살로니카 1서 4,16-17과 코린토 1서 15,51-52가 그런 경우인데, 공동체의 물음과 의심에 직면하여 죽은 이들의 부활과 그리스도의 재림 이전에 사망한 자들의 소재에 대해 견해를 밝혀야 할 절박한 필요성이 있었던 것이다. 특히 후자의 문제는 긴장된

---

[12] 참조: GNILKA, *Phil* 206-210.

[13] 예를 들어 E. SCHWEIZER: *ThWNT* VIII 372. 그러나 HOLTZ (*1 Thess* 60 Anm. 205): "그런 추측은 확증되지 않았다."

종말 임박 대망待望의 맥락에서 강력히 대두했다.[14] 추측건대 이 두 구절에
는 동일한 전승이 담겨 있는데, 테살로니카 1서 4장에 더 상세히 나타난
다. 두 곳 모두 도입부가 엄숙한데, 이 전승을 테살로니카 1서에서는 주님
의 말씀(4,15)으로, 코린토 1서에서는 신비(15,51)로 제시한다. 이 상이한 성
격 규정이 전승의 동일성을 부인하는 것은 아니다. 묵시문학 전승을 주님
의 말씀으로 규정하는 것은 마르코 복음서 13장에서도 찾아볼 수 있다. 묵
시문학 사상을 신비로 여기는 것은 표현 양식을 따른 것이다.[15] 내용상의
일치는 무엇보다도 부활하게 될 죽은 이들의 운명과 그리스도의 재림 때
까지 남아 있게 될 사람들의 운명을 거론하는 데서 뚜렷이 드러난다. 일치
점은 나팔 소리에 대한 언급으로부터 그 밖의 상세한 묘사에 이르기까지
상당히 많다. 아래의 본문 복원에서는 논란 부분을 괄호 안에 넣었다.

> 명령의 외침과 대천사의 목소리와 하느님의 나팔 소리가 울리면,
> 주님께서 (친히) 하늘에서 내려오실 것입니다. 그러면 (먼저) (그리
> 스도 안에서) 죽은 이들이 다시 살아나고, (그다음으로,) 그때까지
> 남아 있게 될 (우리 산) 이들이 (그들과 함께) 구름 속으로 들려 올
> 라가 공중에서 주님을 맞이할 것입니다. (이렇게 하여 우리는 늘
> 주님과 함께 있을 것입니다)(1테살 4,16-17).[16]

여기에 담긴 모티브들은 유다교 묵시문학에서 유래하지만, 요컨대 주님으

---

[14] 테살로니카 1서 4,16-17에 전승이 담겨 있다고 보는 연구들: HOFFMANN, *Die Toten* 222;
BAUMGARTEN, *Paulus* 91-98; LUZ, *Geschichtsverständnis* 326-331; HARNISCH, *Existenz* 39-
44; LÜDEMANN, *Paulus* I 247.268-271; Holtz, *1 Thess* 184-185.198-199. 특히 코린토 1서
15,51-52에 관해: BAUMGARTEN, *Paulus* 106-110; LÜDEMANN, *Paulus* I 265-266.

[15] 참조: G. BORNKAMM: *ThWNT* IV 821-823. 공관복음서의 예수 말씀을 찾으려 애쓸 필요
는 없다. HOLTZ(*1 Thess* 185)는 주님의 말씀을 테살로니카 1서 4,15ㄴ에서 찾고 싶어 하는
데, 그러면서 이 말씀은 아마도 부활절 이후에 비로소 생겨났으리라고 한다(196). 그러나
4,15ㄴ은 뒤이어 나오는 전승을 바오로가 앞서 요약한 것으로 이해하는 것이 더 낫다. 참조:
LÜDEMANN, *Paulus* I 247.

로부터 주님께로 향하는 전승의 사상적 맥락은 이 전승이 그리스도교 영역에서 생겨났음을 말해 준다. 주님을 맞이한다는 것은 도시를 방문하는 고위 관리를 성대히 영접하던 관습과 연결될 수 있다. 그러나 거대한 무리 전체가 공중으로 들려 올라간다는 표상은 독특하다.[17] 멀리 울려 퍼지는 하느님의 나팔 소리는 다른 상세한 언급들과 마찬가지로 사건의 중차대함과 보편성을 나타낸다. 한편, 별도의 언급은 없지만, 부활한 이들과 들려 올라간 이들이 새로운 육신성을 부여받는다고 전제해도 될 것이다.

비교될 만한 구절이 시리아어 바룩 묵시록 50-51장에 들어 있는데, 여기서는 부활과 몸의 변화를 구별한다. 죽은 이들은 일으켜질 때 "모습이 전혀 변하지 않으니"(50,2), 그들은 (변화되기 전에) 예전의 선한 실존과 악한 실존 안에서 서로를 다시 알아볼 수 있는 가능성을 보존해야 한다. (그리스도교) 전승은 이런 구별에 관심을 기울이지 않는다. 바오로가 코린토 1서 15,52ㄷ에서 변화에 관한 말을 그리스도 재림 때까지 살아 있게 될 사람들에게 국한하지만, 죽은 이들도 변화된 몸으로 부활한다는 것을 자명하게 전제하고 있다.[18]

바오로는 다양한 맥락에서 예수의 죽음을 숙고하는데, 여기서 기존의 한 사유 도식이 드러난다. 이 도식은 극히 함축적이니, 예수의 죽음을 '~

---

[16] '먼저-그다음으로'라는 시간 규정은 '그들과 함께'라는 말과 마찬가지로, 짐작건대 바오로가 덧붙인 것이다. 바오로는 죽은 이들이 그리스도의 재림 때 불리할지도 모른다는 테살로니카 신자들의 걱정을 없애 주려 한다. 부활을 신앙인으로서 죽은 이들에게 국한하는 '그리스도 안에서 죽은 이들'이라는 표현이 특히 논란되고 있다. 이 말도 바오로에게서 유래한다고 보겠다. 사도가 '그리스도 안에'라는 자기 애용구를 여기에 들여왔을 것이다. 요한 묵시록 14,13은 그리스도교 신앙 정식으로 보기에는 부족하다. LUZ(*Geschichtsverständnis* 329)의 견해는 다르다. HARNISCH(*Existenz* 44)는 이 전승의 가장 오래된 형태에서는 16ㄴ에 죽은 이들의 부활에 관한 말이 없었으리라 생각하고 싶어 한다. 그러나 이는, 내용이 코린토 1서 15,52와 일치하는 것을 고려하건대, 별로 신빙성이 없다. '이렇게 하여 우리는 늘 주님과 함께 있을 것입니다'는 대체로 바오로의 결어로 본다.

[17] 공중으로 들려 올라감: G. STRECKER: *RCA* V 461-476 중 특히 472-473.

[18] LÜDEMANN(*Paulus* I 269-271)은 변화 관념을 테살로니카 1서 4장으로부터 배제하고 싶어 한다. 이는 온당치 않다. CONZELMANN(*Kor* 347 Anm. 16)의 견해도 그렇다.

을 위한 죽음'이라 말하는 것으로 만족한다. 이 도식의 다양한 적용 — 그리스도께서는 … 우리를 위하여 (1테살 5,10), 우리 불경한 자들/죄인들을 위하여(로마 5,6.8), 모든 사람을 위하여(2코린 5,14-15) 돌아가셨다 — 을 자세히 살펴보면, 동사(언제나 ἀπέθανεν)와 전치사(ὑπέρ) 외에도, 죽음이 교회·백성·인류에게 유익하다는 점이 특징적이다.[19] 표현이 간결한 이 정식의 풍부한 의미는 그리스어 낱말 휘페르(ὑπέρ)의 다의성에서 비롯하니, 이 낱말은 원인(우리가 그분 죽음의 원인이다)뿐 아니라 대신(우리를 대신하여)과 바침(우리를 위해)의 뜻도 지니고 있다.[20] 상응하는 로마서 14,15의 논증에서 믿음 약한 형제 — 그리스도께서는 그 사람을 위해서도 돌아가셨다 — 를 파멸로 이끌지 말라고 하는데, 공동체 전체를 포괄하는 관점이 견지되고 있다고 하겠다.

그러나 이 전승의 복합성을 유의해야 하니, 이 전승은 신약성경의 다른 문서들에도 나타나며 하나하나 매우 애써야 파악할 수 있다. 이 복합성은 앞에서 거론한 코린토 1서 15,3의 신조가 우리의 죄 때문인 죽음에 관해 언급한다는 사실, 또는 전치사가 바뀐다는 — 코린토 1서 8,11: "그리스도께서는 그 형제를 위해서도(δι' ὅν) 돌아가셨습니다" — 사실에서 드러난다. '우리를 위하여', '우리의 죄들을 위하여(때문에)'라는 표현들은 매우 가까이 있지만, 생성 단계에서는 떨어져 있었다고 보아야 한다. 이미 꼴지어진 이 표현은 그리스도께서 우리를 위해 저주가 되셨고(갈라 3,13), 죄가 되었다는 (2코린 5,21) 등의 언명에서 각별한 신학적 농도濃度를 획득한다. 그러나 여기서도 기존의 사유 도식이 계속 작용하고 있음을 유의해야 한다. 이 도식의 기원에 관해 묻는다면, 성찬례 전승에 있다고 대답해야 할 것이다.[21] 성찬례 전승과 관련해서도 바오로는 '여러분을 위하는'을 자기 나름대로 전승했다(1코린 11,24).

---

[19] 참조: BULTMANN, *Theologie* 87.

[20] 참조: LOHSE, *Märtyrer* 132.

[21] BULTMANN, *Theologie* 87; H. RIESENFELD: *ThWNT* VIII 513.

예수의 죽음을 내어/넘겨줌($\pi\alpha\rho\alpha\delta\iota\delta\acute{o}\nu\alpha\iota$)으로 해석하는 것도 이미 바오로 이전에 이루어졌다. 사도는 매우 갈래 많은 이 전승을 두 가지 형태로 수용했는데, 하나는 하느님께서 그분(예수 또는 하느님의 아들)을 내어 주셨다는 (로마 8,32; 수동형으로는 4,25) 진술의 형태이고, 다른 하나는 예수가 자신을 내어 주셨다는(갈라 2,20; 1,4) 형태다.[22] 전자前者는 매우 오래된 것으로, 후자後者는 전자가 계속 발전한 형태로 보면 될 것이다. 이것은 다른 데서도 확인되는, 하느님의 구원에 관한 진술들이 나중에 예수에게 전용轉用되는 경향과 상응한다.[23] 바오로가 이 전승을 이용하는 데 있어서 특징적인 점은, 전승을 '~을 위한 죽음'이라는 진술과 결합시킨다는 것, 그로써 전승을 전적으로 수난과 결부시킨다는 것이다: 하느님께서 그분을 우리 모두를 위해 내어 주셨다(로마 8,32); 예수께서는 우리 죄를 위해 당신 자신을 내어 주셨다(갈라 1,4; 참조: 2,20; 로마 4,25).[24] '내어 줌 언명'이 제2이사야의 주님의 종의 노래들의 영향을 받았는지는 논란거리다. 그렇다면, 그리스어 텍스트의 이사야서 53,12ㄴ — "그가 죽음에 이르기까지 자신을 버리고" — 과 53,6 ㄴ — "주님께서는 우리 모두의 죄악이 그에게 떨어지게 하셨다"(참조: 53,12 ㄷ) — 을 지적할 수 있다. 그러나 제2이사야와의 융합은 나중에야 비로소, 좀 더 발전된 진술들에서 이루어졌다고 보는 견해가 더 온당할 것이다.[25] $\pi\alpha\rho\alpha\delta\iota\delta\acute{o}\nu\alpha\iota$라는 낱말은 본디 법정 용어다. 이는 코린토 1서 11,23에서 잘 드러난다: "주 예수님께서는 당신이 넘겨지시던 날 밤에 …." 물론 여기에는 이미 신학적 어조가 역력하게 배어 있다.

---

[22] 갈라티아서 1,4에는 단순한 형태의 동사 $\delta\acute{\iota}\delta\omega\mu\iota$가 나온다.

[23] 참조: POPKES, *Christus* 251-253. 여기서는 그 밖의 논거들도 제시한다.

[24] 참조: 요한 3,16; 마르 9,31. 로마서 4,25에는 '우리의 잘못을 위하여', 갈라티아서 2,20 에는 '나를 위하여'로 되어 있다. 참조: POPKES, *Christus* 247.

[25] HAHN, *Hoheitstitel* 62-63. 참조: 로마 4,25; 8,32.

1.2 그리스도의 길 전체를 포괄하는 전통적인 그리스도론적 언명들

지금까지 거론한 기존 신조들이 그리스도에 의해 규정지어진 구원사의 특별한 사실들에 정향되어 있다면, 그리스도의 길, 구원 활동을 포괄적 의미에서 포착하려 애쓰는 신조와 찬가 유형의 언명들도 있다. 신조들은 여기서도 함축적이고 간결한 반면, 찬가는 고상하고 엄숙한 언어를 사용할 뿐아니라 전달하는 내용을 꽤 장황하게 언급한다. 바오로 서간들은 이 두 가지를 모두 제시해야 했다. 물론 여기서도 사도가 전승되어 온 것을 손질하고 자신의 사유 체계 속에 맞춰 넣었음이 분명하며, 그래서 복원이 어렵다.

이는 특히 하느님에 의한 예수 파견에 관해 말하는, 따라서 구원 언명과 결부되는 파견 언명에 해당된다. 이 구조는 해당 구절인 갈라티아서 4,4-5와 로마서 8,3(추가: 요한 3,16-17; 1요한 4,9)을 비교해 보면 뚜렷이 드러난다. 갈라티아서 4,4-5에서는 다음과 같은 원형을 분명히 알아볼 수 있다.

> 하느님께서 당신의 아드님을 보내셨습니다. 그것은 우리가 하느님
> 의 자녀 되는 자격을 얻게 하시려는 것이었습니다.

로마서 8,3 뒤에도, 비록 동사가 바뀌고($\dot{\epsilon}\xi\alpha\pi o\sigma\tau\dot{\epsilon}\lambda\lambda\omega$ 대신 $\pi\dot{\epsilon}\mu\pi\omega$) 구원 언명이 바오로에 의해 전혀 새로이 꼴지어졌지만, 이 도식이 자리잡고 있다.[26] 이 도식은 중요하니, 그리스도 선재 사상을 분명히 표현하고 있기 때문이다. 콘첼만에 따르면 아들 칭호는 이 도식에 부속된다.[27] 선재 사상은, 파견과 구원 약속의 결부가 시사하듯, 구원론적으로 정향되어 있다. 구원은

---

[26] 참조: POPKES, *Christus* 109-112. POPKES는 로마서 8,3을 요한식 표현 $\dot{o}\ \pi\alpha\tau\dot{\eta}\rho\ \dot{o}\ \pi\dot{\epsilon}\mu\text{-}\psi\alpha\varsigma$ 에 근접시킨다. MUSSNER(*Gal* 272)는 (갈라티아서 4,4-5와 관련하여) '선포 도식'에 관해 말한다. WILCKENS(*Röm* II 124 Anm. 506)는 로마서 8,3을 전승으로 본다. 이 견해가 널리 받아들여지고 있다.

[27] *Grundriß* 223.

하느님으로부터 오며, 인간이 마음대로 할 수 없고 아들을 통해 중개된다. 구약성경의 지혜 관념이 그리스도론적 선재 표상에 영향을 끼쳤을 법하니, 지혜에 관해 아주 비슷한 진술들을 찾아볼 수 있다. 예를 하나 들자. "거룩한 하늘에서 지혜를 파견하시고 당신의 영광스러운 어좌에서 지혜를 보내 주십시오"(지혜 9,10).[28]

오늘날 연구자들의 거의 일치된 견해에 따르면 로마서 인사말에 그리스도론적 신조가 들어 있는데, 필경 공동체 전례에서 생겨났을 것이다.[29]

> 그분께서는 육으로는 다윗의 후손으로 태어나셨고, 거룩한 영으로
> 는 죽은 이들 가운데에서 부활하시어, 힘을 지니신 하느님의 아드
> 님으로 확인되신 우리 주 예수 그리스도이십니다(로마 1,3-4).

전승 원형을 밝혀내기 위해 이것저것 빼 버리고 싶어 하는 복원 시도가 많지만, 텍스트를 그 길이대로 유지하는 게 좋을 듯싶다.[30] 텍스트는 (특히 육과 영의 대비를 통해) 대구법對句法적 병행을 보여 준다. 더 많은 낱말 수에 의해 이미 겉으로 드러나듯이, 중점은 둘째 연에 있는데, 이곳의 '하느님의 아드님'은 첫째 연의 '다윗의 후손'과 대비되어 있다.

---

[28] 여기서도 구원 언명을 담은 목적문이 이어진다. 참조: E. Schweizer, *Die Herkunft der Präexistenzvorstellung bei Paulus: Neotestamentica* (Zürich - Stuttgart 1963) 105-109 중 108.

[29] Wilckens(*Röm* I 56)는 동족(同族) 전승에 관해 말하고, Käsemann(Röm 8)은 전례적 단편에 관해 말한다.

[30] 예컨대 연구자들은 두 'κατά(~으로는) 문구'를 이차적인 것으로 간주했다. 그러나 바오로는 '거룩한 영'(πνεῦμα ἁγιωσύνης)에 관해서는 한 번도 말하지 않는다. 표현과 사상이 다른 티모테오 1서 3,16 및 베드로 1서 3,18(육-영)과 비교해 보라. ἐν δυνάμει(힘을 지닌)를 연구자들은 첨가구로 보았다. 그렇다면 목적은 전통적 입양설의 강화였겠다. Linnemann [*EvTh* 31 (1971) 264-276]은 중재적 제안을 했다. 그녀 역시 두 'κατά 문구'를 삭제하고, '거룩한 영의 힘을 지닌'을 원형으로 가정한다. Theobald(*Dem Juden zuerst* 383)의 견해도 비슷하지만, '힘을 지닌'까지 삭제하고 싶어 한다. Theobald는 로마서의 총체적 구상에 대한 전승의 거대 구문론적(makrosyntaktisch) 관계에 대한 흥미로운 관찰들을 제공한다. 이 관찰들은 전승에 바오로가 덧붙였을 법한 것들을 추정하게 해 주지만, 확신할 만하지는 않다.

우리는 여기서 팔레스티나 유다계 그리스도교에 소급되는 전승을 마주하고 있다. 이는 특히 예수의 다윗 혈통에 대한 관심이 암시하는데, 유다교적 이해에 따르면 이 혈통은 예수의 메시아 지위에 중요한 의미를 지닌다. 그러나 바오로 자신은 이에 관해 한 번도 말하지 않으며, 또 '다윗의 후손'이라는 메시아 칭호도 예수에게 전혀 사용하지 않는다. 선재 표상이 빠져 있는 것도 바오로와 다르다. 이 전승의 바탕에 깔려 있는 그리스도론은 입양설入養說적이라고 말할 수 있다. 여기서 '하느님의 아들'은 하느님으로부터의 실체적 기원과 관련되는 게 아니라, 부활을 통해 얻은 예수의 메시아 임금으로서의 존엄한 지위와 관련된다는 것을 유념해야 한다.[31]

그러면 이 신조의 좀 더 상세한 내용은 무엇인가? 그것은 부활을 통한 예수의 하느님 아들 책봉, 즉 메시아 임금으로의 강력한 등극이다. 하느님이 임금을 그의 즉위날에 '내 아들'이라 부르는 시편 2,7이 여기에 영향을 끼쳤다. 이승의 시간이 예수가 다윗의 후손이라는 언급 안에 총괄됨으로써, 이를테면 (유다교 메시아 교의에 상응하여) 메시아 직분에 대한 예수의 자격이 보증되었다. 이렇게 예수의 출생을 메시아 등극(이것이 예수의 지상 활동과 십자가를 거의 감춰 버린다)에 정향시키는 것은, 이 신조에 일종의 정정訂正 기능을 인정해 줄 때만 올바르다 하겠다:[32] 예수의 메시아 권능은 지상 생활에서 위엄 있게 성취되는 게 아니라, 부활을 통해 비로소 성취된다. 나아가 예수의 메시아 권능은 유다교의 경계들을 돌파하니, 그의 등극은 모든 죽은 이들의 부활의 시작 또는 보증이기 때문이다. (흔히 예상했을, '그분은 부활하시어' 대신) '죽은 이들 가운데서 부활하시어'라는 표현이 이 관점을 암시한다. 극히 논란 많은 '육으로는-거룩한 영으로는'이라는 표현에서는, 출생과 아들 책봉 두 사건이 지상 및 천상과 관련되지만, 각

---

[31] HAHN(*Hoheitstitel* 254)의 견해인데, 옳다고 여겨진다. HENGEL(*Sohn Gottes* 94)의 견해는 다르다.

[32] SCHMITHALS, *Röm* 51; THEOBALD, *Dem Juden zuerst* 383-384. '2단계 그리스도론'에 관해 말하는 것도, 예수 활동에 대한 비(非)메시아적 판단이 선행했다고 추론하는 것도 옳지 않다.

기 그 영역으로의 메시아 등장을 표현함을 유의해야 한다. 그러므로 양면적 $\kappa\alpha\tau\acute{\alpha}$-진술들에서 첫째 것은 '육(즉, 예수의 지상 출신)의 관점에서'로 둘러 표현할 수 있고, 둘째 것은 '거룩한 영의 힘으로'라는 의미로 해석하는 게 가장 나을 것이다. 하느님의 영은 죽은 이들의 부활을 성취하는 힘이다.[33] 시선은 새로운 인류를 위로 이끌어 갈 우주적 메시아 임금에게 정향되어 있는데, 그는 다윗의 후손으로서 고래古來의 약속을 성취했다. 그러므로 이 신조의 배경에 나탄의 예언이 있다고 보는 견해는 신빙성이 있다. 이 예언은 메시아의 다윗 혈통을 확약할 뿐 아니라, 하느님이 메시아의 아버지가 되고 메시아가 하느님의 아들이 되리라 약속했다(2사무 7,12-14).[34]

바오로가 채록한 가장 방대한 그리스도론적 텍스트, '진짜배기 그리스도 찬가'[35]가 필리피서 2,6-11에 실려 있다.

> 그분께서는 하느님의 모습을 지니셨지만
> 하느님과 같음을 당연한 것으로 여기지 않으시고
> 오히려 당신 자신을 비우시어
> 종의 모습을 취하시고
> 사람들과 같이 되셨습니다.
> 이렇게 여느 사람처럼 나타나
> 당신 자신을 낮추시어
> 죽음에 이르기까지,
> 십자가 죽음에 이르기까지 순종하셨습니다.
>
> 그러므로 하느님께서도 그분을 드높이 올리시고

---

[33] $\acute{\epsilon}\xi\ \grave{\alpha}\nu\alpha\sigma\tau\acute{\alpha}\sigma\epsilon\omega\varsigma$(부활하시어)는 시간적으로 이해해야 하며, $\acute{\epsilon}\nu\ \delta\upsilon\nu\acute{\alpha}\mu\epsilon\iota$(힘을 지닌)는 $\upsilon\acute{\iota}o\hat{\upsilon}\ \theta\epsilon o\hat{\upsilon}$(하느님의 아들로)와 관련된다.

[34] 참조: HENGEL, *Sohn Gottes* 100-101(O. BETZ와 연계하여).

[35] DEICHGRÄBER, *Gotteshymnus* 118.

모든 이름 위에 뛰어난 이름을 그분께 주셨습니다.

그리하여 예수님의 이름 앞에

하늘과 땅 위와 땅 아래에 있는 것들이 다 무릎을 꿇고

예수 그리스도는 주님이시라고

모두 고백하며

하느님 아버지께 영광을 드리게 하셨습니다.[36]

이 찬가는 두 가지 근본 언명에서 비하와 고양이라는 구약성경적 구상에 의해 틀 지어져 있는데, 바오로 자신은 사용하지 않는 구상이다. 그러나 바오로의 관점에 상응하는, 따라서 로마서 1,3-4의 신조를 넘어서는 그리스도 선재先在에 관한 표상이 나온다. 비하와 고양이라는 구상이 하느님과 같으신 분의 선재와 후재後在로 확장되어 있다. 비하는 그분의 자유로운 행동으로 파악된다. '하느님이 사람이 되시다'가 이 찬가 1부의 주제다. 이는 아마도 그리스도 육화에 관한 가장 오래된 언명이며, 이 신앙의 통찰을 서술하려 애쓰고 있다. 이것은 하느님의 모르페(μορφή: 모습)와 종의 모르페를 대비시킴으로써 극히 인상 깊게 이루어진다. 전자에서 후자로의 이행에서, 하느님과 같으신 분이 자신을 비우고 참사람이 되어 여느 사람처럼 나타나셨다. 여기서 모르페를 지위나 상태로 번역하면, 본디 의미에 온전히 적중하지 못한다. (외면적) 모습으로 번역하는 것도 본디 의미를 스쳐 지나가 버리니, 그리스도 가현설假現說(Doketismus)의 오해를 부추길 수 있기

---

[36] 구조 분석과 바오로가 덧붙인 구절은 오늘까지도 논란되고 있다. 연과 행의 제시에는 언제나 주관적 인상들이 영향을 끼친다. 그래도 '그러므로'(διό)를 중간 휴지(休止)로 보는 데는 의견이 일치한다. 구조 분석에서는 대체로 대구법(Parallelismus membrorum)에 유의한다. 8ㄷ의 '십자가의 죽음에'와 11ㄴ의 '하느님 아버지께 영광을 드리게'는 바오로가 덧붙인 것으로 여겨진다. 그러니까 이 추가구들은 각 연 끝에 끼워 넣어져 있다. 바오로는 십자가로써 예수 죽음의 구원 의의를 상기시키며, 영송으로써 자신의 하느님 중심적 관점을 부각시킨다. 전체에 관해, Gnilka, Phil 111-147. Hofius(*Christushymnus*)는 8ㄷ과 11ㄴ이 바오로 이전 것임을 입증하려 시도했지만, 이 구절들은 잉여분임을 시인해야 한다. 거꾸로 천상 지상 지하의 것들에 관해 언급하는 10ㄴ이 바오로의 편집임을 입증하려는 Hunzinger(*Struktur* 150-152)의 노력도 설득력이 없다. 이 개념은 바오로와 거리가 멀다.

때문이다. 이 찬가에서 핵심은 바로 그리고 무엇보다도 참된 인간존재다. 단지 성경적 범주들과의 부합만을 그럭저럭 확인하고자 하는 것도 이 찬가를 제대로 이해하는 게 아니다.[37] 코린토 2서 8,9 — "그분께서는 부유하시면서도 여러분을 위하여 가난하게 되시어, 여러분이 그 가난으로 부유하게 되도록 하셨습니다"(여기에도 신앙고백 전승이 수용되어 있다) — 가 이 찬가와 상응하지만, 찬가는 좀 더 철학적으로 말하며 (그리스도교) 영지주의 문헌에서도 만나 볼 수 있는 용어들을 수용하고 있다.[38] 모르페는 특정된 정향 안의 현존, 하느님의 존재에 의해 규정지어진 현존이다. 종의 실존으로 규정된 인간 실존, 당시 그리스인들이 익히 알고 있던 이 관념은 운명의 권세들에게의 종살이를 의미한다.

하느님과 같으신 분이 아니라 하느님 자신이 주어인 2부는 고양(본문대로는 드높이 올리심)과 결부된 새 이름의 하사에서 정점에 이른다. 하사된 이름은 주님(퀴리오스)이다. 순종하신 분이 운명의 권세들에게 종살이하기를 끝장냈고 이제부터 이 권세들이 그분께 복종해야 한다는 데 이 찬가의 요점이 있다. 권세들의 복종은 이사야서 45,23의 도움을 빌려 묘사된다. 모든 공포를 없애고 해방하시는 새로운 우주 지배자에게 충성 맹세가 행해진다. 천상과 지상과 지하의 것들은 운명의 권세들이니, 천사들·인간들·죽은 이들이 아니며 개선하고 투쟁하고 고통받는 교회도 아니다.[39] 이 권

---

[37] HOFIUS(*Christushymnus*)가 그런 시도를 했다. 확실히 이 찬가는 성경 정신을 호흡하고 있다. 그러나 육화 사상을 이해하기 위해서는 다른 자극들도 필요하다. HOFIUS는 찬가 이해를 위해 히브리서 그리고 (구약성경과 나란히) 후대 유다교 기도 문학에서 도움을 얻는다.

[38] 참조: GNILKA, *Phil* 144-147.

[39] HUNZINGER(*Struktur* 150-154)는 천사들·인간들·죽은 이들로 해석한다. HOFIUS(*Christushymnus* 22-23)가 이에 동조하는데, HUNZINGER는 바오로가 덧붙인 말로 보는 것이 다르다. 그리스·로마 어법에 따르면 지하의 존재들은 신격화된 망자들이다. 과연 바오로가 이런 식으로 말했을까? 권세들의 정복: 콜로 2,15. 이 정복과 구원 사건의 결합: *IgnTrall* 9,11; W. BAUER - H. PAULSEN, *Die Briefe des Ignatius von Antiochia und der Polykarpbrief* (HNT 18) (Tübingen 1985) 63. (신앙)고백하다, 자백하다, 인정하다라는 의미의 *ἐξομολογέω*: BAUER - ALAND, *Wörterbuch* 560.

세들은 종의 실존으로서의 인간 실존 이해에 상응하는데, 이 이해에서 1부가 출발했다. 이 존경과 복종은 미래에 비로소 이루어지는 게 아니라, 예수의 고양에서 이미 이루어졌다. 주님의 보편적 주권이 관철되었다는 바로 여기에 확신이 근거한다. 이 낙관적인, 아니 승리주의적인 관점이 전례라는 잔치에 뿌리를 두고 있는 초창기 그리스도교 찬가의 특징이다.

1.3 '한 분 하느님' 정식

바오로는 "하느님은 한 분이시다"[40]라는 외침을 헬라계 유다교에서 넘겨받아 자기 서간 세 군데에 들여놓았는데, 그중 둘은 의화론義化論(의인론義認論)의 맥락 안에 나온다(로마 3,30; 갈라 3,20; 참조: 1코린 8,4-6). 헬라계 유다교에서 이 외침은, 그리스도교 선교에서와 마찬가지로, 이교 청중을 우상들로부터 한 분 하느님께 돌아서게 하려는 의도 아래 선전적宣傳的 대결에 투입되었다(1테살 1,9 참조). 유다교의 이 신앙고백은 '셔마 이스라엘'(이스라엘아, 들어라!: 신명 6,4-5) 기도에 뿌리를 두고 있다. 본디 이 고백은 매일 세 번 이 기도를 바쳐야 하는 유다인들에게 이스라엘에 대한 야훼의 독점적 지배권을 상기시키기 위한 것이었다. 디아스포라에서, 주변 이교 세계에서 이 고백은 비로소 유일신에 대한 신앙고백의 성격을 얻게 되었다. 이는 그리스도교에서 이 정식을 사용하는 데도 해당된다. 코린토 1서 8,6에서 발견되는 이 정식의 그리스도교적 확대는 의미심장하다.

> 우리에게는 하느님 아버지 한 분이 계실 뿐입니다. 모든 것이 그분에게서 나왔고 우리는 그분을 향하여 나아갑니다. 또 주님은 예수 그리스도 한 분이 계실 뿐입니다. 모든 것이 그분으로 말미암아 있고 우리도 그분으로 말미암아 존재합니다.

---

[40] 참조: E. PETERSON, *Heis Theos* (FRLANT 41) (Göttingen 1926).

하느님의 유일성은 주님 예수 그리스도의 유일성과 상응하니, 하느님이 그리스도 안에서 당신을 계시하셨기 때문이다. 스토아학파의 '모든 것-정식'을 수용하여, 하느님을 삼라만상의 창조자로 그리고 주님을 창조의 중보자로 찬양한다. 따라서 여기에도 그리스도의 선재가 전제되어 있다. 한 분 하느님은 창조계 전체의 근원과 목표다. 그리스도의 창조 중보자직은 새 창조로서의 구원을 겨냥한다. 스토아철학에서는 범신론적으로 이해되었던 '모든 것-정식'이 물론 이제는 인격적이면서도 초월적인 하느님에 대한 관점에서 재해석된다. 주목할 것은, 하느님의 아버지 됨이 그리스도가 아니라 창조계와 관련되어 있다는 점이다.

지금까지 여러 전승을 고찰함으로써 바오로 신학의 근본 구성 요소들을 대강 살펴보았다. 중요한 것들은 그리스도론적 특성을 지니고 있다. 이것들 위에 사도는 자기 고유의 신학 사상을 정립해 나간다. 여기에 그 자신의 그리스도 체험이 덧붙여진다. 바오로가 나름대로 전해 준 것 이상을 알고 있었으리라는 것은 신빙성이 있다. 사도는 자신이 전해 준 것을 달리 상술할 수도 있었을 것이나 의식적으로 포기했다. 무엇보다 눈길을 끄는 것은, 바오로에게서는 공관복음서 전승이 거의 발견되지 않는다는 점이다. 여기서도 사도는 자신이 전해 준 것 외에는 전혀 알지 못했던가라는 물음을 제기할 수 있다. 확실한 대답은 할 수가 없다. 가장 중요한 것은 성찬례 전승이다. 이에 관해서는 뒤에서 다룰 것이다.

참고문헌

J. BAUMGARTEN, *Paulus und die Apokalyptik* (WMANT 44) (Neukirchen 1975).

J.C. BECKER, *Paul's Apocalyptic Gospel* (Philadelphia 1982).

M.N.A. BOCKMÜHL, *Revelation and Mystery* (Tübingen 1990).

C. DIETZFELBINGER, *Die Berufung des Paulus als Ursprung seiner Theologie* (Neukirchen 1985).

W. HARNISCH, *Eschatologische Existenz* (FRLANT 110) (Göttingen 1973).

M. HENGEL, *Der Sohn Gottes* (Tübingen 1975).

O. HOFIUS, *Der Christushymnus Philipper 2,6-11* (WUNT 17) (Tübingen 1976).

C.-H. HUNZINGER, *Zur Struktur der Christus-Hymnen in Phil 2 und 1 Petr 3: Der Ruf Jesu und die Antwort der Gemeinde* (FS J. Jeremias) (Göttingen 1970) 142-156.

J. KREMER, *Das älteste Zeugnis von der Auferstehung Christi* (SBS 17) (Stuttgart ²1967).

E. LINNEMANN, Tradition und Interpretation in Röm 1,3f: *EvTh* 31 (1971) 264-276.

E. LOHSE, *Märtyrer und Gottesknecht* (FRLANT 64) (Göttingen 1955).

G. LÜDEMANN, *Paulus, der Heidenapostel* I (FRLANT 125) (Göttingen 1980).

W. POPKES, *Christus traditus* (AThANT 49) (Zürich 1967).

P. STUHLMACHER, Theologische Probleme des Römerbriefpräskriptes: *EvTh* 27 (1967) 374-389.

M. THEOBALD, "Dem Juden zuerst und auch dem Heiden": *Kontinuität und Einheit* (FS F. Mußner) (Freiburg 1981) 376-392.

K. WENGST, *Christologische Formeln und Lieder des Urchristentums* (StNT 7) (Gütersloh 1972).

U. WILCKENS, *Die Missionsreden der Apostelgeschichte* (WMANT 5) (Neukirchen ³1974).

2. 복음과 사도직

2.1 복음

바오로의 복음에 관해 말하려면, 그의 인생 역정을 고려하지 않으면 안 된다. 물론 여기서 사도의 인생사를 복원할 수는 없다. 다만 바오로가 그리스도인 2세대였다는 것은 유념해야 한다. 바오로는 이미 꼴을 갖춘 그리스도교 신앙을 발견했다. 전통적 신조들 안에 표현되어 있던 이 신앙을 우리도 그 신조들을 통해 포착할 수 있다. 바오로가 그리스도인이 되기 전 교회를 박해할 때 이미 이 신앙을 대충 알고 있었음은 거의 확실하다. 그러나 사도는 중개적 전승이 아니라 직접적 계시를 통해 복음을 받았다.

이 계시를 출발점으로 삼아야 한다. 바오로는 갈라티아서 1장에서 자신에게 계시된 이 복음에 관해 말하는데, 맥락은 적수들과의 불가피한 대결이었으니, 그들이 사도가 선포하는 복음의 진정성을 문제 삼았던 것이다. 요컨대 적수들은 바오로가 2세대 사람이고 복음을 사람들에게 받았으며 그들에게 배웠다고 폄하했고, 이에 맞서 사도는 격렬히 항변했다. 바오로는 이렇게 확언한다: "그 복음은 내가 어떤 사람에게서 받은 것도 아니고 배운 것도 아닙니다. 오직 예수 그리스도의 계시를 통하여 받은 것입니다"(1,12). 그리고 이 계시의 의외성과 놀라움을 강조하기 위해, 자신이 박해 소행 중에 복음을 적대했음을 지적한 뒤, 계속 말한다: "그러나 어머니 배 속에 있을 때부터 나를 따로 뽑으시어 당신의 은총으로 부르신 하느님께서 기꺼이 마음을 정하시어, 내가 당신의 아드님을 다른 민족들에게 전할 수 있도록 그분을 내 안에 계시해 주셨습니다"(1,15-16).

바오로에게 주어진 그리고 그의 복음의 바탕이 된 사건으로서의 이 계시는 엄밀한 의미에서 종말론적인, 다시 말해 종말을 규정짓는 결정적인 드러냄으로 이해해야 하거니와, 드러냄의 대상은 그때까지 온전히 감추어져 있던 것이다. 이것은 과연 무엇이었던가? 이 계시 사건의 중요성을 고려하건대, 바오로의 삼가는 듯한 진술은 이상하게 보이기도 한다. 아무튼, 하느님께서 바오로 안에 당신 아드님을 계시하셨다(1,16).[41] 복음은 예수 그리스도의 계시에서 비롯한다(1,12).[42] 바오로에게 계시된 예수 그리스도가 그의 복음이다. 아무튼 이 함축성은 사실에 매우 걸맞으니, 예수 그리스도가 일으켜지고 고양된 분으로 계시됨으로써 결정적이고 보편적인 구원이 밝히 드러났기 때문이다.

그러므로 복음 선포는 예수 그리스도 안에서 성취된 보편적 구원의 선포와 같은 의미다. 이 과업을 떠맡는 것이 뒷사람들에게도 가능하지만, 바오로는 계시 수령자로서 선두에 서 있다. 그런 까닭에 바오로는 자신의 선포를 통해 그에게 계시된 복음을 특별한 방식으로 증언한다. 바로 이 점에서 바오로는 자신보다 먼저 사도가 되었고(갈라 1,17) 또 [케파와 열두 사도처럼(1코린 15,5)] 복음을 정초하고 증언하는 사람들과 동등성을 획득한다. 그것은 예수 그리스도의 계시로부터 비롯하는 동일한 복음이다. 복음은 오직 하나뿐이라는 것을 바오로는 깊이 확신하고 있었다. 복음의 단일성에 대한 이 확신에 바탕하여 바오로는 그리스도의 죽음과 부활을 담고 있는 코린토 1서 15,3-5의 신조 정식을 인용하는데, 그에게는 이 신조가 '옛 사도들'의 복음의 핵심이다(15,11). 바오로가 옛 사도들의 이 복음을 자신이 전해 받고 전해 주었다고 말하는, 즉 전승으로 특징짓는 것은, 자기 복음을 하느님에게 직접 받았다고 힘주어 주장하는 갈라티아서 1장과 긴장 관계에 있다. 아무튼 바오로는 코린토 1서 15,8-10에서 케파와 열두 사도로

---

[41] '내 안에'($\acute{e}\nu$ $\acute{e}\muo\iota$)라는 표현을 (마치 바오로의 부르심이 계시의 표지이거나 한 듯이) '나에게'로 번역해서는 안 된다. 추측건대 이 표현은 계시의 강렬함을 암시하고자 하는 것 같다. SCHLIER(Gal 55)의 견해도 비슷하다.

[42] 목적격적 소유격에 유의해야 한다. 16절이 이것을 가르쳐 준다.

시작되는 대열 마지막에 자신을 끼워 넣음으로써, 자기가 이들에게 전혀 뒤지지 않음을 암시한다.[43] 그리고 유념해야 할 점은, 계시 사건은 발설·증언되지 않은 채 남아 있으면 안 되고 언어로, 말마디까지 꼭 붙잡고 있어야 할(15,2) 언어로 설명되어야만 한다는 것이다. 계시 사건의 언어상 증언(전달을 위해 이에 의존한다)이 고유한 전승들을 낳는다.[44]

하느님께서 그리스도를 통해 성취하신 구원의 선포인 복음은 하느님의 복음(로마 1,1; 15,16 등), 그리스도의 복음(로마 15,19; 1코린 9,12 등) 그리고 한 번은 그분(하느님) 아드님의 복음(로마 1,9)으로 불린다. 이 복음은 하느님의 말씀(1테살 2,13), 믿음의 말씀(로마 10,8)이다. 설교는 '그리스도의 말씀을 통해서' 나오고, 그분 말씀에 근거한다(로마 10,17). 선포자와 관련하여 바오로는 '우리의 복음'(2코린 4,3: 1테살 1,5), '나의 복음'(로마 2,16)이라고 말한다. 하느님의 복음은 구원 사건으로서의 복음 선포를 겨냥하는 반면, 그리스도의 복음은 내용적인 면과 좀 더 관련된다고 전제해도 될 것이다. 그 내용은 예수 그리스도, 하느님의 아들, 주님, 십자가에 처형되신 분이니, 바오로나 다른 이들은 바로 그분을 선포한다(1코린 1,23; 2코린 1,19; 4,5; 필리 1,18).

갈라티아서 2,7-10이 전하는 베드로와 바오로의 합의 — 전자는 (유다인들을 위한) '할례의 복음'을 위임받았고 후자는 (이방인들을 위한) '비할례의 복음'을 위임받았다 — 는 한 가지 특수한 문제를 제기한다. 이 합의 뒤에는 무엇보다도 선교 영역 분할이 있다: 베드로는 유다인 선교를 주도하고 바오로는 이방인 선교를 주도한다. 이 분할 뒤에 복음과 관련되는 구별도 숨어 있었던가? (바오로의 관점에서는) 그렇다고 말할 수 없을 것이니, 실상 이 단락은 복음은 오직 하나뿐이라는 사도의 확신에 의해 규정지어져 있다: "나는 … 내가 다른 민족(이방인)들에게 선포하는 복음을 그곳 주요 인사들에게 따로 설명하였습니다. 내가 지금 하고 있는 일이나 전에

---

[43] STUHLMACHER(*Evangelium* 70)는 "아마도 풀 수 없는 난제"라고 말하는데, 지나치게 심각하다고 하겠다.

[44] 참조: ROLOFF, *Apostolat* 88-90.

한 일이 허사가 되지 않게 하려는 것이었습니다"(2,2). 그러나 곧이어 서술하는 안티오키아 사건은 오해가 있었음을 암시해 준다. 케파는 안티오키아에서 유다교 정결례 규정들을 지키느라 이방계 그리스도인들과 함께 먹는 일을 그만두었기 때문에, 바오로에게 면박을 당했다(2,11-14). 바오로의 견해로는 복음 이외에 어떤 다른 것(예컨대 율법)이 구원의 길에 필수적이라고 간주된다면, 하느님이 그리스도를 통해 성취하신 구원의 선포인 복음의 단일성이 의심스러워진다. 여기서 유의해야 할 것은, 바오로가 비난한 것은 베드로의 거짓 복음이 아니라 '복음의 진리'에서 벗어난 그의 처신이라는 사실이다(2,14).[45]

결정적 구원의 선포인 복음 선포는 그 자체가 구원 사건이 된다. 선포를 통해 복음은 구원 작용을 한다. 복음은 "믿는 사람이면 누구에게나 구원을 가져다주는 하느님의 힘"이다(로마 1,16). 사람들이 복음에 동참하기에, 바오로는 하느님께 감사드린다(필리 1,4-5). 그들은 밝히 드러난 구원 안으로 포섭된다. 이것의 가시적 표현이 공동체(교회) 창설이다. 바오로는 그리스도 예수 안에서 복음을 통해 코린토 교우들을 낳았다(1코린 4,15). 복음 선포는 물론 말을 통해 이루어지지만 — "선포하는 사람이 없으면 어떻게 들을 수 있겠습니까?"(로마 10,14) — 또한 "말로만이 아니라 힘과 성령과 큰 확신으로"(1테살 1,5) 이루어진다. 복음 선포에는 영의 특별한 작용들이 따르기도 한다. 그러나 사람들은 복음 선포의 깊은 차원을 궁극적으로는 선포가 계시 사건에 편입됨에서 비로소 인지한다. 바오로가 예수 그리스도의 계시에서 복음을 받았듯이 복음 선포는 이 '계시'에 동참하거니와, 이는 오직 믿음 안에서만 이해·포착할 수 있다. 복음을 통해 중개된 하느님 인식은

---

[45] HOLTZ[*NTS* 32 (1986) 353]는 복음의 구원 영역 안의 삶은 역사의 한 특정 형태에 매이지 않는 보편적 가능성이라는 것, 그러나 이 삶은 역사 안에 현존하며 따라서 언제나 한 구체적인 역사적 형태 안에 현존한다는 것을 상술한다. 안티오키아 사건에서는 베드로의 입장이 관철되었다. 그러나 결국 교회 안에서는 당시 유다계 그리스도인들에게 융통성 없다고 여겨졌던 바오로의 입장이 그야말로 무리하게 관철되었다: 나중에는 유다계 그리스도인과 이방계 그리스도인의 혼성 교회들은 더 이상 존재하지 않게 되었다.

인간에게 결단을 촉구하는 도전이다. 복음은 어떤 이들에게는 "죽음으로 이끄는 죽음의 향내"이고, 또 어떤 이들에게는 "하느님께 피어오르는 그리스도의 향기"다(2코린 2,15-16). 복음으로 계시된 사건은 하느님의 구원인 십자가다. 그런 까닭에 바오로는 그 중심이 예수의 십자가와 부활인 복음에 관해 말하는 대신, 자신이 선포하는 하느님의 신비에 관해 말할 수 있는 것이다(1코린 2,1-2). 과연 복음 안에서 모든 믿는 이를 위한(로마 3,22) 하느님의 의로움이 믿음에서 믿음으로 계시된다(1,17).

복음에는 전사前史가 아니라 '전前약속'이 있다. 전약속은 "하느님께서 당신의 예언자들을 통하여 미리 성경에 약속해 놓으신 것"(로마 1,2)이다. 물론 전약속으로는 실제 일어난 대로의 구원을 예고할 수 없었을 것이니, 복음은 엄밀한 의미에서 감추어져 있고 접근할 수 없는 것의 드러남이기 때문이다. 그러나 하느님 결의의 단서들은 추후에 성경에서 찾아볼 수 있다.

이로써 한 중요한 관점을 얻었거니와, 바오로는 이에 근거하여 지나간 모든 것을 판단한다. 이 관점은 복음과 일치하는데, 사도의 견해에 따르면 이 복음에 근거하여 '옛 계약'을, 그리고 인간의 과거도 올바로 평가할 수 있다. 예수 그리스도는 당신의 출현에서 하느님의 모든 약속에 대한 '예'이거니와 — "하느님의 그 많은 약속이 그분에게서 '예!'가 됩니다"(2코린 1,20) —, 그분이 그 모든 약속을 확증했음이 추후에 드러난다.

복음의 강력함은 이 세상의 지역·국가·지방들에 두루 현존하는 복음의 힘에서 알아볼 수 있다. 자신의 활동을 요약하면서 바오로는 자기가 예루살렘으로부터 일리리쿰에 이르기까지 사방에 그리스도의 복음을 온전히 완수·완결·집행했다고(로마 15,19)[46] 주장했다. 이 문장의 논리상 주어는 복음이니, 복음은 그야말로 인격적으로 표상된 그 현존을 통해 제국 동반부 전체에 스스로 작용한다. 바오로가 복음의 제자로 얻을 수 있었던 그리스도인이 상대적으로 드물었던 만큼, 이 확신은 실로 인상 깊다.

---

[46] 마지막 것은 WILCKENS의 번역이다.

물론 모든 사람이 복음에 순종하지는 않았다(로마 10,16). 십자가의 선포는 세상에게는 어리석음이었다(1코린 1,21). 바오로는 그렇게 그리스도에게 사로잡혀, 모든 일을 복음을 위해 수행했다(9,23). 사도는 제의적 은유를 통해 자기는 하느님의 복음에 사제로 봉사하여, 자신의 복음 선포를 받아들인 이방인들을 이를테면 하느님이 기꺼이 받으시는 제물로 봉헌했다고 표현할 수 있었다(로마 15,16). 또는 이렇게 공언할 수 있었다(혹시 종교법 언어를 사용했던가?)[47]: "사실은 내가 복음을 선포한다고 해서 그것이 나에게 자랑거리가 되지는 않습니다. 나로서는 어찌할 수 없는 의무이기 때문입니다. 내가 복음을 선포하지 않는다면 나는 참으로 불행할 것입니다"(1코린 9,16).

2.2 사도직

사도직은 복음과 상응한다. 바오로는 예수의 계시를 통해 복음을 받았을 때, 사도로 부르심을 받은 것이다. 이 부르심은 바오로 신학의 전기傳記적 단락을 이룬다. 바오로가 종종 개진하는 사도직에 관한 사상은 언제나 그에게 주어진 부르심과 상당히 관련되어 있다. 바오로는 다른 사도들, 자신보다 먼저 사도가 된 사람들이 있음을 물론 알고 있었다. 그들의 자기 이해는 많은 부분이 우리에게 아직도 불명료하다. 우리는 바오로를 통해 한 사도의 자기 이해에 접근하는 까닭에, 우리의 사도상像이 그의 자기 이해에 의해 강하게 꼴지어져 있음은 당연하다. 그런데 이보다는 루카계 문헌의 사도상이 교회 전통에 더 깊은 영향을 끼쳤다. 이 사도상은 루카 신학의 산물인데, 해당 단락에서 다룰 것이다. 여기서는 바오로의 사도관에만 관심을 집중하고, 사도 개념의 보다 포괄적인 사용 — 예컨대 "교회들의 대표"(2코린 8,23), "에파프로디토스 … 여러분의 대표"(필리 2,25) 등 — 에 대해서는 다루지 않겠다.

---

[47] STUHLMACHER(*Evangelium* 87-88)의 추측이다.

바오로의 사도 소명召命은 복음의 제한 없는 보편적 선포의 사명을 내포한다. 그러므로 이 소명은 하느님이 그리스도를 통해 성취하신 구원의 선포 과업 수행에 의해 특징지어질뿐더러, 처음부터 모든 인간을 겨냥하고 있다. 따라서 오로지 유다 민족에 정향된 특수주의적 구원 사상의 극복은 바오로에게서 가장 옹골찬 주창자를 발견한다. 바오로에게 하느님의 아들의 계시가 선사된 것은, 그가 그분을 복음을 통해 이방인들에게 선포하기 위함이었다(갈라 1,16).

바오로 서간들을 연대순으로 일별하면, 사도직에 관한 진술들이 시간이 흐를수록 상세해지는 것처럼 보이지만, 아무튼 보편적 복음 선포 사명이 처음부터 분명히 주어져 있었음을 전제해도 될 것이다. 테살로니카 1서 인사말에 사도 칭호가 빠져 있는 것은(1,1), 이런 관점에서 별로 중요하지 않다. 바오로는 "우리는 하느님께서 우리를 인정하여 맡기신 복음을 그대로 전합니다"(2,4)라고 공동체에 확언한다. 주요 서간들 인사말에서 바오로는 자신을 이렇게 소개한다: "하느님의 뜻에 따라 그리스도 예수님의 사도로 부르심을 받은 바오로"(1코린 1,1); "사람들에게서도 또 어떤 사람을 통해서도 파견된 것이 아니라, 예수 그리스도와 그분을 죽은 이들 가운데에서 일으키신 하느님 아버지를 통해서 파견된 사도인 나 바오로"(갈라 1,1); "그리스도 예수님의 종으로서 사도로 부르심을 받고 하느님의 복음을 위하여 선택을 받은 바오로"(로마 1,1). 바오로에게는 복음 선포가 사도 소명으로, 관리해야 할 직무로 맡겨졌다[οἰκονομία(관리): 1코린 9,17-18; 참조: 1,17]. 사도 소명의 목적은 "모든 민족들에게 믿음의 순종을 일깨우려는 것"(로마 1,5)이다. "관리인(οἰκονόμος)에게 요구되는 바는 그가 성실한 사람으로 드러나는 것입니다"(1코린 4,2). 바오로는 자신이 이방인들을 위해 부름 받았음을 의식하고 있었다. 그러나 바오로의 선교 활동은 궁극적으로 언제나 자신의 겨레를 염두에 둔 것이었다. 사도는 제 겨레를 '나의 살'이라고 부를 만큼 애지중지했다. 필경 바오로에게 이 구원사적 맥락들은 그의 활동이 진척되면서 비로소 명료해졌으며, 이는 이스라엘이 갈수록 더욱 복음을 배척한다는 극히 비통한 인식과 결부되어 있었다. 그러나 바오로의 마지막 편지는 위안을 주는 통찰을 제공하니, 이방인들 가운데서의 사도의 활동이 얽히고설킨 길을 통해 이스라엘이 구원되는 데 이바지하게 되리라는 것이다(로마 11,13-14.25-26).

바오로는 자신의 사도 소명을 하느님이 자유로이 선사하신 은총으로 이해했으며, 자기 활동이 이 은총에 의해 지탱되어짐을 알고 있었다: "나는 … 수고했습니다마는, 내가 아니라 나와 함께 있는 하느님의 은총이 한 것입니다"(1코린 15,10). 교회 박해자의 길에서 그를 구해 낸 바오로 소명의 특수 상황은, 자신이 은총에 매여 있다는 사도의 의식을 심화시켰다. 교회 안의 적수들에게 그를 수상쩍게 보이게 만든 것이, 오히려 바오로에게는 끊임없는 감사의 원인이 되었다. 바오로의 사도 실존이 이런 이중 체험에 의해 형성되었다는 사실은, 그 맥락에서 나온 그의 진술이 암시해 준다: "나는 사도들 가운데 가장 보잘것없는 자로서, … 그러나 … 나는 그들 가운데 누구보다도 애를 많이 썼습니다"(15,9-10). 바오로는 (예언자로 자칭하는 것은 삼갔지만) 자신의 사도 소명이 예레미야 예언자의 소명과 유사하며, 태어나기 전부터 하느님의 결정에 포함되어 있었다고 여겼다: "어머니 배 속에 있을 때부터 나를 따로 뽑으시어 당신의 은총으로 부르신 하느님께서 …"(갈라 1,15; 참조: 예레 1,5).[48]

그러나 바오로가 당연하다는 듯이 사용하는 여러 다른 자칭들이 있는데, 그는 이것들로 자신과 협력자들을 묶을 수 있었다. 이 자칭들은 무엇보다도 자신은 매인 사람이라는 바오로의 생각을 드러내 준다. 첫째로 '그리스도 예수의 종'을 꼽아야 할 것인데, 이 자칭은 서간들 인사말에 사도 칭호 대신, 또는 그것과 나란히 나온다(필리 1,1; 로마 1,1). 종은 개념상 주인(주님)과 짝을 이룬다. 그런데 구약성경에서 모세 · 다윗 · 아브라함이나 예

---

[48] 바오로는 예레미야가 이방 민족들의 예언자로 세워졌다는 데서도 유사성을 보았을 것이다. 갈라티아서 1,15가 이사야서 49,6에 의존하고 있는지는 확정할 수 없다.

언자들 같은 출중한 하느님의 사람들이 '주님(하느님)의 종'으로 지칭될 수 있었음을 유념해야 한다.[49] 바오로가 기존의 낱말 조합을 수용했으리라 추정할 수도 있다. '고용된 존재'는 그 연원이 하느님뿐 아니라 그리스도에게도 있다. 바오로와 협력자들은 그리스도의 일꾼들(ὑπηρέται; 1코린 4,1)[50]이요 하느님의 일꾼들(διάκονοι; 2코린 6,4)이며, 새 계약의 일꾼들(3,6)이기도 하다. 하느님이 그들을 통해서 권고하심으로써, 그들은 그리스도를 대리하여 '사절 구실을 한다'(5,20).[51] 복음 때문에 감옥에 갇혀 있는 상황에서 바오로는 '그리스도 예수의 수인'(필레 1절)을 자처한다. 주님의 일을 하는(1코린 16,10 참조) 사명에 비추어 보건대, 바오로는 자기 다음에 코린토 교회에서 선교 활동을 한 아폴로와 더불어 하느님의 협력자다(3,9).[52]

'고용된 존재'는 공동체(교회)들을 위한 것이다. 바오로는 공동체들에 대해서도 한 번 종이라 자칭한다. 그러나 여기에는 주님께의 공동 순종이 암시되어 있다: "우리가 선포하는 것은 우리 자신이 아닙니다. 우리는 예수 그리스도를 주님으로 선포하고, 우리 자신은 예수님을 위한 여러분의 종으로 선포합니다"(2코린 4,5). 책임, 사랑, 권위를 함의하는 '아버지'라는 자칭은 실감나는 은유가 된다. 바오로는 자신이 코린토 교우들을 그리스도 안에서 복음을 통해 낳았으며, 따라서 그들의 아버지라고 당당히 주장한다(1코린 4,15). 아버지는 그 지위가 교사와는 크게 다르니, 사도는 아버지가 자녀들을 대하듯 교우들 각자를 훈계할 수 있는 권한과 자격이 있다(1테살 2,11-12). 사랑의 헌신은 자녀들을 아끼는 어머니 은유에서 더욱 뚜렷이 드러난다(2,7). 이 생생한 부모 은유가 특히 테살로니카 1서에 나온다는 것은

---

[49] 칠십인역 2열왕 7,5; 4열왕 18,12; 시편 88,4.21; 104,26; 이사 48,20; 예레 25,49; 26,27; 아모 3,7; 말라 3,24.

[50] ὑπηρέτης는 지위가 높은 사람을 돕는 자다.

[51] πρεσβεύω(사절 구실 하다)는 신약성경에서 에페소서 6,20에 또 한 번 나오는데, 일상 그리스어에서는 황제 사절들에게도 사용되었다. 참조: DEISSMANN, *Licht vom Osten* 320.

[52] 두 가지로 이해할 수 있다: ① 하느님과 함께 일한다 ② 두 사람이 하느님께 봉사하기 위해 함께 일한다. 첫째 것을 우대해야 한다.

시사하는 바가 큰데, 이 서간 집필 당시 바오로는 필경 공동체 구성원 하나하나를 뚜렷이 기억할 수 있었던 것이다. 또 하나의 각별히 자애로운 관계가 바오로를 노예 오네시모스와 묶어 주었는데, 사도는 그를 옥중에서 얻었고 그는 사도의 자식이 되었다(필레 10절).[53]

사도직과 복음과 교회(공동체)는 뗄 수 없는 통일체를 이룬다는 것이 이미 분명해졌다. 사도직 활동은 복음 선포를 넘어 교회 창설을 통해 비로소 일차적 목표를 달성한다. 여기서 사도에게 주도권이 마땅히 귀속되며, 그는 그리스도가 아직 알려지지 않은 곳에 새로운 교회를 탄생시킨다. 그리하여 바오로는 공동체들의 아버지일 뿐 아니라, 공동체 이식자移植者요 예수 그리스도를 유일무이한 기초로 놓은 지혜로운 건축가이기도 하며(1코린 3,9-10), 또한 공동체들을 파괴하지 않고 건설할 전권을 위임받았다(2코린 10, 8 참조). 그리고 바오로는 자기 공동체들과 언제나 결합되어 있다. 공동체는 모든 사람이 읽을 수 있는 사도의 추천서다(3,2). 그 내용이 예수 그리스도인 복음의 전달을 바오로는 온전히 인격적인 방식으로 수행했으니, 바로 본받음($\mu\iota\mu\eta\sigma\iota\varsigma$)이 그것이다. 사도는 자신을 본받으라고 거듭 촉구한다: "나를 본받는 사람이 되십시오"(1코린 4,16; 참조: 1테살 1,6); "나에게서 배우고 받고 듣고 본 것을 그대로 실천하십시오"(필리 4,9). 그러나 자기를 본받으라는 이 권고는 어디까지나 바오로 자신이 그리스도를 본받는 자이기에 타당하거니와(1코린 11,1), 과연 그를 본받음으로써 스스로 다른 이들의 본보기가 되는 사람들도 있다(필리 3,17).[54] 이런 방식으로 사도는 그야말로 복음의 모델이 되니, 그에게서 교우들은 그리스도인 실존이 어떻게 성취될 수 있고 또 되어야 하는지를 확인한다.

이로써 복음 선포의 신뢰성을 위한 한 가지 중요한 요소도 제시되었다. 인격적으로 체현된 복음 전달은 복음의 운명이, 복음의 전진 혹은 저지가

---

[53] 갈라티아서 4,19는 어머니 은유를 첨예화한다: 바오로는 복음으로부터 떨어져 나갈 위험에 처한 갈라티아 교우들을 위해 다시금 산고를 겪는다.

[54] 이 구절에는 희귀한 낱말 $\sigma\upsilon\mu\mu\iota\mu\eta\tau\eta\varsigma$(함께 본받는 자)가 나온다.

바로 사도의 운명과 일치하는 데까지 나아갈 수 있다. 이런 인상은 특히 필리피서 1,12-13에서 받을 수 있는데, 여기서 바오로는 감옥에 갇힌 자기네 사도의 소식을 고대하던 필리피 교우들에게 자신의 상황을 곧장 복음의 상황과 결부시켜 말한다: "형제 여러분, 나에게 닥친 일이 오히려 복음 전파에 도움이 되었다는 것을 알기 바랍니다. 내가 그리스도 때문에 갇혀 있다는 사실이 온 경비대와 그 밖의 모든 사람에게 알려졌습니다."

바오로가 교회와 그리스도에 대한 자신의 관계에 적용하는 신부 아버지라는 독특한 은유가 또 하나의 관점을 열어 준다. 신랑인 메시아 그리고 신부인 하느님 백성, 교회(여기서는 지역 공동체를 가리킨다)에 관한 기존의 비유를 수용하여, 사도는 신부를 순결하게 신랑에게 인도하기 위해 그녀를 열정적으로 보호하는 신부 아버지 역할을 자임한다(2코린 11,2).[55] 이로써 신부가 신랑에게 인도되어야 할 때인 그리스도의 재림이 차츰 부각되거니와, 임박한 종말을 대망하는 바오로는 그때까지 공동체를 책임진다.

바오로의 사도로서의 자기 이해에는 고통과 환난이 포함된다. 그러나 사도가 몸소 겪어야 했던 이것들은(2코린 11,16-33 참조) 일종의 객관적 필연성에 따른 일이기도 했다. 바오로가 복음 선포에서 본보기가 될 수 있었던 것은, 어디까지나 수난의 길을 걸어가신 그리스도를 본받으려 스스로 노력했기 때문이다: "또한 여러분은 큰 환난 속에서도 성령께서 주시는 기쁨으로 말씀을 받아들여, 우리와 주님을 본받는 사람이 되었습니다"(1테살 1,6). 복음이 예수의 십자가와 부활에 중심을 두고 있다면, 사도의 실존은 그 복음을 일정하게 표상하며, 그래서 사람들은 그 실존에서 이를테면 복음의 체현을 알아볼 수 있다. 그런 까닭에 바오로는 자신의 환난을 언급할 때, 실상 언제나 자기가 체험한 위로와 힘에 관해서도 말한다. 그러면서 사도는 항상 공동체를 염두에 두고 있다: "우리가 환난을 겪는 것도 여러

---

[55] 참조: WINDISCH, *2 Kor* 320-324 (Exkurs: Die Gemeinde als Braut des Christus). WINDISCH에 따르면 신부 중매인보다는 신부 아버지 표상이 우대받아야 한다. 옳은 견해다.

분이 위로와 구원을 받게 하려는 것이고, 우리가 위로를 받는 것도 여러분이 위로를 받게 하려는 것입니다"(2코린 1,6); "우리는 언제나 예수님의 죽음을 몸에 짊어지고 다닙니다. 우리 몸에서 예수님의 생명도 드러나게 하려는 것입니다"(4,10). 바오로의 삶에는 십자가가 압도적으로 작용했으나, 또한 사도는 자기 주님의 도움의 능력을 끊임없이 감지했으며, 그는 이것을 부활 선취의 권능으로 인식했다; 이 권능은 몸을 포괄하는 궁극적 구원을 약속한다. 모든 그리스도인은 똑같은 길을 가기에, 여기서 그들에게는 자기네 사도가 본보기가 된다. 바오로는 다른 사람들보다 심한 환난을 견뎌내야 했다. 병약하고 보잘것없는 인상, 사도가 종종 보여 준 패배자의 모습이 그에게는 승리의 확증이었다. 사도의 실존은 역설이 된다: "우리는 이 보물을 질그릇 속에 지니고 있습니다. 그 엄청난 힘은 하느님의 것으로, 우리에게서 나오는 힘이 아님을 보여 주시려는 것입니다"(4,7).[56]

사도로서 겪은 엄청난 수난은 복음 선포와 함께 주어진 바오로의 보편적 사명과 결부되어 있다. 바오로는 스토아학파에서 즐겨 사용하던 연극의 비유로, 자신은 세상이라는 무대에서 제 역할을 한다고 생각했다: "우리는 세상과 천사들과 사람들에게 구경거리가 되었습니다."[57] 바오로의 역할은 세상 사람들에게 어리석은 광대 역할로 보였을 것이다(1코린 4,9-10; 참조: 2코린 11,16).

사도의 전권은 그의 소명에 근거한다. 이것은 교회를 건설하고(2코린 10,8) 주님 예수의 권위 또는 이름으로 권고하고 당부하는(1테살 4,2; 1코린 1,10) 전권이다. 바오로는 종종 그러나 분명히 주저하면서, 사도로서의 표징들, 사람들 가운데서 행한 표징들과 기적들을 내세운다(2코린 12,12; 로마 15,19). 이 표현들에서는 고정된 어휘들이 사용됨을 주목해야 한다. 표징과 기적

---

[56] 보물이 구체적으로 무엇인지는 논란되고 있다. BULTMANN(*2 Kor* 114-115)은 사도직으로, WINDISCH(*2 Kor* 141-142)는 복음으로 본다. 그러나 이 둘의 긴밀한 관계를 떼어 놓지 않는 것이 좋다.

[57] 스토아학파에서의 예증들: LIETZMANN, *1 und 2 Kor* 20.

은 적수들에게 중요했으나, 바오로에게는 별로 그렇지 않았다. 신뢰성을 주장하고 획득하는 사도로서의 권위는, 수난에 대한 바오로의 기꺼운 각오와 십자가 추종이라는 지평 안에서 찾아야 한다.

참고문헌

C.K. BARRETT, *The Signs of an Apostle* (London 1970).

J. BECKER, *Paulus* (Tübingen 1989) 60-86.

J.A. FITZMYER, The Gospel in the Theology of Paul: *Interp* 33 (1979) 339-350.

E. FUCHS, La faiblesse, gloire de l'apostolat selon Paul: *ETR* 55 (1980) 231-253.

F. HAHN, Der Apostolat im Urchristentum: *KuD* 20 (1974) 54-77.

T. HOLTZ, Zum Selbstverständnis des Apostels Paulus: *ThLZ* 91 (1966) 324-330.

—, Der antiochenische Zwischenfall: *NTS* 32 (1986) 344-361.

K. KERTELGE, Das Apostelamt des Paulus: *BZ* 14 (1970) 161-181.

G. LÜDEMANN, *Paulus der Heidenapostel* I (FRLANT 123) (Göttingen 1980).

O. MERK, Paulus-Forschung 1936~1985: *ThR* 53 (1988) 1-81.

J. ROLOFF, Apostolat – Verkündigung – Kirche (Gütersloh 1965).

W. SCHMITHALS, *Das kirchliche Apostelamt* (FRLANT 79) (Göttingen 1961).

A.F. SEGAL, *Paul the Convert* (New Haven 1990).

P. STUHLMACHER, *Das paulinische Evangelium* I (FRLANT 95) (Göttingen 1968).

3. 인간관

3.1 하느님의 조물인 인간

인간이 하느님의 피조물이라는 구약성경의 사상은 바오로에게도 자명했다. 하느님은 모든 존재, 창조된 모든 것의 근원이시다: "모든 것이 그분에게서 나왔다"(1코린 8,6; 참조: 11,12ㄷ; 로마 11,36). 삼라만상 중에 하느님에 의해 존재로 불리지 않은 것은 아무것도 없다. 바오로가 넘겨받은 창조 사상은 영지주의에서처럼 악에 대해 책임이 있다는 어떤 제2의 창조자를 용납하지 않는다. 또 스토아철학의 범신론에서처럼 우주를 신격화하지도 않는다. 인간은 창조계 안에서 조물로서 현존한다. 자신이 창조되었다는 사실 그리고 하느님이 창조자시라는 사실을 인정하는 것은 인간의 자기 이해에 근본적으로 중요하다: "세상과 그 안에 가득 찬 것들은 주님의 것입니다"(1코린 10,26 = 시편 24,1).

그런데 창조에 관한 언명들(그렇게 많지는 않다)에서 특징적인 것은, 이 언명들이 그리스도와 또는 그분을 통해 성취된 구원과 관련지어진다는 점이다. 여기에는 창조계의 부패에 대한 인식이 암시되어 있다. 바오로가 그리스도의 창조 중보직에 관한 기존의 그리스도교적 관념을 수용한(1코린 8,6: "모든 것이 그분으로 말미암아 있고 우리도 그분으로 말미암아 존재합니다") 것이, 그런 맥락들을 암시한다. 창조에 대한 관점은 이어지는 역사를 포괄한다.

이 맥락은 인간 창조에 관해 말하는 대목에서 특히 뚜렷이 드러난다. 바탕 말씀은 칠십인역 창세기 2,7이다: "야훼 하느님께서 흙의 먼지로 사람을 빚으시고, 그 코에 생명의 숨을 불어넣으시니, 사람이 생명체가 되었다." 바오로는 이 창세기 말씀의 둘째 문장을 매우 자의적으로 인용한다:

"성경에도 이렇게 기록되어 있습니다. '첫 인간 아담이 생명체가 되었다'"(1코린 15,45). 이는 일종의 의역意譯적 해석처럼 보이기도 하는데, 이 해석은 바오로가 성경 인용문에 덧붙인 말에서 더욱 첨예화된다: "마지막 아담은 생명을 주는 영이 되셨습니다"(15,45). 여기서 아담의 창조는 새 창조를 개시하는 그리스도와 맞세워져 있을 뿐 아니라, 이 관계에서 열등한 것으로 확언된다. 이 대비는 프쉬케(ψυχή, 생명)와 프네우마(πνεῦμα, 영)라는 범주에 의해 질적으로 규정되어 있다. 프쉬케는 지상적 영역에 속한다. 질적 차이는 더욱 엄밀해진다: "첫 인간은 땅에서 나와 흙으로 된 사람입니다. 둘째 인간은 하늘에서 왔습니다. 흙으로 된 그 사람이 그러하면 흙으로 된 다른 사람들도 마찬가지입니다. 하늘에 속한 그분께서 그러하시면 하늘에 속한 다른 사람들도 마찬가지입니다. 우리가 흙으로 된 그 사람의 모습을 지녔듯이, 하늘에 속한 그분의 모습도 지니게 될 것입니다"(15,47-49). 바오로는 아담과 그리스도를 병치併置시킴으로써 당대의 기존 창세기 해석들 중 하나[58]를 그리스도에게 적용시킨다. 이 문맥에서 중대 관심사는 물론 그리스도를 믿는 사람들이 열망하던 부활이다(창조에 관한 언명 자체도 고유한 의미를 지니지만). 흙으로 빚어진 아담의 형상으로서 모든 인간은 죽음을 면치 못하는 덧없는 존재이고, 그의 시간은 한정되어 있으며, 더 고귀한 것으로 불리었지만 흙으로 돌아간다.

인간의 창조에 대한 이 해석은 물론 죄를 지을 수 있는 인간의 자유를 배제하지 않는다. 앞으로 다루려니와, 죄는 인간 실존의 우연성의 필연적 결과가 아니다. 아담은 자유로이 죄에 문을 열어 주었다(로마 5,12 참조).

창조에 관한 또 다른 중요한 말씀은 인간 구원의 관점에서 인간 창조에

---

[58] 이 해석 전통을 정확히 규정하기란 매우 어렵다. 이 전통은 원인간 관념의 테두리 안에 자리잡고 있다. 참조: BRANDENBURGER, *Adam* 68-157. 참조: C. COLPE, *Die religionsge-schichtliche Schule* (FRLANT 78) (Göttingen 1961). Philo는 두 원인간에 대한 관념도 알고 있다. 그는 이 관념을 창세기 1장과 2장의 두 창조 기사에 근거하여 개진하는데, leg. all. 1,42 에서 두 원인간의 질적 차이를 이렇게 기술한다: 첫째 원인간은 하느님 영을 온전히 소유한 반면, 둘째 원인간은 단 한 번 일시적이고 피상적으로 영의 기미(幾微)를 느꼈다.

대한 통찰을 제공해 준다. 인간의 비길 바 없는 존엄성의 본질은, 하느님이 인간을 (제관계 창조 기사에 따르면) 당신과 비슷하게 당신 모습으로 창조하셨다는 데 있다(창세 1,26-27). 물론 바오로도 이 창조 기사를 잘 알고 있었다. 그러나 사도가 이 하느님 모상성이 인간의 범죄 이후 변함없이 존속한다고 생각했던가 아니면 손상되었다고 생각했던가라는 물음을 제기해야겠다. 바오로가 모상-관념을 다루는 방식으로 미루어 보건대, 후자인 것 같다. 그리스도를 '하느님의 모상'이라 지칭하는(2코린 4,4) 배경에는, 그리스도와 아담의 동일시 또는 새로운 아담인 그리스도에 대한 관념이 있다고 추측할 수 있다.[59] 이와 함께 다른 (예정된) 인간들을 염두에 둔, 그들의 손상된 존엄한 하느님 모상성의 회복이, 그리스도의 모상으로의 변화에 관한 언명들 안에 암시되어 있다: "하느님께서는 미리 뽑으신 이들을 당신의 아드님과 같은 모상이 되도록 미리 정하셨습니다. 그리하여 그 아드님께서 많은 형제 가운데 맏이가 되게 하셨습니다"(로마 8,29)라고 바오로는 말하는데, 추측건대 기존의 전통적 신조와 연계되어 있다. 코린토 2서 3,18도 동일한 사상을 담고 있다: "우리는 모두 너울을 벗은 얼굴로 주님의 영광을 거울로 보듯 어렴풋이 바라보면서, 더욱더 영광스럽게 그분과 같은 모습으로 바뀌어 갑니다. 이는 영이신 주님께서 이루시는 일입니다." 바라봄, 바로 거울 보듯 하는 바라봄을 통한 변모는 주변 세계 문헌에서 친숙한 것이었다.[60] 그리스도의 모상으로 모습이 변하는 과정은 이미 현세에서 시작되며 종말에 완성될 것이다.

바오로가 하느님 모상성의 상실 혹은 손상을 어디서도 분명히 말하지 않는 것은 사실이다. 그러나 그런 상실이나 손상은, 하느님의 모상인 그리스도를 통해 하느님 모상성을 필경 더 고귀한 것으로 재획득한다는 앞의 언급이나, 우리 모두가 하느님의 영광을 상실했다는(로마 3,23) 관련 언명에서 추측할 수 있다. 여기서도 인간이 창조될 때 지녔던 고귀한 존엄성을

---

[59] G. KITTEL: *ThWNT* II 394.   [60] 예증들: BULTMANN, *2 Kor* 94-98.

뒤돌아본다.[61] 우리는 지금 "흙으로 된 그 사람(아담)의 모습"(1코린 15,49)을 지니고 있다. 창세기 5,3("아담은 … 자기와 비슷하게 제 모습으로 아들을 낳았다")을 상기시키는 이 문장으로써, 아담적 인간에 관한 바오로의 관념을 우선은 그런대로 요약할 수 있을 것이다. 이는 조상을 통해 우리에게 전해진 하느님 모상성이 손상되었음을 의미한다고 하겠다. 이 모상성은 상실되지는 않았으나, 부서졌다. 그럼에도 아담적 인간은 구원에 열려 있다.

바오로가 해석을 하면서 창조 질서를 경시하지 않았음은 코린토 1서 11,7에서 추론할 수 있는데, 여기서 사도는 남자를(여자와 구별하여 오직 남자만을) '하느님의 모상이요 영광'이라 말한다. 여기서 맥락은 코린토 교우들과의 논쟁이다. 바오로는 시대 풍조에 따라 단정치 못한 모습으로 예배에 참석하는 여성들에게 위계 질서를 촉구한다.[62] 여자는 '남자의 영광'이라 말한다. 여기서 일종의 우주적 위계(11,3: 하느님-그리스도-남자-여자)를 내세우는 바오로는 동시대의 관습들에 매여 있다.[63] 그런데 이 엄정한 위계에서 그리스도는, 모상-관념에서와 마찬가지로, 하느님과 인간 사이의 존재로 거론된다. 창조 질서에 근거한다는 여성 종속 관념은 시대의 제약을 받는 것이므로 신학적 사실 비판이 절실히 필요하다. 또한 구원 질서와 관련되는 11절의 긍정적 언명도 간과해서는 안 된다: "그러나 주님 안에서는 남자 없이 여자가 있을 수 없고 여자 없이 남자가 있을 수 없습니다."[64]

---

[61] KÄSEMANN, *Röm* 86. 모세 묵시록 20장과 비교해 보라: "나는 내가 입고 있던 나의 영광을 빼앗겼다." 구약성경은 하느님 모상성의 상실 관념을 모른다. 그러나 성경 속 조상의 시대에는 아주 길었던 수명이 세대를 거듭할수록 계속 줄어드는 것은, 인간의 원천적 생명력과 천부적 영력(靈力)의 쇠퇴를 암시한다. 참조: G. VON RAD: *ThWNT* II 390. ELTESTER(*Eikon* 163-164)는 바오로가 하느님 모상성의 손상 혹은 상실을 전제하고 있다는 견해에 대해 조심스러운 입장을 취한다. 그러나 이 관념이 수긍할 만하다는 것은 인정한다.

[62] 여자들이 머리에 너울을 쓰지 않고 예배에 참석했다. 참조: M. KÜCHLER, *Schweigen, Schmuck und Schleier* (NTOA 1) (Freiburg/Schweiz - Göttingen 1986).

[63] 예증들: ELTESTER, *Eikon* 120.

[64] 참조: THÜSING, *Gott und Christus* 21. 여성의 종속이 야훼계 창조 기사 — 여자는 남자로부터 창조되었다(창세 2,21-24) — 에 의해 조장되었다고 볼 수는 없다.

참고문헌

F.-W. ELTESTER, *Eikon im NT* (BZNW 23) (Berlin 1958).

W. GUTBROD, *Die paulinische Anthropologie* (BWANT IV/15) (Stuttgart 1934).

J. JERVELL, *Imago Dei* (FRLANT 76) (Göttingen 1960).

U. SCHNELLE, *Ntl. Anthropologie* (Neukirchen 1991).

3.2 인간 — 몸 존재

바오로는 인간론의 다양한 범주를 자유로이 사용하는데, 그것들의 도움으로 인간에 관해 말하고 인간존재를 묘사한다. 가장 중요한 (그리고 가장 많은 논란을 불러 일으킨) 범주들 가운데 하나는 소마(σῶμα: 몸, 육신)다. '몸'이란 그리스의 심신이원론에서처럼 인간의 한 부분만을 가리켜 말하는 것이 결코 아니라는 것을 처음부터 분명히 해 두어야 할 것이다. 오히려 언제나 한 특정 관점에서 보는 통사람(全人)을 의미한다. 몸은 결코 영혼과 대립되는 것이 아니다. 유일한 예외로 보이는 테살로니카 1서 5,23에서 "평화의 하느님께서 … 여러분의 영과 혼과 몸을 온전하고 흠 없이 지켜 주시기를 빕니다"라고 인사할 때에도, 인간을 부분들로 나누는 게 아니라 그 총체성 안에서 둘러 말하고 있는 것이다.[65] 바오로는 그리스의 인간론 개념들도 수용하지만, 근본적으로는 언제나 성경-셈족 인간론에 뿌리박고 있거니와, 여기서는 인간이 나누어질 수 없는 통일체다. 따라서 바오로는 셈족의 인간관에 부응하여 몸에 대해 긍정적인 시각을 가지고 있었음이 분명하다. '소마-세마'(σῆμα, 감옥)('육신은 영혼의 감옥')라는 표어가 시사하는, 육신을 벗어 버림에서 영혼의 감옥으로부터의 해방을 보는 헬레니즘 · 영지주의의 견해에 바오로는 결코 동의할 수 없었을 것이다. 오직 바오로에게 영혼으로서만 존재하는 인간은 불완전한 인간이라 하겠다.

---

[65] E. SCHWEIZER(*ThWNT* VII 1057)에 따르면 테살로니카 1서 5,23은 전승 구절이다.

소마 개념의 다양한 측면을 파악하기 위해서는 특정 관점들에 따라 해당 구절들을 한데 묶는 것이 바람직하다. 단지 육신적 부재 혹은 현존을 표현하는 단순한 구절들이 있다: "나는 비록 몸으로는 떨어져 있지만 …"(1코린 5,3); "직접 대하면 그는 몸이(직역: 몸의 나타남은) 약하고 말도 보잘것없다"(2코린 10,10). 과연 말씀을 선포하기 위해서는 육신적 현존이 필요하다. 소마는 공간과 시간 안의 현존이요, 인격에 귀착되며, 나 자신이다.

소마로서 인간은 자연과 역사의 한 부분이고, 한 조각 세상이다. 여기서 자연이란 현존하는 인간을 항구적으로 규정짓는 요소들 이상의 것을 의미하지 않는다. 자연으로서 인간은 덧없고, 그의 생애는 한정되어 있으며, 그의 몸은 죽음을 면치 못한다(로마 6,12; 8,11; 참조: 2코린 5,4). 백 살이 다 된 아브라함은 자기 몸이 아기를 낳을 수 없음을 알고 있었다(로마 4,19). 그러나 자연은 인간이 그 진행을 책임지고 있는 역사의 표출이다.[66] 인간은 장차 그리스도의 심판대 앞에서 '몸을 지니고', 즉 몸살이로 행한 좋은 것이나 나쁜 것의 책임을 져야 한다(2코린 5,10). 세상의 일부인 인간은 자신이 대표한 한 조각 세상에 대해 책임을 진다.

사람은 몸이기 때문에, 자기 자신과 관계 맺을 수 있고 제 몸을 규정지을 수 있다. 자기 몸을 단련하고 복종시키고(1코린 9,27), 불사르게 내줄 수도 있다(13,3). 무엇보다도 몸은 다른 몸들과 관계 맺고 소통하고 맞설 수 있다. 남자와 여자의 성적 결합에 관한 바오로의 말에 소마 개념이 나오는 것은 주목할 만하다.

여기서도 육신성의 관점에서 통사람에 관해 말한다: "아내의 몸은 아내가 아니라 남편의 것이고, 마찬가지로 남편의 몸은 남편이 아니라 아내의 것입니다"(7,4). 부부 생활에 관한 이 가르침은, 만일 몸을 인간에게서 분리될 수 있는 어떤 것으로 여긴다면, 잘못 알아듣게 된다. 성행위에서 성취되는 남편과 아내의 결합은 통사람을 요구한다.

---

[66] 참조: BAUER, *Leiblichkeit* 185 Anm. 14.

성적 결합이 인간을 통째로 요구한다는 것은, 음행에 대한 경고에서 더 극명하게 표현된다: "탕녀와 결합하는 자는 그와 한 몸이 된다"(6,16). "남자는 … 아내와 … 한 몸이 된다"(창세 2,24)라는 창세기 말씀을 모방한 이 표현은 의도적으로 '몸'이라는 개념을 선택하는데, 그 까닭은 다른 맥락에, 즉 그리스도가 당신께 믿음을 고백하는 사람들에게 마땅히 제기할 수 있는 요구에 주의를 환기시키기 위해서다. 이 요구는 구체적 순종을 겨냥하며, 이 순종은 몸 안에서, 몸살이로 실천되어야 한다. 몸이라는 관점에서 예상할 수 있는 구체적 순종은 이 구절에서 상충되는 두 가지 가능성으로 전개되니, 탕녀의 지체가 되든지 아니면 그리스도의 지체가 되는 것이다. 전혀 틈새 없는 이 논증에서는 인간론적 맥락뿐 아니라 교회론적이고 종말론적인 맥락도 나타나는데, 특히 후자에 주목해야 한다. 몸으로의 순종을 요구받은 그리스도인은 한층 더 주의해야 하니, 몸으로 부활할 터이기 때문이다: "몸은 불륜(음행)이 아니라 주님을 위하여 있습니다. 그리고 몸을 위해 주시는 분은 주님이십니다. 하느님께서 주님을 다시 일으키셨으니, 우리도 당신의 힘으로 다시 일으키실 것입니다"(1코린 6,13-14). 고대하는 미래의 몸의 부활이 몸살이의 규범이 된다.[67] 몸은 부활의 현실성 안으로 포섭될 터이기에, 종말론적 미래를 가지고 있다.[68] 이 좌표들 안에서 우리는 음행은 죄 가운데 유일하게 제 몸에 짓는 죄라는 극단적인 말을 이해해야 할 것이다(6,12-20 참조). 이 텍스트로부터는 또한 바오로의 언설에서 끊임없이 잠재적으로 공명共鳴하는, 그리고 그의 성찰의 출발점을 이루고 있는 것을 에누리 없이 추론할 수 있으니, 곧 그리스도에 의해 성취된 구원이 그것이다. 그리스도에게 사로잡힌 사람은 더 이상 자기 자신이 아니라 그리스도의 소유다. 그의 몸, 또는 달리 표현하여 그의 몸 안의 그 자신은 성령의 성전이 되었다(6,19).[69]

---

[67] 참조: CONZELMANN(*1 Kor* 134).

[68] 이런 의미에서 몸은 배[腹] — 자기가 먹는 음식과 함께 없어질 것이다 — 와 맞세워진다 (1코린 6,13).

몸으로 실천해야 하는 구체적 순종은 또한 몸살이의 다양한 영역으로, 인간 각자가 지니고 있는 많은 가능성과 능력으로 확장된다. 바오로는 몸 은유를 통해 몸의 지체들에 관해 말하고 또 수세자들에게 예전에 죄에 봉사했던 그들의 지체를 이제 하느님께의 봉사에 바치라고 촉구할 수 있었다(로마 6,13.19).

바오로가 극히 개인적 색조의 언어로 자신의 몸으로의 순종에 관해 말하는 것은 주목할 만하다. 사도는 통상 자신이 감수해야 했던 고난과 관련하여 그렇게 말한다. 이 수난은 바오로의 몸에 흔적들, 질병 · 고통 · 채찍질 · 흉터 · 상흔들을 남겨 놓았다. 사도는 자기 몸에 '예수의 상흔'(갈라 6,17), '예수의 죽음'(2코린 4,10)을 지니고 있다. 물론 바오로는 동시에 자기 주님의 위로와 도움도 체험할 수 있었는데, 이것을 이미 자신 안에서 작용하는 예수의 부활 생명의 징후로 해석했다. 바오로는 이를 죽음으로부터 건져짐의 거듭된 체험, 많은 환난의 육체적 극복, 영적 에너지(사도는 이것으로써 삶에 대처한다고 주장할 수 있었다)와 결부시키는 것 같다.[70] 감옥에 갇힌 바오로는 자신의 불확실한 운명이 어떠한 경우에도, 살든지 죽든지 자기 몸을 통해 그리스도께서 찬양받게 되는 결과를 가져오리라 확신한다(필리 1,19-20). 그리스도 찬양이 몸으로만 가능하다면, 이런 찬양은 특히 그리스도를 본받아 감수하는 죽음에서도 행해질 수 있다. 이 개인적 색조의 언명들은 몸 이해의 한 가지 중요한 측면을 밝혀 준다. 바오로가 모범을 보인, 수난을 통한 그리스도 본받음이 모든 신앙인과 수세자에게 부과되어 있음은 두말할 것이 없다(로마 12,1 참조). 그러나 바오로에게 비추어 보건대, 몸으로 영위되어야 하는 삶은 전적으로 개인적인 특징을 지니게 된다. 각자는 자신이 책임지는 자기 삶의 역사를 제 몸에 새긴다. 몸 존재로서 개개 인간은 혼동될 수 없는 개(체)성을 획득한다. 몸은 개성의 개시요 부여다.

---

[69] 로마서 1,24에서도 몸의 관점에서 통사람을 염두에 두고 있는데, 성적 도착(倒錯)을 일삼는 자들은 자기 몸을 모독했다고 말한다.

[70] WINDISCH, *2 Kor* 146.

로마서에서 우리는 상당히 변화된 몸 이해와 마주친다. 바오로는 마지막 편지인 로마서에서 의식적으로 그 밖의 관점과 이해를 개진했다고 볼 수 있다. 그러나 이 현상은, 해당 구절의 숫자가 비교적 적다는[71] 사실만 고려하더라도, 무슨 엄격한 체계화를 의도하지는 않은 우연이거나 무심한 표현이라고 하겠다. 아무튼 이 서간에서는 몸에 대한 부정적 평가를 확인할 수 있다. 물론 인간에 관한 통전적通全的 관념은 포기되지 않았다. 하지만 지금까지는 '몸'이 윤리적으로 중립적인 것으로 판단되었던 반면, 로마서 여러 구절에서는 죄에 의해 규정지어진 것으로 나타난다. 상응하는 특징 묘사들이 이를 확증해 준다. 예를 들어 '죄의 지배를 받는 몸'(6,6), '이 죽음에 빠진 몸'(7,24)이라 부르고, '몸의 행실'을 죽이라고 촉구한다(8,13). 또한 오직 로마서에서만 '죽을 몸'에 관해 말하는데(6,12; 8,11), 그 양면적 어법을 고려하건대 죽음은 이중 의미를 지니고 있다. 죽음은 육신의 죽음만이 아니라, 죄 안에서의 영적 죽음도 가리킨다. 8,10에 그 관련성이 명확히 제시되어 있다: "몸은 죄 때문에 죽은 것이 됩니다." '몸'이라는 낱말의 용법이 '육'(살, σάρξ)의 용법과 일치한다. 몸으로서의 인간은 비구원의 영역 안에 있다.[72] 몸은 속량이 필요하다(8,23).

그러나 '몸'과 '육' 사이에는 본질적 차이가 있으니, 인간은 부활의 현실성 안에서 몸으로 존속하리라는 것이다. 육은 존속하지 못한다.[73] 바오로가 코린토 2서 5,1-10에서 몸으로의 존속을 개진하는 맥락은, 추측건대 코린토 교회 내부의 영지주의적 경향들과의 논쟁인 것 같다. 몸을 벗어 버림에서 이루어지는 자아 획득이 영지주의자들이 열망하던 목표였다면, 그런 희망은 바오로에게는 미흡했을 것이다. 사도는 첨예한 표현으로 몸 없는 인간을 알몸이라 지칭한다: "이 천막집에서 우리는 탄식하며, 우리의 하늘

---

[71] 통계상으로 보면 '소마'는 코린토 1·2서에 가장 많이 나오고, 갈라티아서와 테살로니카 1서에 각각 한 번씩, 그리고 필리피서에 세 번 나온다.

[72] 이것이 의미하는 바는 '사륵스'라는 개념과 연계하여 논구해야 한다. 참조: 이 책 79-84.

[73] 때문에 바오로의 견해로는 '육의 부활'에 관해 말하는 것은 불가능하다고 하겠다.

거처를 옷처럼 덧입기를 갈망합니다. 사실 우리가 천막을 벗더라도 알몸이 되지는 않을 것입니다"(2-3절). 옷과 집 또는 천막이라는 상징들은 몸에 관한 잘 알려진 은유들이다. 8절에서 바오로는 "몸을 떠나 주님 곁에 사는 것이 낫다고 생각합니다"라고 말함으로써 조심스럽게 영지주의적 표상에 접근한다. 그러나 이런 인간론적 부정확성은, 여기서도 마찬가지거니와, 주님이 사도의 사유의 중심이라는 사실을 드러내 줄 따름이다. 덧입음이 암시하듯, 바오로는 그리스도 재림의 날을 염두에 두고 있다; 그래서 재림 때까지 살아 있게 될 사람들에 관해 말한다(1코린 15,52 참조). 덧입음은 "죽을 것을 생명이 삼키도록"(2코린 5,4) 함을 의미한다. 필리피서 3,20-21의 전승 신조에도 그리스도 재림 때 이루어질 현세 몸의 변화가 중심에 자리잡고 있다. 변화시키는 분은 그리스도다. 그리스도와의 결부는, 그분의 변용된 영광스러운 몸이 본보기라는 사실에 의해서도 성립된다. 현세 몸과의 대비는 그리스도의 몸과 같은 형태로의 이 변화를 궁극적 구원으로 나타나게 한다: "우리는 … 그곳(하늘)에서 구세주로 오실 주 예수 그리스도를 고대합니다. 그리스도께서는 … 우리의 비천한 몸을 당신의 영광스러운 몸과 같은 모습으로 변화시켜 주실 것입니다."

동일한 대비를 코린토 1서 15,35-49의 부활 몸에 관한 짧은 부설附說이 규정한다. 다만 여기서는 그리스도의 재림 때까지 살아 있게 될 사람들이 아니라 이미 죽은 사람들에 관해 말한다. 그들은 어떤 몸으로 부활할 것인가? 이는 영지주의 성향의 코린토 교우들이 바오로에게 제기했던 회의적 물음임이 분명한데, 사도는 그런 물음을 어리석은 것으로 여겼다(36절: "어리석은 사람이여!"). 이 말 뒤에는 그런 물음에 만족스런 대답을 주기란 결국 불가능하다는 인식이 숨어 있다고 하겠다. 그저 불충분한 유비들만 제공하는, 자연·밭갈이·천체들로부터 빌려 온 보기들은, 죽은 이들의 부활은 하느님의 새 창조라는 사실로 귀결된다: "그대가 뿌리는 씨는 죽지 않고서는 살아나지 못합니다. 그리고 그대가 뿌리는 것은 장차 생겨날 몸체가 아니라 밀이든 다른 종류든 씨앗일 따름입니다"(37절). 썩음-썩지 않음,

비천함-영광스러움, 약함-강함의 대비가 낡은 몸과 새 몸을 특징짓는다. 마침내 이 고찰들은 다음과 같은 확언으로 총괄된다: "물질적인 몸으로 묻히지만 영적인 몸으로 되살아납니다"(44절). 하느님의 영에 의해 보증된 죽은 이들의 부활은 전적으로 하느님의 행위다.

탐구 가능한 몸의 본질적 속성들을 다시 한 번 총괄 정리하자: 사람은 몸으로서 자연과 세상의 한 부분이고, 상호 소통할 수 있으며, 성적 · 개인적으로 각인되어 있고, 자기 창조주에게 책임을 지며, 부활로 예정되어 있다.

가다듬은 논거들로부터 하나의 정의定義를 이끌어 내려는 다양한 시도들이 있다. 이것이 가능한가? 아무튼 여기서 연구자들의 논쟁이 시작된다. 불트만에게 인간은 (바오로에 따르면) "자기 자신을 자기 행동의 객체로 만들 수 있는 한, 또는 자기 자신을 행함과 겪음의 주체로서 체험하는 한", 소마다.[74] 슈바이처는 이 정의를 비판하는데, 이것은 자신 안에 완결 · 고립된 개체로서의 인간에 관한 그리스적 관점을 넘겨받도록 유인한다는 것이다. 슈바이처에게 소마는 하느님 또는 죄 혹은 동료 인간과 마주하고 있는 인간을 의미한다. "소마는 믿음을 살아 내는, 인간이 하느님의 다스림에 자신을 내어 주는 장소다. 이렇게 소마는 인간이 복무하는 영역이다."[75] 바우어는 바오로의 소마 이해는 인간과 그리스도의 결합에 바탕하여 더 심도 있게 판단해야 한다고 생각한다. 인간에게 부과된 사명은 그가 몸으로서의 자신의 덧없음을 알고 있지만, 또한 그에게는 구원을 가져다주는 미래가 열려 있다는 긴장 상태로부터 비롯한다. 현재와 미래의 연속성 그리고 죽음의 한계를 벗어나는 인간의 자기동일성(정체성)은 인간존재의 구조로서의 몸에 의해 보증되는 게 아니라, 그가 예수 그리스도에게 포섭됨으로써 보증된다.[76] 그렇다면 몸의 부활도 그리스도의 죽음과 부활에 상응하는 것으로, 그리고 당신 창조물에 대한 하느님의 종말론적 신실하심의 표현으로 이해할 수 있다.[77]

---

[74] *Theologie* 196.

[75] *ThWNT* VII 1063.

실제로 바오로는 인간의 자기동일성을 납득시키기 위해 인간론 범주들에 의지하지 않는다. 이것은 그의 서간에서 개인의 죽음과 그리스도 재림 사이의 존재 방식인 이른바 '중간상태'에 관해 (아마도 유일하게) 언급하는 대목에서 특히 뚜렷이 드러난다. 죽음의 한계를 벗어난 생명 존속의 보증은 오로지 그리스도와의 결합이다. 그리스도인들의 이승 생활을 규정짓는 이 결합은 죽음을 통해 더욱 심화되어야 한다: "나의 바람은 이 세상을 떠나 그리스도와 함께 있는 것입니다. 그편이 훨씬 낫습니다"(필리 1,23).[78]

참고문헌

K.-A. Bauer, *Leiblichkeit – das Ende aller Werke Gottes* (StNT 4) (Gütersloh 1971).

E. Güttgemanns, *Der leidende Apostel und sein Herr* (FRLANT 90) (Göttingen 1966).

E. Käsemann, *Leib und Leib Christi* (BHTh 9) (Tübingen 1933).

J.A.T. Robinson, *The Body* (London 1952).

G. Sellin, *Der Streit um die Auferstehung der Toten* (FRLANT 138) (Göttingen 1986).

3.3 인간 — 영적 · 정서적 능력을 타고난 존재

여기서도 '몸' 개념의 논구에서 확인했던 인간에 관한 통전적 이해를 우선 유념해야 한다. 인간의 특정한 영적 혹은 정서적 능력들에 관해 말하는 곳에서도 인간의 온전한 나(我)가 거듭 등장함을 보게 될 것이다.

---

[76] *Leiblichkeit* 183-189. Bauer는 상당히 복잡하게 표현한다: 인간의 연속성과 자기동일성은 오직 "종말의 창조주가 예수 그리스도의 시-공간 안에서 당신 조물(인간)에게 행하시는 정체성 확인 행위에서 규정되는 자기동일성으로서" 획득될 수 있다(186).

[77] 같은 책 104-105.

[78] Hoffmann(*Die Toten* 286-320)은 바오로가 여기서 헬레니즘의 한 통속적 인간론 — 유다교 묵시문학에서도 확인할 수 있다 — 을 사유 모델로서 수용했다고 보는 것 같다. 그러나 바오로가 여기에 인간론 범주는 끌어들이지 않는 것에 유의해야 한다.

정신(νοῦς, 이성)은 사상事象을 판단하는(δοκιμάζειν) 능력이다. 그런데 바오로는 특히 윤리적 판단 능력에 관심을 기울인다. 사도는 스토아 윤리 철학의 한 개념을 수용하면서 윤리적 판단의 척도를 적절한 것, 그때그때 상황에 타당한 것(τὰ καθήκοντα; 참조: 로마 1,28)이라고, 또는 아주 일반적으로 선한 것·만족스러운 것·온전한 것이라고, 또는 좀 더 성경적으로 하느님의 뜻이라고 지칭한다(12,2). 그러나 바오로는 인간을 그의 구체적 상황에 따라 구별하여 판단하는데, 이 상황은 신앙의 관점에서 표현된다. '자연적' 인간은 '타당한 것'을 판단하는 능력을 지니고 있었다. 그러나 분별하는 능력을 오용했기 때문에 그 능력을 상실했고, 결국 한 말장난에 표현되어 있듯이, 그의 정신은 분별에 무능해졌다[로마 1,28: ἀδόκιμον νοῦν(분별 없는 정신)]. 그러므로 정신은 그 생각이 허망해지기까지 부패할 수 있다(1,21).

그러나 무엇보다도 '자연적' 인간은 자기 정신 덕분에 볼 수 없는 하느님을 인식할 수 있는 가능성을 지니고 있었다: "세상이 창조된 때부터, 하느님의 보이지 않는 본성 곧 그분의 영원한 힘과 신성을 조물을 통하여 알아보고 깨달을 수 있게 되었습니다"(1,20). 구약성경의 지혜 사상 그리고 스토아철학에까지 소급되는 전통[79]과 일치하여, 바오로는 정신이 창조계의 위대함을 통찰함으로써 창조주께 나아갈 수 있다고 말한다. 그러나 사도가 이 전통을 수용하는 방식은 많은 것을 시사해 준다. 바오로의 근본 관심사는 이 능력의 지적도 아니고, (지혜서 13-15장에서처럼) 사람들에게 이 능력을 새삼 상기시켜 주는 것도 아니다. 사도의 근본 관심사는 오히려 이 능력을 일종의 고발告發로 만드는 것이다.[80] 이교(비유다교) 인간들은 이 능력으로부터 하느님을 찬양하고 그분께 감사드려야 한다는 필연적 결론을 이끌어 내지 않았다. 이성적 통찰만으로는 충분하지 못하다. 이론적 인식은 실제적 생활 방식으로 귀결되어야 하고, 거기서 구체적 형태를 갖추어

---

[79] 예증들: LÜHRMANN, *Offenbarungsverständnis* 21-26.

[80] LÜHRMANN(*Offenbarungsverständnis* 26)은 창조계를 통해 분명히 드러나는 한 분 하느님에 관한 가르침은 복음의 주요 구성 요소가 아니라고 말하는데, 옳다고 여겨진다.

야 한다. 이런 실천 관련성은 성경의 지식 개념에 상응한다.

하느님의 법을 인식하는 정신(이성)의 능력은 로마서 7,23에도 전제되어 있다. 이 구절에서 바오로는 인간의 윤리적 좌절을 주제로 삼는데, 여기에는 일종의 숙명적 요소가 있다고 본다. 여기서 특히 주목할 것은 정신에 의향도 분명히 귀속시킨다는 점이니, 과연 정신은 근본적으로 윤리적인 통사람과 거의 같은 의미를 획득한다. 이성과 단수 일인칭 대명사가 교체됨을 마땅히 유의해야 한다: "내 지체 안에는 다른 법이 있어 내 이성의 법과 대결하고 있음을 나는 봅니다. 그 다른 법이 나를 내 지체 안에 있는 죄의 법에 사로잡히게 합니다." 그 밖에 이성은 또 하나의 인간론 개념인 '내적 인간'(7,22)과도 교체된다.

이 숙명에서 해방된 그리스도인에게는 자기 정신을 쇄신하고(12,2) 정신의 바탕에 깔려 있는 하느님 뜻을 인식할 수 있는 능력을 새로이 작동시키라고 촉구할 수 있거니와, 이는 1,21-25에 대한 반명제Antithese로 진술되었다고 하겠다.[81] 그러나 이 쇄신은 인간 정신만의 힘으로는 결코 이루어지지 않는다. 쇄신은 은총 덕분이다.[82]

방금 언급한 '내적 인간'(ἔσω ἄνθρωπος)이라는 인간론 개념은 파악하기가 더 어려운데, 바오로는 이 개념을 단 두 번 상이한 맥락에서 사용한다(로마 7,22; 2코린 4,16). 코린토 2서에서만 '내적 인간'이 '외적 인간'과 맞세워진다. 이 개념이 바오로 이전에 이미 있었음은 확실하다. 그러나 바오로는 이 개념을 헬레니즘에서처럼 이원론적 육신-영혼 교설의 의미로 사용하지 않는다. 또한 '내적 인간'은 영지주의에서처럼 지상 생명 이후에도 존속하는

---

[81] 참조: KÄSEMANN, *Röm* 315.

[82] 코린토 1서 14,14-19의 이성(정신)과 (하느님) 영의 대비는 전적으로 코린토 교우들과의 논쟁과 결부되어 있다. 이는 이 경우 영보다 이성을 상대적으로 중시하는 데서 알 수 있다. 이 논쟁은 공동체를 건설하는 기도를 신령한 언어보다 중시한 일 때문에 발생했다. 후자는 공동체 일부 신자들에 의해 과대평가되었다. 이것을 바오로는 바로잡고자 한다.

영원한 광명의 불씨를 의미하지도 않는다. '내적 인간'을 본원적 자아와 동일시하는 것도 사실과 정확하게 들어맞지 않는다.[83] 실상 로마서 7,22의 '내적 인간'은, 이성과 마찬가지로, 선하고 타당한 것을 인식하고 더 나아가 긍정하고 원하지만, 결국 좌절하게끔 되어 있다. 그럼에도 여기서 구원받지 못한 인간에게 하느님의 법을 기뻐하는 능력이 주어진다는 것은 놀라운 일이다.[84] 이 '낙관적' 관점은 아마도 낯선 개념의 수용과 관련이 있는 것 같다. 그러나 '내적 인간'이 대당對當되는 '이 죽음의 몸'(7,24)과 관념상으로만 맞세워져 있음을 유의해야 한다. 인간은, 그리스인들이 영혼과 육신을 가지고 그렇게 하듯이, 두 구성 요소인 내적 인간과 죽음의 몸으로, 선한 부분과 악한 부분으로 떼어 놓을 수 없다. 그런 까닭에 사실상 여기서 '내적 인간'은 코린토 2서 4,16이 말하는 '외적 인간'의 한 양상일 따름이라고 말해도 될 것이다.[85]

바오로가 자신과 그리스도의 관계를 알게 해 주는 (그리고 일반화한다면, 로마서 7장에서처럼 그리스도인이 되기 전의 인간이 아니라 신앙인에 관해 말하는) 코린토 2서 4장에서 '내적 인간'은 신앙인 안에서 형성되고 있는 그리스도-모상이다: "그러므로 우리는 낙심하지 않습니다. 우리의 외적 인간은 쇠퇴해 가더라도 우리의 내적 인간은 나날이 새로워집니다"(4,16; 참조: 3,18ㄴ; 갈라 2,20). 외적 인간(ἔξω ἄνθρωπος)은 죽음으로 나아가는 자연적·지상적 인간을 의미한다. '내적 인간'을 헬레니즘적으로 해석하여

---

[83] BULTMANN, *Theologie* 204. 본원성(Eigentlichkeit)이라는 개념은 마르틴 하이데거가 정립했다. 불트만은 이를 넘겨받은 것 같다. 종교사적으로 상응하는 것들: WINDISCH, *2 Kor* 152-153. 가장 오래된 예증으로 여겨지는 것은 플라톤 『국가론』 IX 589ㄱ이다: "인간의 속사람은 원기를 회복한다." 에픽테토스는 내용적 유사성을 보여 주지만, 외적 인간과 내적 인간이라는 개념은 사용하지 않는다. 그는 겉과 속에 관해 말한다. 더 나아가 무슨 외적 인간에 관해서는 전혀 알고자 하지 않는다. 참조: BONHÖFFER, *Epiktet* 115-117.

[84] 참조: KÄSEMANN, *Röm* 197.

[85] 같은 곳. 한편 WILCKENS(*Röm* II 94)는 인간에 대한 긍정적 진술은 근본적으로 율법의 긍정적 성격을 겨냥하고 있는 것으로 본다. 로마서 7장에서 '나'에 관해 긍정적으로 말하는 내용은, 나의 영예에 해당되는 게 아니라 율법의 영예에 해당된다고 한다.

손상되지 않은, 깨달음을 통해 생성된 더 고귀한 자아로 이해한다면, 완전히 빗나갔다고 하겠다.[86] 고난과 곤경에서 접근을 예고하는 죽음을 넘어서는 인간의 존속을 바오로는 다시금 어떤 인간론 범주가 아니라 그리스도와 결부시킨다. 사도는 그리스도의 생명 또한 이미 체험했다. 이 문맥에 들여온 고난 목록이 그의 체험들을 묘사해 준다: "온갖 환난을 겪어도 억눌리지 않고, 난관에 부딪혀도 절망하지 않으며, 박해를 받아도 버림받지 않고, 맞아 쓰러져도 멸망하지 않습니다"(2코린 4,8-9). 자연적 인간은 허물어지고, 그리스도는 점점 더 뚜렷한 모습을 획득한다.[87] 여기서도 바오로의 인간관은 순전히 인간론적인 인간관을 멀리 벗어나며, 궁극적으로 오직 그리스도에 바탕하여 규명된다는 것이 분명히 드러난다.

바오로는 모든 인간이 윤리적 판단 능력으로서의 **양심**(συνείδησις)을 가지고 있다고 본다. 예컨대 이 보편성은 코린토 2서 4,2가 암시해 준다: "우리는 … 하느님 면전에서 모든 사람의 양심 앞에 우리 자신을 내세웁니다." 이 보편성은 국가권력에 대한 복종이 '양심 때문에라도' 행해져야 한다고 요구하는 로마서 13,5에도 전제되어 있는데, 공공 생활에서 악은 버리고 선을 행해야 하며 이를 감독하기 위해 국가권력이 세워져 있다는 통찰에서 비롯하는 책임감에 바탕하여 그렇게 해야 한다는 것이다(13,3-4).

　바오로가 이 구절에서는 양심의 판단을 통해 전해진 내용과 관련하여 매우 느슨한 논증을 전개하는 데 반해, 모든 인간에게 있다고 인정되는 양심에 관해 가장 많이 논구되는 텍스트인 로마서 2,14-15에서는 양심과 율법의 관계를 제시한다. 이미 이것이 바오로의 근본 관심사는 양심의 개념 규정이 아니라, 이방인이든 유다인이든 하느님 앞에 선 인간의 상황에 대한 판단에 있음을 암시한다. 아마도 여기서 우리는 바오로가 양심이라는

---

[86] WINDISCH(*2 Kor* 154)가 그렇게 이해하는데, 그에게는 로마서 7,22와의 조화가 관건이다.

[87] 같은 책 153. WINDISCH는 내적 인간이 나날이 새로워짐을 수면(睡眠)을 통한 매일매일의 재생과 관련시키고 싶어 한다. 이것은 완전히 빗나갔다고 말할 수밖에 없다.

말로써 구체적으로 이해하는 것을 가장 잘 알아볼 수 있다: "다른 민족들이 율법을 가지고 있지 않으면서도 본성에 따라 율법에서 요구하는 것을 실천하면, 율법을 가지고 있지 않은 그들이 자신들에게는 율법이 됩니다. 그들의 양심이 증언하고 그들의 엇갈리는 생각들이 서로 고발하기도 하고 변호하기도 하면서, 그들은 율법에서 요구하는 행위가 자기들의 마음에 쓰여 있음을 보여 줍니다."

양심의 활동은 두 가지 방식으로 설명된다. 양심은 이방인들의 마음에 쓰여 있는 율법에 견주어지는데, 이것이 이방인들로 하여금 하느님의 뜻을 인식할 수 있게 해 준다. 이는 유다인들을 위해 모세의 토라(율법)에 기록되어 있는 것을 인식함을 의미한다. 바오로는 그 내용에 관해서는 언급하지 않는다. 수많은 주석학자가 토라의 핵심 언명들, 예컨대 십계명일 것이라고 생각한다.[88] '마음에 쓰여 있다'라는 말은, 율법이 숨겨져 있어서 이방인들이 행하는 것에서 유추할 수 있을 뿐임을 의미한다. 이런 제약에 유의해야 한다. 논증의 목적은 율법을 가지고 있다고 자랑하는 유다인들을 제압하는 데 있다.[89] 마음에 쓰여 있는 율법은 바오로가 정신(이성)에 있다고 인정하는 윤리적 능력과 널리 상응한다. 양심 특유의 힘은 사람 마음대로 할 수 없으며 활동하고 발언한다는 데, 이를테면 부르지도 않았는데 종종 예고 없이 인간에게 가책을 안겨 주는 방식으로 그렇게 한다는 데 있다.[90] 다른 한편 바오로는 양심의 활동을 서로 고발하고 변호하는 생각들의 충돌로 묘사한다. 여기서 양심은 이 충돌의 판결 심급審級으로 나타난다.[91] 그러나 양심의 판결은, 비록 당사자에게는 규범적일지라도, 그가 매

---

[88] 예컨대 Kuss, *Röm* 75. 텍스트의 표현은 예레미야서 31,33을 상기시키지만, 의미는 매우 상이하다.

[89] 바오로는 부분적으로 윤리적인 이방인들의 행위에 구원적 의미를 부여하지는 않는다.

[90] 해석자들은 양심을 하느님의 목소리라고 말한다. 바오로는 이 개념을 사용하지 않는다.

[91] Eckstein(*Syneidesis* 167-168)이 이제 새삼 고유한 심급으로서의 자기 고발과 변호라는 관념을 특히 강조하고 싶어 한다. 2,15의 καί(그리고)는 설명적 의미로 이해하는 것이 더 낫다. 바오로의 텍스트를 과대 해석해서는 안 된다.

사에 객관적으로 옳다는 절대적 보증은 되지 못한다. 이렇게 양심이 그릇되이 형성될 가능성을 바오로는 하느님께서 '사람들의 숨은 행실들'을 심판하시게 될 종말 법정에 대한 언급으로써 암시하는 것 같다(2,16).

양심을 내세우는 논증은 이교와의 경계 설정에서 두드러진 구실을 했다. 여기서 말하는 것은 그리스도인의 양심이다. 우리에게는 진기해 보이지만, 우상에게 바친 고기를 먹는(신전에서 먹든, 시장에서 사서 집에서 먹든) 문제가 대두했다. 바오로가 이 문제에 관해 상술하게 된 계기는, 공동체 안에 상이한 견해들이 있고 각기 공공연히 자기 양심을 내세웠다는 사실이었다. 어떤 사람들은 자기가 자유롭다고 생각했다. 또 어떤 이들은 우상에게 익숙했고(τῇ συνηθείᾳ: 1코린 8,7) 진짜로 여겼으며, 그래서 고기 먹기를 포기했다. 바오로는 이 문제를 두 차례 다루는데(8,1-13; 10,23-33), 자기는 자유롭다고 생각하는 교우들의 견해에 기운다: "사실 무엇 때문에 내 자유가 남의 양심으로 판단을 받아야 하겠습니까?"(10,29).[92] 그럼에도 사도는 다른 사람들의 '약한 양심'에 대한 배려를 자기 양심이 부여하는 자유보다 중시한다. 약한 양심을 지닌 교우가 나의 자유로운 처신 때문에 우상숭배의 유혹을 받을 수도 있다는 것이다: "약한 그 사람은 그대의 지식 때문에 멸망하게 됩니다. 그리스도께서는 그 형제를 위해서도 돌아가셨습니다"(8,11). 바오로의 논증은 나의 양심은 오직 나에게만 명령권을 지니며 타인의 양심은 결코 좌우할 수 없다는 통찰로 귀결된다. 공동체 내에서 충돌이 발생할 수 있지만, 심각한 사태를 방지하는 상호 존중과 사랑의 정신 안에서 해결되어야 한다.

바오로가 로마서 14장에서 유사한 문제(그러나 코린토 1서 8장과 10장에서처럼 우상에게 바쳤던 고기가 아니라 특정 음식 금령들과 관련된다)를 다루면서 아주 비슷하게 논증하는(그러나 양심이 아니라 믿음에 관해, 약한 양심을 지닌 교우들이 아니라 믿음이 약한 교우들에 관해 말한다) 것은 시사하는 바가 크다. 이 대목에서도 바오

---

[92] 8장과 10장에서의 견해 표명은 강조점이 다르다. 이것은 사람들이 코린토 1서가 편집을 통해 합성되었다고 본 이유 중의 하나이기도 하다.

로는 상호 간의 배려를 옹호하고, 각자의 믿음 — 여기서는 곧장 양심과 대체될 수 있다고 하겠다 — 은 그에게 구속력을 지닌다고 확언한다: "그러나 의심을 하면서 먹는 사람은 이미 단죄를 받았습니다. 그것이 믿음에서 우러나온 행위가 아니기 때문입니다. 믿음에서 우러나오지 않는 행위는 다 죄입니다"(로마 14,23). 그리스도인의 양심과 믿음의 대체 가능성은, 전자가 후자에 의해 내용적으로도 규정지어져 있다는 것도 의미한다. 그리스도인의 양심은 노예화하는 규범들로부터 해방되었기 때문이다.

양심이 권위를 지니고 있다는 말은 인간에게 가르침과 지도와 질책이 필요하지 않음을 의미하는 것이 아니다. 이는 그리스도인에게도 해당된다. 하느님이 주신 순수함과 성실함에 따라 처신했다는 자기 양심의 증언을 자랑으로 삼는(2코린 1,12 참조) 바오로조차도 자신에 관해 이렇게 말한다: "나는 잘못한 것이 없음을 압니다. 그렇다고 내가 무죄 선고를 받았다는 말은 아닙니다. 나를 심판하시는 분은 주님이십니다"(1코린 4,4).

바오로적 의미의 양심은 어떤 요구를 받고 있다는 의식 — 이 의식은 인간 각자에게 결정적이 되고 그가 마음대로 할 수 없다 — 이라고 둘러 말할 수 있겠다.

'마음'(καρδία)이라는 개념을 통해 바오로는 다시금 곧장 성경 인간론과 연결된다. 이 인간론에서 마음은 슬픔(로마 9,2), 소원(10,1), 괴로움과 근심(2코린 2,4), 사랑과 희생의 각오 같은 감정과 의향의 발생 장소로 여겨진다. 마지막 것들의 예를 들자. 바오로는 교우들에게 그들이 자기 마음속에 자리 잡고 있으며(필리 1,7; 참조: 2코린 7,3), 자신의 마음은 활짝 열려 있다고(2코린 6,11) 다짐하며, 또 상응하는 비유에서 "우리의 추천서는 여러분 자신입니다. 우리 마음에 새겨진 이 추천서는, … 먹물이 아니라 살아 계신 하느님의 영으로 새겨졌습니다"(3,2-3)라고 확언한다.

마음은 인간에게서 외적으로 인식할 수 있는 것과 대비되는 인간의 가장 깊은 속알이다. 이는 숨은 생각들도 포함된 내밀한 것인데, 여기서는

[정신(νοῦς)과는 달리] 이성적인 것이 뒤로 물러나 있다. 구약성경의 어법에 상응하여, 얼굴이 마음과 맞세워진다: "마음이 아니라 몸만 떨어져 있을 뿐이지만 … 여러분의 얼굴을 다시 보려고 갖은 애를 썼습니다"(1테살 2,17; 참조: 2코린 5,12; 1사무 16,7). 또한 눈이나 귀를 통한 지각이 마음을 통한 인지와 맞세워진다(1코린 2,9). 그러나 인간 마음속에 숨겨진 것이 주님에게는 숨겨질 수 없다. 주님은 마음을, 마음속 생각을 드러내시려니와(1코린 4,5), 이는 지금 공동체 집회에서 예언적 언설을 통해 이루어질 수 있다(14,25). 하느님께서는 사람의 마음속까지 꿰뚫어 보시고 살피신다(로마 8,27; 1테살 2,4).

또한 마음 안에 의향과 계획이 있고, 결정이 무르익고 굳혀지며(1코린 7, 37; 2코린 9,7), 사람은 마음으로 믿고(로마 10,9-10), 마음으로부터 신앙의 순종이 나온다(6,17). 참할례는 포피가 아니라 마음에 행해진다(2,29). 이 은유도 구약성경에 이미 꼴지어져 있었다(예레 4,4; 신명 30,6). 그러나 바오로가 가장 자주 암시하는 것은, 마음은 그것을 통해 사람이 자신을 하느님께 열고 또 하느님이 인간에게 작용하고 그를 변화시키는 기관이라는 점이다. 이는 이방인에게도 해당되니, 하느님께서 그의 마음에 당신의 법을 새겨 놓으셨기 때문이다(로마 2,15). 그러나 이제 하느님은 우리 마음 안에 당신 사랑을 부어 주시고(5,5), 당신 아들의 영(갈라 4,6)을, 영의 보증(2코린 1,22)을 주신다. 친히 우리 마음속을 비추시어 당신의 영광을 알아보게 해 주신다(4,6). 티토의 마음에 교회를 위한 열성을 주셨다(8,16). 하느님은 우리 마음을 지켜 주시고 굳건히 하실 수 있다(필리 4,7; 1테살 3,13). 하느님의 말씀은 우리 마음속에 있다(로마 10,8). 물론 인간의 마음은 하느님께 자신을 닫아 버리고 그분의 부추김에 무감각해지며, 어리석고 완고해질 수도 있다(1,21.24; 2,5). 이것 역시 예언자들의 어법과 널리 상응한다. 마음은 그릇된 길로 이끌려 갈 수 있다(16,18). 오늘까지도 이스라엘 사람들은 모세를 읽을 때 마음에 너울이 덮여 있어 그리스도를 알아보지 못한다(2코린 3,15).

이렇게 마음은 하느님과 인간에 향해 있는, 자신을 열 수도 닫을 수도 있는 기관으로 나타나거니와, 사람은 마음으로 믿고 사랑하고 느끼고 애쓰며 또한 마음으로 미워하고 거부하고 자신을 폐쇄한다. 그리고 마음은 언제나 통사람과 관련되므로 이 인간론 범주에도 통전적 관점이 맞갖다.

인간을 **프쉬케**($\psi v\chi \acute{\eta}$: 생명, 영혼)로 특징짓는 데서 바오로가 구약성경 인간론에 뿌리박고 있음이 다시금 뚜렷이 드러난다. 비교적 적게 나오지만[93] 아무튼 대부분의 경우 이 개념은 (구약성경의 **네페쉬**에 견줄 수 있거니와) '생명'을 의미한다. 예를 하나 들자. "그들(브리스카와 아퀼라)은 생명의 위험을 무릅쓰고 내 목숨을 구하여 주었습니다"(로마 16,4; 참조: 11,3; 2코린 1,23; 12,15; 필리 2,30; 1테살 2,8). 로마서 2,9에도 히브리적 사고·언어 방식이 깔려 있다고 볼 수 있다: "악을 저지른 '자는 누구나'(직역: '사람의 각 영혼') 환난과 고통을 겪을 것입니다."[94] 프쉬케가 사람을 나타내는 것도 구약성경적이다. 이것은 로마서 13,1에 나온다: "사람은 누구나($\pi \tilde{a} \sigma a$ $\psi v\chi \acute{\eta}$) 위에서 다스리는 권위에 복종해야 합니다."[95]

프쉬케가 헬레니즘적으로 각인되어 있는 것처럼 보이는 구절에서도, 구약성경의 인간론적 관념이 관철되고 있음에 유의해야 한다. 과연 흔히 '영혼'으로 번역되는 프쉬케는 지상 실존 이후에도 존속하는 인간의 더 고귀한 부분이 아니다. 오히려 부활 생명 안에서의 존속은 하느님의 영인 프네우마($\pi v\epsilon \tilde{v}\mu a$)를 통해 보증된다. '물리적 몸'은 사라지고, 우리가 고대하는 '영적 몸'이 하느님에 의해 새로 마련될 것이다(1코린 15,44.46 참조). 바오로가 창세기 2,7을 인용한 "첫 인간 아담이 생명체(직역: 살아 있는 프쉬케)가 되었다"(1코린 15,45)라는 말은, 아담이 살아 있는 존재가 되었으나 그 존재가 (부활하신 그리스도와는 달리) 제한되어 있었음을 뜻한다.

---

[93] 바오로는 $\psi v\chi \acute{\eta}$를 9번, $\psi v\chi \iota \kappa \acute{o}\varsigma$는 4번 사용한다. WINDISCH(2 Kor 401)에 따르면 바오로는 이 낱말의 사용을 눈에 띄게 삼가는 유일한 신약성경 저자다.

[94] $\acute{\epsilon}\pi \acute{\iota}$ $\pi \tilde{a} \sigma a v$ $\psi v\chi \grave{\eta} v$ $\acute{a} v\theta \rho \acute{\omega}\pi o v$. 참조: 창세 9,5 — "사람의 생명"(nephesch ha-adam) — 와 KUSS, Röm 67.

[95] 참조: 창세 36,6.

코린토 1서 2,14에 따르면, '현세적(프쉬케적) 인간'은 하느님 영의 계시들을 받아들이지 않고 심지어 어리석은 것으로 여긴다. 이 말은 계시 수용은 영에 의존해야 한다는 의미로 이해해야 하며, 영지주의식으로 해석하여 저주받은 대중인 현세적 인간들과 영적 인간들(이들만이 구원받는다)의 철저한 구별을 말하고자 하는 것으로 이해하면 안 된다. 프네우마는 예정된 자들 안에 침강되어 있는 신적 생명의 불씨가 아니라, 하느님의 선물이다. '프쉬케적 인간'이라는 뜻밖의 표현은, 바오로가 코린토 교회의 영지주의적 동아리와 논쟁을 벌였음을 고려하면 그런대로 수긍이 간다.

프네우마($\pi\nu\epsilon\hat{v}\mu\alpha$: 영)는 마지막으로 다루어야 할 인간론 범주다. 지금까지 상술한 인간을 서술하는 많은 범주를 앞에 두고, 이 범주의 특성을 제시하는 것은 쉽지 않다. 몸과 영(1코린 7,34) 또는 육과 영(2코린 7,1)이 나란히 언급되는데, 명백히 통사람을, 요컨대 인간의 외면과 내면 모두를 나타낸다고 하겠다. 영은 육신적 부재 중에 타인들과 결합할 수 있는 가능성을 제공해 준다: "나는 비록 몸으로는 떨어져 있지만 영으로는 여러분과 함께 있습니다"(1코린 5,3).[96] 영이 생기生氣나게 되었고(1코린 16,18; 2코린 7,13) 안정을 얻었다는(2코린 2,13) 말은, 정서적인 면과 상당히 밀접하게 관련되어 있다. 소유격이 첨가됨으로써 성격이 좀 더 뚜렷이 특징지어질 수 있다: 온유의 마음(1코린 4,21), 믿음의 영(2코린 4,13).

바오로가 이미 구약성경적으로 각인되어 있던 프네우마라는 인간론 범주를 어떤 특별한 의도로 사용했는지 묻는다면, 이 범주가 인간의 영과 하느님의 영의 긴밀한 결부에, 그리스도인 실존에서 후자에 의한 전자의 규정지어짐에 주의를 환기시킬 수 있는 가능성을 사도에게 제공했다는 점을 지적할 수 있겠다. 그래서 바오로가 말하는 영이 인간의 영인지 하느님의 영인지를 확실히 판단할 수 없는 경우가 종종 있다. 그런 경우 아예 판단

---

[96] 공동체를 결합시키는 "은총이 여러분의 영과 함께 있기를 빕니다"(갈라 6,18; 필리 4,23; 필레 25절)라는 끝인사도 참조.

하려 하지 말고, 두 측면을 함께 고려해야 한다(예컨대 로마 1,9; 1코린 5,4; 갈라 6,18; 필리 4,23; 필레 25). 아무튼 인간의 영과 하느님의 영은 긴밀히 결부될 수 있다: "성령께서 몸소, 우리가 하느님의 자녀임을 우리의 영에게 증언해 주십니다"(로마 8,16). 또는 "그 사람 속에 있는 영이 아니고서야, 어떤 사람이 그 사람의 생각을 알 수 있겠습니까? 마찬가지로, 하느님의 영이 아니고서는 아무도 하느님의 생각을 깨닫지 못합니다"(1코린 2,11). 인간론적으로 고찰하건대 이 구절들에서 영은 인간의 가장 그윽한 본질을 의미한다. 그러나 온 인격을 포괄한다.[97]

요컨대 정신, 내적 인간, 양심, 마음, 생명/영혼, 영은 물려받은 범주들로서, 바오로는 이것들을 사용하여 인간과 그의 생각 · 의향 · 감정 · 사랑 · 결정을 특징지을 수 있었다. 이는 이 범주들의 다양한 뉘앙스에 따른 영적 · 정서적 고찰 방식이다. 여럿은 서로 교차한다. 아무튼 목적은 정확한 분석이 아니라, 다면적인 영적 · 정서적 인간존재를 그때그때의 사유 맥락 안에서 뚜렷이 제시하자는 것이다. 물려받은 내용에 바오로가 보탠 새로운 것은, 그리스도교 신앙에 바탕하여 얻은 관점이다. 이 관점은 아직 신앙에 이르지 못한 전前/비非 그리스도인에 관해 말할 때에도 드러난다.

참고문헌

J. DUPONT, Syneidesis aux origines de la notion chrétienne de conscience morale: *StHell* 5 (1948) 119-153.

H.-J. ECKSTEIN, *Der Begriff Syneidesis bei Paulus* (WUNT II/10) (Tübingen 1983).

---

[97] 근친상간자를 사탄에게 넘겨주어 그 육을 멸망에 부치기로 한 결정은 "그 영이 주님의 날에 구원을 받게" 하려는 것이라는 구절(1코린 5,4-5)은 논란이 분분하다. 여기서 말하는 영은 인간의 영인가 하느님의 영인가? 그를 영원한 죽음에서 지켜 주는 것은 육신의 죽음인가 아니면 그에게 일찍이 주어진 하느님의 영인가? 아무튼 하느님의 영이 그 죄인에게서 박탈되어야 공동체가 주님의 날에 흠 없이 나타날 수 있다는 견해만은 배척되어야 한다. CAMPENHAUSEN, *Amt* 147 Anm. 1(G. BORNKAMM과 연계하여).

R. JEWETT, *Paul's Anthropological Terms* (AGSU 10) (Leiden 1971).

W. KRANZ, Das Gesetz des Herzens: *RMP* 94 (1951) 222-241.

D. LÜHRMANN, *Das Offenbarungsverständnis bei Paulus und in paulinischen Gemeinden* (WMANT 16) (Neukirchen 1965).

C.A. PIERCE, *Conscience in the NT* (SBT 15) (London 1955).

W.D. STACEY, *The Pauline View of Man* (London 1956).

3.4 구원받지 못한 인간

(의미는 다소 변했어도) 정신, 양심, 마음, 영이 일상 언어에서 여전히 사용되는 범주들이라면, 이제는 주로 성경 언어, 특히 바오로 서간에 나타나는 한 인간론 개념에 관심을 기울여야겠다. 바로 사릌스(σάρξ, 살·육·육신)라는 개념인데, 우리로서는 이해하기 매우 어렵다.

이 개념에 대한 바오로의 상이한 두 평가가 눈길을 끈다. 한편으로 이 개념은 이 세상에서의 인간 실존의 외적 조건을 나타내며, 다른 한편으로는 윤리적으로 매우 부정적인 의미로 채워져 있다. 육 안에(ἐν σαρκί)라는 표현을 살펴보자. 한편으로: "육신을 입고(직역: 육 안에) 살아야 한다면, 나에게는 그것도 보람된 일입니다. 그래서 어느 쪽을 선택해야 할지 모르겠습니다"(필리 1,22). 다른 한편으로: "우리가 육에 갇혀 있을 때에는, 율법으로 말미암아 생겨난 죄 많은 여러 욕정이 우리 지체 안에서 작용하여 죽음에 이르는 열매를 맺게 하였습니다"(로마 7,5). 첫째 경우에서는 육 안에 사는 것, 즉 목숨이 위태로운 감옥살이 이후 이 세상에서 계속 살아가는 것도 보람된 일이라면, 둘째 경우에서는 육 안의 실존이 하느님에게서 떨어져 나간 삶으로 여겨진다. 후자의 맥락에서 우리는 육의 비구원적 측면에 주목하지만, 전자의 측면을 무시하거나 둘을 완전히 떼어 놓을 수는 없다.

첫째 영역은 구약성경의 어법과 폭넓게 연결된다. 이것은 죽음을 면치 못하는 덧없는 인간을 가리키는 '살과 피'(1코린 15,50; 참조: 집회 14,18; 지혜

12,5), 또는 온 인류를 지칭하는 '모든 살'(로마 3,20; 1코린 1,29; 갈라 2,16; 참조: 이사 40,5; 예레 25,31 등)[98] 같은 표현에서 특히 뚜렷이 드러난다. 육 안에 살거 나 계속 머물러 있음은(갈라 2,20; 필리 1,22.24) 죽음을 면치 못할 존재로서 이 세상에서 그저 생존하는 것만을 의미하지 않고, 그로써 주어져 있는 현세 적 · 자연적 가능성(예컨대 하느님의 아들에 대한 믿음 안에서, 또는 공동체를 위해 살아 갈 수 있는)과 발전도 포함한다. 이런 발전과 맥락들은 필레몬서 16절에 아 름답게 시사되어 있다. 여기서 바오로는 복음의 아들로 얻은 종 오네시모 스가 육 안에서나(인간적으로나) 주님 안에서나 사랑스러운 형제가 되었다고 말한다. 비록 여기서 육이 주님과 대비되어 있지만, 그래도 이 영역은 어 디까지나 긍정적으로 평가되고 있다.

이 텍스트들에서 '육'에 대한 이해는 바오로가 인간을 '몸'으로 이해할 때와 별 차이가 없다면, 육이 외적인 면을 표현할 때는 좀 더 특별하게 이 해된다. 예컨대 바오로가 '내 육신에 가시'(2코린 12,7)라고 부른, 육신의 질 병은 사도의 선교 활동을 방해했으니, 그의 외관을 볼품없이 만들었고 갈 라티아인들에게는 경멸하고픈 유혹이 되었기(갈라 4,13-14) 때문이다. 육신 에 행해지는 할례 역시 외면적이다. 그러나 참할례는 문자가 아니라 영 안 에서 이루어지는 마음의 할례이기에, '육신에'라는 규정은 이 대비에서 열 등한 것, 아니 무의미한 것이라는 뜻을 지닌다(로마 2,28-29). 동일한 맥락에 서 바오로는 갈라티아의 거짓 선생들이 "여러분의 육신에 한 일을 자랑하 려고"(갈라 6,13) 이방계 그리스도인들에게 할례 받기를 요구한다고 말한다.

육은 빈번히 출생을 통해 보증되는 한 종족 혹은 민족에의 소속, 혈통을 가리킨다. 그리스도는 '육으로는' 이스라엘에서(로마 9,5), 다윗의 후손으로 (1,3) 태어나셨다. 바오로는 제 겨레를 아예 '내 살'이라고 부르는데, 그들에 대한 깊은 사랑을 나타내는 표현이다(11,14; 참조: 9,13). 그러나 혈통과 관련 된 이런 표현에는 상대적으로 열등하다는 의미도 섞여 있는데, 일종의 대

---

[98] 이 표현에는 동물들이 포함되기도 한다(참조: 1코린 15,39; 창세 6,17; 민수 18,15 등).

당관계를 제시하거나 고려하는 경우에 그렇다. 예를 들면 아브라함이 '혈육으로'(직역: 육에 따라) 우리 선조'라고 불리는(4,1) 것은, 그가 또한 모든 신앙인의 아버지이기 때문이다; '저 이스라엘'에 관해 말하는 것은(1코린 10,18), 하느님의 이스라엘도 존재하기 때문이다(갈라 6,16); '육의 자녀'가 '약속의 자녀'와(로마 9,8), 또는 '육에 따라 태어난 아들'이 '약속의 결과로 태어난 아들'과(갈라 4,23: 이스마엘과 이사악을 가리킴) 맞세워진다. 한편 코린토 2서 5,16의 알아듣기 힘든 진술은 아마도 '육에 따라' 이루어진, 즉 불충분한 인식과 관련지어야 할 것이다: "그러므로 우리는 이제부터 아무도 속된 기준(직역: 육에 따라)으로 이해하지 않습니다. 우리가 그리스도를 속된 기준(직역: 육에 따라)으로 이해하였을지라도 이제는 더 이상 그렇게 이해하지 않습니다."[99] 그러나 동시에 '육에 따른 그리스도'를 염두에 두고 있다는 것도 배제해서는 안 된다. 지상 예수에 대한 지식만으로는 충분하지 않다는 바오로의 논증은, 사도는 지상 예수를 몰랐다는 비난에 대한 반격이라는 관점에서 보아야 할 것이니, 적수들은 그렇게 비난하면서 바오로의 사도직을 문제 삼았다.[100]

이 세상에서의 인간 실존의 외적 조건들과 관련된 '육에 관한 언명'들도 가치판단에서 완전히 자유롭지 못함을 앞에서 보았다. 부정적 가치판단은 '육'이 윤리적 판단을 내포하는 곳에서 첨예화된다.

인상적인 것은 육의 위험성을 분명히 알려 주기 위해 사용하는 다양한 정식적 표현들이다. '육에 따라' 처신하고(로마 8,4) 살고(8,12-13) 존재하고 생각하고(8,5) 계획하고(2코린 1,17) 싸우는(10,3) 것은 죽음을 가져올 수 있으니, 그런 짓들은 하느님을 거스르기 때문이다. 외형상 유의해야 할 것은, 우리가 이미 첫째 그룹에서 마주쳤던 '육에 따라'라는 표현이 매번 동사와 결합되어 있다는 점이다. 그리하여 인간의 행동이 첨예하게 부정적으로 특징

---

[99] 다수의 해석자가 이렇게 번역한다. 참조: SCHWEIZER, *ThWNT* VII 130(참고문헌).

[100] 사륵스에 대한 통전적 관점은 코린토 1서 5,5에 나온다. 마음이라는 의미로는 코린토 2서 7,5에 한 번 나온다. 프네우마와 관련된 동일한 진술은 2,13에서 찾아볼 수 있다.

지어진다. 이것은 '육 안에'라는 표현에서도 마찬가지다. '육 안에서'(육으로) 사람들은 의지하고(필리 3,3) 좋게 보이려 한다(갈라 6,12). 육 안에는 선한 것이 전혀 없다(로마 7,18). 우리는 '육 안에' 있다고 혹은 있었다고 말할 수도 있다. '육 안에' 있는 자들은 하느님 마음에 들 수 없다(8,8); 우리가 육 안에 있었을 때는 죄스러운 여러 욕정이 우리 지체 안에서 작용하여 죽음에 이르는 열매를 맺게 하였다(7,5). 육은 주격 명사nomen rectum로서 2격이나 3격에서 지배하는 명사nomen regens와 결합된다. 또한 육의 나약성(6,19), 관심사(8,6-7), 채무자(8,12), 돌봄(13,14), 행실(갈라 5,19)에 관해 말한다. 마침내 (여기서 육은 인간과 거의 맞서 있거니와) 인간은 육으로 끝마치거나(갈라 3,3) 자기 자유를 육을 위하는 구실로 삼을(5,13) 수 있다; 그러나 인간은 육을 십자가에 못 박을 수도 있다(5,24). 육이 영을 거슬러 욕망을 일으키고(5,17) 율법을 무력화시킨다거나(로마 8,3), 자신에게 씨 뿌리는 사람에게 멸망을 가져다준다고(갈라 6,8) 말하는 구절에서는 육이 행동하는 주체로 나타난다. 인간은 '육적'(σαρκικοί 또는 σάρκινοι)이라고 특징지어질 수 있다. 이 말 역시 언제나 부정적 의미로 이해되는데, 코린토 1서 3,1.3에서는 비교적 완곡하지만 로마서 7,14 — "나는 육적인 존재, 죄의 종으로 팔린 몸입니다" — 에서는 극히 첨예하다. 육의 부정적 측면을 강조하는 진술들이 로마서와 갈라티아서에, 또 그로써 의화론(의인론)의 맥락에 등장한다는 것을 마땅히 주목해야 한다.[101]

바오로의 육 개념을 이해하는 데는 근본적으로 두 가지 견해가 맞서 있다. 첫째 견해에 따르면, 인간적·자연적인 것과 덧없고 무력한 것의 영역인 '육'은 신화적 개념이 아니라, 이 영역에 귀속된 실존의 총괄 개념이요, 전적으로 이 세상에 방치되어 있는 인간을 표현한다. 이 방치 안에서 '육'은 인간에 대한 강제적·규정적인 강력한 힘을 획득한다. 육(육욕과 동일시해서도 안 된다) 자체가 악을 일으키는 것은 아니다. 그러나 육이 규범으로 들

---

[101] 코린토 2서 1,12에서는 육적인 지혜, 10,4에서는 육적 무기에 관해 말한다.

어 높여지는 곳에서는, 죄스럽게 되며[102] 인간을 노예화한다.

둘째 견해는 육-영의 대립에서 출발하는데, 육을 인간의 근본 구조가 뿌리박고 있는 일종의 실체로 본다. 인간이 육에 자신을 내어 주는 게 아니라, 이미 육에 귀속되어 있으며 육의 올가미에서 스스로 벗어날 수 없다. 해방은 인간이 육의 세력권에서 떨어져 영의 세력권으로 들어옴으로써, 육을 벗어 버리고 영을 얻어 가짐으로써 이루어질 수밖에 없다.[103]

여기서도 바오로를 이해하려면, 사도는 자신이 얻은 신앙의 관점에서 인간을 판단한다는 사실을 유념하는 것이 좋다. 인간의 (혹은 인간이라는) 육에 관한 위협적 진술의 대부분이 들어 있는 로마서 8장에서 바오로는 그리스도인들이 "육 안에 있지 않고 성령 안에 있게 됩니다"(8,9; 참조: 7,5: "우리가 육에 갇혀 있을 때에는 …")라고 말한다. 우리는 육의 위협들로부터 원칙적으로 해방되었으나, "육에 따라 살도록 육에 빚을 진 사람"(8,12)이 되지 않도록 조심해야 한다. 영으로 시작한 갈라티아 그리스도인들이 육으로 끝마칠 수도 있다(갈라 3,3). 갈라티아서 5,19-23에 대비되어 있는 육의 행실과 영의 열매는, 이 두 가지가 모두 그들에게 가능함을 시사해 준다. 그리스도인은 전자를 아직도 저지를 수 있고, 후자는 성취할 수 있게 되었다(그래서 영의 '열매'라고 말한다). 그리스도에게 속한 사람들은 육을 그 욕정과 욕망과 함께 십자가에 이미 못 박았다는 말(5,24)에는 명령의 울림도 들어 있다.

로마서 7,14-25에서 바오로는 신앙을 통해 얻은 통찰에 근거하여 '아담의 그림자 안에 있는' 인간에 관해 판단한다. 인간이 죄의 종으로 팔린 몸으로서 육적이고(7,14), 그 안에, 즉 그의 육 안에 선이 전혀 없다면(7,18),[104] 이 암울한 상태는 근본적으로 육에 의해서가 아니라 인간 안에 똬리 틀고

---

[102] 참조: BULTMANN, *Theologie* 238; KÄSEMANN, *Röm* 195; SCHWEIZER, *ThWNT* VII 131-132.

[103] 참조: BRANDENBURGER, *Fleisch* 44-58. BRANDENBURGER는 종교사의 유사 사례들을 알렉산드리아의 필론의 저술에서 참조한다.

[104] 다수의 해석자가 이어지는 설명을 한정이 아니라 해석으로 이해하는 것은 타당하다.

있는 죄에 의해 야기된 것이다(7,17.20). 그리스도론적인 문장 8,3에 단 한 번 나오는 '죄의 육'이라는 말은 육을 죄스러운 실체로 표현하는 게 아니라, 죄에 지배당하고 있는 인간을 나타낸다.

그러므로 요약하면, 육 개념의 두 가지 측면 또는 이해를 구별해야 한다. 하나는 실체적 측면이고 다른 하나는 윤리적 측면이다. 이 둘은 뚜렷이 구별될 수 있고 또 상이한 기원에 의해 특징지어지지만, 전혀 관련 없이 병립하는 것은 아니다. 실체적 영역에서 인간은 육으로서 유한한 세대들의 연속에 편입되고 한 종족에 소속되어 있다. 육으로서 인간은 또한 외적으로 묘사되고 상처받을 수 있고 질병과 죽음에 매여 있다. 이 차원을 넘어 바오로가 윤리적 측면 — 언제나 부정적으로 서술된다 — 을 개진할 때는, 인간을 미혹迷惑 가능성에 근거하여 윤리적으로 손상되기 쉽고 또 손상된 존재로 묘사하고자 한다. 이 함축적 구상은 (오해의 빌미를 제공할 수도 있으나 또한 해석이 가능하고 또 필요하거니와) 인간의 미혹 가능성과 손상 가능성은 이 세상의 자연적·지상적이고 덧없고 무력한 조건들에 매여 있음에 기인한다는 데 그 요점이 있다.[105] 이 '매여 있음'은, 인간이 육의 욕정과 갈망들을 따르고 이 조건들을 자기 실존의 규범으로 들어 높일 때, '(아예) 귀속되어 있음'으로 된다. 이 세상에 귀속됨으로써, 인간은 하느님으로부터 떨어져 나간다.[106] 인간은 자신의 주체성을 육(이것과 인간은 언제나 하나로 머문다)에 잃는 게 아니라, 육 안에 똬리 틀고 있는 죄에 잃는다. 바오로가 이 구상으로써 궁극적으로 의도하는 바는, (인간론적 서술을 넘어) 구원의 중요성을 천명하자는 것이다.

---

[105] '육 안에' 표현들은 사실상 혼합 해석되어 있으며, 연구자들은 이것들을 상황과 관련시켜 이해한다. 참조: BRANDENBURGER, *Fleisch* 54.

[106] SCHMITHALS(*Röm* 237)는 바오로에 따르면 서로를 배제하는, 인간 실존을 근본적으로 꼴짓는 두 가지 관계가 존재하며, 인간은 언제나 그중 하나를 택한다고 말한다: 하느님 앞에서, 아니면 자기 앞에서 사는 것.

비구원 상황의 중심에는 **죄**가 자리잡고 있다. 바오로는 죄에 대해 결코 예사롭게 말하지 않는다. 사도는 죄를 윤리적으로만 판단하는 것은 죄를 경시하는 일임을 분명히 알고 있다. 죄는 인간의 삶을 파괴하고 그를 불행하게 만드는 방식으로 인간에게 닥친다. 그래서 바오로가 죄에 관해 말하는 것은 결국 인간에 관한 말임이 자명하다. 나아가 사도가 하느님이나 그리스도를 죄와 관련시킬 때는, 죄로부터의 해방이 주제다.

어휘에 유의하는 것이 새삼 중요하다. 죄(ἁμαρτία)를 단수형으로 사용하는 것이 바오로의 특징임을 유념해야 한다. 여기서도 로마서(특히 5-8장)가 가장 풍부한 예증을 제공한다. 진술과 은유들이 한 특정 방향을 겨냥하고 있다: 인간들은 죄 아래 있고(3,9; 갈라 3,22), 죄는 인간들의 죽을 몸 안에서 왕처럼 그들을 지배한다(로마 6,12.14; 5,21). 인간들은 죄에 맹종하는 죄의 노예들이다(6,6.16-17.20). 또한 죄는 인간들을 용병으로 삼고 그들의 지체와 능력들을 '불의의 무기'로 이용한다(6,13). 물론 죄는 심술궂은 보수를 지불하니, 곧 죽음이다(6,23). 죄는 인간을 사로잡고 있으며, 자기 고유의 법칙성을 지니고 있다(7,23).[107] 죄는 인간 속에 똬리 틀고 있고, 죄에 사로잡힌 인간은 더 이상 자신의 뜻이 아니라 죄의 뜻을 수행하게 된다(7,17.20). 죄가 지배자·노예 주인·용병 대장·간수看守·악마라는 것은 은유로서[108](악마 표상도 실제상으로 알아들으면 안 된다) 죄의 권세를 묘사하기 위해, 또는 비구원의 권세인 죄 자체를 묘사하기 위해 이용된다. 그런데 죄는 통상 단수형으로 나오기 때문에 죄가 출현할 때는 거의 인물의 모습을 띤다.

권세로서의 죄라는 배경에 비추어 인간의 범죄에 관한 진술들을 고찰해야 한다. 인간은 죄인(ἁμάρτωλος)이다. 그런데 이 표현뿐 아니라 인간의 구체적 범죄를 나타내는 동사 ἁμαρτάνω(죄짓다)도 권세로서의 죄에 비해 뒤로 밀려나 있다. 복수형으로 죄들에 관해 말할 때는 구체적인 범죄, 구체

---

[107] 로마서 7,23과 8,2의 νόμος(법)는 규범, 법칙성으로 번역할 수 있다.

[108] 참조: BRANDENBURGER, *Adam und Christus* 160.

적인 악행들도 시야에 들어온다. 이런 경우는 많지 않으며, 그것도 대부분 구약성경 인용문들이나(로마 4,7 = 칠십인역 시편 31,1; 로마 11,27 = 이사 27,9)[109] 기존의 그리스도교 신조들 또는 그것들에 의존하고 있는 구절들(1코린 15,3; 갈라 1,4; 1테살 2,15-16)[110]에서 찾아볼 수 있다. 어쨌든 "우리가 육에 갇혀 있을 때에는, 율법으로 말미암아 생겨난 죄 많은 여러 욕정(직역: 죄들의 욕정들)이 우리 지체 안에서 작용하여 죽음에 이르는 열매를 맺게 하였습니다"(로마 7,5)라는 바오로의 문장에 따르면, 요컨대 욕정들이 사람들을 죄스러운 행위로 이끌었다. 여기서는 의도적으로 복수형이 사용되었다. 나아가 아마 이 구절이 명백한 복수형 사용의 유일한 예다.[111]

범죄에 대한 좀 더 명확한 표상은 바오로가 범죄를 παράπτωμα(범행, 위반, 잘못)[112]로 지칭하는 데서 드러난다. 이 낱말로써 사도는 일종의 계명 위반을 상정하며, 따라서 불순종적 성격을 부각시킨다. 바오로가 아담의 소행을 παράπτωμα라고 강조 지칭하고(로마 5,15-18), 이를 (창세기 3장에 상응하여) 하느님의 구체적 명령의 위반으로 파악하는(로마 5,14) 것은 주목할 만하다. 역시 단수형으로 바오로는 이스라엘의 παράπτωμα에 관해 말한다(로마 11,11-12). 여기서는 이 개념을 걸려넘어짐(Fall)으로 번역하는 게 가장 낫다.[113] 이스라엘의 걸려넘어짐(바오로가 비통하게 체험한 복음에 대한 거부를 의미한다)이 이방인들에게는 풍요로움이 되었다. 좀 더 일반적인 용법은, (공동체에서) 누군가 어떤 잘못(παράπτωμα)을 저지르면 온유한 마음으로 그

---

[109] 칠십인역 이사야서 27,9에는 단수형으로 되어 있다!

[110] 테살로니카 1서 2,15-16을 해석자들은 후대의 삽입으로 본다. 이 문제를 여기서 결정할 필요는 없겠다.

[111] 코린토 1서 15,17의 복수형은 15,3의 신조를 따른 것이다.

[112] 주석학자들은 번역어로 위반[Übertretung; SCHLIER, WILCKENS, KÄSEMANN, BRANDEN-BURGER(*Adam und Christus* 219 Anm. 1)], 과오(Verfehlung; KUSS, SCHMITHALS, ZELLER)를 선호한다. 어원학적으로 이 낱말은 목표에서 빗나감을 뜻하며, 그래서 범행(Vergehen), 과실(Verstoß), 잘못(Versehen) 외에 실패(Niederlage)를 의미할 수도 있다.

[113] SCHLIER와 KÄSEMANN 등. 참조: 루터의 번역. KUSS와 ZELLER는 과오(Verfehlung)로, WILCKENS와 SCHMITHALS는 과실(Fehltritt)로 번역한다.

를 바로잡아 주라는 훈계(갈라 6,1)에서 찾아볼 수 있다. 복수형은 전통적 문구 — "이 예수님께서는 우리의 잘못들 때문에 죽음에 넘겨지셨지만"(로마 4,25) — 에, 또는 은총 관련 구절들(5,16; 2코린 5,19)에 나온다. 마지막으로 언급해야 할 죄 개념, 즉 *ἁμάρτημα*(죄)는 복수형은 기존 전승 신조에 나오고 (로마 3,25: "이전에 지은 죄들"), 단수형은 코린토 1서 6,18에서 상정할 수 있는 모든 죄를 가리킨다. 이로써 죄에 관한 그림이 완성되었다.

지금까지 고찰한 바에 따르면, 비구원의 권세인 죄가 바오로 사유의 중심에 자리잡고 있으며 구체적인 범죄는 이 죄와 뚜렷이 구별된다. 그렇다면 이 둘은 어떤 관계인가, 불행과 죄과는 어떤 관계인가라는 물음이 제기된다. 여기서 바오로는 모든 인간이 죄에 사로잡혀 있다고 본다는 사실을 확인하는 것이 중요하다. 이 보편성은 예외를 허용하지 않는다: "모든 사람이 죄를 지어 하느님의 영광을 잃었습니다"(로마 3,23).

유다인이든 이방인이든, 모든 인간이 죄의 지배 아래 있다. 이 언명은 로마서 3,9-18에서 포괄적이고 요령 있게 구상된, 필경 기존의 성경 인용문 모음집에 의해 뒷받침된다: "의로운 이가 없다. 하나도 없다. 깨닫는 이 없고 하느님을 찾는 이 없다. 모두 빗나가 다 함께 쓸모없이 되어 버렸다. …" 갈라티아서 3,22는 이렇게 확언한다: "성경은 모든 것을 죄 아래 가두어 놓았습니다." 이미 성경 안에 모든 인간의 유죄성이 나타나 있다.

로마서에서 바오로는 이 보편성을 뚜렷이 제시하기 위해 단계적으로 다양한 시도를 하면서 매번 새로운 관점과 전망을 열어 보인다. 1,18-3,20에서 사도는 이방인(비유다인)들과 유다인들의 비구원 상황을 묘사한다. 그런데 이렇게 구분하면서 후자의 '구원사적' 특권을 고려하는 관점을 선택한다. 바오로는 이방인들의 상태를 묘사하면서(상당히 논리적이고 설득력 있게 보이는데, 덧붙여 말하면 이방인에 대한 유다인의 판단과 부합한다), 이들의 우상숭배와 윤리적 타락을 비난한다. 우상숭배와 윤리적 타락은 창조주 하느님에 대한 인식(이것은 이방인들에게도 가능했다)으로부터의 이반離反의 결과로 평가된다. 이방인들이 율법을 모르고 죄를 지은 반면, 유다인들은 율법을 알고 죄를 지었다(2,12). 이는 유다인들이 사실상 율법을 준수하지 않았음을 의미한다(2,21-24 참조).

로마서 5,12-14에서는 죄의 보편성이 아담에게 소급된다. 이에 따라 '구원사적' 전망이 처음으로 부각되며, 온 인류를 아담에게서 유래하는 비구원 속의 한 결합체로 고찰한다. 창세기 3장의 낙원 이야기에 대한 지식이 전제되어 있으나, 비구원의 권세인 죄가 주인공이 됨으로써, 바오로 특유의 방식으로 계속 개진된다: "그러므로 한 사람을 통하여 죄가 세상에 들어왔고 죄를 통하여 죽음이 들어왔듯이, … 모든 사람에게 죽음이 미치게 되었습니다. …" 문법적으로 완결되지 않은 이 문장에서 바오로가 말하는 방식은 특이하다: 아담의 범죄는 언급하지 않고 곧장 그 결과, 즉 이 세상에 죄가 들어온 것에 관해 언급한다. 죄는 지배자로 들어왔다. 아담은 자신의 불순종 행위로 죄의 출현을 야기했다. 이를테면 죄에게 커튼을 열어 주었다. 이 커튼 뒤에서 죄는 자신의 등장을 기다리고 있었다. 이 어법은 그 객관성을 고려하건대 실로 신화적이라고 말할 수 있다. 바오로는 당시의 (순진한) 성경 이해를 따라 아담을 역사상 인물로 여겼을 것이다.[114] 그러나 이 신화적 어법에는 비구원의 권세인 죄의 출현과 함께 숙명적 불행이 명백히 암시되어 있다. 이 우주적 권세("죄가 세상에 들어왔고 …")가 지배하기 시작하는 곳에서는, 그것이 모든 인간을 꼼짝없이 사로잡으리라는 것을 예상할 수 있다.

그러나 (뜬금없어 보이지만) 이 신화적 진술에 합리적 진술이 뒤따른다: "… 이렇게 모두 죄를 지었으므로 모든 사람에게 죽음이 미치게 되었습니다." 이 논거 제시 문장에서 다시금 확언되는 모든 인간의 범죄는 무엇보다도 죽음과 관련된다. 모든 인간이 겪는 죽음은, 각 개인에게는 그가 죄를 지은 결과다. 이렇게 죽음은 범죄의 뚜렷한 표다. 죽음은 비구원의 권세인 죄가 세상에 데리고 들어온 짝패이기 때문에, 모든 이의 범죄는 또

---

[114] KÄSEMANN(*Röm* 137)은 객관성(Objektivität)이 신화의 한 특징이라고 옳게 말한다.

한 아담이 야기한 죄의 세상 등장과, 아담의 범죄와 관련되어 있다. 그러나 그 관련성은 어떠한 것인가?

아우구스티누스의 원죄관은 두루 알다시피 5,12ㄷ의 다음과 같은 라틴어 번역문에 근거한다: '모두가 그(아담) 안에서 죄를 지었습니다'(in quo omnes peccaverunt). 이것은 아담이 모든 인간의 죄를 선취先取했음을, 그의 죄가 마치 일종의 저주 담은 유산처럼 모든 후손에게 이전됨을 의미한다. 그러나 이 번역문은 받아들일 수 없다. 오늘날에는 '모든 이가 죄를 지었으므로'라는 번역이 두루 통용된다. 하지만 이로써 사실상 숙명적 불행과 책임을 병렬시키고 있는 12절의 문제점은 더 커졌다. 우리는 인간의 비구원 상황의 두 가지 원인, 즉 아담의 죄와 각 개인의 죄에 관해 말해야 하는가? 크게 보아 두 가지 해석 시도가 있다: 하나는 숙명적 불행을 강조하고, 5,12ㄷ은 뒷전으로 밀어 놓는다(리츠만에 따르면 후자는 명료히 하기보다는 어지럽히는 부수적 생각이다).[115] 다른 하나는 반대로 불행의 필연성보다 역사적 책임을 강조하는데, 그러면서 '아담 논변'을 바오로가 수용한 사유 구조로 여긴다.[116] 이 둘 사이에는 다른 시도들도 있다.[117]

아담을 죄와 죽음을 인류에게 들여온 이로 제시하는 것이 바오로에게는 중요했으니, 로마서 5,12 이하에서 전개되는 아담-그리스도 대비의 테두리 안에서 그리스도가 생명과 은총을 새 인류에게 주신 분으로 뚜렷이 드러나야 할 터이기 때문이다. 아담의 불순종이 그리스도의 순종과 맞세워진다. 그러나 바오로는 그리스도의 행위가 너무나 위대하기에 비교가 전혀 불가능함을 암시한다: "그렇지만 은사의 경우는 범죄의 경우와 다릅니다"(5,15). 아담의 범행 안에서 죄의 권세가 지배를 시작할 수 있었다면, 이

---

[115] 논쟁: KUSS, *Röm* 230.

[116] 예컨대 BRANDENBURGER, *Adam und Christus* 168-180.

[117] LYONNET[*Bib* 36 (1955) 436-456]는 ἐφ' ᾧ(-이므로)를 이미 성취된 조건의 도입부로 보고 싶어 한다. 예전 해석자들은 아담에 대한 언급을 끼워 넣었다: "모든 이가 아담 안에서 죄를 지었으므로." 참조: KUSS, *Röm* 230. 둘 다 설득력이 없다.

로써 '역사적' 상황과 관련되는 차원이 열리고 또 구원받지 못한 인간 실존의 조건들이 암시된 셈이다. 위험성은 있지만 바오로는 인간들에게서 죄를 지을 수 있는 자유가 박탈되지는 않았다고 말하는 것이 중요하다고 생각했다. 아무튼 인간들은 그 조상의 후손으로서 언제나 죄와 책임에 얽혀 들어가 있으며, 이것이 그들을 끊임없이 죄의 길로 유혹하고 몰아댄다. 바오로가 공유했던 체험은 실제로 모든 인간이 죄에 귀속되어 있음을 가르쳐 주었다. 이 체험을 현대적 언어로 옮기면 아마 이렇게 될 것이다: 인간에 의해 만들어진 이 세상의 구조들은 죄스러우며, 불가항력적으로 죄를 향해 휩쓸려 간다. 하지만 이것은 여전히 너무 피상적인 판단이라 하겠다. "한 사람의 불순종으로 많은 이가 죄인이 되었습니다"(5,19). 죄는 인간 외부에서 지배하고 그의 내면은 손상되지 않은 채 남아 있는 것이 아니다. 죄는 인간 내면에 대한 지배권을 획득했다.[118]

이것이 실상 로마서 7,7-25의 근본 관심사인데, 여기서는 '나'의 관점에서 죄의 권세를 서술한다. 전기傳記적으로 알아들어서는 안 되는 이 '나'는 '아담의 그림자 안에 있는' 구원받지 못한 인간을 의미하며, 추측건대 개인의 절망적 실존을 인상 깊게 묘사하기 위해 선택되었을 것이다. 우리는 (1,18 이하 그리고 5,12 이하와 유사하게) 이 서술에도 보편적 의의를 인정해 주어야 하며, 유다인들에게 국한시켜서는 안 된다. 아담 이야기의 여운을 온전히 감지할 수 있다(예컨대 7,10). 구원받지 못한 인간의 절망적 상태는 원의願意와 행위의 상충에서 정점에 이른다: "사실 내 안에, 곧 내 육 안에 선이 자리 잡고 있지 않음을 나는 압니다. 나에게 원의가 있기는 하지

---

[118] 이런 바오로 사상의 종교사적 의존 문제를 밝히려는 매우 많은 노력이 있었다. 그러나 아직도 확실한 대답은 전혀 할 수 없다. 이 사상은 바오로의 것이지만, 사도는 주변 세계의 다양한 관념들을 받아들여 손질했다고 말할 수 있을 것이다. 고려 대상이 되는 것들은 영지주의의 원인간 사변, 4에즈라 7,116-120 유의 묵시문학적 아담 이해들, 시리아어 바룩 묵시록 54,15, 묵시문학의 두 세계 교설(죄의 세계와 하느님 다스림의 세계를 첨예하게 대립시킴) 등이다. 그러나 이것들도 모두 바오로와 현저한 차이가 있다. 토론: KÄSEMANN, Röm 134-136(지혜-표상들을 포함시킨다); WILCKENS, *Röm* I 308-314; SCHMITHALS, *Röm* 171-172; BRANDENBURGER, *Adam und Christus* 특히 68-157.

만 그 좋은 것을 하지는 못합니다. 선을 바라면서도 하지 못하고, 악을 바라지 않으면서도 그것을 하고 맙니다"(7,18-19). 여기서 결론이 이끌어져 나온다: "내가 바라지 않는 것을 하면, 그 일을 하는 것은 더 이상 내가 아니라 내 안에 자리 잡은 죄입니다"(7,20). 이 절망적 묘사에 찬동하기는 어렵다. 의지의 이 절대적 무력함을 어디서 관찰할 수 있는가? 게다가 이것이 보편적 현상으로 간주되고 있다.

텍스트를 그런대로 이해하려면, 두 가지를 유념하는 것이 좋다. 첫째 이 텍스트를 심리 분석으로 이해해서는 안 된다. 그렇게 이해하는 사람에게는 강력한 이의를 제기해야 할 것이다.[119] 믿지 않는 사람들도 (윤리적으로) 선을 행할 수 있다는 것은 결코 부인할 수 없다. 바오로도 이것을 부인하려는 뜻은 없었을 것이다. 둘째 구원받지 못한 인간 상황의 묘사가 신앙의 관점에서 이루어지고 있음에 특히 유의해야 한다. 객관적 척도들이 통용되고 있다. 여기서도 죄라는 권세 안에 드러나는 신화적 배경이 구실을 하고 있다. 인간은 주관적으로 선을 원한다. 그러나 이것이 객관적으로 선은 아니다. 그래서 그는 선한 원의 안에서, 그러나 결국 끊임없이 제 자리 아닌 곳에서 행동한다.[120] 그는 '육 안에'(7,18) 있으니, 이것은 앞에서 살펴보았듯이 이 세상의 관계들 속에 얽혀 있음을 의미한다. 이 연루 속에서 인간은 궁극적 가치가 없는 것들을 그런 가치가 있는 것으로 여긴다. 인간은 (이것이 7,24의 비탄의 외침이거니와) 이 연루로부터 해방되어야 하며, 또 그로써 사랑에로 해방되어야 한다.

상황은 진퇴양난에 빠져 드니, 구원받지 못한 인간은 자기가 어떤 처지에 있는지를 꿰뚫어 보지 못하기 때문이다. 사람들이 이 텍스트를 구원받

---

[119] KÄSEMANN, *Röm* 191: "그(바오로)가 단지 우리에게 의지력이 결여되어 있는 것만을 한탄했다면, 우리는 인간의 이름으로 그에게 강력한 이의를 제기해야 할 것이며, 그래야 한탄스러운 상황을 간과하지 않을 수 있을 것이다."

[120] SCHMITHALS(*Röm* 243)는 루터가 제시한 자살자의 예를 지적한다: 그는 필경 자기 계획의 어리석음을 깨닫지 못한 채, 생명을 추구하여 생명을 끊는다.

지 못한 사람이 아니라 신앙인에 관해 말한다고 줄곧 생각했던 이유가 여기에 있다.[121] 그러나 이것은 틀렸다. 오히려 그리스도인이 (자신의) 구원받지 못한 과거를 판단하고 있다. 구원받지 못한 인간에게 그의 처지를 설명해 주려는 시도 또한 전혀 소용이 없을 것이다. 도약 이후에야 비로소 안목을 얻을 수 있다. 이해를 위한 해석학적 요점은 바오로가 내세우는 믿음이다.

마지막 비구원의 권세는 **죽음**이다. 죽음은 죄의 짝패로서 죄와 함께 세상 안에 들어왔음을(로마 5,12) 앞에서 살펴보았다. 또한 죄가 죽음을 이용한다고 말하든, 죽음이 죄를 이용한다고 말하든, 죽음은 죄의 결과라고 말할 수 있다: "죄가 죽음으로 지배합니다"(5,21); "죽음의 독침은 죄입니다"(1코린 15,56). 이 결합이 이미 어두운 배후 관계를 암시하며, 또한 바오로에게 죽음은 한낱 자연적 현상 이상의 것임을 암시해 준다. 이로써 사도는 다시금 낙원 이야기에 의존하고 있다. 그러나 더 나아가 죽음은 죄와 마찬가지로 전횡적 권세가 되어, 모든 인간에 대한 지배권을 확립했다.

두 가지 고찰 방식이 병존한다. 그중 하나에 따르면 인간의 필멸성은 그의 본질에 기인한다: "첫 인간은 땅에서 나와 흙으로 된 사람"(1코린 15,47), 티끌로 만들어진 존재다. 다른 하나에 따르면 죽음은 아담의 불순종으로 말미암아 숙명적 불행으로 인류에게 덮쳤다: "아담 안에서 모든 사람이 죽고"(15,22), 그를 통해 죽음이 모든 인간에게 미치게 되었다(로마 5,12). 이 두 고찰 방식 사이에 존재하는 간극은, 자료상으로 두 가지 상이한 기존 관념에 의존한 데서 기인하는데, 아담을 통해 중개된 죽음을 영원한 죽음으로 이해하고 육신의 죽음은 고려되지 않았다고 보는[122] 것으로는 메꾸어지지 않는다. 바오로는 성경의 대지를 이렇게 멀리까지 벗어나지는 않는다. 아

---

[121] 루터에게 의존하는 이 해석 방향은 7,25 ㄴ의 본문비평 문제와도 관련되어 있다.

[122] Brandenburger(*Adam und Christus* 167-168)가 이런 시도를 하지만 코린토 1서 15장과 로마서 5장을 조화시키려는 의도는 아니다.

무튼 신학적 차원이 상당히 중요하니, 이에 따르면 영원한 죽음은 인간을 움켜쥐려 하며, 육신의 죽음은 그 본원적 죽음의 은유가 된다.

이렇게 죽음은 모두가 알고 있는 육신의 사멸이라는 전망으로서만 현존하는 게 아니라, 영적 의미에서도 하느님을 멀리하는 그르친 삶으로서 현존한다. 육의 관심사가 죽음이듯(로마 8,6), 빗나간 삶 안에서 사람들은 죽음에 이르는 열매를 맺을 수 있다(참조: 7,5; 6,21). 세상 것들에 대한 그릇된 평가로 '현세적 슬픔'에 빠진 사람은 같은 위험에 처한다(2코린 7,10). '육에 따라' 사는 사람은 죽고 말 것이다(로마 8,13). 하느님의 말씀에 자신을 닫는 사람에게는 — 바오로는 개선 행진의 비유를 사용한다 — 말씀을 전하는 사람이 "죽음으로 이끄는 죽음의 향내"(2코린 2,16)가 된다. 다시 말해 그는 죽음에 머물러 있다. 죽음이라는 피할 수 없는 사실은 성경 언어에서 사람들에게 자신의 실존 상황에 대한 성찰을 유발하는 데 특별히 적절해 보인다. 왜냐하면 이 사실은 언제까지나 거의 의식에서 떨쳐 버릴 수가 없기 때문이다. 이것은 신약성경신학의 다른 분야들에서도 만나게 된다. 아무튼 모세의 옛 구원 질서에 '죽음의 직분'(2코린 3,7)이라는 딱지를 붙이는 것은 문제가 있다. 이것이 우리를 다음 단락으로 이끌어 간다.

참고문헌

J. BLANK, Der gespaltene Mensch. Zur Exegese von Röm 7,7-25: *BiLe* 9 (1968) 10-20.

G. BORNKAMM, Sünde, Gesetz und Tod. Exegetische Studie zu Röm 7: *Das Ende des Gesetzes* (BEvTh 16) (München 1958) 51-69.

E. BRANDENBURGER, *Fleisch und Geist* (WUANT 29) (Neukirchen 1968).

R. BULTMANN, *Römer 7 und die Anthropologie des Paulus* (Gießen 1932).

K. KERTELGE, Exegetische Überlegungen zum Verständnis der paulinischen Anthropologie nach Röm 7: *ZNW* 62 (1971) 105-114.

W. KÜMMEL, *Römer 7 und die Anthropologie des Paulus* (UNT 17) (Leipzig 1929).

S. LYONNET, Le sens de ἐφ᾽ ᾧ en Rom. 5,12 et l'exégèse des pères grecs: *Bib* 36 (1955) 436-456.

G. RÖHSER, *Metaphorik und Personifikation der Sünde* (Tübingen 1987).

A. SAND, *Der Begriff "Fleisch" in den paulinischen Hauptbriefen* (BU 2) (Regensburg 1967).

R. SCHNACKENBURG, Römer 7 im Zusammenhang des Römerbriefes: *Jesus und Paulus* (FS W.G. Kümme) (Göttingen 1975) 283-300.

3.5 율법 아래 있는 인간

모세 율법은 유다인 바오로에게 종교적 삶과 행동의 중심이었다. 이것은 이제 율법을 다른 관점에서 보게 된 그리스도교 신학자 바오로에게도 어떤 의미에서는 마찬가지였다. 유다인 및 유다계 그리스도인들과 대결하면서 '율법에서 자유로운' 복음을 옹호한 바오로 사도의 사유와 논증에도 율법이 거듭 등장한다. 이런 논쟁에서 종종 격렬한 어조가 터져 나오고, 모순되게 보일 정도로까지 진술들이 서로 긴장 관계에 있으며, 모진 말과 순한 말이 번갈아 나오는데, 이 또한 유다교인이었던 바오로의 과거와 그의 개인적 인생 역정을 배경으로 고려하지 않고는 올바로 이해할 수 없다.

율법에 대한 중요한 견해들을 담고 있는 것도 다시금 갈라티아서와 로마서다. 그런데 바오로가 로마서보다 갈라티아서에서 율법을 훨씬 가혹하게 판단하는 것이 눈길을 끈다. 연구자들은 바오로 사유의 발전 과정에 관해 말해 왔다.[123] 그 밖에 갈라티아서에서는 암시만 되어 있는 여러 가지가 로마서에서는 좀 더 상세히 거론된다. 물론 갈라티아서는 이방계 그리스도인 공동체들에게 써 보낸 편지임을 고려해야 한다. 이 공동체들은 율법에서 자유로운 사도의 복음을 배척하던 유다주의적 그리스도교 선교사들에게 회유당하고 있었는데, 이들은 율법 준수와 할례가 구원에 중요하다면서 그 시행을 요구했다.

---

[123] 참조: HÜBNER, *Gesetz*; SCHNELLE, *Wandlungen* 49-76.

아래에서 바오로의 근본 입장들을 제시하고, 두 서간의 차이점들을 살펴보자.

율법에 대한 바오로의 원칙적 언명은 부정적이다: "어떠한 인간도 율법에 따른 행위로 의롭게 되지 않습니다"(갈라 2,16); "어떠한 인간도 율법에 따른 행위로 하느님 앞에서 의롭게 되지 못합니다"(로마 3,20; 참조: 갈라 3,11; 로마 3,28). 율법에 따른 행위란 토라가 요구하는 행업이다. 이 단정적·부정적 언명은 바오로의 율법관이 본디 논박적이며, 이 율법관에 따른 의화론(의인론)은 일종의 투쟁론임을 알려 준다. 그리스도께서 유일하게 가능한 구원의 길을 여셨다. 율법을 통한 길은 끊어졌다. 율법에 관한 바오로의 말은 오직 이 지평에 바탕해서만 이해할 수 있다. 사도가 갈라티아서에서 방금 인용한 단정적 확언으로 율법에 관한 상론을 시작하는 것에 유의해야 한다. 이로써 바오로는 율법 문제에서 타협이란 안중에 없음을 시사한다. 로마서에서는 3,20의 확언이 유다인이든 이방인이든 모든 인간이 죄인이며 악에 얽혀 들어갔다는 상세한 논증을 종결한다. 이것은 율법이 죄인을 도와줄 수 없으며 또한 (모든 사람이 똑같이 비참한 상태에 있기에) 그를 구해 낼 수도 없음을 의미한다. 여기서 율법에 내포된 절망이 이방인들에게도 해당된다는 사실에 유의해야 한다: 어떠한 사람도 의롭게 되지 못한다. 율법 문제는 유다교 테두리를 넘어선다.

이 원칙적 언명을 진지하게 받아들이면 율법은 구원의 길로서는 영원히 배제된다. 로마서 2,25에서 바오로는 사람이 율법을 준행한다면 할례가 유익하다고 말하지만, 율법을 구원의 길로 인정했다고 추론할 수는 없다. (할례 받은) 율법 위반자도 그 위반으로 할례 받지 않은 자가 된다고 덧붙이면서, 사도는 유다인들이 율법을 어기고 있다고 전제하기 때문이다.[124▶] 그리고 바오로가 독특한 변증법을 통해 유다인 율법 위반자를 율법의 요구를 준수하는 이방인과 맞세우지만, 여기서도 (이방인들에게) 율법을 통한 구원의 길이 있음을 암시하려는 것이 결코 아니다. 참할례는 신체상의 할례가 아니라 마음의 할례요, 문자를 통해 이루어지는 게 아니라 영을 통해 이루어진다(2,28-29). 육과 문자는 낡은 구원 질서를 특징짓고, (하느님의) 영은 새 구원 질서를 특징짓는다. 율법의 요구는 육을 따라 사는 사람들에 의해서는 충족될 수 없다; 이것은 어디까지나 하느님이 선사하시는 영에 힘입어서만 가능하다(8,4). 여기에는 율법의 요구는 인간 자신의 힘이 아니라 영의 도우심으로만 충족될 수 있다는 사상이 담겨 있다.

그렇다면 율법이 재앙의 편에 속한다는 말인가? 율법이 악한 권세란 말인가? 바오로는 유다계 그리스도인들 측에서 제기한 이 통렬한 비난과 맞서야 했다. 사도는 (로마서에서) 이 비난을 반박하려 애쓴다. 이는 바오로가 (갈라티아서에서) 율법에 관해 극히 가혹하게 판단한 것과도 관계가 있다고 하겠다. 과연 갈라티아서에는 이런 구절이 나온다: "율법에 따른 행위에 의지하는 자들은 다 저주 아래 있습니다"(3,10); "만일 생명을 가져다줄 수 있는 율법을 우리가 받았다면, 분명 의로움도 율법을 통하여 왔을 것입니다"(3,21). 이 구절은 사유 논리상 "그러나 사실은 그렇지 않습니다"라는 말로 보완되어야 한다.

비록 율법이 구원의 길로서는 배제되어 있지만, 바오로는 로마서에서 율법은 거룩하고 좋으며(7,12) 심지어 영적이라고까지(7,14) 말하는데, 이는 갈라티아서의 가혹함과는 전혀 부합되지 않는다고 하겠다. 하지만 갈라티아서에서도 영의 열매인 사랑·기쁨·평화 등을 열거한 뒤, 율법은 이런 것들과 상충되지 않는다고 확언한다(갈라 5,23). 율법을 어기는 사람은 하느님을 모욕하는 것이다(로마 2,23). 율법의 좋은 특성을 두 가지 점에서 알아보아야 한다. 한편으로는 율법에서 하느님의 뜻이 무엇인지 알아낼 수 있

◀124 참조: *EKK* V 1 (Zürich 1969)에서 "율법에 따른 행위로는 누구도 의롭게 되지 못한다"(Aus Werken des Gesetzes wird niemand gerecht)라는 제목으로 U. WILCKENS와 J. BLANK가 행한 흥미로운 논쟁. 여기서 BLANK의 율법 비판적 해석을 우대해야 마땅하다. 바오로의 율법 비판적 견해는 이천 년 그리스도교 역사 이후, 특히 아우슈비츠 이후 많은 사람의 분노를 사고 있다. 그러나 오늘날 바오로를 비판하고자 하는 사람은 신학적으로 정당하고 객관적으로 비판해야 한다. 본문 해석을 통해서는 바오로의 관점을 완화시킬 수 없다는 것이 내 생각이다. 어쨌든 이스라엘의 의의에 관해서는 언급해야 할 것이다.

다. 과연 로마서 2,17-20에 따르면, 이방인에 비해 유다인의 특권은 율법을 통해 가르침을 받아 하느님의 뜻을 알며, 율법 안에 지식과 진리의 진수($\mu\acute{o}\rho\phi\omega\sigma\iota\varsigma$, 구체적 표현)[125]가 들어 있다. 다른 한편으로 율법은 (예언자들과 함께) 예수 그리스도 안에서 성취된 구원을 증언한다(3,21). 율법은 이미 구원을 담고 있었던 게 아니라, 구원을 예고했다.[126]

물론 압도적으로 많이 지적되는 것은 율법의 부정적 기능들이다. 이 지적의 다양함은 특히 율법 문제의 상론에서 행해지는 많은 대비에서 나타난다. 율법이 구원의 선물과 거듭 대비됨으로써 율법의 불가능함과 불충분함이 독자들에게 주입되고, 율법이 사람들에게 주어진 이 선물을 부당하게 억류하고 있다는 인상을 준다. 하느님의 의로움(3,21), 믿음(갈라 2,16), 은총(로마 6,14-15), 생명(갈라 3,21), 하느님의 영(3,2)은 율법 저편에 있다.

무엇보다도 율법은 약속과 대비된다. 율법이 모세와 관련된다면(갈라 3,19), 약속은 유다 민족의 조상 아브라함과 관련된다(로마 4,1). 훨씬 오래되었다는 사실부터가 율법에 대한 약속의 우월성을 드러낸다. 당시 유다교의 한 해석 전통에 따르면, 율법은 약속보다 430년이나 늦게 생겨났다(갈라 3,17). 아브라함에게 주어진 약속은 하늘의 별보다 많아질 후손, 그리고 모든 민족을 위한 축복과 관련된다. 아브라함은, 로마서 4,13이 희년서 19,21; 22,14; 32,19(집회 44,21 참조)와 내용상 일치하여 정식적으로 표현하듯이, 세상을 상속받을 터였다. 이렇게 아브라함은 바오로에게 유다 민족의 조상 이상의 존재, 요컨대 모든 믿는 이의 아버지요(로마 4,1-12), 그의 보편성은 보편적인 메시아의 구원에 정향되어 있다. 메시아 예수는 아브라함의 후손이요 바오로에게는 (라삐식 성경 주석에 상응하여 이렇게 말하

---

[125] 이 낱말의 뜻은 논란되고 있다. BAUER - ALAND(*Wörterbuch*, 해당 낱말)는 '율법서'라는 뜻으로 이해하는 것도 가능하다고 한다.

[126] '율법'이 구약성경 전체를 가리키는 경우도 종종 있다. 이사야서 28,11-12를 인용하면서 율법이라고 지칭하는 코린토 1서 14,21이 그런 경우다. 많이 논란되는 로마서 3,31ㄴ의 "우리는 율법을 굳게 세웁니다"라는 말은 율법의 증언 기능과 관련시켜야 할 것이다.

는 것이 가능했거니와) '아브라함의 씨'이니, 이분 안에서 마침내 그 보편적 약속이 성취될 터였다(갈라 3,16; 참조: 창세 22,17-18; 18,18).

이렇게 약속에 뿌리박은 보편적 구원의 무지개가 아브라함으로부터 곧장 예수 그리스도에게 이르면, 율법은 부차적 요소로, 아니 방해물로 느껴질 수밖에 없다. 율법은 '끼어들어 왔고'(로마 5,20: παρεισῆλθεν), '덧붙여진 것'(갈라 3,19: προσετέθη)이다. 이런 관점에서 율법은 부차적 구실을 한다.

(다시금 갈라티아서에만 나오지만) 율법의 열등성은 율법이 친히 하느님에 의해서가 아니라 "천사들을 통하여 중개자의 손을 거쳐"(갈라 3,19) 제정되었다는 사실로 특징지어진다. 여기서 바오로가 훗날의 영지주의자 케린투스처럼 악령들을 상정하지는 않지만, 어쨌든 이로써 율법을 하느님으로부터 한바탕 떼어 놓는다. 율법을 하느님이 아니라 천사들에게서 받은 모세의 중개자 역할은 거의 거간꾼 노릇을 한 셈인데,[127] 이를테면 그는 다수의 천사들과 교섭을 했던 것이다.[128]

그러나 율법은 죄와 협력할 때 능동적 기능을 발휘한다. 달리 표현하면, 죄의 권세가 율법을 자기 목적에 이용함으로써, 율법이 구실을 하게 된다. 이로써 우리는 바오로가 보기에 필경 가장 중요한 율법의 임무에 이르렀거니와, 이 문제를 마땅히 고찰해야겠다.

죄와 율법의 협력은 이렇게 요약된다: "율법을 통해서는 죄를 알게 될 따름입니다"(로마 3,20; 참조: 7,7). 여기서 죄와 율법은 합리적으로 관련지어져 있는 듯 보인다. 그러나 잠언 같은 이 언명은 함축적이어서 오해되기 쉽다. 이 언명은 율법이 없다면 죄가 존재하지 않고, 따라서 이 세상이 무죄한 상태에 있으리라는 것을 의미하는가? 결코 그렇다고 볼 수 없다. 바오로는 어디서도 율법이 없다면 죄가 존재하지 않는다고 말하지 않는다.

---

[127] 참조: SCHLIER, Gal 161. 원문 ἐν χειρὶ μεσίτου(중개자의 손을 거쳐)에서 관사가 없는 것에 유의해야 한다. 종교사적 예증들: 같은 책 156-161. 케린투스의 견해: EPIPHANIUS, haer. 28,1,3; 28,2,1.

[128] 그래서 오직 한 사람만 관계되는 곳에서는 중개자가 필요하지 않다는 갈라티아서 3,20의 진기한 말이 이해된다.

그러나 율법이 없다면 죄는 죽은 것이라고 말한다(로마 7,8). 그러므로 율법은 죄의 독성毒性, '죄의 힘'이다(1코린 15,56). 율법이 상기시키는 죄에 대한 인식은 합리적 의미로는 이해될 수 없으며, 더 깊은 차원을 지닌다. 구약성경의 개념에 따르면 이 인식은 인간 전체를 엄습하여 인간을 당혹시키고 인간으로 하여금 범죄의 결과들을 절감케 한다.

율법은 사람들의 범법 때문에 덧붙여진 것이라는 확언(갈라 3,19), 또는 율법이 없는 곳에는 율법 위반도 없으므로 율법이 자아내는 진노도 없다는 확언(로마 4,15)도, 그것이 가리키는 방향은 같다. 하느님의 계획을 알려 주려는 마지막 표현도 유의해야 한다. 아담 이래 죄가 세상에 존재했지만 율법이 생겨나기 전에는 죄가 죄로 헤아려지지 않았다는 말(5,13)도, 율법이 공표된 하느님 뜻에 대한 정식 위반을 가능케 했음을 의미한다.

율법이 야기하는 죄의식은 인간이 처해 있는 절망 상태를 폭로한다. 이 것을 명확히 보여 주려는 것이 로마서 7,7-12[129]의 근본 의도다. 앞에서 말 했듯이 이 텍스트는 '아담의 그림자 안에 있는' 인간을 고찰한다. 율법이 아니라 계명에 관해 말하는 데서 이미 낙원 이야기에 대한 암시가 드러난 다고 하겠다: "이 계명을 빌미로 죄가 내 안에 온갖 탐욕을 일으켜 놓았습니다"(7,8). 계명이 들어오자 죄가 살아났다. 그리고 생명으로 인도해야 할 계명이 나에게 죽음을 가져왔다. 죄는 계명을 빌미로 나를 속이고 죽였다 (7,9-11). 더 나아가 이 텍스트에서는 낙원의 아담에게 내려졌던, 선과 악을 알게 하는 나무 열매를 따 먹지 말라는 금령에 대한 암시도 알아볼 수 있다. 그 나무 열매를 따 먹으면, 아담은 반드시 죽을 터였다. 뱀은 아담이 그 열매를 따 먹어도 결코 죽지 않고 오히려 눈이 열리고 하느님처럼 되리라 보증함으로써 아담을 속였다(창세 2,16-17; 참조: 3,4-5).[130] 이 암시들을 이 용하여 바오로는 5,12-21에서처럼, 율법(과 죄)의 지평을 보편적 · 인간적

---

[129] SCHMITHALS(*Röm* 220)는 7,7-12와 7,13-16의 상응을 강조한다.

[130] 이 텍스트를 율법을 배우기 전까지는 죄를 모르고 살아가는 유다인 아이와 관련시킬 수는 결코 없다. 이 견해는 대부분의 해석자가 배척한다.

인 것에로 확장하고 인간의 절망 상태를 부각시킬 수 있었다. 죄가 이용한 계명/율법은 속아 넘어간 인간에게 죽음을 가져왔다. 인간은 생명을 잃었을 뿐 아니라, 범행 이후 언제까지나 빗나간 존재로 머물러 있다. 인간이 체험하고 인식한 탐욕 — 율법은 "탐내서는 안 된다"(7,7; 참조: 출애 20,17; 신명 5,18)고 말한다 — 은 근본적인 의미에서 하느님으로부터의 이반離反으로, 자기 자신의 추구로 파악해야 한다.[131] 그리하여 죄는 그 무서운 작용 속에서 계명을 통해 '철저히 죄스럽게' 되었다(로마 7,13).

율법을 통해 야기된 절망 상태는 갈라티아서에서 예속, 감금, 저주로 묘사된다. "율법에 따른 행위에 의지하는 자들은 다 저주 아래 있습니다"(3, 10). 믿음이 오기 전에는 우리가 율법 아래 갇혀 감시를 받아 왔다(3,23). 율법 아래 있음(ὑπὸ νόμον) 자체가 이미 억압의 표현이다. 훈육자 또는 감시자의 비유는 당시 사람들에게 특히 실감나는 것이었다(3,24). 이 사람이 — 소년들에게 달갑잖은 동반자였거니와 — 견책하고 위협해야 했듯이, 율법은 우리를 죄들 안에 감금했다. 이 비유로부터 어떤 긍정적 기능 — 율법이 선善으로 훈도한다는 것이든, 그리스도에게 인도한다는 것이든 — 을 추론할 수는 없다. 아무튼 그리스도께서 이 훈육자를 대체하셨고, 자유를 선사하셨다.[132] 그리스도를 통한 율법으로부터의 해방은 로마서 7,1-6도 선포하는데, 여기서는 결혼 생활의 비유를 이용한다. 아내의 지위가 남편에게 예속된 것으로 부정적으로 묘사되어 있다. 인간은 율법의 굴레에서 해방되고, 그리스도와 결합함으로써 영이 선사하시는 자유를 얻는다. 이 그리스도 대망待望과 그리스도를 통해 부여된 자유는 율법을 판단할 새로운 관점을 암시한다.[133]

율법이 말하는 것은 율법 아래 사는 인간들에게 해당된다(로마 3,19). 바오로는 율법 준행의 중요성을 거듭 강조한다(2,13; 10,5). 이 확언은 율법을

---

[131] 참조: SCHLIER, *Röm* 221.

[132] 갈라티아서 3,24의 παιδαγωγὸς … εἰς χριστόν은 '그리스도께서 오실 때까지'라는 의미로 해석해야 한다. 참조: 23절: "믿음이 오기 전에는 …."

준행하라는 격려가 아니라 결국 일종의 위협이다. 율법 준행이란 인간을 통째로 요구할 뿐 아니라 율법이 에누리 없이 총체적으로 실천되어야 함도 의미한다는 것을 알면, 이 위협(의 성격)이 좀 더 뚜렷이 드러난다. 사람은 "율법 전체를 지킬 의무가 있습니다"(갈라 5,3). 하지만 바로 이 점이 저주를 가져온다. "'율법서에 기록된 모든 것을 한결같이 실천하지 않는 자는 모두 저주를 받는다'고 성경에 기록되어 있습니다"(3,10)라고 말할 때, 사실 바오로는 아무도 그렇게 하지 못한다는 것을 전제하고 있다: "할례를 받은 그들 자신도 율법을 지키지 않습니다"(6,13). 여기서 궁극적 문제는 율법의 완전 준행 가능성이 아니다. 이 문제는 유다교에서도 논구되었다. 개별적 사안에서는 지켜지지 않는 경우가 더러 있다 해도, 율법은 온전히 준행될 수 있다는 견해가 여기서 제시되었다.[134] 율법 준행과 결부된 저주는 의롭다고 인정받는 믿음과 사상적으로 맞세워져 있다. 아무튼 이 논증을 순전히 양적으로(율법을 한 가지라도 어기면 저주를 초래한다는 식으로) 이해해서는 안 된다. 여기서 바오로는 행함($\pi o \iota \epsilon \tilde{\iota} \nu$) 자체에 관해 말하고 있다. 율법 준행자는 자신의 행함을 통해 스스로 구원을 마련할 수 있다고 생각하는 사람, 하느님께 향해 있는 것 같지만 실은 자기 자신에게 정향되어 있고 자기 의로움을 확립하려 애쓰는 행업자($\pi o \iota \eta \tau \acute{\eta} \varsigma$)다(로마 10,3 참조).[135]

여기서 바오로는 다시금 유다교의 경계를 벗어나 사유하며, 적법성과 이것이 야기하는 예속을 보편적으로 규정할 수 있는 것으로 본다. 이 사실은 사도가 갈라티아인들이 솔깃하던 율법으로의 복귀를 '약하고 보잘것없

---

[133] HÜBNER(*Gesetz* 31-32)는 긴장 가득한 바오로의 진술들을 앞에 두고, (갈라티아서에서) 율법의 세 가지 상이한 목적을 구별하고, 이것들을 세 주체와 결부시키고 싶어 한다: 천사들이 율법과 관련하여 나쁜 의도를 지녔고, 하느님께서 이것을 당신의 선한 의도로써 좌절시키셨으며, 끝으로 율법은 또 하나의, 고유하고 내재적인 목적을 지닌다는 것이다. 이런 번거로움을 앞에 두고, 그 긴장들을 그냥 놔두는 것이 더 바람직하지 않겠느냐고 물어야겠다.

[134] 참조: BLANK(각주 124) 89. 바오로는 갈라티아서 3,10에서 신명기 27,26을 전거로 내세우지만, 훨씬 포괄적으로 해석한다.

[135] 필리피서 3,6도 이 경향을 가리킨다. 여기서 바오로는 유다교인으로서의 자기 과거를 회고하며, 자신은 "율법에 따른 의로움으로 말하면 흠잡을 데 없는 사람이었습니다"라고 말한다.

는 정령(원소)들'에게 되돌아감이라고 표현하는(갈라 4,9.3) 데서 드러난다. '세상의 정령(원소)들'(στοιχεῖα τοῦ κόσμου)이 무엇을 의미하든, 그리고 여기에 인간을 지배하는 우주-천체 권세들에 관한 어떤 신화적 표상이 담겨 있든, 그것들에게 자기를 내어 주는 인간을 예속하는 세계 내적 법칙성이 주안점임은 확실하다.[136] 그러나 이 세상 안에는 구원이 없고 오직 가차없는 행업(ποιεῖν)을 강제하는 법칙성들이 있을 뿐이다.[137]

그리스도께서는 율법의 끝이시다(로마 10,4). 이 말도 궁극성이나 성취의 의미로 이해해서는 안 된다. 오히려 그리스도는 우리를 율법에서 해방하셨고(참조: 로마 7,6) 속량하셨으며(갈라 4,5) 율법의 저주에서 구속救贖하셨다(3,13). 이 새로운 상황은 '그리스도의 법'으로 특징지어지는데, 이 법은 사람들이 서로의 짐을 져 줄 때 성취된다(6,2). 사랑이 율법의 완성이다(로마 13,10). 물론 이로써 무슨 새로운 율법이 주어진 것은 아니다. 오히려 하느님의 영에 주의를 환기시키니, 이 영은 본질적으로 사랑이다. "여러분이 성령의 인도를 받으면 율법 아래 있는 것이 아닙니다"(갈라 5,18).

바오로가 율법의 행업으로는 어떠한 인간도 의롭게 되지 못한다는 자신의 근본 명제를 견지하지만, 갈라티아서와 로마서를 비교해 보면 상당한 차이와 발전을 확인할 수 있다. 여기에 존재하는 긴장 관계는 해소되기 어려울 것 같다. 이 긴장은 거룩하고 의롭고 선하고 영적이라는 율법/계명(로마 7,12.14)과, 율법 준행에 의지하는 자들에게 내려진 저주(갈라 3,10) 사이에서 가장 뚜렷이 드러난다. 로마서에는 율법을 주었다는 천사들(갈라 3,19)에 관한 언급도 빠져 있다. 또한 예언자들도 이미 알고 있던 신체상의 할례와 마음의 할례의 구별은, 할례 문제에서의 좀 더 신중한 판단을 암시해 준다 (로마 2,25-28; 참조: 갈라 5,11-12).[138]

---

[136] 이 개념에 관해서는 방대한 참고문헌이 있다. 참조: A. LUMPE, *RCA* IV 1073-1100; G. DELLING, *ThWNT* VII 670-687.

[137] νόμος(율법, 법)라는 낱말은 바오로에게 질서나 법칙성도 의미한다. 참조: 로마 3,27; 7, 21-23; 8,2. HÜBNER(*Gesetz* 125)는 여기서도 '율법'이라는 번역을 고수하며, 율법이 그때그때의 관점(행업 또는 믿음)에 의해 좀 더 상세히 규정되어 있는 것으로 본다.

갈라티아서는 '유다주의자들'이 바오로에게서 빼앗으려던 공동체들을 지키기 위해 사도가 격렬히 논쟁하는 서간이다. 앞서 간략히 언급한 저 긴 장들은 이런 갈라티아서의 성격과 관련지어 보아야 한다. 나중에는, 특히 초창기 그리스도교계의 분열에 대한 염려 때문에 바오로의 언어 사용이 좀 더 신중해졌다. 그러나 이것을 단순한 전략으로 보면 안 된다. 바오로는 어디까지나 신학자였다. 복음의 진리 말고 그에게 중요한 것은 아무것도 없었다. 아무튼 바오로의 삶에도 율법은 오랫동안 깊은 영향을 끼쳤고, 그래서 사도는 과연 언제나 율법과 씨름하는 자였다. 율법에 대한 이 애증은 "나는 … 율법과 관련해서는 이미 율법으로 말미암아 죽었습니다"(갈라 2,19)라는 말에 인상 깊게 표현되어 있거니와, 이 말은 그 변증법을 통해 바오로 영혼의 일단도 엿보게 해 준다.

참고문헌

R. BADENAS, *Christ the End of the Law* (JSNT. SS 10) (Sheffield 1985).

F. HAHN, Das Gesetzesverständnis im Römer- und Galaterbrief: *ZNW* 67 (1976) 29-63.

O. HOFIUS, *Paulusstudien* (Tübingen 1989) 50-120.

H. HÜBNER, *Das Gesetz bei Paulus* (FRLANT 119) (Göttingen ²1980).

H. RÄISÄNEN, *Paul and the Law* (WUNT 29) (Tübingen ²1987).

P. STUHLMACHER, Das Gesetz als Thema biblischer Theologie: *Versöhnung, Gesetz und Gerechtigkeit* (Göttingen 1981) 136-165.

F. THIELMANN, *From Plight to Solution* (Leiden 1989).

U. WILCKENS, Zur Entwicklung des paulinischen Gesetzesverständnisses: *NTS* 28 (1982) 154-190.

N.T. WRIGHT, *The Climax of the Convenant* (Philadelphia 1991).

---

[138] 사유의 발전: HÜBNER, *Gesetz* 45-46; SCHNELLE, *Wandlungen* 49-76.

4. 하느님이 성취하신 구원

예수 그리스도를 통해 하느님께서 구원을 성취하셨다. 구원과 비구원을 보는 방식은 서로 맞물려 있다. 이는 비구원의 실체는 구원의 관점에서 보아야 비로소 인식할 수 있음을 의미한다. 구체적으로 하느님은 예수의 십자가와 부활 안에서 구원을 성취하셨다. 바오로는 해당하는 짧은 신앙 정식들을 수용하여, 이에 관해 말한다(참조: 이 책 ② 1.1과 1.2). 예수의 죽음과 부활은 언제나 인간들과 그들의 구원에 정향되어 있다. 이 점은 이 신앙 정식들에 대한 논구에서 살펴보았거니와, 거기서는 그리스도가 '우리를 위해', '우리 죄들을 위해' 돌아가셨다고 말할 수 있었다. 하느님의 구원 역사 役事가 인간들에게 의미하는 바를 바오로가 설명하는 수단은 매우 많다. 그중 가장 중요한 것들을 상세히 고찰하자.

4.1 의인義認

오늘날 관점에서는 하느님이 인간을 의롭다고 인정(판결)하신다는 말이 추상적으로 느껴진다. 그러나 바오로는 이를 통해 하느님 구원 역사의 전체 무게를 전달하는 데 성공한다. 이는 적어도 사도의 직접적인 수신자들에게 해당된다. 우리는 이 언명을 이해할 수 있는 길을 모색해야 한다. 오늘날의 수많은 설명은 개념화에 머물러 있다. 바오로는 이 문제와 필사적으로 씨름했고, 그리하여 이것은 갈라티아서와 로마서에서 '구원'에 관한 그의 표상의 핵심 언명이 되었다. 질문과 비난과 논쟁은 사도가 자신의 사상에 정확성을 더하는 데 촉매제가 되었다. 바오로의 근본 명제는 이러하다: "사실 사람은 율법에 따른 행위와 상관없이 믿음으로 의롭게 된다고 우리는 확신합니다"(로마 3,28). 신앙과 율법의 행위를 맞세움으로써, 이 명제는 일종의 투쟁 명제로 보인다. 적극적 관심은 이런 투쟁 명제로도 물론 존재할 수 있고 또 존재한다는 점을 잊어서는 안 된다.

코린토 1·2서를 꼼꼼히 살펴보면, 통상 바오로의 의화론(의인론)으로 불리는 이 사상이 발전 과정을 거쳐 왔음을 알 수 있다. 핵심 낱말들은 '의로움'(δικαιοσύνη), '의롭다고 인정(판결)하다'(δικαιόω)이다. "나는 잘못한 것이 없음을 압니다. 그렇다고 내가 무죄 선고(판결)를 받았다는 말은 아닙니다. 나를 심판하시는 분은 주님이십니다"(1코린 4,4)라고 말할 때, 바오로는 종말 심판을 염두에 두고 있으며 이 심판에서 주님으로부터 의롭다는 판결을 받기를 희망한다. 바오로가 의로움의 직분·의로움의 일꾼·의로움의 무기·의로움의 열매에 관해 말할 때(2코린 3,9; 11,15; 6,7; 9,10),[139] 의로움은 현재에까지 영향을 미친다. 어떤 것은 복음 선포와 관련되고, 또 어떤 것은 그리스도교적 삶과 관련된다. 이 삶에서 인간은 하느님의 도움에 언제까지나 의지하고 있으니, 그분이 '여러분의 의로움의 열매도 늘려 주실' 것이기 때문이다. 여기서 유의해야 할 것은, 이 모든 진술에서는 아직 의로움이 믿음과 율법 행업의 대립과 관련되어 있지 않다는 점이다.

코린토 1서 6,11에 대해서도 같은 말을 할 수 있다: "그러나 여러분은 주 예수 그리스도의 이름과 우리 하느님의 영으로 깨끗이 씻겨졌습니다. 그리고 거룩하게 되었고 또 의롭게 되었습니다." 이 말 속에는 그리스도인 공동체에서 이루어지는 한 과정이 묘사되어 있다. 이 구절의 부정不定 과

---

[139] 코린토 2서 9,9의 "그의 의로움이 영원히 존속하리라"는 말씀은 칠십인역 시편 111,9를 인용한 것이다. 코린토 2서 6,14의 "의로움과 불법이 어떻게 짝을 이룰 수 있겠습니까?"라는 말씀은 바오로에게서 유래하지 않는 짧은 텍스트에 속하며, 코린토 2서 편집 과정 중에 삽입된 것 같다. 참조: J. GNILKA, 2 Kor 6,14-7,1 im Lichte der Qumranschriften und der Zwölf-Patriarchen-Testamente: *Ntl. Aufsätze* (FS J. Schmid) (Regensburg 1963) 86-99.

거 시제Aorist는 세례를 가리킨다. 세례식에서 행해지는 주님 이름 부름과 이 성사에서 내려지는 하느님 영도 언급된다. 그러므로 그들이 의롭게 되었다는 것은, 그들의 죄가 용서받았음을 의미한다.

바오로의 후기 관점과 달리, 재판적 의미가 거의 나타나지 않는 이 관점은 초기 단계의 것이라고 단언해도 된다. 나아가 이 구절은 세례와 관련되며,[140] 바오로 이전에 이미 꼴지어져 있었다고 보는 것이 좋다.

유사한 삼중 구조가 코린토 1서 1,30에도 나온다. 이 구절도 바오로 이전의 것으로 규정해도 된다. 여기서는 예수 그리스도가 우리에게 '의로움과 거룩함과 속량'이 되셨다고 말하는데, 명사형이 사용되고 의로움이 맨 앞에 나온다. 이 구절은 십자가 사건을 염두에 두고 해석해야 한다. 하지만 유사한 구조는 이 구절도 그리스도가 우리에게 얻어 주신 것, 그리고 세례를 통해 우리에게 새삼 주어진 것과 관련되어 있음을 암시한다.[141]

코린토 2서 5,21도 세례의 지평에 포섭된다: "하느님께서는 죄를 모르시는 그리스도를 우리를 위하여 죄로 만드시어, 우리가 그리스도 안에서 하느님의 의로움이 되게 하셨습니다." 5,19-21에 전승 구절이 얼마나 들어 있는지는 여기서 판단할 수 없다. 우리는 이 흥미로운 구절이 이미 꼴지어진 어휘들을 포함하고 있음을 확인하는 것으로 만족한다.[142] 중요한 것은, '하느님의 의로움'이라는 개념이 여기에 처음으로 나온다는 사실이다. 여기서 우리는 실로 당치 않은 교환이 이루어진다는 말을 듣는다. 교환자는 그리스도와 우리이고, 교환 대상은 죄와 하느님의 의로움이다. 주관자는 하느님이며, 중개자는 그리스도다. 죄, 죄의 작용, 죄의 저주와 그리스도

---

[140] KERTELGE(*Rechtfertigung* 244-245)는 E. Lohse와 연계하여 원그리스도교의 세례 교리 관련 구절로 보고, SCHNELLE(*Gerechtigkeit* 39)는 세례식 때 외치던 말로 본다. 이 구절이 바오로 이전에 이미 꼴지어져 있었음을 고려하건대, 지나친 유추는 허용되지 않는다. SCHLIER(*Galater* 90)는 의롭게 됨을 성사를 통한 의화로 확장한다.

[141] 그렇다면 바오로는 이 삼중 구조를 십자가에 의해 특징지어지는 자신의 지혜 성찰에 도입할 수도 있었을 것이다. 참조: SCHNELLE, *Gerechtigkeit* 44-46; KUSS, *Römer* 125.

[142] 토론: SCHNELLE, *Gerechtigkeit* 48.

의 동일시는 십자가 상 죽음에서 이루어졌다. 여기에는 예수 그리스도의 선재와 '죄의 육'을 취함(로마 8,3 참조)으로 이해되는 인간적 출생에 관한 생각은 거의 나타나지 않는다.[143] 그런데 죽음에 뒤이어 부활이 언급되지 않고, 우리의 의화가 언급된다. 그리스도가 모든 인간의 죄를 짐으로써, 대리 속죄를 수행한다. 그러나 보편적인 그리스도 구원 사건[144]은 추상에 머물지 않고 각 개인과 관련하여 구체화되니, 각자가 그리스도와 결합한다. ('그리스도 안에서') 세례와 관련되어 있다는 것도 분명하다. 그러므로 '그리스도 안에서 하느님의 의로움이 된다'는 것은 이런 의미: 사람들은 세례에서 얻는 그리스도와의 결합을 통해 의롭게 된다. 하지만 '우리는 그리스도 안에서 의로운 자들이 됩니다'라고 단순히 말하지 않는 것은 여전히 이상하게 느껴진다. 아마도 명사 '의로움'이 죄의 대당 개념으로 적절하다고 여겼을 것이다. '하느님의 의로움'을 그리스도교의 특징적 개념이라 여겨도 상관없다. 이 개념은 그리스도는 하느님이 주신 은총의 의로움임을 강조한다.

바오로가 로마서 3,24-26에 전승 구절을 도입했음을 전제하면, 우리는 한 걸음 더 나아가게 된다. 이 대목은 바오로의 의화론(의인론)과 관련하여 로마서에서 가장 인상적인 부분이다. 또 이 대목은 바오로의 사상을 전승과 떼어서 상당히 뚜렷이 포착할 수 있는 가능성을 제공해 준다. 수많은 해석자가 전승의 삽입은 인정하지만, 전승을 정확히 가려내는 데서는 의견이 분분하다. 아래의 제안은 거의 확실히 전승으로 혹은 전승에 포함되는 것으로 여겨지는 텍스트에 최대한 국한한 것이다.

> 하느님께서는 그분(예수님)의 피로 이루어진 속죄 제물로 그분을 내
> 세우셨습니다.

---

[143] 참조: WINDISCH, *2 Kor* 197-198; STUHLMACHER, *Gerechtigkeit* 74.
[144] 이 우주적 차원을 STUHLMACHER(*Gerechtigkeit* 75-77)가 강조한다.

[이전에 지은] 죄들을 용서하시어

당신의 의로움을 보여 주시려고 그리하신 것입니다.

이 죄들은 [하느님께서?] 관용을 베푸실 때에 [저질러졌습니다].[145]

우리가 주목하는 하느님의 의로움이 예수의 속죄사와 죄의 용서를 통해 이중으로 더 상세히 규정된다. 두 경우 다 하느님이 행위자다. 이것은 의로움을 이해하는 데 중요하다. 왜냐하면 하느님이 죄의 용서와만 관계된다면, 그분의 의로움은 사실상 속죄를 요구하는 의로움으로 파악될 수밖에 없고[146] 그분의 진노가 부각되는데, 이 진노를 달래기 위해서는 희생 제물이 필요할 터다. 그러나 하느님 친히 그리스도를 속죄 제물로 세상에 제시·입증하셨다. 이로써 그분은 그리스도와 함께 속죄를 성취하시는 분으로 드러난다. 십자가 사건을 생생히 되살리는 이 인상 깊은 표상은 중세 성당의 삼위일체도圖를 연상시킨다. 하느님의 의로움은 그분의 자비와 가까이 있다. 이 의로움은 인간들에게 과거에 저지른 죄의 용서로 드러난다. 과거 정향성定向性이 특별히 드러나지는 않고 내재되어 있다고 하겠다.[147] 하느님의 관용도 과거를 겨냥한다.

더 분명한 해석을 위해 질문을 제기하자: 용서받는 자는 누구인가? 모든 인간? 아니면 죄에 의해 침해되었던 계약이 갱신된 옛 계약의 백성? 이 전승이 유다계 그리스도교에서 유래했다고 본다면, 후자라고 하겠다.[148]

---

[145] 전승 판별 기준들은 상이한 구상 외에, 드문 낱말(속죄 제물, 피)과 문체에 대한 관찰, 특히 "ἔνδειξιν τῆς δικαιοσύνης αὐτοῦ"(당신의 의로움을 보여 줌, 로마서 3,25.26)의 반복이다. 24절의 대부분을 전승으로 보는 해석자가 적지 않고, 25절의 '믿음으로 얻어집니다'는 거의 모든 해석자가 바오로의 첨언으로 본다. 각양각색의 견해들에 관한 개관: SCHMIT-HALS, *Röm* 120-121. 슈미탈스는 '하느님께서 관용을 베푸실 때에'를 바오로의 말로 본다. 전승 구절은 '그분이 관용을 베푸실 때에'로 끝나지 않았을까?

[146] KUSS, *Röm* 160.

[147] SCHMITHALS(*Röm* 121)는 로마서 3,25의 '과거에 저질러진'을 첨가된 것으로 본다.

[148] E. LOHSE[*Märtyrer und Gottesknecht* (FRLANT 64) (Göttingen 1955) 152]는 헬라 유다계 그리스도교에서 유래했다고 본다.

그렇다면 하느님의 의로움은 계약에 대한 그분의 충실성과 결부된다. 아니면 이 전승은 좀 더 구체적으로 세례와 관련된 것인가? 필경 세례식에서 사용되었던가? 그렇다면 예수의 십자가에서 하느님이 부여하신 죄의 용서는 수세자를 겨냥한다. 나는, 비록 가정假定에 머물더라도, 앞에서 살펴본 다른 구절들과 연계하여, 이 전승도 세례와 관련 있는 것으로 보고 싶다.

속죄 제물로 번역된 힐라스테리온(ἱλαστήριον)이라는 개념은, 칠십인역 탈출기 25,17 등에서 지칭하는 계약궤 위의 속죄판을 암시한다면, 그 의미가 한층 분명해진다. 계약궤는 성전 지성소에 안치되어 있었는데, 대속죄일에 대사제가 거기 들어가 속죄를 위해 속죄판 둘레에 일곱 번 피를 뿌렸다(레위 16,11-17). 정말로 이것을 암시한다면, 이 개념은 또한 그리스도의 속죄가 그때까지의 속죄 의식儀式들을 무효화했음을 의미한다고 하겠다. 그러나 이는 매우 불확실하다.[149]

바오로는 '하느님의 의로움'을 계시와 결부시키고, 계시 사건으로 여긴다: "그러나 이제는 율법과 상관없이 하느님의 의로움이 나타났습니다"(로마 3,21). 이는 전승이 표현한 하느님의 의로움을 보여 줌(3,25) 이상의 것이다. 엄밀한 의미에서 계시라는 개념은 지금까지 감추어져 있었고 사람이 전혀 접근할 수 없던 무엇의 나타남으로 이해되어야 한다. 바오로는 무엇에 관해 말하고 있는가? 전승과 마찬가지로 십자가에 관해 말하고 있다. 십자가는 하느님 의로움의 계시로서 (죽은 이들 가운데서의 예수 부활과 결합하여) 하느님이 궁극적으로 성취하신 보편적 구원이다. 바로 그런 것으로서 십자가는 오직 신앙 안에서만 인식되고 받아들여질 수 있다. 그래서 텍스트는 계속 말한다: "예수 그리스도에 대한 믿음을 통하여 …"(3,22).

이런 의미에서 십자가와 부활은 신기원적 사건이다. '이제'라는 시간 규정은 개벽Äonenwende을 나타낸다. 묵시문학에서 도래할 세상을 위해 고대하던 새로운 시대가 이미 이 시대 안에서 시작된다. 그러므로 시대들 사이

---

[149] 이 낱말은 속죄를 의미할 수도 있다(참조: 4마카베오 17,21-22). 칠십인역 에제키엘서 43,14-20에는 또 다른 의미가 나온다.

에서 살아가는 것이 신앙인의 숙명이다. 개벽은 또한 율법으로부터 믿음으로의 전환을 함의한다. 왜냐하면 '율법과 상관없이'는 율법의 관여 없음만을 의미하는 게 아니라, 구원의 길로서의 율법의 폐기도 의미하기 때문이다. 이에 온전히 상응하여 로마서 10,4에서는 "사실 그리스도는 율법의 끝이십니다. 믿는 이는 누구나 의로움을 얻게 하려는 것입니다"라고 말한다. 이것이 겨냥하는 보편성(3,22: "믿는 모든 이를 위한" 참조)은 바오로의 관점에서 믿음과 율법의 대립만큼이나 특징적이다. 그러나 이 둘은 긴밀한 관계에 있다. 왜냐하면 율법을 뒤에 버려두는 믿음은 누구에게나 길을 열어주며, 결코 근본적으로 한 민족에 매여 있지 않기 때문이다.

3,21에서는 구원의 힘이 계속 작용하는[수동태 현재완료형 πεφανέρωται(나타났습니다)], 십자가라는 과거의 계시 사건에 관해 말한다면, 1,16에서 바오로는 이 계시가 지금 어떻게 발생하는지를 알려 준다: "나는 복음을 부끄러워하지 않습니다. 복음은 먼저 유다인에게 그리고 그리스인에게까지, 믿는 사람이면 누구에게나 구원을 가져다주는 하느님의 힘이기 때문입니다." 요컨대 복음 선포 또한 계시 사건이며, 거기서 (오직 믿는 이들만 인지하는) 하느님의 의로움이 나타난다. 핵심 주제가 예수의 죽음과 부활인(1코린 15,1-5 참조) 바오로의 복음은 하느님 의로움의 계시와 직결되어 있다. 이 점에서도 예수의 죽음과 부활이 이 계시의 대상임이 확증된다.

예수의 죽음과 부활에서 결정적 구원이 계시되었다면, 왜 바오로는 유독 '하느님의 의로움'이라는 낱말을 자기 신학의 특징으로 삼을 만큼 중요하게 사용하는가? 우선 하느님의 의로움이 인간의 의로움과 관계 있기 때문이라고 대답할 수 있다. 의롭게 존재하고 의롭게 되고 하느님께 의로움 또는 '의롭다'는 판결을 받는 것이 경건한 유다인들의 목표였다. 결국 이 낱말을 선택한 것은, (모든 논쟁을 넘어) 이 목표를 매우 중시한 바오로가 그러한 의의를 부여했다는 사실을 유념할 때만 올바로 이해된다.[150]

이미 의로움이라는 개념이 시사하듯이, 하느님의 의로움이라는 복잡한 개념은 심판과 관련되어 있다. 예수의 십자가와 부활에서 하느님의 심판이 이루어지는데, 이는 최후의 심판을 선취한 것이었다. 이것은 자비로운 심판이니, 인간들을 처벌하려 하지 않고 구원하려 하기 때문이다. 이 관점에서 '하느님의 의로움'은 그분의 자비와 아주 가까워진다. 과연 하느님은 죄인과 불경한 자도 의롭다고 판결하신다(로마 4,5).

어떻게 하느님의 의로움을 하느님과 관련하여 좀 더 상세히 규정할 수 있을까라는 문제에 대해서는 논란이 분분하다. 여기서 우리는 그 의로움이 하느님 고유의 의로움이라는 점을 고수해야 한다. 궁극적으로 그런 의로움만이 계시될 수 있었다. 이 계시는 인간에게 정향되어 있어서, (문법적으로는) 주어적 2격genetivus subjectivus이 작자의 2격genetivus auctoris에 가까워질 수 있다. 로마서 3,22가 그런 경우다. 바오로는 인간이 얻은 의로움에 관해 말할 때는 달리 표현한다. 이것은 앞으로 살펴볼 것이다.

로마서 3,3-5에서는 하느님의 성실하심이 그분의 '의로움'에서 뚜렷이 드러난다는 것을 인상적으로 설명한다. 그분의 성실하심은 인간들(텍스트에 따르면 특히 유다인들)의 불충실과 불순종에 의해 침해되지 않았다. 오히려 반대로, 마침내 하느님은 유일하게 진실하신 분으로 드러나시고, 인간은 거짓말쟁이로 드러나게 된다. 여기서 '의로움'이 '성실함'과 나란히 나오기 때문에, 하느님의 의로움은 계약에 대한 그분의 성실함으로 파악될 수 있다. 이것은 여러 구절에서 찾아볼 수 있는 하느님 의로움의 한 가지 색깔이니, 유일한 색깔이라 주장해서는 물론 안 된다.[151]

개인은 하느님의 애정을, 하느님의 의로움으로부터, 자비로운 판결로서 체험한다. 이 애정을 묘사하기 위해 바오로는 특히 두 가지 정식적 표현을 사용한다. 이 둘 모두에서 재판적 · 판결적 특성이 드러난다. 한편 아브라함 이야기에 기대어, 하느님은 인간에게 (행위와 관계없이) 의로움을 인정

---

[150] 바오로가 유다교 기존의 신학적 조어(造語)와 연계되어 있는지는 논란거리다. 논쟁: STUHLMACHER, *Gerechtigkeit* 142-175; SCHNELLE, *Gerechtigkeit* 92-106. 바오로 서간들에 대한 내재적 고찰이 바람직하다.

[151] WILCKENS(*Röm*)는 계약에 대한 하느님의 성실함이라는 측면을 도처에서 지나치게 강조한다.

해 주신다고 말한다.[152] 다른 한편 하느님의 '디카이운'(δικαιοῦν)에 관해 말하는데,[153] 그 재판적 배경을 고려하건대, '의롭게 하심'보다 '의롭다고 판결하심'으로 번역하는 게 낫다. 여기서 의롭다는 판결의 창조성과 강력한 효력을 유념해야 하거니와, 이는 하느님이 인간을 의로운 자로 여기신다는 관념 이상의 것을 의미한다.[154] 이 점에서도 하느님의 '의롭다고 판결하심'은 인간들의 재판에서의 유사한 과정들을 능가하니, 이 재판에서는 사실상 어떤 사람이 의로운 자로 간주될 수 있다는 확인 이상의 것은 이루어지지 않는다. 그러나 하느님의 '디카이운'에서는 불경한 자들이 의롭다는 판결을 받는다. 이 두 가지 표현, 즉 인정하심과 의롭다고 판결하심은 로마서 4,5에 하나로 합쳐져 있다: "불경한 자를 의롭다고 판결하시는 분을 믿는 사람은, 그 믿음을 의로움으로 인정받습니다" — 신앙은 인정받는 것이다. 신앙인은 하느님이 의롭다고 판결하시는 사람이다.

바오로는 인간이 부여받는 의로움을 풍부한 언어로 은총과 결부시키고 (로마 5,17: "은총과 의로움의 선물을 충만히 받은"), 생명과도 결부시켰다(5,21: "은총이 … 영원한 생명을 가져다주는 의로움으로 지배하게 하려는 것입니다"). 그런데 개별적 개념들이 풍부하기 때문에 그 배열이 매우 어렵다. 아무튼 의롭다고 판결받은 사람은 항구적인 신적 생명에로 예정되어 있다. 이 생명은 이미 그 사람 안에 살아 있다(8,10). 이는 그에게 예언자들의 말을 통해 확약된다: "믿음으로 의롭게 된 이는 살 것이다"(로마 1,17; 갈라 3,11; 참조: 하바 2,4).[155] 이로써 일종의 긴장 관계가 드러난다.[156] 아무튼 이 언명들에 의해서도, 의롭다고 판결받은 사람이 실제로 의로운 자가 되었음이 확증된다. 필리피서 3,9에서 바오로는 인간에게 선사된 의로움을 '하느님**에게서 오는** 의로움'

---

[152] 참조: 로마 4,5.6.11; 갈라 3,6과 칠십인역 창세 15,6.

[153] 참조: 로마 2,13; 3,24.26.28.30; 4,5; 5,1.9; 8,30.33; 갈라 2,16.17; 3,8.24.

[154] BULTMANN(*Theologie* 273)에 따르면, 인간은 의로움을 스스로 보유하는 게 아니라, 자신이 해명할 의무가 있는 법정에서, 자신에게 내려진 다른 사람의 판결을 통해 보유한다.

[155] 이 번역이 '의로운 이는 믿음으로 살 것이다'보다 선호되어야 마땅하다.

이라고 지칭한다. 그런데 화법話法이 매우 단축적이라, '하느님의 의로움'
이 곧장 눈에 들어오지는 않는다.[157]

예수의 십자가와 부활에서 이루어진 하느님 의로움의 계시는 인간에게
요구하기 시작한다. 인간은 이 요구를 거부할 수도 있다. 유다인들은 하느
님의 의로움에 복종하지 않고, 오히려 자기 자신의 의로움을, 물론 율법으
로부터 비롯하는 의로움을 추구했다(로마 10,3). 어쨌든 의롭다고 판결(인정)
받은 사람도 종처럼, 죄의 권세를 대체하여 그에게 요구를 하는 의로움의
지배 아래 있다(6,18.20). 의로움으로의 해방은 이제 옳은 일을 행할 수 있는
능력의 부여를 의미한다. 그리스도인들에게 자기 지체들(즉, 자신의 모든 능
력)을 예전처럼 '불의의 도구'로 죄에 내맡기지 말고 '의로움의 도구'로 하
느님께 온전히 바치라고 요구할 때(6,13), 그 윤리적 함의는 분명하다. 목표
는 그들의 성화다(6,19). 이런 맥락들 안에서 의로움이라는 개념의 온전한
복합성이 드러난다. 한편으로는 하느님 의로움의 자비로운 권능이 강력히
전면에 부각되고, 다른 한편으로는 인간의 의로움에 주의를 환기시키는
데, 이것은 그에게 선사되었지만 동시에 의무도 지운다. 의로움의 풍성한
열매를 거두는 것은 능력이요 또한 사명이기도 하다. 이것은 하느님께 찬
양과 영광을 드리기 위해 행해져야 한다(필리 1,10).[158]

이미 선사받은 것과 그것을 상실할 수 있는 가능성 사이의 긴장 관계는
언제까지나 존재한다. 의롭다고 판결받은(의인된/의화된) 사람은 자신을 입
증해야 한다. 그래서 갈라티아서 5,5는 의로움을 미래의 선善으로 약속한

---

[156] BULTMANN(*Theologie* 271)에 따르면, 의로움은 생명을 부여받기 위한 전제다. 이는 너
무 옹색하다. 아브라함의 예는 시사하는 바가 크다. 그는 믿음으로 하느님의 말씀에 자신을
엶으로써 시든 몸이 생기를 얻고 아이를 낳을 수 있게 되었다(로마 4,18-19). 이런 생명 부여
는 의롭다고 판결받은 사람에게서 뚜렷이 드러난다.

[157] 필리피서 3장에서 바오로는 할례를 강요하려는 적수들을 논박한다. 3,8-9: "··· 나는 그
리스도 때문에 모든 것을 잃었지만 그것들을 쓰레기로 여깁니다. 내가 그리스도를 얻고 그분
안에 있으려는 것입니다. 율법에서 오는 나의 의로움이 아니라, 그리스도에 대한 믿음으로 말
미암은 의로움, 곧 믿음을 바탕으로 하느님에게서 오는 의로움을 지니고 있으려는 것입니다."

[158] KÄSEMANN(*Gottesgerechtigkeit* 187)은 이것을 능력과 은사라고 말한다.

다: "우리는 … 믿음으로 의로워지기를 간절히 희망합니다." 그렇다고 이미 선사받은 의로움이 의심스러워지는 것은 아니며, 다만 그릇된 확신을 경고하자는 것이다. 문맥은 이 입증이 사랑으로 행동하는 믿음 안에서 이루어져야 함을 암시한다(5,6).

율법과 관계없는 의인義認(의화)의 보편화는 아브라함에게서 이미 나타났다. 아브라함을 둘러싼 논쟁은 '의로움'에 관한 논쟁이다.[159] 아브라함을 단지 이스라엘의 '육에 따른 선조'로만 여기는 것은 부당한 제한이라 하겠다. 그의 믿음 안에서 아브라함은 유다인이든 이방인이든 모든 믿는 이들의 조상으로 나타난다(로마 4,1.11-12). 아브라함과 관련하여, 성경은 하느님이 믿음에 근거하여 이방인들을 의롭게 하시리라는 것을 내다보았다고 말할 수 있다(갈라 3,8). 왜냐하면 아브라함은 한 약속을 보유하고 있었기 때문이다. 과연 그를 통해 모든 민족이 복을 받을 터였다(창세 12,3). 아브라함은 많은 민족의 조상, 세상의 상속자가 될 터였다(로마 4,13.17; 참조: 창세 18,18; 22, 18; 집회 44,19-21; 희년서 19,21). 아브라함은 그의 믿음을 통해 이 약속을 받았다(로마 4,13). 바오로가 강조하는 의인의 보편성은 이러한 '구원사적' 테두리 안에서 이해해야 한다. 이로써 계약에의 충실함이라는 측면도, 보편적으로 확대되어, 다시금 부각된다.[160]

참고문헌

F. HAHN, Taufe und Rechtfertigung: *Rechtfertigung* (FS E. Käsemann) (Tübingen 1976) 95-124.

E. KÄSEMANN, Gottesgerechtigkeit bei Paulus: *Exeg. Versuche und Besinnungen* II (Göttingen 1964) 181-193.

---

[159] 이 논쟁은 이슬람에 영향을 끼쳤다.

[160] KÄSEMANN(*Gottesgerechtigkeit* 192)은 당신으로부터 떨어져 나간 창조계에서 당신의 뜻을 관철하는 하느님의 의로운 권능에 관해 말한다. 의로움에 관한 바오로의 언명들에서는 이 사상이 거의 발견되지 않는다.

K. KERTELGE, *"Rechtfertigung" bei Paulus* (NTA 3) (Münster ²1971).

K.T. KLEINKNECHT, *Der leidende Gerechtfertigte* (WUNT II/13) (Tübingen ²1988).

E.P. SANDERS, *Paulus und das palästinische Judentum* (StUNT 17) (Göttingen 1985).

U. SCHNELLE, *Gerechtigkeit und Christusgegenwart* (Göttinger Theol. Arbeiten 24) (Göttingen ²1986).

P. STUHLMACHER, *Gerechtigkeit Gottes bei Paulus* (FRLANT 87) (Göttingen 1965).

D.O. VIA, Justification and Deliverance: *SR* 1 (1971) 204-212.

S. VOLLENWEIDER, *Freiheit als neue Schöpfung* (FRLANT 147) (Göttingen 1989).

4.2 의인으로 가는 통로인 믿음

믿음은 의인義認으로 가는 유일한 통로일 뿐 아니라 구원의 은총성도 확실히 보장한다. 이것은 아브라함의 믿음이라는 본보기에서 뚜렷이 밝혀진다. 조상 아브라함의 믿음은 율법에 도전적으로 맞세워진다. 하느님이 그에게 손을 내밀고 그와 계약을 맺으실 때 아브라함은 자신의 믿음을 입증했다. 모든 것이 하느님께 달려 있었으므로 아브라함은 어떤 공로도 내보일 필요가 없었다. 그렇지 않았다면 아브라함에게 마땅한 보상이 주어진 셈이 되었을 것이다. 그러나 아브라함은 불경한 자였고 자신의 믿음 외에는 내보일 것이 아무것도 없었기에, 하느님이 그에게 관심을 기울이실 수 있었다.[161] 이런 의미에서 아브라함이 하느님을 믿었으니, 그 믿음을 하느님의 의로움으로 인정해 주셨다고 말하는 것이다(칠십인역 창세 15,6; 로마 4,1-5). 여기서 믿음은 계약에 맞갖은, 하느님에 대한 인간의 자세로 나타난다.

그런데 바오로는 더 나아가, 아브라함의 믿음을 그리스도교 신앙으로 제시한다. 아브라함이 모든 (그리스도를) 믿는 이의 조상이 되었다는 언명은 이런 배경에서 비로소 부각된다. 이로써 신앙을 구조적으로 특징짓는 것도 가능해진다. 출발점은 하느님께서 아브라함에게 계약을 제의하고 그

---

[161] BARTH(*Röm* 123)는 아브라함이 베두인족의 한 우두머리였다고 한다.

가 많은 민족의 아버지가 되리라는 약속을 주실 때, 아브라함이 처해 있던 상황이다. 자연적 제반 조건은 이 약속과 극단적으로 상충되었다. 아브라함은 백 살이나 먹었고, 늙은 사라의 자궁도 시들었다. 그러므로 아브라함의 믿음은 '죽은 이들을 다시 살리시고 존재하지 않는 것을 존재하도록 불러내시는' 하느님에 대한 믿음, '희망이 없어도 희망하는' 믿음이요, 하느님 말씀에의 순종, 그분은 약속한 것을 성취하실 수 있다는 확신이며, 의심으로 약해지지 않고 오히려 더 굳세어져 하느님께 영광을 드리는 믿음이다. 이렇게 '우리 주 예수를 죽은 이들 가운데에서 일으키신 분'을 믿는 그리스도교 신앙과의 상응성이 뚜렷이 드러난다(로마 4,16-24). 또한 그리스도교 신앙은, 의로움으로 인정받아서 계약에 맞갖은 자세로 확인되어야 한다는 점에서도, 아브라함의 믿음과 연계되어 있다.[162]

예수의 십자가와 부활에서 성취된 하느님의 새로운 구원 역사役事에, 계약에 맞갖은 자세인 믿음이 상응한다. 아브라함의 본보기는 믿음이 인간의 삶을 규정짓고 사로잡고 변화시키고자 한다는 것도 분명히 보여 주거니와, 믿음은 내용적 충만함도 지니고 있다. 그래서 믿음은 선포될 수 있으며(갈라 1,23), 일치는 믿음에서와 마찬가지로 선포에서도 존재한다(1코린 15,11). 나를 사랑하시고 나를 위하여 당신 자신을 바치신 예수 그리스도(또는 하느님의 아들)에 대한 믿음(갈라 2,20; 참조: 필리 1,29)이 그 일치의 내용을 간명하고 함축적으로 제시한다. 바오로는 이런 맥락에서 믿음 안에서의 삶을 말하는데(갈라 2,20), 믿음이란 내면적·지성적 동의로는 충분하지 않으며 인간 실존의 모든 현실과 관련되어야 함을 새삼 분명히 한다. 믿음 안에서의 삶이란, 장차 의로움의 희망에 상응할 수 있도록, 의화(의인)된 실존을 끝끝내 견지함(갈라 5,5)을 의미한다. 의화된 실존은 믿음으로 지탱되며, 구원을 창출하는 하느님의 권능은 믿음 안에서 언제까지나 강력히 역사하신다.

---

[162] 창세기 15,6이 대위법의 주선율처럼 로마서 4장을 관통하고 있다(참조: 4.3.5.9.10.11.22-24).

복음이 그 안에서 하느님의 의로움이 계시되는 힘이라면(로마 1,17), 믿음을 불러 일으키기 위해 복음의 선포가 언제나 다시금 요구된다. 믿음과 설교의 결부를 바오로는 매우 강조한다. "자기가 들은 적이 없는 분을 어떻게 믿을 수 있겠습니까? 선포하는 사람이 없으면 어떻게 들을 수 있겠습니까? … 그러므로 믿음은 들음에서 오고 들음은 그리스도의 말씀으로 이루어집니다"(10,14-17). 물론 바오로는 모두가 복음에 순종하지는 않는다는 것을 체험해야 했다. 믿음은 순종이라는 특성을 지니고 있으며, 과연 말씀 선포에는 결단에 대한 절박한 촉구가 담겨 있다. 그래서 바오로는 자신이 받은 사명을, 예수 그리스도의 이름을 위해 모든 민족에게 믿음의 순종을 불러 일으키는 일이라고 표현할 수 있었다(1,5).

좀 더 좁게 말하면 믿음은 '사랑으로 행동하는 믿음'이다(갈라 5,6). 이로써 믿음은 사랑에 의해 대체되는 것이 아니라, 이 둘은 서로 뗄 수 없는 짝을 이룬다는 것을 알 수 있다. 여기서 말하는 것도 예수 그리스도에 대한 믿음임은 두말할 것이 없다. 슐리어[163]는 사랑을 믿음이 드러나는 방식이라 지칭한다. 그리스도인의 삶은 믿음만도 아니고 사랑만도 아니다. 믿음은 그리스도인 삶의 바탕이고, 사랑은 그 삶을 구현한다. 이른바 사랑의 아가에서 바오로는 사랑과 믿음의 관계를 규정하는데, 산을 옮길 수 있는 큰 믿음이라도 사랑이 없으면 아무것도 아니라고 말한다(1코린 13,2). 물론 여기서 주제는 모든 것 위에 있는 사랑의 숭고함이다. 믿음 역시, 희망과 함께, 언제까지나 남는다. 그러나 가장 위대한 것은 사랑이다(13,13).[164] 믿음은 하느님과 완전히 결합한 형태가 아니라, 현세적 실존에 상응하는 결합 형태다. 완전한 형태는 우리가 고대하는 하느님 직관이다(1코린 13,12). 그러나 그리스도인들이 믿음을 받아들일 때, 그들에게는 영이 선사된다(갈라 3,2). 여기서 바오로는 이 일이 어떻게 이루어졌는지를 상세히 말하지 않

---

[163] SCHLIER, *Gal* 235.

[164] 여기서 '남음'은 필경 종말론적 의미를 지닌다. 과연 하느님 은총과 관련된 것은 종말 완성에서 언제까지나 남는다. 참조: R. BULTMANN: *ThWNT* VI 223.

지만, 어쨌든 영을 선사받을 가능성이 원칙적으로 (율법의 행업이 아니라) 믿음에 주어져 있었음을 말한다.[165]

바오로가 사람은 오성으로 믿지 않고, 마음으로 믿는다고 말한(로마 10,9-10) 것은 중요한 의미가 있는가? 물론 이 구절은 입으로 행하는 고백보다 마음으로 믿음을 더 강조한다. 의지와 욕구도 포함하는 마음이라는 인간론 범주는, 오성을 넘어서며 믿음의 포괄성을 새삼 분명히 하는데, 여기서 믿음은 인간의 모든 내적 능력을 포섭하고자 한다.[166]

하느님이 각자에게 할당하신 '메트론 피스테오스'$\mu\acute{\epsilon}\tau\rho o\nu$ $\pi\acute{\iota}\sigma\tau\epsilon\omega s$(믿음의 척도/정도, 로마 12, 3)에 대한 해석에서는 이론이 분분하다. 문맥은 헛된 자만을 하지 말고 진중하라고 말한다.[167] 그리고 이어서 은사 목록이 뒤따른다. 해석에는 근본적으로 두 가지 가능성이 있다. 하나는 '메트론'을 다양한 은사가 표준 삼아야 할 믿음의 규범, 척도로 이해하는 것이다.[168] 그렇다면 '메트론 피스테오스'는 믿는 이 모두에게 동일한 것으로 보아야 한다. 다른 하나는 '메트론'을 다양한 은사로 나타나는 믿음의 실존과 표현의 단계와 정도에 관한 말로 이해하는 것이다.[169] 낱말 선택과 문맥은 이 해석을 권고한다. 각자 믿음의 실존의 표현으로서 고유한 은사를 받았거니와, 다른 이들과 관련해서도 이 사실을 인정 · 존중 · 실증하는 것이 중요하다.

바오로가 말하는 믿음은 꽤 복합적인 것이라는 사실이 분명해졌다. 이 복합성은 그리스도인의 삶과 마찬가지로 매우 다양한 형태로 표현된다.

---

[165] 갈라티아서 5,22에서 '피스티스'($\pi\acute{\iota}\sigma\tau\iota s$)는 영의 열매 가운데 하나로 나온다. 여기서 이 낱말은 물론 지금까지 말한 의미의 믿음이 아니라, 신뢰(성실)를 가리킨다.

[166] BARTH(*Röm* 366)는 불완전한 기관(器官)인 마음과 입에 대한 언급을 온갖 문제를 지닌 인간의 우연적 현존과 실존에 대한 암시로 본다.

[167] '메 휘페르프로네인'($\mu\grave{\eta}$ $\acute{\upsilon}\pi\epsilon\rho\phi\rho o\nu\epsilon\widehat{\iota}\nu$)은 자만을 경고한다. BARTH(*Röm* 424)의 번역('믿음의 정도')이 문맥에 적중한다. 루터의 번역도 비슷하다.

[168] 예컨대 WILCKENS, *Röm* III, 11-12.

[169] BULTMANN: *ThWNT* VI 220. KÄSEMANN(*Röm* 320)은 '영 또는 은총의 정도'의 의미로 이해한다. SCHMITHALS(*Röm* 438-439)는 믿음이 굳세거나 약한 이들과 관련하여, 신앙 인식의 일정 수준의 의미로 해석한다.

믿음은 이 삶을 포섭하고자 한다. 믿음은 믿어진 믿음(fides, quae creditur)일 뿐 아니라, 구현된 믿음(fides, qua creditur)이기도 하다. 믿음의 실천이 중심에 자리잡고 있으나, 그 내용적 확증이 부차적인 것은 결코 아니다. 근본적으로 믿음은 신뢰하며 복음에 자신을 내맡김이다. 이렇게 믿음은 예수의 십자가와 부활에서 밝히 드러난 하느님의 구원 역사役事에 상응·순종하며, 그렇게 의인(의화)으로 가는 통로를 열어 준다.

참고문헌

G. FRIEDRICH, Glaube und Verkündigung bei Paulus: *Glaube im NT* (FS H. Binder) (Neukirchen 1982) 93-113.

D.B. GARLINGTON, *The Obedience of Faith* (Tübingen 1991).

A.J. HULTGREN, The Pistis Christou-Formulation in Paul: *NT* 22 (1980) 248-263.

KUSS, *Röm*, 131-154

E. LOHSE, Sola fide: L. DE LORENZI (Hrsg.), *Paul de Tarse* (Rom 1979) 473-483.

A. SCHLATTER, *Der Glaube im NT* (Stuttgart ⁵1963) 323-418.

A. VON DOBSCHÜTZ, *Glaube als Teilhabe* (Tübingen 1987).

4.3 화해, 속량, 해방, 새 창조, 은총

바오로에게서는 그리스도를 통해 얻은 구원과 그로부터 인간에게 초래되는 결과들을 생생히 나타내는 구상적具象的 언명을 많이 찾아볼 수 있다.

비교적 드물게 나오기 때문에 바오로 신학의 중심에 놓아서는 안 되지만, **화해**가 그런 중요한 낱말 가운데 하나다. 그런데 사도는 여기서도 기존 그리스도교 전통과 확실하게 연계되어 있음을 알아보아야 한다. 코린토 2서 5,19에는 전승 신조가 들어 있다고 짐작된다: "곧 하느님께서는 그리스도 안에서 세상을 당신과 화해하게 하시면서, 사람들에게 그들의 잘못들을 따지지 않으시고 우리에게 화해의 말씀을 맡기셨습니다."[170]▶ 그리스도교적 관점의 특징은, 하느님께서 화해를 실행하시고 친히 화해를 시작·주도하시는 것이지, 인간이 모욕당하신 하느님께서 화해하려는 마음을 가지시게끔 애쓰는 것이 아니라고 본다는 점이다.[171] 바오로는 자신의 사도직을 이 맥락 안에 들여옴으로써, 전승과 연계된다. 사도는 자신이 '화해의 말씀'을 위임받았다고 믿으며, 그리스도를 대리하여 사람들에게 '하느님과 화해하십시오'라고 호소하는 그리스도의 사절로 자임한다(5,20).[172] 하느님의 화해 행위가 그리스도의 십자가에 바탕을 두고 있음은 두말할 것이 없다.

로마서 5,9-10에서 화해는 더욱 뚜렷이 부각되는데, 여기서는 우리가 하느님의 원수였을 때 그분 아드님의 죽음으로 하느님과 화해하게 되었다고 한다. 적의는 인간 측에 있었고, 하느님을 거슬렀다. 반대로 인간에 대한 하느님의 적의 따위는 없었다. 인간이 하느님의 원수였음은 그들이 불경자요 죄인이었다는 사실에서 드러난다. 여기서 말하는 것은 아주 특유한 방식의 화해다. 하느님이 아니라 인간이 마음을 바꿔야 했다. 그러므로 화해는 하느님 사랑의 실증이니, 이 사랑은 당신 아드님의 대속사代贖死에서 뚜렷이 드러났다(5,6-8). 화해는 인간이 하느님의 원수에서 친구가 되는 변화를 의미한다고 덧붙여도 되겠다. 화해의 원천(그리스도의 죽음)과 목표(종말 심판에서의 구원)를 고려하건대, 화해는 의인(의화)에 비견된다(5,9-10).[173]

전통적 화해 개념은 로마서 11,15에서도 견지되고 있다. 여기서 중심 주제는 이스라엘의 완고함인데, 바오로는 이방인 세계를 위한 이스라엘의 의의를 변증법적으로 지적하면서, 현재 이스라엘의 배척을 세상의 화해로

◀170 전승의 증거로는 코린토 2서 18절과 19절의 시제가 바뀐 것, 복수형 '그들의 잘못들', 바오로 서간에서는 여기서만 찾아볼 수 있는 세상과의 화해 사상을 들 수 있다. 그 밖의 논거들: BREYTENBACH, *Versöhnung* 118-119.

171 참조: WINDISCH, *2 Kor* 192.

172 코린토 2서 18절의 '우리'는 사도만이 아니라 모든 그리스도인과 관련시켜야 할 것이다.

173 KÄSEMANN(*Röm* 129)은 이런 맥락에서 화해를 (하느님) 원수들의 의화(justificatio inimicorum)라고 말한다.

표현한다. 라삐 요하난 벤 자카이의 말로 전해 오는 바에 따르면, 율법(토라)의 아들들이 세상을 위한 화해다. 바오로가 이런 유다교 전통과 연계하여 말했다면, 그 전통을 대담하게 변경시킨 셈이다.

속량의 은유는 비록 드물게 나오지만, (특히 갈라티아서에서) 중요한 구절들에 사용되고 있다: "그리스도께서는 우리를 위하여 스스로 저주받은 몸이 되시어, 우리를 율법의 저주에서 속량해 주셨습니다"(갈라 3,13). 하느님께서 세상에 아들을 보내신 것은, "율법 아래 있는 이들을 속량하시어 우리가 하느님의 자녀 되는 자격을 얻게 하시려는 것이었습니다"(4,5). 동사 '속량하다'(ἐξαγοράζειν)가 실제 노예 속량을 가리키는 생생한 의미로 받아들여졌는지가 논란되고 있다. 특히 다이스만은 그 배경에서 노예 속량을 알아볼 수 있다고 주장한다.[174] 아무튼 주목해야 할 것은, 바오로의 눈에 율법이란 노예 주인이고 율법 아래 있다는 것은 저주받은 상태라는 점이다. 종살이로부터의 속량은 아들로 받아들여지기 위함이다. 이로써 결국 노예 속량의 은유는 흩어지고, 논증을 규정짓고 있는 것은 상징이 아니라 신학적 요점임이 분명해진다. 이는 그리스도 행위의 동기, 즉 사랑("**우리를 위하여** 스스로 저주받은 몸이 되시어")에 대한 언급에서 뚜렷이 드러난다. 그러므로 코린토 1서 6,20과 7,23에서는 나아가 속전에 관해 말하지만, 이 속전을 누구에게 지불했는지는 물을 수 없다. 아무튼 여기에 깔려 있는 사상은, 그리스도인들은 속전을 치르고 사들인 사람들로서 이제는 새 주인 그리스도의 소유라는 것이다.

'해방되어 있음', '자유를 획득했음'은 바오로 구원 메시지의 또 다른 관점이다. 이 관점은 바오로의 주요 서간들에 나온다. 그러나 로마서와 갈라티

---

[174] *Licht vom Osten* 271-277. DEISSMANN은 논거로 노예 속량 문서에 ἀγοράζω(속량하다)와 τιμή(값)라는 낱말들이 나온다는 사실을 제시한다(274-275). MUSSNER(*Gal* 232)는 ἐξαγοράζω의 의미로 '보상(변상)하다'를 고려한다. 참조: STRAUB, *Bildersprache* 29.

아서에서는 예컨대 코린토 1서에서와는 다른 색조를 띠고 있다.[175] 앞의 두 편지에서 **해방**은 의화론(의인론)과 직결되어 있다. 해방은 죄와 율법과 죽음의 권세로부터의 해방이다. 율법을 종범從犯으로 이용한 죄가 인간에게 치명적인 죽음을 가져왔다. 해방은 하느님의 영을 통해 이루어졌는데, 이 영은 생명을 의미하며 악을 행하게 하는 불가항력적 권세로부터 인간을 해방했다(로마 8,1-2). 그리하여 이제 '율법의 요구가 우리 안에서 충족'되는 것이 가능해졌다. 즉, 그리스도인들이 율법의 요구를 실천할 수 있게 되었다. 율법의 요구가 정확히 무엇을 의미하든 간에(일반적으로는 하느님 뜻에 부합하는 것, 또는 구체적으로 율법의 요체인 사랑의 계명),[176] 자유는 자의恣意를 의미하는 게 아니라 획득한 책임도 내포한다는 것이 분명하다(8,4). 이런 관점에서 그리스도인에게 허용된 행위는 결국 일종의 중대한 도전이다.

바로 이것이 로마서 6,18-22의 변증법적 표현에 암시되어 있다: 죄에서 해방된 사람들이 의로움의 종이 되었다; 이들은 전에 죄의 종으로서 (반어적으로 들리지만) 의로움으로부터 해방(제외)되어 있었다; 그러나 이제 죄로부터 해방된 자들로서 하느님을 위한 종이며, 성화로 인도하는 열매를 맺고 최종 목표인 영원한 생명을 고대한다. 그러므로 해방은 열매 맺는 삶, 의미 충족된 삶을 영위할 수 있음을 의미하며, 이 삶은 하느님의 의로움에 의해, 그리스도 예수 안의 하느님 구원 활동에 의해 규정되어 있다.

자유의 완성은 아직 이루어지지 않았다. 완성된 자유를 바오로는 영광이라 지칭하는데,[177] 하느님 생명에의 결정적 참여다. 궁극적 자유는 인간 현존의 우연적 특성에 의해 억압당하고 있는데, 이것이 유한성·사멸성을 끊임없이 의식하게 만든다. 하느님의 자녀들은 이 부자유로부터 벗어나도

---

[175] 엘레우테리아(ἐλευθερία, 자유)라는 개념과 그 파생어들을 중심으로 고찰할 때 이 주제는 테살로니카 1서, 필리피서, 필레몬서에는 나오지 않는다.

[176] ZELLER(*Röm* 153)는 바오로가 여기서 율법을 윤리적인 내용으로 압축하고 있다고 추측한다.

[177] 참조: KÄSEMANN, *Röm* 223.

록 정해져 있으니, 생명의 첫 선물로 이미 하느님의 영을 받아 지니고 있다. 여기서 다시금 영이 자유의 보증으로 나타난다. 로마서 8,18-23에서 자유는 하느님 자녀들에 의해 덧없음, 허무, 헛수고에 예속된 온 창조계로 확장된다.[178] 바오로가 우주의 미래(묵시문학의 한 주제다)를 전적으로 인간, 더 자세히는 하느님 자녀들을 중심으로 사유하고 그 윤곽을 그리며, 추상성을 띤 자유의 개념과 결합시키는 것은 시사하는 바가 크다: "피조물도 멸망의 종살이에서 해방되어, 하느님의 자녀들이 누리는 영광의 자유를 얻을 것입니다"(8,21).

코린토 2서 3,17도 영과 자유의 관계를 간결하고 힘찬 문장으로 명시한다: "주님의 영이 계신 곳에는 자유가 있습니다."[179] 이 문맥은 주님께의 회심에 관해서도 말하지만 또한 영광에 관해서도 말하고 있다. 주님께 돌아서는 사람은 영의 영역에 들어서며 자유를 얻는다. 여기서 자유를 좀 더 상세히 어떻게 규정해야 할지는, 옛 계약과 새 계약의 대비에서 추론할 수 있겠다. 그처럼 문자와 영, 죽음과 생명은 서로 대립한다(3,6-7). 자유는 영광과 생명으로의 해방이라는 원칙적 의의를 지니게 된다. 자유는 3,17에서도 관사 없이 사용된다. 해방은 인간을 변화시키는 전진적 과정이거니와(3,18), 그렇다면 문자와 너울(3,14-16)은 예속된 사람의 근본 상태를 묘사하는 은유들이다. 반대로 율법으로 돌아감은 예속으로 돌아감이다. 이 복귀에 마음 솔깃하던 갈라티아 그리스도인들에게 바오로는 그 결과를 경고한다: "그리스도께서는 우리를 자유롭게 하시려고 해방시켜 주셨습니다. 그러니 굳건히 서서 다시는 종살이의 멍에를 메지 마십시오"(갈라 5,1; 2,4). 그들은, 바오로가 독특한 우의적 성경 해석에서 논증하듯이, 자신들이 종

---

[178] 마타이오테스(ματαιότης, 허무 또는 헛수고)는 여러 의미를 지닌 개념이다. 현대 우주관을 고려하건대 창조계의 '헛수고'는 엄청나다.

[179] 코린토 2서 3,17에 자유라는 개념이 나오는 것은 뜬금없다는 인상을 주기도 하지만, WOLFF(2 Kor 77)에 따르면 이 구절을 결코 후대의 난외 주석으로 보아서는 안 된다. 자유-영-영광이라는 표현은 온전히 바오로적이다.

하갈의 자식들이 아니라 자유로운 사라의 자녀들임을 알아야 한다. 그들은 지상 예루살렘이 아니라 자유로운 천상 예루살렘에 속해 있다(4,26-31).

바오로가 끊임없이 자유를 옹호하는 것이 눈길을 끈다.[180] 종살이에 떨어짐은 인간의 성향 같은 것이다. 자유를 얻어 누림은 성숙한 인격을 전제한다. 그래서 분별 있는 자유의 향유를 촉구한다: "형제 여러분, 여러분은 자유롭게 되라고 부르심을 받았습니다. 다만 그 자유를 육을 위하는 구실로 삼지 마십시오. 오히려 사랑으로 서로 섬기십시오"(갈라 5,13).

영 안에서 이루어지는, 자유를 위한 해방은 사람이 사랑으로 활동할 수 있게 해 주는 바탕이다. 이로써 바오로 자유 사상의 뚜렷한 정점에 이르렀다. 코린토 1서에서 자유는 훈계의 맥락 안에 자리잡고 있다. 매우 구체적으로 현실의 종과 자유인에게 교회 안에서 그들의 사회적 신분의 상대적 통용에 관해 언급한다. 종은 자신을 주님 안에서 해방된 자유인으로, 자유인은 자신을 그리스도의 종으로 여겨야 한다(7,22). 이 변증법적 언명이 겨냥하는 것은 물론 노예제도의 폐지가 아니라, 사람들의 내적 자세(이것은 결국 바깥세상에 영향을 끼치기 마련이다)다.[181] 시민의 자유와 그리스도인의 자유는 구별되어야 한다. 후자는 전자에 매여 있지 않고, 오히려 전자를 넘어선다. 바오로가 코린토 1서 9,1에서 자유인이라 자칭하는 것은, 그의 사회적 신분과 관련된 것이다. 그러나 사도는 이 말을 자기는 아무에게도 매이지 않은 자유로운 사람이지만, 되도록 많은 사람을 얻으려고 스스로 모든 이의 종이 되었다는 말로써 보완한다(9,19). 바오로는 그리스도 예수의 종으로 자임했으며, 나아가 이것을 영예로운 칭호로 사용했다(로마 1,1; 필리 1,1).

---

[180] 로마서 7,1-4에서 바오로는 율법에의 예속을 '남편과 관련된 율법'에 매인 아내의 처지와 비교한다. 감정에 호소하는 듯하지만 사회상을 제대로 반영하고 있다. 참조: 코린토 1서 7,39.

[181] 이런 맥락에서 코린토 1서 7,21의 $\mu\tilde{\alpha}\lambda\lambda o\nu$ $\chi\rho\tilde{\eta}\sigma\alpha\iota$를 어떻게 이해해야 할지가 논란거리다. 보통 두 가지로 번역한다: "그대가 부르심을 받았을 때에 종이었습니까? 그것에 마음을 쓰지 마십시오. 그러나 자유인이 될 수 있다면 차라리 그 기회를 이용하십시오", 또는 "[자유인이 될 수 있다 하여도] 지금의 상태를 잘 이용하십시오(**차라리 노예로 계속 사십시오**)." 바오로는 역설적이게도 후자를 권하는 듯하다(CONZELMANN, KLAUCK). 종 신분에서 그리스도의 자유인으로 그리스도를 위해 일하는 것이 더 낫다는 것이다.

양심의 자유는 좀 다른 문제다. 그러나 양심의 자유도 결국은 그리스도인 자유의 표현이다. 개개인의 양심이 행동을 결정하지만, 이웃의 양심에서 자신의 한계를 발견한다. 나는 원칙적으로 자유롭지만, 사랑으로 말미암아 이웃의 양심의 판단을 고려해야 하는 상황들이 있다. 이런 맥락에서 우상에게 바쳤던 고기를 먹는 문제를 둘러싼 코린토 1서 10,23-33의 논쟁은 많은 것을 시사한다.

하느님 구원 활동의 목표가 '새 창조'라면, 이 활동은 창조계의 쇄신으로 이해할 수 있다. 새 창조라는 개념은 바오로 서간에 두 번밖에 나오지 않지만, 현재형 표현[182]과 인간론에 집중한다는 특징은 여기서도 마찬가지다. 세례 받은 인간은 이미 새 창조물이다. 이 개념이 세례와 결부되어 있다는 것은 옳은 짐작이다.[183] 인간은 그리스도 안에서 새 창조물로서의 실존을 얻는다: "누구든지 그리스도 안에 있으면 그는 새로운 창조물입니다"(2코린 5,17). 이것은 낡은 세상에서 가치 있는 것들을 하찮게 만든다: "사실 할례를 받았느냐 받지 않았느냐는 중요하지 않습니다. 새 창조만이 중요할 따름입니다"(갈라 6,15). 그러나 그리스도인이 얻은 이 새로운 실존은 자신을 넘어선다. '새 창조'가 수세자에게 적용될 때는 '새 인간'과 같은 의미이지만, '창조'라는 추상적 개념뿐 아니라 각각의 문맥도 더 포괄적이고 지속적인 맥락들을 짐작게 해 준다. 할례와 비할례, 유다인과 이방인, 요컨대 모든 인간이 복음과 세례로 불리었을 뿐 아니라, 온 창조계도 세례를 통해 새로이 창조된 하느님 자녀들의 출현에 희망을 둘 수 있다. 과연 바오로는, 짐작건대 이사야서 43,18-19(2코린 5,17)[184]를 따라, "옛것은 지나갔습니다. 보십시오, 새것이 되었습니다"라고 외친다. 그리고 낡은 세상에서 중요했던 것들이 무너진다는 것은, 낡은 세상이 십자가에 못 박혔고 그리

---

[182] VÖGTLE(*Zukunft* 178-180)가 강조하는 점이다.

[183] 예를 들어 MUSSNER, *Gal* 415.

[184] 참조: 이사 65,17; 지혜 7,27; 4에즈라 13,25-26.

스도인도 세상에 대해 십자가에 못 박혔다는(갈라 6,14) 사실에서 분명해진다. 이렇게 새 인간들은 온 창조계를 위한 희망의 표지다.[185] 비록 암시만 되어 있지만, 새 창조에 관한 표현 뒤에는 로마서 8,18-23에 견줄 만한 논증이 숨어 있다. 여기서도 다시금 묵시문학적 지평 안에서 인간에게의 환원이 특징이다. 로마서 8장에서는 희망의 동기가 자유사상이었다면, 코린토 2서 5,17에서는 새 창조다. 그러나 이 둘은 아주 긴밀히 결부되어 있으니, 자유도 새 창조도 영에 바탕을 두고 있기 때문이다.

그리스도인 실존은 **은총**(χάρις)이다. 우선 이 확언은 지금까지 이 단락에서 말한 것과 일치한다. 그러나 은총이라는 낱말은 특히 바오로에게서 다양한 측면의 신학적 연관성을 지니는데, 이 연관성을 유심히 밝혀낼 필요가 있다. 은총이라는 낱말은 당시에도 이미 자주 사용되어 닳아 빠진 동전 꼴이었는데, 바오로의 힘 있는 말이 이 낱말에 새로운 생명을 불어넣었다.

'은총'이라는 낱말은 그리스도인의 자기 이해를 목표로 하고 있을 뿐 아니라, 특출한 신학적 언명도 포함하고 있다. 후자는 다시금 의화론의 맥락에서, 특히 로마서에서 뚜렷이 나타난다. 그리스도인과 사도로서의 자기 이해, 즉 은총으로 말미암아 존재하고 있다는 의식이 코린토 1·2서의 해당 구절들에 각인되어 있다. 물론 이 구별에서 관건은 결국 서로 긴밀히 결부되는 두 측면이다.

은총은 무엇보다 모든 인간을 구원하시려는 하느님의 권능이다. 로마서 5장의 아담-그리스도 대비에서 은총의 권능적 특성이, 특히 죄의 권세와의 대조에서 뚜렷이 드러난다: "이는 죄가 죽음으로 지배한 것처럼, 은총이 … 영원한 생명을 가져다주는 의로움으로 지배하게 하려는 것입니다"(5, 21). 은총이 인격화되어 있다. 여기서 은총은 예수 그리스도를 통해, 그분의 순종을 통해 주어지는 하느님의 은총임이 자명하게 전제되어 있다. 은

---

[185] 우주론적 지평: STUHLMACHER: *EvTh* 27 (1967) 10-35.

총을 율법과 맞세우고, 믿는 이들이 더는 율법이 아니라 은총 아래 있음을 상기시킬 때도, 은총이 인격화되고 권능으로 제시된다(6,14). 다른 구절들에서는 은총이 하느님께서 인간들에게 주시는 귀중한 선물로 나타난다: "하느님의 은총과 예수 그리스도 한 사람의 은혜로운 선물이 많은 사람에게 충만히 내렸습니다"(5,15). "은총과 의로움의 선물을 충만히 받은 이들은 … 생명을 누릴 것입니다"(5,17; 참조: 6,1). 5,20에는 은총과 죄의 대비 때문에, 흔히 은총의 권능적 성격이 언급되어 있다고 보려 들지만, 선물이라는 표상도 여전히 보존되어 있다: "그러나 죄가 많아진 그곳에 은총이 충만히 내렸습니다."[186] 한편 은총은 사람이 들어가는 통로를 얻는, 하느님과의 평화를 누리는 영역으로 나타나기도 한다(5,1-2). 여기서 사용된 $\pi\rho\sigma$-$\alpha\gamma\omega\gamma\acute{\eta}$(입장, 출입)라는 개념은 제의적·공간적인 것을 가리킨다. 또한 이것은 지속적으로 하느님과 가까이 있는 특전을 나타내는 은유가 된다.[187] 이 모든 구절에서 은총이 의미하는 것은 하느님의 한 속성이 아니라, 인간의 구원을 겨냥하는 하느님의 비할 바 없는 자비의 표명이다. 은총이 의화론(의인론)의 맥락 속에 등장하기 때문에, 이렇게 덧붙이자: 은총은 하느님의 자기 표명, 즉 인간들의 자비로운 심판자의 자기 표명이다.[188] 이로써 우리는 은총 관련 텍스트들의 두드러진 특성을 제대로 인지할 수 있다.

바오로는 의화론의 맥락에서 하느님의 은총 체험에 관해 구체적으로 말할 수 있다. 사도는 이 체험을 아브라함의 역사적 사례를 들어 설명하지만, 그로써 지금 체험할 수 있는 어떤 것을 전달하려 한다. 일을 하는 사람에게 품삯은 은총으로 여겨지지 않고 당연한 보수로 여겨진다는 바오로의 확언은 체험에서 나온 것이다. 당연한 보수와 은총은 상충된다. 은총으로

---

[186] 타당하게도 KUSS(*Röm* 235)는 바오로가 은총의 다양한 측면을 언제나 명확히 구별하려 하지는 않았다고 말한다.

[187] ZELLER, *Röm* 108. 반면 SCHMITHALS(*Röm* 153-155)는 여기서 은총은 한 특별한 은사를 가리킨다고 본다.

[188] 참조: BULTMANN, *Theologie* 289.

주어지는 것은 인간이 전혀 받을 자격이 없는 것이다. 이것은, 신론적으로 바꾸어 말하면, 하느님의 은총은 하느님을 모르는 자, 불경한 자를 의롭다고 인정함을 의미한다. 이 놀라운 은총의 핵심은, 인간이 아무것도 내보여야 할 필요가 없었을뿐더러 그것을 훨씬 뛰어넘어, 원수요 반역자로서 하느님을 거슬렀다는 데 있다. 이 은총 체험의 장소는 믿음이다: "일을 하지 않더라도 불경한 자를 의롭게 하시는 분을 믿는 사람은, 그 믿음을 의로움으로 인정받습니다"(로마 4,5). 여기에 제시된 은총 이해에서 그에 상응하는 하느님의 마음을 알아볼 일이다. 하느님의 자비로운 마음이 그분 구원 행위의 궁극 동기다(11,5-6; 참조: 4,16).

은총으로 말미암아 존재한다는 이 의식은 그리스도인의 자기 이해로 이어진다. 소명은 은총에서 비롯한다(갈라 1,6). 바오로는 자신의 사도 소명과 관련하여 자기에게 주어진 특별한 은총에 관해 거듭 말하는데(로마 1,3; 갈라 1,15), 이 은총이 그에게 지시할 전권을 부여하고(로마 12,3; 15,15) 공동체들을 설립할, 또는 비유로 말하자면 지혜로운 건축사로서 기초를 놓을 능력을 준다(1코린 3,10). 이 하느님의 은총에 힘입어 바오로는 공동체들 앞에서 처신했다(2코린 1,12). 바오로는 자신의 복음을 폄훼하는 사람들에 맞서, 은총에서 비롯한 자기의 사도로서의 실존과 은총에 대한 자신의 협력을 증언한다: "그러나 하느님의 은총으로 지금의 내가 되었습니다. 하느님께서 나에게 베푸신 은총은 헛되지 않았습니다. 나는 그들 가운데 누구보다도 애를 많이 썼습니다. 그러나 그것은 내가 아니라 나와 함께 있는 하느님의 은총이 한 것입니다"(1코린 15,10). 사도직의 은총은 외적 특권과 현세적 능력에 있지 않다. 사도직의 은총은 그 활동 능력을 특히 인간적 약함 안에서 펼쳐 보일 수 있거니와, 이것을 바오로는 필경 질병으로 낙담한 채 체험했음이 분명하다(2코린 12,7-9). 사도를 통해 힘차게 작용하는 하느님의 은총은 더 나아가, 되도록 많은 사람을 복음의 제자로 얻음으로써, 그 권능을 충만히 발휘한다. 코린토 2서 4,15의 '은총이 점점 더 많은 사람에게 퍼져 나가'도 이런 의미에서 아마도 사도로의 부르심과 관련될 수 있을 것이다. 바오로의 체험은 다른 사람들에게도 적용될 수 있으니, 그리스도인 각자가 공동체 안에서 자신의 은사를 받았기 때문이다. 그리스도인은 자신의 은사를 공동체 건설을 위해 사용해야 한다. 은사는 그리스도인으로 부르시는 은총으로부터 필연적으로 생겨난다. 바오로는 매우 중요한 사도직의 은사를 받았지만, 자신의 봉사직을 다른 은사들 안에 배치시킬 수 있었다(로마 12,6; 1코린 12,28). 이로써 바오로는 은총의 공유를 암시한다.[189]

참고문헌

C. BREYTENBACH, *Versöhnung* (WMANT 60) (Neukirchen 1989).

J. CAMBIER, La liberté chrétienne selon s. Paul: *StEv* II (TU 87) (Berlin 1964) 315-353.

S. LYONNET, L'emploi paulinien de ἐξαγοράζειν au sens de "redimere" est-il attesté dans la littérature greque?: *Bib* 42 (1961) 85-89.

E. PAX, Der Loskauf. Zur Geschichte eines ntl. Begriffes: *Anton* 37 (1962) 239-278.

G. SCHNEIDER, *Neuschöpfung oder Wiedergeburt?* (Düsseldorf 1961).

J.M. SCOTT, *Adoption as Sons of God* (Tübingen 1992).

E. STEGEMANN, Alt und Neu bei Paulus und in den Deuteropaulinen: *EvTh* 37 (1977) 508-536.

P. STUHLMACHER, Erwägungen zum ontologischen Charakter der καινὴ κτίσις bei Paulus: *EvTh* 27 (1967) 1-35.

A. VÖGTLE, *Das NT und die Zukunft des Kosmos* (Düsseldorf 1970).

---

[189] 필리피서 1,7에도 은총의 공유(동참)에 관한 말이 나온다. 여기서도 결국 사도직의 은총을 말하고 있는데, 바오로는 그 직분을 위해 수인(囚人)으로서 고난을 겪어야만 했다. 그 상황에서 바오로와 함께하는 사람은 그의 은총에 동참하는 것이다.

4.4 그리스도 안에 — 주님 안에

그리스도인은 그리스도와 결합(친교)해 있다. 이 결합은 삶의 모든 측면과 관련되고 그것을 포괄한다. 이러한 그리스도와의 결합을 끊임없이 의식하는 것이 바오로 사상의 한 고유한 특징인데, 우리는 사도 자신이 그리스도인으로서 자기 삶을 그리스도와의 이 결합에 바탕하여 이해하고 꼴지으려 애썼다는 사실에서 출발해도 좋다.

이 사상을 분명히 나타내는 데 즐겨 사용되는 언어적 수단이 '그리스도 안에'라는 표현인데, '그리스도 예수 안에' 또는 '주님 안에'로 대체되기도 한다. 그리스도 또는 주님과 함께, 사람들이 십자가에 못 박았으나 하느님에 의해 일으켜져 고양되신 분이 시야에 들어온다. 그리스도께서 고양되심으로써 영속적 결합이 가능해졌다.

이 표현의 정확한 이해에 대해서는, 다이스만이 연구를 선도한 이래 크게 두 가지 견해가 맞서 있다. 다이스만은 '그리스도 안에'를 공간적으로, 요컨대 그리스도 안의 실존으로 이해하고, 이를 체험적인 것으로 해석하며 '신비주의'라는 낱말도 거리낌없이 사용한다.[190] 그에 따르면 바오로의 신심은 그리스도 중심적이다. 그것은 '그리스도 내재성'이다. 바오로는 살아 계시고 현존하시고 영이신 그리스도 안에서 살아간다. 그리스도께서는 바오로를 두루 지배하고 가득 채우고 그와 함께 이야기하고 그 안에서 그리고 그로부터 말씀하신다.[191] 중요한 것은 다이스만이 이미 그리스도 안의 실존과 영 안의 실존의 유사성, 그리스도와의 결합과 영과의 결부의 유사성에 주의를 환기시키고, 그 또한 '우리 안에 계시는 그리스도'라는 뒤바뀐 표현을 신비스럽게 느끼며 함께 고려한다는 점이다.[192]

다른 하나의 견해는 '그리스도 안에'라는 표현에 대한 공간적·장소적 이해를 반대하고, 이것을 (문법적으로 표현하자면) 양태적樣態的으로 해석

---

[190] *Formel* 85.91ff.   [191] A. Deissmann, *Paulus* 107.

한다. 이 표현은 신비적 포섭을 가리키는 게 아니라, '역사적으로 규정지어져 있음'을 가리켜 말한다는 것이다. 규정짓는 요소는 예수의 십자가와 부활이라는 구원 사건인데, 이 사건이 현재 안에 작용해 들어온다. 이 견해를 상론한 노이게바우어의 말을 들어 보자: "'그리스도 안에'는 십자가와 부활 사건에 주의를 환기시키며, 그로써 종말 완성을 지금 이미 파지把持하고자 한다."[193] 이 표현은 사실상 그 유일회적 사건과 그것의 역사적 방사放射의 결부를 가리켜 말한다. 사람들은 그 구원 사건에 의해 규정지어져 있는 실존에 관해 상당히 모호하게 말한다. 여기서 또 하나 유의할 것은 '그리스도 안에'와 '주님 안에'는 다른 뉘앙스를 지니고 있다는 점이다. '그리스도 안에'라는 표현은 종말 완성을 겨냥한다. 그러나 '주님 안에'라는 표현은, 신앙인이 '그리스도 안에' 선사받은 것을 이 세상에서 지켜 나갈 것을 촉구한다. 그리스도 칭호에서는 구원이 방사되고, 주님 칭호에서는 주권과 주님의 존재가 방사된다.[194]

그러나 정확히 따져 보면 두 견해 사이에는 공통점도 있으니, 둘 다 신앙인 개개인과 공동체가 하나의 포괄적 영향권 안에 포섭되어 있다고 본다. 그러나 이 포섭의 방식은 달리 파악되고 있다. 한편에서는 포섭이 공간적 · 형이상학적으로 이루어지고, 다른 한편에서는 역사적 · 양태적으로 발생한다.[195]

'그리스도 안에–주님 안에'의 다양한 맥락을 더 깊이 이해하기 위해, 몇몇 텍스트를 골라 살펴보자. 앞에서 언급한 두 표현의 상이한 뉘앙스는,

---

[192] 같은 책 111 — 다이스만의 견해는 널리 관철될 수 있었고, 그 성과를 고려하건대, 지금도 확고한 위치를 차지하고 있다. 이에 관해: KÄSEMANN, *Röm* 210. 다이스만의 특징은, 교리나 신학이 아니라 신심에 관해 말한다는 점이다. 이에 관해: DEISSMANN, Zur Methode der biblischen Theologie des NT: G. STRECKER (Hrsg.), *Das Problem der Theologie des NT* (WdF 367) (Darmstadt 1975) 67-80.

[193] *In Christus* 148.

[194] 참조: FOERSTER, *Herr ist Jesus* 144-145.

[195] SCHWEIZER(*Erniedrigung* 146 Anm. 648)는 '그리스도 예수 안에'를 '그분에 대한 믿음 안에'와 거의 같은 의미로 본다.

'주님 안에'가 주로 훈계 맥락에 나온다는 사실에서 암시된다.[196] 개개의 진술을 올바로 이해하려면, 그때그때 그 의미를 파악해야 한다.[197] 그래야 비로소 하나의 포괄적 구상에 대한 물음을 제기할 수 있다.

우선 적지 않은 구절에서 '그리스도 안에'라는 표현이 상투적으로 쓰이거나, 아니면 우리가 통상 '그리스도교적'이라는 말로 설명하는 현상을 묘사한다는 것을 인정해야 한다. (이를테면 코린토 1서 4,17에서 바오로는 그리스도 안에서 지켜야 하는 자신의 원칙들[198]에 관해 말한다.) 그러나 이런 경우와는 달리, 그 온전한 의미가 드러나는 실로 정곡을 찌른 표현들도 있다. 예를 들어 코린토 2서 5,17의 "누구든지 그리스도 안에 있으면, 그는 새로운 피조물입니다"라는 말은 공간적 이해뿐 아니라 그리스도 안으로의 이 포섭을 통해 얻어진 종말론적인 새로운 실존, 이를테면 낡은 세상과 새 세상 사이의 경계도 강조한다.

'그리스도 안에'가 활동하시는 그리스도를 가리키는 텍스트들이 있다: "나는 하느님께서 그리스도 예수님 안에서 여러분에게 베푸신 은총을 생각합니다"(1코린 1,4); "그리스도 예수님 안에서 거룩하게 되어 … 성도로 부르심을 받은 여러분에게 인사합니다"(1,2); "하느님께서는 그리스도 안에서 세상을 당신과 화해하게 하셨습니다"(2코린 5,19); "주님 안에서 나에게 문이 열렸습니다"(2,12); "내가 갇혀 있다는 사실이 그리스도 안에서 … 모든 사람에게 알려졌습니다"(필리 1,13); "하느님의 평화가 여러분의 마음과 생각을 그리스도 예수님 안에서 지켜 줄 것입니다"(4,7); "나는 그리스도 예수님 안에서 하느님을 위하여 일하는 것을 자랑으로 여깁니다"(로마 15,17). 우리는 이 구절들에서 하느님의 은총을 선사하고, 거룩하게 만들고, 그를 통

---

[196] SCHMAUCH(*In Christus* 66)는 '그리스도 안에'와 '그리스도 예수 안에'도 구별하고, 후자를 신앙생활과 무관한 하느님의 일과 관련시키고자 한다. 이 구별은 반대해야 할 것이다.

[197] 각각의 텍스트가 공간적 · 도구적 혹은 양태적 의미 중 어떤 것을 담고 있는지 따져 보라는 KÄSEMANN(*Röm* 211)의 요구는 타당하다.

[198] '길들'은 사도의 지시들을 가리킨다.

해 하느님이 화해하시는 분은 그리스도임을 전제할 수 있다. 그런데 이 인용 구절들(더 찾아낼 수 있다)[199]에서 왜 바오로는 도구를 나타내는 통상적인 전치사 διά(~을 통하여)를 사용하여 '그리스도를 통하여'라고 표현하지 않았는지 물을 수 있겠다. 어떤 다른 의미를 암시하거나 변죽을 울리려 했던 것일까?

다른 텍스트에서는 '그리스도 안에'라는 표현이 그리스도와 결합하고 그분께 매임을 암시한다. 바오로가 "주님 안에서 늘 기뻐하십시오"(필리 4,4)라고 권고하는 까닭은 그들이 그리스도와 결합되어 있기 때문일 것이다. 또한 사도는 주님 안에서 헛되지 않는 수고(1코린 15,58), 그리스도 예수 안에서의 자랑거리(필리 1,26), 그리스도 안의 생기(필레 20절), 예수 그리스도 안에서 누리는 자유(갈라 2,4), 그리스도 예수 안에 드러난 하느님의 사랑(로마 8,39)에 관해 말하는데, 이 모든 것은 그분께 대한 귀속성에서 비롯한다. "그리스도 예수님 안에서 나와 함께 갇혀 있는 에파프라스"(필레 23절)나 "그리스도 예수님 안에서 나의 협력자들"(로마 16,3)이라는 표현이나 동료 그리스도인을 주님 안에서 기쁘게 맞아들이라는 부탁(필리 2,29; 참조: 2,19)은 그리스도에게의 공속성共屬性에서 생겨난다. 바오로가 '주 예수 안에서' 권고하고(1테살 4,1) 하느님 앞에서 또 '그리스도 안에서' 말하며(2코린 2,17) 명령하는(필레 8절) 것은, 주 예수를 인증으로 내세운다는 의미로 이해할 수 있다. 하지만 여기서도 공속성이라는 측면이 여전히 결정적이다.[200]

이 표상들을 포괄하는 하나의 구상에 관해 묻는다면, 과거의 역사적 사건에 의해 규정지어진 실존이라는 표상보다는 그리스도·주님에 의해 규정지어진 '영역'(공간)이라는 표상이, 결합과 공속성이라는 측면이 더 부각·중시된다. 이것은 그리스도, 주님이 고양되시고 살아 계신 분으로, 당

---

[199] 예컨대 1코린 4,15; 9,1; 2코린 2,14; 필리 3,14 등.

[200] '그리스도 안에'라는 표현의 뉘앙스는 매우 풍부하다: 예컨대 코린토 1서 7,39는 과부는 재혼할 자유가 있으나, 어디까지나 '주님 안에서' 그렇다고 확언한다. 이는 그리스도인 남자와 결혼해야 함을 의미한다고 하겠다. 참조: LIETZMANN, *1 und 2 Kor* 37.

신 공동체 안에 작용해 들어오시는 분으로 체험된다는 사실에 의해 확인된다. 이로써 고려해야 할 또 하나의 고찰 방식, 즉 교회론적 고찰 방식이 언급되었다. 여기서 그리스도인 각자의 개(체)성이 공동체 안으로 흡수·소멸되지는 않는다. 그러나 그는 그리스도 안에 있는 한 사람으로서 언제나 다른 이들과 결합되어 있다. "하느님께서는 여러분을 그리스도 예수님 안에 살게 해 주셨습니다"(1코린 1,30), "안드로니코스와 유니아는 … 나(바오로)보다 먼저 그리스도 안에 있었습니다"(로마 16,7), "여러분은 모두 그리스도 예수님 안에서 하나입니다"(갈라 3,28)라는 언명들이 이러한 연관성을 구체적으로 설명해 준다. 한 분과의, 비할 나위 없는 한 인격과의 결합은 몸이라는 교회론적 모델에서 가장 명백히 이해되는데, 바오로는 이 모델을 다른 구절에서도 '그리스도 안에'라는 표현과 결부시킬 수 있었다: "우리는 수가 많지만 그리스도 안에 한 몸을 이루면서 서로서로 지체가 됩니다"(로마 12,5). 개인과 공동체의 '그리스도 안에서의' 결합은 매우 긴밀하다고 여겨졌고, 그래서 공동체가 몸으로서 '그리스도'로 불릴 수 있었다(1코린 12,12). 물론 바오로는 고양되신 그리스도의 개체적 인격을 언제나 단호히 고수하며, 결코 많은 이의 몸 안으로 흡수·소멸되거나 그것과 용해되도록 하지 않는다.[201] 이는 개인에 있어서도 마찬가지이니, 그 역시 자기 개성을 상실한다는 의미에서 그리스도와 하나 되는 것이 결코 아니다. 그러므로 '신비주의'라는 개념은 여기서 인간과 그리스도의 은혜로운 결합이라는 의미에서 '그리스도인의 은혜로운 성령 체험'으로 폭넓게 이해할 때에만, 사용할 수 있다고 하겠다.[202]

그리스도와의 결합 강도는 '우리 안에 계시는 그리스도'라는 뒤바뀐 표현을 함께 고려할 때 더 뚜렷해진다.[203] 바오로는 그리스도께서 이미 자기

---

[201] 참조: MUSSNER, *Gal* 265-266.

[202] 엄밀한 의미에서 '신비(주의)'라는 개념은 진기한 현상들과 관련되는데, 이런 것들은 매우 강렬한 그리스도인 삶에서도 보통은 기대하기 어렵다. 참조: K. RAHNER, *Praxis des Glaubens* (Zürich ³1985) 123-124.

를 당신 것으로 차지하셨고(필리 3,12), 자신 안에서 말씀하고 계심을 알고 있다(2코린 13,3). 이런 진술들의 정점은 갈라티아서 2,20이다: "이제는 내가 사는 것이 아니라 그리스도께서 내 안에 사시는 것입니다." 바오로가 일인칭 단수 형식으로 자신의 체험에 관해 말하고 있지만, 우리는 이것을 모든 사람에게 전용할 수 있는 것으로 보아야 한다. 바오로는 그리스도와의 이런 결합을 거의 유례없는 방식으로 체험했음이 확실하다. 그는 모든 신앙인에게 이런 체험이 가능하다는 것을 전제한다. 로마서 8,10에서 이는 매우 자명한 것으로 여겨진다: "그리스도께서 여러분 안에 계십니다." 코린토 2서 13,5는 코린토 신자들의 신실함과 관련하여 비판적으로 묻는다: "여러분 스스로 따져 보십시오. 스스로 시험해 보십시오. 예수 그리스도께서 여러분 안에 계시다는 것을 깨닫지 못합니까? 깨닫지 못한다면 여러분은 실격자입니다."

바오로가 그리스도 안에 편입된 그리스도인의 현존을 강조했음을 알면, 여기서 어떤 결과들이 나올지도 금방 알게 된다. '그리스도 안에' 또는 '주님 안에' 그분의 말씀이 존중 · 관철 · 실천되는 영역이 열려 있다. 많은 구절에서 '그리스도 안에'라는 표현이 의식적으로 '주님 안에'라는 표현으로 바뀐다는 사실은 이 결과들과 관련이 있다: '주님 안에' 굳건히 서 있는 것이 중요하다(1테살 3,8); 바오로는 '주 예수 안에서' 권고한다(4,1); 다투어 갈라진 사람들은 '주님 안에서' 뜻을 같이하라고 권면받는다(필리 4,2); 노예 오네시모스가 회심 이후 '주님 안에서' 사랑스러운 형제가 되었다는(필레 16절) 말은, 주님이 이제 그의 편이라는 사실을 상기시키려는 것이다. 이 구절들에서 초점은 늘 주님의 주권에 맞추어져 있다. 주님은 은총을 베푸실 뿐 아니라 당신이 선사하신 생명이 한껏 꽃피는 것을 보고 싶어 하신다.

요약하면, '그리스도 안에–주님 안에'라는 표현은 그리스도에 의해 열린 영역에 관해 말하는데, 이 안으로 그분이 특별한 방식으로 작용해 들어

---

[203] 참조: WIKENHAUSER, *Christumsmystik* 37-48.

오시며, 이 안에서 신앙인들이 하나 되어 그분의 활동에 함께할 뜻과 능력을 지니고 존재한다. 이곳은 결국 그리스의 몸인 교회라는 영역이니, 바로 우리가 이미 은총과 평화의 영역으로 알고 있는 곳이다(로마 5,1-2). 이곳은 종말론적 구원의 영역, 낡은 세상에서 새 세상으로의 접경이다.

참고문헌

M. BOUTTIER, *En Christ* (EHPhR 54) (Paris 1962).

A. DEISSMANN, *Die ntl. Formel "in Christo Jesu"* (Marburg 1882).

W. FOERSTER, *Herr ist Jesus* (NTF II/1) (Gütersloh 1924).

MERKLEIN, H., *Studien zu Jesus und Paulus* (WUNT 43) (Tübingen 1987).

F. NEUGEBAUER, *In Christus* (Göttingen 1961).

W. SCHMAUCH, *In Christus* (NTF I/9) (Gütersloh 1935).

A. WIKENHAUSER, *Die Christumsmystik des Apostels Paulus* (Freiburg ²1956).

4.5 영

믿는 이들은 그리스도 안에 있듯이 또한 영 안에 있다(로마 8,9)는 표상은 그리스도와의 결합 표상과 매우 가깝다. 하지만 이 둘이 완전히 동일하지는 않다. 물론 첫눈에 둘의 차이를 식별하는 것은 쉽지 않다. 그러나 "우리는 … 하느님에게서 오시는 영을 받았습니다. 그래서 하느님께서 우리에게 주신 선물을 알아보게 되었습니다"(1코린 2,12) 같은 특정 표현들은 사실 곧장 그리스도에게 전용될 수 없음을 쉽게 알 수 있다. 영을 선사받음은 그리스도교 구원의 한 특별한 은사다.

이 주제에서도 바오로는 그리스도교 전승들에 의지하고 있다. 모든 신앙인이 영을, 특히 세례를 통해, 받아 지니고 있다는 것은 초창기 그리스도교의 상식이었다. 바오로도 이것을 전제한다(참조: 1코린 6,11; 12,13; 2코린 1,21-22).[204]

영 관념에 끼친 다양한 영향은 판단하기가 어렵다. 한편으로는 종말 시기의 영에 관한 예언자들의 약속이 수용되었다. 이것은 살아 계신 하느님께서 당신 영을 통해 인간의 돌 같은 마음을 살처럼 부드러운 마음으로 바꾸어 주시리라는 약속(2코린 3,3; 참조: 에제 11,19; 36,26) 또는 우리가 믿음을 통해 영을 받게 되리라는 일반적 약속(갈라 3,14)에 관한 말에서 알아볼 수 있다. 다른 한편으로 영은 천상적 영역 또는 그것의 실체로 나타날 수 있는데, 이는 헬레니즘의 관점과 상응한다. 로마서 1,4에서 바오로가 물려받은 신조의 낱말들을 사용하여 말하는[205] 바에 따르면, 하느님의 아들 그리스도의 천상적 존재는 거룩함의 영에 의해($\kappa\alpha\tau\grave{\alpha}$ $\pi\nu\epsilon\tilde{\upsilon}\mu\alpha$ $\dot{\alpha}\gamma\iota\omega\sigma\acute{\upsilon}\nu\eta\varsigma$) 규정지어진 존재로 정의된다. 그리고 영을 인격적인 혹은 의인화된 실재로 묘사하거나(1코린 2,13; 6,19; 2코린 13,13 등), 비인격적·신적 능력으로 묘사하는 진술들[206]은 또 다른 방향으로 가지를 친다. 그러므로 우리는 바오로 특유의 관점에 관해 물어야 한다.

바오로는 자신의 영 체험을 거듭 언급한다. 이 체험들은 그의 사도직 활동과 긴밀히 결부되어 있다. 바오로는 이 활동에서 자신이 영에 의해 힘을 얻고 지지됨을 안다. 테살로니카에서 사도의 복음 선포는 '말로만이 아니라 힘과 성령과 큰 확신으로' 이루어졌다(1테살 1,5). 이 구절은 우리로서는 파악하기 어려운 바오로 선교 활동의 수반 현상들을 가리키는데, 사도는 다른 구절에서는 이 현상들이 '성령의 힘을 드러내는 것으로'(1코린 2,4) 이루어졌다고, 또는 좀 더 분명하게 '표징과 이적의 힘으로, 하느님 영의 힘으로'(로마 15,19) 발생했다고 말한다. 여기 암시된 영의 특별한 작용들은 바오로에게도 중요했다. 바오로가 수행한 직분은 포괄적 의미에서 '영의 봉

---

[204] 참조: SCHNELLE, *Gerechtigkeit* 124-126; HAUFE: *ThLZ* 101 (1976) 561-566; SCHNAC-KENBURG, *Baptism* 27-29.

[205] E. SCHWEIZER: *ThWNT* VI 414 참조.

[206] BULTMANN(*Theologie* 335) 이래 사람들은 여기서 정령설적·물활론적 표현 방식에 관해 말해 왔다. CONZELMANN, *Grundriß* 55.

사직(성령의 직분)'(2코린 3,8)이라 일컬어진다. 사도는 추천서를 가지고 교회에 기어 들어온 적수들과 대결하면서, 코린토 교우들이야말로 살아 계신 하느님의 영을 통해 우리 마음에 새겨진 그리스도의 추천서라고 강조한다 (3,2-3). 교회(공동체) 창설의 과업은 이 영 안에서 수행된다. 이에 비견될 만한 텍스트인 로마서 15,16도 영으로 거룩하게 된다는 것을 상기시키는데, 이를 세례와 연계해도 무방할 것이다.[207] 세례와 영의 연계성이 다시금 부각되어 있다.

바오로는 자기 교회 신자들도 영의 활동을 체험한다는 것을 자명한 사실로 전제한다. 이 체험은 시작과 출발 시기의 한 특징이다. 신비한 영의 작용들은 특히 바오로 교회들의 특징으로 여겨졌고, 교우들에게 각별히 중시되었다. 코린토 1서 12,4-11의 영의 은사 목록에서 지혜의 말씀, 지식의 말씀, 치유, 기적, 예언, 영들의 식별, 신령한 언어와 그 해석 등 특이한 현상들을 부각시키는 것이 눈에 띈다. 이는 무엇보다도 코린토 교회의 상황을 고려한 것이다. 바오로는 이 현상들을 전적으로 존중한다. 다만 이모든 은사가 개인적 차원에 머물지 않고 공동체 건설에 기여해야 한다고 강조한다. 덧붙여 이 구절에서 은사들은 영, 주님 그리고 하느님께 똑같이 귀속된다.[208] 물론 끝에 가서는 영의 활동이 강조된다(12,11). 주님과 하느님에 대한 영의 관계는 뒤에서 다룰 것이다.

신비한 현상들은 열광을 불러 일으켰고 교회 안에 영이 현존한다는 증거로 평가되었다. 그러나 바오로는 과대평가를 경계해야겠다고 생각했다. 바로 코린토 교회 안에 불화와 자만이 생겨난 것이다. 판단 기준이 필요했다. 은사 목록 앞에 제시된 그 기준(1코린 12,2-3)은 놀랄 만큼 단순하다. 기

---

[207] WILCKENS, *Röm* III 118 참조.

[208] HERMANN(*Kyrios* 71-75)은 영-주님-하느님을 은사-직분-활동에 상응하는 일종의 통합적 점층법으로 해석하고 싶어 한다. 후속 개념이 매번 선행 개념을 포괄한다는 것이다. '활동'이 다른 두 개념을 포괄하는 가장 폭넓은 개념인 것처럼, 영의 활동 뒤에는 주님이 있고 주님 뒤에는 하느님이 있다는 것이다. 지나친 해석이라고 하겠다.

준은 '예수는 주님이시다'라는 소박한 고백이다. 바오로에 따르면, 이 고백은 오직 영의 능력 안에서만 행해질 수 있으며, 반대로 예수에 대한 저주('예수는 저주를 받아라')는 발설자가 영을 지니고 있지 않다는 확실한 증거다. 이로써 뚜렷한 경계선이 그어졌는데, 여기에는 망아적忘我的 현상들이 교회 밖에도 존재했음이 전제되어 있다. 망아는 판단 기준이 아니며, 오히려 식별 척도가 필요하다. 이 척도는 그리스도교 신앙고백 안에 주어져 있다.

나아가 바오로는 영의 특이한 은사들로부터 정상적 봉사직들로 관심을 돌리는데, 이것들도 똑같이 영이 교회에 세워 준 것이다. 코린토 1서 12,28에서 영의 은사들을 다시 열거하면서 교사를 도움과 지도의 직무들과 나란히 언급하고, 또 로마서 12,6-8의 은사 목록에서는 교회에서 수행되어야 할 정상적 봉사직들(예언·가르침·권면·자선·지도)만을 언급하고 있음을 유의해야 한다.[209]

교회의 한 구체적 장소, 즉 예배를 위한 구성원들의 집회에서도 영의 작용이 또 다른 특별한 방식으로 체험되었다. 여기서 바오로의 진술은 충분하지 않다. 사건들을 묘사하지 않고 해석하고 있기 때문에, 수수께끼 같은 인상을 준다. "성령께서 몸소 말로 다 할 수 없이 탄식하시며 우리를 대신하여 간구해 주십니다"(로마 8,26)라는 언명은 개인의 기도와 관련시켜서는 안 되고, 기도를 위해 모인 공동체와 관련시켜야 한다. 이 문맥은 우리가 나약하며, 또 올바른 방식으로 기도할 줄 모른다고 말한다. 이 언명을 올바로 기도하지 못하는 무능력에 대한 원칙적 고백으로 파악한다면, 바오로로서는 상당히 이례적인 일이라 하겠다.[210] 말로 다 할 수 없는 탄식이라는 표현에서는 아무래도 방언方言을 떠올리는 게 제일 좋겠다. 방언은 영의 전구傳求를 실증해 주기 때문이다.[211] '아빠! 아버지!'라는 전례적 환호성

---

[209] 참조: HERMANN, *Kyrios* 73. 이 초창기에는 예언 봉사직이 실로 자명한 것이었음이 확실하다. 사도 이후 시대에는 사정이 급속히 달라졌다.

[210] 원칙적 해석: NIEDERWIMMER: *ThZ* 20 (1964) 255-265.

[211] 참조: KÄSEMANN, *Röm* 229-231.

은 분명히 영의 현존에 대한 증거로 여겨졌으며, 선사받은 하느님 자녀의 자유를 회중에게 확인시켜 주는 것이었다(로마 8,15-16). 나아가 갈라티아서 4,6에 따르면, 이렇게 외치는 분은 영 자신이다. 큰 소리로 외치는 것이 자유인의 표시다. 노예는 흐느끼며 신음한다.

공동체 집회와 세례는 영 체험 영역으로서, 사람들을 '그리스도의 몸'이라는 공간, 즉 교회 안으로 결합시킨다: "우리는 유다인이든 그리스인이든 종이든 자유인이든 모두 한 성령 안에서 세례를 받아 한 몸이 되었습니다. 또 모두 한 성령을 받아 마셨습니다"(1코린 12,13). 이렇게 이 몸이 영의 영역이며, 영의 식별 기준인 '예수는 주님이시다'라는 고백이 뿌리박고 있는 교회라면, 이에 부합하는 진술을 하기 위해서 집합적 실재인 교회와 더불어 신앙인 개개인도 영을 모신 사람으로서 진지하게 받아들여야 한다는 사실도 염두에 두어야 한다. 교회가 하느님 영이 거처하시는 하느님의 성전이듯(1코린 3,16), 개인 또는 개인의 몸도 그렇다(6,19). 영이 온전히 지배하는 그리스도의 몸과 개인의 결합은 음행을 배격하는 논증에서 특히 강조된다: "주님과 결합하는 이는 그분과 한 영이 됩니다"(1코린 6,17). 이 간결한 언명은 개인이 그리스도의 몸에 지체로 포섭되어 있으며(포섭이 개인의 개체성을 폐기하지는 않는다), 그로써 이 몸을 온전히 지배하는 영을 선사받음을 나타낸다.[212]

바오로 (그리고 그리스도교) 성령론의 본질적 요소로서 유념해야 할 것은, 영은 인간에게 베풀어진 선물, 인간 힘으로는 결코 획득하지 못하는 선물이라는 점이다. 이런 본질적 사안에서 바오로 성령론은 영지주의 성령론과 다르다. 영지주의에 따르면 영은 이미 언제나 인간의 깊은 내면에 깃들어 있는데, 선재하던 광명의 불씨인 이 영이 물론 지금은 인간 안에 파묻혀 있으나, 자기 존재의 망각을 극복하고 구원을 가져다주는 깨달음

---

[212] CONZELMANN(1 Kor 135)은 사람들은 당연히 '주님과 한 몸이 됩니다'(1코린 6,16 참조)라는 표현을 예상했으리라고 옳게 지적한다. '한 영'은 어디까지나 이 몸이 어떤 종류의 몸인지를 밝혀 준다고 하겠다.

을 얻기 위해, 깨워 일으켜져 본연의 상태로 돌아가야 한다. 이 깨달음은 하느님의 심연에, 광명 속의 구원자에게 이르며, 이 구원자와 인간 안에 깃든 영이 하나 된다. 물론 구원될 수 있는 사람들은 영적 인간들, 바로 저 광명의 소유자들에 국한되어 있다. 반면 그 밖의 '자연적 인간들'은 저주받은 대중massa damnata이다. 해석하기 어려운 본문인 코린토 1서 2,10-16에서 바오로는 영지주의적 지혜 선생들과 논쟁하는 가운데 심상치 않게 영지주의 정신 상태에 가까워진다. 가령, "자연적(현세적, ψυχικός) 인간은 하느님의 영에게서 오는 것을 받아들이지 않습니다. 그러한 사람에게는 그것이 어리석음이기 때문입니다. 그것은 영적으로만 판단할 수 있기에 그러한 사람은 그것을 깨닫지 못합니다. 영적인 사람은 모든 것을 판단할 수 있지만, 그 자신은 아무에게도 판단받지 않습니다"(2,14-15).[213] 이 진술은 그 변증법적 특성을 인식해야만 제대로 이해할 수 있다. 바오로는 적수들이 어리석은 것이라 여긴 십자가를 변호하면서 그들의 '영적' 오만의 부조리를 논박한다. 영적 인간으로 자부하는 자들은 십자가의 어리석음을 하느님의 지혜로 알아보지 못하기 때문에, 스스로 자연적 인간임을 드러낸다(3,1 참조). 또한 영은 어디까지나 하느님의 선물임을 강조한다: "우리는 세상의 영이 아니라, 하느님에게서 오시는 영을 받았습니다. 그래서 하느님께서 우리에게 주신 선물을 알아보게 되었습니다"(2,12).

영은 해방하는 아빠-외침을 불러 일으키는 자녀 됨의 영으로서 무엇보다도 자유를 선사한다.[214] 그러나 자유는 의무를 진다. 그래서 영은 규범이 된다. 영이 자유를 선사하고 또 규범을 부여한다는, 모순처럼 보이는 이 병존에서 영 이해의 특성뿐 아니라 자유 개념의 특성도 보아야 한다. 영의 선도先導는 "하느님의 영의 인도를 받는 이들은 모두 하느님의 자녀입니다"(로마 8,14; 참조: 갈라 5,18)라는 구절에 잘 표현되어 있다. 부추기고 재촉하

---

[213] 특히 WILCKENS, *Weisheit* 80-89 참조. 코린토의 지혜 선생들의 특징에 관해서는 논란이 많다. 영지주의적 요소를 배제하면 안 된다.

[214] 이 책 121-125쪽 참조.

는 영에 자신을 내맡기는 사람은 하느님 자녀들의 자유를 얻는다.[215] 죽음으로부터 생명으로의 해방은 사랑의 계명을 성취할 수 있는 능력의 부여다. 로마서 8,4의 '율법의 요구'가 정확히 무엇을 의미하든 간에, 갈라티아서 5,22에는 사랑이 영의 첫 열매로 나온다. 5,19-21의 일련의 육의 행실과는 반대로, 사랑은 여기에 모아 놓은 인간 모독적 악습들의 극복을 의미한다. 거룩한 영과 함께 하느님의 사랑이 우리 마음속에 부어졌다. 일종의 동일시에 가까운 이 표현은 아무튼 하느님의 사랑을 영의 본질로 파악한다. 여기서 말하는 것은 하느님에 대한 우리의 사랑이 아니라, 하느님이 우리에게 가지시는 사랑이다(소유격적 주격). 사람 안에 부어진 이 사랑은 그를 완전히 바꾸고자 하며, 그가 하느님의 사랑에 사로잡힌 자로서 이를테면 그 사랑을 이 세상에서 반사하는 자로 행동하는 것을 보고자 한다.

사람은 영의 도움을 기대할 수 있지만, 스스로 영의 규범을 거부할 수도 있다. 영 안의 실존에서 다시금 떨어져 나갈 수 있다. 영과 육(갈라 3,3; 5,17; 로마 8,9), 영과 율법(갈라 5,18), 영과 문자(로마 2,29; 7,6)의 거듭되는 대조는 이 무서운 가능성을 경고한다. 영 안에서 선사받은 실존은 그에 합당한 삶을 요구한다(갈라 5,25 참조).

영은 죄로 말미암은 정신적 죽음을 극복하고 생명을 창출하는 힘일 뿐 아니라, 우리가 온 창조계와 함께 고대하는 육신적 죽음의 극복과 결정적 죽음으로 나아가는 실존의 극복도 약속한다. 그래서 영은 첫 선물(로마 8,22-23), 보증(금)[216](2코린 5,5; 1,22)이라 불리며, 영원한 생명을 거둘 수 있게 해 준다(갈라 6,8). 이 영의 선물을 통해 보증이 주어졌다. 전달하기 어려운 이 맥락들을 바오로는 어떻게 이해했는가? "여러분 안에 사시는 당신의 영"(로마 8,11)이라는 표현은 꽤 사실적으로 들려, 세속을 초월하는 어떤 실체에

---

[215] 로마서 2,29는 유다교의 과거를 논증하면서 영의 언급을 통해 중간 휴지(休止)를 선취하는데, 이는 로마서의 구조상 3,21에서 비로소 도달하게 된다. 참조: KUSS, *Röm* 91.

[216] 금융 언어에서 넘겨받은 이 낱말은 매매 또는 거래를 확정하기 위해 기탁하는 돈을 가리킨다. 참조: SCHNELLE, *Gerechtigkeit* 125.

관한 표상을 불러 일으킬 만도 하지만[217] 어디까지나 은유에 불과하다.[218] 아무튼 고대하는 죽음의 결정적 극복이 죽은 이들 가운데서의 그리스도 부활에 상응하는 우리 몸의 부활에서 이루어지고, 이 둘 모두 영의 권능에서 비롯되기에, 우리는 이 과정을 하나의 역학적 과정으로 인식한다: "예수님을 죽은 이들 가운데에서 일으키신 분의 영께서 여러분 안에 사시면, 그리스도를 죽은 이들 가운데에서 일으키신 분께서 여러분 안에 사시는 당신의 영을 통하여 여러분의 죽을 몸도 다시 살리실 것입니다"(8,11). 우리는 실제적 은유에 관해 말할 수도 있다. 특히 사심 없이 자신을 내어 주는 사랑의 능력은 오늘날에도 영을 체험하는 방법이다.[219]

영의 주격主格은 대개 하느님이다. 영은 하느님의 영(1코린 3,16; 7,40; 로마 8,14)이라 불릴 뿐 아니라 우리 하느님의 영(1코린 6,11), 살아 계신 하느님의 영(2코린 3,3)으로도 불린다. 또한 하느님은 우리에게 영을 주시고(1테살 4,8; 2코린 1,22) 영을 통해 우리 안에서 활동하신다(1코린 2,10; 2코린 3,6). 우리는 하느님께로부터 오는 영을 받았다(1코린 2,12). 그러나 영 자신이 주격인 언명도 더러 있다: "성령께서도 나약한 우리를 도와주십니다"(로마 8,26). 영의 주격이 그리스도인 경우도 있는데, 많지는 않다(필리 1,19: "예수 그리스도의 영"). 그리스도는 영의 능력 안에서 당신 사도에게 역사하신다(로마 15,18-19). 하느님의 영과 그리스도의 영이 같은 것임은 두말할 나위도 없다. 이에 대한 인상적 증언으로 갈라티아서 4,6의 독특한 표현은 시사하는 바가 크다: "하느님께서 당신 아드님의 영을 우리 마음 안에 보내 주셨습니다. 그 영께서 '아빠! 아버지!' 하고 외치고 계십니다."[220]

---

[217] BULTMANN, *Theologie* 335 참조.

[218] WINDISCH(*2 Kor* 164)는 '보증(금)'이라는 개념을 오히려 법률적인 것으로 본다.

[219] VOLLENWEIDER, *Freiheit*. 읽을 만한 그의 상론은 해석학적 특성이 매우 강하며 철학적 내용은 하이데거 철학의 영향을 많이 받은 것으로 보이는데, 특히 가능해진 미래라는 개념을 사용하여 작업하고 있다: "영의 보증 안에서 미래가 미래로서 현존한다." 특히 코린토 2서 3장에 관한 상론: 269-284 가운데 특히 275 참조.

[220] 당신 아드님의 영은 물론 하느님의 영이다.

이런 배경을 염두에 두고, 논란 많은 구절인 코린토 2서 3,17 — "주님은 영이십니다" — 을 신중히 판단해야 한다. 이런 연관성 속에서 이스라엘이 주님께 회심하기를 바라는 바오로의 열망이 언급될 수 있다. 회심은 오직 영 안에서만 가능하다. 동일성을 주격들의 교체 가능성이라는 의미로 이해해서는 안 된다. 특히 17ㄴ에서 영을 '주님의 영'이라 부르기 때문에 더욱 그러하다.[221] 아무튼 하느님과 영이 아주 긴밀히 결부되어 있듯이, 주님과 영도 그렇다는 것은 두말할 것이 없다. 고양되신 그리스도의 활동은 하느님의 활동과 마찬가지로 영 안에서 체험할 수 있다. 우리는 더 나아가 주님과 영의 활동 동일성을 바오로 고유의 관점으로 특징지을 수도 있다. 하지만 바오로는 관계들의 정확한 규정에 관해 숙고하지 않는다. 사도는 하느님께 대한 그리스도의 관계를 바탕으로 사유하며, 두 분의 영에 대한 관계는 숙고하지 않는다. 덧붙여 바오로에게서 영은 뚜렷이 식별될 수 있는 위격적 특징들을 아직 지니고 있지 않다. 하느님께서 영을 통해 역사하시듯 그리스도가 영을 통해 활동하신다는 사실은 그리스도론에 본질적으로 중요하며, 그리스도를 하느님 가까이로 옮겨 놓는다.[222]

참고문헌

W. GRUNDMANN, *Das Gesetz des Geistes und das Gesetz der Sünde: Wandlungen im Verständnis des Heils* (AVTRW 74) (Berlin 1980) 25-46.

I. HERMANN, *Kyrios und Pneuma* (StANT 2) (München 1961).

---

[221] 참조: HERMANN, *Kyrios* 38-58. 헤르만은 다른 곳(84)에서는 좀 더 신중하게 활동의 동일성에 관해 말하긴 하지만, 주님과 영을 아예 동일시하는 듯이 보이는데(49-50) 바오로 성령론의 전체 모습을 간과했다고 하겠다. CONZELMANN(*1 Kor* 135 Anm. 30)과 WOLFF(*2 Kor* 76과 Anm. 131)도 헤르만에게 비판적이다. 2코린 3,18ㄴ은 이렇게 의역할 수 있다: 영을 통해 활동하시는 주님으로 말미암아.

[222] GOPPELT(*Theologie* 453)의 평가는 옳다: "바오로는 후대 삼위일체 교리에서처럼 신성의 내적 구조를 설명하려 하지 않고, 구원론적 사건을 한 분 하느님의 자기 개진(開陳)으로 특징짓고자 한다."

S. JONES, *"Freiheit" in den Briefen des Apostels Paulus* (Göttingen 1987).

O. KNOCH, *Der Geist Gottes und der neue Mensch* (Stuttgart 1975).

C. MÉNARD, Le statut sémiologique de l'Esprit comme personnage dans les écrits pauliniens: *LTP* 39 (1983) 303-326.

K. NIEDERWIMMER, Das Gebet des Geistes: *ThZ* 20 (1964) 252-265.

H. PAULSEN, *Überlieferung und Auslegung in Römer 8* (WMANT 43) (Neukirchen 1974).

R. PENNA, *Lo Spirito di Cristo* (Brescia 1976).

H. RÄISÄNEN, Das Gesetz des Glaubens und das Gesetz des Geistes: *NTS* 26 (1979) 101-117.

V. WARNACH, *Das Wirken des Pneuma in den Gläubigen nach Paulus: Pro Veritate* (FS L. Jaeger - W. Stählin) (Münster 1963) 156-202.

U. WILCKENS, *Weisheit und Torheit* (BHTh 26) (Tübingen 1959).

5. 교회, 성사, 하느님 백성

5.1 교회신학의 관점들

개인들의 복음 수용은 교회(공동체) 안으로 그들의 결속으로 귀결된다. 바오로는 복음 선포에 만족하지 않고 교회들을 창설했다. 교회 창설은 예컨대 그것을 통해 그리스도인 실존이 더 잘 실현될 수 있으리라는 실제적 고려에서 이루어진 것이 아니라, 신학적 필연성에서 비롯된 일이었다. 여기서는 다만 사도직과 교회의 관계를 상기하자(이 책 ② 2.2 참조). 교회와 관련되는 "내 사도직의 증표"(1코린 9,2), "주님 안에서 이루어진 나의 업적"(9,1), "우리의 추천서"(2코린 3,2) 같은 말에서 그 관계가 (부분적으로는 매우 강조되어) 표현된다.

바오로는 교회의 자기 이해를 뚜렷이 나타내기 위해 여러 명칭과 표현을 자유로이 사용한다. 이것들은 특히 편지 인사말에 많이 나온다: 하느님의 사랑을 받는 이들(로마 1,7; 참조: 1테살 1,4), 부르심을 받고 예수 그리스도의 사람이 된 이들(로마 1,6), 성도로 부르심을 받은 이들(로마 1,7; 1코린 1,2), 그리스도 예수 안에서 거룩하게 된 이들(1코린 1,2). 가장 많이 나오는 것은 '성도들'이라는 명칭이다.[223] 이 명칭들 가운데 더러는 이미 바오로 이전 그리스도교에서 사용되고 있었다. 예를 들어 '성도들'이라는 자칭은 예루살렘 모교회에서 생겨났으리라 짐작된다.[224] 여러 구절에서 (예루살렘 교회를 위한 모금과 관련하여) 바오로는 이 교회 구성원들을 꼬집어 '성도

---

[223] 로마 8,27; 12,13; 14,25-26.31; 16,2.15; 1코린 6,1-2; 14,33; 16,1.15; 2코린 1,1 등.

[224] 이것은 다음과 같은 쿰란 공동체의 자칭들과 견주어진다: '거룩한 공동체'(1 QS 2,25; 1 QSa 1,13), '거룩한 남자들'(8,23), '거룩한 협동체'(9,2), '그분의 성도들'(1 QM 3,5), '그분 백성의 성도들'(6,6). 이미 구약성경에서도 선택된 백성(탈출 19,6)과, 나중에는 그 남은 자들(이사 4,3; 62,12)이 '거룩'하다.

들'이라 부른다(로마 15,25-26; 1코린 16,1; 2코린 8,4; 9,1.12). 그런데 이 명칭을 윤리적 자질과 결부시켜 생각한다면, 오해다. 그리고 이 명칭이 결코 개인에게 사용되지 않고, 언제나 공동체에 적용되는(언제나 복수형으로 나옴!) 것에 유의해야 한다. 이들은 그리스도에게 속하기에 성도들이다(그러므로 어떤 의미에서는 경계 지어진 사람들이기도 하다). 여기에 종말론적 규정이 덧붙여진다. 이들은 종말 시기의 성도들이다.[225]

'믿는 이들'(신자)이라는 표현이, 짐작건대 이미 바오로의 가장 오래된 편지에서 명칭의 모양새를 갖추기 시작했음은 주목할 만하다(참조: 1테살 1,7; 2,10.13). 그러나 이런 양상은 믿음을 그리스도인 삶의 기본적 표현으로 보는 주요 서간들에서는 완전히 자취를 감추었다가, 바오로 차명 서간들에 비로소 다시 나타난다(에페 1,19; 2테살 1,10).

'교회'(ἡ ἐκκλησία)는 공동체의 집합 명칭으로 사용된다. 바오로는 이 낱말도 유다 지방의 공동체들 또는 예루살렘 공동체로부터 넘겨받았다. 이 사실은 사도가 자신의 과거 교회 박해자 소행에 관해 말하는 데서 추론할 수 있다: "사실 나는 … 사도라고 불릴 자격조차 없는 몸입니다. 하느님의 교회를 박해하였기 때문입니다"(1코린 15,9). 갈라티아서 1,13.22-23은 바오로가 박해한 교회들이 유다 지방 교회들이었음을 시사한다.[226] '하느님의 교회'라는 엄숙한 자칭은 아마도 예루살렘 공동체에서 생겨났을 것이다. 이 자칭은 묵시문학적 (쿰란) 유다교에서 이미 꼴지어졌는데, 히브리어 케할 엘qehal el(하느님의 집회)에 상응한다.[227] 이런 배경에 비추어 볼 때 이 명칭

---

[225] 이 종말론적 규정이 쿰란 공동체와의 한 공통점이다.

[226] 참조: 필리피서 3,6. HAINZ(*Ekklesia* 234)는 갈라티아서 1,22-23에서 바오로가 예루살렘 공동체의 '하느님의 교회'라는 개념을 유다의 공동체들에 확대 적용했다고 본다. 요점: KÜMMEL, *Kirchenbegriff* 19.

[227] 참조: 1 QM 4,10; 1 QSa 1,25. SCHRAGE[*ZThK* 60 (1963) 178-202]는 에클레시아라는 개념이 스테파노를 중심으로 한 헬라·유다계 그리스도교가 회당과 대결하는 가운데 그리스도인 공동체의 자칭으로, 율법 비판적 특성이 강한 논쟁적 개념으로 생겨났다고 보고자 한다. 이에 대한 비판·수정: J. ROLOFF: *EWNT* I 1000-1002; CONZELMANN, *1 Kor* 35-36.

역시 종말론적 차원을 지니고 있거니와, 이에 따르면 하느님의 교회는 종말 시기 하느님의 무리를 이룬다. 여기서도 ('성도들'이라는 자칭에서와 마찬가지로) 이 종말론적 지평을 유념하는 것이 중요하다. 하느님에 의해 규정지어져 있다는 셈어적 색조는 중요하니, 한낱 장식裝飾적 별칭 이상의 것이다.

'하느님의 교회'라는 명칭이 본디 예루살렘 그리스도교계에만 귀속되었다면, 나중에 창설된 교회들과 예루살렘 교회의 관계(의존?) 문제가 제기된다. 예루살렘 교회는 모교회로서 필시 일정한 우위를 주장했을 것이다. 그러나 여기서 우리의 관심사는 이 우위성을 탐구하는 것이 아니라, 바오로가 자신과 자기 교회들과 예루살렘 교회의 관계를 어떻게 여겼는지를 밝히는 것이다.[228] 바오로는 예루살렘 교회와의 지속적 유대를 중시했는데, 이것은 그의 거듭된 예루살렘 방문이 입증해 준다. 사도는 바르나바와 티토와 함께 예루살렘 교회의 권위자들에게 자신이 이방인들 가운데서 선포한 복음을 설명했고, 그로써 사도회의 개최에 큰 몫을 했으며, 거기서 예루살렘 교회의 가난한 사람들을 위한 모금을 자진해서 떠맡았다. 바오로는 선교 영역을 나누기로 한 케파와의 합의를 동등성의 표현으로 여겼으며, 이는 얼마 뒤 안티오키아에서 공개적으로 케파에게 맞서는 데서도 드러난다(갈라 2,1-14). 예루살렘 교회로서도 상당히 좋게 평가했고 또 필경 자기네 우위성에 대한 인정으로 여겼음직한 모금을 바오로는 봉사Diakonie로 여겼다. 사도는 '모금'을 '봉사'라고 거듭 말한다(로마 15,31; 2코린 8,4; 9,1.12-13). 하느님의 교회/교회들이라는 명칭을 당연하다는 듯이 자기 교회들에 전용轉用하는(1코린 10,32; 11,16.22) 데서도, 바오로가 동등성을 중시했으며 예루살렘 교회의 지위를 이를테면 일종의 종교적 명예라는 의미에 한정된

---

[228] 근년에 이 토론은 K. HOLL[Der Kirchenbegriff des Paulus in seinem Verhältnis zu dem der Urgemeinde, in: K.H. RENGSTORF, *Das Paulusbild in der neueren deutschen Forschung* (Darmstadt 1964/초판 1921) 144-178]에 의해 새삼 불이 붙었다. 토론: J. HAINZ, *Ekklesia* 232-236.

것으로 보고자 했음이 드러난다고 하겠다. 바오로는 교회의 일치가 그것의 근본 바탕인 복음의 일치(단일성)에 있다고 보았을 것이다(1코린 15,11 참조). 그러나 복음으로부터 이런저런 실천적 결론을 이끌어 내는 일이 관건이 될 때, 어려운 문제들이 발생했다(안티오키아 사건 등).

이 고찰들은 바오로가 자신이 세운 교회들을 포함한 다양한 교회들을 하나의 포괄적 교회 공동체Gemeinschaft 안으로 흡수되는 교회들로 보았으리라는 추측을 불러 일으킨다. 그러나 이 점은 논란이 많다. 하인츠가 바오로는 전체 교회라는 것을 몰랐고 단지 개별 교회를 초월하는 한 요소만을 인정했다고[229] 주장하는 반면, 슈미트는 전체 교회를 바오로의 교회론적 사유의 출발점으로 여기며, 전체 교회가 각 개별 교회 안에서 표현된다고 한다.[230] 물론 바오로에게는 지역교회가 관심의 초점이었음이 확실하다. 이는 사도가 지역교회들에만 편지를 써 보낸 사실에서만이 아니라, 자주 사용하는 복수형 명사에서도 드러난다. 바오로는 한 속주의 교회들도 예컨대 마케도니아의 교회, 갈라티아의 교회라는 개념 안에 총괄하지 않고, 마케도니아의 교회들(2코린 8,1), 갈라티아의 교회들(1코린 16,1), 아시아의 교회들(1코린 16,19), 유다의 교회들(갈라 1,22; 참조: 1테살 2,14)이라고 말한다. 또 하느님의 교회들[231]에 통용되는 관습에 관해 언급한다(1코린 11,16). 그렇지만 '하느님의 교회'라는 명칭의 사용에서 일치의 의도가 나타난다고 하겠다. 예루살렘 교회의 이 명칭을 전용한 것은 동등성에 대한 주장뿐 아니라 일치에 대한 의지도 나타낸다. 이 모든 교회에 하느님의 구원 의지가 작용한다. 사람들이 지역교회에 모이면, '하느님의 교회'가 나타난다(1코린 11,18.22). 바오로는 코린토 1·2서를 '코린토에 있는 하느님의 교회'(1코린 1,2; 2코린 1,1)에 보냈는데, 이것도 편지가 낭독되는 구체적인 공동체 집회에 즈

---

[229] J. HAINZ, *Ekklesia* 251.266.

[230] K.L. SCHMIDT, *ThWNT* III 507-510.

[231] 바오로는 이 말로써 필경 유다 지방의 교회들을 암시했을 것이다.

음한 포괄적인 '하느님 교회'의 나타남을 겨냥한다고 보겠다.[232] "다른 신자들이 사는 곳이든 우리가 사는 곳이든 어디에서나 우리 주 예수 그리스도의 이름을 받들어 부르는 모든 이들"(1코린 1,2)이라는 수신자 확대도 시사하는 바가 크다. 이는 일치 의식의 표명이다.

한 지역 그리스도인들의 집회는 하느님 교회의 현현顯現으로서 교회의 시작에 관해 또 다른 것을 알아차리게 해 준다. 이 회합에서 교회가 단순히 모습을 드러내는 게 아니라, 바로 여기서 교회가 비로소 본격적으로 발생하는 것이다(참조: 1코린 11,18; 14,23). 그러므로 바오로와 그리스어를 사용하던 그의 교회들이 에클레시아(= 불러내어진 사람들)라는 개념의 어원을 알고 있었던 것은 아닌지 하는 질문이 제기된다. 이 물음에는 [부르다(καλεῖν)라는 낱말이 바오로 편지에서 지닌 중요성을 고려하건대] 긍정적으로 대답해야 한다: "그분께서 당신의 아드님 우리 주 예수 그리스도와 친교를 맺도록 여러분을 불러 주셨습니다"(1코린 1,9); "하느님께서는 여러분을 평화롭게 살라고 부르셨습니다"(7,15).[233] 그러나 하느님의 교회는 함께 불리고 모이는 구체적 사건을 초월하여 존속한다. 교회는 그때부터 언제나 하느님의 교회다. 이 점이 교회를 매번 집회 때만 존재하는 정치적 민중 집회(πάνδημος ἐκκλησία)[234]와 구별해 준다.

바오로의 교회 이해에 접근하는 또 하나의 통로는 그의 비유적 표현들이다. 가장 중요한 것은 많은 지체의 통합을 이루는 유기체인 몸에 관한 비유다: "우리가 한 몸 안에 많은 지체를 가지고 있지만 그 지체가 모두 같은 기능을 하고 있지 않듯이, 우리도 수가 많지만 그리스도 안에 한 몸을 이루면서 서로서로 지체가 됩니다"(로마 12,4-5). 로마서 12장과 코린토 1서 12장의 훈계 맥락에 나오는 이 비유는 우선 (고대 도덕철학에서처럼) 일치

---

[232] 참조: K.L. SCHMIDT: ThWNT III 508; WOLFF, 2 Kor 17; J. ROLOFF: EWNT I 1003.

[233] 참조: 로마 8,30; 9,24-26; 1코린 7,15-24 등. '부름'(κλῆσις): 로마 11,29; 1코린 1,26; 필리 3,14.

[234] 이 개념: MOULTON-MILLIGAN, Greek Vocabulary 195.

에 대한 강력한 촉구로서 도입될 수 있었다. 바오로에게서는 훈계적 특성이 메네니우스 아그리파의 유명한 우화[235]에서보다 더 강하게 나타난다. 오만과 아집을 경고하려는 사도의 의도는 비유를 이상하게 만들어 버린다. 예컨대 바오로는 코린토 1서 12장에서 몸은 단 하나의 지체로만, 눈이나 귀로만 이루어져 있지 않음을 논증한다; 또 지체들을 맞세우면서 하나의 대립쌍을 언급하는 정도로 끝내지 않는다(발과 손, 눈과 손, 머리와 발이 서로 다툰다: 12,15-21).[236] 비유의 목적은 조화와 공감이다: "한 지체가 고통을 겪으면 모든 지체가 함께 고통을 겪습니다. 한 지체가 영광을 받으면 모든 지체가 함께 기뻐합니다"(12,26).

그러나 몸에 관한 바오로의 말은 은유를 넘어 실재하는 그리스도의 몸을 겨냥한다. 신앙인들이 일치와 협력으로 이루는 몸은 그리스도의 몸이다. 이와 관련되는 표현들은 편차가 상당하다: "여러분은 그리스도의 몸이고 한 사람 한 사람이 그 지체입니다"(12,27); "우리도 수가 많지만 그리스도 안에 한 몸을 이루면서 서로서로 지체가 됩니다"(로마 12,5). 그리고 코린토 1서 12,12에서는 몸-은유가 다음 문장 안으로 용해된다: "그리스도께서도 그러하십니다." 요컨대 신앙인들의 공동체(결합)가 곧장 그리스도와 동일시된다. 우리는 진술들의 차이점을 지나치게 강조해선 안 되며, 각기 근본적으로는 다음과 같은 동일한 신앙 현실을 묘사하고 있는 것으로 보아야 한다: 교회는 그리스도께서 아주 실제적으로 작용해 들어오시는 공간이다; 그리스도께서는 교회 안에 현존하신다; 교회는 그분의 몸을 이룬다. 여기서 십자가와 부활을 관통하신 위격적 그리스도를 깊이 유념해야 한다. 실제적 은유는 교회 안에서 그분의 지속적 현존을 전제한다.[237]

---

[235] 참조: *Livius* 2,32.

[236] 이솝 우화에서는 위와 발이 서로 싸운다. 자료: E. BRUNNER-TRAUT, *Altägyptische Märchen* (Köln [7]1986) 279-280.

[237] 참조: E. SCHWEIZER: *ThWNT* VII 1072. SCHWEIZER(*Gemeinde* 82)는 히브리 시간개념을 끌어들이는데, 이 개념은 과거의 사건을 생생히 떠올릴 수 있게 해 준다고 한다.

그리스도론에 바탕을 둔 이 교회론 모델은 교회를 이미 주어져 있는 것, 선물 같은 것으로 파악하게 해 준다. 교회가 존재하는 것은 인간들의 활동에 근거하는 게 아니라, 그리스도께서 인간들을 당신과의 친교 안으로 (당신의 몸 안으로) 받아들이셨기 때문이다. 이로써 그리스도께서 개입하시는 일치가 본디부터 원칙적으로 보증되어 있는 것이다. 바오로는 코린토 1서 12장과 로마서 12장에서 몸 은유를 지역교회에 적용하는데, 이 교회의 그리스도의 몸된 실존은 그리스도께서 개입하시는 포괄적 일치를 나타낸다. 그리스도의 몸은 오직 하나일 수밖에 없다. 일치 또한 이미 주어져 있는 것이지, 만들어 낼 수 있는 게 아니다. 이러한 사리事理의 신학적 공통분모를 구하고 싶다면, '대표'라는 말로 표현하는 게 가장 적절할 것이다. 지역교회는 전체 교회를 대표하고, 세상의 한 구체적 장소에서 그리스도를 대표한다.[238] 일치 사상은 구조적으로 아직 안전장치가 되어 있지 않았다. 일치 사상의 그리스도론적 바탕이 더 명확히 논구되어야 했다.

바오로가 교회론적 구상과 결부시키는 훈계적 관심은 그의 은사론에 뚜렷이 드러난다. 은사론을 사도는 교회의 신자 개개인에게 적용한다. 신자 개개인은 자신을 몸의 살아 있는 지체로 이해하고, 교회 성장에 제 몫을 기여해야 한다. 여기서 바오로는 각자가 고유한 사명을 받았다는 데서 출발하는데, 이는 유기체의 활동 기능에 상응한다. 사도는 이 사명들을 다양한 명칭 ─ 은사, 직분, 활동 ─ 으로 표현한다(1코린 12,4-6). 은사(카리스마)라는 낱말은 바오로 특유의 것으로 보아도 되겠다.[239] 낱말의 선택이 이미 요점을 밝혀 준다. '은사'와 '활동'이 습득한 능력이 아니라 영이 선사하고 일

---

[238] 그리스도의 몸 표상의 종교사적 기원에 관해서는 논란이 많다. 스토아학파, 영지주의, 라삐들의 '아담 논변', 집단 인격에 관한 구약성경의 관념 등이 거론되어 왔다. 개관: HAINZ, *Ekklesia* 260 Anm. 2. 마지막 것을 선호해도 될 터이지만, 무엇보다도 바오로 특유의 관점에 유의해야 한다. BROCKHAUS(*Charisma* 168)는 이 문제를 상대화한다. 사실 이 문제는 지나치게 강조되었다.

[239] 토론: BROCKHAUS, *Charisma* 128-130. 은사라는 낱말은 바오로 서간에 14번 나오는데, 코린토 1서 12장(5번)과 로마서 12,6은 독특한 색조를 띠고 있다.

으켜 주는 능력으로 이해되어야 하는 것처럼, '직분'도 신자들이 그것을 남들을 위해 수행할 때만 의미 있는 것이 된다. 하지만 코린토 신자들에게 은사들은 자만과 아집으로 다투게 만든 불씨가 되었다.

이제 바오로는 코린토 1서 12,4-11.28과 로마서 12,6-8에서 은사 목록을 제시한다.[240] 이 목록들은 물론 교회 안에 있을 수 있는 직분과 은사들을 빠짐없이 꼽으려 하지 않는다. 또한 지혜의 말씀과 지식의 말씀의 중복, 또는 치유의 은사와 기적의 은사의 중첩 등도 확인할 수 있다(12,8-10). 어쨌든 눈길을 끄는 것은, 코린토 1서 12,4-11이 주로 특이한 은사들을 열거하는 반면, 로마서 12,6-8은 정상적 은사들 — 예언 · (사회적) 봉사 · 가르침 · 권면 · (물질적) 나눔 · 공동체 지도 · 자선 — 을 언급한다는 점이다. 코린토 1서 12,28은 중용을 취한다. 이 배치에서 바오로가 정상적이고 필수적인 직분들을 중시하고 있음을 추론할 수 있다. 사실 특히 코린토 교회에서 신자들이 특이한 은사들을 지나치게 높이 평가했던 것 같다. 사도가 코린토 1서 12,4-11에서 신령한 언어와 그 해석을 꼴찌로 언급하는 것도 우연이 아니다. 은사는 무엇보다도 교회 성장에 기여해야 한다. 바로 이것이 기준이 된다(14,5-12). 또한 바오로가 은사에 관한 장에 '사랑의 아가'를 덧붙이면서 다음과 같은 말로 시작하는 것은 주목할 만하다: "여러분은 더 큰 은사를 열심히 구하십시오"(12,31).

바오로는 이런 은사들을 기능적으로 묘사한다(예컨대 가르침, 지도 등). '사도', '예언자', '교사'는 코린토 1서 12,28에서만 중요한 순서에 따라 언급된다. 이 세 부류를 언급하는 것은 아마도 당시 전통에 따른 것 같다.[241] 특정 인물들과 관련된 명칭이 널리 사용되기 시작했다. '사도'가 가장 먼저 사용되었고, '감독'과 '봉사자'는 필리피 교회에서 처음으로 등장했다(필리 1,1).[242]▶ 이 모든 '(봉사) 직분'은 은사(카리스마)적 모델에 편입되어 있다.

---

[240] 로마서 12,9 이하를 은사 목록에 끌어들여서는 안 된다. 참조: WILCKENS, *Röm* III 18.

[241] 참조: BROCKHAUS, *Charisma* 95.

이 은사적 교회 모델을 어찌 평가해야 할까? 아니 도대체 하나의 모델에 관해 말할 수 있는가? 바오로는 상황 ─ 코린토 교회의 경우 상황이 빌미가 되었으나 또한 상황을 넘어선다 ─ 을 묘사하지 않고, 오히려 자신이 바라는 대로 교회를 구상한다고 말해야 옳다. 이 구상은 이상적 특징들을 지니고 있다. 그러나 이 구상은 본질적으로 그리스도론과 성령론에 바탕을 두고 있기에, 단순한 훈계적 관심을 넘어서는 모델(본보기)로서의 성격을 띤다.[243] 이 모델은 하나의 교회상을 얻도록 도와줄뿐더러, 신자 개개인이 전체 안에서 자기 위치를 보고 제 역할을 완수하도록 가르쳐 준다. 실천에 관해 말한다면, 바오로가 교회 안에서의 '기능 수행'을 전적으로 상황 자체에 맡겼다고 짐작하면 안 된다. 신자 개개인이 성도들을 위한 봉사에 기꺼이 헌신한(1코린 16,15-16 참조) 것과 더불어, 바오로가 사도로서 편지와 대리인을 통해 직접 개입한(예컨대 14,26-33 참조) 것도 유념해야 한다. 은사적 교회 모델에서도 봉사 직분의 수행에서 위아래가 드러난다. 이 직분 수행은 거부당해서는 안 되며, 존경과 순종도 요구한다.[244]

바오로는 구약성경에서 꼴지어진 밭과 건물이라는 상징도 이용한다: "여러분은 하느님의 밭이며 하느님의 건물입니다"(1코린 3,9; 참조: 에제 17,7; 예레 1,9-10; 12,14-16; 24,6). 이 상징들은 교회와 관련하여 하느님과 인간의 협력을 나타내 준다. 과연 인간은 '하느님의 협력자'라 할 수 있다(1코린 3,9). 하느님은 지주(집주인)이시며 당신의 협력자들을 통해 교회에 역사하신다. 그러므로 건물은 선교적·사목적 노고의 결과이기도 하거니와, 이에 대해 사람들은 책임을 지게 될 것이다(3,10-15). 역시 신자 개개인에게 전용될 수

◂[242] 필리피서 1,1에 나오는 감독들과 봉사자들: GNILKA, *Phil* 32-39. 이 낱말들이 복수형인 것에 유의해야 한다. 요컨대 이들은 동료단을 이루고 있었다.

[243] BROCKHAUS(*Charisma* 226-227)에 따르면, 은사들에 관한 표상은 윤리 안으로도 교회제도 안으로도 흡수되지 않고, 오히려 성령론 안에 정착한다. 사실 '제도'라는 말은 지나치다 하겠다.

[244] 참조: SCHWEIZER, *Gemeinde* 90-91.

있는(6,19) 하느님 성전으로서의 교회라는 상징(3,17-18)은 이들의 경계 지어
진 실존과 성성聖性을 특징지어 주는데, 다른 한편으로는 (역사적으로 고찰
하건대) 예루살렘 성전에 대한 반대를 전제하고 있다.[245]

참고문헌

U. BROCKHAUS, *Charisma und Amt* (Wuppertal 1972).

J. HAINZ, *Ekklesia* (BU 9) (Regensburg 1972).

W. KLAIBER, *Rechtfertigung und Gemeinde* (FRLANT 127) (Göttingen 1982).

W.G. KÜMMEL, *Kirchenbegriff und Geschichtsbewußtsein in der Urgemeinde und bei Jesus* (Göttingen ²1968).

H. MERKLEIN, Die Ekklesia Gottes: *BZ* 23 (1979) 48-70.

W.-H. OLLROG, *Paulus und seine Mitarbeiter* (WMANT 50) (Neukirchen 1979).

J. PFAMMATTER, *Die Kirche als Bau* (AnGr 110) (Rom 1960).

J. ROLOFF, *Die Kirche im NT* (Göttingen 1993).

R. SCHNAKKENBURG, *Die Kirche im NT* (QD 14) (Freiburg 1961).

W. SCHRAGE, Ekklesia und Synagoge: *ZThK* 60 (1963) 178-202.

E. SCHWEIZER, *Gemeinde und Gemeindeordnung im NT* (AThANT 35) (Zürich 1959).

5.2 세례와 성찬례

신자 개개인은 세례를 받고 또 성찬례에 참여한다. 우선 일반적 의미에서
각자에게 이것은, 그리스도와의 특별한 결합 그리고 동시에 그리스도의
몸인 교회라는 공동체 안에서 다른 신자들과의 결합을 뜻한다. 바오로에
게는 그리스도론적 관점과 교회론적 관점이 긴밀히 결부되어 있다. 이것

---

[245] 예루살렘 성전에 대한 반대 속에 살아가던 쿰란 공동체도 비슷한 상징을 발전시켰다.
참조: 1 QS 8,4-10; 9,3-6; 5,4-7과 G. KLINZING, *Die Umdeutung des Kultus in der Qumran-gemeinde und im NT* (StUNT 7) (Göttingen 1971).

은 바로 교회가 그리스도의 몸이라는 사실에서 비롯한다. 그러나 이로써 그리스도론적 출발점도 암시되어 있다.

바오로는 세례와 성찬례의 전수와 거행을 교회 전통 안에서 이해한다. 교회 설립 때 교회에 들어온 사람들이 세례를 받는 것, 그리고 자신이 직접 세례를 베풀고 공동체와 함께 성찬례를 거행하는 것은 바오로에게 자명한 일이었다. 자료는 빈약하지만, 바오로가 코린토에서 처음으로 복음의 제자로 얻은 스테파나스와 그 가족(1코린 1,16; 참조: 16,15), 그리고 크리스포스와 가이오스(1,14)에게 세례를 베풀었다는 것은 시사하는 바가 크다. "그리스도께서는 세례를 주라고 나를 보내신 것이 아니라 복음을 전하라고 보내셨습니다"(1,17; 참조: 1,14)라는 언명은, 세례가 부차적이라는 인상을 줄 수도 있지만, 정색하고 한 말이 아니라 교회 내의 구체적 오해를 방지하기 위한 것이다.[246] 바오로는 성찬례와 관련해서도, 자기가 교회 전승에 의존하고 있음을 전승 도입부에서 분명히 확언한다: "사실 나는 주님에게서 받은 것을 여러분에게도 전해 주었습니다"(11,23).[247]

먼저 다루어야 할 **세례**와 관련하여 바오로는 원그리스도교에서 발전되어 온 세례관의 본질적 요소들을 넘겨받았다. 여기에 속하는 것으로는 세례 수여의 실행(가능한 한 흐르는 물에서)과 예수의 이름으로[248] 세례를 준다는 형

---

[246] 이 오해의 핵심은 코린토 신자들이 세례를 통해 수세자와 집전자 사이에 견고한 유대가 생성된다고 생각한 데 있었다. 이 생각은 공동체 분열을 야기했다. 결국은 호응을 얻지 못한, 누구나 세례를 베풀 수 있었다는 CONZELMANN(1 Kor 51)의 견해에 바오로는 공감하지 않았을 것이다. 물론 세례 받은 사람은 누구나 세례를 베풀 자격이 있었다는 것은 옳다.

[247] 바오로가 전승을 주님에게서 전해 받았다는 것이 사도가 교회 전승에 실제적으로 의존하고 있다는 사실을 폐기하지는 않는다. 바오로는 다만 자신을 친히 부르신 주님을 전승의 본원적 창시자로 나타내고자 한다. 덧붙여 코린토 1서 11,23-25가 특히 루카 복음서 22,19-20과 일치하는 점이 많다는 것은 두루 아는 바다.

[248] CAMPENHAUSEN[VigChr 25 (1971) 1-16]은 '예수의 이름으로'를 세례 수여 정식이 아니라 단지 세례의 명칭(= 그리스도 세례)으로 이해하고자 했다. 그러나 이 견해를 따르는 사람이 없는 것은 당연하다고 하겠다.

식 외에도, 세례는 죄를 씻어 주고 하느님의 영을 부여하며 수세자를 교회 공동체 안으로 받아들인다는 관념이 있었다. 세례는 가입의 성사聖事다. 예수의 이름으로 세례를 주는 것은 이 이름이 수세자 앞에서 불려지고, 수세자는 아마도 '예수님은 주님이시다'(로마 10,9 참조)라는 말로 예수께 신앙 고백을 했음을 전제한다. 그러므로 예수의 이름으로 세례 받는다는 것은 수세자가 자신을 예수께 내맡기고 그분의 소유가 됨을, 또 그때부터 그분의 보호 아래 있게 됨을 의미한다. 이렇게 '예수의 이름으로'를 보호와 귀속의 정식적 표현으로 이해하는 것이 다른 추론들보다 더 타당하게 여겨져야 한다.[249] 덧붙여 이것은 은행 업무와 한 가지 (사소한) 유사점을 지니고 있으니, 거기서도 누군가의 명의로 된 구좌에 입금하기 때문이다. 이 유사점이 적어도 외면적으로는 귀속의 강도強度를 분명히 드러낸다.

이를 근거로 바오로는 자신의 세례관을 더 발전시킨다. 사도는 특히 세례를 통해 이루어지는 그리스도와의 성사적 결합에 관해 언급한다(로마 6,1-11). 여기서 외적 연결 고리는 세례 수여 정식이다: "그리스도 예수님과 하나 되는 세례를 받은 우리가 모두 그분의 죽음과 하나 되는 세례를 받았다는 사실을 여러분은 모릅니까?"(6,3). 수세자가 자신을 그리스도께 내맡긴다는 관념이 이로써 수세자가 그리스도의 죽음 안으로 받아들여졌다는, 아니 그리스도의 죽음 안으로 세례 받았다는 관념으로 심화된다. 얼핏 기이하게 들리는 이 언명은 그리스도의 죽음에 참여하는 세례를 통해 그리스도와 함께 묻혔다는 관념으로 더욱 첨예화된다(6,4).[250] 세례 때 이루어진 일은 계속 작용하니, 과연 우리는 그때부터 "사실 … 그분처럼 죽어 그분과 결합"(6,5)되어 있다.

---

[249] DELLING(*Zueignung* 36 이하)은 거꾸로 해석한다: 수세자가 자신을 그리스도께 내맡김이 아니라, 십자가 사건을 수세자에게 넘겨주는 것이다. 참조: FRANKENMÖLLE, *Taufverständnis* 44-47.

[250] KÄSEMANN(*Röm* 156)을 따라 이 관련짓기를 우대하기로 하자. 원문의 어순은 '죽음 안으로 … 함께 묻혔습니다'라는 번역 가능성을 배격한다.

이 표현은 특히 사람들이 세례 자체, 세례의 의례적 거행을 예수의 죽음과 같은 죽음으로 여기는 계기를 제공했다. 수세자는 물 속에 잠김으로써 그리스도와 함께 죽고 그분의 죽음을 죽으며, 물 밖으로 다시 나올 때 죽음으로부터의 그리스도의 부활을 추체험追體驗한다는 것이다. 헬레니즘 밀교들에서는 제의가 숭배하는 신의 운명의 추체험을 제공한다고 생각했다.[251] 그러나 바오로는 그리스도와 함께 부활함을 미래 차원으로 돌린다: "사실 우리가 그분처럼 죽어 그분과 결합되었다면, 부활 때에도 분명히 그리될 것입니다"(6,5).[252] 그러니까 수세자가 그리스도와 함께 죽고 또 그로써 부활의 현실성으로 예정되어 있는 것도 확실하지만, 완전한 성취는 아직 오지 않았다. 지금 성취되는 것은 그리스도와 함께하는 새로운 삶이다 (6,8). 죄에서 해방된 사람은 자기 삶에서 자신이 새 인간임을 입증해야 한다. 바오로가 [문맥이 암시하듯이(6,1-2)] 강조점을 훈계에, 죄의 극복에 두고 있음은 분명하다. 그래서 바오로는 함께 죽음·함께 묻힘·함께 십자가에 못 박힘(6,6) 사상을 전면에 내세우고, (되도록 열광적 언사를 삼가면서) 함께 부활함을 어느 정도 뒷전으로 밀어 놓는다. 세례를 통해 얻은 그리스도의 죽음 및 부활과의 결합은 쇄신되어야 할 일상의 삶에 계속 영향을 끼쳐야 한다. 그렇다면 '그분처럼 죽어 그분과 결합됨'이 의미하는 바는 이러하다: 세례를 통해 죽음 안에서 그분을 닮게 되지만, '우리의 낡은 인간'을 함께 십자가에 못 박음으로써 그분의 죽음을 다른 방식으로 죽는다.

바오로의 이 관점은, 로마서 6,3-5에 바오로 이전의 전승이 들어 있고 그래서 세례를 통한 그리스도의 죽음 및 부활과의 성사적 결합이라는 관

---

[251] 이 주장은 O. CASEL[*Die Liturgie als Mysterienfeier* (Freiburg 1922); *Das christliche Kultmysterium* (Regensburg ³1948)]이 토대를 놓았다. KUSS(*Röm* 307-379)는 이 주장에 상당히 우호적이다. KÄSEMANN(*Röm* 151-153)도 그렇지만, 전승사적 견해에서는 차이가 있다. 반면 특히 SCHNACKENBURG(*Baptism* 139-203), SCHLIER(*Röm* 195-196), WILCKENS(*Röm* II 54-62)는 반대 입장을 취하는데, 빌켄스는 이 표상 모델을 추종 사상을 바탕으로 설명하고 싶어 한다. 연구 현황 개관: WAGNER, *Problem* 15-68.

[252] 로마서 6,5 ㄴ에는 '같은 부활'이라는 말이 없음에 유의해야 한다. 이 낱말을 첨가하면 안 된다.

념이 사도 이전의 것임을 전제할 수 있다면, 더 뚜렷이 부각된다고 하겠다. 그 전승을 정확히 꼬집어낼 수는 없지만 추정해 볼 수는 있으니, 동일한 전승을 바오로 차명 서간들에서도 찾아볼 수 있기 때문이다: "여러분은 세례 때에 그리스도와 함께 묻혔고, … 그리스도 안에서 그분과 함께 되살아났습니다"(콜로 2,12; 참조: 에페 2,5-6). 이 구절은 로마서 6장에 의존한다기보다는, 로마서 6장과 차명 서간들이 공유하고 있는 원형에 의존하고 있다고 짐작된다.[253]

그리스도와 함께 죽고 함께 묻히고 함께 부활함을 사상적으로 좀 더 정확히 파악할 수는 없을까? (우리의 전승사적 추정이 옳다면) 이 물음은 로마서 6장을 넘어서 바오로 이전의 전승으로 향해져야 할 것이다. 헬레니즘 밀교들의 사상적 영향을 받았는지에 대한 물음에는 긍정적으로 대답하기 어렵다. (자연에서 보듯이) 거기서는 죽음과 부활을 끊임없이 반복하는 (초목의) 비밀스런 신성을 추체험하는 것이 중요했다. 반면 그리스도교 세례에서는 역사상 인물 나자렛 예수의 단 한 번 십자가 상 죽음과 하느님에 의한 그분의 부활이 상기된다. 바오로의 텍스트는 하느님의 자유로운 행동에의 정향定向을 고수하고 있다: "그리스도께서 아버지의 영광을 통하여 죽은 이들 가운데에서 되살아나신 것처럼, …"(6,4). 유다교 전례가 기억(예컨대 파스카 축제에서 이집트 종살이로부터의 해방의 상기)을 통한 과거 구원 사건의 현재화를 익히 알고 있었음을 지적할 수도 있다. 하지만 수세자와 그리스도 운명과의 결합은 그보다 더 근본적이다. 그래서 흔히들 집단 인격 관념을 세례 이해의 출발점으로 삼고자 한다. 그리스도에게 속한 사람들의 운명은 그분의 운명과 동일하다. 이로써 역사적 계류점繫留點이 확인되었다: "한 분께서 모든 사람을 위하여 돌아가셨고 그리하여 결국 모든 사람이 죽

---

[253] 로마서 6장에서는 함께 부활함이 뒷전으로 밀려나 있는 사실이 이런 짐작을 부추긴다. 참조: GNILKA, *Kolosser* 119; KÄSEMANN, *Römer* 152; E. LOHSE, Taufe und Rechtfertigung bei Paulus: *KuD* 11 (1965) 308-324 중 313-314. 로제는 이 관념의 생성 장소로 시리아의 헬라계 교회를 상정하고 있다.

은 것이라고 우리가 확신하기 때문입니다"(2코린 5,14). 세례에서 그리스도의 운명의 추체험이 성사적 현재가 된다.[254]

세례를 통해 수세자는 그리스도와 결합하는 동시에 다른 모든 수세자들, 곧 교회와 결합한다: "그리스도와 하나 되는 세례를 받은 여러분은 다 그리스도를 입었습니다. 그래서 유다인도 그리스인도 없고, 종도 자유인도 없으며, 남자도 여자도 없습니다. 여러분은 모두 그리스도 예수님 안에서 하나입니다"(갈라 3,27-28). 매우 응축된 이 본문은 무엇보다도 교회가 이루고 있는 그리스도의 몸 안으로 수세자가 포섭됨을 말하고 있다. 이 새로운 현실 안에서는 낡은 인종적·사회적 규정들, 남자와 여자의 구별(특히 사회적 지위와 관련된)조차 의미를 상실한다. 바오로는 모든 신앙인의 공속성共屬性을 집단 인격 관념으로 심화한다: '모두 그리스도 예수님 안에서 하나입니다.' 그러나 이 표현은 그리스도의 몸 관념을 부각시켜 변형한 것에 지나지 않고, 코린토 1서 12,12ㄴ에도 유사한 내용이 나온다.[255] 또한 여기서 이런 해방적 변화를 불러 일으키는 분은 영이라는 것도 분명해지거니와, 이 변화는 그리스도의 몸인 교회 안에서 실증되어야 한다. 그리고 이 영은 사랑의 영이기에, 이런 변화가 어떻게 작용할 수 있는지가 알려져 있다. 로마서 6,3에서처럼 갈라티아서 3,26에서도 바오로는 세례 정식으로 시작한다. 아무튼 3,27의 필연적 결론은, 사도에게 '그리스도와 하나 되는 세례 받음'은 그리스도의 몸 안으로의 포섭을 의미한다는 것을 암시한다. 더 나아가 세례 정식에 대한 이런 해석을 바오로 세례 신학의 한 특징이라고 보아도 될 것이다.

---

[254] 사상적 배경을 정확히 파악하는 데는 한계가 있다. 연구자들의 견해도 서로 어긋난다: KÄSEMANN, *Röm* 156: 수세자는 새 아담 안에 포섭된다; KERTELGE, *Rechtfertigung* 235: 그리스도와의 일치와 그분께 속한 인류 안으로의 편입; WILCKENS, *Röm* II 15: 그리스도의 죽음이 현재화되는 게 아니라, 수세자가 그리스도의 죽음 안으로 들여보내진다; KUSS, *Röm* 311: 세례에서 구원 사건이 현재화된다는 것은 부인하기 어렵다. 아무튼 한 가지 근본적인 점에서는 널리 의견이 일치한다. 즉, 세례는 그리스도 운명과의 성사적 결합이라는 것이다.

[255] MUSSNER(*Gal* 265-266)는 '그리스도 안에'를 강조한다. 아무튼 집단 인격을 그리스도와 동일시해도 무방하다.

그 밖에 옷 상징 — "여러분은 다 그리스도를 입었습니다" — 은 수세자 개인에게 주어지는 그리스도와의 결합을 내포한다.[256] 옷 상징은 이 결합을 매우 농밀하고 생생하게 표상해 준다. 요컨대 여기서는 단순한 외적 덧입음이 아니라, 실존을 변화시키는 과정을 상정하고 있다. 이것은 어둠의 행실을 벗어 버리고 새 인간 또는 주 예수 그리스도를 입으라고 촉구하는 훈계로 귀결되는데(로마 13,12.14; 참조: 에페 4,24; 콜로 3,10-12), 세례와 관련해서는 언제나 이런 훈계가 나온다.

세례와 의화(의인)의 관계는 무수히 논의되어 온 문제다. 세례가 구원을 충만히 중개하기에, 이 문제는 더더욱 제기될 가치가 있다. 일찍이 A. 슈바이처[257]는 그리스도와 함께 죽고 함께 부활하는 신비를 바오로 구원론의 고유한 핵심으로 보았고, 의화론은 투쟁 상황에서 생겨난 일종의 단편으로 여겼다. 반대로 문틀레[258]는 세례를 믿음의 한 계기로 특징지었다. 이 두 주장은 양 극단에 서 있다. 바오로는 오히려 세례와 의화 사이의 연결선들을 뚜렷이 보여 주려 애쓴다. 그러면서 세례에 관한 전승의 언명들 또는 우리가 앞에서(이 책 ② 4.1 참조) 세례와의 친연성을 확인한, 죄의 용서로 이루어지는 의화에 관한 진술들(예컨대 1코린 6,11; 1,30; 2코린 5,21; 로마 3,24-26 등)을 실마리로 삼는다. 여기서 바오로의 결정적 의도와 바람은, 추상적 인상을 주는 의화 개념을 실감나게 설명하고 의화의 윤리적 귀결들을 뚜렷이 제시하려는 것이었다고 하겠다.[259] 로마서 6,1-11의 세례 대목에 뒤이어 '의로움의 종'의 봉사를 촉구하는, 요컨대 세례와 윤리 그리고 의화를 병렬시키는 명령조의 단락(6,12-20)이 나오는 것은 시사하는 바가 크다.

---

[256] MUSSNER(Gal 264)는 공동체라는 집단 인격과 수세자 개인 인격의 상호 관계를 탁월하게 고찰한다. 그리스도인을 종말론적 단위 인간(Einheitsmensch)으로 특징짓는 것이 호응을 얻을지는 분명하지 않다고 하겠다. 옷 상징이 영지주의에서 유래했다는 것은(KERTELGE, *Rechtfertigung* 238; SCHLIER, *Gal* 175-176; OEPKE, *Gal* 89-90) 확실하지 않다.

[257] A. SCHWEITZER, *Die Mystik des Apostels Paulus* (Tübingen 1930) 204.216.102-140.

[258] W. MUNDLE, *Der Glaubensbegriff des Paulus* (Leipzig 1932) 124.

[259] 참조: SCHNELLE, *Gerechtigkeit* 33-106. 요약: 52-53.91-92.

그러나 그 밖에 율법 행업과 관계없는 믿음으로 말미암은 의화에 관한 바오로 특유의 언명들이 세례와 별 관련 없이 나온다는 사실도 지적해야 한다. 이런 관점에서 볼 때, 그리스도의 몸인 교회에 신앙인의 편입을 가져오는 것은 의화라기보다는 세례다. 의화가 개인에게 좀 더 정향되어 있다면, 세례는 모든 수세자가 일치되는 결속을 낳는다.[260]

성찬례와 관련해서도 바오로는 그 거행, 그리고 이미 꼴지어져 있던 신앙 관념들을 넘겨받았다. 그런데 사도는 세례보다는 성찬례에서 자기 고유의 해석을 하는 데 더 한계가 있었던 것 같다. 바오로가 강조한 측면들은, 특히 전승의 윤리화라는 관점에서, 그의 세례관과 부합하는 점이 많다.

코린토 1서 11,23 ㄴ-25에서 바오로는 자신이 전해 받은 성찬례 전승을 전해 준다. 루카 복음서 22,19-20과 매우 가까운 이 전승은 다음과 같다.

> 주 예수님께서는 잡히시던 날 밤에 빵을 들고 감사를 드리신 다음, 그것을 떼어 주시며 말씀하셨습니다. "이는 너희를 위한 내 몸이다. 너희는 나를 기억하여 이를 행하여라." 또 만찬을 드신 뒤에 같은 모양으로 잔을 들어 말씀하셨습니다. "이 잔은 내 피로 맺는 새 계약이다. 너희는 (이 잔을 마실 때마다) 나를 기억하여 이를 행하여라."[261]

바오로는 이 전승과 함께 성찬 안의 주 예수 현존, 구원 위한 헌신인 그분의 죽음, 새로운 구원 질서로서의 새 계약 등 성찬례와 결부된 관념들도

---

[260] 참조: KERTELGE, *Rechtfertigung* 228-249.

[261] 23 ㄴ은 루카 복음서 22,20에는 빠져 있는 둘째 반복 명령과 마찬가지로 전승으로 보아야 한다. 괄호 속의 말은 바오로가 덧붙인 것이다. 참조: KLAUCK, *Herrenmahl* 300-318; NEUENZEIT, *Herrenmahl* 103-114. H. SCHÜRMANN[*Der Einsetzungsbericht LK 22,19-20* (NTA 20/4) (Münster ³1986) 50-56]은 23 ㄴ을 바오로의 편집으로 보고 싶어 한다. 24절에서 바오로는 '내'라는 낱말을 앞으로 옮긴 것 같다.

받아들였음이 확실하다. 그러나 사도가 설명하는 말에서 새 계약 관념을 다시 취하지 않는 것은 주목할 만하다.[262] 새 계약을 상기시키는 것이 코린토 신자들과의 논쟁에 별 쓸모 없다고 여겼던 것 같다. 그 대신 바오로는 성찬의 빵과 잔을 강조하며, 특히 잔에 대한 말씀과 관련된 좀 후대의 전승도 알고 있음을 암시한다(11,27: 먹음/마심; 10,16: 그리스도의 피; 참조: 마르 14,24/마태 26,27-28). 성찬이 거룩한 것이 되려면 참석자들이 잘 준비하여 (성찬의 빵을 일상의 빵과) 분별할 줄 알아야 한다. 왜냐하면 합당하지 않게 주님의 빵을 먹거나 잔을 마시는 사람은 심판을 받을 수 있기 때문이다(1코린 11,27-29).[263] 성찬의 빵과 잔을 통해 참석자들은 그리스도의 몸과 피에 동참한다(10,16). 성찬 빵에 대한 말씀에서 소유대명사(11,24의 '내' 몸)를 그리스어 원문에서 앞에 내세운 것도 성찬의 거룩함을 뚜렷이 부각시킨다. 바오로는 22절에서 성찬을 애찬愛餐과 분리하려는 의도를 은연중에 드러낸다("여러분은 먹고 마실 집이 없다는 말입니까?"). 이 말도 신자들이 성찬의 거룩함을 더 분명히 의식하게 하기 위한 것이다.

바오로가 제시하는 성찬례 질서는 교회의 구체적 상황과 관련되어 있다. 코린토 교회의 성찬례 거행에서 불미스러운 일이 발생했던 것이다. 신자들이 상호 존중과 사랑을 거슬렀다. 성찬례에 앞서 배불리 먹는 애찬[264] 때 서로를 배려하지 않았다. 짐작건대 신자들 사이의 심한 사회적 차이가 여기에 영향을 미쳤을 것이다. 어떤 사람은 굶주렸고, 어떤 사람은 술에

---

[262] 새 계약에 관해 바오로는 코린토 2서 3,6에서만 한 번 더 언급하는데, 옛 계약(3,14)과 맞세운다.

[263] 바오로는 공동체에서 발생한 질병과 죽음을 부당한 성찬례 거행과 간접적으로 관련시킨다(11,30). 말하자면, 질병과 죽음은 신자들이 주님의 몸을 부당하게 먹고 마신 결과가 아니라, 하느님이 내리시는 징벌의 결과라는 것이다. 참조: CONZELMANN, *1 Kor* 239. 강화된 성사실재론은 헬레니즘의 영향에 기인한다. 이 문제: KLAUCK, *Herrenmahl* 곳곳(요약: 370-374).

[264] 초기에는 성찬의 빵과 잔을 나누어 주는 중간에 배불리 먹는 식사가 있었다. 바오로가 전해 주는 전승 텍스트는 이 형식을 보존하고 있다(11,25: **"만찬을 드신 뒤에** 같은 모양으로 **잔을 들어** …"). 애찬과 성찬례의 분리는 후자가 독립하게 되는 첫걸음이다.

취했다(11,21ㄴ). 바오로가 보기에 이런 행태는 주님의 성찬 거행 자체를 의심스럽게 만드는 짓이었다.

이로써 성찬례의 수직적 차원과 함께 수평적 차원이 눈에 들어온다. 성찬례에서 참석자들은 그리스도와 결합할 뿐 아니라, 서로 간에도 결합한다. 바오로에게 특징적인 이 차원은 두 가지 구상적具象的 관념을 통해 설명된다. 하나는 성찬례를 통해 선사되는 그리스도의 몸에 참여함이다: "우리가 떼는 빵은 그리스도의 몸에 동참하는 것이 아닙니까?"(10,16). 여기서 '그리스도의 몸'이 이중 의미를 지님에 유의해야 한다. 우선 빵에 대한 설명 말씀에 따라 주님의 성찬 몸을, 십자가에 달렸다가 고양되신 주님과의 결합을 생각할 수 있다. 그러나 이와 연계하여 '그리스도의 몸'은 교회를 표현하는 것이니, (바오로의 교회론에 따르면) 교회는 '그리스도 안의 몸', '그리스도의 몸'이다. 의식적으로 두 가지 의미를 지니도록 표현된 이 언명은 이를테면 10,17에서 더욱 명료해진다: "빵이 하나이므로 우리는 여럿일지라도 한 몸입니다. 우리 모두 한 빵을 함께 나누기 때문입니다." 이제는 반대로 그리스도의 몸으로서의 교회라는 표상이 주도적 표상이 되었다. 이로써 또 하나의 구상적 관념도 언급되었다. 하나인 성찬 빵은 성찬례를 통해 표현되는 교회 공동체의 일치를 상징한다. 이 상징은, 성찬례 거행에서 한 덩어리의 빵만을 사용했음을 전제할 수 있다면, 더 깊은 인상을 주었을 것이다.[265] 그러나 이 요구는 강제적이지 않았다. 성찬 빵을 함께 먹는 것으로 충분했다.[266]

그리스도의 위격적 몸과, 그리고 교회가 이루는 그리스도의 몸과 맺어지는 이 이중 관련성은 11,29에도 나타난다: "(주님의) 몸을 분별없이 먹고 마시는 자는 자신에 대한 심판을 먹고 마시는 것입니다."[267] 이것은 성찬의 거룩함과 교회의 거룩함을 똑같이 유념해야 함을 의미한다고 하겠다. 아

---

[265] 예컨대 LIETZMANN, *1 Kor* 48.

[266] 참여(친교) 관념: HAINZ, *Koinonia* 17-35. 공동체의 일치는 공동체와 마귀들의 결별과 상응한다(1코린 10,18-22 참조). 참조: KLAUCK, *Herrenmahl* 264-272.

무튼 코린토 1서 10,16-17에 나오는 '그리스도의 몸'을 교회에만 관련시키는 것은 온당하지 않다.[268] 바로 이 두 차원의 일정한 융합 안에 이어지는 논증이 근거하고 있음을 알아보아야 한다.

성찬례에서는 현재 주님과의 결합이 선사되고 참석자들 상호 간의 결합이 창출되지만, 이것을 넘어 과거를 회고하고 미래를 전망한다. 전자는 바오로의 텍스트에 강조되어 나타나는데, 사람들이 기억하고 있는 그리스도의 죽음과 관련된다. 주님을 기억하여 행하라는 두 차례 반복 명령(11,24.25)은 성찬의 빵과 잔을 내어 주신 그날 밤 그리스도 행동의 추체험과 관련된다. 빵과 잔은 그분의 죽음을 가리킨다(너희를 위한 내 몸, 내 피로 맺는 새 계약). 두 차례 반복 명령은 바로 이 두 가지 구체적 행동에 정향되어 있다. 이 명령은 11,26에서 속행·결합되는데, 여기서 빵을 먹고 잔을 마심은 주님 죽음의 선포(전함)로 해석된다.[269] 선포라는 개념은 성찬례 전체를 총괄하니, 거기서 발설되는 말에만 국한시켜서는 안 된다. 행동과 말을 함께 보아야 하며, 이 둘이 합쳐 선포의 특별한 형태를 이룬다.

완세적·종말론적 미래를 겨냥하는 전망은 — 공관복음서의 성찬례 전승을 상기하라(마르 14,25// 참조) —, "주님께서 오실 때까지"(1코린 11,26ㄷ)라는 말씀으로 위축되긴 했지만, 사라지지는 않았다. 짐작건대 이 표현은 성찬례에서 발설되었을 전례적 환호 '마라나 타'(오소서, 주님)를 본뜬 것 같다.

죽음의 기억과 종말론적 전망은 성찬례에 특유한 색조를 부여한다. 전면에 부각된 죽음에 대한 기억이 성찬례를 고대에 널리 알려진 죽음의 의식儀式에서의 식사와 유사하게 보이게 한다는 것은 옳은 지적이라고 하겠다.[270] 그러나 그리스도교 성찬례의 특징들을 유념해야 한다. 종말론적 전

---

[267] 몇몇 텍스트에는 '주님의 몸'이라 되어 있다. CONZELMANN(*1 Kor* 238)에 따르면 1코린 11,27에도 교회를 주님의 몸으로 보는 사상이 들어 있다.

[268] 참조: NEUENZEIT, *Herrenmahl* 203-206.

[269] καταγγέλλετε(전하다)는 명령법이 아니라 직설법으로 읽어야 한다.

[270] 참조: KLAUCK, *Herrenmahl* 76-91; NEUENZEIT, *Herrenmahl* 122-123.

망은 성찬 식사가 아직은 완전한 자들의 식사가 아니며, '시대들 사이의' 시련 가운데서 거행됨을 의식하게 해 준다. 이렇게 방향을 정하면 성찬 참석자들에 대한 윤리적 명령이 절박성을 부여한다.

끝으로 지금까지 말한 것을 돌아보면서, 세례와 성찬례를 묶어 주는 것은 무엇인가, 그리고 이들 각각에 특징적인 결과는 무엇인가라는 물음을 제기해야겠다. 일반적으로 그리스도와의 성사적 결합, 그리고 그리스도의 몸 안에서 신앙인들의 결합을 그 결과로 상정한다면, 세례와 성찬례를 묶어 주는 것이 무엇인지 보인다. 우선 겉으로만 보면, 세례의 유일회적 수령과 성찬례의 지속적이고 규칙적인 반복을 지적할 수 있다. 세례는 가입의 성사요, 성찬례는 수세자들의 잔치다. 결과의 관점에서 세례의 고유한 특징은, 수세자를 그리스도의 몸 안으로 포섭함으로써 교회가 성사적 방식으로 받아들이는 것이라고 말할 수 있다. 이와 동시에 수세자는 하느님 영의 은사를 받을 뿐 아니라 죽임을 당하고 일으켜진 그리스도와의 항구적 결합도 선사받거니와, 이 결합이 그를 새 인간으로 창조한다.

바오로는 성찬례와 세례의 관계에 대해 깊은 성찰을 남기지 않았다. 여기서는 많은 것이 불분명하다. 그러나 성찬례는 그리스도와의, 자신을 죽음에 내주신 바로 그분과의 결합과 그리스도의 몸 안에서 수세자들의 결합을 매번 새로이 현실화하고 표현한다고 말할 수 있다. 여기서 그리스도의 몸의 '이중 의미'를 유념해야 하니, 이에 따르면 고양되신 위격적 그리스도뿐 아니라 수세자들의 공동체도 그리스도의 몸과 동일시된다. 그리스도의 몸의 이 이중적 이해와 성립에서 우리는 바오로 성찬례관의 특징도 알아보아야 한다. 부정적으로 말하자면, 이 이중성이 코린토 교회 성찬례의 폐해에 대한 사도의 분노의 근본적 원인이다. 긍정적으로 말하자면, 성찬례는 세례를 통해 일단 열려진 것을 신앙인들이 끊임없이 새로이 체험할 수 있는 기회를 의미한다.

참고문헌

M. BARTH, *Das Mahl des Herrn* (Neukirchen 1987).

G. DELLING, *Die Zueignung des Heils in der Taufe* (Berlin 1961).

L. DE LORENZI (Hrsg.), *Battesimo e giustizia in Rom 6 e 8* (Seria monografica di Bene-
dictina, Sez. biblico-ecumenica 2) (Rom 1974).

H. FRANKEMÖLLE, *Das Taufverständnis des Paulus* (SBS 47) (Stuttgart 1970).

N. GÄUMANN, *Taufe und Ethik* (BEvTh 47) (München 1967).

F. HAHN, Herrengedächtnis und Herrenmahl bei Paulus: *LJ* 32 (1982) 166-177.

J. HAINZ, *Koìnonia* (BU 16) (Regensburg 1982).

A.J.B. HIGGINS, *The Lord's Supper in the NT* (SBT 6) (London 1952).

H.J. KLAUCK, *Herrenmahl und hellenistischer Kult* (NTA 15) (Münster ²1986).

P. NEUENZEIT, *Das Herrenmahl* (StANT 1) (München 1960).

R. SCHNACKENBURG, *Baptism in the Thought of St. Paul* (Oxford 1964).

E. STOMMEL, "Das Abbild seines Todes" und der Taufritus: *RQ* 50 (1955) 1-21.

R.C. TANNEHILL, *Dying and Rising with Christ* (BZNW 32) (Berlin 1967).

H. VON CAMPENHAUSEN, Taufe auf den Namen Jesu?: *VigChr* 25 (1971) 1-16.

G. WAGNER, *Das religionsgeschichtliche Problem von Röm 6,1-11* (AThANT 39) (Zü-
rich 1962).

A.J.M. WEDDERBURN, Hellenistic Christian Traditions in Romans 6?: *NTS* 29 (1983)
337-357.

5.3 하느님 백성

하느님 백성 사상은 근본적으로 이스라엘과 관련되어 있다. 이스라엘이 선택으로 말미암아 하느님 백성이라면, 어찌 또 다른 하느님 백성이 있을 수 있는가? 이스라엘이 복음을 거부한다면, 하느님의 선택은 어찌되는가? 그 자신 "이스라엘 민족으로 벤야민 지파 출신"(필리 3,5)인 바오로는 선교 사도로서 이스라엘 문제와 씨름했고 신학적으로 해결하려 노력했다. 사도 는 문제 해결을 위해 다양한 시론試論을 제시하는데, 이것들을 서로 조화시키기 위해서는 무척 애를 써야 한다. 이는 바오로가 이 문제와 실존적으로 직결되어 있음을 알려 주는 한 표지로 볼 수 있다. 아무튼 사도는 이 문제에 관해 로마서에서 가장 상세히 견해를 밝힌다.

바야흐로 하느님께서 성취하신 보편적 구원에 정향되어 있는 바오로는 이방인에게 복음을 전하면서도, 유다인의 특권을 의식하고 있다. 과연 복음은 "먼저 유다인에게 그리고 그리스인에게까지, 믿는 사람이면 누구에게나 구원을 가져다주는 하느님의 힘"(로마 1,16)이다. 동일한 순서가 하느님의 심판에서도 통용된다(2,9-10). 그러나 이스라엘은 복음을 받아들이려 하지 않는다. 이것을 바오로는 여러 가지 방식으로 한탄 · 질책 · 표현한다: "이스라엘 자손들은 생각이 완고해졌습니다"(2코린 3,14); "이스라엘의 일부가 마음이 완고해졌습니다"(로마 11,25). 테살로니카 1서 2,15-16에서는 모질게 비난한다: "유다인들은 주 예수님을 죽이고 예언자들도 죽였으며, 우리까지 박해하였습니다. 그들은 하느님의 마음에 들지 않는 자들이고 모든 사람을 적대하는 자들로서, 우리가 다른 민족들에게 말씀을 전하여 구원을 받게 하려는 일을 방해합니다. 이렇게 그들은 자기들의 죄를 계속 쌓아 갑니다. 그리하여 마침내 그들에게 진노가 닥쳤습니다."[271]

로마서 1,16의 '유다인'이 혈통에 따른 유다인을 가리키고, 마찬가지로 코린토 2서 3,7.13의 '이스라엘 자손들'이 옛 하느님 백성의 구성원들을 지칭함은 두말할 나위가 없거니와, 바오로는 다른 구절에서도 이 개념들을 사용함으로써 이미 변화된 또는 변화되고 있는 상황을 암시한다. 코린토 1서 10,18에서 스쳐 지나가듯이 '저(직역: 육에 따른) 이스라엘'에 관해 말하고, 갈라티아서 6,16에서 '하느님의 이스라엘'이라는 말로 교회를 가리킴이 이 변화를 암시한다. 코린토 1서 10,18에서 사도는 코린토 교우들에게 '육에 따른 이스라엘'을 보라고 촉구하는데, 이는 참이스라엘은 이제 다른 곳에

---

[271] 이 구절들이 바오로의 친언인지에 대해서는 논란이 분분하다. 이미 논쟁의 전통상 그렇게 굳어져 버렸다면 이 구절들은 본문 속에 그냥 두어도 된다. 그것들은 앞 대목과 맞물려 있다. 참조: HOLTZ, *1 Thess* 96-97.

서 찾아야 한다는 생각을 내포하고 있음을 유의해야 한다. 로마서 2,28-29에서는 '유다인'이라는 개념과 관련하여 좀 더 직접적으로 옛것과 새것을 논한다. 여기서 누가 참유다인인가라는 문제, 그리고 이와 연계하여 무엇이 참할례인가라는 문제를 [구약성경 예언자들의 비판을 수용하면서(참조: 예레 4,4; 6,10; 9,25; 에제 44,7.9)] 다룬다. 바오로는 바로 이 문제에서 예언자들의 비판을 넘어서는데, 참할례로서 마음의 할례를 촉구할 뿐 아니라, 겉 유다인과 속 유다인을 맞세우면서 후자를 참유다인으로 내세운다. 참유다인은 하느님 뜻에 순종하는 사람, 인간들이 아니라 하느님께 칭찬받는 그런 사람이다. 그렇게 할 수 있는 사람이 이방인일 수 있음을 이 문맥은 암시한다. 그는 영에 귀속되어 있으나 겉 유다인은 문자에 매여 있기 때문에, 우리는 속 유다인으로 그리스도인을 상정할 수 있다.[272]

이렇게 단절과 연결, 연속성과 비연속성이 하느님 백성에 관한 바오로의 성찰을 규정짓고 있거니와, 낡은 질서와의 경계가 설정되지만 오래된 개념들이 새로운 의미로 계속 사용됨으로써 연속성이 유지된다. 후자는 그저 말장난이 아니라 신학적으로 문제를 해결해 보려는 진지한 시도다. 이 시도의 대상은 무엇보다도 성경이다. 이는 바오로 서간에서 구약성경 인용구를 가장 많이 포함하고 있는 텍스트인 로마서 9-11장에서 뚜렷이 드러난다.[273] 그러나 먼저 바오로에게는 선조 아브라함이 중요하다. 사도는 아브라함도 이스라엘처럼 우선 '육'의 차원에서 (불충분하게) 판단한다: "혈육으로(직역: 육에 따라) 우리 선조인 아브라함"(로마 4,1). 그러나 아브라함은 의로움으로 인정받은 확고한 믿음을 통해 (그리스도를) 믿는 모든 사람 — 할례 받지 않은 사람들 가운데뿐 아니라 할례 받은 사람들 가운데에도 존재한다(4,11-12) — 의 조상이 됨으로써, 자신만의 고유한 의의를 지니게

---

[272] '영' 개념은 로마서의 이 대목에 전혀 걸맞지 않다고 이의를 제기하면서 이 개념을 어떻게든 희석시켜야 한다고 주장하는 사람들이 있다. 참조: KUSS, *Röm* 91-92. 영에 관한 언급은 일종의 구원 상황 선취(先取)로 보는 게 가장 나을 것이다.

[273] 참조: HÜBNER, *Gottes Ich* 13.

되었다(4,11-12). 바오로는 이스라엘의 경계를 벗어나 보편적인 것으로 확대되는 아브라함의 의의가 성경에, 더 자세히 말하면 하느님께서 아브라함에게 주신 약속에 이미 드러나 있다고 보았거니와, 아브라함은 "많은 민족의 조상"(4,17)과 "세상의 상속자"(4,13)가 되리라는 그 약속(창세 17,5; 18,18; 22,17-18; 집회 44,19.21; 시리아어 바룩 묵시록 14,13; 희년서 19,21)을 믿고 받아들임으로써 하느님께 대한 확고한 충성을 입증했다: 아브라함 안에서 모든 민족이 복을 받을 것이다(갈라 3,8; 창세 12,3). 요컨대 아브라함에게 주어진 약속은 처음부터 옛 하느님 백성을 넘어 새 하느님 백성을 겨냥한 것이니, 이 조상이 바로 보편적 구원을 앞서 보여 주는 상징이다. 할례와 율법이 아니라 믿음과 약속(로마 4,9-11 참조)으로 각인된 하느님 백성이 이제 바야흐로, 특히 바오로의 활동을 통해서도 형성되기 시작했다.

이 단절과 연결을 바오로는 로마서 9,6-13에서 성경과의 씨름을 통해 다른 방식으로 설명한다. 사도는 조상들의 아들들을 예로 든다. 그들의 운명은 바오로가 이스라엘과 관련하여 하느님의 자유를 절실히 깨닫게 해 주었다. 육신적으로 아브라함의 혈통이라는 것만으로는 (약속의 의미에서) 아브라함의 자녀, 또 그로써 '이스라엘 사람'이 되기에 충분하지 않다. 하느님의 선택의 자유를 추가·고려해야 한다. "이스라엘 자손이라고 다 이스라엘 백성이 아닙니다"(9,6). 아브라함에게 주어졌으나 그의 믿음에 엄청난 도전이었던 그 약속과 긴밀히 결부된 이사악 출생의 외적 상황(아브라함과 사라는 이미 아기를 가질 수 없었다)부터가 하느님의 자유를 확증해 준다. 바오로는 이에 해당하는 창세기 18,10(14)의 하느님 말씀을 인용하면서, 그것을 단호히 약속의 말씀(λόγος ἐπαγγελίας)으로 특징짓는다: "약속이라는 것은, '이맘때에 내가 다시 올 터인데 그때에 사라에게 아들이 있을 것이다' 하신 말씀입니다"(로마 9,9). 약속이 갈수록 뚜렷이 하느님 자유의 범주로 드러난다. '나'라고 말씀하시는 하느님이 자유의 지평을 완전히 장악하고 계시다.[274] 하느님은 다시금 이사악의 아들들인 야곱과 에사우 중에서 에사우는 버리고 야곱을 선택하심으로써 야곱만이 약속의 담지자가 되었고, 또 그로써 '이스라엘 사람'이 되었다.

이 성찰은 이스라엘이 이미 언제나 혈통이 아니라 자유의 연속체였음을 말해 주거니와, 로마서 9장에서는 현재 상황에서 유다인들의 완고함과 불신이라는 문제에 관한 논증의 특징을 유의해야 한다. 여기에는 로마서 4장과는 다른 사상적 경향도 바탕에 깔려 있다. 로마서 4장에서는 아브라함이 (그리스도를) 믿는 모든 사람의 조상이라는 것이 근본 관심사였고 그래서 경험적 이스라엘을 뒷전으로 밀어 놓을 수 있었다면, 유다인들의 완고함에 대한 로마서 9장의 상론에서는 하느님이 자유로이 이루어 내신 '옛' 이스라엘과의 연결도 중요한 의미를 지닌다. 이스라엘 태생이라고 해서 모두 참된 이스라엘 사람은 아니다. 마침내 이 노선은, 바오로 당시에 이르면, '거룩한 남은 자들'이라는 관념으로 귀결되는데, 이들은 유다계 그리스도인들에 해당하며 바로 경험적 이스라엘에서 선택된 사람들이기도 하다. 과연 로마서 11,5는 지금 이 시대에도 남은 자들이 있다고 말하며, 지금까지 언급한 것에 상응하여, 이들은 '은총으로 선택'되었다고 확언한다.

여기서 잠정적 결론을 이끌어 낸다면, 바로 하느님의 백성으로 이해되는 '교회'가 이미 아브라함의 선택에 뿌리를 두고 있는 (그리스도를) 믿은 이들의 공동체다. 약속 담지자들의 연속체는 하나의 보편적인 하느님 백성을 지향한다. 여기서 경험적 이스라엘은 고유한 사명을 보유하니, 이 약속의 보증으로, 또 따라서 세상을 위한 희망의 표지로 존재하는 것이다.

우리는 이 근본적 확인들을 고수해도 되려니와, 다른 한편으로는 바오로가 상이한 맥락에서 거의 상충될 정도로까지 다양한 점들을 강조할 수 있었음을 지적해야겠다. 이스라엘에 대한 판단은 율법에 대한 판단과 비슷하게 이율배반적 결과를 낳는다. 예를 들어 바오로는 갈라티아서 4,21-31에서도 조상들의 아들들 이야기를 이용하여 옛 하느님 백성과 새 하느님 백성의 관계, 또는 (거기서 사도가 말하듯) 두 계약의 관계를 규정한다.

---

274 KÄSEMANN, *Röm* 251: "오로지 하느님의 확약에 따라 이사악이 태어났다." HÜBNER, *Gottes Ich* 24: "하느님이 '나'라고 말씀하시고, 그렇게 이스라엘을 이루어 내신다."

그런데 약속 담지자들의 계통을 주제로 삼지 않고, 자유인의 아들이요 '약속의 결과로' '영에 따라' 태어난(4,23.29)[275] 이사악을 종의 아들이요 '육에 따라' 태어난 이스마엘과 맞세운다. 독특한 우의적 해석에서 천상 예루살렘과 동일시되는 사라는 우리 믿는 이들의 어머니로 언명되고, 여종 하가르는 종살이로 이끄는 시나이 산 계약의, 또 그로써 율법의 상징으로 언명된다. 여기서는 하가르의 자식들, 이스마엘의 자손들과 동일시되는 경험적 이스라엘과의 연결 다리가 완전히 끊어진 것처럼 보인다. 아마도 바오로는 갈라티아의 교회들을 할례와 율법 준수로 복귀시키려던 유다주의적 적수들을 논박하면서 이렇게 모진 판단에 마음이 쏠렸던 것 같은데, 여종 하가르와 그녀의 아들 이스마엘의 예가 율법이 야기하는 종살이를 실감나게 나타내 줄 수 있으리라고 여겼기 때문이었을 것이다.

바오로는 코린토 2서 3,6.9-11에서 두 계약의 대립적 특징을 묘사하니, 문자와 영, 단죄의 직분과 의로움의 직분, 곧 사라짐과 길이 남음이다. 덧붙여 오직 여기서만 사도는 명시적으로 옛 계약이라는 개념을 사용한다 (3,14; 참조: 3,6). 여기서도 두 계약 사이에 연결 다리가 없는 것처럼 보인다. 이스라엘 사람들 마음에는 너울이 덮여 있어, 구약성경을 읽을 때도 그리스도를 가리키는 그것의 참의미를 이해하지 못한다. 여기서 모세가 얼굴을 가렸던 너울(탈출 34,29-35)을 상징으로 이용하는 것은, 이미 그때부터 이스라엘 사람들의 완고함이 시작되었음을 말하고자 하는 것이겠다.[276]

지금까지 상술한 것에 견주어 전혀 새로운 전망이 로마서 11장에서 열린다. 여기서 바오로가 이스라엘 문제에 관해 마지막으로 견해를 밝히고 있다는 사실 때문에라도, 로마서 11장의 진술에 각별한 중요성을 부여해야 한다. 사도는 이방계 그리스도인들이 자신들의 선택 때문에 그리고 현

---

[275] '영에 따라 태어났다'라는 표현은 갈라티아서 3,14("약속된 성령")의 의미로 해석해야 한다. 이 표현의 배경에 더 폭넓은, 유다·헬레니즘 전통이 있는가라는 문제: M. DIBELIUS, *Jungfrauensohn und Krippenkind: Botschaft und Geschichte* I (Tübingen 1953) 1-78 중 41.

[276] WOLFF(*2 Kor* 72)는 3,14의 기동적 부정 과거(ingressiver Aorist)에 주목한다.

재 이스라엘의 완고함 때문에 자만해서는 안 된다고 경고하고, 이스라엘과 그들의 관계에 대해 가르친다. 여기서 주도 관념은 연속성이다. 옛 하느님 백성과 새 하느님 백성을 대립시키지 않는다. 포괄하는 무엇이 존재한다. 이스라엘과 이방인들의 관계를 잘 가꾸어진 귀한 올리브나무와 야생 올리브나무의 비유를 통해 설명한다. 하느님은 귀한 올리브나무 가지를 잘라 내시고 거기에 야생 올리브나무 가지를 접붙이시는, 그렇게 당신 자유를 지키시는 과수원 주인으로 나타난다. 이방인들의 선택은 이스라엘의 선택에 참여함이니, 전자는 근본적으로 오직 이 테두리 안에서만 가능하다. 물론 과장 해석해서는 안 되는 이 비유가 말하고자 하는 바는 무엇보다도 하느님께서 당신 백성에 대한 애정에 언제까지나 충실하시다는 것이다(로마 11,17-24 참조). 9,6 이하와 견주어 보건대, 이것은 시각의 변화 이상을 의미한다. 거기서는 약속 담지자들을 선택하시는 하느님의 자유가 중심이라면, 여기서는 연속성을 가능하게 하는 하느님의 신실하심이 중심이다. 그렇다면 하느님의 신실하심이 당신 백성의 불충과 완고함을 무릅쓰고 어떻게 구체화되는가라는 물음이 당연히 제기된다.

바오로는 정확한 대답을 제시한다: "온 이스라엘이 구원을 받게 될 것입니다"(11,26). 하지만 이 간명한 대답은 많은 난제의 그물에 갇혀 있다. 우선 이 문맥 안에도 존속하는 이스라엘과 이방인들의 관계를 유의해야 한다. 이 관계가 예언자들의 뚜렷한 대망待望을 이 이방인들의 사도의 활동과 곧장 연결시킨다. 이스라엘과 이방인들의 관계는 서로를 규정하고 거의 경쟁적이며 (믿기지 않을 만큼 짜 맞추어진 방식으로) 마침내 조화로운 통합으로 용해되는 관계다. 이것을 대략 이렇게 묘사할 수 있다: 이스라엘(의 일부)는 완고해졌다(11,25) → 그들의 잘못(걸려넘어짐)이 이방인들의 수용을 가져왔다(11,11-12) → 이방인 선교는 끝까지 수행되고, 이방인들의 충만한 수가 (하느님 백성에) 들어와야 한다(11,25)[277] → 온 이스라엘이 구원

---

[277] 바오로의 문맥에서 '들어옴'은 하느님 나라가 아니라 하느님 백성과 관련시켜야 한다.

받게 될 것이다(11,26) → 그들의 충만한 수는 세상에 풍요로움을 가져오고, 죽음에서 살아남이다(11,12.15). 이로써 죽은 이들의 종말 부활이 언명되었고, 온 이스라엘의 구원이 세상 종말의 날 아침에 일어날 역사의 마지막 사건으로 여겨지고 있다. 구원 사건의 이 연속적 전개에 바오로가 직결되어 있음은, 그의 선교 활동이 이방인들의 충만한 수를 채우는 데 결정적으로 기여하고 또 그로써 이스라엘이 마침내 회심하는 길을 열어 준다는 데서 드러난다: "나는 이민족들의 사도이기도 한 만큼 내 직분을 영광스럽게 생각합니다. 그것은 내가 내 살붙이들을 시기하게 만들어 그들 가운데에서 몇 사람만이라도 구원할 수 있을까 해서입니다. 그들이 배척을 받아 세상이 화해를 얻었다면, 그들이 받아들여질 때에는 어떻게 되겠습니까? 죽음에서 살아나는 것이 아니고 무엇이겠습니까?"(11,13-15). 그러므로 앞에서 묘사한 단계들은 이미 진행되고 있었다. 완세적 종말을 향한 역사의 운동은 이미 시작되었다. 이 묘사가 역사적 사실에 근거하고 있음은, 난제와 장애가 많은 이방인 선교가 현실적으로 상당 부분 유다인들의 거부 행태에서 비롯했다는 데서도 드러난다고 하겠다. 그러나 바오로가 이스라엘 구원의 실현을 어찌 표상했는지, 특히 어떻게 이스라엘을 시기하게 만들려 했는지는 매우 불분명하다.[278]

바오로가 로마 교우들에게 신비라고 언명한 이스라엘의 구원에 대한 통찰에 어떻게 이르게 되었는지에 대한 질문이 제기될 수 있다. 사람들은 그 통찰을 제 겨레를 위한 사도의 간절한 기도에 대한 하느님의 응답으로 보고자 했고(참조: 10,1; 9,1-3), 그러면서 예언자의 사명을 지적할 수 있었는데, 이 사명은 구원이 취소될 위험에 처한 겨레를 위해 마땅히 기도해야 할뿐더러, 하느님의 응답도 거듭 받는다.[279] 그러나 본문이 암시하는, 그래서

---

[278] KÄSEMANN(*Röm* 294)은 '2000년간 이루어지지 못한 것을 10년 안에 성취하고자 애쓴 … 한 남자의 묵시록적인 꿈에 관해 말한다 — 이스라엘의 걸려넘어짐과 재수용 그리고 그 사이에 수행되는 이방인 선교는 올리브나무 비유와 상응한다(11,17.19-20.23).

[279] MÜLLER, *Prophetie* 229-232. 참조: WILCKENS, Röm II 254.

더 수긍이 가는 추측은, 바오로가 성경 또는 특정 성경 구절들을 집중적으로 숙고함으로써 이 통찰에 이르렀으리라는 것이다. 성경적 전거로 사도는 칠십인역 이사야서 59,20-21과 27,9를 섞어 인용한다:[280] "시온에서 구원자가 오시어 야곱에게서 불경함을 치우시리라. 이것이 내가 그들의 죄를 없앨 때 그들과 맺어 줄 나의 계약이다"(로마 11,26-27) — 여기서 죄의 용서 안에 주어지는, 그리스도의 재림(바오로에게 구원자는 어디까지나 재림하시는 그리스도다)을 통한 다시 받아들여짐, 그리고 계약 사상과의 결부(27절)에 유의해야 한다. 우리에게는 기이하게 여겨지는, 바오로가 제 겨레에게 불러 일으켜 믿음으로 이끌고자 하는 시기라는 개념을 사도는 아마 칠십인역 신명기 32,21에서 빌려 왔을 것이다: "나는 민족도 아닌 무리를 너희가 시기하게 하고 어리석은 민족에게 너희가 분노하게 하리라"(로마 10,19).[281] 그러나 사상적 조합組合은 민족들의 순례에 대한 구약성경 예언자들의 대망을 함께 고려할 때 더 잘 이해할 수 있는데, 바오로는 이 대망을 매우 자의적으로 변형시켰다. 예언자들의 사상에 따르면, 시온 산과 그 위에 견고하게 세워진 주님의 집에 매혹된 이민족들이 이스라엘의 구원에 한몫 끼기 위해 예루살렘으로 순례를 오는 반면, 바오로에 따르면 구원에 이른 이민족들이 불신의 디아스포라에 흩어진 이스라엘의 마음을 움직여 시온으로 귀향하게 한다.[282]

나아가 바오로는 기존의 예언 단구도 하나 수용한 듯한데, 다음과 같다: "이스라엘의 일부가 마음이 완고해진 상태는 다른 민족들의 충만한 수가 (하느님 백성에) 들어올 때까지 이어지고 그다음에는 온 이스라엘이 구원을 받게 될 것입니다"(11,25ㄴ-26ㄱ).[283]▶ 온 세상 디아스포라에 흩어진 백성

---

[280] 참조: ZELLER, Röm 199.

[281] 인용문에서 바오로는 삼인칭 복수형을 이인칭 복수형으로 바꿔 놓았다.

[282] 이민족들의 순례 사상: 이사 2,2-4; 미카 4,1-4; 즈카 2,14-15, 그리고 ZELLER: BZ 15 (1971) 222-237; 16 (1972) 84-93. 이 사상으로 말미암아 로마서 11,26(= 칠십인역 이사 59, 20)의 시온에 대한 언급이 중요해진다. WILCKENS(Röm II 257)는 여기서 이스라엘의 중심에 관한 표명을 본다.

의 재건과 귀향이라는 관념은 백성의 회심과 결부되어 있는데, 당시 유다교에 널리 퍼져 있었다(참조: 희년사 1,15; 23,28-30; 솔로몬의 시편 18,1-5; 모세 승천기 1,8-10). 나중에 그리스도교 예언이 이 관념을 받아들여 예수 그리스도께의 회심으로 변경시켰을 것이다.

이로써 이스라엘에게 특별한 길이 주어져 있는가라는 물음이 제기된다.[284] 여기서 그리스도를 지나쳐 가는 율법의 길만을 생각한다면, 이 물음은 바오로의 취지에서는 단호히 부정적으로 대답되어야 한다. 로마서 9-11장도 의화론에 관한 내용으로 점철되어 있다. 이스라엘의 구원에 대한 예언에 선행하는 두 올리브나무의 비유는 믿음이라는 주제에 의해 규정지어져 있다: "그들도 불신을 고집하지 않으면 다시 접붙여질 것입니다"(11,23). 이스라엘에게 약속된 용서는 로마서 4,7-8(= 칠십인역 시편 31,1-2: 그 믿음이 의로움으로 인정받은 아브라함의 행복에 대한 찬양)처럼 (동일하지는 않지만) 비슷한 약속 — 불법의 용서, 죄의 사면(로마 11,26-27 참조).[285] — 을 담고 있는 성경 인용문들을 통해 확증된다. 완고한 이스라엘도 하느님의 자비로부터 생명을 선사받게 되려니와, 이 자비는 예수 그리스도 안에서 결정적인 것이 되었다: "사실 하느님께서 모든 사람을 불순종 안에 가두신 것은, 모든 사람에게 자비를 베푸시려는 것입니다"(11,32). 용서를 선사받은 아브라함은 자신이 믿음의 인간임을 입증했다. 마침내 유다인들이 그리스도를 성취된 약속들의 표지로 알아보고, 그분을 믿음 안에서 기꺼이 받아들이게 될까?

---

[283] 26ㄱ의 *οὕτως*(그다음에는)는 시간적으로 이해하는 것이 더 낫다. 삼중적으로 구성된 이 단구는 필경 헬라 유다계 그리스도교에서 생겨났을 것이다. 참조: SCHMITHALS, *Röm* 402-403. MICHEL(*Röm* 250 Anm. 2)은 이것을 유다교 전승으로 보며 더 단축시킨다. 이방인들의 '들어옴'은 본래 단구에서는 필시 하느님 나라와 관련되었을 것이다.

[284] 참조: MUSSNER: *Kairos* 18 (1976) 241-255; THEOBALD: *Kairos* 29 (1987) 1-2; KLAPPERT, *Traktat* 85-90.

[285] HÜBNER(*Gottes Ich* 119-120)는 한편으로는 이사야서 59장과 27장, 그리고 다른 한편으로는 로마서 11,25 이하와 바오로 의화론의 낱말들의 일치에 주목한다.

특히 바오로의 상이한 평가들과 관련해서도 아직 여러 문제가 남아 있다. 예를 들어 유다인들을 하가르의 자손이라 지칭하는 갈라티아서 4장으로부터 로마서 11,26으로는 길이 곧장 통하지 않는다. 연구자들은 자기모순처럼 보이는 이 혼란스런 실상을 여러 가지로 판단해 왔다.[286] 여기서 휘브너는 연구자들이 진퇴양난에 빠져 있음을 확인하지만, 이것이 경솔함에서 비롯된 것은 물론 아니라고 한다.[287] 플라크는 11,25-27을 편집 과정 중에 끼어들어온 것으로, 물론 바오로의 다른 편지에서 유래하는 것으로 본다.[288] 그러나 이로써 로마서 9-11장 안의 불균형을 해소할 수 있을지 몰라도, 바오로 신학 전체 테두리 안의 불균형은 해소하지 못할 것이다. 슈미탈스의 영특한 주장에 대해서도 비슷한 말을 할 수 있는데, 이에 따르면 로마서 9-11장에는 각각 다른 네 수신자를 대상으로 한 네 개의 상이한 논증이 들어 있다.[289] 결국 이 문제에서는 바오로 신학의 발전 과정을 고려해야 할 것이니, 이것이 이스라엘 문제를 둘러싼 사도의 실존적 고투를 좀 더 잘 이해할 수 있게 해 준다. 어쨌든 이미 코린토 2서 3,16에 이스라엘의 회심 가능성에 관한 언급이 나온다.[290] 하느님 백성의 부르심이 아브라함의 부르심 안에 뿌리박고 있다는 것이 시종일관 바오로의 확고한 소신이었다. 약속의 담지자인 아브라함은 언제까지나 하느님께서 당신의 자유로운 은총으로 이뤄 내시는 하느님 백성의 출발점으로 남아 있을 것이다. 바오로는 신학적 성찰 마지막에 경험적 이스라엘의 종말 구원을 선언함으로써, 하느님의 신실하심(로마 11,28-29)을 고백하고 또 하느님 백성의 시작도

---

[286] 개관: SCHMITHALS, *Röm* 406-407.

[287] HÜBNER, *Gottes Ich* 122.

[288] SCHMITHALS, *Israels Wege* 41.60.65-66.

[289] *Röm* 408-409. 로마서 9,6-29는 유다교 회당, 10,1-21은 이방계 그리스도인들, 11,1-10은 유다계 그리스도인들 그리고 11,11-24(27)는 급진적 이방계 그리스도인들을 겨냥한 것이라고 한다.

[290] 우리도 루터처럼. 이스라엘이 어떻게든 회심하리라고 생각해도 좋다. WOLFF(*2 Kor* 74-75)는 이스라엘 사람 개개인의 회심을 우선적으로 상정한다.

목표도 이스라엘이라는 것을 고백한다. "교회가 이스라엘 없이 존재하지 않듯이, 하느님 백성이 교회가 되면, 이스라엘만이 언제까지나 하느님 백성이다."[291]

참고문헌

W.D. DAVIES, Paul and the People of Israel: *NTS* 24 (1977/78) 4-39.

L. DE LORENZI (Hrsg.), *Die Israelfrage nach Röm 9-11* (Monographic Series of Bene-dictina 3) (Rom 1977).

H. HÜBNER, *Gottes Ich und Israel* (FRLANT 136) (Göttingen 1984).

H.-M. LÜBKING, *Paulus und Israel im Römerbrief* (Frankfurt 1986).

U. LUZ, *Das Geschichtsverständnis des Paulus* (BEvTh 49) (München 1968).

C. MÜLLER, *Gottes Gerechtigkeit und Gottes Volk* (FRLANT 86) (Göttingen 1964).

U. MÜLLER, *Prophetie und Predigt im NT* (StNT 10) (Gütersloh 1975).

C. PLAG, *Israels Wege zum Heil* (AzTh I. 40) (Stuttgart 1969).

F. REFOULÉ, *"··· et aussi tout Israel sera sauvé"* (Paris 1984).

M. THEOBALD, Kirche und Israel nach Röm 9-11: *Kairos* 29 (1987) 1ff.

N. WALTER, Zur Interpretation von Römer 9-11: *ZThK* 81 (1984) 172-195.

D. ZELLER, Das Logion Mt 8,11f/Lk 13,28f und das Motiv der "Völkerwallfahrt": *BZ* 15 (1971) 222-237; 16 (1972) 84-93.

—, *Juden und Heiden in der Mission des Paulus* (FzB 8) (Würzburg ²1976).

---

[291] KÄSEMANN, *Röm* 297.

3
공관복음서 저자들과 그들의 신학적 구상

공관복음서 저자들은 바오로 사도보다 늦게 자기들 작품을 쓰기 시작했다. 또한 그들의 상황은 바오로와 전혀 달랐다. 복음서 집필에서 온전히 전승에 의존했고, 자신들의 신학적 의도를 명확히 나타낼 수 있는 가능성은 훨씬 제한되어 있었다. 그럼에도 그들은 그 일을 수행했다. 공관복음서 저자들은 전승에 매여 있음을 의식했고 단지 편집과 구성을 통해서만 작품 형성에 개입할 수 있었기 때문에, 그들의 신학적 구상을 밝히는 일은 훨씬 더 어렵다. 어쨌든 편집사(편집 비평)적 방법론이 생겨난 이래 연구자들은 이 일에 많은 노력을 기울여 왔다.

이 자리에서 공관복음서 전승의 다양성을 추적하는[1] 것은 불가능하며, 다소간 신빙성 있다고 추정되는 모든 문헌 자료 또는 방대한 구전 자료[2]를 조사할 수도 없다. 그러나 적어도 전승에 의존한 자료를 일별一瞥하는 것이 중요하다고 여겨지기에, 공관복음서 저자들과 관련하여 두 가지 출전을 논구해야 할 것이니, 곧 예수 어록과 마르코 이전의 원수난사화다. 루카의 신학적 구상과 관련해서 셋째 복음서와 긴밀히 연계하여 보아야 하는 사도행전은, 그 전승의 관점에서는 물론 복음서와 떼어 놓아야 한다.

1. 예수 어록

이출전설二出典說의 대두 이래 예수 어록(Q)은 이출전설의 핵심 구성 요소다. 이출전설을 부정하면 어록도 헛것이 되고 만다. 그러나 이출전설이 여전히 공관복음서 문제에 대한 가장 설득력 있는 설명이기에, 어록의 존재

---

[1] 참조: 양식 비평에 관하여 현재까지도 중요성을 인정받고 있는 R. BULTMANN, M. DIBELIUS, K.L. SCHMIDT의 저작들.

[2] 예컨대 연구자들은 마르코 복음서 2,1-3,6 또는 4,1-34에 마르코 이전의 집성문이 들어 있고, 마르코 복음서 13장은 작은 묵시록의 원본문을 개작한 것이라고 본다. 참조: H.-W. KUHN, *Ältere Sammlungen im Markusevangelium* (StUNT 8) (Göttingen 1971). Kuhn은 좀 오래된 연구에 대해 꽤 신중한 입장을 취한다.

를 인정하는 게 마땅하다. 우리도 그렇게 하고 있다. 다만 이 핵심 요소를 다룰 때, 언제나 그 경계들을 유념해야 한다.

어록을 좀 더 정확히 규정하려 할 때부터 난관에 봉착하기 시작한다. 여러 가지 제안이 있다. 디벨리우스는 어록을 교훈서에 집어넣었는데, 이 전반적 규정의 근거로 예수의 말씀들은 그분의 활동에 관한 이야기들과는 다른 조건에서 전승되어 왔다는 중요한 관찰을 제시했다.[3] 슐츠는 라삐들의 '스승들의 금언' 양식에 따른 예수의 율법(토라)과 할라카에 관해 말했다.[4] 슈테크는 교화적 성격을 강조하고, 어록을 서기 70년 전에 이스라엘을 소집하고자 했던 저 설교자들을 가르치기 위해 만든 것으로 본다.[5] 퇴트는 어록이 단순히 예수의 선포를 속행하려는 노력에서 생겨났다고 본다 (호프만도 이에 동조한다). 아무튼 (퇴트에 따르면) 많은 단편의 보존과 수집이 이 노력에서 비롯했다.[6]

디벨리우스는 확실히 옳게 보았다. 어록에는 서사적敍事的 관심이 결여되어 있다. 그러나 어록이 교훈서라는 전반적 규정은 종말론적 차원을 고려하지 않았다. 우리는 예수의 선포가 속행된다고 말할 때, 어록의 예수는 그 자신의 설교 때와는 다른 입장에 있음을 유의해야 한다. 근본적으로 어록은 새로이 꼴 갖춘 장르인 까닭에, 정확한 딱지 붙임은 거의 불가능하다. 그나마 그리스도의 종말론적 가르침이라고 말하는 게 가장 나을 성싶다. 어록의 '삶의 자리'Sitz im Leben로 짐작되는 것은 이스라엘 선교다. 그렇다면 어록은 이스라엘 선교사들에게 도움을 주기 위한 것이었을 것이다.

어록 복원에서는 불확실성을 더욱 감수해야 한다. 우리가 둘의 공통 자료를 바탕으로 어록 복원을 시도하는 마태오와 루카 복음서는 물론 어록의 이런저런 자료를 무시했을 것이다. 아무튼 매우 신중한 작업을 거쳐 아

---

[3] M. DIBELIUS, *Formgeschichte* 234-247 참조.

[4] S. SCHULZ, Markus und das Urchristentum: *StEv* II (Berlin 1964) 135-145 중 138-139.

[5] O.H. STECK, *Israel* 288.

[6] H.E. TÖDT, *Menschensohn* 255-256. 참조: P. HOFFMANN, *Anfänge* 137.

래의 표가 만들어졌는데, 물론 이 표도 어록 단락들의 순서를 그대로 반영한다고 주장할 수는 없다.

세례자 요한의 회개 설교(루카 3,7-9.16-17//)

예수의 유혹(루카 4,1-12//)

제자 교육 말씀(루카 6,20-23.27-49//)

카파르나움의 백인대장(루카 7,1-10//)

세례자 요한과 예수(루카 7,18-28.31-35//)

추종, 파견, 제자들의 행복 선언(루카 9,57-60; 10,2-16.21-24//)

기도 청허(루카 11,9-13//)

논쟁과 책망(루카 11,14-26.29-32.39-52//)

신앙고백과 박해(루카 12,2-10//)

걱정하지 마라(루카 12,22-31//)

종말 환난에 대한 경고(루카 12,39-46.51-53//)

종말 사건들(루카 17,23-24.37.26-27.34-35//)[7]

드러난 실상에서 눈길을 끄는 것은, 서사적 텍스트는 거의 완전히 탈락되어 있다는(예외: 루카 7,1-10//) 사실 — 그래서 어록이라는 이름이 붙었다 — 과, 신앙고백(문)이 전혀 없다는 사실이다(아래를 보라). 이 작품이 말씀 전승을 제공하는 까닭에, 예수의 수난이 서술·언급되지 않는 것은 당연하다 하겠다. 어록과 수난 케뤼그마의 관계는 논란되고 있다. 한 연구 경향은 어록이 수난 케뤼그마를 보완하기 위해 쓰였다는 견해를 내세우는 반면, 다른 경향은 어록의 독자성, 더 나아가 수난 케뤼그마와의 상충을 주장해야 한다고 생각한다.[8] 우리는 두 입장 모두 비판적으로 대해야 한다. 물론

---

[7] HOFFMANN, *Anfänge* 135-137 참조. 탁월한 개관: POLAG, *Fragmenta Q*.

[8] 전자의 예: B.H. STREETER, *The Four Gospels* (London [8]1953) 292. 후자의 예: TÖDT, *Menschensohn* 224-231.

어록은 예수 부활에 대한 믿음을 (또 그로써 십자가에 대한 한 가지 해석도) 전제하고 있다. 어록은 보완적 성격을 지니고 있지 않다. 무엇보다 '그리스도의 종말론적 가르침'이라는, 어록의 고유한 특성에 유의해야 한다. 이러한 어록 자체는 자기 배후 공동체의 열망과 삶의 일정 부분만을 충족시킨다. 확실히 대답할 수 없는 문제는 일단 열어 둬야 한다. 너무 멀리 나아가는 추론은 삼가는 것이 옳다. 물론 어록에서 그리스도교 신학의 단초들을 볼 수 있지만, 다른 것들도 병존하고 있다.[9]

우리는 또한 어록이 입으로 전해지고 문서로 기록되는 과정에서 자료가 늘어났음을 전제해도 된다. 그 밖에 어록에 관한 갖가지 추측과 상상— 이를테면 팔레스티나 유다계 그리스도교 영역에서 헬라 유다계 그리스도교 영역으로의 이행移行(마땅한 비판을 받았다), 서사성,[10] 또는 예수가 누구인지를 좀 더 분명히 말하는 데 대한 상당한 관심의 대두[11] 등 — 이 있다. 선대로 거슬러 올라가는 이 복원 작업은 여기서 단념하기로 한다.

1.1 그리스도론

어록 연구자들은 그리스도론적 언명이 매우 드물다는 폴라크의 원칙적 판단에 흔히 동조한다. 그러나 그런 인상과는 달리 어록이 인자(사람의 아들) 예수에 관해 즐겨 언급함을 유의해야 한다.[12] 이것은 중요하다. (하느님의 아들, 아들, 주님과 더불어) '인자'라는 칭호가 매우 자주 나올뿐더러, 어록 전체의 정향에 온전히 상응하기 때문이다. 어록은 인자의 오심, 그의 때(루카 12,40//), 그의 날(루카 17,24),[13] 그의 날들(루카 17,26//), 심판을 위한 그의 내

---

[9] 비판적 논평: H. MERKLEIN, Die Auferweckung Jesu und die Anfänge der Christologie: *ZNW* 72 (1981) 1-26.

[10] SCHULZ(Q 42와 곳곳)의 이 견해에 대한 비판: P. HOFFMANN, Rez. von Schulz: *BZ* 19 (1975) 104-115.

[11] DIBELIUS, *Formgeschichte* 246 참조.

[12] POLAG, *Christologie* 184 참조.

림來臨에 정향되어 있다. 예수가 설교에서 인자에 관해 언급하지만 남의 말 하듯 하기 때문에(루카 12,8 참조) 예수와 내림할 인자 사이에 비밀스러운 거리가 생겨난 반면, 십자가와 부활 이후의 어록 공동체에게는 예수가 고대하는 인자임이 너무나 분명했다.[14] 이 내림에 대비하는 것이 중요했다. 근본적으로 어록은 그리스도교의 이스라엘 선교사들이 예수의 죽음과 부활 이후 오랫동안 이스라엘 백성에게 인자의 날을 준비시키기 위해 불러 일으켰던 각성 운동을 반영하고 있다. 여기서 우리는 그 선교사들은 종말이 임박했다고 생각했다는 데서 출발해야 한다. '임박'은 머지않은 장래를 가리키며, 어디까지나 자기들이 살아 있는 동안 일어날 사건과 관련된다. 예수의 설교에서도 임박이 한 기본 요소이지만, 예수에게서는 이미 체험할 수 있는 구원의 현재성이 더 강력하게 대두된다. 종말 임박 기대의 강화는 묵시문학적 사건인 죽음으로부터의 예수 부활에 대한 체험을 통해 전례前例 없이 촉진되었을 터이나, 세례자 요한의 심판 설교의 수용을 통해서도 그랬을 것이니, 그 설교도 열렬한 종말 임박 기대로 가득 차 있었다. 그러나 어록에는 시기를 명시하는 내림 언급은 없다.

인자 내림 대망待望에는 심판 사상이 각인되어 있다. 심판 대망이 예수의 하느님 나라 선포에 대한 결정적 해석이 되었다.[15] 그렇다면 어록은 요한의 설교와 가까운 그만큼 예수의 설교와 거리가 있다고 하겠다. 과연 예수에게는 하느님 나라라는 구원의 제시가 무엇보다 중요했고 여기서 이차적으로 심판이 비롯하는데, 요한에게서는 반대다. 그러나 세례자 요한은

---

[13] 이 표현이 어록 텍스트에 들어 있었는지는 논란이 분분하다. 이는 사실 루카 복음서 17, 24 전체에도 해당된다.

[14] 그 진정성이 격렬히 논란되는 인자에 관한 예수의 말: GNILKA, *Jesus* 251-253.260-264. 내가 보기에 루카 복음서 12,8-9에 비해 마태오 복음서 10,32-33이 우선함을 입증하려는 P. HOFFMANN[Jesus versus Menschensohn: *Salz der Erde-Licht der Welt* (FS A. Vögtle) (Stuttgart 1991) 165-202]의 시도는 복음서 저자의 대구(對句) 병렬에 가로막혀 실패하는데, 이 대구는 마태오의 문체에 온전히 부합한다.

[15] LÜHRMANN, *Logienquelle* 94 참조.

그리스도교가 구원사에서 그에게 지정해 준 인자 예수의 선구자 자리로 옮겨졌으니, 예수는 성령과 불로 세례를 주리라고 요한은 예고한다(루카 3,16//). 그런데 요한의 설교에서는 성령과 불로 세례를 베풀 분이 누구인지 다소 불분명하다. 야훼 자신인가? 묵시문학에 예정되어 있는 천상 인자인가? 요한이 고대하던 '나보다 더 큰 능력을 지니신 분'을 노골적으로 예수와 동일시하게 된 것은 (요한의 설교를 그리스도교 텍스트에 맞춰 넣은 것과는 관계없이) 다음과 같은 겸손의 말을 끼워 넣음으로써 이루어졌다: "나는 그분의 신발 끈을 풀어 드릴(또는 신발을 들고 다닐) 자격조차 없다."[16] 이로써 고대하던 인물의 역사적·인간적 차원뿐 아니라 예수와 요한의 현격한 차이도 확보되었다.

인자에 관한 말의 특징은 역할들, 특히 심판에서의 인자의 역할을 묘사한다는 데 있다(루카 12,8).[17] 이 특징이 신앙고백으로 발전하지는 않는데, 어록에서도 그렇고 그 후에도 그렇다. 그러나 어록은 인자 그리스도론을 개진開陳하는데, 지상 예수 역시 인자로 지칭하면서 한 번은 머리를 기댈 곳조차 없이 유랑하는 떠돌이로(루카 9,58//), 또 한 번은 경멸받는 세리와 죄인들과 함께 먹고 마시는 사람으로(루카 7,34//) 묘사한다. 이 역설적 언명들은 인자의 주권을 그의 비천함에서 암시하고자 한다. 과연 이 인자는 자진하여 현세적 안전을 포기하고 경멸받는 자들을 받아들임으로써 자신의 전권적 은총을 표명한다.[18]

인자의 심판 기준은 그의 가르침의 수용 여부인데, 이는 제자 교육 말씀 등에 전해져 온다. 이 예수의 가르침(원수 사랑, 폭력 포기 등)을 우리가 보존하고 있는 것은 어록 공동체의 전승 덕분임을 한번 마음에 생생히 새기는 것

---

[16] 어록의 이 말의 생성에 관한 설득력 있는 설명: HOFFMANN, *Studien* 31-33.

[17] H. MERKLEIN: *ZNW* 72 (1981) 24 참조.

[18] 지상 인자의 전권이 그의 미래의 심판 대권에서 비롯하는가(HOFFMANN, *Studien* 145) 아니면 그의 지상 활동에서 비롯하는가(TÖDT, *Menschensohn* 130)를 둘러싼 논쟁은 무익하다. 두 관점을 모두 고려해야 하기 때문이다. 지상 활동 역시 심판 작용을 하고 있음을 바로 루카 복음서 7,34//가 알려 준다.

이 좋다. '주님, 주님' 부르는 사람들이 아니라 그의 말을 실행하는 사람들이 넘어지지 않을 것이다(루카 6,46-49//). 그러나 뒤늦게나마 여기서 이 공동체 사람들은 단지 순종만 했는가 아니면 선취하는 은총을 알고 있었는가라는 신학적으로 중요한 물음이 제기되는데, 이 문제는 공관복음서 저자들과 관련해서도 다루게 될 것이다. 여기서는 특히 전승에의 유착이 우리가 원하는 통찰을 방해한다고 하겠다. 심판 사상과 이와 결부된 행동 촉구가 전반적으로 지배하고 있지만, 은총 제공의 예증으로 세례자 요한의 질문에 관한 단락(페리코페)을 지적할 수 있겠다(마태 11,2-6//). 은총은 병자들 치유와 가난한 이들에게의 복음 선포에서 체험될 수 있다. 이 은총 제공과 관련해서 보면, 기적의 의미가 명료해진다. 또한 어록에는 치유 사화가 들어 있지 않기 때문에, 구약성경 구절들의 혼합 인용문[19]을 이용하는 어록의 이 (포괄적) 언급에 마땅히 유의해야 한다. 이 성경 숙고 뒤에는 필경 예수를 종말 시기 예언자로 보는 관념이, 그의 활동은 아무튼 최종적인 것의 표지라는 인식이 있었다.[20]

아마도 가장 중요한 그리스도론적 언명은 루카 복음서 10,21-24//의 제자들에 대한 행복 선언이 제공해 준다. 이 구절은 신앙고백을 담고 있지는 않지만, 그래도 역할을 규정짓는 인자─로기온(토막 말씀)들을 뛰어넘어, 예수가 누구인지를 밝히고자 한다. 이미 이 점이 이 구절을 좀 후대의 성찰 단계에 귀속시킨다. 예수가 (절대적 의미의) 아들임이 전제되며, 아들과 아버지의 지속적인(현재형!) 상호 인식 과정을 통해 묘사된다.[21] 이 '토막 말씀'에 어록 공동체가 얻은, 예수가 인자라는 인식(만)이 전해져 있다고 보고자 한다면, 이 '토막 말씀'의 중요성을 감소시키게 될 것이다.[22]▶ 아들로서 예수는 아버지를 밝히 드러내고, 자신이 원하는 사람에게 그분을 계시

---

[19] 칠십인역 이사 61,1; 26,19; 35,5-6이 혼합 인용된 것 같다. GNILKA, Mt I 408 참조.

[20] 참조: POLAG, *Christologie* 36-37; HOFFMANN, *Studien* 206-215.

[21] 그러므로 아버지를 통한 아들의 인식을 그의 선택에 귀착시킬 수 없다. 토론: GNILKA, *Mt* I 437-439.

해 준다. 이 절대적 아들 언명 — 나중에 특히 요한 복음서에서 속행된다
— 에서는 처음부터 아버지와 아들의 상호 결부, 상호 연관이 매우 중요하
다. 서로를 아는 관계가 지혜문학적이라고 지칭해야 할 방식으로 묘사되
어 있다는 지적은 옳다. 특히 가까운 예로 집회서 1,6-10을 들 수 있겠다:
"지혜의 뿌리가 누구에게 계시되었으며 지혜의 놀라운 업적을 누가 알았
느냐? 지혜의 슬기가 누구에게 나타났으며 지혜의 풍부한 경험을 누가 이
해하였느냐? 지극히 경외해야 할 지혜로운 이 한 분 계시니 당신의 옥좌에
앉으신 분이시다. 주님께서는 지혜를 만드시고 알아보며 헤아리실 뿐 아
니라 그것을 당신의 모든 일에, 모든 피조물에게 후한 마음으로 쏟아 부으
셨으며 당신을 사랑하는 이들에게 선물로 주셨다"(참조: 욥기 28,23-28; 시리아
어 바룩 묵시록 3,32).[23] 제자들에 대한 행복 선언의 특징인 현재형 표현과 하
느님을 아버지(루카 10,22ㄱ: "나의 아버지")로 부르는 것에 유의해야 하겠다.
이것은 말씀의 확실성을 특히 그리스도인의 체험 영역 안에서도 추구하는
계기를 제공한다. 아들의 비밀의 본질은 하느님이 그에 의해, 그것도 아버
지로 계시된다는 데 있다. 그래서 그는 아들이다. 아버지의 인식은 아들의
인식 안에 지양止揚되어 있다. 그래서 후자는 별도로 언급할 필요가 없다.

　예수를 지혜 가까이 옮겨 놓는, 그러나 결코 동일시하지는 않는 네 개의
토막 말씀이 더 있다. 그런 동일시는 좀 후대의 전승 단계에서, 예컨대 마
태오 복음서에서 처음으로 이루어진다. 어록의 예수는 지혜와 관련하여
위대한 현자로 여겨진다. 예수가 솔로몬보다 더 크다면(루카 11,31), 이스라
엘에서 아니 온 세상에서 가장 지혜로운 자를 능가하니, 과연 그 옛날 남
방의 여왕은 솔로몬의 지혜를 들으려 땅 끝에서 왔다.[24] 지혜에 관한 다른
토막 말씀들은 박해 전승 속에 들어 있는데, 어쩌면 어록에 의해 그 안에
삽입되었을 것이다. 루카 복음서 7,35//가 그중 하나다: "그러나 지혜가 옳

◂[22] HOFFMANN, *Studien* 134-142 참조. 호프만은 아들 칭호가 지혜 그리스도론과 인자 그
리스도론의 융합에 기인한다고 본다.

[23] 그 밖의 예증: CHRIST, *Sophia* 89.

다는 것을 지혜의 모든 자녀가 드러냈다." 이 구절은 본디 독립된 단구인데, 여기서는 고집 센 아이들 비유와 연계하여 세례자 요한과 예수를 (하느님의 지혜를 귀 기울여 듣는 다른 사람들과 함께) 지혜의 자녀로 헤아린다.[25] 박해에서도 예수는 지혜의 사자使者들과 결속되어 있다(루카 11,49-51//; 참조: 13,34-35).[26] 예수의 죽음이 이런 맥락에서 해석될 수도 있다는 것은 주목할 만하다. 예수의 죽음은 그에 앞서 예언자들이 겪었고 지혜의 자녀들에게도 닥치는 포악한 운명에 귀속되어 있다. 여기서 기존 관념들이 융합하고 또 일정하게 선명함을 잃어 가는 것이 드러난다. 지혜 그리스도론이 예언자들의 운명과 융합되는데, 이 둘은 그리스도론 테두리를 넘어 다른 하느님 사자들의 운명을 포섭하는 데 적합하다.

대화로 이루어져 있다는 특징이 좀 뒷단계의 전승임을 알려 주는 유혹 사화에서 예수는 두 차례 (악마에 의해) 하느님의 아들로 불린다(루카 4,3.9//). 그런데 이 칭호는 관사가 없고 또 조건부다: "당신이 하느님의 아들이라면 …." 조건부라는 특성에 근거하여, 이 칭호가 상응하는 선행 단락, 즉 예수가 하늘의 소리를 통해 하느님 아들로 확인되는 예수 세례 단락과 관계가 있으리라 추측해도 될 것이다.[27] 어록 세례 단락의 복원 노력이 확실한 결과에는 거의 도달하지 못하지만, 그래도 복원은 중요하니, 그러고 나면 어록에서 일종의 신앙고백을, 그것도 예수의 신원에 대한 일종의 소개로서 가질 수 있을 터이기 때문이다. 예수 세례 문맥에서 '하느님의 아들'은 메시아 그리스도론의 의미로, 또는 하느님에 대한 예수의 특별한 관계의 표현으로 해석해야 할 것이다.

---

[24] HENGEL, *Lehrer der Weisheit* 151-152 참조.

[25] BOVON, *Lk* I 382-383 참조 — 병행구인 마태오 복음서 11,19ㄴ은 이렇다: "그러나 지혜가 옳다는 것은 그 지혜가 이룬 일로 드러났다." 이 구절은 이차적인 것이 확실하며, 이미 이루어진 예수와 지혜의 동일시를 전제하고 있다.

[26] 루카 복음서 11,49에서 지혜-토막 말씀으로 특징지음에 유의해야 한다. 여기서도 병행구인 마태오 복음서 23,34는 예수와 지혜를 동일시하며, 그래서 변경되어 있다.

[27] 개관: POLAG, *Fragmenta Q* 31.

어록의 그리스도론은 갈수록 풍성하게 변주된다고 요약·확인해야겠다. 이 그리스도론의 중심重心들은 대망되는 그러나 이미 유혹받는 지상 생활 안에 현존하는 인자 예수, 하느님 지혜의 사람이요 사자, 비할 바 없는 아버지 인식에 바탕하여 유일하게 아버지를 계시할 수 있는 전권을 받은 아들이다. 이것들은 그리스도론적 관점들이라고 하겠는데, 일부만 효과적으로 작용·존속하게 되었다.

1.2 어록 공동체의 자기 이해

그리스도론을 다루면서 어록(Q) 배후에 있었다고 짐작되는 공동체에 관해 약간 언급했다. 이 공동체는 예수의 설교를 또는, 더 정확하게는, 그들에게 중요하게 여겨졌던 부분들을 예수 부활 이후에 되잡았다. 이 공동체는 심판하러 다시 오실 인자 예수를 고대했고 그분과의 만남을 준비했다. 그런데 어록을 종말 시기 이스라엘 선교사들을 위한 도움 자료로 규정한다면, 이들은 특히 전승 과정에 관련된다. 그리고 복원 가능한 텍스트에 근거하여, 이 선교사들이 공동체(교회)도 설립했는가 아니면 이스라엘 안에서 자신들의 완세적·종말론적 메시지를 전하는 것으로 만족했는가라는 매우 대답하기 어려운 물음이 제기된다. 여기서도 우리는 어록의 단편적 특성을 새삼 알아챌 수 있다. 신중한 접근이 필요하다.

슐츠는 우리가 그 덕분에 어록을 알게 된 유다계 그리스도교를 무엇보다도 운동으로, 더 구체적으로는 열광적인 종말론적 운동으로 특징짓는다. 이 운동은 "열렬한 종말 임박 대망을 품고 있었으며, 이 점에서 이스라엘의 다른 구원 공동체들과 결코 다르지 않았다". 이 말은 언제까지나 타당하다고 할 수 있으니, 이 운동에서 '참이스라엘', '새 이스라엘' 또는 아람어를 사용하던 예루살렘 원공동체의 종말론적 자칭 '선택된 자들', '성도들' 같은 명칭을 찾아볼 수 없다고 해도 그렇다. 그러나 슐츠는 더 나아가 이 유다계 그리스도교가 자신을 '종말 시기의 공동체'로 이해했다고 확언한다.[28] 반면 호프만은 의식적으로 공동체라는 개념을 사용하지 않고 무리에 관해 말하는데, 이런저런 공동체 관념이 어록에 도입되는 것을 방지하기 위해, 그리고 그들이 초창기 그리스도교계의 한 그리스도인 집단이지 전형적인 그리스도인 공동체가 아님을 나타내기 위해서다.[29]

우리는 무리Gruppe라는 개념을 적극적으로 선교 활동을 했던 그 사람들에게 적용하고, 공동체Gemeinde라는 개념은 이 무리로부터 생겨난, 지역에 터잡고 사는 '예수를 믿는 사람들'의 모임들이 있었다는 전제 아래 사용하고자 한다. 후자의 존재는 특히 '제자 파견 말씀'에 나오는 지시들에 근거해서 긍정해야 하거니와, 이 지시들은 한 지역마다 한 집을 거점으로 삼는 것이 선교 전략상의 관행이었음을 암시해 준다(루카 10,5-7//). 우리는 그리스도인 생활이 가정 공동체(교회)들에서 이루어졌음을 전제해도 될 것이다.

이 무리는, 그들이 어록에 전해 준 지시를 자신들도 실천했다고 본다면, 선교에 헌신하면서 실로 욕심 없이 살았다. 타이센에 따르면, 전승된 지시와 실생활의 이런 결합이 존재했는데, 훗날 실생활이 변화되면서 더 이상 지시대로 실천할 수 없는 것들은 문헌사회학의 법칙에 따라 일종의 예방적 자기 검열의 희생물이 되었다. 아무튼 적어도 초창기에는 이상적 결합이 존재했다고 가정해도 될 것이다.[30]

선교와 관련된 지시는 돈주머니는 물론, 여행 보따리와 신발조차 지니는 것을 금지한다(루카 10,4//).[31] '유랑 철저주의'라는 딱지가 붙여진 이 절대무욕無慾은 임박한 하느님 나라의 표지였다. 그들은 제자 교육 말씀의 엄

---

[28] Q 168.

[29] HOFFMANN, *Studien* 10.

[30] THEISSEN, *Soziologie* 79-83 참조. 예방적 자기 검열(Präventivzensur)이라는 개념은 P.G. BOGATYREV - R. JAKOBSON[*Die Folklore als eine besondere Form des Schaffens: Donum Natalicium Schrijnen* (Nijmegen - Utrecht 1929) 900-913 중 905]이 만들어 냈다. 무엇이 무엇을 틀 지었는가, 즉 지시가 실생활을 틀 지었는가 아니면 거꾸로인가라는 물음은 매우 까다로우나, 근본적으로 중요하다. 이 물음은 복음과 그리스도교 윤리의 관계 문제다.

[31] 다양한 복원 시도: POLAG, *Fragmenta Q* 44-45.

격한 요구들(원수 사랑, 폭력 포기 등) 역시 진정으로 살아 내려 노력했을 것이다. 특히 방금 언급한 요구의 경우에는, 유다-로마 전쟁 발발 전 시기에 이것들에 폭발적 현실성을 부여했을 법한 한 가지 특별한 배경이 있었으니, 곧 열혈당과의 대결이었다.[32] 원수 사랑의 계명은 어록에서 짐작건대 참행복 선언 바로 뒤에 강조 · 제시되어 있었을 것이다(루카 6,27에서처럼). 제자 교육 말씀의 의의를 철저한 유랑 선교사 동아리에 국한시켜서는 안 될 것이니, 적어도 이들이 자기네 공동체에 그 말씀을 전하고 모범을 보이려 노력했음을 인정해 주어야 할 것이다. 공동체에 대한 선교사의 입장은 예언자적 특징을 지니며, 온 공동체(무리와 공동체들)도 예언자적이고 은사적으로 특징지어진다.[33] 선교사들이 성령에 의해 (더구나 특별한 방식으로) 떠받쳐짐을 의식하고 있었음은, 용서받지 못하는 죄에 관한 토막 말씀이 암시해 준다(루카 12,10//). 인자를 거슬러 말하는 자는 용서받을 것이나 성령을 모독하는 말을 하는 자는 용서받지 못할 것이라는 말씀은, 선교사들이 전하는 복음을 겨냥하고 있다. 그들은 복음을 선포하면서 성령의 도우심을 체험했을 뿐 아니라, 냉혹하고 모멸스런 거부도 당했음이 확실하다. 그렇다면 그들이 전하는 복음은 심판에서 벗어나는 길이니, 거부하는 자는 그 길을 차단하는 것이다.

설교와 거부 모두 이스라엘 안에서 이루어졌다. 선교사들이 유다계 그리스도인들로서 제 겨레만 상대한 것은, 초창기에는 거의 당연한 일이었다. 이방인들은 (옛 예언자들이 이민족들의 시온 산 순례 사상에 입각하여 예고했듯이) 마지막에 모여들어, 이스라엘의 믿지 않는 자들을 부끄럽게 할 터였다(마태 8,11-12//). 그러나 선교사들의 활동이 길어질수록, 그들 노력의 전반적 실패가 점점 더 분명해졌다. 이것은 그들이 갈수록 더욱 바리사이와 율법 교사들(루카 11,39 이하//)만이 아니라 이스라엘, '이 세대'(특히 루카

---

[32] HOFFMANN, *Studien* 332-333 참조.

[33] 참조: SCHULZ, *Q* 166: 예언자들이 이끈 공동체들; HOFFMANN, *Studien* 329-330.

11,49-51//)[34]와 갈등과 대립을 겪게 만들었다. 그러나 선교사들이 스스로 회당과의 모든 연결 다리를 끊어 버렸으리라는 것은 신빙성이 없다.

선교사들은 논증에서 성경을 근거로 내세웠다. 그들은 필경 자기네 유다계 그리스도인 공동체들 안에서뿐 아니라, 생각이 다른 적수들도 성경을 들어 설득했다. 확인할 수 있는 명시적 인용문은 매우 적지만, 시사해 주는 바가 크다. 유혹 사화는 논쟁으로 끌지어져 있는데, 예수는 물론 악마도 성경을 인용한다. 논쟁은 구원을 위해 걸어가야 할 길에 관한 것이다. 여기서 결정적인 것은 하느님 뜻에 맡긴다는 것이다: "그분을 시험해서는 안 된다"(신명 6,16); "너희는 야훼 너희 하느님을 경외하고 그분만을 섬겨야 한다"(참조: 신명 6,13; 5,9);[35] "사람은 빵만으로 살지 않는다"(신명 8,3; 루카 4,1-13//). 앞에서 우리는 예수의 치유와 가난한 이들에게의 복음 선포를 정당화하는, 세례자 요한의 물음에 대한 혼합 인용문 형식의 대답에 주목했다(마태 11,2-6//).[36] 예수 선구자로서의 요한의 역할이 말라키서 3,1과 탈출기 23,20에 대한 새로운 이해를 통해 명시된다(루카 7,27//).[37] 예언자의 말과 탈출기 23,20이 합쳐져 예수를 야훼의 위치로 옮겨 놓은 것에 주목해야 한다. 실상 말라키 예언자는 하느님의 사자에 관해 말하지만, 어록은 하느님의 말씀이 곧바로 예수를 향한 것이라고 본다("보라, 네 앞에 나의 사자를 보낸다"). 이미 어록에서도 성경 논증이 매우 중요했음이 분명하다.[38]

참고문헌

J. DELOBEL (Hrsg.), *Logia* (BEThL 59) (Leuven 1982).

R.A. EDWARDS, *A Theology of Q* (Philadelphia 1976).

---

[34] LÜHRMANN, *Logienquelle* 93 참조.

[35] 이 구절에는 헬라 유다교에 널리 알려져 있던 쉐마[들어라, (이스라엘아)]의 한 변체가 들어 있는 것 같다. 참조: JUSTIN, *apol.* 1,16,6과 GNILKA, *Mt* I 90-91.

[36] 이 대목은 물론 성경 인용문으로 소개되어 있지 않다.

[37] GNILKA, *Mt* I 414-415 참조.   [38] LÜHRMANN, *Logienquelle* 98 참조.

M. HENGEL, Jesus als messianischer Lehrer der Weisheit und die Anfänge der Christo-
logie: *Sagesse et Religion* (Strasbourg 1979) 148-188.

P. HOFFMANN, Die Anfänge der Theologie in der Logienquelle: J. SCHREINER (Hrsg.),
Gestalt und Anspruch des NT (Würzburg 1969) 134-152.

—, *Studien zur Theologie der Logienquelle* (NTA 8) (Münster ³1982).

A.D. JACOBSON, The Literary Unit of Q: *JBL* 101 (1982) 365-389.

J.S. KLOPPENBORG, Wisdom Christology in Q: *LTP* 34 (1978) 129-148.

D. LÜHRMANN, *Die Redaktion der Logienquelle* (WMANT 33) (Neukirchen 1969).

A. POLAG, *Die Christologie der Logienquelle* (WMANT 45) (Neukirchen 1977).

—, *Fragmenta Q* (Neukirchen ²1982).

M. SATO, *Q und Prophetie* (WUNT II/29) (Tübingen 1988).

W. SCHENK, Bestand und Komposition der synoptischen Redenquelle Q: *ZdZ* 33
(1979) 57-63.

S. SCHULZ, *Q – die Spruchquelle der Evangelisten* (Zürich 1972).

D. ZELLER, Die Versuchungen Jesu in der Logienquelle: *TThZ* 89 (1980) 61-73.

2. 원原수난사화

가장 오래된 이야기체 예수 텍스트로 그의 수난과 죽음에 관한 하나의 연속된 이야기가 존재했다. 이 텍스트를 원原수난사화라 부르고자 한다. 이것의 존재를 처음 입증한 사람들은 양식 비평 창시자들이었다. 그런데 이들은 근본적인 논거들에서는 일치하지만, 세부적인 면에서는 적지 않게 상충된다. 불트만은 원수난사화를 올리브 산에서의 예수 체포에서 시작하여 처형으로 종결되는 약 열다섯 절의 역사적 기억으로 이루어진 짧은 보도로 묘사했다.[39] 디벨리우스는 원수난사화가 마르코 복음서 14,1-2에서 시작하여 예수의 매장으로 끝난다고 보았으나, 이 연속적 사건 중에서 베타니아에서의 도유(마르 14,3-9)나 최후 만찬 준비(14,12-16) 같은 것들은 삭제했다.[40] 이로써 디벨리우스는 불트만보다 훨씬 넓은 범위를 원수난사화에 부여했을 뿐 아니라, 이 사화가 역사적 사실보다는 선포에 뿌리박고 있는 것으로 보았다. 원수난사화의 목적은 예수 수난에서 하느님에 의해 일어난 일을 선포하는 데 있었다는 것이다.

그 후 이미 마르코에게, 그리고 요한에게도 주어져 있던 한 오래된 수난 보도의 존재에 대한 확신은 연구자들의 공유재산 비슷한 것이 되었고, 소수만이 그 존재를 의심했다.[41] 이 견해는 다양하게 변주되어, 원수난사화

---

[39] *Geschichte* 297-302.

[40] *Formgeschichte* 178-189. 디벨리우스는 마르코 복음서 14,2("그러면서 '백성이 소동을 일으킬지 모르니 축제 기간에는 안 된다' 하고 말하였다")를 예수가 파스카 축제 전에 처형되었음을 말해 주는 것으로 본다. 그는 이것을 전승 판단의 한 기준으로 삼는다. 그러나 이로써 그는 다시금 역사적 사실 관계 문제와 마주친다.

[41] LINNEMANN(*Studien* 171-173)은 마르코 이전의 수난사화를 부인한다. 마르코 복음서 14-15장은 복음서 저자가 개별 전승들을 짜 맞춘 것이라고 한다. 그러나 이 전승들의 성격과 구조의 통일성이 놀라울 정도라는 것은 인정해야 한다(176).

의 경계가 매우 다양하게 설정되었고, 사용 목적, '삶의 자리'가 상이하게 규정되었다. 하지만 원수난사화 텍스트를 신학적으로 해석된 이야기로 여기고, 또 이것이 공동체 집회에서 사용되었다고 보는 것은 어느 정도 상식에 속한다고 하겠다.[42]

원수난사화의 경계 설정에서는 특히 두 가지 문제가 중요하다. 하나는 이미 불트만과 디벨리우스가 논쟁한 문제로서, 원수난사화가 예수의 체포에서 시작된다고 볼 것인가 아니면 최고 의회의 사형 결의에서 시작된다고 볼 것인가라는 문제다. 다른 하나는 빈 무덤 발견 단락의 포함 여부 문제다. 실상 마르코 복음서 14,32, 겟세마니에 관한 언급, 또는 그곳에서 일어나는 예수의 체포는 (마르코 수난사화의 개요에서) 일종의 '쉬어가는' 대목이다. 체포되면서부터 예수는 줄곧 침묵할 뿐, 더는 행위의 주체가 아니다. 그는 사람들 행동의 대상이 된다. 이 점은 앞선 단락들과 뚜렷이 대비된다. 또한 체포 이후 사건들의 연속은 전 단락들에 비해 틈새 없고 정연하다. 일련의 사건들(대사제에게 연행, 최고 의회 신문, 빌라도의 판결, 십자가의 길, 십자가 처형, 매장)이 자연스럽게 이어지고 있다. 물론 여기에 각종 세부 묘사가 덧붙여진다. 그래서 예컨대 대사제 관저에서의 조롱 장면과 빌라도의 재판에 이어지는 조롱 장면 중 어느 것이 더 오래되었는가를 두고 논쟁할 수 있다.[43] 또 베드로의 예수 부인(마르 14,54.66-72//)이 옛 재판 보도에 속했는지, 아니면 독자적으로 전승되어 오다가 나중에야 덧붙여졌는지 물을 수 있다.[44] 그러나 사건의 사슬은 끊어지지 않으며, 이는 그 모두가 처음부터 한 전체를 이루고 있었음을 말해 준다. 또한 이렇게 경계 설정된 텍스트는 구약성경 인용문들의 각별한 이용에 의해 규정지어져 있음을 지적해야겠

---

[42] DORMEYER(*Passion* 256)는 교리교육에 한정한다. BECKER(*Joh* II 533)는 수난 보도 안에 나타나는 공동체의 총체적 지평에 관해 말한다.

[43] 루카 복음서 22,63-65는 첫째 조롱 장면을 마르코 복음서 14,65//에서와는 달리 배치하고, 둘째 것은 누락시킨다(그러나 루카 23,11 참조).

[44] GNILKA, *Mk* II 291 참조.

다(이에 관해서는 곧 상세히 다룰 것이다). 최고 의회 신문도 이런 성경 이용에 의해 특징지어져 있는데, 이것이 (사건들의 밀접한 연관과 더불어) 이 신문도 옛 보도에 속해 있었음을 말해 주는 한 중요한 논거다.[45] 우리는 원수난사화가 예수의 체포로 시작되었다는 견해를 지지한다.[46]

빈 무덤 발견 이야기가 일종의 부활 사화로서 원수난사화에 속해 있었음은, 예수 수난을 신학적으로 해석한 이야기라는 그 성격이 말해 준다. 예수 수난에 대한 신학적 해석은 부활 체험에 뿌리를 두고 있다. 그러므로 그 체험이 암시되었을 뿐 아니라 이야기체로 서술되었으리라는 것을 처음부터 고려해야 한다. 여기서 이것은 아직 발현사화가 아니라, 예수의 무덤과 관련된 이야기임을 유의해야 한다. 이것은 발현사화들보다 오래된 부활 체험 표현이다. 케뤼그마(1코린 15,3-5 참조)는 더 오래되었다. 그러나 이것 역시 예수의 죽음, 매장과 부활을 함께 묶으며, 이로써 원수난사화 역시 부활에 대한 전망으로 종결되었음을 말해 주는 논거가 된다.[47]

이렇게 원수난사화가 연속되는 이야기 사슬 안에서 예수의 체포부터 매장까지 포괄한다면, (세부적 내용을 채우는 일과는 관계없이) 그 밖의 이야기들도 이미 정돈·배열되어 있었으리라 짐작할 수 있다. 최후 만찬에 관한 이야기 외에 예루살렘 입성, 성전 정화 그리고 베타니아에서의 도유(마르 11,1.8-10.15-18; 14,3-9)도 그런 것들에 속했을 가능성이 매우 크다. 주목

---

[45] 사람들은 종종 최고 의회에서의 신문은 이차적인 것으로, 마르코 복음서 15,1에 근거해 꾸며 낸 것으로 여겼다. 그러나 마르코 복음서 15,1은 이미 신문을 전제하고 있다.

[46] DORMEYER, *Passion* 238은 예수의 성전 정화에 관한 짧은 보도를 최고 의회의 사형 결의, 그리고 유다의 배반(마르 11,15ㄴ-16.18ㄱ; 14,10.11ㄱ)과 함께 앞부분에 놓고자 한다. 마르코 복음서 14,10-11은 물론 마르코의 편집으로 볼 수 있을 것이다. GNILKA, *Mk* II 228-229 참조. MOHR, *Markus- und Johannespassion* 404는 (디벨리우스처럼) 원수난 보도를 마르코 복음서 14,1-2로 시작하게 한다. 그러나 마르코 복음서 14,1-2도 마르코의 창작일 것이다.

[47] SCHENKE(*Grab* 56-93)는 마르코 복음서 16,1-8을 독립된 전승으로 본다. 이 대목은 예루살렘 공동체에서 예수의 죽음과 부활 의식(儀式)의 거행을 위한 원인담(原因譚)으로 사용되었다는 것이다. 이것은 지나친 가설이다. 마르코 복음서 16,1-8의 문학 유형 비평에 관한 논의: KREMER, *Osterevangelien* 41-45.

할 만한 한 간접증거로 예수가 예루살렘 입성과 파스카 축제를 위해 내렸던 예언 같은 지시들(11,2-7; 14,12-16)이 서로 부합하는 점이 많다는 사실을 들 수 있는데, 각각 독립적으로 생겨났다고 보기는 힘든 이 지시들이 이 두 단락을 묶어 준다. 원수난 보도에 덧붙여진 이 전승들의 또 다른 특징은 예수가 앞날을 아는 사람, 자기 운명을 순종 속에 이끌어 가는 사람으로 나타난다는 점이다(참조: 마르 14,8.18-21.27-30). 구약성경을 다루는 방식도 원수난사화에서와는 다르다. 이러한 근본적 확장들은 마르코와 요한이 자기네 복음서들을, 또 따라서 수난 전승들도 손질·삽입하기 전에 이루어졌을 것이다. 이 과정을 여기서는 단지 확인만 할 뿐이지만, 아무튼 이 매우 복잡한 실상을 텍스트 복원 시도에서 항상 유념해야 한다.[48]

2.1 구약성경적으로 채색된 예수상 — 유다인들의 임금

앞에서 언급한, 원수난사화 저자가 구약성경을 다루는 특수한 방식은 시편의 한 국한된 부분, 즉 수난하는 의인에 관한 시편들 특히 시편 22편을 겨냥하고 있다. 이 방식은, 구약성경 텍스트를 수난사화 안에 눈에 띄지 않게 섞어 놓아서 딱히 인용문으로 특징지어지지 않는다는 것만으로도, 특수하다고 말할 수 있다.[49] 이런 방식으로 하나의 수난상이 채색된다. 의인의 수난에 관한 시편들은, 고통받는 사람은 누구나 거기서 자신을 새삼 발견할 수 있을 정도로 인간 고통의 갖가지 체험들을 모아 기도말로 승화시켰는데, 예수 수난의 빛 안에서 새로이 읽혀졌다. 이 시편들이 예수에게

---

[48] 이 복잡한 실상은 요컨대 원수난사화가 여러 판(버전)으로 존재했다는 데 기인한다. 그 밖에 BECKER(*Joh* II 531-539)가 강조·지적한 구두 전승은 얼마나 많았을까? 그래서 넷째 복음서에 훨씬 고풍스런 수난 전승들이 전해질 수 있었다. 루카가 마르코가 입수한 원수난사화와 다른 사화를 이용했으리라는 견해는 배격되어야 한다. SCHNEIDER(Lk II 437)는 최후 만찬, 조롱 장면들 그리고 최고 의회 신문과 관련하여 루카가 마르코 이외의 자료를 이용했다고 추측한다.

[49] DIBELIUS(*Formgeschichte* 187-188)가 처음으로 이 점을 밝혔다.

전용轉用됨으로써 예수는 수난하는 의인으로 여겨질 수 있었고, 그의 수난은 성경에 이미 예시되어 있는, 요컨대 하느님 뜻에 따른 운명으로 암시·해석되었다. 동시에 예수의 수난은 인간 수난의 역사 안으로 포섭되었으니, 십자가에 달린 분이 그들과 결속하고 그들의 고통을 당신 고통 안에 받아들였다.

우리는 원수난사화 저자가 시편 전체를 잘 알고 있었고 수난하는 의인의 운명을 그저 단편적인 본보기로만 이용하려 하지는 않았으리라고 가정해도 될 것이다. 그렇다면 저자는 또한 (시편들이 약속하는) 매번 하느님이 보증하신, 또는 자신이 고대하던 수난하는 의인의 운명의 전환도 자신의 성찰에 포함시켰다고 생각할 수 있다(참조: 시편 22,23-25; 35,26-28; 69,30-37). 여기서 분명해지는 것인즉, 원수난사화 저자는 예수의 수난을 마침내 이루어진 이 전환, 즉 그분의 부활에 근거해 해석했다는 점이다. 예수의 십자가와 부활은 그러므로 원수난사화 저자에게 이 시편들 독해에서 해석학적 열쇠였다.

이 점을 몇 가지 예증으로 분명히 해야겠다: 예수 친히 시편 22,2를 당신의 임종 기도(마르 15,34)로 인용함으로써, 수난하는 의인의 운명과의 일치를 표명한다. 이 기도에 표현된 '하느님께 버림받음'을 주석상의 지나친 추측의 빌미로 삼아서는 안 될 것이니, 시편의 이 첫 부분은 하느님에 의한 구원과 청허聽許에 관해 말하는 끝 부분과 연계하여 보아야 한다. "그분의 겉옷을 나누어 가졌는데 누가 무엇을 차지할지 제비를 뽑아 결정하였다"(15,24)는 시편 22,19와 상응한다. 신 포도주 먹임은 시편 69,2ㄴ에 견줄 수 있다. 지나가던 자들이 머리 흔든 것은 경멸의 몸짓인데, 시편 22,8(마르 15,29)의 적수들 묘사 앞부분에서 빌려 온 것이다. 최고 의회에 관한 보도는 예수를 죽이려는 수석 사제들의 의도를 확언하는 것으로 시작된다(14,55). 의인을 죽이려는 악인들의 계획은 의인의 수난에 관한 시편들에서 널리 사용되던 모티브다(참조: 시편 54,5; 37,32; 63,10; 71,10; 86,14; 109,16). 여기서는 거짓 증인(시편 27,12; 35,11)이라는 모티브와 적수들의 고발에 대한 의인의 침묵(시편 38,14-16; 39,10; 참조: 마르 14,56.60-61; 15,4-5) 모티브도 발견된다. 침묵 모티브와 관련하여 구태여 하느님의 종의 노래(예컨대 이사 53,7)를 끌어대고 그 영향을 가정할 필요는 없다. 원수난사화 저자에게 예수의 수난을 시편에 바탕하여 해석하는 것이 역사적 보고報告보다 중요했음은 확실하지만, 여기서 후자의 완전한 포기가 추론되는 것은 아니다. 그러므로 형리들이 예수의 옷을 나누어 가진 것은 필경 하드리아누스에 의해 새로이 규정된 로마의 전리품법이 그렇게 정해 놓았기 때문이라고 볼 수 있다.[50]

해석된 역사는 '유다인들의 임금'이라는 칭호 사용에도 들어 있다. 이 칭호는 계류점繫留點을 십자가 죄명 패에 두고 있으며(마르 15,26), '유다인'이라는 낱말에 의해 각별히 특징지어져 있다. 수석 사제들과 율법 학자들이 이 칭호를 바로잡아, 예수를 '이스라엘의 임금 메시아'(15,32)라고 조롱한 것은 주목할 만하다. 이로써 이 칭호는 명백한 메시아론적 지위를 보유하게 되었다. 사실 메시아는 이스라엘에서 결코 '유다인들의 임금'이라 불리지 않고, '이스라엘의 임금'이라 불리었다. '유다인들의 임금'이라는 칭호는 로마인에 의한 재판 상황에 썩 잘 어울렸고, 빌라도는 이 칭호가 예수에 대한 비난을 적절히 표현하고 있다고 여겼을 것이다. 외적 상황에 의해 강제된 이 표현은 경멸의 뉘앙스를 풍기지만, 원수난사화 저자에게는 자기 믿음의 표출이었으니, 그 믿음은 처참한 굴욕을 체험하는 가운데 예수를 임금으로 알아보게 했다. 이렇게 재판, 판결, 십자가의 길, 십자가형은 임금-메시아론적 주장 아래 포섭되어 있다. 빌라도의 첫 질문(15,2)은 핵심적 의미를 지닌다. 십자가형이 임금의 즉위 의식처럼 꾸며져 있다: 예수는 그의 신하 구실을 하는 두 강도 사이에서 죽는다(15,27). 키레네 사람 시몬에게 받은 도움도 필경 임금에게의 봉사로 파악되어 있다(15,21). 십자가의 길

---

[50] 또한 DIBELIUS, *Formgeschichte* 188 참조. 원수난사화 저자가 십자가형에 잘 어울렸을 칠십인역 시편 22,17ㄴ("그들은 나의 손과 발을 꿰찔렀습니다")을 취하지 않은 것은 좀 이상하다. 아마 저자는 한 셈어 텍스트 원문을 번역했을 것이다. 과연 마소라 본문에는 이 구절이 "그들은 내 손과 발을 묶습니다"로 되어 있다.

은 임금의 길이 된다. 질문, 대답, 침묵에서 빌라도의 재판과 비슷하게 꾸며져 있는 최고 의회 신문에서 대사제의 질문은 사안을 명료하게 드러내는 역할을 한다. 예수는 자신이 메시아임을 시인하고, 또 그로써 그를 그리스도로 고백하는 (예루살렘 유다계 그리스도인) 공동체의 신앙고백을 긍정한다(14,61-62).[51] 하느님의 예스런 명칭 '찬양받으실 분'이 앞에 붙은 아들 칭호는 임금 메시아론의 의미에서 해석해야 한다.

원수난사화의 전체 구상이 십자가와 부활의 결부 안에, 요컨대 케뤼그마 안에 깊이 내재되어 있음은 (앞에서 영향을 준 요소인 의인의 수난에 관한 시편들에 근거하여 짐작했거니와), 이어지는 빈 무덤 발견 이야기(우리는 이것을 원수난사화에 포함시킨다)에서 뜻밖에 확증된다. 천사 발현담으로 여겨지는 이 이야기의 핵심은 십자가에 못 박혔던 예수의 부활에 관한 천사의 전언이다. 이로써 이미 케뤼그마의 근본 요소들이 언명되었거니와, 더 자세히 살펴보면 코린토 1서 15,3-5의 그리스도론적 신조와의 두드러진 일치가 드러난다. 원수난사화 저자가 이 신조들, 또는 구조가 아주 비슷한 다른 한 신조를 이야기에 끼워 넣었다고 짐작된다. 일별一瞥이 쉽도록 상응하는 진술들을 병렬시키자.

코린토 1서 15장	마르코 복음서 16장
그리스도	나자렛 사람 예수
돌아가셨다	십자가에 못 박히셨다
묻히셨다	
되살아나셨다	되살아나셨다
사흗날에	[주간 첫날에]
케파에게 나타나셨다	

---

[51] SCHENKE(*Christus* 139)는 원수난사화의 목적은 메시아의 수난을 뚜렷이 보여 주는 데 있다고 생각한다.

나아가 코린토 1서 15장의 '묻히셨다'는 마르코 복음서 16장의 무덤 장면에 상응하는 내용이 있음을 유념해야 한다. 코린토 1서 15장의 '케파에게 나타나셨다'는 마르코 텍스트의 현재 형태에서는 16,7의 베드로(그리고 제자들)가 부활하신 분을 뵙게 되리라는 약속과 상응한다.[52] 아무튼 이런 연관성은 수난사화로 시작되는 예수 이야기는 케뤼그마에 뿌리를 두고 있다는 통찰을 부추긴다.

케뤼그마와 견주어, 이야기에서는 예수의 매장 또는 무덤의 위상이 달라짐을 확인할 수 있다. 코린토 1서 15장의 케뤼그마에서 예수 매장에 관한 언급이 예수가 참으로 죽었다는 사실의 확증이라면, 이야기에서는 빈 무덤이 예수 부활이라는 승리의 기념물이 된다. 하지만 케뤼그마에 중심을 두고 있는 이야기는, 부활 신앙이 빈 무덤에 집착하지 않고 케뤼그마에, 따라서 케파와 다른 제자들이 부활하신 분과의 만남에서 체험한 내용에 뿌리박고 있음을 암시해 준다. 무덤 안에서 천사의 말로 선포된 부활 케뤼그마는 하느님께로부터 오는, 인간의 말이나 일과 상반되는 계시 말씀으로 특징지어져 있다.

2.2 예수의 죽음에 대한 해석

원수난사화 형성에 시편들을 끼워 넣음으로써 이미 예수 죽음에 대한 한 가지 해석이 이루어졌다. 예수는 의인으로서 고난을 겪고 부당한 치욕을 당해야 하며, 오직 하느님께만 자신의 복권을 기대할 수 있다. 그러나 해석의 다른 경향도 하나 발견되는데, 묵시문학적으로 규정지어져 있다. 이 경향은 원수난사화의 일종의 개정본에서 비로소, 그러나 마르코 복음서

---

[52] 오늘날 대체로 복음서의 거시적 텍스트(Makrotext) 안에서 14,28과 상응하는 16,7을 마르코의 편집으로 보는 것은 타당해 보인다. 그러나 마르코가 입수한 수난사화에 상응하는 문장이 들어 있었으리라 추정되는데, 케뤼그마에서 유래했을 이 문장은 다음과 같았을 것이다: "베드로(또는 케파?)에게 나타나셨다." GNILKA, *Mk* II 338-339 참조.

전에 나타났음을 유의해야 한다.[53] 여기서는 이 점을 고찰하려 한다.

편집자는, 묵시문학의 표현 방식에 상응하여, 이미 꼴을 갖춘 표상 자료들을 이용한다. 이 해석에 우리는 예수의 죽음 전후에 일어났다는 사건들을 포함시키고자 한다. 이 사건들은 역사적 보고가 아니라 신학적 해석으로 읽어야 한다. 예수가 죽을 때 온 땅을 덮은 어둠(마르 15,33)은, 십자가가 세상에 대한 심판임을 암시한다. 심판과 어둠의 결부는 여러 곳에 예증되어 있다: "야훼 하느님의 말씀이다. 그날에 나는 한낮에 해가 지게 하고 대낮에 땅이 캄캄하게 하리라"(아모 8,9; 참조: 요엘 2,2.10; 이사 13,10; 24,23; 마르 13,24; 묵시 6,12-13 등).[54] 더 나아가 암흑은 예수 십자가의 보편적 의의가 임박한 심판에서 밝히 드러나리라는 것을 말하고자 한 것일 수도 있다. 그때까지 세상은 무지라는 어둠 속에 잠겨 있을 것이다. 이로써 암시된 종말 임박 기대는 시간 계산에 의해서도 예시되는데, 우리는 이것도 동일한 편집에 귀속시키고자 한다. 아홉 시(이스라엘 시간으로는 3시)에 예수는 십자가에 못 박혔고(15,25), 열두 시부터 오후 세 시까지 어둠이 온 땅을 덮었으며 세 시에 그분은 부르짖으며 기도했다(15,33-34). 시간 도식은 묵시문학의 결정론과 하느님 섭리의 시간표라는 틀에 어울린다. 동시에 시간이 열두 시로, 즉 완성의 시점으로 달려간다는 것도 암시되어 있다. 또한 예수가 체포될 때 어떤 청년이 아마포를 버리고 알몸으로 달아났다는 별난 장면(14,51-52)도 여기에 포함될 것이다. 마태오/루카 계열의 본문비평자들은 이 장면을 전혀 이해하지 못하여 빼 버렸다. 마르코는 이 장면에 필경 제자들의 좌절과 못남이 강조되어 있다고 여겼다. 그러나 근본적으로 이 장면은 묵시문학의 도피 모티브를 따르고 있다(참조: 묵시 6,15-16; 12,6; 에티오피아어 에녹서 62,10; 마르 13,14-20). 끝으로 우리는 심판하러 오실 고대하는 인자에 관한 마르코 복음서 14,62의 명시적 언급 역시 이 편집된 묵시문학적 틀 속에 넣

---

[53] 이 층(層)의 확인: GNILKA, *Mk* II 349-350과 Anm. 13.

[54] 여러 해석자가 말하는 것과는 달리, 암흑은 비애의 표현도 악마적 권세들의 표출도 아니다. 또한 이스라엘 땅만이 아니라 온 세상을 덮은 암흑이었음을 유의해야 한다.

고자 한다. 예수는 자신이 메시아인지 묻는 대사제의 질문에 '그렇다'고 대답하고, 시편 110,1(인자가 전능하신 분의 오른쪽에 앉음)과 다니엘서 7,13(하늘의 구름을 타고 옴)의 혼합 인용문을 통해 심판에 주의를 환기시키는데, 이 심판은 지금 현세 심판관들 앞에 자신을 낮추어 서 있지만 부활을 통해 인자로 고양될 예수가 하게 될 터이다. '너희는 사람의 아들이 전능하신 분의 오른쪽에 앉아 있는 것과 하늘의 구름을 타고 오는 것을 볼 것이다'라는 말은 위협적으로 들린다. 이 말은 즈카르야서 12,10("그들은 나를, 곧 자기들이 찌른 이를 바라볼 것이다")과도 연관지을 수 있다. 우리의 분석이 옳다면, 이는 (어록과 마찬가지로) 이 전승층에서도 예수가 인자라는 인식이 관철되었음을 의미한다.

역시 예수의 죽음에 부수된, 성전 휘장의 찢어짐이라는 표상(마르 15,38)은 수수께끼 같다. 두 가지 해석 가능성이 있다. 한편 이 표상은 성전 제례의 종언終焉을 고지한다는 점에서, 심판 모티브를 강조한다. 심판은 성전, 예루살렘 또 따라서 유다교를 겨냥한다. 다른 한편 이 표상은 예수의 죽음을 통해 얻어진 하느님께의 자유로운 접근을 상징한다고 하겠다.[55] 둘째 휘장으로도 불리던 지성소 앞 휘장은 그때까지 일 년에 단 한 번 대사제 혼자만 통과할 수 있었다. 아무튼 썩 잘 조화될 수 있는 두 해석은 편집의 결과라고 할 수 있다. 여기서 흥미로운 것은, 예수 죽음의 구원 의미를 독특한 방식으로 전달하려는 시도다. 예수 재판에서 증인들이 발설한 마르코 복음서 14,58의 성전 토막 말씀(로기온)도 여기에 속한다. 짐작건대 예수에게 소급되는 이 토막 말씀은, 전승 과정에 다양하게 꼴지어졌는데, 성전의 파괴와 신축을 예고한다. 파괴가 명백히 구체적인 예루살렘 성전을 겨냥하고, 또 신축은 본디 (예수 말씀 안에서) 새로운 성전에 대한 고대와 관련되어 있었다면, 고대하는 성전 신축은 '손으로 짓지 않'이라는 (이차적) 부언에 의해 영적으로 해석된다.[56] 새로 지어지는 성전은 그리스도인

---

[55] 특히 LINNEMANN, *Studien* 158-163 참조.

공동체(교회)를 가리키거나, 아니면 더 그럴 법하기는 ('사흘 안에'라는 날짜로 미루어) 죽음에서 일으켜진 그리스도를 가리키거니와, 그분이 옛 성전을 대체하고 쇄신된 예배의 중심이 될 터였다.

참고문헌

R. BAUM-BODENBENDER, *Hoheit und Niedrigkeit* (Würzburg 1984).

A. DAUER, *Die Passionsgeschichte im Johannesevangelium* (StANT 30) (München 1972).

D. DORMEYER, *Die Passion Jesu als Verhaltensmodell* (NTA 11) (Münster 1974).

J. GNILKA, Die Verhandlungen vor dem Synhedrion und vor Pilatus nach Mk 14,53-15,5: *EKK* V/2 (Zürich 1970) 5-21.

R. KAMPLING, *Das Blut Christi und Blut der Juden* (NTA 16) (Münster 1984).

W.H. KELBER (Hrsg.), *The Passion in Mark* (Philadelphia 1976).

K. KERTELGE, *Der Prozeß gegen Jesus* (QD 112) (Freiburg ²1989).

J. KREMER, *Die Osterevangelien - Geschichten um Geschichte* (Stuttgart 1977).

E. LINNEMANN, *Studien zur Passionsgeschichte* (FRLANT 102) (Göttingen 1970).

A. MOHR, *Markus- und Johannespassion* (AThANT 70) (Zürich 1982).

L. RUPPERT, *Jesus als der leidende Gerechte?* (SBS 59) (Stuttgart 1972).

W. SCHENK, *Der Passionsbericht nach Markus* (Gütersloh 1974).

L. SCHENKE, *Auferstehungsverkündigung und leeres Grab* (SBS 33) (Stuttgart 1968).

—, *Der gekreuzigte Christus* (SBS 69) (Stuttgart 1974).

D. SENIOR, *The Passion Narrative according to Matthew* (Louvain 1982).

---

[56] '손으로 짓지 않는'의 함의(含意): 2코린 5,1; 콜로 2,11; 히브 9,11.24; 에페 2,11; 사도 7,48; 17,24; Sib 14,62; PHILO, *vit. Mos.* 2,88; *op. mund.* 142.

3. 마르코의 신학적 구상

마르코 복음서와 함께 새로운 것이 등장했다. 이 새로움은 서술 방식과 관련된다. 내용에는 새로움이 해당되지 않으니, 내용은 마르코가 널리 퍼져 있던 예수 전승에서 최대한 수집한 것임을 우리는 잘 알고 있다. 문제는 마르코가 복음서를 구상하면서 본보기를 가지고 있었는가 하는 것이다. 불트만[57]이 처음 내세워 널리 유포된 견해에 따르면, 마르코의 근본 관심사는 그리스도-신화, 특히 필리피서 2,6-11 같은 곳에 들어 있는 하느님 아들의 하강-상승 신화를 예수의 역사와 결합시키는 것이었다. 그리스도는 (슈라이버[58]가 간명하게 표현하듯이) 천상에 선재하다가 지상 낮은 곳으로 내려온 구원자로 여겨지며, 권세자들 앞에서 자신의 비밀을 감추고 천상 성소로 올라간 후 우주의 지배자로 공공연히 선포된다는 것이다. 그러나 이 가설은 신빙성이 없으니, 마르코 신학에서는 선재 관념을 찾아볼 수 없기 때문이다. 이로써 암시된 문제점은 케제만[59]에게 더욱 해당된다. 그는 마르코 복음서와 관련하여 (케뤼그마의 테두리 안에서) 어떻게 선포된 자에 대한 찬양으로부터 선포하는 자에 관한 이야기로, 천상의 우주 지배자에 대한 숭배로부터 팔레스티나를 가로지르는 라삐 예수에 대한 회상으로 전환할 수 있었던가라는 물음을 제기한다. 그의 대답은 다음과 같다: 마르코의 의도는 예수 그리스도 안에서 일어난 계시의 역사성을, '한 번으로 영원히'Ein-für-Allemal보다는 '한 번'Einmal을, 또 그로써 그리스도 · 영 · 믿음의 임의 처리 불가능성을 확실히 하는 데 있었다.

---

[57] BULTMANN, *Geschichte* 372-374.

[58] SCHREIBER, *Theologie des Vertrauens* 218-228.

[59] KÄSEMANN, *Sackgassen* 65-66.

이로써 한 가지 확인이 이루어졌거니와, 이것은 (적어도 뒤에서부터 볼 때) 사실에 부합한다. 마르코가 시작하고 모방자들이 뒤따른 복음서 저술은 역사상 예수를 (오늘에 이르기까지) 잊혀지지 않게 한 하나의 과정을 선도했다. 마르코가 자기 결단의 파급효과 전체를 의식할 수 있었던가 하는 문제는 느긋하게 미해결로 남겨 두어도 되겠다. 아무튼 다른 방식의 선포에 대한 공박은 마르코에게서 찾아볼 수 없다.[60] 이로써 우리는 (세분화가 더 필요하지만) 마르코가 깊은 역사적 관심을 가지고 있었음을 인정해야 한다는 것도 시사했다.

이 역사적 관심은 마르코 복음서의 내용은 예수의 활동과 말씀인 반면, 예컨대 바오로 서간에서는 그런 내용이 거의 나오지 않고 모든 것이 예수의 십자가와 부활에 관한 케뤼그마에 집중되어 있는 듯이 보인다는 통찰에서 이미 분명해진다. 그러나 마르코에게서 역사적 관심은 요한의 세례 활동부터 예수 수난까지 걸치는 예수의 공적 활동 시기에 거의 국한되어 있다. 그렇지만 마르코는 가능한 한 예수 전승의 많고 다양한 단락(페리코페)을 이 테두리 안에 연대와 장소 순서대로 배치·제시하려 애썼다. 물론 이것은 극히 제한적으로만 가능했고, 그래서 서술 순서에 근거하여 연속적 사건들에 대한 역사적·귀납적 추론을 할 수는 없다. 사실 예수의 활동은 결국 갈릴래아로부터 예루살렘으로의 여정처럼 보인다.[61] 그러나 이 여정 구상은 (예수의 역사상 여정이 확실히 예루살렘에서 끝났고 활동 중심지는 갈릴래아였지만) 신학적 의도에 따른 것이다. 이로써 케뤼그마가, 더 정확히 말하면 예수의 하강과 상승에 관한 케뤼그마가 아니라 십자가와

---

[60] 마르코가 기적을 일으키는 거룩한 남자 그리스도를 일방적으로 선포하던 일종의 영광의 신학에 대항했다고 보는 다른 견해도 있다. 참조: T.J. WEEDEN, *Mark-Tradition in Conflict* (Philadelphia 1971); T.L. BUDESHEIM, Jesus and the Disciples in Conflict with Judaism: *ZNW* 62 (1971) 190-209; KUHN, *Sammlungen* 229-230.225; SCHENKE, *Wundererzählungen* 373-416. 비교적 많은 기적사화가 마르코 복음서에 들어 있다는 외적 사실부터가 이 가설을 배격한다.

[61] BULTMANN, *Geschichte* 362-365 참조.

부활에 관한 케뤼그마가 시야에 들어온다. 이것은 이미 원수난사화에서도 정위점定位點이었는데,[62] 짐작건대 마르코는 이 본보기에 고무되었을 것이다. 복음서가 장황한 서문이 붙은 수난사화라는 퀼러의 극단적 언명은 특히 마르코 복음서에 해당되는데, 이 정위의 테두리 안에서 예수 수난에 대한 시사가 매우 일찍 나오기에 더욱 그렇다. 이미 마르코 복음서 3,6에 최초의 예수 살해 결의가 전해져 있다. 이 전망은 이어지면서 복음서 전체로 확장된다(8,31; 9,31; 10,33-34; 11,18; 12,12; 14,1-2.55).

마르코 복음서의 케뤼그마적 성격은 끝에서도 좀 어이없는 방식으로 드러난다. 복음서로서는 이상하게 보이는 마지막 문장 "그들(여인들)은 두려워서 아무에게도 말을 하지 않았다"(16,8ㄴ)는 '미결의 결말'로 볼 수 있거니와, 독자/청중에게 그들이 들어 알게 된 십자가와 부활에 관한 소식에 대해 스스로 입장을 밝히고, 획득해야 할 부활 신앙을 바탕으로 이제 복음서를 다시 한 번 새로이 읽으라고 촉구하고자 한다. 사람들은 이 소식을 받아들임으로써 결국 복음서 전체를 받아들이는 것이다. 우리가 복음서 안에서 역사적 관심과 케뤼그마적 관심의, 보도와 선포의 긴밀한 관련성을 인식했다면, 복음서를 전체적으로 '선포로서의 보도 또는 선포에 봉사하는 보도'로 특징짓는 것에 동조할 수 있을 것이다.[63]

이로써 마르코가 자기 복음서를 구상하면서 본보기 문헌을 이용했던가 또 그랬다면 어떤 문헌이었을까라는 많이 논구되는 문제에 대해서도 이미 얼마간 말한 셈이다. 아마 고대 전기傳記를 가장 많이 참조했을 것이다. 그 밖에 수많은 추론과 딱지 붙이기가 있다.[64] 사실상 실제로 비교할 수 있는 것들이 있고 전기가 상대적으로 가장 가까운 것으로 보이지만,[65] 뭐라 해

---

[62] 이 책 201-202쪽 참조.

[63] GNILKA, *Mk* I 24 참조.

[64] 여기에 속하는 것들로는 덕론(德論), 소설, 구약성경의 전형적 전기, 대중 지혜서, 대중 성담(聖譚), 역사서 등이 있다. 개관: DORMEYER, *Evangelium* 1571-1581. G. RAU(*ANRW* 25/3,2, 2036-2257)는 마르코 복음서를 그리스도교 선교에 관한 최초의 서술로 특징짓는다.

도 마르코는 자기 작품을 통해 근본적으로 새로운 것을 창출해 냈다고 강력히 주장해야 할 것이다.[66]

3.1 복음

"하느님의 아드님 예수 그리스도의 복음의 시작"(1,1). 이 문장으로 마르코는 자기 작품을 시작한다. 이 문장을 이해하기 위해서는 한 가지 구별이 필요하다. 우리는 지금까지 (관례와 일반적 언어 사용을 따라) 마르코의 작품을 복음(서)이라 지칭해 왔다. 그러나 마르코 자신은 복음이라는 개념의 이런 방식의 사용을 아직 모른다. 그 자신은 '선포에 봉사하는 보도'로서 구상한 자기 작품을 복음이라 부르지 않는다. 그에게 '복음'은, 원그리스도교의 언어 사용에 상응하여, 입으로 전하는 소식이다. 방금 인용한 첫 절도 이런 실상을 전혀 변경시키지 않는다. 이 절을 전체 작품 위에 붙여진 일종의 제목으로 읽어서는 안 된다. 그런 오해는 결국 여기서 한 문학 작품이 시작된다는 진부한 확인으로 귀결된다. 오히려 이 첫 절은 작품의 내용은 하느님의 아들 예수 그리스도의 선포가 되리라는 것을 말해 준다. 이 선포는 역사적으로 세례자 요한의 활동에서 시작되는데, 그는 선포되어야 할 이 복음에 편입되고 곧이어 그의 활동이 보도된다.[67]

복음이 살아 있는 말이라는 것은 이 개념이 나오는 다른 여섯 구절이 확인해 준다. 복음은 1,14-15; 13,10; 14,9에서 명시적으로 '선포하다'(κηρύσσειν)라는 말과 결부된다. 사람은 '복음 때문에' 제 목숨을 잃을 수 있고

---

[65] DORMEYER(*Evangelium* 1518)에 따르면, 복음서들은 구약성경-초기 유다교의 전기나 고대 전기의 틀에 맞지 않는다. REISER(*Alexanderroman* 160)는 이 틀을 '복음서들에 대한 가장 긴밀한 유비'라고 지칭한다.

[66] 이 점을 FRANKEMÖLLE(*Evangelium* 1638)도 강조한다. 그는 복음서라는 문학 양식을 처음으로 가능하게 한 그리스도교 내부의 근본적 양상에 관해 말한다.

[67] 시작 부분에 관한 다양한 해석: A. WIKGREN: *JBL* 61 (1942) 11-20; MARXSEN, *Evangelist* 88; SCHNACKENBURG, *Evangelium* 321-323.

(8,35), 기본적인 친족 관계를 포기할 수도 있다(10,29). 예수 친히 선포를 통해 복음을 기초 놓았고, 복음의 첫 사자였으며(1,14-15), 그 후 복음은 다른 이들에 의해 계속 전해져야 한다. 후자의 경우에는 수동태 표현이 선택되는 것이 눈길을 끈다: 복음은 선포되어야 하고 또 선포될 것이니(13,10; 14,9), 복음 스스로 사람들을 사로잡으면 그들은 기꺼이 복음을 선포하게 된다.

마르코는 '복음'이라는 말을 보통 절대적 의미로, 즉 더 상세한 특징짓기 없이 사용하는데, 예외가 두 번 있다. 한 번은 앞에서 언급한 첫 절에 나온다('예수 그리스도의 복음'). 다른 한 번은 '하느님의 복음'이라고 말한다. 이 언명은 예수의 선포와 관련되어 있다. 이것은 도입부의 집약문에 이렇게 요약되어 있다: "예수님께서는 … 하느님의 복음을 선포하시며 이렇게 말씀하셨다. '때가 차서 하느님의 나라가 가까이 왔다. 회개하고 복음을 믿어라'"(1,14-15).

이 이중 명명命名으로 한 가지 문제가 제기된다: '예수 그리스도의 복음'과 '하느님의 복음'은 어떤 관계에 있는가? 덧붙여 두 개념은 바오로에게서도 만나 볼 수 있다. 아무튼 마르코는 이로써 서로 다른, 또는 더 낫게 표현하여 서로 구별되어야 하는 두 가지 복음을 가리켜 말하고자 했던가? 지금 공동체(교회) 안에서 그리고 공동체에 의해 선포되는 복음과, 예수가 선포했던 복음, 이렇게 두 가지? 이 문제는 마르코가 예수에 관해 보도하고 동시에 그분을 선포하고자 하는 작품 구상에 착수했을 때 맞닥뜨린 원칙적 난관과 관련되어 있다.

'하느님의 복음을 선포하다'라는 표현법이 바오로에게서도 발견되지만(1테살 2,9; 참조: 갈라 2,2; 로마 1,1-2), 즉 헬레니즘적 선교 언어에서 유래하지만, 마르코에게서는 달라진 의미를 얻는다. 마르코는 '하느님의 복음'을, 1,14-15가 명시하듯이, '하느님 나라에 관한 복음'이라는 의미로 이해한다. 이로써 예수-선포와의 연계가 복원되어 있다.[68] 마르코에 따르면 예수는 당신 복음에서 하느님 나라를 선포하거니와, 그는 제2이사야가 예고한 사자, 하느님이 임금이시고 그분 통치가 시작된다는 기쁜 소식을 알리는 사자다. 이와는 달리 마르코가 예수 그리스도의 복음을 선포하고자 한다면, 그리고 이 복음이 예수 그리스도에 관한 복음을 의미한다면, 마르코는 (예수 그리스도와 긴밀히 결부된, 하느님 나라에 관한 자기 나름의 이해를 개진하는 것이 아닌 한) 예수가 선포한 하느님의 (나라에 관한) 복음과 긴장 관계에 들어서게 된다.

이런 맥락은, 물론 상세한 논구를 통해 더 분명히 밝혀져야겠지만, 두 구절에 간략히 제시되어 있다고 하겠다. 이미 집약문 1,15에서 하느님 나라와 예수의 긴밀한 관계가 표현된다: "때(ὁ καιρός)가 차서 하느님의 나라가 가까이 왔다." 다 찬 때와 결부된 하느님 나라의 임박은, 이제 바야흐로 예수의 활동과 함께 하느님 나라가 관철되기 시작했다는 것으로밖에는 이해할 수 없다. 하느님 나라를 순전히 미래(아주 가깝게 옮겨 와 있긴 하지만)의 것으로 여겨서는 안 되니, 하느님 나라, 미래의 구원은 예수로 말미암아 이미 현재가 되었고, 현재가 되기 시작한다. 그러므로 예수는 하느님 나라를 고지하는 사자 이상이다. 하느님 나라는 예수와 묶여 있고 또 언제까지나 그렇다. 이렇게 하느님 나라는 그리스도론적 차원을 지닌다.[69]

4,10-11에서 동일한 관심사가 감춰지고 비밀스러운, 묵시문학적 언어로, 선택된 제자 동아리에 암시된다. 제자들에게는 하느님 나라의 신비가 선사되었지만, '저 바깥사람들'에게는 주어지지 않는다고 말한다. 병행구인 마태오 복음서 13,11/루카 복음서 8,10은 복수형으로 '신비들'이라고 말하는 반면, 마르코에서 이 낱말은 한 특정한 신비, 결국 이 신비에 대한 깨달음을 겨냥하고 있다. 이로써 말하고자 하는 것인즉, 바로 예수와 함께 하느님 나라가 현존하기 시작했다는 사실이다. 하느님의 (나라에 관한) 복

---

[68] STUHLMACHER(*Evangelium* I 238)는 마르코 복음서 1,14-15에는 헬라계 전승과 팔레스티나계 전승이 결합되어 있다고 말하는데, 옳다고 여겨진다. 후자는 이사야서 52,7; 61,6에 의해 각인되어 있다. 예수 친히 '복음'이라는 개념을 사용했으리라는 것은 신빙성이 없다.

[69] GNILKA, *Mk* I 66-67 참조.

음을 이해하고 받아들인다는 것은 그러므로 결국 예수가 하느님 나라와 긴밀히 결부되어 있음을 깨닫고, 그를 구원의 보증인으로 알아보고 받아 들임을 의미한다.

3.2 메시아(하느님의 아들) 비밀

마르코의 그리스도론을 좀 더 상세히 고찰하면서, 그 출발점인 메시아(하느 님의 아들) 비밀이라는 표제 아래 총괄하기로 한다. 메시아 비밀이라는 현상 을 애써 밝혀낸 것은 브레데의 공적이다. 많은 것에 대한, 더러는 본질적 인 것에 대한 판단이 달라졌지만, 이 표제로 특징지어지는 문학적 구조는 여전히 존재하며, 특히 마르코 복음서에서 그렇다.[70] 이것의 단초를 이루 는 것은 물론 방금 다룬 하느님 나라의 신비에 관한 4,11의 토막 말씀인데, 마르코 복음서에서 '신비'($\mu\nu\sigma\tau\eta\rho\iota\omega\nu$, 비밀)라는 개념이 나오는 유일한 구절이 다. 이 신비의 그리스도론적 차원에 관해서는 이미 언급했다.

예수는 영광스러운 변모의 산에서 내려올 때 제자들에게 분부하기를, 인자가 죽은 이들 가운데서 다시 살아날 때까지 그들이 본 것을 아무에게 도 이야기하지 말라고 한다(9,9). 계시 위에 은폐의 너울이, 최소한 예수가 이승의 생애를 끝낼 때까지, 덮여진다. 이 은폐는 기적적 치유(예컨대 1,44; 5, 43; 8,26)나 예수 정체 고백(1,34; 3,12; 8,30)과 관련하여 내려진 함구령을 통해 이루어진다. 또한 기적과 신앙고백에서도 예수는 뚜렷이 부각되며 그가 누구인지 드러나니, 메시아, 곧 하느님의 아들이다. 하지만 이 사실은 (그 의 부활 때까지) 감추어져 있어야 한다. 9,9에 나오는 함구의 기한 규정에 는 원칙적 의의를 부여해야 한다. 그 후에 말할 수 있는 시간이 올 터였다.

마르코가 개진했고 이를 위한 여러 가지 실마리를 가지고 있던 이 비밀

---

[70] W. WREDE[*Das Messiasgeheimnis in den Evangelien* (²1913, Nachdruck Göttingen 1965)]는 조사를, 책 제목이 암시하듯, 네 복음서 모두로 확대했다. 그러나 부제 "동시에 마 르코 복음서 이해를 위한 한 이바지"가 중심(重心)을 가리켜 준다.

가설은 다양하게 해석되었고 때로는 의심을 받기도 했다.[71] 이 가설의 반대자들은 복음서 저자 — 물론 전승에 매여 있었고 제한을 받았다 — 의 명백한 구성 의도를 간과하고 있다. 브레데[72]는 비밀 가설을 이른바 예수의 메시아답지 않은 삶과 관련지었는데, 이 삶이 이런 방식을 통해 메시아다운 삶으로 양식화·고양되어야 했다는 것이다. 불트만[73]은 이 가설을 자기 복음서관觀의 지평에서 그리스도 신화와 이야기체 예수 전승의 결합으로 파악했다. 스웨베르크[74]와 로메이어[75]는 이 가설을 숨어 있는 인자에 대한 묵시문학 관념과 결부시켰다. 헨헨[76]에 따르면 메시아 비밀은 그가 보기에 무력하게 된 부활 발현 사화들을 대신한다. 그 밖에도 이런저런 해석이 있다.[77] 메시아 비밀 가설이, 또는 (필경 더 나으려니와) 이것과 관련된 계시 관념이 다른 곳에도 영향을 끼쳤지만(앞으로 살펴볼 것이다), 지금 우리의 관심사인 이 가설의 중요한 그리스도론적 함의含意는 예수 전승의 케뤼그마화라는 지평에서 보아야 한다. 문학적 과정 뒤에 숨어 있는 것은, 예수의 메시아답지 않은 삶이 메시아다운 삶으로 되어야 했다는 사실이 아니라, 선포자가 선포되는 자로 되었다는 사실이다. 예수는 부활의 관점에 바탕해서야 비로소 선포될 수 있었거니와, 과연 생전에 그는 자기 자신을 선포하지 않고 하느님 나라를 선포했다. 그는 어디까지나 십자가와 부활의 결부를 바탕으로 비로소 온전히 이해될 수 있었다. 그런 까닭에 사람들은 인자가 죽은 이들 가운데서 부활할 때까지 모름지기 입을 다물어야 했다.

---

[71] 치유 사화들에 나오는 함구령은, 이 문학 유형의 일반적 원칙에 따라, 본디 치유의 방법을 비밀로 하고자 한 것일 수도 있다. 이 가설의 반대자들: RÄISÄNEN, *Messiasgeheimnis*; HENGEL, *Probleme* 239-241.

[72] WREDE, *Messiasgeheimnis* (각주 70) 68-69.

[73] BULTMANN, *Geschichte* 371-373.

[74] SJÖBERG, *Der verborgene Menschensohn in den Evangelien* (Lund 1955).

[75] LOHMEYER, *Galiläa* 87.

[76] HAENCHEN, *Weg Jesu* 81 Anm. 3.

[77] 개관: GNILKA, *Mk* I 167-169.

침묵 — 함구령이 아니다 — 이라는 모티브가 앞에서 언급한 복음서의 '미결의 결말'에 다시 한 번 나오는 것은 주목할 만하다. 이것도 비밀 가설의 맥락 안에서 해석해야 한다. 무덤에서 부활 소식을 들은 여인들은 마땅히 말을 해야 했으나, "아무에게도 말하지 않았다. 그들은 겁을 먹었던 것이다"(16,8ㄴ). 여기서 결정적으로 중요한 것은, 이제 다른 이들에게 이야기하라는 천사의 지시가 함구령을 공식적으로 폐기했다는 사실이다. 그런데도 여인들이 아무 말 하지 않았다는 언명은 독자들을 겨냥한 것이다. 그러므로 이 언명은 역사적으로 이해하면 안 된다.[78] 텍스트는 마지막으로 이를테면 독자들로 하여금, 말하라고 요구받았으나 (아직) 침묵하고 있는 여인들에게서 지금 케뤼그마에 대해 믿음이냐 불신이냐 입장을 취하라고 촉구받고 있는 자신을 발견하도록 요구하고 있는 것이다.

그러면 예수는 누구인가? 무엇보다도 예수는 이 케뤼그마에 따르건대, 십자가에 처형되었고 하느님에 의해 죽은 이들 가운데서 일으켜진 분이다. 이 대답은 그 밖에 특히 주권을 나타내는 존칭들을 통해 표현된다. 이 존칭들은 두 차례 신앙고백 — 베드로의 고백(8,30: "스승님은 그리스도이십니다")과 로마 백인대장의 고백(15,39: "참으로 이 사람은 하느님의 아드님이셨다") — 안에 나타난다. 그리고 당신이 찬양받으실 분의 아들 메시아냐는 대사제의 질문에 대한 예수의 자인이 덧붙여진다(14,61-62). 마르코에게는 여러 존칭 가운데 하느님의 아들이 가장 중요했다는 데 연구자들의 의견이 널리 일치한다. 하느님의 아들 예수 그리스도의 복음을 그는 널리 전파하고자 했다(1,1). 말미의 백인대장의 고백은 일종의 결론 도출이며 목표점을 명시하거니와, 독자들은 믿음 안에서 여기로 인도되어 그 고백을 따라 할 수 있게 되어야 한다. 절묘하게 배치되어 있는 이 두 구절은, 마르코의 편집으로 볼 수 있다는 사실 때문에라도, 각별한 중요성을 부여받아야 한다.

---

[78] 여자들은 (당시의 법률적 견해에 따르면) 법인(法人)이 아니었고 그래서 증언할 자격이 없었기에, 이 여인들이 침묵했다고 추론한다면 오해한 것이다. 좀 오래된 주석에서는 이 견해가 널리 퍼져 있었다.

제대로 된 고백은 십자가 아래에서 발설된다. 이는 예수를 올바로 이해하는 것은 그의 최후에 바탕해서야 비로소 가능함을 확인해 준다.[79]

마르코가 '하느님의 아들 예수'라는 언명이 어떻게 이해되기를 바랐던가를 알기는 상당히 어려우니, 내용이 가득 채워진 구절들은 전승이며 이미 그리스도론적 구상이 담겨 있기 때문이다. 그래도 두 가지 강조점이 두드러진다: 한편 하느님의 아들은 메시아(14,61; 1,11(시편 2,7의 인용);[80] 마르 9,7], 그 직분을 위해 하느님께 선택된 분, 하느님과 각별히 가까운 관계에 있는 분이다. 다른 한편 하느님의 아들은 카리스마를 지니고 기적을 행하는 분이다(5,7). 나아가 세례 단락에서 예수가 (예언자들이 일시적으로 영을 지니는 것과는 달리) 언제까지나 영을 지니는 하느님 아들로 특징지어지고, 또 하느님의 아들 칭호가 독립화되는(1,1; 15,39) 것을 알아볼 수 있다는 점에서, 일종의 존재론적으로 각인된 하느님의 아들에 대해 말할 준비가 되어 있음이 드러난다. 예수는 '아들'로서 아버지의 비길 바 없는 상대이며 동시에 아버지께 종속되어 있으니, 그날과 그 시간을 정하는 일을 아버지께 맡긴다(13,32). 마르코에게 하느님의 아들은 그렇다면 자신의 선택과 준비와 하느님과의 결속을 바탕으로, 하느님 나라와 함께 시작된 구원을 유일하게 중개해 줄 수 있는 분이다.

여러 존칭이 (편집에 의해) 나란히 나오는 중복 구절들은 주목해야 마땅하다. 여기서 특징적인 것은, 그리스도와 하느님의 아들에 대한 (자기) 고백이 인자를 통해 속행되고 설명된다는 점이다(14,62). 고백이 예수의 신원에 관해 무언가를 말해 준다면, 우리는 인자와 관련하여 예수의 활동과 수난에 관해 무엇인가를 체험한다.[81] 제자들은 베드로의 그리스도 고백에 이어, 인자는 고난을 겪고 배척받고 죽임을 당해야만 한다는 가르침을 받는

---

[79] 마르코가 하느님의 아들 칭호를 선호한 것이, 메시아 비밀 대신 하느님 아들 비밀에 관해 말하게 된 계기다.

[80] GNILKA, *Mk* I 52-53 참조.

[81] THEOBALD[*Gottessohn* 40]는 이 구별을 강조한다.

다(8,31). 대사제에게는 자신이 메시아라는 예수의 자기 고백 이후, 인자가 하늘의 구름을 타고 심판하러 오리라 통고된다(14,62). 덧붙여 인자에 관한 말은 '바깥사람들'에게는 수수께끼 같은 신비를 내포하고 있다. 언제나 제자들에게 하신 수난 예고 말씀들은 통상 인자 칭호를 사용한다(8,31; 9,12.31; 10,33.45; 14,21.41). 그 밖에 인자 칭호에는 구원의 측면도 있다. 수난 예고 말씀들 중에는 10,45("사람의 아들은 … 많은 이들의 몸값으로 자기 목숨을 바치러 왔다")가 이에 해당된다. '선택된 이들'에게 인자의 종말 도래는 궁극적 구원을 뜻한다(13,26-27). 지상 인자와 관련되는 두 가지 언명도 해방 — 죄로부터의 해방(2,10)과 율법의 종살이로부터의 해방(2,28) — 의 성격을 띠고 있다.

3.3 하느님 나라와 그 완성

하느님 나라(다스림)는 결정적 · 미래적 · 보편적 구원이다. 하느님 나라(다스림)는 그러나 예수의 활동을 통해 이미 현재 안에서 구제하고 치유하는 그 능력과 함께 체험될 수 있음을 우리는 확인했다. 하느님 나라의 현재성과 미래성은 4,26-32에 나오는 '성장 비유들'의 주제이기도 하다. 현재 안에 심겨진 하느님 나라의 시작은 영광스러운 마지막 완성에 견줄 때 미미하게, 아니 아주 하찮게 보이니, 겨자씨가 큰 가지들을 뻗고 그 그늘에 하늘의 새들이 깃들일 수 있는 큰 겨자 관목에 견주어 보잘것없는 것과 같다. 하지만 시작이 완성을 보증하니, 농부가 자신이 뿌린 씨앗이 싹트고 자라고 줄기로, 이삭으로, 옹근 낟알로 무르익으리라 믿는 것과 같다.

그러나 하느님 나라의 완성은 인간에게 아무것도 요구하지 않는 과정이 아니다. 하느님 나라 대망이 사람을 이미 지복至福을 맛보는 상태로 옮겨놓는다고 생각한다면 어리석다. 사실은 정반대다. 여기서 요구란 회개를 의미한다(1,15). 마르코 복음서의 예수는 윤리적 가르침을 개진하지 않는다는 것은 맞는 말이다. 예수가 파견한 열두 제자도 윤리적 요구와 관련하여, 오직 사람들이 회개해야 한다는 것만 선포한다(6,12). 하지만 이미 옛 예언자들이, 그리고 가장 가깝게는 세례자 요한이 강조한(1,4) 이 회개 요구 안에 모든 것이 총괄되어 있으니, 사람이 마땅히 실행해야 할 철저한 돌아섬이 그것이다. 사람은 지금까지 그릇된 길을 가고 있었다는 깨달음을 바탕으로 제 삶을 완전히 새로이 정위해야 하고, 예수 안에서 가까이 오신 하느님과 그분 나라를 향해 자신을 정렬해야 한다.

그러나 하느님 나라는 거부와 저항에 부닥친다. 그래서 격렬한 대결이 벌어진다. 마르코는 이 대결을 신화적으로 표상한다. 예수와 함께 세차게 돌입하는 하느님 나라가 사탄의 나라와 맞닥뜨린다.[82] 마르코 복음서에서 예수의 말이 활동 뒤로 물러나 있는 것은, 이를테면 이 대결을 생생히 부각시키려는 의도에 따른 것이다. 갖은 형태의 악, 폭력, 질병, 정신적·육체적 억압은 (당시의 통상적 세계상에 따르면) 초자연적·악마적 권세들에 의해 야기된다고 여겨졌는데, 예수에 의해 제압된다. 예수의 해석의 계기는 자신이 마귀들 우두머리 베엘제불의 힘을 빌려 마귀들을 쫓아낸다는 비난이었다(3,22-27). 예수는 당신이 선도하는 하느님 나라와 사탄 나라 간의 해방 투쟁을 비유를 통해 묘사하고, 자신이 힘센 자를 묶어 놓을 수 있는 더 힘센 자임을 암시한다. 이 이원론적 표상에서 하나의 역사신학적 구상이 얻어지거니와, 이 구상은 마르코의 단초로부터 거대한 영향사를 (아우구스티누스의 『신국론』에 이르기까지) 펼쳐 나갈 터였다. 아무튼 투쟁 상황은 예수의 활동 이후에도 계속되니, 악이 존속하기 때문이다. 다만 이제는 하느님 나라가 마침내 승리하리라는 확신이 주어져 있다.

13장은 종말 시기 하느님 나라의 승리라는 주제와 이것에 앞서는 일들에 할애된다. 유언 같은 인상을 주는 묵시문학적 훈화의 형식으로, 선택된 네 제자(1,16-20에 따르면 처음으로 부르심을 받은 사람들이다)에게 가르침이 주어진다. 마르코가 꾸민 도입부에서 이미 가르침은 성전 파괴와 관련된다(13,1-2). 주석학상 수많은 문제점을 안고 있는 이 종말 시기 훈화에 대한 판단에

---

[82] ROBINSON, *Geschichtsverständnis* 34-54 참조.

서, 연구자들은 로마–유다 전쟁으로 인한 예루살렘과 성전의 파괴나 그 도시에 대한 위협이 사람들로 하여금 종말 시기 문제에 대해 입장을 취하지 않을 수 없게 했으리라는 데 널리 의견이 일치한다. 마르코가 현실적 동기에서 13장을 나중에 추가했으리라는 추측은 충분한 설득력이 없다.[83] 훈화의 정점은 인자의 내림來臨 통고다(13,26). 마르코에게는 인자 내림이 물론 하느님 나라의 최종적 계시와 결부되어 있다. 이 말은, 마르코 복음서 13장에 하느님 나라가 명시적으로 언급되지 않지만, 타당하다. 하느님 나라와 인자의 결부는 마르코의 하느님 나라 이해에서 필연적인데, 8,38(인자가 아버지의 영광에 싸여 올 것이다)과 9,1(하느님 나라가 권능을 떨치며 올 것이다)의 연속 등을 통해 확인된다.

마르코 복음서 13장의 종말 시기 훈화는, 여기에 기존의 한 묵시문학 텍스트가 삽입되었음을 전제할 때, 두드러진 특징을 드러낸다. 횔셔[84]가 토대를 놓은 이 주장은 오늘날 널리 관철되었으며, 계속 다듬어지고 엄밀히 규정되었다. 그러나 여러 논란이 있다. 횔셔가 일종의 '전단'傳單에 관해 말했다면, 오늘날의 일반적 경향은 '작은 묵시록'에 관해 말한다. 이 묵시록은 혹독한 위협에 직면하여 십중팔구 유다계 그리스도인 동아리들에서 생겨났을 것이다.[85] 그 위협을 저자는 열렬한 종말 임박 대망에 바탕하여 세상의 멸망과 직결되는 것으로 판단했다. 연구자들은 그 위협을 예루살렘 성전에 황제 초상을 세우려던 칼리굴라 황제의 계획 ― 횔셔가 주장했다 ― 으로, 또는 (더 우대받아야 하거니와) 유다 전쟁의 발발 그리고/또는 그 직전의 혼란으로 파악했다. 그것이 '황폐의 흉물'이니, 그것이 나타나면 서둘러 유다 땅을 벗어나 산으로 달아나야 할 터였다(13,14-16).

---

[83] PESCH(*Naherwartungen* 240)의 주장이다. 그러나 PESCH, *Mk* II 266-267 참조.

[84] HÖLSCHER, Der Ursprung der Apokalypse Markus 13: *ThBl* 12 (1933) 193-202.

[85] (유다인들이 아니라) 유다계 그리스도인들이 지었음은, 유다교–묵시문학의 특정 표상들 ― 이방인들 위에 군림하는 이스라엘의 지배자 지위, 예루살렘 성전의 쇄신, 의인과 범법자의 운명에 관한 상세한 묘사 등 ― 이 빠져 있다는 사실이 말해 준다.

이 묵시문학 텍스트의 복원 — 다양한 제안이 있다[86] — 과 관련하여, 일련의 묵시문학 특유의 소재 및 표현들과 더불어, 직접적인 화법을 회피하는 이야기식 문체에 유의해야 한다. 우리는 여기서 복원은 단념하고, 기존 텍스트에 속해 있었다고 널리 인정받는 가장 중요한 소재와 표현들의 열거로 만족하자. 세 복합체를 확인할 수 있다: 먼저 통고된 대로 전쟁과 전쟁 소문, 민족들과 나라들의 상호 적대, 지진과 기근이 일어날 것이다(13,7-8). 그런 다음 지금까지 없었고 앞으로도 없을 환난을 예고하는 황폐의 흉물이 나타나 사람들을 놀라 도망치게 할 것이나, 주님께서 몸소 선택하신 사람들을 위해 그 날수를 줄여 주실 것이다(13,14.17-20). 끝으로 종말에 인자가 내림하는데, 부수 현상으로 해와 달이 어두워지고 하늘의 세력들이 뒤흔들릴 것이나, 한편 천사들이 선택된 사람들을 모을 것이다(13,24-27).[87] 복합체 1이 종말과 인자 재림으로부터 아직 어느 정도 떨어져 있는 반면, 복합체 2의 황폐의 흉물은 이를테면 종말을 작동시킨다. 24절과의 시기적 연결이 이를 암시한다.[88] 기존 묵시문학 텍스트에서는 전쟁이 발발하면 로마인들에 의해 성전이 더럽혀지리라 생각했고, 이 끔찍한 예상을 다니엘서 11,31; 12,11; 9,27; 마카베오기 상권 1,54; 6,7에 기대어 거룩한 장소를 황폐화시킬 황폐의 흉물이라는 개념으로 표현했다.[89]

---

[86] 참조: GNILKA, *Mk* II 211-212; BRANDENBURGER, *Mk 13 und die Apokalyptik* 166-167; L. HARTMAN, *Prophecy Interpreted* (Lund 1966) 235; PESCH, *Naherwartungen* 207; BULTMANN, *Geschichte* 129.

[87] KLOSTERMANN(*Mk* 132)은 30-32ㄱ도 기존 텍스트에 속해 있었을 가능성을 고려한다; F. HAHN[Die Rede von der Parusie des Menschensohnes Markus 13: *Jesus und der Menschensohn* (FS A. Vögtle) (Freiburg 1975) 240-266 중 258)]은 28-31절이 예수 어록에 들어 있었다고 본다.

[88] 24절의 두 시기 언명 '그 무렵, 환난에 뒤이어' 중에서 둘째 것은 짐작건대 예수 어록에 들어 있었을 것이다. BRANDENBURGER(*Mk 13 und die Apokalyptik* 167)는 첫째 것을 어록에 귀속시킨다. 확실한 판정은 불가능하다.

[89] 마카베오기 상권에서 이 개념은 기원전 2세기 중엽 시리아인들이 예루살렘 성전에 세운 우상 숭배 제단을 가리킨다. 묵시문학에서는 흔히 미래를 묘사하기 위해 과거의 체험들을 이용했다.

마르코는 예루살렘 사건들과 아주 긴밀히 결부된 이 묵시록 소품을 수용했는데, 더불어 빗나간 예상들도 포함시켰다. 사실 마르코가 복음서를 쓴 것은 유다 전쟁 이후다. 그동안 사람들은 성전 파괴를 겪었는데, 이것은 예상하던 성전 모독과 상당히 들어맞았지만 종말은 아직 오지 않았다. 당시 상황을 해석하기 위해 마르코는 기존 텍스트를 어떻게 변형시켰던가? 마르코의 관심사는 무엇보다도 공동체를 격려하는 것이었다. 이제 "너희는 누구에게도 속는 일이 없도록 조심하여라"(13,5)라는 말로 훈화가 시작된다. 순교의 각오(13,9.11)와 복음 선포(13,10)의 독려 그리고 주의와 경계에 대한 거듭되는 촉구(13,23.33.35-37) 등 종말론적 훈계가 훈화의 전체 구상을 관통하고 있다.

그러나 마르코에게는 시기 문제가 중요한 것으로 남아 있다. 그래서 마르코가 꾸민 도입부는 성전 파괴 시점과 종말을 알려 주는 표징에 대한 제자들의 물음으로 종말 시기 훈화를 시작한다(13,3-4). 성전 파괴와 종말의 결부는 억지스럽다.[90] 요컨대 이 결부는 바로 당시 생겨난 난제와 관련된다. 제자들은 그릇된 생각에 사로잡혀 있었다. 그들은 올바른 가르침을 받아야 했다. 우리는 마르코가 "그 모든 일이 이루어지려고 할 때"(13,4) 나타날 표징을 거론했다고 짐작해도 될 것이다.

브란덴부르거[91]는 그 표징을 우주의 질서를 해체하는, 인자의 내림과 직결된 사건들(13,24-25)로 본다. 기존 텍스트에서 통고되었던 일이 일어나지 않은 뒤, 마르코는 그 표징을 역사적·우주적 현상들과 결부시킬 수 없다고 보았다는 것이다. 그런 결부는 근본적으로 미혹임이 드러났다는 것이다. 이로써 표징(4절: τὸ σημεῖον)에 대한 물음은 도대체가 기대하는 대답을 얻을 수 없다는 사실은 제쳐 놓고도, 이 해결책이 너무 시류時流를 따라 구상된 것은 아닌지 따져 보아야 한다. 그리고, 공동체는 어떤 상황에 있었

---

[90] 이미 LOHMEYER(*Mk* 269)도 그렇게 보았다.

[91] BRANDENBURGER, *Mk 13 und die Apokalyptik* 97-103.

던가? 이 견해에 따르면 성전 파괴와 결부된 황폐의 흉물과 관련된 사건들은 이미 발생했다(13,14-23). 그렇다면 결국 13,24 이하의 종말만이 임박해 있다. 브란덴부르거는 "다가올 시간의 진행에 붙박인, 고통스럽고 불안에 가득 찬 물음이 현재를 건너뛰려 한다"는 것을 인정한다.[92] 아무튼 이 시간 진행은 13,5-22의 단락을 미결로 남겨 둔다. 이 진행은 전적으로 과거와만 관련지어져서는 안 되니, 현재 속으로도 파고 들어온다고 하겠다.[93]

우리는 아직 일어나지 않은 미래 사건들이 13,14부터 시작된다고 본다. 이를 지지해 주는 근거가 여럿 있다. 13,5-13에서 일련의 전진적 시기 언명을 읽을 수 있다: 아직 종말이 아님(7절), 진통의 시작(8절), 종말(13절). 이에 따르면 공동체는 종말 전 메시아-진통 속에 있다고 하겠다. "너희는 여기저기에서 전쟁이 났다는 소식과 전쟁이 일어난다는 소문을 듣더라도"(7절) 등과 "있어서는 안 될 곳에 황폐를 부르는 혐오스러운 것이 서 있는 것을 보거든"(14절) 등의 언설들 사이에는 유사성이 있다. 끔찍한 일에 관해 듣는 것은 공포를 불러 일으킨다. 보는 것은 한 특정 사건을 겨냥하고 있다. 예정된 한 표징에 관해 말하자면, 그것이 가시적임을 전제할 수 있다. 표현들은 그것이 제자들이 물었던 표징과 관련이 있음을 암시한다. 황폐의 흉물은 텍스트에서 어떤 인물을 가리킨다. 그리스어 원문에 나타나는 중성에서 남성으로의 성 바뀜(14절: *ἑστηκότα*, 서 있는)은 흉물에 대한 해석으로 이해해야 한다.[94] 이 뒤에는 종말 직전 어떤 인물의 출현과 함께 악의가 세상에서 절정에 이른다는 관념이 숨어 있다. 이 인물의 이름은 문헌마다 다양하다 — '무법자'(2테살 2,3), '세상 사람들이 결코 원하지 않는 자'(에즈라 4서 5,6), '세상을 유혹하는 자'(『디다케 — 열두 사도들의 가르침』 16,4). 나중에는 '반反그리스도'라는 개념이 채택된다. 신약성경은 '반그리스도'라는 개념을 아직 특유한 의미로 사용하지 않는다. 또한 이 낱말은 언제나 복수형으

---

[92] 146.

[93] 85.149.153.

[94] 병행구인 마태 24,15는 중성인 *ἑστός*로 바로잡는다.

로 사용된다(마르 13,22 참조). 요컨대 마르코는 이 중요한 대목에서, 유다 전쟁 중에 일어나리라 예상되던 성전 모독을 달리 해석하고 그것을 임박한 종말의 표징으로까지 확대하는 새 해석을 시도하는데, 이 표징은 마지막 엄청난 악행자의 모습으로 거룩한 장소에 나타나게 될 터였다.[95]

마르코가 종말 임박 기대를 포기하지 않았음은 확실하다. 물론 브란덴부르거가 완화된 임박 기대에 관해 말하는 것은 옳다.[96] 이 세대가 지나기 전에 그 모든 일이 일어날 것이다(13,30). 하지만 시점의 결정은 결국 하느님께 유보되어 있으니, 천사들도 아들도 이에 끼어들 수 없다(13,32).

기존 묵시문학 텍스트의 수용으로 인한 묵시문학 표상들의 조야한 침투로 말미암아, 복음서 말미에 (수난사화 전에) 상당히 염세적인 정조情調가 넓게 깔려 있다. 이 정조는 유다 국가의 멸망 그리고 이와 결부된 끔찍스런 전쟁에 의해 역사적으로 야기된 것이다. 마르코는 구원을 오로지 종말로부터만 고대했던가? 묵시문학 사상에서 상정하듯이, 세상은 포기되는가? 우리는 모든 민족에게 복음을 선포하라는 임무가 제자들에게 부여되는 10절을 힘주어 지적해도 되겠다. 이 적극적 복음 선포는 문맥이 시사하는 수난과 순교 상황에서의 증언(13,9.11-13) 이상의 것을 내포하고 있다. 그리고 하느님 나라에 관한 이 복음은 이 세상의 악과 힘차게 맞서 싸울 수 있는 힘이다(앞에서 말한 것을 상기하라). 그러나 최종적 해방은 종말에, 그리고

---

[95] BRANDENBURGER(*Mk 13 und die Apokalyptik* 79-83)는 13,14-23의 내용이 유다 전쟁 때 실현되었다고 본다. 이 실현이 아직 고대하던 것 역시 실현되리라는 확신의 근거를 제공했다고 한다. 여기서 한 중요한 논거는 23ㄴ("내가 이 모든 일을 너희에게 미리 말해 둔다")이니, 이 구절이 실현을 고지하고, 과거와 현재 사이에 시간상의 중간 휴지休止를 둔다는 것이다. 그러나 23ㄴ은 통고한 환난과 관련됨을 유의해야 한다. 그 환난에 제자들은 대비해야 하니, 그것이 예상할 수 있는 배교의 주요 원인이기 때문이다. 견줄 수 있는 구절로 요한 16,1을 들 수 있다. 결국 13,6-23에 고지된 모든 것은 환난이다. 23ㄴ이 표현하는 중간 휴지는 환난으로부터 환난에서의 구출까지의 휴지이며, 이 구출은 인자의 내림來臨과 함께 주어질 것이다. 참조: 24절: "그 무렵 환난에 뒤이어." '이 환난'은 14-23절에 묘사된 환난인데, 24절의 이중 시기 언명에 의해 황폐의 흉물이라는 표징과 긴밀히 결부된다.

[96] 같은 책 120.

신현神顯적 색조로 묘사되는 인자의 내림에 유보되어 있다.[97] 마르코가 들여놓은 종말론적 유보eschatologischer Vorbehalt는 상당히 중요하다.[98]

3.4 인간관 ─ 제자 됨

3.4.1. 인간관

마르코 복음서에서 ─ 다른 복음서들에서도 마찬가지지만 ─ 인간관이 직접적으로 숙고되지는 않는다. 인간관은 예수를 만나는 수많은 사람을 통해 파악할 수 있다. 이들은 개(체)성의 측면에서 대부분 익명으로 머물러 있다. 우리가 이름을 아는 경우는 매우 드물다. 연구자들은 이들을 고대 연극에서 주인공을 둘러싸고 오고 가며 종종 묻고 청하고 반응하는 단역들이나 합창 가무단에 견주었다. 흔히는 예수가 다가가고 예수 둘레에 모이고 그를 따르는 민중의 무리(들)에 관해 말한다.

이 모습은 사람들의 상태라는 관점에서 좀 더 구체적이 된다. 여기서 중요한 것은, 바이사이파나 사두가이파 같은 파당들이 존재했다는 사실이 아니라, 예수를 만난 이 사람들에 비추어 인간 실존을 규정짓고 있던 곤경을 파악할 수 있게 된다는 사실이다. 그것은 물리적 곤경이었다. 이렇게 생성되는 이 모습은 물론 마르코가 자기 복음서에 들여놓은 많은 치유와 이적 사화와 관련된다. 마르코가 그렇게 한 것은, 독자들로 하여금 이 구체적인 불행에 관심을 기울이게 하는 것도 그의 의도였기 때문이었다고 하겠다. 열병에 걸린 여인(1,30), 나병 환자(1,40), 중풍 병자(2,3), 다 죽게 된 아이(5,23), 하혈하는 부인(5,25), 더러운 영이 들린 사람(1,23; 5,2)이 우리 앞에 있다.[99] 불행이 극심했다는 인상은 병자들과 마귀 들린 자들이 무리 지

---

[97] 참조: BRANDENBURGER, *Mk 13 und die Apokalyptik* 58-65.

[98] 요점 비판: GNILKA, Apokalyptik und Ethik: *NT und Ethik* (FS R. Schnackenburg) (Freiburg 1989) 464-481.

[99] 이 고대 질병 언급 뒤에 있는 질병관: GNILKA, *Jesus* 122-127.

어 몰려들었다고 보도하는 집약문들에서 더욱 강화된다(1,33-34; 3,10-11; 6, 55-56). 이 포괄적인 집약문들을 엮은 마르코의 근본 관심사는 물론 놀라운 일을 행하는 분의 권능을 뚜렷이 제시하자는 것이지만, 부정적 이면裏面도 간과될 수 없다. 인간 실존은 온갖 육신적 · 정신적 위험에 내맡겨져 있다. 이 불행이 예수(와 제자들)에게 전해진다. 그리고 제자들은 도움을 줄 능력이 없음이 드러나자 책망을 받는다(9,18-19). 마르코가 세계적인 재앙, 전쟁, 지진, 기아 등에 관해 알고 있었음은 이미 종말 시기 훈화의 맥락에서 확인할 수 있었다.

한편 죄에 관해서 비교적 덜 언급하는 것이 눈길을 끈다. 죄에 관한 언급은 예수가 중풍 병자의 죄를 용서하는 단락(2,1-12)에 가장 상세히 나온다. 당시의 인과응보 관념들에서와는 달리, 질병과 개인의 죄 사이에 인과관계는 성립하지 않는다. 오히려 주된 관심은 인간의 전체적 회복에 있다. 사람은 자기 죄뿐 아니라 질병으로부터도 해방되어야 한다. 하지만 이 세대를 절개 없고 죄 많다고 특징짓는 것은, 죄와 책임에의 총체적 연루를 분명히 전제하고 있는 것이다(8,38).

동일한 포괄적 연루를 회개에 대한 예수의 원칙적 요구가 알려 주거니와(1,15), 이미 세례자 요한도 죄의 용서를 위한 회개의 세례(1,4-5) — 이때 사람들은 자기 죄를 고백했다 — 로써 모든 이의 죄스러움과 타락의 상황을 암시했다. 무엇을 죄로 여겼는지 좀 더 상세히 알려 주는 구절은 몇 안 되지만, 시사하는 바가 크다. 예수의 구원 제공이 거부되는 곳에서 죄는 죄로 드러난다. 바리사이들이 예수에게 하늘에서 오는 표징을 요구한 것이 이런 경우다(8,11-12). 성령을 거스르는 용서받을 수 없는 죄란 결국 이런 거부 이외에 다른 것이 아니거니와, 이 경우는 물론 하느님 영에 대한 모독(3,28-30)과 결부되어 있다. 사람에게 징벌이 내려지는 것은 아니다. 성령을 모독하는 자는 이를테면 스스로 구원의 영역에서 떨어져 나간다.

은총 제공을 받아들임은 자신이 죄인이라는 것을 인정함을 뜻한다. 이 것을 할 수 있었던 사람들은 누구보다도 사회적으로 영락한 이들, 세리를 비롯해 공공연한 죄인으로 여겨지던 사람들이었다. 이들은 예수와의 밥상 공동체에서 해방하는 용서를 체험했다(2,15-17). 과연 진기한 변화가 일어났다. 죄인으로 여겨지던 이들은 면죄되었고, 회개가 필요하지 않다고 여기던 자들은 자기 죄를 폭로했다. 또한 죄는 사랑을 거스르는 데서도 드러난다. 예를 들어 부모에 대한 자식의 몰인정한 행동인 코르반 서약에서 이것이 분명해진다. 사랑을 거스름은 하느님에게서 떨어져 나감을 뜻한다. 그런 자들에게는 이사야 예언자의 말이 적중한다: "이 백성이 입술로는 나를 공경하지만 그 마음은 내게서 멀리 떠나 있다"(7,6; 참조: 이사 29,13).

3.4.2 제자 됨

예수와 각별히 가까운 자리에 제자들이 있었다. 이들에 대한 묘사에서도, 예수와의 관계 — 이 관계는 지상 예수와 함께 다니지 않은 사람들도 맺을 수 있었다 — 때문에 개인적 특징들이 뒤로 물러나 있음에 유의해야 한다. 이들은 공동체와 관련하여 투명해진다. 이런저런 말씀을 들으며 공동체 구성원들은 제자들 안에서 자신을 재인식하고, 그들에게 배우고, 그들의 실패에서 자극을 얻고, 그들과 예수와의 친밀함에서 감명을 받았다.

예수가 제자들을 집에 모은 사실이 거듭 전해진다. 예수가 군중을 가르치거나(7,17; 10,10) 제자들의 실패를 책망한(9,28-29) 후가 그런 경우다. 집에서 제자들은 스승에게 질문을 할 수 있었고, 스승은 기꺼이 대답해 주었다. 다른 경우에도 우리는 제자들을 묻는 자들로 만나는데, 그때마다 이 일이 군중과 떨어져 따로 이루어짐이 각별히 강조된다(4,10; 13,3).[100] 집에서의 제자들 모임은 공동체와 관련하여 명료해지는데, 공동체의 교리교육이 집에서 이루어졌고 그 밖에 설교와 신앙 대화도 집에서 행해졌다고 짐작해도 되겠다. 나아가 훗날의 가정 교회들을 떠올려도 될 것이며,[101▶] 가정 교회들이 여기 예수의 활동 안에 이를테면 앞서 묘사되어 있는 것이다. 제

---

[100] 이 군중과의 분리의 부자연스러움은 4,10에서 특히 두드러진다. 예수가 호숫가에서의 설교를 중단했다는 인상을 받을 수도 있다.

자들이 학생이기도 했음은, 마르코 복음서가 예수를 거듭 스승이라 부르고, 그의 가르침에 관해 말하고 있다는 사실에 의해 강조된다.[102]

그러나 예수의 가르침은 지적 터득의 대상을 훨씬 넘어선다. 이 가르침은 추종으로 이끌고자 하거니와, 여기서는 예수의 길을 배워 익힘이 참된 관심사다. 그런 까닭에 초대하고 명령하는 예수의 부름은 "나를 따라오너라"(1,17; 참조: 8,33)이니, 이 추종은 결국 십자가 추종으로 이해되어야 한다: "누구든지 내 뒤를 따르려면 자신을 버리고 제 십자가를 지고 나를 따라야 한다"(8,34). 물론 제자들이 들어서 있는 길은 오래 지속되는 과정이며, 여기서 그들은 사로잡히고 변화되어야 한다. 이것은 물론 예수의 가르침을 듣는 공동체에도 중요한 의미를 지닌다.

이 과정을 묘사하려 마르코는 노력한다. 두 극점이 있으니, 서로 반대되는 이것들이 제자들을 규정짓는다. 한쪽에는 하느님에 의해 선사된 실존이 있고, 다른 쪽에는 인간적 실패와 무능이 있다. "너희에게는 하느님 나라의 신비가 주어졌다"(4,11)라는 확언을 예수의 동반자들은 들을 수 있다. "그분 둘레에 있던 이들"(4,10)이라는 표현은 마르코가 의미하는 바에 따르면 제자들과 관련시켜야 할 것이며, 이들 가운데 다시 열두 사람이 특별한 동아리로 부각된다. 제자들은 요컨대 앞에서 언급한 예수의 신원과 관련된 신비를 받아들이도록 (하느님에 의해) 정해져 있으니, 나중에 언젠가 다른 이들에게 그 신비를 전하고 선포할 수 있기 위해서다. 그런 까닭에 제자들에게는 비유 말씀을 설명하고 '풀이'해 주며(4,34), 집에서 특별한 가르침이 거듭 주어지는 이들도 제자들이다.

그러나 마르코는 제자들의 인간적 실패와 무능을 놀라울 만큼 준엄하게 묘사한다. 그들은 비유를 알아듣지 못했다(4,13; 7,18). 호수에서 돌풍을 만

◀[101] H.-J. KLAUCK, *Hausgemeinde und Hauskirche im frühen Christentum* (SBS 103) (Stuttgart 1981) 60-62.

[102] 이 점은 다른 공관복음서들에도 해당되는데, 여기서도 마르코 복음서에의 의존이 드러난다고 하겠다. 마르코는 가르침(διδαχή: 마르코 5번, 마태오 3번, 루카 1번)이라는 개념을 애호한다.

나자 어쩔 줄 몰랐고, 겁 많고 믿음 없다고 예수에게 책망을 들었다(4,40). 빵을 많게 한 기적을 이해하지 못했고 예수가 물 위를 걷자 기겁했다. 그래서 복음서 저자는 그들 마음이 완고했다고 말한다(6,52). 똑같은 질책을 예수는 배 안에서 반복하고, 눈이 있어도 보지 못하고 귀가 있어도 듣지 못한다고 책망을 부연한다(8,17-18). 이 말씀들 안에는 옛 예언자들의 비탄이 섞여 들어 있다(참조: 예레 5,21; 에제 12,2). 우매하여 수난 예고 말씀에 저항하던 베드로는 예수에게 '사탄'이라는 모진 말을 듣는다(8,33). 물론 여기에는 여러 가지 기존 자료가 이용되었다. 그러나 연구자들은 마르코가 제자들의 무지를 묘사하는 데 힘썼다는 점에 널리 의견이 일치한다.

제자들의 무지라는 소재는 '메시아 비밀'과 결부하여 고찰해야 한다. 왜냐하면 여기서 관건은 예수의 예루살렘 여정을 이해하고 받아들이는 것이기 때문이다. 그것은 십자가로의 길이었다. 그러나 제자들은 그 길을 완강히 반대했다. 마르코는 이 반대를 묘사하기 위해, 제자들에 관한 장면 셋을 꼼꼼히 꾸민다. 이 장면들은 모두 예수의 수난 예고와 관련되어 있다. 첫 번째 예고 후 베드로가 저항한다. 두 번째 예고 후에는 누가 가장 큰 사람인가를 두고 제자들 간에 다툼이 벌어진다. 이 무지에 맞서 예수는 한 어린이를 내세우고, 모든 사람 중에 꼴찌가 되어 모든 이를 섬길 각오에 관해 말한다(9,30-37). 세 번째 예고는 이미 예루살렘으로 올라가는 길에 주어지는데, 출발 때 제자들은 몹시 놀라고 두려워하기 시작한다(10,32). 예고 후 제베대오의 아들들이 나서서 예수가 영광스럽게 되면 자신들에게 오른쪽과 왼쪽 자리를 주십사 청한다. 예수의 질책에 이어, 인자의 섬김과 목숨을 내어 줌에 관해 말하는 토막 말씀이 뒤따른다(10,35-45).

수난 예고에 이어 제자 교육을 매번 주도면밀하게 배치한 것은 십자가 추종의 촉구를 마르코 특유의 관심사로 확인하는 계기를 제공했다.[103] 스

---

[103] 참조: J. ROLOFF, Das Markusevangelium als Geschichtsdarstellung: *EvTh* 29 (1969) 73-93 중 84; W. BRACHT, Jüngerschaft und Nachfolge: J. HAINZ (Hrsg.), *Kirche im Werden* (Paderborn 1976) 143-165.

승 예수는 제자들을 당신의 길로 이끈다. 그는 이 일을 노여움과 온유함을 섞어 가며 행한다. 이는 교육상의 노력이라고 말할 수 있다. 이 노력은 거듭되는 제자들에게의 질문에도 암시되어 있다. 예수의 질책은 번번이 질문 형태로 행해진다: "너희는 어찌하여 빵이 없다고 수군거리느냐? 아직도 이해하지 못하고 깨닫지 못하느냐? 너희 마음이 그렇게도 완고하냐?" (8,17; 참조: 8,18.21; 4,40.13). 이 물음들은 제자들에게 깨우침과 자성을 촉구하고자 한다.

제자들의 예수 수난에서의 철저한 실패, 체포 때의 도주(14,50), 십자가 아래의 부재는 일종의 중간 휴지(休止)를 이룬다. 그들은 이로써 추종을 취소했다. 예수는 그들의 실패를 예고했지만, 동시에 당신 십자가와 부활 이후 이루어질 그들의 새 출발도 약속했다: "나는 되살아나서 너희보다 먼저 갈릴래아로 갈 것이다"(14,28). 천사의 부활 전갈도 이 약속을 되풀이한다 (16,7). 이로써 제자 됨은 전적으로 하느님 은총에 힘입고 있음을 주지시킨다. 그러나 동시에 이 실존적으로 체험할 수 있는 길을 넘어, 예수는 그의 십자가와 부활을 거쳐서야 비로소 온전히 인식될 수 있음이 암시되어 있다. 이것은 우리가 앞에서 '메시아 비밀'과 관련하여 확인할 수 있었던 것과 동일한 관점이다. 제자들의 무지라는 소재는 메시아 비밀의 문학적이고 신학적인 구성 요소임이 드러난다.

회개와 믿음은 근본적 요구다(1,15). 마르코가 첫 제자들의 예수 추종 개시를 이 요구들에 곧장 연결시키는(1,16-20) 것은, 이들이 요구된 것에 부응하려 노력하는 사람들로 여겨질 수 있다는 것도 의미한다. 믿음은 복음에 정향되어 있다. "복음을 믿어라"라는 표현은, '복음에 근거하라'로 번역하면 안 되거니와,[104] 믿음에 신뢰라는 뉘앙스를 강하게 부여한다. 예수는 복음을 전하고, 또 전해지게 하는 기쁨의 사자다. 믿음으로써 사람은 복음을 정당화하고, 복음이 내세우는 요구가 참됨을 증언한다.

---

[104] 예컨대 LOHMEYER(Mk 30)가 이렇게 번역한다.

구원을 창출하는 말씀에 대한 신뢰라는 뉘앙스는 치유 사화에서 더욱 강하게 나타난다. 여기서 "네 믿음이 너를 구원하였다"라고 거듭 말할 수 있다(5,34; 10,52; 참조: 5,20). 이 믿음은 두려움과 반대된다(5,36). 신뢰라는 요소는 믿음으로 바치는 기도는 청허된다는 확약(11,24)이나 산을 옮기는 믿음에 관한 말씀(11,23)에도 들어 있다. 후자는 (그대로 이루어진) 무화과나무에 대한 저주와 연계하여 발설되었다. 이로써 믿음은 비상非常한 일을 성취할 수 있음이 암시되어 있다. 물론 이 말씀이나 기도 청허의 확약을 기적이나 심지어 주문呪文의 의미로 오해하면 안 된다. 신뢰하는 믿음은 하느님 뜻에의 정향을 내포하고 있다. 짐작건대 "하느님을 믿어라"(11,22)라는 말씀은 무엇보다도 이 신뢰를 촉구한다.

믿음은 추종에의 각오, 예수에게 자신을 내맡김을 포함한다. 눈먼 바르티매오의 예에서 이것이 인상 깊게 밝혀진다. 신뢰하는 믿음으로 바르티매오는 치유된다. 그러고 나서 예루살렘으로 올라가는 예수의 길에 동참하여 그분을 따라 나선다(10,52). 이로써 믿음으로부터 제자 됨으로의 연결선이 새삼 분명히 드러난다.

믿음에 대한 마르코의 또 다른 특징은, 예수를 믿는 이의 (물론 결코 도달하지 못할) 본보기로 내세우는 데 있다. 과연 예수의 믿음이 도발적인 말씀으로 암시되어 있다: "믿는 이에게는 모든 것이 가능하다"(9,23). 이 말씀은 예수에게 도움을 구하는 간질 병자 소년의 아비를 예수의 믿음에 동참하라고 촉구한다. 그 아비는 도발을 감지하고, 느닷없는 자각 속에서 대답한다: "저는 믿습니다. 믿음이 없는 저를 도와주십시오"(9,23-24). 산을 옮기는 믿음에 관한 토막 말씀 역시 예수의 믿음에 비추어 고찰할 수 있다.

3.5 이스라엘 – 하느님 백성 – 교회

마르코의 예수는 (역사상 나자렛 예수와 온전히 상응하여) 언제나 개인들에게 향하지만, 그 개인은 어디까지나 한 민족의 구성원이다. 예수는 일차적으로 이스라엘 민족에게 향한다. 이 점은 예수와 그에게 자기 딸의 치유를 간청하는 시리아 페니키아 부인과의 만남 이야기가 생생히 보여 준다 (7,24-30). 그 간청은 (처음에는) 원칙적 의미의 비유 말씀에 의해 물리쳐진다: "먼저 자녀들을 배불리 먹여야 한다. 자녀들의 빵을 집어 강아지들에게 던져 주는 것은 옳지 않다." 자녀와 강아지라는 말은 이스라엘을 이방인들과 대비시키는데, 이스라엘은 하느님의 자녀인 반면 '강아지'라는 완화된 지소指小 명사는 그것을 통해 유다인이 이방인을 지칭하던 짐승을 가리킨다. '먼저 자녀들'이라는 말은 이스라엘의 독점적 특권이 한 종막에 이르고, 이방인들이 복음 선포에 편입될 시기를 암시한다. 유다 땅이 아닌 티로 지역에서 시리아 페니키아 부인과의 만남이 있었다는(7,24) 것은 시사하는 바가 크다.[105]

이 이중 방향 안에서 마르코의 구상이 움직이고 있다. 한편 예수는 하느님 백성 이스라엘에 온전히 정향되어 있으며, 다른 한편 이방인들의 편입이 분명히 암시되는데, 이는 상당 부분 이스라엘 백성의 거부 자세에 기인한다. 이사야 예언자의 텍스트들에 대한 암시와 한 적절한 인용문이 이 거부를 암시하는 것은 시사해 주는 바가 많다.

후자는 정결례 규정을 둘러싼 논쟁의 테두리 안에 나온다: "이 백성이 입술로는 나를 공경하지만 그 마음은 내게서 멀리 떠나 있다. 그들은 사람의 규정을 교리로 가르치며 나를 헛되이 섬긴다"(7,6-7; 참조: 이사 29,13). 여기서 주목해야 할 것은, 마르코가 이 문맥에서 편집상 소견(7,19ㄴ)을 통해 유다교 정결례·음식 규정들은 예수에 의해 극복되었다고 선언하고, '유다인들'이라는 낱말을 넷째 복음서를 상기시키는 방식으로 사용한다는(7,3)[106] 점이다. 이사야서 5,1-2의 포도밭 노래에 기대어 포도밭을 정성들여 일구는 일에 관해 이야기하는 악한 포도밭 소작인들 비유의 도입부는, 이스라

---

[105] 짐작건대 마르코가 처음으로 예수의 티로 지방 여행을 복음서에 들여왔다. 그렇다면 그 부인과의 만남은 유다 땅에서 있었다. 참조: GNILKA, *Mk* I 290.

[106] 이 (심상치 않은) 이해에 따르면, '유다인들'은 복음을 거부하는 사람들과 동의어다.

엘을 관련시키지 않고는 이해할 수 없다. 예언자 배척으로 특징지어지는 이 백성의 역사는 이제 포도밭 안에서 살해되는 '사랑하는 아들'에 대한 거부에서 한 종막에 이른다(마르 12,6-11). 백성의 완고함에 관한 이사야서 6,9-10의 말씀이 적중하는 곳은 바로 이스라엘이다(마르 4,11-12).[107] 유다인들은 거부함으로써 '바깥사람들'이 된다. 그들에게는 하느님 나라의 신비가 인식되지 못한다. 그들에게는 모든 것이 수수께끼다.[108]

이로써 또다시 메시아 또는 하느님 아들 비밀 가설을 언급하게 되었다. 지금까지 메시아 비밀의 그리스도론적 의미 — 이에 따르면 비밀 엄수는 예수의 십자가와 부활까지로 기한이 정해져 있다 — 와 제자 동아리(부활 때까지 무지에 머문다)로의 확대를 살펴보았다면, 이제는 이 비밀의 셋째 차원, 즉 이스라엘을 포함하는 차원과 마주치게 되었다. 이 차원은 부활 후에 새로운 구원사적 상황이 주어져 있음을 암시한다. 이스라엘을 새 하느님 백성이 대체할 터인데, 이 백성은 모든 민족에게, 유다 민족에게도 열려 있다. 슬기로운 율법 학자에 관한 단락에서 예수가 자신의 공적 활동 말미에 이 유다인에게 "너는 하느님의 나라에서 멀리 있지 않다"(12,34)라고 말한 것은 한 줄기 섬광이다.

이제부터 임박한 종말까지의 마땅한 사명은, 모든 민족에게 복음을 선포하는 것이다(13,10). 열두 제자가 예수 활동의 계승자가 되어야 한다. 사명 수행을 위한 능력으로 이들은 더러운 영들을 제어하는 권능을 받는다(6,7). 이미 열둘로 정해질 때 이들은 파견되고 복음을 선포하고 마귀들을 쫓아내는 권능을 지니는 사명을 받았다(3,14-15). 신화적으로 표현된 이 권능은, 하느님 나라 선포와 결부되어 있는 악과의 투쟁을 위한 무장을 의미한다. 신화적으로 말하자면, 하느님 나라와 사탄의 나라는 종말까지 서로 투쟁한다. 이 투쟁이 앞에서 살펴본 마르코 역사관의 바탕을 이루고 있다.

---

[107] GNILKA, *Mk* I 165-167 참조.

[108] 이 문맥에는 메시아 비밀의 한 요소인 마르코의 비유관이 들어 있다. GNILKA, *Mk* I 170-172 참조.

마르코 복음서에서 이 열둘은 단 한 번만 사도로 불린다(6,30). 더구나 이 개념은 온전히 기능을 나타내는 명칭이며('파견된 이들'), 아직 직책명이 아니다. 마르코에게 이 열둘은 그 자체로 의미심장하다. 일찍이 이스라엘은 열두 지파로 이루어졌다. 이제 기대는 메시아 시대에 열두-지파-백성이 재건되리라는 데 맞추어져 있다. 마르코가 의미하는 바에 따르면, 이 열둘을 새 하느님 백성의 기초로, 말하자면 조상들로 이해해도 된다. 이 열둘을 중심으로 새 하느님 백성이 모여야 한다. 그러나 새 하느님 백성은 이스라엘의 경계를 넘어선다. 이제야말로 복음을 이방인들에게 전하는 일이 필수적이다.

또 하나의 더 포괄적인 의미에서 이 열둘은 자신들의 미래 사명을 위해 준비된다. 열둘로 정해질 때 이들의 첫째 사명으로 단순하게 확언되는 것인즉, '그분과 함께 있음/지냄'이다(3,14). 이들은 그분의 모든 길에 동반해야 한다. 예수 활동의 인상적 대목들 — 하느님 나라 신비가 주어질 때(4,10-11), 권능 부여와 파견 때(6,7), 예루살렘으로 출발하며 임박한 수난을 예고할 때(10,32), 최후 만찬 때(14,17) — 에서 마르코는 이들의 함께 있음을 언급한다. 참된 위대함과 권위는 섬김에 있다고 열둘을 각별히 질책·훈계한(9,35) 것은, 두드러진 직분 훈계로 특징지을 수 있다. 이들은 예수의 지상 활동 중 그분과의 친교를 바탕으로, 그분과 함께한 삶을 바탕으로 증인의 자격을 얻었고, 그분에 관해 가르칠 수 있게 되었다. 이로써 열둘이 예수 그리스도의 복음(1,1 참조)에 정향되어 있음이 암시된다.

이 열둘 가운데 세 제자 베드로, 요한, 야고보는 총애받는 동아리를 이루는데, 예수는 이들을 변모의 산(9,2), 죽은 소녀의 방(5,37), 겟세마니에서의 사투(14,33)에 데리고 간다. 이 사건들은 우뚝한 지위를 보유한다. 처음 두 사건의 경우에는 함구령도 내려짐을 고려하면(9,9; 5,43), 우리는 이것들을 두드러진 계시 사건으로 평가해도 된다. 시몬과 안드레아는 처음으로 부름 받은 사람들이다(1,16-20). 베드로는 마르코 복음서에서 부활 전갈과 관련하여 마지막으로 거명되는 제자다(16,7). 그 밖에 그는 고백자(8,29)와 실패자(8,32-33; 14,37.66-72) 그리고 대변인(10,28; 11,21)으로도 등장하기에, 우리는 그를 제자와 증인의 전형으로 보아도 된다. 시몬에게 베드로라는 이름이 주어진 것은, 해석되지 않고 그냥 전달되거니와(3,16), 첫째 증인이라는 지평에서 이해해야 한다.

이스라엘로부터의 분리는 민족들의 교회로 귀결된다. 예루살렘 성전은 의미를 상실했다. 이것은 영적 성전에 의해 대체되어야 한다. '손으로 지은' 성전을 대체하는 '손으로 짓지 않는' 성전은 필경 십자가에 처형되었다가 일으켜진 예수와 동일시되어야 할 것이다(14,58 참조). 그분이 새 공동체 예배의 중심이 될 것이다. 누구든 성전을 가로질러 물건(예배 집기?) 나르는 것을 금지한 예수의 성전 항쟁부터가 이미 위협적이다(11,16). 뭐라 해도 성전은 '모든 민족을 위한' 기도의 집이 되도록 정해져 있다는 것이다(11,17). 오직 마르코만이 이렇게 이사야서 56,7을 확대 해석하여 인용한다. 성전 파괴에 대한 통고는 더욱 위협적이다(13,2).

유다로부터 벗어남은 13,14가, 갈릴래아로 향함은 16,7이 지시한다. 이 두 구절은 유다교로부터의 분리를 함축한다고 하겠다. 이방계 그리스도인 교회의 희망찬 고백자는 십자가 밑의 백인대장이다(15,39). 마르코는 그를 이방계 그리스도인 교회의 대표로 양식화하여 표현한다. 획득한 믿음 안에서 그는 합당한 신앙고백을 한다.

참고문헌

C. BREYTENBACH, *Nachfolge und Zukunftserwartung nach Markus* (AThANT 71) (Zürich 1984).

D. DORMEYER - H. FRANKEMÖLLE, *Evangelium als literarische Gattung und als theologischer Begriff* (ANRW II 25,2) (Berlin 1984) 1545-1704.

P. DSCHULNIGG, *Sprache, Redaktion und Intention des Markus-Evangeliums* (SBB 11) (Stuttgart 1984).

E. HAENCHEN, *Der Weg Jesu* (STö.H 6) (Berlin 1966).

F. HAHN (Hrsg.), *Der Erzähler des Evangeliums* (SBS 118/119) (Stuttgart 1985).

M. HENGEL, Probleme des Markusevangeliums: P. STUHLMACHER (Hrsg.), *Das Evangelium und die Evangelien* (WUNT 28) (Tübingen 1983) 221-265.

E. KÄSEMANN, *Sackgassen im Streit um den historischen Jesus: Exegetische Versuche und Besinnungen* II (Göttingen 1964) 31-68.

J.D. KINSBURY, *The Christology of Mark's Gospel* (Philadelphia 1983).

H.-W. KUHN, *Ältere Sammlungen im Markusevangelium* (StUNT 8) (Göttingen 1971).

E. LOHMEYER, *Galiläa und Jerusalem* (FRLANT 34) (Göttingen 1936).

W. MARXSEN, *Der Evangelist Markus* (FRLANT 67) (Göttingen ²1959).

R. PESCH, *Naherwartungen* (Düsseldorf 1968).

H. RÄISÄNEN, *Das "Messiasgeheimnis" im Markusevangelium* (Helsinki 1976).

M. REISER, Der Alexanderroman und das Markusevangelium: H. CANCIK (Hrsg.), *Markus-Philologie* (WUNT 33) (Tübingen 1984) 131-163.

J.M. ROBINSON, *Das Geschichtsverständnis des Markus-Evangeliums* (AThANT 30) (Zürich 1956).

L. SCHENKE, *Die Wundererzählungen des Markusevangeliums* (SBB) (Stuttgart 1974).

R. SCHNACKENBURG, Das "Evangelium" im Verständnis des ältesten Evangelisten: *Orientierung an Jesus* (FS J. Schmid) (Freiburg 1973) 309-324.

J. SCHREIBER, *Theologie des Vertrauens* (Hamburg 1967).

J. SCHÜLING, *Studien zum Verhältnis von Logienquelle und Markusevangelium* (FzB 65) (Würzburg 1991).

B. STANDAERT, *L'évangile selon Marc* (Nijmegen 1978).

H.-J. STEICHELE, *Der leidende Sohn Gottes* (BU 14) (Regensburg 1980).

T. SÖDING, *Glaube bei Markus* (SBB 12) (Stuttgart 1985).

M. THEOBALD, *Gottessohn und Menschensohn* (StNTU A 13) (Linz 1988) 37-79.

4. 마태오의 신학적 구상

마태오 복음서와 마르코 복음서를 비교하면서 외면적인 첫인상에 의지하면, 세 가지가 눈에 꽂힌다. 훨씬 방대한 이 복음서는 다른 방식으로 **시작**한다. 첫머리에 예수의 족보와 아기 예수의 운명에 대한 구약성경적 성찰로 가득 찬 복잡한 서술이 자리잡고 있는데, 예수의 영접이나 배척과 관련된 앞일을 예감하게 하고 또 선취한다. 이 복음서는 끝나는 방식도 다르다. 마태오는 자신이 입수한 마르코 복음서의 미결의 결말을 분명히 불만족스럽게 여겼고, 메시아 비밀이라는 마르코의 구상도 넘겨받지 않았다. 마태오 복음서 맨 마지막에는 마르코로서는 자제한 부활하신 분의 발현 이야기가 자리잡고 있는데, 갈릴래아의 한 산에서 일어난 이 발현에서 제자들에게 온 세상에 대한 선교 명령이 내려진다(28,16-20).

끝으로 마태오는 예수의 **설교 집성문들**을 제공하는데, 꼼꼼하게 구성된 이것들이 이를테면 작품 전체를 관통하는 핵심이다. 설교 집성문의 숫자는, 23-25장을 하나의 집성문으로 보느냐 두 개의 집성문으로 보느냐에 따라 다섯 또는 여섯이 된다. "예수님께서 이 말씀들을 마치시고 …"(7,28; 11,1; 13,53; 19,1) — 26,1에서는 "이 말씀들을 '모두' 마치시고 …"로 확장됨 — 라는 정형화된 문구를 잣대로 삼으면, 설교 집성문 숫자는 다섯이 된다. 이 경우 흔히들 모세의 다섯 책을 본보기로 상정想定한다. 그러나 설교 집성문 숫자를 여섯으로 보는 것이 옳다고 생각한다. 왜냐하면 각 집성문은 앞머리에 그때마다의 청중에 대한 특별한 언급과 고유한 시작 장면이 나오기 때문이다: 예수는 산에 오르고(5,1), 열두 사도 동아리를 구성하고(10,1-4), 배에 올라 자리잡고(13,1-2), 한 어린이를 불러 제자들 가운데 세우고(18,1-2), 율법 학자들과 바리사이들이 모세의 자리에 앉아 있다고 말하고(23,1-2),[109]▶ 성전 파괴를 예고한 후 성전 맞은편 올리브 산에 가 앉는다(24,

1-3).[110] 통상적으로 이 설교들은 산상 설교, 파견 설교, 비유 설교(또는 호숫가 설교), 공동체 설교, 불행 설교 그리고 종말 설교로 불린다.

시작, 끝 그리고 설교 집성문들이 마태오 복음서의 눈에 꽂히는 특징들이라면, 시작 부분에 '복음'이라는 낱말이 전혀 나오지 않는다는(마르 1,1 참조) 사실도 안내 겸해 지적해야겠다. 마태오는 이 낱말을 모두 네 번 사용한다. 덧붙여 이 낱말은 언제나 '선포하다'(κηρύσσω) 동사와 결합되어 있는데(4,23; 9,35; 24,14; 26,13), 세 차례는 '(하늘) 나라의 복음'이라 부르고, 26,13에서만 '이 복음'이라고 한다. 마르코에게 특징적인 절대적 사용법은 보이지 않는다. 예수의 선포에 관해서는 능동태로, 선포 사명에 관해서는 수동태로 말한다. 후자는 보편적이다: "하늘 나라의 복음이 온 세상에 선포되어 …"(24,14); "온 세상 어디든지 이 복음이 선포되는 곳마다, …"(26,13). '이 복음'이라는 말은 (전적으로 마르코와 견줄 수 있거니와) 입으로 전해져야 할 마태오 작품의 내용을 의미하며, 따라서 마태오 복음서에서도 선포라는 특성이 여전히 나타난다.

마르크센은 복음서를 1,1의 첫 낱말 βίβλος(책)와 연계하여 책이라 지칭했다.[111] 하지만 1절은 작품 전체가 아니라 족보에만 관련시키는 것이 더 낫다. βίβλος는 사실 작품 전체의 명칭으로는 이상하다고 하겠다. 오히려 βίος(생애)가 확실히 더 나을 것이다. 그러나 마태오는 예수의 생애를 서술하고자 하지도 않았다.[112] 그의 작품에서는 예수 그리스도의 역사가 하느님 백성의 역사와 아주 긴밀히 얽혀 있다. 우리는 이것을 신학적 논구의 출발점으로 삼는다.

---

[109] 이 경우에는 시작 말씀이 시작 장면을 대신한다고 말할 수 있다. 왜냐하면 설교가 율법 학자들과 바리사이들에 관한 것이기 때문이다.

[110] 올리브 산과 배 위의 연단(演壇)이라는 소재를 마태오는 마르코 복음서 13,1-3과 4,1에서 넘겨받았다.

[111] MARXSEN, *Evangelist* 94.

[112] 참조: GNILKA, *Mt* I 7.

4.1 하느님 백성과 메시아 교회

하느님은 당신 백성에게 주신 약속들에 충실하시다. 복음서 첫머리에 제시된 예수의 족보(1,1-17)는 그리스도론적 의미를 지니고 있을뿐더러, 하느님에 의한 이 백성의 인도도 나타내 준다. 하느님은 선조 아브라함의 선택으로부터 시작하여 다윗 왕과 바빌론 유배를 거쳐 약속된 그리스도가 출현할 현시점에 이르기까지 역사를 통해 당신 백성을 이끌어 오셨다. 이 역사의 최저점은 바빌론 유배였는데, 그 일은 이 백성의 하느님에 대한 의존과 구원 필요성을 깨우쳐 주었다. 묵시문학의 통상적 관념에 따른 3×14의 연속되는 세대의 수열數列 역시 하느님 손을 통한 인도와 그분 섭리의 정연함을 독자들에게 주지시키고자 한다.[113] 흥미로운 점은 (마리아 외에) 네 여인 — 타마르, 라합, 룻 그리고 '우리야의 아내' — 을 족보에 끼워 넣은 것이다. 그 결정적 의도는 죄녀로 널리 알려진 여인들을 수록하자는[114] 게 아니라, 비상한 방식으로 (유다인) 아들의 어미가 된 여인들을 수록하자는 것이거니와, 이들 가운데 라합과 룻 그리고 헷 사람 우리야의 아내는 이방인이다. 하느님이 당신의 선택과 인도에서 자유를 지키심을 뚜렷이 보여 주자는 것이 결정적 생각이었다고 하겠다. 예수를 아브라함의 자손이요 다윗의 자손이라 지칭하는(1,1) 것도 지평을 확대하니, 이 두 사람에게 주어진 약속들이 암시되어 있기 때문이다. 마태오는 아브라함에게 선사된, 그를 통해 세상의 모든 종족이 복을 받으리라는 약속(창세 12,3; 18,18; 22,18)이 예수에게서 성취되었다고 본다.

이스라엘 백성에 대한 애정은 요셉이 하느님께 받은 사내아기의 이름을

---

[113] 7(14 = 2×7)이라는 숫자는 묵시문학에서 거듭 일정한 구실을 했다. 참조: 다니 9,1-27; 에티오피아어 에녹서 91,12-17; 93. C. KAPLAN[The Generation Schemes in Mt 1,1-17; Lk 3,24ff: *BS* 87 (1930) 465-471]은 다윗이라는 이름의 각 자릿수의 합(4+6+4)을 상정한다. 필경 역대기 상권 1,28-2,14에 나오는 아브라함 자손들의 족보를 본떴을 것이다.

[114] 예컨대 LUTHER(*Evangelium-Auslegung* I 15)도 알고 있는 좀 오래된 해석에서 이렇게 생각했다.

통해 새삼 암시된다. 아기는 예수라 불려야 하니, "자기 백성을 그 죄에서 구원할 것"이기 때문이다(1,21). 이 이름은 히브리어 이름꼴인 여호수아(단축형 예수아 = 야훼는 구원이시다)에 소급된다. 여기서 '자기 백성'이 가리켜 말하는 것이 여전히 이스라엘인지 아니면 이미 새 하느님 백성인지는 논란되고 있으나, 아무래도 전자를 힘주어 지지해야 할 것이다.[115] 여기에 사용된 라오스(λαός, 백성)라는 개념은 이스라엘을 가리킨다(2,6; 13,15; 26,47; 27,1 등 참조). 만일 마태오가 이스라엘을 대체할 새 하느님 백성에 관해 말하고자 했다면, 에트노스(ἔθνος)라는 낱말을 사용했을 것이다(21,43).

이민족들을 포함하는 하느님 백성과 관련하여, 동방에서 박사들이 갓 태어난 아기를 찾아왔다는 것은 예시적인 사건이다(2,1-12). 박사들은 분명히 이방인, 즉 비유다인으로 상정되어 있다. 이들이 갓 태어난 아기를 유다인들의 임금 — 유다인들은 메시아를 '이스라엘의 임금'이라 불렀다(27,42 참조) — 이라고 부르는 것이 비유다교적 관점을 강조한다. '유다인들의 임금'이라는 말이 이곳 외에는 수난사화에만 나오기 때문에, 지칭 맥락이 밝혀져 있는 셈이다. 그다음에 이어지는 메시아 임금에 대한 배척은 2장에 예고편이 나온다. "내가 내 아들을 이집트에서 불러내었다"라는 호세아서 11,1 인용문을 복음서 저자는 소용돌이치는 이야기 속에 섞여 들게 한다(2,15). 호세아가 가리켜 말한 것이 이스라엘임을 저자는 알고 있었을 터이기에, 이 인용문을 예수에게 적용한 것은 이 백성에 대한 그의 친밀함을 새삼 암시한다고 하겠다.

예수는 오직 마태오 복음서에서만 자신은 "오직 이스라엘 집안의 길 잃은 양들에게 파견되었다"고 명시적으로 말한다(15,24). 이 말은 한 가나안 부인과의 만남에서 발설되었는데, 그녀는 자신의 믿음으로 이를테면 예수에게서 기적을 쟁취했다. 여기에 나오는 자녀와 강아지 비유(병행구인 마르코 복음서 7,24-30에서도 읽어 볼 수 있다)에서, 마태오는 원칙적으로 이방인들에 대

---

[115] 다른 견해: FRANKEMÖLLE, *Jahwebund* 16.

한 호의를 염두에 둔 말씀(마르 7,27ㄱ: "'먼저' 자녀들을 배불리 먹여야 한다")을 삭제했다. 그러므로 연구자들이 마르코는 이방계 그리스도교의 관점에서, 그리고 마태오는 유다계 그리스도교의 관점에서 논증한다고 말해 온 것은 옳다.[116] 이스라엘 집안의 길 잃은 양들이라는 상징어는, 마치 여기서 겨냥하는 것은 단지 한 부분의 소집인 것처럼, 제한적으로 해석해서는[117] 안 된다. 모든 이스라엘인이 길 잃은 양들이다. 지상 예수의 파견은 이스라엘에 국한되어 있지만, 온 백성과 관련된다. 비슷한 지시를 예수는 열두 제자 파견 때 내린다(10,5-6). 여기서 강조점은 이방인들에게 가는 길로도 가지 말고 사마리아인들의 고을에도 들어가지 말라는 금지에 있다. 그래서 이스라엘에의 집중이 그만큼 더 뚜렷이 부각된다. 이 집중은 파견된 사람의 수가 열둘이라는 사실에 의해 강조된다. 덧붙여 두 사람의 이방인 — 가나안 부인과 카파르나움의 백인대장 — 에게 허락된 치유가 원격遠隔 치유라는 것도 우연이 아니다. 예수는 그들 집에 발을 들여놓지 않는다. 백인대장의 경우 8,7을 의문문으로 바꿔 읽으면, 이런 맥락이 더 분명히 드러난다: "내가 가서 그를 고쳐 주라는 말이냐?"[118] 이 물음에는 노여움의 기운이 살짝 배어 있다.

사람들이 이 이스라엘에의 집중은 복음서 말미의 보편 선교 명령(28,19-20)과 상충된다고 느껴 온 것은 이해할 만하다. 여기에는 서로 대조되는 두 시기, 즉 예수가 오직 이스라엘만 상대한 시기와 부활 이후 이방인들(만)을 대상으로 한 선교 시기가 나타나 있는가? 아니면 마태오는 자기 공동체 내의 서로 경쟁하던 두 집단, 즉 유다 특수주의를 고수하던 집단 그리고 보편 선교 사명을 옹호하던 집단과 씨름하고 있는 것일까?[119] 마태오의 전

---

[116] HELD, *Wundergeschichten* 189 참조.

[117] 요즘 POLAG(*Christologie* 44-45)이 다시 이런 견해를 내세운다. 그에 따르면 이 토막 말씀은 이스라엘의 병자들과 죄인들에게만 해당된다.

[118] GNILKA, *Mt* I 301 참조.

[119] 후자는 E. KÄSEMANN[*Die Anfänge christlicher Theologie: Exegetische Versuche und Besinnungen* II (Göttingen 1964) 82-104 중 87]의 견해다.

망에서 이스라엘/이방인들이라는 두 방향을 연금술적으로 서로 떼어 놓아
서는 안 될 것이다. 마태오에게는 예수를 이스라엘의 목자로 그리는 것이
중요했음을 앞에서 보았다. 보편 선교 명령이 통용되던 부활 이후 상황에
서도 이스라엘은 원칙적으로 포기되지 않았다. 비록 이제는 10,5-6에 나오
는 이스라엘에의 국한이 분명히 폐기되긴 했지만, 마태오는 바야흐로 관
철되어 가는 하느님의 보편 구원 의지의 제한을 모른다. 제자들이 모든 민
족에게 나아가야 한다면, 이는 모든 민족이 인자의 어좌 앞에 모이는 최후
심판(25,32)[120] 묘사에서처럼 이스라엘을 배제하는 제한을 용납하지 않는다.
10,23의 예언은, 10,5와 결부하여 보아야 하거니와, 마태오에게는 (비록
크게 헛일일지언정) 종말까지 계속되는 이스라엘을 위한 노력을 암시한다
고 하겠다.[121] 마태오는, 루카와는 달리, 예수 시대와 교회 시대 사이에 무
슨 중간 휴지(休止)를 두지 않는다. 루카가 그렇게 할 수 있었던 것은, 복음서
에 이어 사도행전을 저술할 터였기 때문이다. 이런 기회를 마태오는 가지
지 못했다.

이스라엘의 목자 예수, 이 모습은 산상 설교 시작 전 엄청난 군중이 모
이는 장면에 묘사되어 있다고 하겠다. 군중이 갈릴래아, 데카폴리스, 예루
살렘, 유다 그리고 요르단 건너편에서 — 이는 마태오 특유의 묘사로서,
원본문인 마르코 복음서 3,7과 다르다[122] — 모여 왔다는 것은, 신명기계

---

[120] B. WEISS[*Mt* 해당 구절]는 '모든 민족'이라는 개념에서 이스라엘을 배제하고 싶어 한
다. 마태오 복음서 25,32에 대한 갖가지 (부분적으로는 이상한) 해석들: J. FRIEDRICH, *Gott im
Bruder* (CThM A/7) (Stuttgart 1977) Anhang 181-185.

[121] A. SCHWEITZER[*Geschichte der Leben-Jesu-Forschung* (Tübingen ²1913) 405ff]는 마
태오 복음서 10,23으로부터 역사상 예수의 활동에 대한 포괄적 결론을 이끌어 내고자 했다.
그러나 이 말씀은 이차적이며, 짐작건대 마태오 특수 자료다. GNILKA, *Mt* I 374-375 참조. 이
말씀에는 이스라엘의 종말 회개가 나타나 있지 않다. O. CULLMANN[*Le retour de Jésus-
Christ, espérance de l'Eglise* (Paris 1943) 23ff]도 그렇게 본다.

[122] 마태오는 마르코 복음서 3,7에서 이두매아 그리고 티로와 시돈 근처를 빼고 데카폴리
스를 집어넣었다. 티로와 시돈은 이방인 지역이었으며, 신명기 2,5에 따르면 이스라엘 사람
들은 에돔/이두매아에 땅을 소유해서는 안 된다. 참조: G. LOHFINK, Wem gilt die Bergpre-
digt?: *ThQ* 163 (1983) 264-284 중 274-275.

역사 전승에 상응하여 옛 선조들의 지도(地圖)를 재현한다고 볼 수 있다. 이스라엘 집안의 길 잃은 양들인 하느님 백성은 많은 치유를 통해 예수의 큰 도움을 체험한(마태 4,24-25) 후, 그분의 말씀과 맞닥뜨려야 했다.

이스라엘에 대한 예수의 애정은 이 백성의 예수 거부라는 상반되는 행태와 짝을 이룬다. 이 거부는 유년 시절 사화의 임금으로 태어난 아기에 대한 박해에서 이미 예고되었고, 복음이 퍼져 나가면서 갈수록 뚜렷이 드러난다. 여기서 마태오는, 마르코와는 달리, 강조점을 하느님의 자유로부터 인간들의 거부로 옮겨 놓는다. 13,13에서 백성의 완고함에 관해 말하는 이사야서 6,9를 약간 변경하여 인용한 것은 시사하는 바가 크다. 병행구인 마르코 복음서 4,12에서는 여전히 하느님의 허락과 거절이 그분의 자유에서 비롯한다면("보고 또 보아도 알아보지 못하고 듣고 또 들어도 깨닫지 못하여 저들이 돌아와 용서받는 일이 없게 **하려는** 것이다"), 마태오는 인간들의 완고함을 언급한다: "저들이 보아도 보지 못하고 들어도 듣지 못하고 깨닫지 못하기 **때문이다**." 그래서 그들은 하늘 나라의 신비를 깨닫지 못한다. 이어지는 씨 뿌리는 사람의 비유 풀이에서 이 깨달음의 의미가 밝혀진다: 하늘 나라에 관한 말씀을 듣고도 깨닫지 못하는 사람은 그 말씀을 빼앗긴다; 듣고 깨닫는 사람은 열매를 맺는다(13,19.23).

예수에 대한 믿음의 결여와 거부를 거듭 상기시킨(8,10-12; 19,28; 21,12-14) 다음, 마태오가 꾸민[123] 빌라도 앞에서의 백성들의 피(血) 요구에 그들에 대한 고발이 농축되어 있다. 이 요구의 중대한 결과가 두 가지 방식으로 암시된다. 한편 이 요구는 역시 마태오가 꾸민 빌라도의 손 씻는 행동과 짝을 이룬다. 다른 한편 이 요구는 그 로마인의 행동에 대한 '온 백성'($π\hat{α}s$ $ό$ $λαός$)의 응답으로 표현된다(27,24-25). 이 피 요구에 (이스라엘이 그 결과와 관련되는 한) 새 시대를 여는 의미가 있음이 확실하다. 손 씻음과 피 요구는 매우 구약성경적으로 채색되어 있다. 두 경우 모두 예수의 피에 관해

---

[123] 논거: GNILKA, *Mt* II 453-454.

말한다: "나는 이 사람의 피에 책임이 없소. 이것은 여러분의 일이오"(27,24); "그 사람의 피에 대한 책임은 우리와 우리 자손들이 질 것이오"(27,25). 이 치명적 묘사는, 특히 이것이 야기한 무서운 영향사史 때문에, 아주 신중하게 고찰해야 한다.[124] 흔히들 유다인들의 자기 저주 또는 집단 죄책에 관해 말해 왔다. 그러나 이 둘은 극단적 오해이니, 마땅히 배격되어야 한다. 이 장면은 그 바탕에 깔려 있는 쏟아진 피에 대한 고대의 관념 — 그 피가 일종의 독립된 파멸적 힘으로서 살해자와 피를 접촉하는 모든 이를 위해危害한다 — 을 고려해야 비로소 이해할 수 있다.[125] 백성들의 피 요구는 통상 쏟아진 피의 책임을 다른 이에게 전가하는 종교법의 정형화된 표현(참조: 2사무 1,16; 1열왕 2,32-33)과 짝을 이룬다. 어떤 사람의 피에 대한 책임을 자신이 지겠다고 한 사례는 구약성경에서 찾아볼 수 없다.[126] 그러나 마태오 복음서 27,25는 이 경우에 해당된다. 마태오가 볼 때, 피 요구로부터 백성들에게 초래되는 결과는, 구원사에서 이스라엘의 역할 종료와 이방인들로 이루어진 새 백성에 의한 이스라엘의 대체다. 이것은 21,43에 상응한다. 프랑케묄레는 27,24-25를 하느님 백성으로서의 이스라엘의 종말을 묘사하기 위해 끼워 넣은 일종의 원인담原因譚이라고 옳게 지칭했다.[127]

마태오는 물론 예루살렘 도성과 성전의 파괴로 귀결된 유다-로마 전쟁이라는 재앙도 예수에 대한 거부의 결과로 여겼을 것이다. 23,37-38에서 고집 센 예루살렘에 대한 탄식에 이어 다음과 같은 예언적 말씀이 뒤따른다: "보라, 너희 집은 버려져 황폐해질 것이다." 이 말씀은 그 도성과 성전을 하느님의 퇴거라는 관념 아래 함께 묶는다. 이미 옛 예언자들의 텍스트에서는 하느님의 퇴거를 동시에 원수들에게 넘겨짐으로 이해했다(참조: 예

---

[124] R. KAMPLING, Das Blut Christi und der Juden (NTA 16) (Münster 1984) 참조.

[125] KOCH: VT 12 (1962) 400-409 참조.

[126] 마태오 복음서 27,25와 가까운 예로 트코아 여인의 자인(自認)을 전하는 사무엘기 하권 14,9를 들 수 있다. 하지만 이 자인이 내포하고 있는 것은 요청이 아니라 두려움 — 사람들이 자신과 자기 아버지 집안에 죄책을 전가하리라는 의미에서 — 이다.

[127] FRANKEMÖLLE, Jahwebund 210.

레 12,7; 토비 14,4; 1열왕 9,7-8; 시리아어 바룩 묵시록 8,2). 예수가 말씀을 마친 뒤 올리브 산으로 가기 위해 성전을 떠난(24,1) 것은 상징적 의미를 지니고 있다. 요컨대 징벌이 집행되는 것은 아니고, 사건들로 미루어 보건대, 심판이 분명해진다.[128]

마태오는 숙고를 계속하여, 종말 시기에 이스라엘이 인자 예수에게 회심하리라고 보았던가? 연구자들은 특히 예루살렘 집의 황폐화에 관한 언명에 이어지는 예수의 마지막 말씀에서 이 생각을 읽어 내려 했다: "이제부터 너희가 '주님의 이름으로 오시는 분은 복되시어라' 하고 말할 때까지, 정녕 나를 다시는 보지 못할 것이다"(23,39).[129] 이 토막 말씀은, 마태오가 통상 설교 집성문 말미에 종말을 내다보듯이, 인자의 내림來臨을 겨냥하고 있음이 확실하다. 동시에 '이제부터'라는 시기 언명(참조: 26,29.64)은 예수 지상 활동의 종결을 나타낸다. "주님의 이름으로 오시는 이는 복되어라"(시편 118,26의 인용)라는 환성은 믿음에서 나오는 인정을 의미하는가? 그렇다고 말할 수는 없겠다. 로마서 11,26에 견줄 만한 언명은 찾아볼 수 없다. 율법학자와 바리사이들을 통박하는 불행 설교라는 지금의 위협적 문맥뿐 아니라 23,37-39의 재앙 예언 양식[130]도, 이 환성을 인자 내림 때의 억지로 꾸민 부득이한 환성으로 보아야 함을 암시한다(에티오피아어 에녹서 62,5 참조). 하지만 덧붙여야 할 것인즉, 여기서 마태오의 근본 관심사는 구원자요 심판관인 예수에 대한 인정이지 인간 운명에 대한 정보가 아니라는 점이다. 마태오에게서 이스라엘은 실상 결정적으로 밀려나 있으며, 보편적 하느님 백성에 의해 대체되었다. 인자의 내림에서도 이스라엘의 전망은 전혀 나타나지 않는다. 인간 개개인의 운명에 관한 척도들은 25,31-46의 웅장한 최후 심판 묘사에 제시되어 있다.

---

[128] 이 퇴거는 집회서 15,7과 잠언 1,28에 나오는 지혜의 퇴거와 비슷하다.

[129] GUNDRY, *Mt* 147; GAECHTER, *Mt* 756-757; SCHLATTER, *Mt* 691; SCHWEIZER, *Mt* 290.

[130] GNILKA, *Mt* II 296-297 참조. 재앙 예언 양식: K. KOCH, *Was ist Formgeschichte?* (Neu-kirchen 1964) 217ff.

이스라엘 안에서의 예수 활동으로부터 새 하느님 백성, 메시아 교회가 예고되는데, 비연속성 안에서 연속성이 보존된다. 이방인들이, 비록 아주 드물지만, 예수에게 믿음을 보인다(8,10; 15,28). 마태오는 복음서 저자들 중 유일하게 교회론적 구상을 펼쳐 보일 뿐 아니라, 비록 두 번뿐이지만(16,18; 18,17) 명시적으로 교회($\acute{\epsilon}\kappa\kappa\lambda\eta\sigma\acute{\iota}\alpha$)라는 낱말도 사용한다. 두 차례 중 한 번은 메시아의 보편적 교회를 가리키고, 다른 한 번은 지역 공동체를 지칭한다. 교회는 미래에, 다시 말해 부활 이후 상황에서 생겨나고 건설될 것이다. 이 적절한 시기가 엄격히 규정되어 있다: "[내가 이 반석 위에] 내 교회를 세울 **터인즉**"($o\acute{\iota}\kappa o\delta o\mu\acute{\eta}\sigma\omega$). 특히 유의해야 할 것은, '교회 창설 말씀'과 시몬이 예수에게 한 살아 계신 하느님의 아들 그리스도라는 고백의 결부다. 하늘 아버지의 계시에 힘입은 이 고백은 메시아 교회 안에서 모든 고백자를 결합시킨다. 이것은 합당한 고백인데, 그 제자가 행복하다는 엄숙한 선언에 의해서도 그런 고백으로 명시된다.[131] 에클레시아(교회)라는 개념은, 원 그리스도교의 신학 언어에 이미 주어져 있었고 특히 바오로가 자주 사용했거니와, 유다교 회당과의 경계 설정을 나타내는 데 적절했다. 마태오에게 에클레시아의 바탕은 신앙고백이지, (바오로에게는 추가적이되 중요했던) 율법에 대한 다른 입장이 아니다. 베드로는 합당한 신앙고백을 했을 뿐 아니라, 예수에 의해 세워져야 할 교회 안에서의 바위(반석) 구실도 떠맡았다. 전통적 표상 자료 안에서 바위에게는 이중 임무 — 건물의 기초 바위 그리고 위협적인 '저승의 세력'의 폐쇄 바위가 되는 것 — 가 귀속된다. 시몬은 온 인격으로 바위이니, 그가 고백한 믿음이 바위 구실을 넘겨받는게 아니다. 여기서는 개념이 중요한 문제가 아니며, 한 인간에 관해 말하고 있다. 견줄 만한 것으로 성전 바위에 관한 유다교의 사색을 들 수 있는데, 이 바위는 거기로부터 세상이 창조되었고 또 재앙의 권세들을 저지하는 지점으로 여겨졌다. 아브라함을 비롯한 우두머리 조상들이 이 바위와

---

[131] 16,17에 들어 있는 행복 선언 양식의 특징: C. KÄHLER, Zur Form- und Traditions-geschichte von Mt 16,17-19: *NTS* 23 (1977) 36-58.

동일시될 수 있었다.[132] 바위인 시몬 위에 세워진 교회는 저승의 세력들에 대항할 수 있다. 이것은 종말 시기의 교회다. 이 약속은 전투적이다. 우리는 이 약속에 교회에 속한 이들이 영원한 생명을 상속받으리라는 확언[133]보다는, 그들의 실존과 세상 시간의 종말에 이르기까지 주어질 그들의 주님 그리스도의 보호가 표현되어 있다고 보아야 할 것이다(28,20ㄴ 참조). 시몬은 구체적으로 예수 가르침의 보증(인)으로서의 바위다. 그래서 그는 책임을 지고 매고 풀 수 있다(16,19). 그는 처음으로 부름 받은 자요(4,18; 10,2) 예수를 알아보는 계시를 선사받은 자다. 그 옛날 엘야킴에게 그랬듯이(이사 22,22 참조), 베드로에게 열쇠 권한 — 물론 하늘 나라에 관한 — 이 넘겨졌다. 이 전권이 인간에게, 제자 시몬에게 유일회적인 역사적 상황에서 주어졌다. 이 전권의 계승에 관해 마태오는 아직 생각해 보지 않았다. 그러나 18,18에 따르면, 매고 푸는 권한이 교회 안에서 계속 행사되어야 한다는 것은 주목할 만하다.

4.2 역사관

마태오는 이미 자기 작품 첫머리의 예수 족보에서 아브라함으로부터 메시아 시대까지 이스라엘 역사에 대한 개관을 (방식은 매우 자의적이지만) 제공함으로써, 역사 구상에 대한 관심을 드러낸다. 그는 예수의 역사를 하느님 백성의 역사로 기술한다. 이 두 측면의 결합에 대한 관심이 이미 예수 족보에서 작동한다. 동시에 마태오의 이 관심은 구약성경 역대기의 영향을 받았을 가능성이 매우 많다. 역대기 상권 1-9장도 족보들과 역사상 명부名簿들로 시작한다. 그러나 이것은 외면적 일치점이라 하겠다. 더 깊이

---

[132] 참조: J. JEREMIAS, *Golgotha (Angelos 1)* (Leipzig 1926) 74-75.54ff; G. KLINZING, *Die Umdeutung des Kultus in der Qumrangemeinde und im NT* (StUNT 7) (Göttingen 1971) 206 Anm. 30 und 31.

[133] TRILLING(*Israel* 162)의 견해다.

살펴보면, 역대기는 이스라엘 역사를, 특히 사무엘기와 열왕기에 기록된 내용을 다시 숙고함으로써 새로이 서술하고자 했다. 마태오 역시 새로운 '복음서' 저술을 시도했고, 그에게는 마르코 복음서 — 그리고 예수 어록 — 가 주어져 있었다. 역대기가 자기 자료들을 계속 수용·숙고되어야 하는 것으로 보았듯, 마태오도 자신의 자료들을 그렇게 보았다.

마태오는 예수 전승의 테두리 안에서 자신의 역사관을 표현하기 위해 비유들을 이용한다. 이 테두리는 좁게 한정되어 있으나, 그래도 한 포괄적 역사관의 지평이 드러난다. 여기서 각별히 살펴보아야 할 것은, 악한 포도밭 소작인들 비유(21,33-46)와 혼인 잔치 비유(22,1-14)다. 두 경우 모두 처음부터 이스라엘 역사와 관련되어 있다. 첫째 비유에서 이사야서 5,2의 포도밭 노래(이미 마르 12,1에도 인용되어 있다)와 연계하여 이렇게 말한다: "어떤 밭임자가 '포도밭을 일구어 울타리를 둘러 치고 포도 확을 파고 탑을 세웠다'". 둘째 비유에서는 종말론적·메시아론적 지평이 첫 문장에서부터 밝게 드러난다: "하늘 나라는 자기 아들의 혼인 잔치를 베푼 어떤 임금에게 비길 수 있다." 포악한 운명으로 특징지어지는 예언자인 종들의 파견, 포도밭 밖에서 아들의 살해(21,39), 고을의 파괴(22,7: 유다-로마 전쟁에 대한 암시),[134] 그리고 이방인 선교를 거쳐 인자의 내림(22,8-13)까지 연결선이 팽팽히 당겨 매어져 있다. 묵시문학의 역사 구상들에 상응하여 역사 전체가 종말의 관점에서 파악되는데, 여기서 마태오는 물론 여러 정치적 제국과 관련되는 시대 구분은 포기하고 오로지 옛 하느님 백성과 새 하느님 백성의 연속만을 언급한다. 새 하느님 백성에 대한 비판적 판단도 주목해야 마땅하다. 교회는 죄인들의 교회이며 — 악한 자들이나 선한 자들이나 모두 들어왔다(22,10) —, 심판을 기다린다. 옛 하느님 백성과 새 하느님 백성의 연속성은 인간들에 대한 하느님의 역사役事를 통해 창출된다. 이 비유들에서

---

[134] 고을의 파괴를 단지 심판의 상투적 표상으로만 해석하는 것은 불충분하다. 참조: GUN-DRY, *Mt* 437; K.H. RENGSTORF, Die Stadt der Mörder: *Judentum - Urchristentum - Kirche* (FS J. Jeremias) (BZNW 26) (Berlin ²1964) 106-129.

모든 사건 진행을 장악하고 있는 사람은 각각 하느님을 상징하는 포도밭 주인과 임금이다. 하느님 구원 역사의 목표는 민족들의 교회의 창출이다. 그 밖에 비유 이야기에서는 당신 백성 이스라엘에 대한 하느님의 신실하심, 이스라엘 포도밭에 거듭하여 많은 예언자와 아들을 파견하시는 그분의 인내와 참을성, 그리고 하느님의 사자들을 능욕하는 백성의 불순종도 표현된다.

마태오는 나라(βασιλεία)라는 개념을 포괄적 구원사의 범위로 새롭게 해석한다. '하느님 나라' 대신 '하늘 나라'를 채택한 것부터가 이미, 마태오에게는 보편적 · 우주적 범위를 부각시키는 것이 중요했음을 알려 준다.[135]

그러나 이 개념의 역사화와 시간적 확장은 상당히 중요하다. 이것들은 악한 소작인들 비유에 덧붙여진 위협적인 말, 마태오를 자극한 구원사적 전환을 표현하는 말에서 포착할 수 있다: "하느님께서는 너희에게서 하느님의 나라를 빼앗아, 그 소출을 내는 민족에게 주실 것이다"(21,43). 비유의 취지에 따르건대 여기서 하느님 나라라는 말로써 이스라엘의 선택 — 상징적으로 말하면 포도밭 일굼 — 을 가리키고 있음이 분명하다. 요컨대 지나간 일, 아주 오래전의 일을 가리켜 말하고 있다. 이것은 야훼는 이스라엘을 넘어서는 임금이시라는 옛 관념에 기대고 있다. 여기서 '하느님 나라'라는 표현이 사용된 것은, 필경 하느님의 인격적 호의를 상기시키기 위함이라고 하겠다. 21,43이 다른 종말론적 나라-언명들과 직접적인 관계가 없기 때문에, 여기서 우리는 이스라엘이 궁극적 나라의 첫째 백성으로 정해져 있었다는 맥락을 알아볼 수 있다.[136]

시공간적으로 포괄적인 의미에서 묵시문학의 영향을 받은 역사관은 '인자의 나라'에서도 나타나는데, 이 낱말은 그 영역에서 빌려 온 것이다(칠십

---

[135] 이 변경은 마태오가 당시 유다교에서 확인되는 것처럼 '하느님'이라는 낱말의 사용을 삼갔기 때문에 생긴 것이 아니다. 마태오는 네 군데에서 여전히 '하느님 나라' 개념을 사용한다(12,28; 19,24; 21,31.43).

[136] 25,34에서 나라는 심지어 선재(先在)적 실재로 파악되어 있다.

인역 다니 7,14 참조). 이 낱말은 마태오가 가라지 비유를 (짐작건대 기존의 작은 묵시록 텍스트를 이용하여) 나름대로 풀이하는 대목(13,36-43)에 처음으로 나온다. 13,49-50에서도 알아볼 수 있는 이 기존 텍스트는 징벌 천사들이 하느님의 명으로 수행하는 종말 심판을 묘사했다.[137] 기존 텍스트가 비유에 적용됨으로써, 비유가 매우 우의寓意적으로 풀이된다. 밭은 세상이고, 세상은 인자의 나라다. 인자는 좋은 씨를 뿌리지만, 원수인 악마가 좋은 씨 사이에 가라지를 뿌린다. 요컨대 마태오는 비유 전체를 인자와 그의 나라에 정향시킨다. 이 나라는 역사 내적인 동시에 종말사史적이며(참조: 16,28; 20,21), 따라서 하늘 나라와 구조적으로 유사하다. 여기서 왜 마태오가 인자의 나라라는 개념을 도입했는가라는 물음이 제기된다. 그 까닭은 인자는 부활하여 고양되신 예수를 가리키기에, 결코 이스라엘에 국한되지 않고 모든 인간에게 적중하는 그분의 보편적 의의를 오해될 염려 없이 표현할 수 있었을 터이기 때문이다. 25,31-46의 웅장한 최후 심판 묘사에 인자의 나라에 관한 명시적 언급은 없지만, 그 관념은 담겨 있다. 과연 모든 민족이 인자의 영광스러운 옥좌 앞에 모이고, 그분은 그들의 임금으로서 그들에게 말한다. 요컨대 종말에 인자의 나라가 고스란히 그리고 확실히 나타날 것이다. 마태오는 코린토 1서 15,28에 상응하는, 아버지께 인자의 나라를 넘겨드림에 관해서는 말하지 않는다. 그러나 인자 예수는 최종 처분을 하느님께 맡겨 드림으로써(마태 25,34; 참조: 20,23), 당신의 복종을 암시한다.

하느님의 구원 역사役事가 역사적으로 줄곧 모든 민족으로 이루어지는 교회에 정향되어 있다면, 마태오가 아직 오지 않은 종말 심판을 강력히 상기시킨 것이 눈길을 끈다.[138] 여기서는 다만 긴 설교 집성문들이 통상 심판

---

[137] J. THEISON[Der auserwählte Richter (StUNT 12) (Göttingen 1975) 191]에 따르면, 기존 텍스트는 다음과 같았다: "날들의 마지막에 징벌 천사들이 나가서 악한 자들을 의인들로부터 가려내어 불구덩이에 던져 버릴 것이다. 그리고 나서 의인들은 하느님 나라에서 별처럼 빛날 것이다."

사상으로 끝나거나 최소한 그런 관점을 열어 준다는(7,24-27; 10,42; 13,49; 18,23-25; 23,39; 25,31-46) 것을 유념할 일이다. 거듭하여 마태오는 (흔히 가혹한 양상으로 전개되는) 심판을 상기시킨다. 뚜렷한 예로 매정한 종 비유를 들 수 있는데, 본디 자비를 베풀라는 훈계로 끝난(18,33) 이 비유에 마태오는 가혹한 처벌 장면을 덧붙였다(18,34-35).[139] 마태오는 '울며 이를 간다'라는 상투적 표현을 자주 사용한다.[140] 마지막 설교 집성문을 종결하는 인자에 의한 모든 민족의 심판에 대한 묘사(25,31-46)는 각별한 각인력을 지니고 있으며 높은 신학적 수준으로 끌어올려져 있다. 이 대목의 위치가 여기에 귀속되는 중요한 의의를 알려 준다. 인간들 및 민족들과 함께하는 하느님의 세속 역사는 종말에 이르렀다. 모든 민족이 정확히 누구를 가리키는가에 대한 여러 해석에는 불확실한 점이 많고, 또 한정하려는 — 이스라엘을 제외한 모든 이민족에,[141] 이스라엘을 포함한 모든 이민족에,[142] 모든 그리스도인 또는 예수에게 부름 받은 모든 민족에[143] — 시도가 줄곧 있어 왔다. 이 한정의 계기로는 무엇보다도 판결 기준인 자비의 실천 여부에 대한 언급을 들 수 있겠는데, 이 판결은 일견 믿음과 복음 수용을 도외시하는 것처럼 보인다. 그러나 마태오의 역사 성찰의 조준점은 바로 구원이 제한되지 않은 보편적 구원이요 새 하느님 백성은 모든 민족을 포섭한다는 데 있다. 그러므로 인자의 옥좌 앞에 모인 민족에게서 무엇보다도 모든 민족으로 이루어진 교회를 떠올려야 할 것이다. 이 교회의 믿음은 자비 실천으

---

[138] 참조: F. HAHN, Die eschatologische Rede Matthäus 24 und 25: L. SCHENKE (Hrsg.), *Studien zum Matthäusevangelium* (FS W. Pesch) (SBB) (Stuttgart 1988) 107-126 중 113.

[139] 분석: GNILKA, *Mt* II 144-145.

[140] 이 표현은 신약성경에서 오직 마태오(6번)와 루카(1번)에만 나온다.

[141] B. WEISS, *Mt* 해당 구절.

[142] 예컨대 J. FRIEDRICH, *Gott im Bruder* (CThM A/7) (Stuttgart 1977) 254('모든 비그리스도인').

[143] J. BROER, Das Gericht des Menschensohnes über die Völker: *BiLe* 11 (1970) 273-295 중 291.

로 입증되어야 하니, 실상 이 교회가 자비에서 다른 이들에 뒤처지는 것보다 몹쓸 일은 있을 수 없을 것이다.

마태오 역사관의 한 특징으로 언급해야 할 것은, 복음과 구약성경의 관계에 대한 관점이다. 여기서 특히 성취 인용문들을 살펴보아야 한다. 이것들은 복음서 뒤에 '마태오 학파'[144]가 있었다는 통찰을 불러 일으켰는데, 주로 구약성경에 정통한 그리스도교 율법 학자들로 이루어진 이 학파에 복음서 저자도 속해 있었다(13,51-52 참조). 이 인용문들은 고정된 상투적 도입문으로 말미암아 성취 인용문으로 특징지어진다. 그러나 이 인용문들 간의 차이점에 유의해야 한다. 일군의 인용문은 목적을 알린다: "… 말씀이 이루어지려고 그리된 것이다"(1,22; 2,15; 4,14 등). 다른 일군의 인용문은 결과를 확인한다: "… 말씀이 이루어졌다"(2,17; 27,9 등). 후자는 파멸적 사건들 — 베들레헴의 아기들 살해, 유다의 배반 — 과 관련되는데, 두루 알다시피 신적 합목적성göttliche Finalität과는 멀리 떼어 놓아야 한다. 2,6(베들레헴에서 아기 탄생)과 12,40(요나의 표징)도 넓은 의미에서는 성취 인용문에 포함될수 있겠다. 이 두 구절은 마태오의 동일한 율법 학자적 성찰의 소산이다. 첫째 구절의 경우 이야기 특성상 상투적 도입문을 끼워 넣기가 어렵다. 몇몇 경우 마태오는 인용한 예언자를 분명히 알려 준다. 제일 자주 인용하는 예언자는 메시아 시대의 예언자로 여겨지던 이사야다(4,14; 8,17; 12, 17; 참조: 3,3; 13,14; 15,7). 예레미야는 재앙의 예언자다. 그의 이름은 유아 살해 및 유다의 배반과 관련되는 인용문들과 결부된다(2,17; 27,9).[145]

성취 인용문들은 모두 그리스도론적 내용을 담고 있다. 이것이 제1의 강조점이다. 그리고 다른 뉘앙스들 — 예컨대 2,17의 이스라엘에서 예수에 대한 거부 — 이 덧붙여질 수 있다.[146] 여기서 마태오와 그의 학파는 성

---

[144] K. STENDAHL, *The School of St. Matthew* (ASNU 20) (Uppsala 1954) 참조.

[145] 그래서 27,9에 즈카 11,12-13이 인용되고 예레 32,6-9; 18,2-3; 19,11은 그저 암시만 되어 있다는 난점이 설명된다. 중요한 것인즉, 재앙의 예언자 예레미야가 말을 했다는 점이다. 예레미야의 이름은 신약성경에서 오직 마태오만 언급한다(16,14에서도).

경은 예수 그리스도를 증언한다고 보았고, 예수 그리스도 안에서의 하느님 구원 활동이라는 관점에서 성경을 읽었다고 추론해도 될 것이다. 이로써 성경에 대한 초기 그리스도교의 원칙적 자세의 특징을 지적했다면, 이제 마태오에게 특유한 점을 달리 표현할 수도 있겠다. 우리는 이 점을 이야기체 안에서 그리스도론적 세목細目들의 제시라고 이름 붙일 수 있을 것이다. 한 뚜렷한 보기를 예수의 예루살렘 입성 단락에 대한 마태오의 개작이 제공해 준다(21,1-11). 이 단락에서 마태오는 성취 인용문(이사 62,11과 즈카 9,9의 혼합 인용)을 덧붙였을 뿐 아니라, 둘째 인용문으로부터 이야기체의 세목도 이끌어 냈으니, 예수가 암나귀와 어린 나귀를 탈짐승으로 이용하셨다고 말한다(21,7). 종종 해석자들은 복음서 저자가 여기서 무리하게 자구에 매여 있다고 뒷말을 한다. 그러나 오히려 마태오에게는 입성 당시 주위에 있던 사람들로 하여금 예언자 말의 상기 안에서 시온의 임금을 알아보게 해 줄 수 있을 표징에 관한 생각이 머리에 떠올랐을 것이다(그분이 암나귀 옆에 따라온 어린 나귀를 발판으로 이용했건 아니건, 두 짐승 위에 제자들이 겉옷을 얹은 것이 표징으로서 충분했건 아니건 간에).

또 다른 보기를 들면, 마태오는 요나서 2,1("요나는 사흘 낮과 사흘 밤을 그 물고기 배 속에 있었다")을 인자가 사흘 밤낮을 무덤의 정적 속에 지내게 될 일의 예언적 고지로 평가한다(마태 12,40). 이로써 마태오는 어록 출전(루카 11,30 참조)에서는 필경 인자의 내림과 관련되었던 요나의 표징을 새로이 해석하고, 이를테면 성경을 올바로 알아야 할 이스라엘 백성에게 주어진 표징으로서 역사 속으로 끌어들인다. 이에 상응하여 마태오는 빈 무덤 발견 단락을 새로 꾸몄다(28,1-15). 앞에 무덤 경비 대목을 덧붙이는 한편, 특히 경비병들이 인지한 부활의 수반 현상들을 암시한다. 마태오는 부활 자체를 묘사하는 위경 베드로 복음서 36-40장처럼 멀리 나아가지는 않지만, 그래도 지진과 돌 굴려냄 말고도 경비병들에게 번개 같은 모습의 천사가 나타나

---

[146] 13,14-15(= 이사 6,9-10)를 나는 후대의 난외 주석으로 본다. GNILKA, *Mt* I 481-482 참조.

게 함으로써 (심상찮게도) 그 방향으로 움직인다. 경비병들은 이 일을 수석 사제들에게 알렸고, 약속된 요나의 표징이 주어진 셈이다. 이 표징은 그러나 믿음을 불러 일으키지 못하고, 오히려 더 격화된 배척만 야기했다.

가장 상세한 구약성경 인용문은 12,18-21에 나오는 이사야서 42,1-4다. 야훼의 종의 첫째 노래의 앞부분인 이 본문은 메시아의 한 초상肖像이 된다. 메시아는 자비와 인간애로 부러진 갈대도 꺾지 않고 연기 나는 심지도 끄지 않으면서 올바름을 승리로 이끌어 가니, 그의 이름에 민족들이 희망을 건다. 연결 고리는 예수의 놀라운 치유 활동에 관해 말하면서 마르코에게서 유래하는 함구령을 수용한 집약문(12,15-16)인데, 이 함구령은 그러나 메시아 비밀의 의미로 수용된 것이 아니며, 어디까지나 예수의 온유한 활동과 결부하여 보아야 한다.

전사前史인 1-2장(네 개의 성취 인용문과 2,6)에서 강력하고 창조적인 효력을 발휘하는, 그러나 유다와 '이민족들의 갈릴래아'에서의 예수 활동(4,15-16)뿐 아니라 비유를 통한 가르침(13,35)에도 포괄적으로 관련되는 성경에 대한 성찰은, 옛것에서 새것으로 팽팽히 연결선을 당긴다. 옛 텍스트들은 그리스도론적으로 중요한 의미를 내포하고 있는데, 이것의 도움으로 성경 전체는 아니지만 예언적 특성을 지닌 몇몇 텍스트를 총괄해서 볼 수 있다. 그렇다면 이른바 '강탈 말씀'이 이 예언적 관점을 취하는 것이 우연은 아니다: "모든 예언서와 율법은 요한에 이르기까지 예언하였다"(11,13). 올바른 방법으로 하늘 나라의 일들을 가르침 받은 율법 학자는 그러므로 자기 곳간에서 새것도 꺼내 주고 헌 것도 꺼내 주는 집주인과 같다(13,52).

4.3 그리스도상

마태오 그리스도상의 몇 가지 뉘앙스는 앞에서 언급했다: 예수는 이스라엘의 목자로서 당신 백성에게 전념한다. 그러나 그는 또한 고양되신 인자로서 당신의 보편적 나라를 세운다. 마태오 복음서에서 필경 가장 중요한 그리스도론적 존칭으로는 그리스도(메시아)를 꼽을 수 있겠다. 이로써 이 복음서가 유다계 그리스도교에서 생겨났음이 확증된다. 그리스도로서 예수는 다윗의 자손이요, 족보가 명시하듯 온전히 이스라엘 역사에 속한다(1,1. 16-18). 그리스도로서 그는 이스라엘에 대한 왕권을 (그러나 당신 특유의 방식으로) 관철한다(참조: 2,4; 21,5). 그는 당신 백성 가운데서 '그리스도의 일들'(11,2)을, 즉 치유와 죽은 이 일으킴과 가난한 이들에게의 복음 선포를 성취한다. 시몬 베드로가 정식화하고 최고 의회 신문에서 예수에 의해 확증된 합당한 신앙고백은 (살아 계신) 하느님의 아들 그리스도라는 고백이다(16,16; 26,63-64). 빌라도와 백성의 대화 양식으로 꼴지어진 로마식 재판에서 그 로마인은 이 칭호 — 메시아(그리스도)라고 하는 예수(27,17.22) — 를 사용한다. 예수 단죄는 그러므로 자기 백성에 의한 그리스도 버림으로 나타난다.

27,16.21에서 더 긴 이문異文을 선호한다면, 빌라도 장면의 의미심장함이 더 선명히 드러난다: "[내가] 두 사람 가운데에서 누구를 풀어 주기를 바라는 것이오, [예수 바라빠요 메시아(그리스도)라고 하는 예수요]?"[147] — 이 이문에 따르면, 바라빠 역시 예수라는 이름을 지녔거니와, 어원을 고려한다면 바라빠(= 아버지의 아들)라는 이름은 예수의 하느님 아들 지위의 암시가 된다. 아무튼 그리스도 고백은 (16,16; 26,63이 암시하듯) 하느님의 아들이라는 칭호가 덧붙여짐으로써 그리스도교적 특성을 얻는다.

예수가 하느님 아들이라는 것이 그의 비밀의 본질을 이룬다. 예수를 하느님 아들로 알아보는 것은 오직 하느님의 다가오심, 계시에 바탕해서만 가능하다. 이것은 시몬 베드로의 고백(16,16-17)과 이에 상응하는 제자들의 고백(14,27-33: 시현 장면)에 똑같이 해당된다. 예수가 세례 받을 때 하늘의 소리가 주위에 둘러서 있던 모든 이에게 그를 하느님의 아들로 계시하고자 한다: "이는 내가 사랑하는 아들, …"(3,17). 병행구인 마르코 복음서 1,11에

---

[147] 이 문제에 대해서는 GNILKA, *Mt* II 453 und Anm. 7 참조.

따르면 오직 예수에게만 말해진다: "너는 내가 사랑하는 아들, …" — 예수의 하느님 아들 됨은 성령으로 말미암은 그의 잉태를 통해 한 가지 각별한 특질을 획득한다. 1,18-25에 들어 있는 이 신앙 전승은, 역시 계시 장면으로 꼴지어져 있거니와(천사 현현), 복음서에 직접적 영향을 계속 끼치지는 않으며, 그런 장면 묘사를 통해 예수의 하느님 아들 됨의 특유성을 알려준다. 이 특유성은 동정녀로부터의 예수 출생 표상과 결부되어 있다. 여기서 유의해야 할 것은, 영으로 말미암은 잉태는 어디까지나 인간과 관련되니, 선재를 전제하지도 않으며 또 그리스의 신화적 관념과 유사하게 마치 반신반인이 태어난 것으로 오해해서도 안 된다는 점이다. 또한 이집트-헬레니즘 신화에서처럼, 영이 아버지를 대신하는 것도 아니다. 영에 의해 잉태된 예수는 어머니 태내에서부터 유일무이한 방식으로 하느님께 정향되어 있다. 하느님의 행위는 동시에 구원론적 행위이니, 이분은 임마누엘, 우리와 함께 계시는 하느님이 되도록 정해져 있기 때문이다(1,23). 마태오는 루카 복음서 1,26 이하에서도 만나 볼 수 있는 이 특수한 전승을 나름대로 예수의 족보와 결부시켰고, 그리하여 일종의 2단계 그리스도론을 암시했다. 예수는 유다 민족의 구성원으로서 아브라함과 다윗의 자손이며, 영으로 말미암아 잉태된 분으로서 하느님의 아들이다.[148]

주님(퀴리오스) 존칭을 마태오는 아주 고유한 방식으로 다룬다. 이 존칭은 예수에게 적용될 때 (21,3을 제외하고) 언제나 환호의 말과 호칭으로 나온다. 그래서 연구자들은 이 환호의 말과 호칭이 일정하게 한정된 틀 속에 나타나지 않는 경우에는 이 존칭에 거의 주목하고 싶어 하지 않는다. 비교적 자주 사용되지만, '주님'이라고 말하며 예수에게 나아오는 사람들은 으레 예수와 적극적 관계에 있는 사람들, 도움을 구하는 이들(8,2.6; 9,28; 15,22 등), 제자들, 또는 제자가 될 사람들이다(8,21.25; 14,28.30 등). 이 호칭은 종말 심판자에게도 마땅히 붙여진다(7,21-22; 25,11.37.44). 그런 경우 이 호칭은 절

---

[148] 참조: GNILKA, *Mt* I 14-33(풍부한 참고문헌).

박하게 사용될 수도 있다. 여러 구절에서 '주님'이라고 부르는 것이 기도의 외침 같은 인상을 준다(예컨대 8,25: "주님, 구해 주십시오"). 이 호칭과 두드러지게 대비되는 것은 '선생님' 또는 '라삐'라는 호칭이다. 이 호칭은 적수들만이 사용한다(12,38; 22,16.24.36).

제자 동아리에서 호칭이 '주님'에서 '라삐'로 바뀌는 것은 시사하는 바가 크다(26,22.25). 둘째 호칭은 유다 입에서 나온다. 숙고를 거친 주님 호칭 사용은 마태오 공동체에 주님-고백이 생생히 살아 있었다는 추론을 가능케 한다. 헬라계 그리스도교 영역에 뿌리를 두고 있는 이 고백은, 주도적 메시아 고백과 더불어, 복음이 팔레스티나 지역을 넘어 유다계 그리스도교 가장자리에 자리잡았음을 암시해 준다. 이방인 여인도 사용하는 '주님, 다윗의 자손'이라는 이중 호칭 역시 이 맥락을 충분히 시사해 준다(15,22; 참조: 20,31). 적수들 입에 담긴 '선생님'이라는 호칭은 예수의 가르침이 논쟁의 대상이었음을 짐작게 한다. 이 호칭은 인정을 확인해 주는 게 아니라, 오히려 비판적 질문을 준비하며 때로는 빈정대는 뜻을 담고 있다(22,16).

마태오는 심판하러 오실 분을 특징짓기 위해 인자 칭호를 즐겨 사용한다. 인자 내림에 대한 전망이 거의 주도적 모티브로서 복음서를 관통하며 (10,23; 13,41; 16,27-28; 19,28; 24,30.44; 25,31; 26,64), 독자들의 시선을 고대하는 종말로 향하게 한다. 종말 대망이 공동체에서 느슨해졌다(참조: 24,45-25,30). 오직 마태오가 '인자의 내림(재림)'(24,27.37.39)에 관해 말한다. 역시 마태오만 사람들에게 인자 내림 전에 '인자의 표징'을 보게 되리라 약속하는데(24,30), 이것은 제자들이 물었던 세상 종말의 표징이다(24,3). 인자의 표징에 대한 해석에서는 논란이 심하며 한 오래된 해석에서는 십자가와 동일시하는데,[149] 인자 자신과 동일시해서는 안 된다.[150] 인자 표징의 나타남은 세상의

---

[149] 근년에 A.J.B. HIGGINS[The Sign of the Son of Man: *NTS* 9 (1962/63) 380-382]가 다시 이 견해를 내세웠다.

[150] 참조: J. LAMBRECHT, The Parousia Discourse: M. DIDIER (Hrsg.), *L'évangile selon Matthieu* (BEThL 29) (Gembloux 1972) 309-342 중 324; GEIST, *Menschensohn* 223.

모든 민족이 가슴을 치게 만들 것이다. 인자의 표징은 이사야서 49,22에 상응하여 일종의 깃발로 파악하는 것이 가장 그럴 듯한데, 그 구절에서 야훼의 깃발은 민족들과의 전투 시작의 표지다.

4.4 교회와 자기 증명

이스라엘은 야훼의 신실하심을 거슬러, 유일한 하느님 백성으로서의 자신의 선택을 상실했다. 민족들로 이루어진 교회가 이스라엘을 대체했다. 그런데 메시아에 의해 세워진 종말 시기의 이 교회는, 저승의 세력도 그것을 이기지 못하리라는 약속을 받았지만(16,18) 언제나 위협받고 있으며 또 필수적으로 자기 증명을 해야 한다. 이 자기 증명은 '소출을 냄'을 의미한다. 21,43에 따르면, 바야흐로 하느님 나라를 넘겨받은 새 하느님 백성에게 소출을 기대하는 것은 당연하다고 하겠다. 하지만 포기와 실패의 가능성을 늘 염두에 두어야 한다. 교회(22,10) 안의, 또는 더 넓히면 인자의 나라(13,38) 안의 악의 문제는, 입으로의 신앙고백에 만족하는(7,21-22) 그리스도교와 마찬가지로, 언제나 현존한다.

교회는 무엇보다도 예수의 말씀을 유념하고 자기 삶에 그 말씀을 들여와야 마땅하다. 이미 마르코 복음서에서처럼 마태오 복음서에서도 제자들은 공동체와 관련하여 투명하니, 공동체는 그들 안에서 자신을 재인식할 수 있어야 한다. 이 복음서에서의 중요성을 재차 강조해야 마땅한 설교 집성문들은 한결같이 그 대상이 제자들이다(부분적으로는 군중도 포함됨). 특히 대당 명제들(5,21-48)에서 마주치는 산상 설교의 철저주의는 절대적 진실·비폭력·원수 사랑의 요구들 그리고 통사람(全人)을 (그러니까 사람의 속마음까지) 사로잡는 윤리와 더불어, 예수가 제자들에게 선교상의 지시로서 준 것인데, 제자들은 그분이 자신들에게 명한 것을 모두 사람들이 지키도록 가르쳐야 한다(28,20). 물론 다른 설교들[율법 학자와 바리사이들(비록 이들에 관해 말하고 있으나 백성과 제자들을 겨냥하고 있다)에 대한 불행 설교까지도]의 내용 역시 여기에 포함된다. 마땅히 유의해야 할 이 관점이 말하고자 하는 바는, 여기서 무슨 패각貝殼 추방이 시행된다는 게 아니라, 이 지시들은 교회 역시 중대한 실패를 초래할 수 있음을 고려하여 바로 교회에 주어진 것임을 알아야 한다는 것이다.[151]

복음서 저자 중 마태오만이 예수의 중요한 윤리적 가르침을 대당 명제 형식으로, 즉 모세 율법에 대한 입장 표명의 형식으로 제시한 것은 우연이 아니다. 이 새로운 율법관과 그 실천이 새 하느님 백성을 옛 하느님 백성과 견주어 돋보이게 할 터였다(5,20 참조). 물론 2천 년 역사가 지난 지금 이런 확언을 하기는 쉽지 않다. 그렇지만 이 확언은 여전히 유효하다. 새 하느님 백성은 산에서 새 가르침을 받거니와, 이것의 총괄과 잣대는 하느님 사랑과 이웃 사랑 계명이다(22,34-40).

마태오는 '의로움'(δικαιοσύνη)이라는 개념을 공관복음서 전승 안에 들여왔다. 이것 역시 지금까지 말한 맥락에 포함되니, 의로움은 그리스도인 실존의 상태와 관련되기 때문이다. 이 개념도 구약성경적 · 유다교적으로 각인되어 있다. 구약성경에서 이 개념은 하느님과 백성의 계약에 귀착될 수 있으며, 의롭다는 것은 계약에 맞갖게 처신함을 의미한다.[152] 의로움이 바오로에 의해 신약성경과 신학에서 매우 중요한 낱말이 되었기 때문에, (특히 좀 오래된 개신교 주석에서) 사람들이 마태오 복음서의 이 낱말을 바오로가 의미한 대로 해석하려 한 것은 이해할 만하다. 모두 7번 사용된 이 낱말은 마태오가 꾸민 세례자 요한과 예수의 대화에 처음 나오는데, 예수는 자신에게 세례 베풀기를 꺼리는 요한에게 이렇게 대답한다: "지금은 이대로 하십시오. 우리는 이렇게 해서 마땅히 모든 의로움을 이루어야 합니다"(3,15). 사람들은 여기에 짧게 언급된 예수의 세례를 속죄의 행위로 또 따라서 그의 속죄사死의 선취로 해석하고자 했고, 그로써 (예수가 총체적 용서

---

151 참조: H. FRANKEMÖLLE, "Pharisäismus" in Judentum und Kirche: H. GOLDSTEIN (Hrsg.), *Gottesverächter und Menschenfeinde?* (Düsseldorf 1979) 123-189 중 157-158.

152 G. SCHRENK: *ThWNT* II 197-198 참조.

를 성취하게 된다는 의미에서) 그 자신의 의로움 및 백성의 의로움과 관련시켰다.[153] 이로써 의로움은 결국 예수에 의해 부여되는 의로움으로 귀결된다. 다른 한편 최소화하는 해석이 있는데, 여기서는 의로움이 의무, 규정, 관습 이상의 것을 의미하지 않는다.[154] 이 두 해석은 마태오의 취지를 놓치고 있다. 마태오 복음서에서 언제나 똑같은 의미로 사용되는 이 낱말은 예수가 선포하는, 하느님이 요구하시는 행위를 가리킨다. 예수 자신이, 세례 장면이 전형적으로 보여 주듯, 하느님의 뜻에 순종하며, 그로써 본보기가 되고 이 본보기는 사람들에게 동인動因이 된다. 의로움에 주리고 목마른 사람들(5,6)은 이 뜻을 자기네 삶의 규범으로 삼고, 의로움 때문에 박해받는 사람들(5,10)은 결국 예수 말씀에 대한 동참 때문에 고난을 당하는 것이다. 의로움의 명령적 성격은 제자들에게 율법 학자와 바리사이들의 의로움을 능가하는 의로움을 요구하는 5,20의 이른바 '들어감 말씀'에 아주 선명히 드러난다. 본문 형태가 확실하지 않은 6,33 — '너희는 먼저 그분의(= 하늘 아버지의) 나라와 의로움을 찾아라'라고 읽어야 할 것이다[155] — 이 다시금 하느님의 뜻을 거론하는데, 이 뜻은 약속된 그분의 나라를 마주하여 바야흐로 뚜렷이 알려진다.[156] 그러므로 마태오의 '의로움'의 고유한 윤곽을 유념하는 것이 중요하다.

동일한 유다교적 방향을 '완전함'이라는 개념도 가리킨다. "하늘의 너희 아버지께서 완전하신 것처럼"(5,48) 완전한 사람이 되라는 촉구로써 마태오는 일련의 대당 명제를 끝맺는다. 유다교에서는 율법 준행을 잣대로 완전함을 판단했는데, 이는 오늘날 쿰란 사본들이 인상 깊게 알려 준다. 쿰란 사람들은 완전한 율법 준행에 힘썼고, 그러면서 고유한 율법 해석에 의지

---

[153] 참조: O. CULLMANN, *Die Tauflehre des NT* (AThWNT 12) (Zürich ⁷1948) 14; SCHNIEWIND, *Mt* 27.

[154] D. EISSFELDT, πληρῶσαι πᾶσαν δικαιοσύνην in Matthäus 3,15: *ZNW* 61 (1970) 209-213.

[155] 본문: GNILKA, *Mt* I 250.

[156] 이 문제 전반에 관해서는 GIESEN, *Handeln* 참조.

했다. 그들은 "그들을 위해 정해진 시간들을 위해 계시된 모든 것에 따라 그분 앞에서 완전하게 거니는 것"(쿰란 규칙서 1,8-9)을 추구했다. 복음서가 제기하는 완전함에의 요구도 예수가 제시한 율법 해석(대당 명제들)과 결부되어 있다. 그러나 이 요구는 결국 하느님의 완전함과 관련된다. 하느님의 완전함은 그분의 무한한 사랑 안에서 모든 인간에 대한 깨어지지 않고 나뉘지 않은 애정을 의미한다. 그러므로 하느님 모방의 촉구는 최대한 완전한 축자적 율법 준행을 통한 완벽주의적 행업 추구를 겨냥하는 게 아니라, 그때그때 동료 인간들에게 온전히 헌신함을 겨냥한다. 이것이 제자 개개인에게 의미하는 바는, 그의 구체적 삶의 상황에 의해 포괄적으로 규정지어져 있다. 부자 청년에게는 이것이 추종의 (구체적으로 그에게 해당되는) 조건으로서 재산 포기를 의미한다고 하겠다: "네가 완전한 사람이 되려거든, 가서 너의 재산을 팔아 가난한 이들에게 주어라"(19,21). 이로써 완전한 그리스도인의 상태가 규정되어 있는 것이 아니라, 각자에게 하느님께로의, 또 그로써 완전하고 나뉘지 않은 실존으로의 고유한 길이 지시된다는 것을 가르쳐 준다.

마태오의 의로움의 고유한 윤곽과 유다교 사상의 친연성은, 바오로의 의로움과의 차이를 의식하게끔 하며, 은총론에 대한 물음, 하느님의 베푸심과 인간 행위의 관계에 대한 물음을 제기하게 한다. 마태오 복음서가 하늘 아버지이신 하느님 뜻의 실행을 강조하고 있음은 두말할 것이 없다(6,10; 7,21; 12,50; 21,31). 물론 이 작은 이들 가운데 아무도 잃지 않는 일 역시 그분의 뜻이라는 것도 말하고 있다(18,14). 하느님 뜻 실행의 본보기는 겟세마니에서의 예수다(26,42). 마태오는 신약성경 저자들 가운데 하늘의 보상을 가장 자주 언급하며(5,12.46; 6,1-2.5.16 등), 각자 자기 행동을 통해 더하거나 줄일 수 있는 하늘의 보물에 관해서도 거듭 말한다(6,19-21; 19,21). 선한 포도밭 주인의 비유(20,1-16)는 자비로운 보수에 관해 알려 준다. 하지만 이 텍스트는 깊은 감명을 주지 않음을 인정해야 한다. 마태오는 종말 심판에서의 평가 전도라는 사상에 근거해서, 첫째와 꼴찌에 관한 토막 말씀을 이용하여 텍스트를 풀이했다(19,30; 20,16). 여기서 핵심적인 윤리적 동인은 하늘 나라다. 이로써 하늘 나라 선포는 거기에 상응하는 윤리적 행동을 불러일으키고자 한다는 것이 암시되어 있다. 그러나 하늘 나라는 근본적이고 전적으로 하느님의 선물이다. 주님의 기도에서 이 점이 특히 뚜렷이 표현된다(6,9-10). 가령 열혈당식 이해와는 달리, 사람이 바실레이아(나라) 도래를 위해 할 수 있는 일은 아무것도 없다. 사람은 바실레이아를 오로지 하느님으로부터 선사받을 수 있을 뿐이다. 이러한 사리事理를 슈트레커[157]는 바실레이아라는 선물은 요구 안에 존재한다고 적절히 정식화했다. 여기서 설교 도입부들에 주목해도 좋을 것이니, 이것들은 바실레이아를 마주하는 사람의 자세를 묘사하지만, 궁극적으로는 하느님 은총에 의존하고 있는 실존을 강조한다. 18,1-3에서 예수는 어린이 하나를 본보기로 제자들 가운데 세운다: "너희가 회개하여 어린이처럼 되지 않으면, 결코 하늘 나라에 들어가지 못한다." 각자의 중요성과 능력을 두고 다투던 제자들은 영으로 가난함(5,3)에 상응하는 자세를 촉구받는다. 산상 설교를 시작하는 이 참행복 선언은 사람이 하느님 앞에 가난함을 알고 그분께 의존하며 모든 것을 그분께 기대하는 심성을 기른다. 이것이 아비 앞에서의 어린이 자세다.

그리스도인 실존은 공동체 안에서 그리스도인들의 더불어 삶에서 실현된다. 지역 공동체(교회)가 이미 18,17에서 우리 시야에 들어온다. 동일한 사실이 복음서 말미의 보편 선교 명령에도 통용된다. "가서 모든 민족들을 제자로 삼아라(μαθητεύσατε)"라는 명령은 세례 수여와 가르침으로 설명된다 (28,19-20). 여기서 특히 눈길을 끄는 것은 '제자로 삼다'라는 흔치 않은 낱말의 선택이다. 사람들은 오히려 '복음을 선포하라' 등의 표현을 예상했을 것이다. 이것도 물론 '제자로 삼아라'라는 말 속에 포함되어 있다. 아무튼 이 명령은 공동체 설립으로 귀결되는데, 공동체는 바로 사람들이 세례를 통해 교회에 받아들여지고, 계속 제공되어야 하는 가르침을 통해 그들의 제

---

[157] STRECKER, *Weg* 171.

자 됨이 강화됨으로써 생성된다. 혹시 '제자들'이라는 말이 이 공동체의 그리스도인들의 자칭이었다고 전제하면 안 될까?(참조: 사도 6,1-2.7; 9,1-2 등).

마태오 공동체의 한 가지 구조상 원칙을 명시하고자 한다면, 형제 됨 사상을 꼽아야 한다. 공동체는 자신을 형제들로, 가족으로 이해했다. 마태오 복음서에서 '형제'라는 낱말은 더불어 삶에 중요한 훈시들과 관련하여 산상 설교(5,22-24.47; 7,3-5)와 공동체 설교(18,15.21.35)에 상당히 자주 나온다. 하늘에 계신 아버지의 뜻을 실행하는 사람이 예수에게 형제요 자매요 어머니다(12,50). 두 형제씩 추종으로 부르는 것도 이런 맥락에서 보아도 되겠다. 마태오는 이들이 형제임을 강조한다(4,18.21; 10,2). 특히 일종의 공동체 헌법으로 여겨질 수 있는 다음 본문을 유념해야 한다: "그러나 너희는 스승이라고 불리지 않도록 하여라. 너희의 스승님은 한 분뿐이시고 너희는 모두 형제다. 또 이 세상 누구도 아버지라고 부르지 마라. 너희의 아버지는 오직 한 분, 하늘에 계신 그분뿐이시다. 그리고 너희는 선생이라고 불리지 않도록 하여라. 너희의 선생님은 그리스도 한 분뿐이시다"(23,8-10).

권위는 넓적한 성구갑과 기다란 옷자락 술을 안쓰럽게 과시하고 높은 자리와 외면적 예우를 요구하는(23,5-7) 데서가 아니라, 인자의 본보기를 따라 기꺼이 섬기는(20,26-28) 데서 드러난다. 심각한 위험이 세상 권력과 지배욕의 흉내에 있으니, 이것은 일치와 친교를 파괴할 따름이다(20,25). 마태오가 오만과 직권 남용에 단호히 맞서게 된 계기가 이미 있었음이 분명하다. 이런 관점에서 종에 관한 몇 가지 비유의 각색과 새로운 정향도 시사하는 바가 큰데, 본디 유다교 지도층을 겨냥했던 이 비유들을 마태오는 교회에서 특별한 직분을 맡은 사람들에 대한 경고로서 말한다. "주인이 종에게 자기 집안 식솔들을 맡겨 그들에게 제때에 양식을 내주게 하였으면, 어떻게 하는 종이 충실하고 슬기로운 종이겠느냐?"(24,45). 이 청지기 종 비유를 비롯하여 종말 시기 설교에 끼워 넣어진 비유들은, 내림 지연이라는 문제가 많은 사람에게서 열정이 식고 무관심이 증대하는 데 큰 몫을 했음을 암시해 준다(참조: 24,45-25,30).

이 체험들은 공동체의 특정 문제들에 관한 규범 마련을 촉진시켰다. 교회법의 최초의 단초들을 알아볼 수 있다. 그런 것들 가운데 하나가 죄를 범한 형제 문제였다. 그를 훈계하고 선도하기 위한 세 단계 처분 절차가 규정되었으니, 우선 형제다운 훈계, 다음으로는 증인들의 확증 그리고 끝으로 제척除斥 가능성을 염두에 둔 공동체 앞에서의 심리다(18,15-17).[158] 어떤 종류의 비행인지는 언급되지 않지만, 중대한 비행이었음은 분명한 것 같다. 마태오는 짐작건대 공동체에서 이미 시행되고 있던 이 절차를 수용하지만, 속죄의 여지를 고려하여 수정한다(참조: 18,21-22.12-14). 그런데 예수 말씀과의 거리가 뚜렷하니, "그를 다른 민족 사람이나 세리처럼 여겨라"(18,17)라는 제척 문구를 예수의 세리 및 죄인들과의 친교와 비교해 볼 일이다. 여기에 드러난 긴장은 이상과 현실 사이의 긴장이다. 복음서 저자는 그러나 예수 가르침의 율법화 위험을 의식하고 있다.

혼인의 불가해소성에 관한 예수의 가르침도 율법화되었다. 이것은 (해석에 논란 많은) 불륜 조건(5,32; 19,9)의 삽입에 의해 일어났다. 아내가 불륜을 저지른 경우 이혼을 규정한 라삐 샴마이(기원후 1세기)의 견해를 마태오가 따랐다고 볼 수 있다. 그러나 주목할 만한 차이가 있으니, 샴마이는 모든 결혼의 해소 가능성에서 출발하는 반면 마태오는 예수의 가르침에 바탕하여 생각한다.[159]

참고문헌

O.L. COPE, *Matthew. A Scribe Trained for the Kingdom of Heaven* (CBQ.MS 5) (Washington 1976).

P.F. ELLIS, *Matthew. His Mind and His Message* (Cambridge 1974).

H. FRANKEMÖLLE, *Jahwe-Bund und Kirche Christi* (NTA 10) (Münster ²1984).

---

[158] 동일한 절차를 쿰란 공동체도 알고 있다: 1 QS 6,1; Dam 9,2-4.

[159] GNILKA, *Mt* I 164-169 참조.

G. GEIST, *Menschensohn und Gemeinde* (FzB 57) (Würzburg 1986).

H. GIESEN, *Christliches Handeln* (EHS.T 18) (Frankfurt a. M. 1982).

H. GOLLINGER, *Heil für die Heiden – Unheil für die Juden?: Israel und die Kirche* (FS E.L. Ehrlich) (Freiburg 1991) 201-211.

R.H. GUNDRY, *The Use of the Old Testament in St. Matthew's Gospel* (NT.S 18) (Leiden 1967).

H.J. HELD, Matthäus als Interpret der Wundergeschichten: G. BORNKAMM - G. BARTH - H.J. HELD, *Überlieferung und Auslegung im Matthäusevangelium* (WMANT 1) (Neukirchen ²1961) 155-287.

R. HUMMEL, *Die Auseinandersetzung zwischen Kirche und Judentum im Matthäusevangelium* (BEvTh 33) (München 1966).

J.D. KINGSBURY, *Matthew: Structure, Christology, Kingdom* (Philadelphia 1975).

K. KOCH, Der Spruch "Sein Blut bleibe auf seinem Haupt" und die israelitische Auffassung vom vergossenen Blut: *VT* 12 (1962) 396-416.

A. KRETZER, *Die Herrschaft der Himmel und die Söhne des Reiches* (SBM 10) (Stuttgart - Würzburg 1971).

G. KÜNZEL, *Studien zum Gemeindeverständnis des Matthäus-Evangeliums* (CThM A/10) (Stuttgart 1978).

D. MARGUERAT, *Le Jugement dans l'Evangile de Matthieu* (Genève 1981).

J. ROLOFF, Das Kirchenverständnis des Mt im Spiegel seiner Gleichnisse: *NTS* 38 (1992) 337-356.

L. SCHENKE (Hrsg.), *Studien zum Matthäusevangelium* (FS W. Pesch) (SBS) (Stuttgart 1988).

K. STENDAHL, *The School of St. Matthew* (ASNU 20) (Uppsala 1954).

G. STRECKER, *Der Weg der Gerechtigkeit* (FRLANT 82) (Göttingen 1962).

W. TRILLING, *Das wahre Israel* (StANT 10) (München ³1964).

5. 루카계 문헌의 신학적 구상

5.1 원자료 안의 신학적 연결 고리들

루카는 공관복음서 저자들 가운데 특수한 위치를 차지하고 있다. 그 한 저자로서 루카는 당연히 공관복음서의 맥락에 속해 있다. 그러나 신약성경에서 한 새로운 문학 유형을 창출한 사도행전의 저자로서 이 맥락을 현저히 벗어난다. 하지만 복음서와 사도행전은 이어지고 서로 보완하며, 이 둘의 연계 안에 한 공통된 신학적 구상이 분명히 드러난다고 생각해야겠다. 우리는 루카가 당초부터 이부작 저술을 결심했으며, 사도행전을 나중에 덧붙인 게 아니라는 데서 출발할 수 있다. 두 책을 묶어 주는 공통점은 상론을 해 나가는 동안 늘 의식하게 될 것이다. 그러므로 루카가 복음서 첫머리에 붙인 머리말(루카 1,1-4)은 두 작품 전체에 해당되며, 그가 '처음부터' '순서대로' 기록하고자 한 '우리 가운데에서 이루어진 일들'은 사도행전에 보도된 내용을 포함한다는 것도 셈에 넣어야 한다.[160]

  사도행전과 관련하여 오늘까지도 만족스럽게 밝혀지지 못했고 결코 완전히 규명되지 못할 자료 문제는 여기서 따로 다루지 않아도 될 것이다.[161] 루카 복음서의 경우 우리는 비교적 풍부한 특수 전승들 외에도 이출전설 테두리 안의 자료들, 즉 마르코 복음서와 예수 어록을 잘 알고 있다. 이것은 이 자리에서 언급해 두어야 하니, 루카가 기존 자료인 마르코 복음서를 통해 자신의 예수 여정 구상의 자극을 받았음이 거의 확실하기 때문이다. 예수의 활동이 갈릴래아에서 예루살렘으로의 단 한 차례 여정으로 묘사되

---

[160] 참조: BOVON, *Lk* I 32; G. KLEIN, *Lukas 1,1-4 als theologisches Programm: Zeit und Ge-schichte* (FS R. Bultmann) (Tübingen 1964) 193-216 중 216. 다른 견해: SCHÜRMANN, *Lk* I 4.

[161] WEISSER, *Apg* 36-38 참조.

어 있는 것은, 이미 마르코 복음서의 특징이었다. 루카는 이 여정을 새로 꾸민다. 예수는 처음에 갈릴래아(나자렛, 카파르나움, 나인)와 겐네사렛 호반 지역(게라사)에서 활동한 다음, 예루살렘으로 올라가기로 결심한다: "하늘에 올라가실 때가 차자, 예수님께서는 예루살렘으로 가시려고 마음을 굳히셨다"(9,51). 마르코(10,33)와 견주어 매우 때이른 이 결심은, 이후의 모든 일(루카 19,28까지)[162]을 예루살렘으로의 여정이라는 시각에서 본다. 과연 예루살렘은 여정의 목적지로서 거듭 상기되는데(13,22; 17,11; 19,11), "그러나 오늘도 내일도 그다음 날도 내 길을 계속 가야 한다. 예언자는 예루살렘이 아닌 다른 곳에서 죽을 수 없기 때문이다"(13,33) 등의 예수의 말에서, 또는 역시 병행문인 마태오 복음서 23,37에서보다 훨씬 때이르게 발설되는 예루살렘에 대한 탄식(참조: 루카 13,34; 또한 18,31)에서도 그렇다. 흔히들 루카의 예수 여정 보도는 다양한 신학적 의도를 담고 있다고 말한다.

그런데 여정 구상이 사도행전에서도 계속 작용한다는 사실은, 두 작품의 관계가 긴밀함을 말해 준다. 루카는 둘째 작품에서도 (외적으로 관찰하건대) 지리적 도식을 바탕으로 삼는다. 사도행전 1,8 — "너희는 ⋯ 예루살렘과 온 유다와 사마리아, 그리고 땅끝에 이르기까지 나의 증인이 될 것이다" — 의 선교 명령은 강령綱領적 의미를 지니고 있다. 이 명령은 예루살렘으로부터 시작되는 여정을 시사할뿐더러, 나름대로 사도행전의 구조를 드러내 준다. 복음의 길은 예루살렘으로부터 로마로 이어진다.[163] 그러나 아직 땅끝까지 이른 것은 아니기에, 지리적 관점에서도 루카의 이부작은 결말이 미결이다. 한 결정적 목적지인 로마에 도달했지만, 복음의 길은 계속 뻗어 나갈 수 있고 또 그래야 한다. 여기서 중요한 것은, 이 지리적 도식의 테두리 안에서 예루살렘이 중심이 된다는 사실이다. 예수의 길이 예

---

[162] 이 경계 설정: CONZELMANN, *Mitte* 53-57.

[163] 예루살렘과 유다 땅과 사마리아와 관련되는 1부에서는 베드로가, 그리고 2부에서는 바오로가 중심에 자리잡고 있는 까닭에, 사도행전은 플루타르코스가 가장 저명한 대표자인 병행 전기(vita parallelae)의 성격을 어느 정도 지니고 있다.

루살렘에 이르렀고 사도행전에서 복음 선포의 길이 예루살렘에서 시작되기에, 이 도시는 또한 전환점을 이룬다.

사도행전의 신학적 이해에서는 이상의 개요 외에, 설교들 특히 베드로와 바오로의 선교 설교들이 특히 중요하다.[164] 오늘날 연구자들은 이 설교들을 루카가 꾸민 것이라는 데, 다시 말해 베드로와 바오로가 실제로 했던 설교가 아니라 루카가 이야기체 진술의 선호되던 수단으로서 끼워 넣은 것이라는 데 널리 의견이 일치하고 있다. 대충 비교해 보아도 이 설교들이 서로를 참작·전제·보완하며, 중복을 피한다는 것을 알 수 있다. 그래서 예컨대 이스라엘 역사에 대한 설명에서 바오로의 피시디아 안티오키아 설교(13,16 이하)는 스테파노의 설교(7,2-48)를 계승한다. 나아가 선교 설교들 안에 좀 오래된 케뤼그마적 정식이나 구조가 수용되어 있는지 물을 수 있다. 물론 예수 활동의 요약문들(3,13-15; 10,37-43; 13,27-31)에 대해서는 그렇다고 말할 수 없다. 이 요약문들에서는 세례자 요한의 등장부터 예수의 공적 활동(여기서는 예수의 도움과 선행이 강조된다)을 거쳐 예수의 수난(무죄함이라는 모티브가 함께 언급된다)까지의 정렬을 통해 루카의 전형적 특성이 드러난다. 유의할 것은, 루카가 작품 구성상 유다인 청중 대상 설교와 이방인 청중 대상 설교를 매우 뚜렷이 구분해 놓았다는 사실이다.

후자의 예로 바오로가 아테네 아레오파고스에서 한 설교(17,22-31)를 살펴보자. 이 설교의 구조에서 우상들로부터 한 분 하느님께로 돌아섬(17,22-29), 하느님이 예수를 죽은 이들 가운데서 다시 살리시어 그 실행을 맡기신 심판의 도래(17,30-31) 같은 주요 요소들이 나타난다. 이것들은 바오로가 테살로니카 1서 1,9ㄴ-10에 수용·결합시킨 것과 동일한 요소들이라,[165] 여기서 초기 그리스도교 선교 설교의 전형적 요소들(양식)에 관해 말하는 것이 가능하다.[166] 비슷한 내용을 유다인 청중 상대 선교 설교들에서 발견하기는 상당히 어렵다. 그러나 모든 설교에 예수의 죽음과 부활에 대한 고백

---

[164] SCHNEIDER, *Apg* I 134 참조.

[165] 이 책 28쪽 이하 참조.

이 들어 있다는 데는 연구자들의 의견이 일치한다. 여기서 예수의 죽음에 관한 진술은 통상 유다인에 대한 비난과 결부되어 있는데, 이 비난은 예루살렘에서 행해진 설교들에서는 심지어 맞대 놓고 말하는 형식으로 발설될 수도 있었다: "그분을, 여러분은 무법자들의 손을 빌려 십자가에 못 박아 죽였습니다. 그러나 하느님께서는 그분을 죽음의 고통에서 풀어 다시 살리셨습니다"(2,23-24); "여러분은 생명의 영도자를 죽였습니다. 그러나 하느님께서는 죽은 이들 가운데에서 그분을 다시 일으키셨고, 우리는 그 증인입니다"(3,15); "여러분이 십자가에 못 박았지만 하느님께서 죽은 이들 가운데에서 다시 일으키셨습니다"(4,10; 참조: 5,30; 10,39; 13,28-30).

확실히 루카에게서 유래하고 회개에의 자극으로 의도된 도전적 비난을 일단 제쳐 놓는다면, 예수의 죽음과 죽은 이들 가운데서의 부활이 남는데, 이것들은 이미 바오로 이전의 신조들에도 간결하게 요약되어 있음을(참조: 로마 14,9; 8,34 등) 앞에서 살펴보았다. 연결시키는 한 요소는 역시 그리스도 칭호라고 하겠는데, 이런 진술들 중 여럿에서 만나 볼 수 있다(사도 2,36; 4,10; 17,3; 26,23). 루카가 이런 옛 정식들의 직접적인 영향을 받았는지는 확실히 말하기 어렵다. 그러나 어쨌든 여기서도 그리스도교 선교의 한 선포 양식이 꼴지어졌음이 거의 확실하거니와, 사람들은 이 양식을 자유로운 방식으로 다룰 수 있었다. 아무튼 그리스도교 설교의 원자료 ― 예수의 죽음과 부활 ― 가 루카에게 핵심적 중요성을 지녔고, 또 그가 여기서 옛 전승 안에 있었다는 것은 분명하다.[167]

나아가 예수의 죽음과 부활이 성경에 규정된 하느님의 뜻에 따른 일이었다는 것이 루카에게는 중요했다. 이 성경적 맥락을 지적하기 위해 루카

---

[166] 우상들로부터 하느님께로의 회심이라는 모티브는 사도행전 14,15-17(바오로의 리스트라 설교)에도 나온다. 아레오파고스 설교: H. CONZELMANN, Die Rede des Paulus auf dem Areopag: *Gymnasium Helveticum* 12 (1958) 18-32; J. DUPONT, Le discours à l'Areopage lieu de rencontre entre christianisme et hellénisme: *Bib* 60 (1979) 530-546; J. CALLOUD, Paul devant l'Areopage d'Athènese: *RSR* 69 (1981) 209-248.

[167] WILCKENS, *Missionsreden* 137-150 참조.

는 성경 구절들(2,25-28: 칠십인역 시편 15,8-11; 사도 13,27.32-33: 칠십인역 시편 2,7)을 명시적으로 인용하거나, 총괄적으로 예언자들을 내세우거나(사도 10,43; 26,22; 루카 24,25-27), 아니면 단순히 그 일이 일어나야만 했다고 말할 수 있었다(사도 17,3; 참조: 루카 24,26). 여기서는 성취 사상이 핵심적이니, 이미 머리말에 이 사상이 수용되었다. 물론 "우리 가운데에서 이루어진 일들"(루카 1,1)은 멀리까지 팽팽히 잡아 늘여져 있다. 그러나 예수의 십자가와 부활이 지배적 위치를 차지하고 있다.[168]

5.2 구원사와 시간관

루카의 두 작품을 규정짓고 있는 '길'은 이스라엘과 관련이 있다. 예루살렘에 정향된 예수의 길은 이 백성을 위한 그의 노고와 결부되어 있다. 루카가 이방인 지역인 티로와 시돈(마르 7,24) 그리고 카이사리아 필리피(마르 8,27)로 가는 예수의 여정 이야기를 넘겨받지 않았고, 따라서 예수가 전체 활동 기간 동안 유다인 지역에만 머무는 것은, 예수는 오직 이스라엘 집안의 길 잃은 양들에게 파견되었다는 마태오 복음서 15,24의 말씀을 서사적으로 암시한다고 하겠다. 예루살렘에서 시작되는 사도행전의 길은 이스라엘로부터 멀어짐과 이민족들에게 나아감을 묘사한다.

루카는 시대를 구분한다. 콘첼만[169]에 따르면 루카는 예수의 시대를 앞뒤로 교회의 시대와 옛 하느님 백성의 시대가 자리잡고 있는 '시간의 중심'으로, 교화적 성찰로써 상기시켜야 하는 되찾을 수 없는 이상적 시대로 제시했다. 그러나 이 관점은 특히 예수 시대와 교회 시대를 결부시키는 성취 사상에 대한 지적에 의해 비판을 받았다. 그래서 보폰[170]은 오직 두 시

---

[168] WILCKENS(*Missionsreden* 73-81)는 루카가 코린토 1서 15,3-5를 알고 있었으리라는 것을 부정한다. 그러나 사도행전 10,40("사흘 만에")이 코린토 1서 15,4나 유사한 정식들의 영향을 받았을 가능성은 고려한다.

[169] CONZELMANN, *Mitte der Zeit* 참조.

대, 즉 약속의 시대와 성취의 시대만을 인정하고, 후자는 예수 시대와 증인들의 시대로 세분한다. 아무튼 분명한 사실은, 루카의 전체 작품이 과거를 겨냥하고 있다는 것, 예수 시대가 지나간 시대로 파악될 뿐 아니라 사도행전에서 서술하는 교회 시대도 바오로의 로마 도착으로 일단 종결되었다는 것이다. 루카가 머리말에서 보고報告를 의미하는, 그리고 지나간 일을 이야기하고자 하는 관심을 나타내는 디에게시스(διήγησις: 보고, 이야기)라는 낱말을 사용하는 것은 까닭 없는 일이 아니다.[171]

물론 예수 시대와 교회 시대가 성취 사상 아래 긴밀히 결부되어 있음이 옳다고 해도, 이 둘을 단계들로서는 구분할 수 있다고 하겠다. 중간 휴지는 고별사에서 고지된다: "그러나 이제는 …"(루카 22,36). 예수는 수난을 앞두고 제자들에게 말하면서 그들만이 남겨져 있을 시간을 내다본다. 전에는 제자들이 돈주머니도 여행 보따리도 신발도 없이 파견되었으되 부족한 것이 전혀 없었지만, 이제 그들은 이런 것들을 가져야 하거니와, 예수는 덧붙인다: "없는 이는 겉옷을 팔아서 칼을 사라." 칼은 글자 그대로의 의미로 알아들어서는 안 되니, 제자들만 남겨진 실존이 야기하는 시련을 상징한다. 예수의 시대가 사탄으로부터 자유로운 시대로 상정되었는지는[172] 논란되고 있다. 이 상정의 근거로 흔히들 예수 유혹 사화에 이어 나오는 "악마는 … 다음 기회를 노리며 그분에게서 물러갔다"(4,13)라는 말씀을 내세우고, 이 말씀과 수난사화 첫머리의 "사탄이 … 이스카리옷이라고 하는 유다에게 들어갔다"(22,3)라는 구절이 상응한다고 생각한다. 그러나 이 주장은 아무래도 너무 멀리 나아갔다고 하겠다. 앞의 두 구절은 근본적으로 예수와 관련되어 있다. 둘째 구절은 수난을 예수의 엄청난 유혹으로 특징짓는다. 아무튼 교회 시대에는 약속된 성령이 예수를 대신하니, 제자들을 도

---

[170] *Lk* I 26. 참조: SCHNEIDER, *Apg* I 136-137.

[171] 참조: *Diodor Siculus* 11,20,1: "일어난 일에 관한 보고"(ἡ διήγησις ἐπὶ τὰς πράξεις).

[172] CONZELMANN(*Mitte* 22)의 주장이다. 반대 견해의 한 보기: BROWN, *Apostasy* 6-12.

와주고 교회를 이끌어 간다. 예수 없이 성령을 기다리는 이 남겨진 실존의 짧은 기간은 제자들의 무리가 기도 안에서 하나 됨을 본다(사도 1,13-14).

온전히 이스라엘 백성에게 헌신한 예수의 활동에서는 긴장을 감지할 수 있다. 예수의 활동은 예루살렘에게 또 따라서 이스라엘에게 (은총스런) 방문의 시간, 붙잡아야 할 날이다(루카 19,42-44). 마땅한 최후의 결단이 요구된다. 메시아의 구원 제공을 거부한다면, 심판을 각오해야 한다. 이 구원을 모든 사람에게 가져가기 위해, 예수는 12사도(9,1 이하)뿐 아니라 70 또는 72 제자[173]를 파견하여 자신을 돕도록 한다. 이 인상은 예수가 몸소 찾아가고자 한 모든 고을과 고장으로 그들을 파견했다는 언명에 의해 강화된다(10,1). 예수 친히 고을과 마을을 두루 옮겨 다녔다(8,1; 13,22). 올 한 해만 더 유예 기간이 주어진 열매 맺지 않는 무화과나무 비유(13,6-9)에서처럼 정해진 기한에 위협적으로 다가오는 심판은, 성전 구역과 실로암 탑에서의 유혈 참사에 관한 통지에 회개에의 촉구를 담고 있다(13,3과 5: "너희도 회개하지 않으면 모두 그처럼 멸망할 것이다"). 그들에게 유예 기간이 끝나 가고 있다. 루카가 마르코 복음서 11,12-14의, 최종 판결을 나타내는 열매 맺지 않는 무화과나무에 대한 저주 단락을 방금 언급한 비유로 대체한 것을 눈여겨보면, 그의 의도가 더욱 뚜렷이 드러난다.[174] 십자가의 길에서조차 예수는 자신을 두고 통곡하는 예루살렘의 딸들에게 회개를 촉구한다(23,27-31). 메시아의 '오늘'이 이스라엘 백성에게 적중한다. 이 점을 구원자 탄생에 관한 성탄 포고(2,11)가, 그러나 예수 자신도 고향 나자렛 회당에의 첫 등장(4,21)에서 확인해 준다.

사도행전에는, 그러니까 십자가와 부활 이후에는, 새로운 구원사적 상황이 주어져 있다. 이스라엘은 더 이상 독점적인 하느님 백성이 아니다.

---

[173] 숫자의 확정은 본문 전승을 근거로 해서는 불가능하다. 사본 전승은 오락가락하며, 본문상의 증거들은 막상막하다.

[174] 비유 진행과 비유의 전승사적 관계의 규정은 어렵다. 아마도 두 개의 독립된 전승이 있었을 것이다. 참조: GNILKA, *Verstockung* 136-137.

사도행전 1,8의 선교 명령은 새로운 질서를 정식적으로 표현한다. 이스라엘은 단지 복음을 첫 번째로 듣는 백성의 특권을 지닌다. 베드로와 바오로는 선교 설교에서 이 점을 확인해 준다: "하느님께서는 당신의 종을 일으키시고 먼저 여러분에게 보내시어, … 여러분에게 복을 내리게 하셨습니다"(3,26); "하느님의 말씀을 먼저 여러분에게 전해야만 했습니다"(13,46). 새 하느님 백성이 태어나야 한다. 사도회의 중 야고보의 연설에서 이 백성이 꼼꼼하게 '민족들로 이루어진 (하느님) 백성'(ἐξ ἐθνῶν λαός. 참조: 15,14)이라 불린다.[175] 그리스어 역본 구약성경에서 하느님 백성(이스라엘)을 지칭했던 라오스(백성)라는 영예로운 개념이, 이제는 요컨대 모든 민족을 통해 새로이 규정되어야 한다. 지금 형성되어야 할 이 동일한 하느님 백성을 신명기 18,18-19와 레위기 23,29ㄴ을 인용하는 베드로의 설교도 내다보고 있다: "주 너희 하느님께서는 너희 동족 가운데에서 나와 같은 예언자를 일으켜 주실 것이니, 너희는 그가 하는 말은 무엇이든지 다 들어야 한다. 누구든지 그 예언자의 말을 듣지 않는 자는 백성에게서 잘려 나갈 것이다"(3,22-23).[176] 이미 성령강림 보도가 성령에 의해 가능해진, 새 하느님 백성 안으로 많은 언어와 민족의 통합을 다어성多語性을 통해 묘사했다(2,1-13).

이스라엘은 독점적인 하느님 백성의 실존은 끝장났으나, 부활 이후 복음 선포를 첫 번째로 듣는 백성의 특권은 보유하는데, 이것은 다음 두 가지 덕분이다: 하나는 무지이고(3,17), 다른 하나는 백성의 무지를 끌어안은 십자가에 달린 분의 용서 청원 기도다(루카 23,34). 이 기도에서 당신 백성에 대한 하느님의 신실하심의 표현을 알아보아도 될 것이다.

이제 루카는 그동안 비통한 역사적 사실이 되어 버린 복음으로부터 이스라엘의 분리를 매번 놀랄 만큼 다양하고 철저히 묘사하고 암시한다. 여

---

[175] J. Dupont[NTS 3 (1956/57) 47-50]은 이 표현을 구약성경에서 이끌어 내고자 했다(신명기 14,2에 대한 암시; 참조: 7,6; 탈출 19,5; 23,22). 반면 N.A. Dahl[NTS 4 (1957/58) 319-327]은 라삐들의 범례들을 상기시킨다.

[176] 그 예언자를 일으킴은 예수의 부활이 아니라 첫 번째 오심과 관련된다. 22절은 사상적으로 19절과 연결된다. 참조: Haenchen, Apg 168-169.

기서 우리는 무엇보다도 중대하는 반항과 거부를 본다. 복음서에서 루카는 군중과 그 지도자들을 구별한다. 이 구별은 요한의 세례 — 군중은 기꺼이 세례를 받지만 바리사이와 율법학자들은 받지 않는다(참조: 루카 3,10-14.7; 7,29-30) — 에서 시작하여 예수의 십자가형 — 지도자들은 예수 경멸의 빌미로 삼는 반면 백성은 경악하여 가슴을 친다(23,35.48) — 에까지 이른다. 이로써 지도자들의 부정적 반응뿐 아니라 백성에 대한 그들의 해로운 영향도 암시된다. 사도행전에서 이에 상응하는 것은 그리스도인 공동체와 유다인들의 관계 변화다. 처음에 공동체는 온 백성에게 호감을 얻었고(사도 2,47), 심지어 백성 덕분에 유다교 당국의 처벌을 받지 않을 수 있었다(4,21; 5,26). 그런데 스테파노의 설교와 함께 변화가 시작된다. 스테파노 체포 대목은 선동에 관해 말한다(6,12). 나중에 헤로데 아그리빠에 의한 야고보 살해는 유다인들의 호응을 얻는다(12,3). 그리고 베드로는 감옥에서 풀려난 후, 주님께서 당신 천사를 보내시어 자신을 '헤로데의 손과 유다 백성의 온갖 흉계에서' 구해 주셨다고 기도한다(12,11). 여기서 한 뚜렷한 중간 휴지를 이루는 스테파노의 설교는 예루살렘에서의 사도들 활동도 막을 내리게 한다. 이것을 이를테면 설교 자체가 이스라엘 역사를 약술하는데, 그 역사를 반항의 역사로 묘사한다: 유다인들은 모세를 배척했고(7,15-29.35), 늘 우상숭배를 일삼았으며(7,41-43), 성전을 세웠다(7,44-50).[177]

바오로의 선교 활동에서 유다인들의 특권은 여전히 인정되고 있다. 바오로는 새로운 도시에 도착하면 언제나 안식일에 회당을 찾아가 거기 모인 유다인들과 '하느님을 경외하는 이들'에게 첫 번째로 복음을 전한다. 루카는 유다인들이 거역하는 세 장면을 사도행전 이 부분에 주도면밀하게 배치해 놓았다. 이 세 장면은 지역적으로 동에서 서 — 피시디아의 안티오키아, 코린토, 로마 — 로 옮겨 가며, 세 가지 구성 요소를 공유한다: ① 유다인들이 거역하고 하느님 말씀을 모독한다. ② 바오로가 그들에게 위협

---

[177] 이것은 강화된 성전 반대의 표출이다.

의 말을 한다(안티오키아와 코린토에서는 위협의 몸짓도 함께). ③ 바오로는 이제부터는 이방인들에게 갈 것이라고 선언한다(13,45-52; 18,6; 28,24-28). 사도행전 말미에 로마에서 바오로는 백성의 완고함에 관한 이사야 예언자의 말씀(이사 6,9-10)을 인용하는데, 루카는 성령이 예언자를 통해 백성의 조상들에게 하신 이 말씀이 거듭되는 부정적 체험에서 끝내 성취되었다고 본다.[178]

유다인들의 특권이 마지막까지 보존되고 또 이를테면 그들 자신에 의해 폐기되는 한편으로, 루카는 오직 이스라엘에 정향된 예수의 활동을 서술하는 복음서에서 이미 그분 선포의 보편적 지향들을 암시할 수 있었다. 여기서는 다만 나자렛 회당에서의 예수 행동(4,16-30)만 지적하려니와, 루카 복음서의 예수 활동을 개시한 이 장면에 루카는 강령적 의미를 부여했다.[179] '당신이 자라신'(4,16) 고향 마을 나자렛은 이를테면 이스라엘의 총괄이라 하겠다. 자기 고향 땅 한가운데서 예수는 복음 선포를 시작한다. 고향 사람들의 놀라울 만큼 냉혹한 배척은 심리학적으로 보건대 그들이 예수를 알고 있다고 생각했던 데만 그 원인이 있는 것이 아니다. 오히려 유다인보다 이방인(사렙타의 과부와 시리아 사람 나아만)을 우대하신 하느님 행동에 대한 구약성경 사례를 예수가 도발적으로 지적(4,25-27)한 것이 더 큰 원인이었다. 실로 뜻밖의 이 지적은 그러나 이민족들에 대한 장차의 복음 선포를 이스라엘의 배척과 결부시켜 통고하려는 의도를 담고 있다. 여기서 유의해야 할 것인즉, 예수의 지적이 도발한 배척이 하느님의 자유로운 선택에도 주의를 환기시킨다는 점이다. 이 '나자렛 단락'(페리코페)은 훗날 그리스도교의 선교와 바오로가 겪게 될 일을 앞서 생생히 보여 주는 예고다. 하느님은 이방인 선택을 결심하셨으나, 이스라엘을 도외시하며 그러시는 건 결코 아니다. 예수를 죽이려는, 역시 믿어지지 않는 나자렛 사람들의 의도는 예루살렘에서의 예수 죽음을, 그의 풀려남은 필경 그의 부활을 예

---

[178] 참조: GNILKA, *Verstockung* 130-154.

[179] 참조: U. BUSSE, *Das Nazareth-Manifest Jesu* (SBS 91) (Stuttgart 출판 연도 없음).

시하는 것으로 이해해야 한다. 아무튼 루카는 이 단락에서 자신의 구원사적 관점을 요약 · 제시한다.[180]

그러나 이스라엘과의 신학적 연계성은 이 모든 것을 앞서 고지한 성경을 통해, 또한 메시아 구원의 보편성을 통해 어쨌든 보존되어 있다. 성경적 전거로서 창세기 22,18의 아브라함 약속과 아모스서 9,11-12가 보편적 의미로 변형된 형태로 인용된다: "그리하여 나머지 다른 사람들도, 내 이름으로 불리는 다른 모든 민족들도 주님을 찾게 되리라"(사도 15,17; 참조: 3, 25). 사도회의에서 이 아모스의 말씀에 기대어 무너진 다윗의 초막의 재건을 말하는 야고보는 이민족들을 예언자의 말씀에 편입시킨다. 이스라엘 백성에게 주어졌던 약속들이 예수의 메시아 됨과 민족들의 교회 안에서 성취된 까닭에, 루카는 그 약속들을 새로이 해석하면서 실로 놀라운 상황을 창출해 낼 수 있다. 사도행전의 바오로는 감옥에 갇혀 자신은 "이스라엘의 희망 때문에"(28,20), "하느님께서 우리 조상들에게 하신 약속에 대한 희망 때문에"(26,6), 그리고 궁극적으로는 "죽은 이들이 부활하리라는 희망 때문에"(23,6) 사슬에 묶여 있다고 거듭 고백한다. 약속된 희망은 요컨대 고대하는 모든 죽은 이의 부활과 아주 긴밀히 결부되어 숙고되는 십자가에 달리셨던 분의 부활에서 정점에 이른다. 그리스도 신앙은 그러므로 성취된 유다교 신앙이니, 대다수 유다인이 이 맥락을 인정하지 않더라도 그렇다. 루카에게는 이 맥락이 신학적 논증의 한 토대다.[181]

야고보가 바오로에게 그리스도 신자가 되었으나 동시에 율법을 열성적으로 지키는 유다인이 (예루살렘에!) 수만 명이나 있다고 말하는 사도행전 21,20은 미심쩍게 여겨진다.[182] 이 숫자는 '수십×천'의 의미가 아니라, 정

---

[180] 그 밖의 보편적 전망들을 루카 복음서 2,32("다른 민족들에게는 계시의 빛"), 13,28-29, 그리고 이민족들의 수인 70 또는 72 제자의 파견(10,1)에서도 찾아볼 수 있다. SCHNEIDER(Lk I 236)는 이 견해를 받아들이지 않는다.

[181] 바리사이들은 사두가이들에 비해 약속된 믿음에 가까웠으니, 후자와는 달리 죽은 이들의 미래 부활을 믿었기 때문이다. 사도행전 23,6-10에서 바오로는 이 차이점을 최고 의회 앞에서의 자기 변호를 위해 이용한다.

확히 산정할 수 없는 많은 수로 알아들어야 할 것이다(루카 12,1 참조).[183] 루카에게 중요한 것인즉, 예루살렘 유다인 그리스도교계가 율법 전체를 충실히 지키며 또 그로써 이스라엘과의 연속성을 창출한다는 사실이다.

5.3 예수 — 생명의 영도자

여정 구상은 (복음서에서) 그리스도론적으로 중요한 의미를 지니고 있다. 예루살렘 상경기 첫 구절이 이미 이 점을 분명히 알려 준다: "하늘에 올라가실(직역: 들어 올려지심의) 때가 차자, 예수님께서는 예루살렘으로 가시려고 마음을 굳히셨다"(루카 9,51). 길을 떠나기로 한 결심은 하느님 결정에의 순종을 함축한다. 예수가 상경 중임을 거듭 상기시키는 것 또한 그가 이 일을 하지 않을 수 없음을 시사한다. 이 길은 십자가에, 그러나 궁극적으로는 부활에, 그의 완성에 이른다. '마음(직역: 얼굴)을 굳히다'라는 성경 표현은 언제나 무엇인가 위협적인 것을 내포하며(참조: 에제 6,2; 13,17 등) — 예루살렘은 그의 죽음의 장소가 된다 — 이와 결부된 들어 올려짐($\dot{\alpha}\nu\dot{\alpha}\lambda\eta\mu\psi\iota\varsigma$)은 그의 완성을 겨냥한다. 요한을 연상시키는 이 낱말은 그 뜻이 넷째 복음서에서 예수의 '영광'이 의미하는 것과 가깝다. 요컨대 루카는 상경기 첫머리에 예수의 수난과 부활에 관한 두 가지 예고를 배치했다(루카 9,21-22.44).

예수의 길은 생명의 길이다. 이것을 회상하며 사도행전 3,15는 예수를 '생명의 영도자'라고 부른다. 신약성경에 단 한 번 나오는 이 그리스도론적 존칭은 사실 루카의 여정 구상의 테두리 안에서 각별한 의미를 지니고 있다(5,31 참조: '영도자와 구원자').[184] 멀리 팽팽히 펼쳐진 이 지평 안에서 예수의 지상 활동 전체가 해방하고 구원하는 활동으로 나타난다. 예수의 대속사라는 관념이 루카에게서는 뒤로 물러나 있는 점이 이미 오래전부터 연

---

[182] HAENCHEN(Apg 539)은 이 점을 옳게 강조한다.

[183] BAUER - ALAND, Wörterbuch 1072.

[184] '영도자'($\dot{\alpha}\rho\chi\eta\gamma\acute{o}\varsigma$)는 이곳 외에 신약성경에서 히브리서 2,10; 12,2에만 두 번 더 나온다.

구자들의 눈길을 끌었다. 이 관념은 최후 만찬 전승(루카 22,19-20)에만 들어 있다. 사도행전의 설교들에는 나타나지 않는다. 마르코 복음서 10,45는 수용되지 않았다. 죽음까지 포함한 예수의 길 전체가 구원하는 길이라면, 그의 구원자 직분은 그의 활동을 통해 설명·묘사된다. 이것이 다시금 한 설교 안에 요약된다: "(여러분은) 하느님께서 나자렛 출신 예수님께 성령과 힘을 부어 주신 일도 알고 있습니다. 이 예수님께서 두루 다니시며 좋은 일을 하시고 악마에게 짓눌리는 이들을 모두 고쳐 주셨습니다"(사도 10,38). 예수는 구원자($\sigma\omega\tau\acute{\eta}\rho$)이며, 그분에게 구원($\sigma\omega\tau\eta\rho\acute{\iota}\alpha$)이 있다. 공관복음서 저자들 가운데 루카만 이 두 개념을 사용하는 것은 주목할 만하다.[185]

루카 복음서의 예수는 첫 설교에서 이사야서 61,1-2를 인용하면서 자신이 성령으로 기름부음받았음을 암시한다. 원자자료인 마르코 복음서의 하느님 나라 설교(마르 1,14-15 참조)를 넘겨받지 않은 이 첫 설교에는 그만큼 더 중요한 의미를 부여해야 마땅하다: "주님께서 나에게 기름을 부어 주시니 주님의 영이 내 위에 내리셨다. 주님께서 나를 보내시어 가난한 이들에게 기쁜 소식을 전하고 … 선포하게 하셨다"(루카 4,18-19). 예수는 요컨대 영의 보유자로 소개된다. 이것은 문맥상 세례 단락(페리코페)에 소급된다. 이에 따르면 성령이 예수 위에 내려왔는데, 루카는 이 장면을 성령의 구상화具象化를 통해 생생히 묘사한다(3,21-22). 성령을 통한 전권 부여는 가난한 사람들이 수령자인 예수의 복음 선포에, 또한 잡혀 간 이·눈먼 이·억압받는 이들을 치유하고 해방하는 도움에 정향되어 있다. 이들은 ('전체를 위한 한 부분'pars pro toto이거니와) 모든 고통받는 사람들을 대표한다. 이렇게 처음부터 놓여진 강조점이 흔히들 루카의 '구원자상'이라고 지칭해 온 것을 특징짓는다. 복음서에서 이 구원자상은 매우 뚜렷이 드러난다.

몇 가지 인상적인 예만 살펴보자: 제자 훈시 설교(평지 설교)를 개시하는 참행복 선언은 진짜로 가난하고 굶주리고 우는 사람들을 향한 것이다(6,20-

---

[185] 루카 1,69.71.77; 2,11; 19,9; 사도 4,12; 7,25 등.

21; 병행문인 마태 5,3과 6에는 영으로 가난하고 의로움에 주리고 목마른 사람들로 되어 있다). 이 말씀은 루카 복음서에서만 읽어 볼 수 있는 비유/예화들 — 부자와 라자로(16,19-31), 어리석은 부자(12,16-21), 착한 사마리아 사람(10,30-37), 되찾은 아들(15,11-32) — 을 통해 강조·개진된다. 죄인들도 고통받고 도움이 필요한 사람들 무리에 포함된다. 예수는 사람들 집에 묵고, 죄인들과 한 밥상에서 함께 먹는다. '잃은 자(것)'라는 주제 아래 15장에 모아들여진 비유들은, 15,1-2에 비추어 보건대, 예수가 죄인과 세리들과 함께 먹는 것을 정당화하고자 한다. 식사 중에 예수는 기꺼이 회개하는 죄 많은 여자를 자부심 강한 남자 면전에서 옹호하며(7,36-50), 바리사이와 세리의 예화에서는 독선을 공공연히 질책하고 참회하는 죄인이 의롭게 되었다고 선언한다(18,9-14). '죄인들의 구원자'라는 모습에는 예수와 여인들의 친교도 포함된다. 예수는 여인들을 당신 동아리에 받아들이고 마리아와 마르타의 집에 묵으며, 마리아를 하느님 사랑의 본보기로 내세운다(10,38-42).[186] 8,1-3에는 열두 제자 다음에 여인들의 한 명단이 나오며, 그녀들이 열두 제자와 마찬가지로 예수를 동반했고 더구나 자기네 재산으로 예수 일행의 시중을 들었다고 말한다. 여기서 그녀들은 제자들로 여겨져야 한다고 추론해도 될 것이다.

기도하는 예수는 본보기가 된다. 예수는 열두 사도 선택(6,12)과 같은 중요한 결정이나 당신 수난을 앞두고 거듭 물러나 기도한다(5,16). 그는 하느님의 도우심을 체험하니, 그분은 당신 천사를 보내시어 그의 기운을 북돋아 주신다(22,41-43).[187] 그리고 죽어 가는 예수는 병행구인 마르코 복음서

---

[186] 착한 사마리아 사람 예화와 마리아와 마르타 집 방문 단락은 앞서 제시된 하느님 사랑과 이웃 사랑 계명 아래 교차배열법적으로 편성되어 있다. 이것은 사마리아인은 이웃 사랑을, 그리고 마리아는 하느님 사랑을 예증함을 암시한다(10,27-42).

[187] 루카 복음서 22,43-44의 본문상 문제는 논란되고 있다. 이 구절은 많은 사본에 들어 있지 않다. 그러나 아무래도 본디 본문에 포함시켜야 할 것이다. 특히 인상 깊고 인간적으로 묘사된 예수의 사투가 여러 필사자에게 낭패감을 불러 일으켰을 법도 하다. 참조: G. SCHNEIDER, Engel und Blutschweiß: *BZ* 20 (1976) 112-116; H. ASCHERMANN, Zum Agoniegebet Jesu: *ThViat* 5 (1953/54) 143-149.

15,37.34에서처럼 크게 부르짖거나 하느님께 버림받았음을 외치지 않고, 오히려 저녁기도에 견줄 만한 신뢰의 기도를 바친다(루카 23,46). 예수는 제자들 보는 앞에서도 기도하며, 그래서 그들은 (분명 그 본보기에 깊은 감명을 받아) 기도에 대한 가르침을 청한다(11,1 이하). 올리브 산 단락 역시 범례적으로 꾸며져 있다. 루카는 이 단락을 다음과 같은 예수의 말씀으로 틀 짓는다: "유혹에 빠지지 않도록 기도하여라"(22,40.46). 수난사화에서 예수는 부당하게 수난하는 사람의 본보기가 된다. 예수는 죄가 없다는 빌라도의 거듭되는 확언(23,4.14-15.22)은 예수를 의인으로 명시하는데, 함께 십자가에 달린 두 사람 가운데 한 명(23,41)과 십자가 아래의 백인대장(23,47)도 이를 확증한다. 병행구인 마르코 복음서 15,39의 하느님 아들 고백 대신 루카 복음서 23,47은 이렇게 고백한다: "정녕 이 사람은 의로운 분이셨다." 의로운 사람이 숨은 권세들에게 희생되었다. 이제는 '어둠이 권세를 떨칠 때'(22,53)다. 예수는 무서운 유혹을 이겨 낸다 — 본보기답게.

루카의 두 작품에서 가장 자주 만나는 그리스도론적 칭호는 그리스도와 주님이다. 그리스도상은 철두철미 유다교적이라고 말할 수 있다. 예수 탄생 예고의 경우가 그렇다: "주 하느님께서 그분의 조상 다윗의 왕좌를 그분께 주시어, 그분께서 야곱 집안을 영원히 다스리시리니 그분의 나라는 끝이 없을 것이다"(1,32-33). 구약성경 어법을 따라 '주님의 그리스도'(2,26; 참조: 칠십인역 1사무 26,9.11) 또는 '하느님의 그리스도'(루카 9,20; 23,2; 참조: 칠십인역 2사무 23,1)라고도 말한다. 그러나 유다교의 대망待望과는 달리 그리스도는 고난을 겪어야만 하거니와, 이는 성경이 예언한 바다(루카 24,26.46; 사도 3,18). 그런 까닭에 그는 유다교 지도층에게 걸림돌이 된다(루카 23,25.39).

'주님'인 예수는 특히 종말론적 심판자다(루카 13,25). 죽어 가는 스테파노는 주님 예수께 기도한다(사도 7,59). 그리스도인은 주님을 믿는 자이고(5,14) 주님의 제자이니(9,1), 이들을 통해 주님의 말씀이 퍼져 나간다(13,49). 주님의 이름을 부르는 사람은 구원을 얻는다(2,21). 아니, 하늘 아래 사람이 의지하여 구원받을 수 있는 이름은 예수 이름밖에 없다(4,12). 덧붙여 말하자면 이것은 신약성경에서 만날 수 있는 몇 안 되는 배타성 언명 가운데 하나다. 사도행전에서 루카는 예수, 예수 그리스도, 예수 주님과 관련하여 '이름' 개념에 대한 결정적 이해를 피력한다. 이 이름으로 세례를 받을 뿐 아니라(8,16), 권능의 치유도 받는다(4,10). 사람들은 이 이름을 부르고(2,21) 믿으며(3,16) 이 이름을 위해 고난을 받을 수 있다(9,16). 사울은 이 이름을 이민족들과 임금들과 이스라엘 자손들에게 알려야 한다(9,15). 이름의 작용은 고양되신 그리스도의 현존에 대한 루카 특유의 표현 방식이다. 예수의 이름은 고양되신 분이 성취하는 일의 매개체가 된다.[188]

이 이름 개념이 사도행전의 한 특징이라면, 다른 한편 루카는 그리스도론적 칭호 사용에서 지상 예수와 고양되신 분을 명확히 구별하지 않는다. 지상 예수가 이미 '그리스도'요 '주님'이다.[189] 예수는 '주님'이라는 이름을 하느님과 공유하는데,[190] 그러나 여전히 그분께 복속되어 있다. 이렇게 예수는 하느님의 구원 의지를 실행한다. 베드로가 오순절 설교에서 하느님이 예수를 주님과 메시아(그리스도)로 삼으셨다고 말한(사도 2,36) 것은 무슨 취임으로 해석하면 안 되고, 그의 고양과 함께 주어진 새로운 시대의 개시로 해석해야 한다. 이 '삼으심'은 다른 칭호들에도 해당되는데, 예를 들어 5,31 ─ "하느님께서는 그분을 영도자와 구원자로 삼아 당신의 오른쪽에 들어 올리시어 …" ─ 에서 찾아볼 수 있다.

사도행전은 '하느님의 아들' 칭호를 이상할 정도로 드물게 사용한다. 13,33(시편 2,7의 인용) 외에는 오직 9,20에만 하느님 아들 칭호가 나온다: 회심한 사울이 다마스쿠스 회당에서 예수를 하느님의 아들로 선포한다. 아마도 여기서 루카는 바오로계 전승을 수용했을 것이다(갈라 1,16 참조).[191] 루카의 하느님의 아들 칭호 사용의 특징은, 이 칭호를 그리스도 칭호와 철저

---

[188] CONZELMANN, *Mitte* 165 참조.

[189] 참조: 루카 1,43; 2,11; 3,4; 7,13 등.

[190] 루카 복음서 1-2장에서 특히 자주 하느님을 '주님'이라 지칭한다.

[191] WEISER(*Apg* 231)의 견해다.

히 떼어 놓는다는 점이다. 예컨대 마르코 복음서 14,61("당신이 찬양받으실 분의 아들 그리스도요?")이나 마태오 복음서 26,63("당신이 하느님의 아들 그리스도인지 밝히시오")과 16,16("스승님은 살아 계신 하느님의 아들, 그리스도이십니다")에서는 한 존칭이 다른 존칭에 의해 해석되는 반면, 루카는 이런 사용 방식을 기피한다. 그에게 양자의 분리가 중요하다는 것은 특히 최고 의회 신문 단락이 뚜렷이 보여 준다. 이 단락에서 예수에게 두 가지 질문 — 당신이 그리스도냐? 그리고, 당신이 하느님의 아들이냐? — 이 따로 제기되고, 예수도 따로 대답한다. 따로 떼어 고찰되는 하느님의 아들 칭호는 더욱 중요성을 지니거니와, 루카는 둘째 질문에 대한 시인에 바로 하느님 모독의 실상이 있다고 본다.[192]

이런 관찰에 근거하여 흔히들 "성령께서 너에게 내려오시고 지극히 높으신 분의 힘이 너를 덮을 것이다. 그러므로 태어날 아기는 거룩하신 분, 하느님의 아드님이라고 불릴 것이다"(루카 1,35)[193]라는 결정적 구절을 포함한, 성령으로 말미암은 예수 잉태 전승을 루카 이전의 것으로 본다. 전체적으로 이사야서 7,14의 영향을 크게 받은 이 이야기와 관련하여 물론 전승사적 발전을 고려해야 할 것이다. 다윗의 아들이 하느님의 아들과 결부되었다(1,32-33). 마리아의 둘째 반응 — 곰곰이 생각한 끝의 물음(1,34) — 이 이제 아기는 처음부터 하느님의 아들이 되리라는 천사의 핵심 고지告知를 유발한다.[194] 이 이야기는, 유래를 따지자면 세례 단락(여기서도 하느님의 아들 됨과 성령이 긴밀히 결부되어 있다)에서 발전되어 나왔으므로, 중요성을 다음과 같이 배분해야 할 것이다: 예수는 하느님의 아들이기에, 성령으로 말미암아 잉태된다 — 거꾸로가 아니다. 물론 신약성경에서 이곳 외에는 오

---

[192] 하느님 모독이라는 말이 원자료인 마르코 복음서에서처럼 분명히 나오지는 않지만, 루카 복음서 22,71을 이런 의미로(병행구인 마르 14,64 참조) 이해해도 될 것이다.

[193] 전승사적 분석들은 제각각이다. SCHNEIDER(Lk 48-49)는 34-35절을 루카의 편집으로 본다. BOVON(Lk I 65)에 따르면, 35절은 루카 문체의 특징을 지니고 있지 않다. 참조: FITZ-MEYER, Lk I 338.

[194] 참조: J. GEWEISS, Die Marienfrage Lk 1,34: BZ 5 (1961) 221-254.

직 마태오 복음서 1,16.18-25에만 나오는 이 신앙 표상의 개진을 위해서는 특별한 동인動因이 필요했다.[195] 그러나 그 자체로 상당한 의미가 있는 이 이야기는 루카의 이부작 안에서 지속적 영향을 끼치지 못했다.[196]

루카는 다른 공관복음서 저자들보다 자주 예언자 예수에 관해 말한다. 그러면서 백성들의 부정확한 견해들(루카 9,8.19)만 거론하지는 않는다. 예수는 말씀과 행동의 힘을 통해 예언자로 밝혀진(24,19) 큰 예언자다(7,16). 예언자로서 예수는 세례자 요한과 가깝다(1,76 참조). 그러나 예수는 요한을 당연히 능가한다. 신명기 18,15에 예고된 모세와 같은 종말 시기 예언자이기 때문이다(사도 3,22). 우리는 이 구절을 예수를 예언자로 보는 루카 관점의 열쇠로 여겨도 될 것이다.[197]

5.4 재림 지연과 영의 선물

루카의 이부작에서 두 복음서를 연결하는 '길' 개념은 종말론적으로도 중요한 의미를 지닌다. 이 점은 길이라는 표상에서 뚜렷이 드러난다. 길을

---

[195] 이 전승은 헬라 유다계 그리스도교에서 생성되었으리라 짐작된다. 종교사적 문제: GNILKA, *Mt* I 23-28.

[196] 동정녀로부터의 탄생: M. DIBELIUS, *Jungfrauensohn und Krippenkind: Botschaft und Geschichte* I (Tübingen 1953) 1-78; E. BRUNNER-TRAUT, Die Geburtsgeschichte der Evangelien im Lichte ägyptischer Forschungen: *ZRGG* 12 (1960) 97-111; H. GESE, "Natus ex Virgine": *Probleme biblischer Theologie* (FS G. von Rad) (München 1971) 73-89; P. GRELOT, La naissance d'Isaac et celle de Jésus: *NRTh* 94 (1972) 462-487; J.A. FITZMYER, The Virginal Conception of Jesus in the NT: *TS* 34 (1973) 541-575; H. SCHÜRMANN, Die geistgewirkte Lebensentstehung Jesu: *Einheit in Vielfalt* (FS H. Aufderbeck) (Leipzig 1974) 156-169; M. MIGUENS, *The Virgin Birth* (Westminster/Md. 1975); S. ZEDDA, Lc 1,35b: *RivBib* 33 (1985) 29-43.165-189.

[197] 이 점에 쿰란 공동체와의 주목할 만한 연계성이 존재한다. 1 QS 9,11과 4 Q Test 5-8은 (두 메시아 외에) 신명기 18,15.18에 근거하여 한 예언자의 도래도 예고한다. 이 예언자의 메시아 품성에 관해서는 물론 논란이 많다. BRAUN, *Qumran* I 149-150 참조. 루카 복음서 7,39에서 (관사를 붙여) '그 예언자'로 읽을 수 있다면, 주목할 만할 것이다. 하지만 이는 매우 불확실하다. 문제 전반: BUSSE, *Die Wunder des Propheten Jesus*.

가는, 또는 가야만 하는 사람은 시간이 필요하다. 나아가 길이 시간이라고 말할 수도 있겠다. 예수가 당신 길을 예루살렘에서 끝마쳤지만, 그 길은 사도행전에서 계속 이어진다. 그리고 바오로의 로마 도착으로 다시금 한 목적지에 이르렀다. 그러나 사도행전의 결말은 열려 있다. '땅끝'(사도 1,8)에는 아직 도달하지 못했다. 성취되어야 할 선교 과업은 시간이 필요하다. 앞으로 얼마나 많은 시간이 주어져 있는지는 물론 루카가 말할 수 없다. 하지만 루카가 헛된 시간 계산을 배척한다는 것은 확실하다.

루카가 씨름한 문제가 루카 복음서 19,11에 암시되어 있다: "예수님께서 예루살렘에 가까이 이르신 데다, 사람들이 하느님의 나라가 당장 나타나는 줄로 생각하고 있었기 때문이다." 이 짧은 장면은 그리스도인 공동체들 안에 종말이 임박했다는 생각이 있었음을 암시한다. 이 장면은 쉽게 이해할 수 있다. 바로잡는 대답이 돈 관리 비유로 주어진다. 비유는 왕권을 받아 오려고 먼 고장으로 떠나며 종들에게 돈을 맡겨 벌이를 하게 한 어떤 귀족에 관해 이야기한다(19,12-27). 먼 고장은 기간의 연장, 재림의 지연을 함축하고 있다. 근본적으로 이 비유는 예수의 떠나감(승천)으로부터 심판하기 위한 재림까지의 기간, 즉 교회의 시대에 대한 우의寓意가 된다. 이 기간 동안 마땅히 복음을 위해 온 힘을 쏟아야 한다. 왕권을 받으신 주님(사도 2,36 참조: "하느님께서는 … 예수님을 주님과 메시아로 삼으셨습니다")은 정해지지 않은 예측할 수 없는 시점에 다시 오시어 셈을 요구하실 것이다.

종말이 언제 오는가라는 물음은 세 차례 더 제기된다. 그리고 그때마다, 강조점은 다르지만, 원칙적으로 동일한 방향으로 대답이 주어진다. 공통된 대의大意는 이것이다: 정보란 없다. 루카 복음서 19,11에서 예루살렘이 종말 임박 대망의 실마리로 나타나는데, 종말 설교에서도 그렇다. 예루살렘의 파괴는 종말의 신호가 아니다. 이 도성의 포위는 마땅한 알아보아야 할 표징이되, 종말의 표징이 아니라 유다 땅에 있는 사람들은 즉시 산으로 달아나야 한다는 경고 표징이다(참조: 21,7.20-21). 루카는 마르코 복음서 13,14에 나오는 황폐의 흉물에 관해서는 전혀 언급하지 않는다. 또한 역사적 사건과 묵시문학적 · 초자연적 사건을 꼼꼼하게 떼어 놓는다.[198] 루카 복음서 21,24.25 사이에 중간 휴지가 있다. 묵시문학에서 통례적인 종말 도래 시점 계산[199]의 여지도 없다. 하느님 나라 도래의 시간표를 따지던 바리사이들의 '정보' 따위는 없다. 하느님 나라는 '눈에 보이는 모습으로'(μετὰ παρατηρήσεως. 직역: 관찰과 함께; 루카 17,20) 오지 않는다. 이 그리스어는 관찰, 특히 별들에 대한 관찰을 가리킨다. 예수는 "주님, 지금이 주님께서 이스라엘에 다시 나라를 일으키실 때입니까?"(사도 1,6)라고 애타게 묻는 제자들에게 다만 아버지의 뜻을 환기시키니, 그분만이 그 때와 시기를 결정하신다.[200] 부활하신 주님이 마지막으로 제자들에게 나타나 이렇게 가르치셨기에, 원칙적인 종말론적 전환을 나타내는 예수의 부활 역시 종말의 즉각적 도래를 알려 주는 것은 아니라고 생각할 수 있다.

물론 루카의 공동체 역시 여전히 종말에 정향되어 있었다. 언젠가 종말이 도래할 때는, 불시에 갑자기 닥칠 것이다. 그러나 충분할 정도로 허락된 시간을 이용하고 그리스도인다운 삶으로 채워야 하며, 세상 속에서 다양한 소임을 수행해야 한다. 이는 소시민적 세상 적응을 의미하는 게 아니라, 무엇보다도 기꺼이 증언할 자세를 뜻한다. 세상 도피적인 종말 임박 대망에 대한 이 바로잡음은 예수 승천 장면에 인상 깊게 묘사되어 있다. 하늘에 시선이 붙박인 사도들은 훈계 말씀에 의해 이를테면 현실의 대지로 끌어내려진다: "갈릴래아 사람들아, 왜 하늘을 쳐다보며 서 있느냐? 너희를 떠나 승천하신 저 예수님께서는, 너희가 보는 앞에서 하늘로 올라가신 모습 그대로 다시 오실 것이다"(사도 1,11). 승천 표상은 재림 표상과 짝을 이루거니와, 물론 재림은 지금 당장 기다려야 하는 것은 아니다.

---

[198] 참조: CONZELMANN, *Mitte* 121. A.J. MATTIL jr.[*Luke and the Last Things* (Dillsboro 1979)]는 사도행전이 종말 임박 대망에 의해 각인되어 있다고 본다. 비판적 토론: W. RADL[*BZ* 24 (1980) 287-289]의 논평.

[199] 이런 노고가 오늘날 종말론 분파들에서 다시금 확인된다.

[200] 마르코 복음서 13,32 참조. 이 말씀을 루카는 종말 설교에 들여오지 않는다. 사도행전 1,7은 이 말씀의 한 자취다.

예수 승천은 이런 의미에서 부활과 떼어 놓을 수 있는 독립된 사건이 아니라, 부활을 전제한다. 승천은 예수 고양高揚에 관한 말씀과 연결되며, 고양을 사도들의 믿음의 눈에 구상적으로 묘사해 준다. 짐작건대 예수 승천 표상을 만들어 낸 루카[201]는 그러나 이로써 부활을 좀 더 분명히 하려 한 것이 아니라, 부활 발현이 종결되었음을 표현하고자 했다.

홀로 남겨진 사도들을 위해 곧 그리고 예루살렘에서 성취되어야 할 약속은 예수의 재림이 아니라 성령의 강림이었다. 영의 선물이 종말의 때를 묻는 애타는 물음에 대한 합당한 응답이라는 것을 이미 사도행전 1,6-8이 가르쳐 준다. 그 때와 시기를 결정하는 것은 오로지 아버지의 소관이다. 그러나 바로 '며칠 뒤에'(1,5) 사도들은 아버지께서 약속하신 영을 받게 될 터였다. 루카는 이 관점에서 요한 세례자가 예고한, 그의 뒤에 오실 분이 베풀 성령과 불의 세례(루카 3,16 참조)에 대한 새로운 해석으로 나아간다. 이 영과 불의 세례는 요한의 물 세례를 훨씬 능가하는데, 이를 사도행전 1,5는 다시 한 번 상기시킨다. 종말 심판과 관련시켜서는 안 되는 이 세례는 성령강림 날 사실이 되었으니, 이날 성령이 '불꽃 같은 혀'(2,3) 모양으로 제자들 위에 내려앉았다. 이리하여 루카는 세례자의 설교에 의해 견인牽引되던 종말 임박 대망을 바로잡을 수 있었을 뿐 아니라, 또한 세례자라는 인물을 그리스도교 복음 안에 좀 더 낫게 포섭할 수 있었다. 물론 루카는 영의 선물은 마지막 날에 주어지리라 약속되었음을 알고 있었다(요엘서 3,1의 인용인 사도행전 2,17 참조).[202] 그러나 이 선물은 종말의 재촉을 의미하는 게 아니라, 궁극적이라는 의미에서 시간을 특징짓는다.[203]

---

[201] 승천 표상의 루카 이전 존재 여부: WEISER, *Apg* 52-54. 아무튼 유념해야 할 것은, 예수 부활과 승천을 떼어 놓는[예컨대 둘 사이에 인위적 수 40일(사도 1,3)을 끌어들인다] 것이 루카의 특징이라는 점이다.

[202] 사도행전 2,17의 '마지막 날에'는 편집 과정에서 요엘서 본문('그런 다음에')을 고친 것임을 유의해야 한다!

[203] CONZELMANN(*Mitte* 87)은 영의 선물을 종말론적 선물로 보는 견해에 반론을 제기한다. 재림 대체라는 말은 수사(修辭)적으로는 인상적이지만, 전체 맥락에는 적중하지 않는다.

영과 종말론의 맞바꿈은 복음서에서도 관찰된다. 루카 복음서 4,18에서 가난한 이들에게의 복음 선포는 그리스도론에 바탕을 두고 있다. 그리스도가 영의 보유자이기에, 복음 선포가 행해진다. 루카의 그리스도는 나자렛 첫 설교에서 이사야서 61,1의 성령론적 텍스트를 자신에게 적용하며, 하느님 나라에 관한 언급을 삼간다. 병행문인 마르코 복음서 1,14-15와 견주어 보건대 의식적으로 행해진, 그리스도의 첫 설교에서 하느님 나라의 배제 역시 종말 임박 대망의 문제점들과 관계가 있음이 확실하다. 루카 복음서에서는 하느님 나라의 임박 — 마르코 복음서 1,14-15에서는 일종의 강령적 관점이다 — 에 관해 단 한 차례, 제자 파견 대목에서만 들을 수 있는데, 더구나 의미심장한 부가어가 붙어 있다. 제자들은 이렇게 말하도록 지시받는다: "하느님의 나라가 **여러분에게** 가까이 왔습니다"(루카 10,9; 반복하는 11절에서도 부가어를 염두에 두어야 한다). 이것은 이제 강렬한 종말 임박 대망을 내포하고 있지 않으며, 예수와 함께 주어져 있는 바실레이아(나라)의 현존을 말하고 있다. 이것은 하느님 나라가 (마귀 축출과 함께) 이미 '너희에게 와 있다'(11,20: $\ddot{\epsilon}\phi\theta\alpha\sigma\epsilon\nu$ $\dot{\epsilon}\phi$ ' $\dot{\upsilon}\mu\tilde{\alpha}\varsigma$)는 확언과 같은 뜻이다. 바실레이아는, 그리스도의 현존이 하느님 나라의 현존이고 따라서 궁극적 구원의 현존인 까닭에, 점점 더 그리스도론적으로 규정지어진다. 루카 복음서 17,21 역시 이런 의미로 해석할 수 있겠다. 하느님 나라의 도래 시점 따위는 계산하지 않고 말한다: "보라, 하느님의 나라는 너희 가운데에 있다."[204]

그리스도와 함께 현존하는 하느님 나라의 나타남과 그 나라의 아직 오지 않은 미래 완성을 구별해야 한다. 옹근 하느님 나라가 도래하면, 삼라만상이 허물어진다(21,31). 루카는 이것을 인자의 내림과 결부하여 명확히 언급한다(21,27). 루카가 그 우주적 차원을 고수하는 종말은 확실히 도래할

---

[204] 참조: SCHNEIDER, *Lk* 355; SCHNACKENBURG, *Gottes Herrschaft* 92-94. 이 해석이 미래적 해석 — 하느님 나라는 그때(도래할 때) 한순간에 너희 가운데 있다 — 보다 우대받아야 한다. 하느님 나라는 인간 안에 있다고 보는 내면화하는 해석은 고스란히 배척해야 한다. 하느님 나라 사상에는 그런 해석이 발붙일 곳 없다.

것이다. 그러나 결정적 속량을 의미하는 종말의 시점은(21,28) 언제까지나 알 수 없는 것으로 남아 있다. 예수 시대의 구원의 현존과 구원의 완성 사이에, 이미 체험되는 구원과 완성되어야 할 구원 사이에 걸쳐 있는 기간에 하느님 나라(다스림)가 복음으로 선포된다. '복음 전하다'($\epsilon\dot{\upsilon}\alpha\gamma\gamma\epsilon\lambda\acute{\iota}\zeta\omega\mu\alpha\iota$)와 하느님 나라의 결부는 루카 언어 사용의 한 특징이다(루카 4,43; 8,1; 사도 8,12).

루카의 관점에서는 기간이 연장되기 때문에, 죽은 이들의 소재에 대한 물음이 심각해지는데, 이 물음이 사본들의 방주傍註에서는 명시적으로 나타나지 않는다. 이 문제를 루카는 23,42-43에 들여온다. 함께 십자가에 달린 죄수가 뉘우치며 예수에게 당신 나라에 들어가실 때 자신을 기억해 달라고 청한다.[205] 낙원에 (오늘 이미!) 그리스도와 함께 있게 되리라는 약속은 그 청원과 상응하니, 둘 다 죽음 직후의 시간, 중간상태를 언급하고 있다. 낙원은, 여기에 전제되어 있는 유다교 종말론에 따르면, 해방된 영혼이 죽음과 최후 심판 사이의 중간상태에서 머무는 장소다.[206] 이렇게 죽음 직후 그리스도와 함께 있음이 죽어 가는 스테파노에게도 그를 맞아들이는 인자의 모습을 통해 약속되었던 까닭에(사도 7,56), 공동체는 자신도 이 약속에 포함되어 있다고 생각할 수 있었다.

5.5 인간관과 제자관

루카의 두 작품에서 죄와 죄인이라는 개념들의 사용은 시사하는 바가 크다. 비교적 자주 나오는 죄라는 개념은 언제나 죄의 용서와 결부되어 있

---

[205] 가장 오래된 사본들에 '당신 나라에 들어가실 때'로 되어 있다(파피루스 75호, 바티칸 사본). 시나이 ACKW를 비롯한 많은 사본에는 '당신의 나라와 함께 오실 때'로 되어 있다. 이 표현은 재림을 겨냥하고 있다. 그렇다면 예수의 약속은 또한 종말론적 바로잡음을 의미한다. 하지만 아무래도 첫째 것을 우대해야 할 것이다.

[206] 참조: J. Jeremias: *ThWNT* V 766 — 부자와 라자로 예화(루카 16,19-31)는 두 칸으로 나누어진 저승 묘사로써 내세 설명을 제공하려는 게 아니라, 회개를 촉구하고자 한다. 아무튼 루카가 이 예화를 제공한다는 사실은 특기할 만하다.

다. 이 점은 복음서에서 요한의 세례에(루카 1,17; 3,3), 또 예수가 개인들에게 내리는 사죄 선언에도 해당되며(5,20-24; 7,47-49), 나아가 부활하신 분이 부여하신 선교 사명 역시 그분의 이름으로 '죄의 용서를 위한 회개'를 촉구함을 포함한다(24,47). 사도행전에서 우리는 이 사명이 시종일관 수행됨을 읽는다. 죄의 용서는 회개, 믿음 그리고 세례를 통해 이루어진다(사도 2,38; 3,19; 5,31; 10,43; 13,38; 22,16; 26,18).

죄가 무엇인지는 개별적으로 구체화될 수 있다. 그래서 사람들은 죄인을 꾸짖어 바르게 이끌 수 있으며, 또한 자신에게 잘못한 죄인을 용서해야 한다(루카 17,4). 그러나 죄는 이를 넘어 사람이 통째로 관련되어 있는 하나의 상태다. 그것은 잃어버린 실존이라는 상태다. 루카 복음서 15장의 비유들에서 잃어버린 실존의 상태가 되찾음이라는 관점에서 묘사된다. 아무튼 죄인의 잃어버린 실존의 본질은 하느님으로부터 멀어짐에, 또 (이와 결부되어 있거니와) 동료 인간들과의 단절에 있음이 분명하다. 잃었던 아들이 아버지 집을 떠나 낯선 고장에서 철저한 고립에 떨어진 것이, 이 상태를 인상 깊게 나타내 준다. 아버지의 태도, 그의 초조한 기다림, 기꺼운 맞아들임은 잃었던 아들이 사랑으로부터 떨어져 나갔음을 추후적으로 뚜렷이 보여 준다.

예수를 만남으로써 사람은 자신이 죄인임을 의식하게 된다. 시몬 베드로의 예가 이를 잘 보여 준다. 이 소명 사화는 심리학적으로는 해독되지 않는다. 예수와의 첫 만남은 시몬으로 하여금 죄를 자인하게 한다(5,8). 그는 숭고한 힘을 체험했으니, 그 자신 신앙인이었기 때문이다. 시몬의 태도에서 믿음이 무엇인지도 뚜렷이 드러난다. 시몬은 밤새도록 헛수고를 한 자신에게 다시 한 번 그물을 치라고 지시하는 예수의 말씀을 따른다. 요컨대 믿음은 무조건 말씀을 따름을 의미한다. 과연 시몬의 믿음은 로마서 4장에 묘사된 아브라함의 믿음과 상응한다. 사실 예수의 지시 말씀은 모든 경험을 거스르는 것이다. 한낮 더위에 고기잡이는 어리석으니, 고기들이 호수 바닥에 머물러 있기 때문이다.²⁰⁷▶

예수는 죄인들을 찾아 나서고 그들과 한 밥상에서 먹고(5,30) 그들 집에 묵고, 잃은 이들을 찾아 구원하는 것을 당신 사명으로 여긴다(19,10). 이것이 적수들의 의심을 산다: "저이가 죄인의 집에 들어가 묵는군"(19,7; 참조: 5,30; 15,1-2). 그러나 이렇게 말하는 자는 예수를 통해 알려지는 사랑을 이해하지 못하고, 그 사랑에 분노하며, 죄 속에 머물러 있다. 루카는 모든 사람이 죄 안에 있고 따라서 회개가 필요하다는 것을 전제한다(13,1-5 참조). 사도행전의 선교 설교들은 그래서 시종일관 회개를 촉구한다(사도 2,38; 3,19; 8, 22; 17,30; 26,20). 이방인들에게 이것은 우상들로부터 살아 계신 하느님께로 돌아섬을 의미한다(17,22-31; 14,15-17).

흔히들 루카의 '낙관적' 인간관에 대해 말해 왔다.[208] 이것은 루카가 (바오로로와는 달리) 인간 의지가 악에 예속되어 있다는 견해를 모른다는 의미에서는 타당하다. 아무튼 사람은 어떻게 회개에 이르는가? 죄의 용서와 세례로 귀결되고, 마음씨와 생활 태도의 변화로 드러나는 회심에 어떻게 이르는가?[209] "하느님께서는 … 회개의 길을 열어 주셨다"(사도 11,18; 5,31)라는 표현은 회개가 선물로 나타나게 한다. 선물로서의 회개는 되찾은 아들 비유에 아름답게 표현되어 있다. 집으로 돌아온 아들이 죄를 고백하지만, 기뻐 맞이하는 아버지는 아들이 낯선 고장에서 미리 생각해 둔 고백을 끝까지 마치지 못하게 막는다(참조: 루카 15,18.21).[210] 아들의 마음을 움직여 집으로 돌아가게 만든 것은 결국 아버지에 대한 기억이다(굶주림도 물론 한몫했지만). 새 출발을 가능하게 하는 회개는 아버지를 통해 보증된다. 바리사이와 세리의 예화(18,9-14)는 의롭다는 자부심을 질책하는 한편 죄에 대한 자각을 사람의 마땅한 자세로 묘사한다. 의롭다는 자부심은 회개에의 무의지, 무능력과 다름없다. 이 예화는 말미에 하느님 자비에 의지하고 뉘우치는 죄

---

207 Bovon, *Lk* I 233 참조.   208 같은 책 25.

209 이미 Conzelmann(*Mitte* 214-215)은 회개, 회심이 복음과 세례로의 방향 전환 행위를 표시한다는 것을 보여 주었다.

210 루카 복음서 비유 속의 대화들: Heininger, *Metaphorik* 146-166.

인이 의롭게 되었다고 말함으로써, 바오로적 차원들을 떠올리게 한다. 물론 루카는 스스로 높임과 스스로 낮춤에 대한 판단을 덧붙임으로써(18,14), 은총의 관점을 약화시키고 윤리 쪽으로 비튼다. 하지만 회개가 선물임을 확인해 주는 이 구절들을 루카는 그저 전승만 할 뿐 별로 중시하지 않는다고 말한다면,[211] 실상을 온전히 공정하게 평가하는 것이 아니다. 이것은 바오로의 영향을 받은 반反루카적 관점에 어느 정도 기인한다고 하겠다. 확실히 사도행전의 선교 설교에서는 회개가 무엇보다도 회개의 기회로 파악되고 있다(사도 17,30 참조). 하지만 선물로서의 성격을 완전히 배제하면 안 된다.

선택 또는 예정에 관한 성찰은 크게 밀려나 있다. 이것은 성찰을 해당 용어들에 한정하고자 하는 경우에 특히 그렇다. '선택하다/뽑다'(ἐκλέγομαι)라는 낱말은 주로 교회 직무 부여에 사용된다(루카 6,13; 사도 1,2.24; 6,5; 15,22). 그리스도는 하느님의 구원 계획을 수행하기 위해 선택되신 분이다(루카 9,35; 23,35). 구원받을 사람들 수에 대한 물음은 물리쳐진다. 사람들 마음을 움직여야 하는 것은 그 수가 아니라, 구원에 대한 근심이어야 한다: "너희는 좁은 문으로 들어가도록 힘써라"(루카 13,24). 예정설적인 "영원한 생명을 얻도록 정해진 사람들"(사도 13,48)이라는 말은 특별한 것이 아니다. 은총과 선택을 루카는 다른 맥락 안으로 옮겨 놓는다. 루카는 여기서도 생각을 이야기 형식으로 표현한다. 나자렛은 메시아가 활동을 개시해야 할 터인, 또는 예언자들의 예고가 성취되어야 할 터인 장소였다. 메시아를 배척한 고향 마을 나자렛에 비하면 사실 카파르나움은 엉뚱한 곳으로 여겨진다(루카 4,18-23.31 이하 참조). 나자렛 사람들에 비하면 처음 부르심을 받은 시몬 베드로는 엉뚱한 사람으로 보인다(5,1 이하). 예수가 고향을 떠나 타향으로 가는 것은 은총 문제와 관련이 있다. 그러나 이 일은 루카에게 특징적인 구원사적 차원에서 이루어진다.

---

[211] CONZELMANN(*Mitte* 214 Anm. 1)의 견해가 그렇다.

믿음이라는 주제와 관련해서도, 이야기 영역 안에서 [시몬 베드로의 부르심(루카 5,1 이하)의 예에서 드러났듯이] 특별한 뉘앙스들이 눈에 띈다. 개념적인 것 안에서 도식적 형태들을 만나 볼 수 있다. 믿음은 주님(사도 5,14; 9,42), 주 예수 그리스도(11,17)에 대한 믿음이다. 믿음을 통해 사람이 구원을 받는다(15,11; 16,31). 그러나 믿음은 종종 믿게 됨, 그리스도인이 됨이라는 의미를 지닌다(9,42; 13,12.48; 14,1 등). 믿는 사람들은 공동체(교회)의 구성원들, 그리스도인들이다(2,44; 4,32 등). 믿음은 예언자들이 말한 것에 대한 믿음이라는 뉘앙스를 어느 정도 지니고 있다(루카 24,25). 믿음은 다시금 예수의 어머니 마리아에게서 실존적 형태를 취하니, 그녀는 자신에게 주어진, 모든 경험을 거스르는 말씀에 순종한다(1,45). 바오로 의화론(의인론)에의 일정한 의존을 사도행전 13,38-39에서 찾아볼 수 있다: "그러므로 형제 여러분, 여러분은 이것을 알아야 합니다. 바로 그분을 통하여 여러분에게 죄의 용서가 선포됩니다. 모세의 율법으로는 여러분이 죄를 벗어나 의롭게 될 수 없었지만, 믿는 사람은 누구나 그분 안에서 모든 죄를 벗어나 의롭게 됩니다." 여기서는 그러니까 바오로에게서처럼 믿음과 의화의 결부가 성립되며, 모든 믿는 이에게 제한 없이 통용되는 것으로 언명된다. 하지만 이 구절을 지나치게 강조하거나 바오로와의 차이를 간과해서는 안될 것이다. 이 차이는 루카가 의화를 죄의 용서에 한정하는 데서 이미 드러난다. 바오로에게서 나타나는 율법과 믿음의 첨예한 대립은 크게 약화되어 있다.[212]

회개 ― 공동체 가입 ― 라는 한 번의 행위로는 충분하지 못하다. 이것은 새로운 삶의 시작이며, '회개에 합당한 열매'(루카 3,8), '회개에 합당한 일

---

[212] 이 구절은 두 방향으로 과장되어 왔다. 한편 사람들은 루카와 바오로의 차이를 지나치게 강조하고, 루카로 하여금 율법에 일정한 의화 능력이 있음을 인정하게끔 했다. 다른 한편 사람들은 이 차이를 과소평가했다. 토론: PH. VIELHAUER, Zum "Paulinismus" in der Apg: Aufsätze zum NT (TB 31) (Tübingen 1965) 9-27 중 18-19; GLÖCKNER, Verkündigung 91-240; M.F.J. BUSS, Die Missionspredigt des Apostels Paulus im Pisidischen Antiochien (FzB 38) (Stuttgart - Würzburg 1980) 146-150.

들'(사도 26,20)을 통해 진실성을 입증해야 한다. 세례자 요한의 '신분 설교'(루카 3,10-14)는 공동체의 수세자들을 위한 지시로 읽어도 될 것이다. '그러면 저희가 어떻게 해야 합니까?'라는 물음은, 받아들인 말씀 또는 구원 선물에 대한 마땅한 반응이다(사도 2,37 참조). 신분 설교에서는 근본적 성격 — 힘의 행사 포기, 자족, 기꺼운 나눔 — 이 두드러진다. 이는 윤리적 근본 요구들의 일종의 강요綱要다. 루카 복음서에서 윤리는 대체로 (비유와 우화 안에서) 이야기 형식으로 개진된다. 사도행전은 특히 공동체를 위한 지침을 제공한다. 이것은 다시 살펴볼 것이다.

윤리적 지침의 한 정점을 이루는 것이 '평지 설교'(루카 6,21-49)인데, 예수는 '눈을 들어 제자들을 보시며' 이 설교를 하셨다(6,20). 원수 사랑과 자비에 대한 훈계가 강조되어 앞머리에 놓여 있다(6,27-36). 짐작건대 루카는 여기서 원자료인 예수 어록(Q)의 순서를 따랐다. 제자 됨과 추종은 중대한 결단을, 아니 탑 건립과 전쟁 수행에 관한 상징어들이 시사하듯이, 바로 자기 능력에 대한 통찰을 요구한다(14,25-35). 소유와 재산에 대한 배격을 루카는 철저화한다(5,11: "그들은 … 모든 것을 버리고 예수님을 따랐다"; 참조: 18,22; 14,33: "이와 같이 너희 가운데에서 누구든지 자기 소유를 다 버리지 않는 사람은 내 제자가 될 수 없다"). 사도행전에서 '제자들'이라는 낱말은 그리스도인 공동체 구성원들의 명칭으로 존속한다.[213] 그래서 이 낱말은 루카 이부작의 독자들로 하여금 용이하게 복음의 제자들 안에서 자신을 새삼 알아보게 해 주는 단어다. 하지만 여기서도 차이점에 유의해야 한다: 복음서는 개개인에게 말을 건네는 반면, 사도행전은 소박하고 가난하게 살아가는 공동체의 모습을 그린다.[214] 이것은 범례적으로 이해해야 한다.

---

[213] 사도행전에 모두 28번 나온다.

[214] CONZELMANN(*Mitte* 5-6)은 당대를 위해 규정되었던 지침들과 항구적 지침들을 엄격히 구별한다. 지침의 명시적 취소는 루카 복음서 22,35-37에서만 찾아볼 수 있다.

5.6 교회와 그 구조

헨헨은 에클레시아(ἐκκλησία: 교회)라는 개념이 오직 사도행전 9,31("이제 교회
는 유다와 갈릴래아와 사마리아 온 지방에서 … 굳건히 세워졌다")에서만 지역교회를
넘어서는 의미를 지닌다고 확언할 수 있었지만, 루카의 이 작품은 전체 교
회적 사상을 가지고 있다.[215] 이 사상은 앞에서 고찰한 하느님 백성 개념에
잘 나타나며, "다른 민족들 가운데에서 … 백성"(15,14)이라는 조어造語에서
일종의 정의定義를 획득한다.

이 포괄적인 교회론적 맥락에는 루카의 열두 사도 개념도 포함된다. 루
카는 마르코 복음서에 나오는 열두 제자 동아리를 독점적 의미의 사도 칭
호와 결부시킨다. 다시 말해 루카에게는 이 열두 제자만이 엄정한 의미의
사도다. 두루 알다시피 '사도'라는 낱말은 훨씬 폭넓게 이해될 수 있었으
니, '교회들의 대표(심부름꾼)'(2코린 8,23; 참조: 로마 16,7; 1코린 12,28-29; 15,7) 등
이 그런 예다. 이미 마태오 복음서 10,2가 열두 '사도'라고 말하지만, 거의
엉겁결에 이루어진 일이라 하겠다.[216] 루카가 처음으로 한 프로그램을 전
개한다. 루카 복음서 6,13의 사도들에 대한 첫 언급은 강령적 의미를 지닌
다: "(예수님께서는) 그들(= 상당히 큰 제자 무리) 가운데에서 열둘을 뽑으셨다.
그들을 사도라고도 부르셨는데 …." 열둘이라는 숫자의 중요성과 열두 사
도의 교회론적 의의가, 유다 이스카리옷이 탈락했기에 필수적으로 여겨진
마티아 보선補選을 계기로, 바람직한 명료성을 담아 언명된다. 사도들은
예수의 삶과 활동의 신뢰할 수 있는 증인들이며, 따라서 예수 시대와 교회

---

[215] HAENCHEN, *Apg* 83 참조 — 사도행전은 에클레시아 개념을 신약성경에서 바오로 다음
으로 자주 사용하는 문서다. 에클레시아가 또한 구약 공동체에(7,38), 그리고 세속 집회에(19,
32.39-40) 사용되는 것은 주목할 만하다. 16,5는 '교회들'이라고 복수형으로 말하고, 8,3은
'가정들 안의 교회'에 관해 언급한다. 20,28('하느님의 교회')에만 소유격에 의한 수식이 붙어
있다.

[216] 마태오 복음서에는 오직 여기에만 사도 개념이 나온다. 마르코 복음서 6,30에서 사도는
아직 칭호로 이해되고 있지 않다.

시대의 연속성을 창출할 수 있다: "그러므로 주 예수님께서 우리와 함께 지내시는 동안 줄곧 우리와 동행한 이들 가운데에서, 곧 요한이 세례를 주던 때부터 시작하여 예수님께서 우리를 떠나 승천하신 날까지 그렇게 한 이들 가운데에서 한 사람이 우리와 함께 예수님 부활의 증인이 되어야 합니다"(사도 1,21-22). 우리는 복음서 머리말에 언급된, 처음부터 목격자였고 그 후 '말씀의 종'이 된, 즉 복음을 선포한 전승 창시자들(루카 1,2)이 루카가 생각하는 열두 사도와 동일시될 수 있다는 데서 출발할 수 있다. 이들의 전승을 수집하고 계속 전해 주는 일이 루카가 자기 작품을 저술하면서 자임한 사명이다.

사도 개념을 폭넓게 이해·사용하는 경우 — 예컨대 루카 복음서 11,49나 바르나바와 바오로(순서 주목!)를 사도로 지칭하는 사도행전 14,14[217] — 는 아주 드물다. 열두 사람 사도직이라는 강령적 의미에서는 바오로도 당연히 사도일 수 없다. 열두 사도는 바오로의 활동에 앞서 존재하는 일종의 제도다. 열두 사도는 사도회의와 거기서 내려진 결정과 관련하여 마지막으로 언급되는데(사도 15,22-23; 16,4), 바로 이 대목 이후에는 오로지 바오로의 선교 활동만 보도된다.[218] 열두 사도의 활동 장소는 예루살렘이다. 여기서 그들은 주 예수의 부활을 증언하고(4,33; 참조: 2,43), 교회 지도 직무를 맡았다(4,35 이하; 5,2 등). 또한 필리포스의 선교 활동을 확인하기 위해 베드로와 요한을 사마리아로 보냈다(8,14). 스테파노의 순교 이후 예루살렘 교회에 갑자기 들이닥친 박해가 그리스도인들을 그 도성에서 쫓아냈으나, 사도들은 예외였다(8,1). 사도들은 그곳에 계속 남았다. 베드로는 리따와 야포의 교회들을 방문하고(9,32.43), 이방인 백인대장 코르넬리우스를 최초로 교회에 받아들였다(10,1-48). 이 일은 한편으로 예루살렘 사도회의가 적극적

---

[217] 사도행전 14,4 참조. SCHNEIDER(*Apg* I 228)는 14,14에서 사도 칭호가 없는 서방 텍스트의 '더 어려운 이문(異文)'을 우대한다.

[218] 사도행전 18,24-28에 삽입된 아폴로의 활동에 관한 짧은 보도는 전적으로 바오로에게 정향되어 있다. 마지막 예루살렘 방문 때 바오로는 한 명의 사도도 만나지 못하고 (주님의 아우) 야고보만 만난다(21,18).

선교 결정을 내리는 계기가 되었다(15,7-11). 예루살렘은, 그러니까 루카 이부작의 전체 구도에서 십자가와 부활 사건의 장소일뿐더러, 열두 사도의 본거지이기도 하다. 베드로는 그들의 특출한 대표자다. 그는 그리스도교 최초의 설교를 하고(2,14 이하) 유다계 그리스도인 공동체들을 방문하며, 성령에 부추겨져 이방인을 최초로 교회에 받아들인다. 갈라티아서 2,7.9에 따르면 루카는 사도회의에서 확증된, 베드로에게는 유다인 선교를 그리고 바오로에게는 이방인 선교를 할당한 결정을 알고 있었다는 인상을 준다. 사도행전에서 이 결정은 베드로(그리고 다른 사도들)는 예루살렘과 유다와 사마리아에서 활동하고, 바오로는 땅끝에 이르기까지 복음을 전해야 하는 것으로 나타난다(사도 1,8 참조).

사도행전의 바오로상像은 양면적이다. 한편 바오로는 열두 사도에게 종속되어 있는 것으로 나타난다. 다른 한편 이 책 둘째 부분에서는 열두 사도의 과업을 이방인 지역에서 속행하는 권위 있는 증인이 된다. 물론 바오로상의 좀 더 상세한 규정에는 논란이 많다. 사도행전의 묘사는 저술 당시 교회 내의 분규에 큰 영향을 받았다고 보는 연구 경향이 있다. 이단적·영지주의적 동아리들이 바오로를 빙자하고 자신들을 정당화하기 위한 근거로 그의 자유와 독자성을 끌어댔다는 것이다. 그래서 루카는 이에 맞서 바오로를 대교회에 되찾아 오고 맞춰 넣으려는, 요컨대 길들이려는 목적으로 사도행전을 저술했다는 것이다.[219] 이 역사적 배경의 재구성은 매우 가정假定적이다. 아무튼 중요한 것은 신학적 관심사들이다. 또한 루카가 바오로 사후 약 30년이 지난 자기 시대 교회의 바오로상에 부합하는 바오로의 모습을 많이 전해 주고 있음을 셈에 넣어야 할 것이다. 바오로 활동의 방사력放射力은 과장되어 있다. 바오로는 총독과 임금들 면전의 탁월한 연

---

[219] 참조: G. KLEIN, *Die Zwölf Apostel* (FRLANT 77) (Göttingen 1961) 특히 114-188: J. RO-LOFF, *Apostolat – Verkündigung – Kirche* (Gütersloh 1965) 199-211; C. BURCHARD, *Der drei-zehnte Zeuge* (FRLANT 103) (Göttingen 1970); G. LÜDEMANN, *Paulus, der Heidenapostel* I (FRLANT 123) (Göttingen 1980); K. KERTELGE (Hrsg.), *Paulus in den ntl. Spätschriften* (QD 89) (Freiburg 1981) 중 P.-G. MÜLLER(157-201)와 K. LÖNING(202-234)의 논문.

설가(사도 24-26), 대단한 이적가(19,11-12), 아레오파고스에 등장하고 그 옛날 소크라테스처럼 아테네 아고라에서 철학자들과 논전을 벌이는 철학자로 나타난다(17,16-34). 바오로는 시종일관 그리스도인 2세대 사람으로, 그러나 사도들의 전승을 계속 교회에 전해 주는 사람으로 묘사된다. 사울/바오로가 열두 사도에게 결부되어 있음은 두 차례 예루살렘 방문을 통해 표현된다: "사울은 사도들과 함께 예루살렘을 드나들었다"(9,28; 참조: 11,30; 12,25).[220] 세 번째 방문의 목적인 사도회의에 바오로는 물론 참석했지만, 중요한 결정을 한 이들은 예루살렘 사람들이다: "그때에 사도들과 원로들은 온 교회와 더불어, … 결정하였다"(15,22). 또한 바오로가 (바르나바와 함께) 안티오키아 교회(15,2-3)뿐 아니라 사도들과 예루살렘 교회(15,22)의 사절 역할도 했음을 유념해야 한다. 부활하신 그리스도에 의해 종과 증인으로(26,16) 그리고 '이민족들의 빛'으로(13,47) 세워진 바오로는, 교회일치에 대한 자신의 의지를 사도들과의 결속을 통해 자기 교회들에 보증한다. 역사상 바오로에게는 복음의 일치가 확실히 중요한 관심사였는데(참조: 갈라 2,1-2; 1코린 15,11), 루카는 자신의 바오로상에서 독자성과 자주성을 많이 깎아 냈다. 루카는 자기 교회들(예전 바오로 교회들의 영향권 안에서 찾아야 할 것이다)이 예루살렘이라는 원천에 정향되어 있는 질서로서 구상된 교회일치를 받아들이게 하려고 노력한다.

동일한 관심을 '일곱 사람'을 뽑는 보도가 잘 보여 준다(사도 6,1-7). 이 일 역시 사도들의 안수에 의한 정식 직분 부여를 통해 이루어진다. 부여된 직분이 무엇인지는 좀 불분명하다. 꽤 상세한 정황 — 과부 구호와 관련된 그리스계 유다인들의 히브리계 유다인들에 대한 불평 —, 식탁 봉사 소임 등은 그 직분이 봉사자였음을 시사한다. 그러나 루카는 봉사자라는 낱말 사용을 기피한다. 실상 이어지는 대목에서 일곱 사람에 속한 스테파노와 필리포스가 복음을 선포하고 선교하는 것을 읽게 된다. 요컨대 이 보도에

---

[220] 갈라티아서 1,18-19에서는 바오로가 사도회의 전에 한 차례만 예루살렘을 방문했다고 한다.

서는 일곱 사람이 예루살렘 교회의 그리스어 사용 집단의 (유다인 공동체들의 7인 위원회를 본뜬) 지도자들이었음이 결국 드러난다. 사회적 이해관계 때문에 발생한, 아람어를 사용하던 집단과의 충돌은 사도들의 개입으로 해결된다. 루카는 이 장면을 이상화하여 묘사한다. 이 묘사는 사도들에 의해 확실하게 지도되는, 거의 심각한 갈등 없는 원교회의 모습을 전해 주려는 루카의 성향을 확증해 준다. 양측은 율법과 성전에 대한 입장에서 신학적으로 차이가 있었다. 그리스계 유다인들만 예루살렘에서 쫓겨났고 반면 사도들은 그대로 머물 수 있었다는 것은, 시사하는 바가 크다(8,1).

가장 자주 언급되는 직분은 원로다. 원로단이 있었음이 전제되는데, 예루살렘 교회가 가장 분명한 경우에 해당한다(15,2.4.6 등). 루카는 (일차 선교 여행과 관련하여) 단 한 번 바오로와 바르나바가 소아시아 교회들에서 기도와 단식을 하고 안수를 통해 원로들을 임명했다고 말한다(14,23). 신학적으로 가장 시사하는 바가 큰 것은, 바오로가 밀레토스에서 에페소 교회 원로들에게 한 고별사다(20,17-38). 원로들의 소임은 하느님의 교회를 돌보는데 있다. 이는 포괄적 의미의 지도·사목 소임들을 가리킨다. 원로들은 성령을 통해 임명되었다. 이들이 감독으로 불리는데, 기능을 나타내는 명칭(감독자)으로 이해할 수 있겠다. 그러나 직분 명칭일 가능성도 있는데, 여기서 원로에서 감독으로의 낱말 교체에 유의해야 한다(20,28).[221] 두 직분의 명칭이 아직 구별되지 않았다면, 사목 서간들과 견줄 만한 상황이 존재했다고 하겠다. 사나운 이리들처럼 양 떼 가운데 침투하게 될 앞날의 거짓 선생들에 대한 경고는(20,29), 묘사된 교회의 모습을 아직 흐리게 만들지 않는다. 과거는 여전히 이상화되어 있다. 안티오키아 교회와 관련하여 루카는 예언자들과 교사들을 언급하는데, 사울도 그들에 속한다(13,1; 참조: 15,32).

[221] 참조: R. SCHNACKENBURG, *Episkopos und Hirtenamt: Schriften zum NT* (München 1971) 247-268; F. PRAST, *Presbyter und Evangelium in nachapostolischer Zeit* (FzB 29) (Stuttgart 1979); A. WEISER, Gemeinde und Amt nach dem Zeugnis der Apg: *Dynamik im Wort* (Hrsg., J. Gnilka - E. Zenger) (Stuttgart 1983) 201-215.

우리는 루카가 교회에서 수행되던 여러 직분을 알고 있었다는 총체적 인상을 받게 된다. 루카는 바오로로 하여금 원로들을 임명하게 하는데, 자기 시대의 상황을 과거로 옮겨 놓은 것이다. 루카는 직분의 체계화에 크게 신경 쓰지 않았다. 사도 계승은 6,6에 암시되어 있지만, 일관성 있게 개진되지는 않는다. 특히 바오로를 통해 보증되는 사도들 가르침의 일종의 계승이 전면에 부각된다.

집약문들[222]에서 교회의 일치와 협동이 범례적 방식으로 묘사·확증된다. 사도들의 가르침, 친교, 빵을 뗌, 기도에의 전념이 이 일치의 바탕이었다(2,42 이하; 참조: 4,32-35; 5,12-16). 여기서도 열두 사도의 교회론적 의의가 다시 한 번 부각된다. 사도들이 처음 선포하고 그다음 '많은 사람'이 기록한 그들의 가르침은 근본적으로 루카의 작품에서 찾아볼 수 있다(루카 1,1-4 참조). 빵을 뗌과 기도는 교회를 공고히 하는 전례적 잔치였고, 아직 포식애(飽食愛餐)과 결합되어 있던 성찬 식사는 가정집에서 즐겁고 순박한 마음으로 거행되었다(사도 2,46-47). 코이노니아($\kappa o\iota\nu\omega\nu\acute{\iota}\alpha$: 친교, 공동) — 이 낱말은 루카의 두 작품에서 이곳에만 나온다 — 를 교우들에게 선사된 그리고 이제 그들을 결합시키는 성령과, 또한 모든 것을 공유하는 그들의 공동생활과 관련시켜도 될 것이다.[223] 교우들 간의 사회적 차이를 메꾸는, 기꺼이 나누고자 하는 자세 안에 제자들에게 소유의 철저한 포기를 촉구했던 예수의 가르침(루카 14,33)이 계속 살아 있다. 여기서도 루카는, 하나니아스와 사피라의 경우가 보여 주듯, 교회의 모습을 이상화한다.[224] 아무튼 루카는 이러

---

[222] 참조: H. ZIMMERMANN, Die Sammelberichte der Apg: BZ 5 (1961) 71-82; P.C. BORI, Koinonia (Brescia 1972); D.L. MEALAND, Community of Goods and Utopian Allusions in Acts 2-4: JThSt 28 (1977) 96-99.

[223] 맥락은 사도행전 5,9에 의해 밝혀지지만, 어원적으로도 암시된다. 참조: 2,44; 4,32: $\ddot{\alpha}\pi\alpha\nu\tau\alpha$ $\kappa o\iota\nu\acute{\alpha}$(모든 것을 공동으로). 참조: SCHNEIDER, Apg I 286. ROLOFF(Apg 66)에 따르면 코이노니아는 '그분의 구원의 선물을 통해 역사적 친교로 존재하는' 그리스도를 가리킨다.

[224] 사도행전 5,4 참조. 재산 양도는 자발적으로 행해졌다. 쿰란의 경우는 달랐다. 바르나바에 관한 보도는 시사하는 바가 크다. 그는 자기 밭을 팔아 그 돈을 교회가 마음대로 사용하도록 내놓았다(4,36-37).

한 공동체 생활을 실현하도록 그리스도인들을 고무하고자 하니, 심한 사회적 차이가 야기한 일치에 대한 위협을 분명히 알고 있었기 때문이다.[225]

일치와 협동은 외부로도 드러나기 마련이었다. 교우들은 한마음으로 성전(사도 2,46)과 솔로몬 주랑(5,12)에 모였고, 한마음 한뜻이 되었다(4,32). 이로써 또한 원교회가 아직 이스라엘과 결속되어 있고 율법을 지켰음이 드러난다(21,24 참조). 그러나 이것은 과거의 일이다. 사도회의에서 결의된 '야고보의 결론'(15,19-20)이 분리를 표시한다. 루카의 교회는 매우 이방계 그리스도교적이다. 그래서 율법은 신학적 개념으로 사용되는 게 아니라, 원그리스도교의 한 시대를 둘러 말하는 데 사용된다. 이것이 바오로와의 차이를 의식하게 만든다. 교회는 논란에 휩싸이고 박해받는 교회다. 이런 의미에서 지금은 바야흐로 '칼'의 시간이다(루카 22,36-38 참조).[226] 사도들이 겪은 일은 본보기 의미를 지니고 있다(사도 4,1-31; 5,17-42): "우리가 하느님의 나라에 들어가려면 많은 환난을 겪어야 합니다"(14,22). 사도들은 기뻐하며 최고 의회를 물러났으니, "그(예수) 이름으로 말미암아 모욕을 당할 수 있는 자격을 인정받았"기 때문이다(5,41).

교회 조직은 가정 교회 조직이었다.[227] 오이코스(οἶκος: 집, 가정)─정식定式은 한 가정의 개종에 관해 알려 준다. 이 일은 흔히 한 교회의 기초 놓기였다: "회당장 크리스포스는 온 집안과 함께 주님을 믿게 되었다"(18,8). 자색 옷감 장수 리디아도 온 집안과 함께 세례를 받았다(16,15). 바오로는 회당을 떠난 후 코린토에서는 티티우스 유스투스의 집으로 갔고(18,7), 에페소에서

---

[225] PESCH(Apg I 131)는 정식화하여 표현하기를, 그리스도교의 부활 신앙은 영성화되어선 안 되고, 오히려 공동 경제생활에서의 증언이 필요하다고 한다. 또한 참조: C.M. MARTINI, La comunità cristiana primitiva e i problemi della Chiesa del nostro tempo: *Parole de Vita* 14 (1969) 341-356.

[226] 칼에 관한 말씀은 적의와 박해를 예고한다. 이 말씀이 폭력을 부추기는 것은 결코 아니다. 예수는 폭력을 무조건 배격한다(루카 6,27-30).

[227] 참조: H.-J. KLAUCK, *Hausgemeinde und Hauskirche im frühen Christentum* (SBS103) (Stuttgart 1981); GNILKA, *Phm* 17-33.

는 티란노스 학원으로(19,9) 갔다. 가정집에서 공동기도(1,13; 12,12) · 빵을 뗌 (2,42) · 설교와 교리 교수(20,7 이하) 등 교회생활이 이루어졌고, 여행 중인 선교사들이 묵었으며(10,6), 예언자들이 방문했다(21,10). 여인들은 교회생활 과 선교 활동에 중요했으니, 이미 예루살렘에서 마르코의 어머니 마리아 는 제 집을 교회로 내주었다(12,12). 필리피의 리디아는 바오로가 유럽 땅에 서 최초로 얻은 그리스도인이다(16,15). 아퀼라와 프리스킬라 부부는 바오 로의 일을 뒷받침했고(18,2-3.18.26) 나중에는 한 가정 교회를 책임졌다(로마 16,3-5 참조).[228] "사도들과 원로들은 온 교회와 더불어, … 결정하였다"(사도 15,22)라는 말로 시작되는 사도회의 결의는, 교회 구성원들이 결정에 동참 했음을 확인한다. 선교사 파견도 교회 회합을 통해 이루어졌다(13,1-3).

참고문헌

D.L. BOCK, *Proclamation from Prophecy and Pattern* (JSNT.SS 17) (Sheffield 1987).

F. BOVON, *Lukas in neuer Sicht* (Biblisch-Theologische Studien 8) (Neukirchen 1985).

P.S. BROWN, *Apostasy and Perseverance in the Theology of St. Luke* (AnBib 36) (Rom 1969).

U. BUSSE, *Die Wunder des Propheten Jesus* (FzB 24) (Stuttgart ²1979).

H. CONZELMANN, *Die Mitte der Zeit* (BHTh 17) (Tübingen ⁵1964).

W. DIETRICH, *Das Petrusbild der lukanischen Schriften* (BWANT 94) (Stuttgart 1972).

M. DÖMER, *Das Heil Gottes* (BBB 51) (Bonn 1978).

J. DRURY, *Tradition and Design in Luke's Gospel* (London 1976).

R. GLÖCKNER, Die Verkündigung des Heils beim Evangelisten Lukas (WSAMA.T 9) (Mainz 1976).

B. HEININGER, *Metaphorik, Erzählstruktur und szenisch-dramatische Gestaltung in den*

---

[228] 로마에서 추방된 이 유다인 부부가 코린토로 올 때 이미 그리스도인이었을까? 클라우 디우스 황제의 유다인 추방령은 로마에 유다계 그리스도인들이 있었음을 전제한다. SUETON, *vita Claudii* 25 참조. 그렇다면 아퀼라와 프리스킬라는 바오로가 코린토에 오기 전에 이미 코린토에서 한 가정 교회를 설립했을 수도 있다.

Sondergutgleichnissen bei Lk (NTA 24) (Münster 1991).

F.W. HORN, *Glaube und Handeln in der Theologie des Lukas* (Göttingen 1983).

E. KRÄNKL, Jesus der Knecht Gottes (BU 8) (Regensburg 1972).

G. LOHFINK, *Die Sammlung Israels* (StANT 39) (München 1975).

C.-P. MÄRZ, *Das Wort bei Lukas* (Leipzig 1974).

J.M. NÜTZEL, *Jesus als Offenbarer Gottes in den lukanischen Schrifen* (FzB 39) (Würzburg 1980).

E. PLÜMACHER, Lukas als hellenischer Schriftsteller (StUNT 9) (Göttingen 1972).

W. RADL, *Paulus und Jesus im lukanischen Doppelwerk* (EHS.T 49) (Frankfurt a. M. 1975).

J. ROLOFF, *Die Paulus-Darstellung des Lukas: Exegetische Verantwortung in der Kirche* (Göttingen 1990) 255-278.

J.-W. TAEGER, *Der Mensch und sein Heil* (StNT 14) (Gütersloh 1982).

C.H. TALBERT, *Literary Patterns, Theological Themes and the Genre of Luke-Acts* (JBLMS 20) (Philadelphia 1974).

U. WILCKENS, *Die Missionsreden der Apg* (WMANT 5) (Neukirchen [3]1974).

S.G. WILSON, *The Gentiles and the Gentile Mission in Luke-Acts* (SNTS.MS 23) (Cambridge 1973).

—, *Luke and the Law* (SNTS.MS 50) (Cambridge 1983).

P. ZINGG, *Das Wachsen der Kirche* (OBO 3) (Fribourg - Göttingen 1974).

4
요한계
문헌의
신학

요한계 문헌에는 요한 복음서와 함께 요한 1·2·3서가 포함된다. 아주 미미한 관련성만 있는 이른바 요한 묵시록은 여기에 속하지 않으며 따로 논구되어야 한다. 복음서와 서간들의 관계는 많이 토론되고 있는데, 특히 저자(또는 여러 저자)와 저술의 시간상 순서 문제가 그렇다. 일반적으로 복음서와 서간들의 저자가 여럿이었다고 본다.[1] 시간상 순서에서는 많은 주석가가 복음서의 우선성을 지지한다. 그러나 이 견해는 요즈음 강력히 반박되고 있다.[2] 요한 1서를 복음서의 주해로 읽거나, 복음서 없이는 거의 이해할 수 없다고 주장하는 것은 확실히 지나치다.[3] 가장 눈길을 끄는 것은, 이 서간 머리말이 복음서 머리말에 기대고 있다는 사실이다.[4] 물론 명시적 인용은 여기에도 다른 서간에도 나오지 않는다. 이것이 판단을 매우 어렵게 만든다. 추종자와 제자 동아리에게 하는 말이라는 점에서, 복음서 후반부 특히 고별사와 상당한 친연성이 존재한다. 간략히 언급한 이 문제들은, 요한계 문헌들이 한 학파에서 유래한다고 전제한다면, 다른 모습을 띠게 된다. 이는 개별적 저자들이 집필했을 가능성을 배제하지는 않지만, 이 문헌들 속에 들어온 사상과 전승들이 앞서 한 동아리에서 숙고·논구되었고 부분적으로는 이미 정식화되어 있었음을 의미한다. 요한계 문헌들은 언어뿐 아니라 신학도 주목할 만한 고유의 일관성을 지니고 있는데, 이것은 근본적으로 '요한 학파'에의 소급에 근거해서만 만족스럽게 설명될 수 있다. 이는 복음서와 서간들을 총괄하는 신학적 서술을 정당화해 준다. 여기서 발전 과정도 염두에 두어야 한다. 예컨대 요한 1서에서 종말론이 미래적인 것으로 이행되는 현상이 두드러진다는 사실이 그런 발전 과정을 암시한

---

[1] 여기서 이 문제를 상세히 고찰할 수는 없다. 특히 요한 2·3서 발신인 문제: H. THYEN: *TRE* XVII 195-196. Thyen은 '원로'와 애제자를 동일시하는 것을 틀렸다고 보지 않는다. 그렇다면 이 두 짧은 서간은 요한계 동아리의 가장 오래된 문서들일 것이다.

[2] 참조: SCHNELLE, *Christologie* 65-75; GRAYSTONE, *Johannine Epistles* 11.

[3] NUNN: *EvQ* 17 (1945) 296 참조.

[4] THEOBALD, *Fleischwerdung* 436 참조.

다. 복음서 역시 발전 과정을 겪었다. 예컨대 21장은 나중에 첨가되었다고 여겨진다. 요한 1서 저자는 집필 당시 이 장과 그 보편 교회적 관점의 보강을 아직 몰랐을 가능성이 있다.[5] 이것은 개개 문서의 시간상 순서 확정의 복잡성을 새삼 확인해 주거니와, 이로써 우리는 이미 원자료 문제와 마주친다.

1. 원자료

1.1 문제점

요한 복음서에 수용된 원자료를 정확히 밝혀내는 것은 특히 까다로운 일로 판명되었다. 게다가 종래 널리 찬동을 얻어 왔던 명제들이 요즈음 다시 흔들리고 있다. 예컨대 불트만은 수난사화 외에도 두 가지 출전 — 요한 복음서의 기적(표징)들을 담은 출전(표징 출전)과 예수의 자기 계시 말씀들을 담은 출전 — 을 상정했었다. 여러 연구자가 이미 말씀 출전 수용설을 포기했고,[6] 요한 복음서의 일곱 기적[7] 전부와 몇몇 다른 내용(예컨대 세례자 요한에 관한 보도)도 담고 있었다는 표징 출전의 존재도 갈수록 의문시되고 있다. 이런 의심이 생겨난 것은 마땅하다고 하겠다. 모두 공동의 한 출전에서 유래한다고 보기에는 개개의 이야기들이 서로 너무 다르다.[8] 카나에서의 두

---

[5] KLAUCK(*1 Joh* 47)의 짐작이다.

[6] BECKER, *Joh* I 35 참조.

[7] 카나 지방에서 있었던 물을 포도주로 변화시킨 일(2,1-11)과 왕실 관리 아들의 치유(4,46-54), 그리고 예루살렘 벳자타 못 가에서 병자 치유(5,1-18), 오천 명을 먹이심(6,1-15), 물 위를 걸으심(6,16-21), 예루살렘 실로암 못에서 태생 소경 치유(9,1-12), 그리고 베타니아에서 라자로를 소생시킴(11,1-44).

[8] G. THYEN(*TRE* XVII 207-208)은 가장 중요한 반증들을 제시한다: 수많은 재구성이 서로 크게 어긋난다; 게다가 문체상의 불일치, 전승사적 괴리가 덧붙여진다; 기적들을 묶어 주는 하나의 그리스도론도 확인되지 않는다.

기적(둘째 것은 마태오 복음서 8,5-13//에 상응하는 내용이 있다)은, 다른 표징과는 달리, 예수의 자기 계시 말씀으로 이어지지 않는다. 물론 오천 명을 먹이신 일과 물 위를 걸으신 일은 마르코 복음서 6,30-52//에서처럼 한데 묶여 있다. 카나의 두 기적은 함께 전승되었을 수 있으나,[9] 이는 신학적으로 중요하지 않다. 요한 '복음서'는 십중팔구 한 공관복음서의 본보기를 따라 복음서 형태를 갖추었는데, 그것은 필경 마르코 복음서였을 것이다. 혹시 최종 편집자가 다른 두 공관복음서도 알고 있었을까?[10]

요컨대 요한 이전의 중요한 출전들에 대한 추적이 마땅하지 않다면, 편집이 연속해서 이루어졌다고 상정하고 요한 복음서의 성립을 재구성해 보려는 시도는 현재의 논구 수준에서는 많은 불확실한 점을 무릅써야 한다. 여기서 그런 시도를 할 필요는 없다. 이 과정이 요한 학파에서 이루어진 논구들과 긴밀히 결부되어 있기 때문인데, 이 학파가 전승들의 연속성뿐 아니라 독자성도 보증한다. 이 논구 과정에서 긴장과 발전이 있었음을 고려해야 한다. 이것들이 신학적으로 중요하다면, 인지·언급될 것이다. 그러나 그렇다면 우리는 엄밀한 의미의 원자료에 관해서는 말할 수 없다.

1.2 '공관복음서적인 것'

'공관복음서적인 것'을 별도로 다룸으로써, 우리는 복음서에 계속 머무르며, 많이 논구되는 한 분야에 발을 들여놓는다. 여기서 우리의 관심사는 요한 복음서와 공관복음서들의 관계 규정[11]이 아니다. 요한 복음서에 의한 공관복음서의 보완 혹은 구축驅逐 등의 범주들은 실상實狀에 적중하지 않으

---

[9] HEEKERENS, *Zeichen-Quelle* 22-26.45-47 참조. HEEKERENS는 물고기를 많이 잡게 한 이야기(21,1-14)도 표징 출전에 들어 있었다고 본다.

[10] F. NEIRYNCK, *Jean et les Synoptiques* (EThL.B 49) (Louvain 1979) 참조.

[11] 오늘날에도 읽을 만한 저작: J. BLINZLER, *Johannes und die Synoptiker* (SBS 5) (Stuttgart 1965).

며, 공관복음서적인 원자료들 — 또는 더 정확히 말해 공관복음서에 병행 구절이 있는 텍스트들 — 을 복원하려는 노력도 목적을 달성하지 못한다. 그 까닭은 무엇보다도 이 텍스트들이 완전히 새로이 숙고·개작되었다는 데 있다.[12] 이제 우리는 이 숙고와 개작 과정에 작용한 신학적 해석 노선들을 뚜렷이 제시함으로써 요한 복음서 저자의 신학적 사상과 구상들도 소개하려 한다. 몇 가지 예를 고를 것이고, 자료상의 완벽함은 포기한다.

오천 명을 먹이심/물 위를 걸으심에 관한 연속 단락(페리코페)이 공관복음서와 가장 가까운 텍스트일 것이다.[13] 마르코 복음서에서는 이 텍스트가 파견되었던 제자들이 돌아오고 큰 군중이 병자들을 예수에게 데려오는 쉼 없이 이어지는 사건들 속에 파묻혀 있고(마르 6,30-31.53-56) 이 맥락 안에서 "나다"(6,50)라는 자기 계시 말씀이 나중에야 효력을 발휘한다면, 요한 복음서에서 이 텍스트는 훨씬 강력한 영향력을 얻는다.[14] 이 텍스트는 연속되는 새로운 사건과 설교를 도입하고 그것들을 규정짓는다. 요한 복음서 6,1-15로써 무엇인가 새로운 것이 시작되는 것이다. 오천 명을 먹이신 이야기는 이어지는 빵에 관한 설교(성찬에 관한 말씀 부분 포함)를 밝혀 주며, 고립된 고찰을 거부한다. 6장 전체의 통합 안에서야 비로소 이야기의 의미가 밝혀지며, 또 거꾸로 이 이야기가 설교의 의미를 밝혀 주고 명확히 알려 준다. 그러므로 넷째 복음서의 구상에서는 기적적 행위로부터 계시하는 말씀으로의 이행이 특징적이다. 문학적 수법은 (더러는 다루기 힘든 삽입된 전승 자료 때문에 완벽하진 못하지만)[15] 신학적 중요성을 보유하고 있다. 기적이 표징으로 된다. 기적은 표징으로서만 올바로 이해된다.

---

[12] 참조: F. HAHN, Die Jüngerberufung Joh 1,35-51: *NT und Kirche* (FS R. Schnackenburg) (Freiburg 1974) 172-190.

[13] 특히 마르코 복음서와의 친연성이 확인된다. BECKER, *Joh* I 35-36 참조.

[14] 덧붙여 마르코 복음서 8,1-10이 또 한 번의 놀라운 빵 기적(사천 명을 먹이심)을 전한다. 예수의 계시 말씀을 제자들은 이해하지 못한다(6,52). 이는 '메시아 비밀'이라는 맥락에서 부활 이후 상황을 겨냥한다.

[15] 6,30의 표징 요구는 문맥을 차단하는 작용을 하니, 이미 기적(표징)이 주어졌기 때문이다.

여기서 기적과 말씀의 연결 고리들이 언급되어 있는데, 그중 몇 가지를 좀 자세히 살펴보자. 첫째로는 물론 빵이라는 핵심 낱말이 있다. 빵의 선물은 예수 자신인 생명의 빵으로 농축되는데, 그러나 6,27에 따르면 어디까지나 미래를 위해 약속된 선물을 가리키니, 그때 인자께서 주실 것이다. 기적은 설명하는 말씀에서만이 아니라 군중의 거부하는 태도에서도 표징으로 나타난다. 군중은 기적의 수준과 현세적 포식 욕구에 매여 있기에 표징에 대한 마땅한 이해로 떨쳐 나아가지 못한다(6,26). 여기에는 오해도 한몫하는데(6,5-7), 복음서 저자는 계시 — 그리고 그것에 대한 거부 — 가 관건인 대목에 이 오해를 삽입한다. 제자들을 포함하여 모두가 오해에 사로잡혀 있다. 이들을 표징으로 이끌어 가야 한다. 이 모든 것이 예수에게서 일어나는 계시와 관계가 있거니와, 이 계시는 요한 복음서의 예수의 자기 계시 말씀 '나다'를 통해 명시적으로 표현된다. 기적 이야기에 나오는 '나다'/'나는 ~이다'에 요한의 예수의 자기 계시 말씀의 옹근 의미가 있음을 인정해야 한다. 이 의미는 한편 이 (절대적인) 자기 계시 정식의 반복에 의해, 다른 한편 "내가 생명의 빵이다"(6,35)라는 (상대적인) 구상적具象的 자기 계시 언명에 의해 문맥상 안전장치가 되어 있다. 또한 다양한 상대적인 '나는 ~이다' 말씀들 안의 많은 상징은 하나로 묶인다. 요한 복음서 6장에 '공관복음서적인' 전승을 끼워 넣은 근본 목적을 밝히자면, 그것은 자기 계시 사상 요컨대 그리스도론이다. 그리스도론은 그 자체를, 그리스도를 위해서만 개진되지 않고, 인간들의 구원을 위해서도 개진된다. 구원론적 측면은 포기할 수 없는 것이다. 삽입된 표징이 이 측면을 표현할 수 있다. 계시 또는 계시하는 분은, 빵이 생명을 주듯이 생명을 전달한다.

세례자 이야기와 첫 제자들 부르심은 마르코 복음서에서도 앞머리에 함께 자리잡고 있다. 그러나 넷째 복음서에서는 이 둘이 더 긴밀히 얽혀 있으니, 예수의 첫 제자들이 세례자에게서 왔다고, 아니 세례자가 예수에게 보냈다고 보도한다.[16▶] 세례자는 아는 자로, 신적 영감을 통해 예수가 하느님의 아들임을 알게 된 자로 특징지어진다(1,34). 처음에는 그도 다른 모든 사람처럼 모르는 자였다. 예수가 누구인지 요한이 알지 못했다고 두 차례에 걸쳐 강조된다(1,31.33). 이 무지는 본질적 존재를 겨냥하고 있다. 깨달음이 선사되었기에, 요한은 예수를 이스라엘에 알릴 수 있었다(1,31). 공관복음서와 견주어, 이것은 근본적으로 달라진 설명이다. 세례자의 종말론적 심판 설교도 요한 복음서에는 전혀 흔적이 없다. 세례자의 활동은 오로지 백성에게 예수를 알리는 일에 정향되어 있다. 더구나 이 활동은 예수의 활동 앞에서 명백히 축소·한정되어 있다. 세례자는 오직 이스라엘을 위해서만 활동한다. 그는 계시하지 않고, 알려 준다.[17] 자기 계시 말씀 '나다'('나는 ~이다')는 오직 그리스도만 말할 수 있다. 세례자는 다만 '나는 ~이 아니다'라고 말할 수 있으며, 그것도 물론 힘주어 그래야 한다(1,20). 그는 잠시 동안 타오르며 빛을 발하는 등불 같은 존재이니, 그리스도는 그의 증언에 의존하고 있지 않지만, 사람들을 위해 증언이 행해진다(5,34-35). 세례자는 신랑의 친구이니, 신부를 차지하는 이가 아니다. 그는 작아져야 하고, 그분은 커져야 한다(3,29-30).

이렇게 축소되고 한정된 묘사에는 그럴 만한 까닭이 있었다. 세례자의 제자들은 존속했고, 더구나 1세기 말엽에는 자기네 스승을 메시아로 여겼다. 이것이 바로잡아져야 했다. 그래서 세례자를 복음서 안으로 다시 데리고 들어왔을 때, 그는 유례없는 역사적 활동 안에서 모범적 증인과 신앙인으로 그려졌다. 공관복음서에서 중요한 예수 세례 단락은 쑥 들어가 있다. 요한에 의한 예수 세례에 관해서는 전혀 이야기하지 않는다. 하늘에서 성령이 예수 위에 내려온 일은 여전히 전해져 있는데, 그러나 (마르코 복음서 1,10과는 달리) 세례자가 목도한 이 현상은 그에게 예수를 알아보는 표지가 된다(요한 1,33). 이로써 그리스도론적으로 규정된 핵심적인 자기 계시 사상이 새삼 부각되어 있다. 계시자의 정체는 밝혀져야 한다. 그렇지 않으

---

[16] 참조: J. BECKER, *Johannes der Täufer und Jesus* (BSt 63) (Neukirchen 1972); J. ERNST, *Johannes der Täufer* (BZNW 53) (Berlin 1989).

[17] 1,31의 $\phi\alpha\nu\epsilon\rho\omega\theta\tilde{\eta}$(알려지다)를 '계시되다'로 번역하면 안 된다.

면 사람들이 알지 못하는 분으로 그들 가운데 있게 된다(1,26 참조). 여기서 주도권은 계시자에게 있거니와, 특히 개개인이 예수를 하느님의 아들로 알아보는 가능성과 관련해서도 그렇다. 세례자에게 허락된 일은, 예수에게의 통로는 선사될 수 있을 뿐이라는 뜻에서, 폭넓은 의미를 지니고 있다. 그러나 매번 비상한 일이 일어나야만 하는 것은 아니다. 오히려 예수에게 나아감은 깨달음의 사건을 내포하니, 이는 사람 스스로 얻을 수는 없고 그에게 열려져야만 한다. 이와 유사한 내용을 무화과나무에 대한 불가사의한 언급과 함께 이루어진 나타나엘과의 만남(1,47-48),[18] 그리고 하늘 사다리를 보게 되리라는 예고(1,51)도 말해 주고자 하는 것 같다. 예수에게 나아감, 요한 복음서의 믿음의 구조, 믿음과 깨달음의 관계가 이와 접해 있다. 이 문제는 다시 다룰 것이다.

요한 복음서(1,35-51)의 제자 소명 사화를 마르코 복음서(마르 1,16-20)와 비교해 보면, 이름들이 다른 것 외에도 매번 끝에 나오는 신앙고백이 눈길을 끈다. 여기서도 그리스도론적 관심이 관철되어 있다: "우리는 메시아를 만났소"(1,41), 또는 (같은 의미이거니와) "우리는 모세가 율법에 기록하고 예언자들도 기록한 분을 만났소"(1,45), 또는 "스승님, 스승님은 하느님의 아드님이십니다. 이스라엘의 임금님이십니다"(1,49). 이 깨달음은 이미 예수와의 첫 만남에서 당사자들에게 주어진다. 예수는 그들이 당신 정체를 알아보게 해 주며, 또한 사람들을 속속들이 알고 있으니, 예컨대 시몬을 처음 만났을 때 그의 이름을 부른다(1,42). 여기에는 자기 양 떼를 잘 알고 그들의 이름을 부르는 착한 목자의 비유와 일맥상통하는 점이 있다(10,3). 나타나엘은 참이스라엘 사람으로 선언된다(1,47). 공관복음서와는 달리 추종명령(1,43)과 나란히, 찾음과 만남이라는 용어가 나온다. 요한 복음서의 그

---

[18] 이 수수께끼 같은 구절에 관해서는 갖가지 상세한 설명이 있다. 흔히들 율법 공부 장소로서의 무화과나무, 또는 필경 무화과나무일 터인 낙원의 지식나무, 혹은 한 특정한 나무가 직증(直證)의 역할을 하는 수산나 이야기를 떠올린다. 참조: SCHNACKENBURG, *Joh* I 315-316; BROWN, *John* I 83. 수많은 정보는 해석자들의 낭패감을 암시한다.

리스도가 자신을 따라온 세례자의 두 제자에게 한 첫 말씀은 "무엇을 찾느냐?"(1,38)다. 이 말씀은 방금 인용한 '우리는 … 만났소'라는 (행복한) 확인과 짝을 이룬다. 이로써 인간 각자의 내심에 깔려 있는 자기 삶의 의미에 대한 추구가 시사되었거니와, 이는 지혜문학에서도 동일한 용어로 발견된다: "나를 찾는 이들을 나는 만나 준다"(잠언 8,17); "나를 찾아 얻는 이는 생명을 얻고 주님에게서 총애를 받는다"(잠언 8,35). 지혜문학 용어가 본보기로 이용되었으리라 짐작된다. 이미 여기서 요한 복음서 그리스도론의 한 중요한 부분이 지혜문학적으로 각인되어 있음이 분명히 드러나며, 그리스도는 인격적 지혜로 나타난다. 사람들이 찾고 만나고, 또한 배척하는 지혜의 운명이 그리스도에게서 성취된다.

요한 복음서 어법의 또 다른 특징을 제자 소명 사화와 관련하여 지적할 수 있다. 그것은 순환하는 농축된 언어 안에서의 특유한 구체성인데, 종종 숫자·시간·장소에 대한 언급으로 나타난다. 예컨대 세례자의 두 제자가 예수를 만난 것이 제10시(우리로는 오후 네 시)[19]였다고 한다(1,39). 이 숫자 언급들과 관련하여, 여기에 상징적 의미가 숨어 있는가라는 물음이 번번이 제기된다. 넷째 복음서의 언어 세계는 그렇다고 암시한다(우리가 그 숨어 있는 의미를 정확히 밝혀내기가 언제나 가능한 것은 아니지만). 첫 독자들은 그 의미를 알 수 있었을 것이다. 아마 10은 성취의 숫자로, 찾아 만남의 시간으로 생각되었을 것이다.[20]

수난사화는 기본적 단계들에서 마르코 복음서 수난사화와 일치하며, 루카 복음서와도 몇 가지 눈에 띄는 공통점이 있다.[21] 수난사화가 올리브 산에서의 예수 체포로 시작된다면(18,1 이하), 이는 모든 복음서의 원자료인 원

---

[19] N. WALKER[The reckoning of hours in the Fourth Gospel: *NT* 4 (1960) 69-73]는 요한이 오늘 우리 것과 일치하는 로마식 시간 계산법을 사용했다는 견해를 주장하는데, 이는 별 신빙성이 없다. 반대 견해: BROWN, *John* I 75.

[20] BULTMANN(*Joh* 70)의 견해다. 다른 숫자 언급들: 물독 여섯 개(2,6), 마흔여섯 해(2,20), 물고기 백쉰세 마리(21,11).

[21] 참조: H. THYEN: *TRE* XVII 208; DAUER, *Passionsgeschichte*.

수난사화 역시 그렇게 시작되었다는 한 간접증거일 수 있다. 그런데 이 의존 — 어떤 경로로 이루어졌든 간에 — 으로부터 출발하면, 요한의 개작의 특정 요소들이 우리의 관심을 끈다. 공관복음서의 중요한 두 단락 — 겟세마니에서 예수의 필사적 고투와 최고 의회의 신문 — 이 빠져 있다. 요한은 이것들을 신학적 이유로 모르는 체했다. 자기 비하적인 필사적 고투는 요한 복음서 수난사화에 뚜렷이 새겨진 임금으로서의 그리스도 모습에 어울리지 않거니와, 그의 숭고함은 바로 수난과 죽음에서 빛을 발한다. 그 대신 요한은 예수 체포를 하나의 현시 장면으로 꾸몄으니, 예수는 '나다'/'내가 (그)이다'라는 자기 계시 말씀으로 당신 정체를 밝힌다. 예수를 잡으러 온 사람들은 뒷걸음치다가 땅에 넘어진다(18,5-8). 요한이 겟세마니 단락을 알고 있었음은, 이 단락의 몇 가지 요소를 다른 대목의 자료로 사용한 데서 유추할 수 있다(비교 참조: 12,27과 마르 14,34-35).

최고 의회 신문訊問의 경우도 비슷하다. 마르코 복음서 신문 보도의 요소 — 성전을 허물고 다시 세움에 관한 토막 말씀(2,19; 참조: 마르 14,58); 예수가 메시아인가라는 물음(10,24; 참조: 마르 14,61); 하느님의 아들이라는 예수의 자인과 관련된 신성모독 비난(10,36; 참조: 마르 14,61-64)[22] — 들이 여러 다른 맥락 안에 삽입되어 있음을 알 수 있다. 그러나 복음서 저자는 더 원칙적으로 처리했다. 그는 최고 의회 신문을 아예 빼 버릴 수 있었으니,[23] 예수의 공적 활동 전체를 유다인들과의 일종의 소송訴訟상 대결이라는 지평에 놓았기 때문이다.[24▶] 이 대결은 예루살렘 사제와 레위인들이 세례자 요한에게 캐물음(1,19-23)에서 시작하여, 예수가 치유한 사람들에게 반복된 질

---

[22] 마르코 복음서 14,61에서는 하느님 아들 칭호가 메시아 칭호를 설명해 주는 반면, 루카 복음서 22,67-71에서는 최고 의회 의원들이 예수가 메시아인지 그리고 하느님의 아들인지를 따로 떼어 묻는다.

[23] 사람들은 18,24에 이어 이 신문 보도를 예상할 것이다. 그러나 18,28에 따르면 예수는 카야파의 저택에서 빌라도에게 이송되는데, 그 대사제의 집에서 일어난 일에 관해 아무것도 보도하지 않는다. 18,19-24(한나스의 신문)와 11,45-53(예수를 죽이기로 한 최고 의회의 결의)이 이 신문 보도를 대체하는 것은 아니다. 11,45-53에는 마르코 복음서 14,1-2//에 상응하는 내용이 나온다.

문(5,10-13; 9,13-34), 예수를 죽이기로 한 결의(5,18; 7,1; 8,37.40; 11,53), 예수에게 신앙을 고백한 사람들에 대한 사법적 조처(9,22; 12,42), 백성들의 분열(7,43; 9,16; 10,19)을 거쳐, 방금 언급한 예수에 대한 신문에 이르기까지 계속된다. 이 소송의 추진자는 유다인들이다. 그러므로 이 소송은 무엇보다 당신 백성에 대한 예수의 관계와 결부된, 국한된 소송이다. 그러나 이 소송은 예수의 공적 활동의 종료와 함께 종결되지 않는다.

요한은 빌라도의 신문을 크게 확장했다. 마르코 복음서 15,2에서처럼 예수가 유다인들의 임금인가라는 물음이 중심에 자리잡고 있다(요한 18,33). 그러나 원자료와는 달리 텍스트는 그리스도의 나라($\beta\alpha\sigma\iota\lambda\epsilon\iota\alpha$ $X\rho\iota\sigma\tau\sigma\upsilon$), 그의 왕권에 관한 언설을 개진한다. 그래서 신문은 '세계적인', 보편적인 특성을 획득한다. 그리스도의 나라는 이 세상에 속하지 않지만, 그는 진리를 증언하기 위해 이 세상에 왔고, 진리에 속한 사람은 누구나 (이 세상에서!) 그의 목소리를 듣는다(18,36-37). 이런 보편적 배경 위에 유다인들이 다시 한 번 등장한다. 마르코 복음서 15,9-15에 나오듯이 그들은 자기네 임금, 유다인들의 임금과 절연을 선언하는데, 수석 사제들의 노골적 외침에 첨예화되어 나타난다: "우리 임금은 황제뿐이오"(요한 19,15). 백성과 세상, 유다인들의 임금과 이 세상에 온 임금의 이러한 병존과 뒤섞임 안에 그리스도를 통해 전달되는 구원의 내포외연內包外延이 있다. 백성과 세상, 유다인들과 세계라는 문제는 더 깊이 고찰해야 한다. 아무튼 세상에 대한 시선은 계속 결정적인 것으로 남아 있다. 그러나 이로써 일종의 순수한 세계주의를 설파하는 것은 아니니, 세상 역시 부정적 의미를 지닌 개념이기 때문이다. 예수는 빌라도에 의해 "자, 이 사람이오"라는 말과 함께 내세워지는데(19,5), 이 장면은 이러한 세상 개념의 지평에서 보아야 한다. 가시관과 자주색 겉옷이 이를 확인해 준다.[25] 그리스도론적 칭호로 하느님의 아들이 덧붙여지는데 — "(그는) 자기가 하느님의 아들이라고 했습니다"(19,7) —, 이는 복

---

24 참조: BLANK, *Krisis* 310-315; F. HAHN, Der Prozeß Jesu nach dem Johannesevangelium: *EKK* V/2 (Zürich 1970) 23-96.

음서에서 우뚝한 칭호로 자리매김함을 의미한다. 수난사화에는 마르코 복음서 15,39의 십자가 밑 백인대장의 신앙고백과 같은 그리스도론적 고백도, 칭호도 더 이상 나오지 않는다. 단지 예수의 죽음을 그리스도론적 계시 사건으로 이해하도록 가르쳐 주는, 보고 들어야 할 여러 일만 나온다: 예수 옆구리에서 생명과 구원의 선물의 상징인 피와 물이 흘러나오게 한 군인의 창질(19,34), 죽어 가는 분의 구원 과업 완성을 선언하는 마지막 말씀(19,28-30), 히브리어·로마어·그리스어로 쓰인, 온 세상에 대한 예수의 왕권을 새삼 표명하는 유다인들의 임금이라는 십자가 죄목 명패(19,19-20).

1.3 머리글

'공관복음서적인 것'에 대한 상론은 요한의 개작 의지가, 특히 그리스도론-구원론적 관점에서, 강력히 관철되었음을 보여 주었다. 공관복음서가 없었다면, 이 전승들의 특징을 식별해 내는 일은 극히 어려웠을 것이다. 이 개작 의지는 복음서 머리글에서도 물론 알아볼 수 있거니와, 일반적으로 여기에는 시가 또는 찬가인 한 기존 텍스트가 들어 있다고 본다. 원자료와 개작의 뒤섞임이 판단을 어렵게 만들고, 서로 다른 다양한 결론으로 이어졌다.[26]

---

[25] (빌라도가) 예수를 내세운 것을 인자 칭호의 의미에서 이해해야 하는지는 논란이 분분하다. 지지하는 견해들: DODD, *Interpretation* 437; DAUER, *Passionsgeschichte* 109; SIDEBOTTOM, *Christ* 99-111 등.

[26] THEOBALD(*Fleischwerdung* 462-466)를 따라 다양한 제안을 세 그룹으로 나누어 개관하자: ① 1,14-18을 본디 머리글인 1,1-12(또는 13)의 재독(再讀)으로 본다 ② 1,1-5가 원머리글이고 1,6-8은 복음서 몸체의 삽입이며, 1,9-18은 후대 편집의 단편들을 포함하고 있다 ③ 1,6-8이 복음서의 원래 시작 부분이고 나중에 로고스 텍스트에 의해 확장되었는데, 이 텍스트는 전승 및 편집과 관련하여 다양하게 구획될 수 있다 — 이와는 반대로 1,1-18 텍스트 전체의 통일성을 옹호하는 견해들: W. ELTESTER, Der Logos und sein Prophet: *Apophoreta* (FS E. Haenchen) (BZNW 30) (Berlin 1964) 109-134; H. RIDDERBOS, The Structure and the Scope of the Prologue to the Gospel of John: *NT* 8 (1966) 180-201; E. RUCKSTUHL, *Die literarische Einheit des Johannesevangeliums* (Freiburg 1951).

아무튼 우선 머리글에서 무엇이 관건인가를 분명히 알아야 한다. 넷째 복음서 역시 (앞선 복음서들과 마찬가지로) 세례자 요한에 관한 보도를 앞머리에 놓는다: "하느님께서 보내신 사람이 있었는데 그의 이름은 요한이었다. 그는 증언하러 왔다. 빛을 증언하여 자기를 통해 모든 사람이 믿게 하려는 것이었다. 그 사람은 빛이 아니었다. 빛을 증언하러 왔을 따름이다"(1,6-8). 그런데 이 세례자 증언을 로고스(말씀)와 그것의 신적 기원 및 유래 그리고 육화에 관한 텍스트가 앞뒤로 에워싸고 있다.[27] 여기서 각별히 중요한 물음은, 이 로고스 텍스트가 세례자 요한에 관한 언급으로 시작하는 그리스도 이야기와 관련하여 어떤 기능을 수행해야 하는가라는 것이다. 이것은 결국 로고스 텍스트와 복음서의 관계에 대한 물음이다. 많은 견해 가운데 14절에 강화된 의미를 부여하는 두 견해를 골라야겠다.

불트만[28]에게 요한 복음서의 주제는 "말씀이 사람이 되셨다"라는 문장이다. 이로써 요한의 그리스도론은 당초부터 육화 그리스도론으로 규정지어져 있다. 이 문장 해석의 갖가지 가능성을 일단 제쳐 놓는다면, 불트만이 보기에 이 문장에 의해 계시는 계시자가 '순전한 인간성' 안에 나타나는 계시, 따라서 오직 믿음으로만 극복할 수 있는 걸림돌을 야기하는 계시로 특징지어진다. 아무튼 이런 관점에서 로고스의 육화라는 표상이 의도적으로 복음서와 그 그리스도론적 구상의 앞머리에 내세워져 있는 것이다. 그러나 테오발트는 사정을 반대로 본다. 그에게 육화 그리스도론은 그리스도론적 발전 과정의 종결을 의미한다. 테오발트는 이 판단의 확증을 특히 육화 그리스도론이 복음서 몸체에 [편집 과정에서 추가된 몇 군데(6,51ㄷ-58; 12,44-50)를 제외하면] 잔향殘響을 남기지 않는다는 데서 발견한다. 복음서 몸체의 그리스도론은 달리 꼴지어져 있으니, 아버지로부터 왔다가 그분께

---

[27] 기존 텍스트의 존재를 입증해 주는 논거들이 종종 종합·열거되었다. 참조: BECKER, Joh I 67 이하. 중요한 것으로는 세례자 대목 끼워 넣기, 연쇄식 구조, 로고스를 비롯해 복음서에 더 이상 나오지 않는 개념들을 꼽을 수 있다.

[28] *Joh* 40-41.

다시 돌아간 하느님의 사자, 인자로서의 그리스도에 대한 기억에 의해 규정지어져 있다는 것이다. 14절의 삽입, 즉 육화 그리스도론의 삽입은, 예수 그리스도께서 '육신으로 오셨다'는 것을 부인하는, 요한 서간들에 명시되어 있는 견해(1요한 4,2-3; 2요한 7절)와의 대결 맥락에서 이루어졌다는 것이다. 테오발트는 일종의 세례 그리스도론에 관해 말하는데 그 내용인즉, 하느님의 로고스가 세례 때 인간 예수에게 내려왔고 십자가에 처형되기 전에 다시 떠나갔다는 것이다.[29] 테오발트는 창조 사상(1,1-3)과 목격 증언(1,14) — 이것들 역시 편집소(1,34; 19,35; 21)를 제외하면 복음서에 더 이상 나오지 않는다 — 에도 교정矯正적 또는 속행적 의미를 부여하며, (총괄적이고 원칙적인 것으로 너무 과장시킨) 머리글을 이를테면 복음서에 대한 '가장 오래된 주해'로 평가한다.[30]

아무튼 복음서 저자가 채록하여 머리글로 꾸민 로고스 텍스트가 그리스도론에 중요한 의미를 지니고 있다는 것이 새삼 분명해졌다. 이 전반적 관심에 있어서는 방금 소개한 두 견해도 일치한다. 머리글과 복음서가 연속성이 없다고 보는 견해들[31]은 거의 설득력이 없다.

우리는 기존 로고스 텍스트가 1-16절까지였다는[32] — 그 가운데 6-8절과 15절의 세례자 요한에 관한 언급은 첨가된 것이다 — 데서 출발하거니와, 복음서 저자는 이로써 공동체의 신앙고백을 수용한 것이다. 그는 자기 복음서가 이 신앙고백에 의해 규정지어지도록 하며 자신도 이를 고백한다(이 텍스트가 복음서로서는 생경한 것들을 들여왔지만). 연구자들에 따라서는 지금까지 언급한 것과 다른 관점을 주장할 수도 있을 것이다. 아무튼 머리글이 복음서의 안내 주해인 것만이 아니라, 거꾸로 복음서 역시 머리글의 주해

---

[29] *Fleischwerdung* 특히 371-374.407-421.

[30] 같은 책 372-373. 이 개념은 R.F. COLLINS에게서 유래한다.

[31] 예컨대 BÜHNER, *Der Gesandte* 4.

[32] 여기서 1-11(또는 12ㄴ)절은 그리스도교 이전의 지혜 찬가인데, 그리스도교 측에서 14절과 16절을 통해 확장하여 예수 그리스도에게 적용했을 가능성을 고려해야 한다. 참조: BECKER, *Joh* I 71-72; GNILKA, *Joh* 13.

다. 신앙고백을 한 문서의 첫머리에 놓고 문서에 의해 그것이 해석되게끔 하는 것은, (경우에 따라 조금씩 다르지만) 다른 신약성경 문서들(로마서 · 콜로새서 · 히브리서)에서도 발견된다.

복음서 저자는 머리글로 개작한 로고스 텍스트를 자기 작품의 참된 시작으로 삼고자 했음이 확실하다. '한처음에'라는 여는 말은 창세기 1,1을 본뜬 것이니, 한 책의 시작으로 이미 꼴지어져 있었으며, 창세기 1,1처럼 시간이 생겨나게 한 창조의 시점을 암시한다. 창조 시점까지의 시간의 연장을 문제 삼고, 이미 1,1 이하를 (1,6 이하의 관점에서 생각하기 때문에) 육화된 말씀과 관련시키는 것은 잘못이다.[33] 선재先在하던 로고스는 모든 것 — 여기서 제외되는 것은 없다 — 의 창조에 중보자로 함께했다(1,3). 단연코 모든 것을 하느님께 소급시키는 이 일원론적 창조 언명은 복음서에서 되풀이되지 않는다.[34] 그러나 이 언명은 성경 전통 안에 서 있으며, 저자 역시 이 안에 있다. 하지만 저자에게는 창조 언명보다 그것의 그리스도론적 함축이 더 중요했을 것이다. 선재하던 그리스도-로고스는 자신이 나중에 역사상 출현하여 인간들에게 전해 줄 모든 것을 보고 들었거니와, 이 점을 복음서는 뒤에서 거듭 확언한다. 로고스는 창조를 열었듯이, 자신의 역사상 출현 안에서 아버지의 유일무이한 열어 보여 줌이다. 그러므로 로고스가 이미 지니고 있는 빛과 생명은(1,4) (기존 지혜 찬가에서는 그렇지 않았다고 추측해도 되려니와)[35] 결코 '자연적' 계시가 아니라 역사적으로 전달된 계시와 관련된다.

---

[33] 그래서 SCHOTTROFF(Der Glaube 232)에게는 1,1 이하가 로고스의 본질 규정이 된다. 시간 도식은 역할이 없다고 한다. "누가 이것을 그런 식으로 이해할 수 있었으랴?" THEOBALD(Fleischwerdung 220-222)는 좀 더 신중히 판단하니, 시간표상과 공간표상의 맞물림을 주목하지만, 시간표상을 고수한다.

[34] 요한 복음서 17,5.24는 창조와 관련이 있으나, 고유한 그리스도론적 시각 아래 있다.

[35] 지혜문학적 배경: R.G. HAMERTON-KELLY, Pre-existence, Wisdom and the Son of Man (Cambridge 1973); B.L. MACK, Logos und Sophia (StUNT 10) (Göttingen 1973). Anm. 27 도 참조.

어둠에 의한 빛의 거부(1,5) 역시 역사화된다. 이로써 저자는 악의 근원에 관한 사변적 문제와 거리를 두며, 어둠은 빛, 즉 계시와의 만남에서 비로소 어둠으로 인지될 수 있다는, 복음서를 특징짓는 입장을 취한다. 9-10절이 편집소라는 견해를 받아들인다면,[36] 저자는 이미 이 구절에서 자신의 세상-개념을 내세우고 있다. '세상'은 부정적 의미를 지닌 낱말이며, 인간들의 역사를 통해 하느님을 적대하는 세상을 가리킨다. 아무튼 저자는 (3ㄱ을 되풀이하거니와) 세상은 로고스를 통해 생겨났다고, 그러므로 인간이 자유롭게 결단할 수 있는 역사적 가능성 역시 로고스에 의해 주어졌다고 확언한다. 그러므로 저자에게 중요한 것은 믿음에 대한 언급(1,12ㄴ-13)이니, 이 믿음이 마침내 로고스와 맞닥뜨렸다. 넷째 복음서에서는 단 몇 가지 명령으로 환원되는 믿음이 무엇보다 중요하다. 왜냐하면 믿음이 새 생명을, 하느님에게서 남을 매개하기 때문이다. 이로써 생명이라는 구원의 선물이 엄밀하게 규정되어 있다. 이 선물은 인간의 욕망에서 생겨나는 현세 생명과 맞세워져 있다. 이 대비에서 현세 생명은 비본래적 생명으로 나타난다. 5,25에서는 현세 생명을 지닌 사람들이 죽은 이들이라 불린다. 하느님에게서 남은 신적인 영원한 생명($\zeta\omega\dot{\eta}$ $ai\dot{\omega}\nu\iota os$)을 선사하기에, 이미 이 구절에도 복음서 저자의 종말론적 관점이 암시되어 있다(현재적 종말론). 최종적인 것이 이미 충만하게 현존한다. 이 생명이 의미하는 바를 이해하기 위해서는, 이 구절에 제시된 인간 욕망에서 생겨난 생명과의 대비를 처음부터 유념해야 한다.

그러나 14절의 육화 언명을 복음서 저자가 생각하는 의미에서 어찌 이해해야 하는가? 순전한 인간 예수에게서 하느님의 영광을 볼 수 있다는 신앙의 역설로 이해해야 하는가?(불트만). 또는 (육화 언명을 결국 폐기하거니와) 육을 충만한 신성의 한낱 외피로 보는 '순진한 가현설假現說'의 의미로 이해해야 하는가?(케제만)[37]▶ 아니면 불충분한 세례 그리스도론 — 하느님

---

[36] 논증: BECKER, *Joh* I 69.

의 로고스는 세례 때 비로소 인간 예수에게 내려왔다고 보는데, 가현설과의 논쟁에서 육화 관념의 토대를 놓았다 — 의 보정補正으로 이해해야 하는가?(테오발트). 외면적으로 우리는 육화 언명이 이미 기존 로고스 텍스트의 구성 요소였다는 데서 출발하고자 한다.[38] 이 언명이 신약성경의 한 오래된 찬가 텍스트(필리 2,7)에서도 발견된다는 사실을 상기해도 좋겠다. 물론 직접적인 비판 의도는 로고스 텍스트의 맥락에서 식별되지 않는다.[39] 이 의도는 특히 요한 1서 4,2-3과 요한 2서 7절에 나오는 이단자에 대한 공박에 나타난다고 하겠다. 요한 복음서 1,14ㄱ은 역시 세상 안으로 로고스의 역사상 출현을 겨냥하고 있는 11절 — "그분(로고스)께서 당신 땅에 오셨지만" — 에 대한 일종의 해명이다. 11절에 대한 14절의 이 독특한 보정적 관계는 실질적 보정을 지향한다고 하겠다.

그러나 하느님이 예수 안에서 사람이 되셨다는 사상이 이 구절에 처음으로 나타난다고는 말할 수 없다. 사실 이 사상은, 사자使者 그리스도론이 크게 우세함에도 불구하고, 다른 구절들에도 들어 있다. "저의 주님, 저의 하느님!"이라는 토마스의 신앙고백(20,28)은 (넷째 복음서를 종결하는 신앙고백으로서, 마르코 복음서 15,39에 나오는 백인대장의 고백과 맞먹는 지위를 획득하거니와)[40] 사자 그리스도론에 전혀 편입되지 않는다. 이 고백과 걸림돌인 예수의 천한 인간적 출신 — 나자렛 태생(1,46), 누구나 아는 부모(6,42) — 이 대립하고 있다. 계시의 걸림돌이 온전히 인지되고 또 표현된다. 예수는 한갓 사람인데도 하느님으로 자처한다고 비난받는다(10,33; 참조: 5,18). 요컨대 1,14는 하느님의 인간 되심 사상을 처음으로 도입하는 것은 아니고, 개념화하여 표현한다.

---

[37] *Aufbau und Anliegen des johanneischen Prologs: Exegetische Versuche und Besinnungen* II (Göttingen 1964) 155-180.

[38] THEOBALD(*Fleischwerdung* 469)는 "그 말씀은 육신(사람)이 되셨다"라는 구절을 편집소로 여긴다. 기존 로고스 텍스트에는 "그분은 우리 가운데 사셨다"로 되어 있었으리라고 한다.

[39] 참조: BECKER, *Joh* I 77-78.

[40] 이 점은 21장이 없는 원래 복음서에 더 해당된다.

머리글 마지막 부분에서 로고스 텍스트의 마무리 편집은 계시자의 유일무이성에 집중한다. 이것은 (전승 명제의 도움을 받아) 예수를 세례자 요한(1, 15)과 모세와 옛 구원 질서(1,17)에 또 한번 맞세움으로써, 또 예수를 "아버지의 외아드님"(1,14)이라고 지칭함으로써 이루어진다. 마지막 문장은 바로 이 관심사에 봉사하며 또 이미 복음서 몸체로의 연결 고리로 봉사하는데, 여기에 따르면 이제 아버지와 가장 가까운 예수에게 보이지 않는 하느님을 인간들에게 알려 주는 해석자 역할이 마땅히 귀속된다(1,18).

끝으로 로고스 텍스트에서 사용된 은총과 충만($\pi\lambda\acute{\eta}\rho\omega\mu\alpha$)이라는 개념들(1,14.16) — 후자는 내용상 전자와 아주 가깝다 — 이 (이상하게도 복음서에 더 이상 나오지는 않지만) 복음서 저자에 의해 쉽게 수용될 수 있었다. 믿음에 이름과 관련하여, 하느님이 인간을 이끄신다는 것 또한 저자의 한 중요한 관심사다(6,44 등 참조). 자신들의 믿음을 고백하는 '우리'(1,14ㄴ)는 편집 과정에서 추가된 장과의 연결 고리 구실을 한다(21,24 참조). '영광'($\delta\acute{o}\xi\alpha$)은 요한에게 의미심장한 계시 용어인데, 예수 그리스도 안의 하느님 현존과 거의 같은 의미다. 1,14에 따르면, (육신이 되신) 그분의 영광을 보는 것이 이제 가능해졌다. 2,11에 따르면, 이것은 그분의 표징을 믿고 받아들임과 결부되어 있다(11,4 참조). '영광을 봄'은 12,41과 17,24에서 하느님의 저세상으로 옮겨진다. 아무튼 여기에도 로고스 텍스트와 복음서의 연계성이 존재한다.

복음서 저자는 머리글 개작을 통해 로고스 텍스트를 수용하는 한편 주목할 만한 전철轉轍들을 시도했다. 이것들이 우리가 저자의 신학적 구상을 밝혀 보이는 데 출발점이 된다.

2. 세상 안의 인간

세상(ὁ κόσμος)은 이미 공관복음서에서, 그렇게 자주 사용되지는 않지만, 양가兩價적 개념이다. 예를 들어 마르코 복음서에서, 한편으로는 온 세상을 얻는다 해도 제 목숨을 잃으면 헛일이며(8,36), 다른 한편으로는 온 세상에 복음을 선포해야 한다는 말씀을 읽게 된다.

흔히들 요한계 문헌에도, 부정적 언명과 긍정적 언명이 병존하는 것으로 미루어, 이와 비슷한 양가성이 존속한다고 우선 생각하고 싶어 한다. 예를 들어 요한 1서 2,15-16은 세상도 그 안에 있는 것도 사랑하지 말라고 촉구하는데, 그 까닭은 세상에 있는 모든 것은 '육의 욕망과 눈의 욕망과 살림살이에 대한 자만'이기 때문이라고 한다. 그러나 다른 한편 그리스도는 "세상의 구원자"(요한 4,42), "세상의 빛"(8,12), "세상의 죄를 없애시는 하느님의 어린양"(1,29)이라 불린다. 물론 세상에 대한 요한의 이해는 더 근본적이다. 신약성경에서 세상 개념을 가장 자주 만나게 되는 곳이 요한계 문헌이다.[41] 상이한 평가들은 (사실 그렇게 보이거니와) 자기모순에 이를 정도까지 증대하는 견디기 어려운 긴장을 야기한다. 심지어 동일한 텍스트 안에서 이런 일이 발생하기도 한다. 그리스도가 고별기도에서 처음에 자신은 세상을 위해서가 아니라 아버지께서 당신에게 주신 사람들(만)을 위해 빈다고 말하고, 다음에는 "아버지께서 저를 보내셨다는 것을 세상이 믿게" 되도록 제자들의 일치를 위해 빈다고 말하는(17,9.21) 것을 어찌 이해해야 할까?[42] 이런 난관들에 직면하여 많은 해석자는 전승의 증대를 상정함으로써 자구책을 찾는다. 여기서 (한 학파 안에 닻을 내리고 있는) 복음서

---

[41] '세상'이란 낱말은 요한계 문헌에 약 100번, 바오로 친서에 37번, 마르코 복음서에 3번 나온다. 루카 복음서/사도행전에서는 뒷전으로 밀려나 있는 것이 눈길을 끄는데, 각각 3번씩밖에 안 나온다.

성립 과정의 복잡성을 새삼 의식하게 된다. 물론 이런 긴장들은 사람들을 일치시키는 해결책을 찾고자 애썼던 논구들을 반영한다고 볼 수도 있다. 아무튼 이 과정을 확실하게 제시하는 것이 전혀 불가능하더라도, 이렇게 물어야겠다: 추세가 특수(분리)에서 보편으로 나아갔던가 아니면 거꾸로였던가? 또는 두 가지가 항상 병존했던가? 어쨌든 요한 공동체는, 복음서가 명시해 주듯, 이 긴장 속에서 살아갈 수 있었다(또는 살아가야만 했다). 그런데 여기서 주목할 것은, 긍정적 성향의 언명의 수가 일반적으로 인정하는 것보다 많다는 점이다. 복음서의 구조도 시사하는 바가 큰 것으로 밝혀졌다. 예수의 공적 활동을 서술하는 1부에는 긍정적 · 확장적 · 보편적 확언(세상의 빛, 구원자, 생명, 죄)이 상당히 많다. 반면 2부 — 예수는 고별사에서 제자들을 대상으로 말한다 — 에서는 한정적 · 특수적 요소가 크게 우세한데, 이는 그때그때 주어진 상황에 따라 이해할 수 있다. 제자들과 세상은 맞서 있다. 이 대립은 심화되어 있다고 하겠다. 제자들/공동체는 생명으로 예정되어 있다는 생각을 확고히 해야 한다. 역시 세상에 관한 부정적 언명들이 부각되어 있는 요한 1서에서도 비슷한 경향이 발견된다. 그리스도는 온 세상의 죄를 위한 속죄 제물이라는 말씀을 앞부분에서 읽게 된다(2,2; 요한 1,29를 본뜸?). 가장 부정적인 구절은 끝에 나온다: "우리는 … 온 세상은 악마의 지배 아래 놓여 있다는 것을 압니다"(1요한 5,19).

요한계 문헌의 관점들은 상이하지만, 그래도 세상의 구체적인 근본 상태가 악하고 혼란스럽다는 사실을 공통된 출발점으로 볼 수 있다. 어떻게 여기에 이르렀는지는 요한계 문헌 자체에서는 규명할 수 없다. 너무 서둘러 창세기 3장을 설명 배경으로 끌어들여서는 안 된다. 낙원 이야기에 대한 암시는 아주 드물게, 예를 들어 (짐작건대) 요한 복음서 8,44 — 처음부

---

[42] BECKER(Joh 526)는 20-21절은 방해가 된다고 느끼며, 슬쩍 끼어 들어온 전승으로 간주한다. SCHNACKENBURG(*Joh* III 218)는 예수가 공동체를 보는 시선과 당신 말씀을 거부하는 세상을 보는 시선이 다름을 지적한다. 이 구절은 사람들을 믿음의 자녀로 얻고자 하는 바람을 진지하게 표현하며, 요한 공동체의 선교적 관심을 반영한다고 본다.

터 살인자요 거짓말쟁이며 거짓의 아비인 악마에 관해 말한다 — 에 나온다. 이는 필경 지혜서 2,24를 거쳐 이루어졌을 것이다. 어쨌든 앞에서 보았듯이, 복음서 저자는 로고스를 통한 세상 창조에 관한 언명을 제공한다 (1,3). 이 언명을 간과하거나 교란 요소로 여기는 사람은, 세상이 형이상학적으로 악하며 여기에 속한 자들 역시 마찬가지이기 때문에 구원받을 수 없는 절망 상태에 있다고 생각하게 될 것이다.[43] 악마가 '이 세상의 우두머리'라고 여길 때 — 그러나 악마는 예수가 죽는 순간 세상 밖으로 쫓겨난다 (12,31; 14,30) —, '아래에' 있는 세상을 '위에 있는' 하느님의 영역과 대비시킬 때, 그리고 세상은 진리의 영인 파라클레토스를 본 적도 없고 알지도 못하기 때문에 그분을 받아들이지 못한다고 말할 때(14,16-17), 사람들의 생각은 그런 절망적인 방향으로 더욱 굳어질 수 있다. 예수가 믿지 않는 자들에게 "너희는 아래에서 왔고 나는 위에서 왔다. 너희는 이 세상에 속하지만 나는 이 세상에 속하지 않는다"(8,23)라고 말했을 때 그런 일이 일어났다. 아무튼 '세상'은 역사적으로 형성된 세상으로, 일차적으로는 인간들로 이해해야 하거니와, 요컨대 이들은 스스로의 힘으로는 신적인 것을 향해 떨쳐 나아갈 수가 없다.

세상의 이 부정적 근본 상태에도 불구하고, 그리스도는 세상의 구원자요 빛이며, 하느님은 세상을 포기하지 않고 오히려 너무나 사랑하신 나머지 당신 외아들을 보내시고 내어 주시기까지 하신다(3,16-17). 상충되는 듯 보이는 이런 언명들이 복음서 성립 과정의 여러 단계에 나타나지만, 긍정적 확언들이 결정적 지평을 형성하고 있다. 물론 이 확언들은 우주론에 속하지 않고, 대체로 구원론에 속한다; 추후적으로 세상 또는 우주를 창조계로 확인한다는 점에서만 우주론에 속한다. 하느님이 당신 아들을 파견하심으로써 세상으로 향하시는 궁극적 이유는, 당신이 창조하셨음에도 그동

---

[43] 예컨대 SCHOTTROFF(*Der Glaubende* 295) 참조: "요한 복음서는 그리스도교 전통에 적응한 최초의, 꽤 상세하게 알려진 영지주의 체계다. 요한 복음서와 함께 영지주의 구원론이 신약 정경에 들어왔다."

안 당신에게서 무섭게 멀어진 세상에 대한 변함없는 신의 때문이다. 인간은 하느님을 멀리하는 이 세상 안에 현존한다.

　부정적으로 규정지어진 세계상을 요한계 문헌은 이원론적 대립쌍들을 통해 묘사한다. 이 이원론은 요한계 문헌의 한 특징이며 거의 어디에나, (최소한 일부) 기적사화에도 나타난다.[44] 이 대비 안에서 세상과 하느님의 영역은 갈라진다. 하느님은 빛(1요한 1,5)이요 사랑(4,8)이고, 세상은 어둠 속에, 미움 속에 있다(요한 3,19-21). 세상의 미움은 특히 자기를 따르지 않는, 자신에게 속하지 않는 모든 것을 겨냥한다(15,18-25). 세상은 거짓 속에 있으니, 그 우두머리가 처음부터 거짓말쟁이기 때문이다(8,44). 세상은 예속, 즉 죄 속에 — 요한은 죄를 예속으로 이해한다(8,31-35) —, 악마의 지배 아래 있다(1요한 5,19). 그러나 무엇보다도 세상은 죽음 안에 있다. 이 모든 규정이 같은 의미로 해석될 수 있다는 것은 맞는 말이다. 그러나 뭐라 해도 죽음에 각별한 의미를 부여해도 될 것이다. 죽음은 모든 부정적 특질의 총괄 개념이며, 구원받지 못한 실존의 가장 생생한 체험이다. 이 세상에서 육적으로 살아가는 사람들은 죽은 이들이라 불릴 수 있거니와(요한 5,25), 이는 육신의 죽음이 그들의 피할 수 없는 운명일 뿐 아니라, 그들은 현세 실존을 넘어서도 죽음에 귀속되어 있음을 의미한다.

　그러나 세상의 근본 상태는 계시자와의 만남에서 비로소 드러나는데, 이 만남에서 신적인 것이 세상 안으로 돌입한다. 이는 세상이, 사람들이 자신이 처한 상태를 스스로 파악할 수 없음을 의미한다. 그들은 '세상일'(요한 3,12: τὰ ἐπίγεια)[45]을 이해하지 못한다. 이는 예수가 만나는 사람들의 태도에서 거듭 드러난다. 복음서 저자는 이 어리석음과 무능을 표현하기 위

---

[44] 후자는 논란되고 있다. 그러나 여러 기적사화가 이미 구상에서부터 이런 이원론을 — 예컨대 소경 치유는 빛과 어둠의 이원론을, 라자로 소생은 죽음과 생명의 이원론을 — 겨냥하고 있음을 유의해야 한다.

[45] 영지주의에서도 사용한 '세상일'이라는 개념은 현세 일들과 인간들의 근본 상태, 본질을 가리킨다. 이것들은, 매우 어렵더라도, '하늘 일'과 대비하여 통찰할 수 있다는 것이 널리 퍼져 있던 견해였다. 예증: BULTMANN, *Joh* 105 Anm. 1. 요한은 인간들의 무지를 극단화한다.

해, '오해'라는 문학적 수단을 사용한다. 예수와 그를 만나는 사람은 상이한 두 차원에서 말하고, 서로 제 말을 한다. 니코데모는 위로부터 (새로) 태어나야 하는 필연성 앞에서, 어미 배 속으로 다시 들어가야 하는 줄로 생각한다(3,4). 유다인들은 성전이 허물어졌다가 사흘 안에 다시 세워지리라는 말씀을 듣고, 예수의 몸이 아니라 예루살렘 성전을 떠올린다(2,19-21). 사마리아 여인은 예수가 그녀에게 약속하는 생수를 샘물로 여긴다. 예수가 하느님의 영에 관해 말한다는 것을 알아채지 못한다(4,10-15). 우직하거나 냉소적인 인상을 주는 이 반응들은 심리학적 판단을 벗어난다. 이것들은 더 근본적이니, 요한식 이원론에 속한다. 이원론의 공간개념에서 두 영역, 즉 위와 아래가 대립하듯이, 대화의 차원에서 서로 다른 두 방식의 말이 부딪친다. 세상은 자신의 경계 저편에 있는 것, 자기에게 속하지 않은 것을 이해하고 받아들일 능력이 없다. 아무튼 이것이 언제나 출발점이다. 이 대립의 극복은 매번 하느님의 열어 주심, 계시를 통해서만 가능하다. 대화가 그 시작이다. 예수 활동 시초에 두 인간, 즉 한 남자와 한 여자 곧 니코데모 및 사마리아 여인과의 대화가 자리잡고 있는 것은 까닭 없는 일이 아니다. 개개인에 대한 관심에서 하느님 사랑의 열어 보임을 인식할 수 있으며, 또 한편으로는 그 열어 보임을 거스르는 장애들도 알아볼 수 있다. 과연 '땅에서 나서 땅에 속한 것을 말하는' 인간은 땅에 속하며, 위에서 오는 말씀을 알아듣지 못한다(3,31). 우리는 니코데모와 대화한 후의 '상황에서 분리된 담화 단편들' 안의 이런 특징 묘사에 니코데모뿐 아니라 일반적으로 예상되는 각 인간의 반응 방식도 특징지어져 있음을 보게 된다.[46]

세상에 포섭된 인간들의 행동을 특징짓는 것은, '자기들끼리 영광을 주고받는다'는 점이다(5,43-44). 여기서도 고유한 행동 틀이 간결하고 정식定式적으로 언명되어 있다. 이 언명을 풀어 보면, 인간들이 만들어 낸 관계망網

---

[46] 요한 3,13-21.31-36의 문제점: R. SCHNACKENBURG, Die "situationsgelösten" Redestücke in Joh 3: *ZNW* 49 (1958) 88-99. BULTMANN(*Joh* 117-118)은 3,31에서 거짓 선생들의 말을 상정한다. 그러나 이 구절은 좀 더 일반적으로 해석하는 것이 더 낫다.

이 드러나는데, 이것이 이른바 안전함과 확실함을 제공해 준다고들 생각한다. 자기 실존이 불안한 인간들은 애써 꾸며 낸 규칙 놀이를 통해 안전함을 확보하고자 하거니와, 이 놀이에서 서로 인정해 주고 영광을 주고받는다. 의심쩍게 느껴지는 영광이라는 개념은 (오늘날 우리의 언어 감정에도 과거 그 어느 때보다 의심쩍게 여겨지거니와) 이 안전의 허약함과 거짓됨을 암시한다. 이 인상은 세상이 '자기 이름으로' 오는 자를 받아들인다는 엄연한 사실에 의해 심화된다. 세상은 그런 자를 무비판적으로 신뢰하니, 그 자에게서 자신의 존재를 새삼 발견하기 때문이다. 불트만의 논평은 적확하다: "세상은 피안에서 자신에게 말하는 참된 권위에 귀먹었기에, 참된 권위란 도무지 없고 오로지 자기 욕망의 편향들만 공공연히 표출하는 그런 지도자들에게 번번이 굴종함으로써 스스로를 벌한다."[47] 자기 이름으로 온다는 것은 자신을 세상에 맞추고, 세상을 의문시하지 않으며, 그때그때 시대의 기호嗜好에 몰두함을 의미한다. 자기 이름으로 오는 자들은 대중의 갈채를 받지만 실상 거짓말쟁이임이 드러나니, 생명이 아니라 파멸로 이끌기 때문이다. 세상은 본디 자신을 해방할 수 없도록 되어 있다. 그렇게 할 수 있다고 거짓말하는 자는, 악마에게 속해 있다(1요한 3,8-10 참조).

이 세상에서 사람은 한 민족 혹은 국가에 속하여 살고 있다. 이 사실 역시 요한 복음서에서 전제되지만, 다른 복음서들에서보다(마르 7,26// 참조) 더 강하게 구원 맥락에 편입되어 있다. 그래서 예수를 찾아오거나 만나는 그리스인과 사마리아인들에 관해 말한다(요한 12,20; 4,7-42). 여기서 그리스인들은 태생 그리스인들이다.[48] 그들이 축제를 지내러 예루살렘으로 올라왔기에, 유다교 동조자로 여길 수 있다. "그리스인들 사이에 흩어져 사는 동포들"(7,35)이라는 말 역시 회당 테두리를 벗어나지 않는다. 그러나 그리스

---

[47] *Joh* 203. 불트만이 이 논평을 한 시점이 1941년임을 주목해야 한다. 그가 지도자들에 관해 말할 때 아돌프 히틀러를 염두에 두고 있었음은 거의 확실하거니와, 히틀러는 소름 끼치는 방식으로 요한 복음서 5,43-44의 진리를 확증해 주었다.

[48] 요한 복음서 12,20에서 말하는 사람들은 그리스어를 사용하는 유다인들이 아니라 태생 그리스인들임을 유의해야 한다.

인들의 도착과 연계된 밀알에 관한 예수의 말씀은 그 테두리를 벗어난다
(12,24). 사마리아 여인은 이방인으로 특징지어진다. 그녀는 (그리짐 산에
서) 알지도 못하는 것에게 예배를 드리는 사람들에 속한다(4,22).[49] 사마리
아 여인 이야기에서는 그녀와 유다인 예수의 만남이 특히 흥미롭다. 넷째
복음서에서 예수를 이보다 더 명백히 유다인으로 제시하는 구절은 아마
없을 것이다: "선생님은 어떻게 유다 사람이시면서 사마리아 여자인 저에
게 마실 물을 청하십니까?"(4,9). 복음서 저자는 이로써 유다인과 사마리아
인은 상종을 하지 않았음을 말하고자 한다. 복음서에서 가장 중요한 민족
은 물론 유다인이다. 그러나 '유다인'이라는 낱말의 사용에서는 주목할 만
한 구별이 드러난다.[50] 우선 유다 민족의 모든 구성원은 유다인이고, 예수
도 물론 유다인이다. 온전히 중립적이고 객관적 의미에서 유다인들에 관
해 말한다. 유다인들의 정결례, 유다인들의 파스카 축제, 유다인들의 최고
의회 의원, 유다인들의 축제(2,6.13; 3,1; 5,1) 등 거리감을 주는 표현들을 이해
하기 위해서는 복음서가 유다인 아닌 사람들을 위해 쓰였음을 유념해야
한다. 그러나 분명히 유다 민족에 속하는 사람들이 '유다인들이 두려워' 예
수에 대한 신앙고백을 드러내 놓고 하지 못한다고 말하거나(7,13; 19,38), '유
다인들'이 마치 사직 당국처럼 다른 이들을 대하는 것은(1,19; 5,15; 9,22) 이
상한 느낌을 준다. 넷째 복음서의 특징으로 여겨지는 이 맥락에서는 '유다
인들'이 예수를 믿지 않고 배척하는, 아니 심지어 죽이려고 노리는 자들로
나타난다(5,16.18; 7,1 등). 요한식으로 표현하면, '유다인들'은 하느님을 적대
하는 세상의 대표자로 나타난다. 그러나 다른 한편 예수를 통해 믿음에 이

---

[49] 이 여인의 다섯 남편을 사마리아인들의 다섯 우상과 관련시킬 수 있다면, 사마리아인들
의 우상숭배를 더 뚜렷이 나타낸다고 하겠다. 참조: JOSEPHUS, *ant.* 9,288; 2열왕 17,24 이하.
그러나 이것은 별로 신빙성이 없다. BROWN, *John* I 171 참조.

[50] 참조: E. GRÄSSER, Die antijüdische Polemik im Johannesevangelium: *NTS* 11 (1964/
65) 74-90; DERS., *Die Juden als Teufelssöhne in Johannes 8,37-47*: W.P. ECKERT - N.P.
LEVINSON - M. STÖHR, *Antijudaismus im NT?* (ACJD 2) (München 1967) 157-170; J. THO-
MAS, Menteur et homicide depuis l'origine: *Christus* 27 (1980) 225-235.

른 유다인들도 있다(8,31; 11,45; 12,11). 가장 긍정적인 말씀은 4,22이니, 예수는 사마리아 여인에게 이렇게 말한다: "너희는 알지도 못하는 분께 예배를 드리지만, 우리는 우리가 아는 분께 예배를 드린다. 구원은 유다인들에게서 오기 때문이다." 이 구절을 (부분적으로 또는 통째로) 후대 편집에 귀속시키거나 난외 주석으로 단언한다면, 다시금 문제가 해결되지 못하고 그저 전위轉位될 따름이다.[51]

수정·첨가된 것들에서 두드러지게 나타나는 이 상위相違와 극도의 긴장 안에서도, 앞에서 세상-개념을 상론하면서 마주쳤던 것과 비슷한 과정을 발견하게 된다. 아무튼 여기서 평가는 부정적인 쪽으로 더 강하게 나아가거니와, 이는 유다계 그리스도인들의 회당 축출로 귀결된 역사상 체험과 결부되어 있다(참조: 9,22; 12,42; 16,2). '유다인들에 대한 두려움' 역시 이와 관련해서 보아야 한다. 그러나 유다인들의 민족적 실존은 흔들리지 않는다. 유다인들에 대한 부정적 평가들이 특질 언명인지, 다시 말해 유다인들의 본성을 묘사하고자 하는지, 아니면 유다인이라는 낱말이 그때그때 문맥에 의해 부정적으로 평가되는지를 물어야 한다.[52] 아브라함의 자손 됨에 대한 긍정적 평가는 흔들리지 않는다. 그러나 아브라함의 자손 됨은 행동을 통해 입증된다. 그들이 예수를 죽이려 든다면, 더는 아브라함의 자손이 아니라 악마의 자식들이다(8,44). 이 엄청난 비난은 요한 복음서에서 제기되는 가장 모진 질책이다. 이 비난은 예언자들의 책망을 상기시키는데, 그보다 더 심하다 하겠다(참조: 예레 4,4; 9,25; 에제 36,26-27). 복음서 저자는 그리스도를 믿는 사람이 참아브라함 자손이라고 생각한다(8,56 참조). 이 점에서 저자는 바오로와 상통한다(로마 4장). 그러나 복음서는 참유다인에 관한 말씀(로마 2,29 참조: 속 유다인)을 개진하지는 않는다. 이 일을 복음서는 유다인 개념을 다룰 때도 할 수 없었다. 그러나 한 차례 '참이스라엘 사람'에 관해

---

[51] 예컨대: BULTMANN, *Joh* 139 Anm. 6; BECKER, *Joh* I 174-175 — 예수와 다른 이들이 함께 '우리'라고 지칭되는 구절: 3,11.

[52] W. GUTBROD(*ThWNT* III 380)의 해결책이다.

말한다. 가리켜 말하는 사람은 나타나엘인데, 그는 예수를 믿게 된다(1,47). 구원은 유다인들에게서 온다는 말씀은 메시아의 유다인 혈통과 관련지어야 한다.[53] 사마리아 사람들은 자기네 메시아를 고대했다. 그렇다면 그것은 올바른 메시아 대망이 아닐 터였다. 이제 바야흐로 가능해진 영과 진리 안에서의 예배(4,23)가 사마리아인들보다는 합당성을 더 인정해 준 유다인들의 하느님 예배(4,22)를 능가하게 되었다. 이 말씀이 유다인들의 여전히 고집스러운 불합리성을 암시한다는 것은, 근본적으로 예수가 여기서 이방인 여자에게 말하고 있다는 사실에서 추론할 수 있다. 하지만 만일 여기서 유다교 자체를 악마화한다면, 신학적 사실 비판이 반드시 가해져야 한다. 그러나 그렇지는 않다고 하겠다. 그럼에도 오늘날의 관점에서 하느님을 적대하는 세상의 대표자라는 딱지를 유다인들에게 붙이는 것은 언제까지나 치명적인 짓으로 남을 것이다.[54]

세상 안의 인간 상황에 대한 판단을 위해 결론적으로 유념해야 할 것은, 인간의 근본 상태는 하느님의 계시자인 그리스도가 세상에 출현함으로써 비로소 밝혀진다는 사실이다. 그때까지 그 판단은 유보되어 있고, 세상은 하느님에게서 멀리 떨어진 자신의 상태를 도무지 자각하지 못한다. 은유를 통해 이 전환이 적확하게 묘사될 수 있다: 어둠은 빛이 비칠 때 비로소 폭로된다. 이로써 우리는 우리 텍스트들의 그리스도론적이고 구원론적인 주장에 이르렀다.

---

[53] SCHNACKENBURG(*Joh* I 470) 참조.

[54] 사실 비판을 위해 W.G. KÜMMEL은 각주 50의 ECKERT - LEVINSON - STÖHR의 책 211쪽에 주의를 환기시킨다. GRÄSSER(같은 책 169)에 따르면, 요한 복음서 8장에서는 종교와 종교가 대립하고 있다. 이 관점이 초막절 축제의 분위기에 암시되어 있다는 것이다(참조: 7,37; 8,12). 그러나 이것은 너무 멀리 나갔다고 하겠다. 아브라함의 자손 됨이 행동으로 입증된다면, 우리는 '아우슈비츠 이후' 이렇게 말할 수 있을 것이다: 무수한 유다인이 가스실로 행진할 때 무수한 그리스도인이 아무 저항 없이 보고만 있다면, 어디에 참아브라함 자손이 있는지는 분명하다.

3. 하느님의 사자使者 그리스도와 그의 구원

넷째 복음서와 그에 선행하는 공관복음서의 가장 중요한 차이는, 전자에서는 그리스도가 선포의 중심이 되었다는 것이다. 요한 복음서의 그리스도는 자기 자신을 선포한다. 그리스도가 선포의 주체요 또 객체다.

요한 복음서에서 선포는 복음 개념과 관련지어지지 않는다. 선포는 말씀(λόγος: 요한 4,41; 5,24; 6,60; 8,31 등) 또는 레마타(ῥήματα: 말씀들) — 언제나 복수형으로 사용되며 흔히 좀 더 자세한 수식어를 동반한다: 하느님의 말씀(3,34; 8,47), 생명의 말씀(6,68), "내가 너희에게 한 말"(6,63), "아버지께서 저에게 주신 말씀"(17,8) — 혹은 가르침(διδαχή: 7,16-17; 18,19)으로 지칭된다. 동사 '가르치다'(διδάσκειν)가 그리스도가 회당이나 성전에 등장할 때만 사용되는 것은 시사하는 바가 크다. 이는 정형적이며 유다교적 배경을 암시하니, 이스라엘에서 가르침은 회당에서 이루어진다. 이 관점이 18,20에 압축되어 있다: "나는 언제나 … 회당과 성전에서 가르쳤다."[55] 이렇게 그리스도는 외견상으로는 라삐처럼 활동한다. 이 맥락은 독자들에게 "'라삐'는 번역하면 '스승님'이라는 말이다"(1,38)라고 설명해 주는 데서 드러난다. 그리스도는 라삐처럼 활동하지만, 그를 단지 라삐로만 여긴다면 크게 과소평가하는 것이다. 이것이 니코데모가 처음에 가지고 있던 예수에 대한 그릇된 평가다(3,2). 예수의 가르침은 자의적이지 않으며, 회당 교육에서 통상적으로 행하는 성경 해석도 아니다. 역설적으로 그리스도는 자기 가르침은 (본디) 자기 가르침이 아니라고 말할 수 있다. 오히려 그것은 그를 보내신 분의 가르침이다(7,16). 그는 하느님의 친언을 가져온다.

그리스도론적 집중은 다음 사실을 눈여겨보면 특별한 방식으로 확인된

---

[55] 참조: 요한 6,59; 7,14.35; 8,20.

다: 공관복음서의 신학을 (그리고 예수의 선포도) 주도하는 하느님 나라 개념이 거의 완전히 뒤로 물러나 있다. 앞으로 보겠지만, 이 개념은 니코데모와의 대화에만, 그것도 변화된 형태로 나타난다(3,3.5). 그곳에서와 비슷하게 그리스도는 빌라도 앞에서 당신의 나라에 관해 말한다(18,36).

그리스도론적 집중은 구원론적 측면이, 그리스도를 통해 전달되는 구원이 뒷전으로 밀려남을 결코 의미하지 않는다. 오히려 요한은 그리스도론과 구원론을, 그리스도의 정체와 그를 통해 성취되는 구원을 아주 긴밀히 관련지으며, 그래서 이 두 측면을 결합시켜야 할 필연성이 분명해진다.

3.1 '나는 … 이다'

복음서가 자신의 그리스도 이해를 (적어도 형식적인 면에서) 가장 풍부히 제시하는 곳에서 출발하는 것이 마땅하겠다. 요한 복음서의 그리스도는 '나는 … 이다' 언명을 통해 당신의 정체를 드러낸다. 이 경우 그는 그리스도론적 존칭이 아니라 상징을 사용한다. 그래서 이 언명들은 요한 특유의 상징어에 속한다. 이 '나는 … 이다' 언명 가운데 셋은 텍스트 구조상 그리스도가 행한 표징과 결부되어 있다: "나는 생명의 빵이다"(6,35; 참조: 6,41. 48.51)는 오천 명을 먹인 일과, "나는 세상의 빛이다"(8,12; 참조: 9,5)는 소경 치유와, "나는 부활이요 생명이다"(11,25)는 죽었던 라자로를 소생시킨 일과 결부되어 있다. 또 다른 셋은 상당히 긴 비유 말씀 안에 끼워 넣어져 있다: "나는 착한 목자다"(10,11.14)와 "나는 양들의 문이다"(10,7; 참조: 10,9)는 목자와 양 떼에 관한 수수께끼 같은(10,6)[56] 비유 안에, "나는 참포도나무다"(15,1.5)는 포도나무와 가지들 비유 안에 삽입되어 있다.[57] 이 셋은 예수

---

[56] 참조: F. Hahn, Die Hirtenrede in Joh 10: *Theologia Crucis – Signum Crucis* (FS E. Dinkler) (Tübingen 1979) 185-200; J.L. de Villiers, The Shepherd and his flock: *The Christ of John* (Neotestamentica 2) (Postchefstroom 1971) 89-103; O. Kiefer, *Die Hirtenrede (Joh 10,1-18)* (SBS 23) (Stuttgart 1967); A.J. Simonis, *Die Hirtenrede im Johannesevangelium* (AnBib 29) (Rom 1967).

와 그의 사람들의 관계를 둘러 묘사한다고 여겨진다. 끝으로 고별사에서 "나는 길이요 진리요 생명이다"(14,6)라는 3화음을 만나게 된다. 이 상징들은 서로 보완한다(문-길, 빛-생명, 길-진리). 그러나 가장 중요한 것은 뭐라 해도 생명이니, 이것은 추상적 관념으로서 진리와 함께 상징들을 내용적으로 채워 준다. 이 '나는 … 이다' 언명을 통해 그리스도는 궁극적으로 자신을 (참)생명의 수여자요 보증인으로 드러낸다.

그러나 이것들 외에, 아무런 부가어 없는 '나다/나는 나다/나는 있다'라는 단순한 언명도 있다. 우선 믿음 및 인식과 관련되는 두 개의 조건문이 있다: "정녕 내가 나임을 믿지 않으면, 너희는 자기 죄 속에서 죽을 것이다"(8,24); "너희는 사람의 아들을 들어 올린 뒤에야 내가 나임을 깨달을 것이다"(8,28).[58] 선재로 소급하는 확언은 이 둘과 구별된다: "나는 아브라함이 태어나기 전부터 있었다(직역: 전에 있다)"(8,58). 그리고 시현 사화로 꼴지어진 수상 행보와 체포에서의 인식 장면들은 경우가 또 다른데, 여기서 예수는 '나다'라는 말로써 넋 나간 제자들이나 적대자들에게 당신의 정체를 드러낸다(6,20; 18,5-8). 마침내 13,19는 '나는 나다'라는 말씀으로 제자들 믿음의 내용을 명시하거니와, 그들은 예수 말씀의 확실성에 의해 이 믿음에 이르러야 한다.

'나는 … 이다'/'나다' 언명은 요한 그리스도론의 테두리 안에서 (종종 과소평가되지만) 일정한 의의를 마땅히 인정받고 있다. 그러나 이 언명에 대한 원칙적 판단에는 여러 난제가 있다: 절대적인 '나다/나는 나다/나는 있다' 언명은 상징적인 '나는 … 이다' 언명과 어떤 관계에 있는가? 전자가 후자에 각인되어 있는가? 혹은 부가어 없는 '나다/나는 나다/나는 있다' 언명은 '나는 내가 그대들에게 평소 나에 관해 말한 바로 그 모든 것이다'라

---

[57] 참조: R. BORIG, *Der Wahre Weinstock* (StANT 16) (München 1967); R. SCHNACKEN-BURG, Aufbau und Sinn von Joh 15: *Homenaje a Juan Prado* (Madrid 1975) 405-420.

[58] 8,28의 해석에서는 깨달음이 구원과 관련이 있는지 여부가 논란되고 있다. 다수 해석자가 긍정적으로 판단한다. 그러나 이 말씀에서 무엇보다 중요한 것은, 그리스도의 들어 올려짐의 의미임을 유의해야 한다.

는 의미에서 단지 총괄하고자 하는가? '에고 에이미'(ἐγώ εἰμι)를 '나다'로, 아니면 '나는 (그)이다'로 번역해야 하는가? 배경은 무엇인가?

두 가지 가능성을 논구할 수 있다. 하나는 그리스도가 하느님의 사자로서 '나는 … 이다'라고 말한다고 보는 것이다.[59] 여기서는 거의 모든 고대문화에서 널리 통용되던 사절 혹은 전령의 권한 — 이에 따르면 사절은 파견한 자를 대신하며, 제2의 그가 된다 — 이 그 배경이라고 설명한다. 그리스도는 파견되며 받은 사명의 관점에서 자신을 밝히며, 이 사명은 부가어가 따르는 '나는 … 이다' 언명들 안의 다양한 상징을 통해 뚜렷이 드러난다. 병존하는 더 포괄적인 둘째 가능성에 따르면, 절대적인 '나다/나는 나다/나는 있다' 언명의 배경은 구약성경의 계시 정식 '나는 야훼다'에 의해 규정지어져 있다. 구약성경에 다양하게 각인되어 나타나는 이 정식은 특히 8,58(하느님이 당신을 모세에게 계시하시는 탈출기 3,14에 기댐)과 8,24.28(이사 43,10-11 — "이는 너희가 깨쳐서 나를 믿고 내가 바로 그분임을 깨닫게 하려는 것이다. … 내가, 바로 내가 야훼다" — 에 기댐)의 배후에서 알아볼 수 있다.[60]

부가어가 붙은 '나는 … 이다' 언명들의 경우는 주로 사절 권한을 이해의 배경으로, 그리고 절대적인 '나다/나는 나다/나는 있다' 언명들의 경우는 주로 구약성경의 야훼 계시 정식을 이해의 배경으로 고려할 수 있다. 그러나 이것을 넘어 요한 복음서 구상의 고유한 특징을 항상 유의해야 한다. 하느님이 보내신 그리스도는 한 사자이지만, (고대의 사절 권한에서처럼) 사명 완수와 함께 불필요한 존재가 되지 않고, 오히려 영광스럽게 된다 (17,1-5; 13,31-32). 또한 그는 하느님의 말씀을 전해야 할 뿐 아니라 일(들)[61]을 완수해야 한다. '다 이루어졌다'(19,30)가 그의 마지막 말씀이다. 그리스

---

[59] 개관: SCHNACKENBURG, *Joh* II 60-61 — 요한 복음서 6,20은 마르코 복음서 6,50//과 상응한다.

[60] 이 견해를 확대 발전시킨 BÜHNER(*Der Gesandte*)는 절대적 '에고 에이미' 말씀은 예외인데, 시현 정식으로 해석할 수는 있다고 말한다(166). 참조: H. ZIMMERMANN, Das absolute Ego eimi als die ntl. Offenbarungsformel: *BZ* 4 (1960) 54-69.266-276; DODD, *Interpretation* 93-96; SCHNACKENBURG, *Joh* II 64-65.

도의 일은 물론 그의 말씀을 포함하고 또 그것을 넘어서니, 그의 죽음과 그가 행한 표징들까지도 포괄한다.

이로써 그리스도의 구원 활동이 그의 정체와 직결되어 있음이 암시된다. '나는 … 이다' 언명이 강조하고자 하는 것도 결국 이것이다. 구원의 상징들은 인간의 근본 체험들을 차용한다. 이 상징들은 거의 모두 구약성경의 상징 세계 안에, 그리고 다른 종교들 안에도 이미 있던 것이다. 이는 바로 상징들의 근본 성격과 관계 있다. 그러므로 이 상징들의 종교사적 유래 — 이를 밝히기 위해 기존 주석학은 엄청난 통찰력을 쏟아 부었다[62] — 보다 더 중요한 것은 이것들의 해석학적 해명이라 하겠다. 이 상징들은 넷째 복음서의 이원론적 구상의 틀 안에서 뚜렷한 윤곽을 획득한다. 구원은 비구원의 체험을 바탕으로, 구제는 절망적 실존의 체험을 바탕으로 경험할 수 있게 된다. 모든 이원론적 표현 방법은 인간 실존의 이 근본 상태를 이용하는데, 사실 인간은 통상 선善(예컨대 건강, 생명)을 잃었을 때 비로소 그 소중함을 사무치게 깨닫게 된다. 요한 복음서에서는 이 맥락이 뒤집어지며, 그로써 또한 극단화된다. 이 전도는 빛과 어둠의 은유에서 아주 뚜렷이 나타난다. 어둠은 빛이 비치기 시작할 때 비로소 고스란히 의식된다. 빛이 없다면 사람은 어둠을 정상상태로 여길 것이다. 이를 요한은 그리스도의 말씀으로 정식화하여 표현한다: "나는 빛으로서 이 세상에 왔다. 나를 믿는 사람은 누구나 어둠 속에 머무르지 않게 하려는 것이다"(12,46). "어둠이 지나가고 이미 참빛이 비치고 있기 때문입니다"(1요한 2,8).[63]

여기서 해나 다른 어떤 물리적 빛이 아니라 바로 구원에 관해 이야기하고 있음을 유의해야 한다. 빛은 정향定向 가능성, 목표 지향성, 근원과 목

---

[61] 일(ἔργον)은 (그리스도와 관련하여) 9번 나온다. 그런데 단수형과 복수형이 번갈아 나오는 특징이 있다.

[62] R. SCHNACKENBURG 주석서의 자료 풍부한 부설(附說) 참조.

[63] 빛-어둠 은유: S. AALEN, *Die Begriffe "Licht" und "Finsternis" im AT, im Spätjudentum und im Rabbinismus* (SNVAO.HF 1) (Oslo 1951).

적에 대한 통찰을 의미한다(참조: 요한 3,8; 8,14). 사람은 생명을 체험하고서
야 비로소 죽음이 무엇인지 알 수 있다고 말하는 것도 요한이 생각하는 이
전도라는 의미에서 타당하다. 그러나 곧장 덧붙여야 할 것은, 여기서도 육
신의 죽음에 관해 말하는 게 아니라는 사실이다. 여기서 내다보는 것은 참
죽음과 참생명이라고 말한다면, 방금 언급한 차원이 어느 정도 드러난다.
"나는 부활이요 생명이다"라는 구절은 이 참생명을 겨냥하고 있다. 참되지
않게 살아가는 사람들은 죽은 이들이다(5,25 참조). 참생명은 영원한 생명이
라고도 불린다. 참생명은 육신의 죽음의 극복을 포함하지만, 그 훨씬 이상
이다. 이 참생명이 이미 인간의 현세 실존을 규정짓고 있기에, 심지어 죽
음조차 부정될 수 있다(11,25-26). 이렇게 참생명의 힘과 충만함이, 현세 실
존에 대한 이것들의 작용에서도, 매우 강렬하게 표현되어 있다. 요한의 언
어는 상징들을 이용하지만, 그것들을 상세히 묘사하지는 않는다. 참생명
의 획득이 자신과 자기 믿음의 삶의 구현에 어떠한 결과를 낳을 수 있을지
를 탐구하는 일은 독자에게 맡긴다.

　빵과 관련된 '나는 … 이다' 말씀 — '나는 생명의 빵이다' — 은 이 참생
명과 관련되어 있다. 과연 이 빵은 살아 있는, 다시 말해 생명을 주는 빵이
다. 하늘에서 내려오신 분으로서 — 그의 선재가 암시되어 있다 — 그리스
도는 하느님이 주시는, 저세상으로부터 오는 생명을 전달하며 또 자신이
바로 그 생명이다(6,33.35).[64] 사람은 그리스도를 믿음으로써 이 생명을 제
것으로 얻는다. 여기서 상징 언어는 사실성에까지 밀고 나아가니, '이 빵을
먹음'이 믿음과 같은 의미가 된다: "이 빵을 먹으면(= 나를 믿으면) 영원히 살
것이다"(6,51). 생명에 대한 실존적 갈망의 원초적 표현인 굶주림과 목마름
은 오직 그리스도를 통해서만 충족될 수 있다(6,35).[65] 그러나 이것은 참생
명을 얻으려 애쓰는 사람에게만 해당된다. 물질적 생명의 갈구는 이것을

---

[64] 이 두 절의 요점 — 빵에서 그리스도로 넘어감 — 이 독일어 번역에서는 살아나지 못하
니, 그리스어에서 빵(ἄρτος)은 남성명사인데 독일어에서는 중성이기 때문이다.

[65] 형식 면에서 볼 때 약속은 '나는 … 이다' 말씀에 속한다. 참조: 8,12; 11,25; 14,6.

돋보이게 해 주는 부정적 박편薄片을 이룰 따름이다. 과연 이 갈구는 결코 목적을 이루지 못하며, 사이비 충족 이후에는 언제나 실망하고, 죽음으로 끝난다. 조상들 — 모세 세대를 가리킨다 — 이 이 생명 갈구의 보기를 제공해 준다: "너희 조상들은 광야에서 만나를 먹고도 죽었다"(6,49). 이 논증에서는 하늘에서 내려온 생명을 주는 빵(= 그리스도)과 만나가 맞세워질 뿐 아니라, 참생명 갈망과 사이비 생명 갈구도 대비된다. 후자로만 가득 차 있는 자들은 모세 세대 사람들처럼 수군거리고(6,41) 서로 다툰다(6,52). 그들이 예수를 찾아온 것은 어디까지나 빵을 배부르게 먹었기 때문이며(6, 26), 그를 억지로 자기네 임금으로 삼으려 한다(6,15).[66] 사마리아 여인 역시 충족될 수 없는 이 물질적 생명 갈구의 한 예이니, 그녀에게는 남편이 다섯이나 있었고 지금 함께 살고 있는 자도 남편이 아니다(4,18).

요한 복음서의 그리스도가 자신이 바로 그것이라고 선언한 문과 길은, 이원론적 구상에서 독점성이라는 의미를 획득한다. 이것들은 정향, '가다'(ὑπάγειν)와, 또한 그로써 빛-어둠 은유와도 관계가 있다: "어둠 속을 걸어가는 사람은 자기가 어디로 가는지 모른다"(12,35). 길을 안다는 것은 목적지를 알고, 어디서 와서 어디로 가는지(3,8: ποῦ ὑπάγει) 아는 것을 의미한다. 바로 그리스도 자신이 길이라는 점에서, 요한 복음서의 길 은유는 구약성경의 인생 여정 — 올바른 길을 염두에 두고 있다 — 개념뿐 아니라, 공관 복음서에 나오는 추종도 넘어선다. 이것의 의미와 그 독점성을 14,6이 잘 밝혀 준다: "나를 통하지 않고서는 아무도 아버지께 갈 수 없다."[67] 문 은유 역시 독점적으로 (생명으로의 통로로서) 이해해야 한다: "나는 문이다. 누구든지 나를 통하여 들어오면 구원을 받을 것이다"(10,9).[68▶] 또 다른 언명 "나는 양들의 문이다"(10,7)에서는 좀 다른 의미가, 즉 착한 목자의 정통성

---

[66] 예수는 이 강청(强請)을 거절한다(6,15ㄴ). 시나이 사본과 라틴어 사본들에는 "다시 산으로 **피해 가셨다**"로 되어 있는 것은 주목할 만하다.

[67] 길과 목적지는 같지 않다. BULTMANN(*Joh* 467)은 이 둘을 새로 얻은 실존 이해 안에서 일치시킨다.

이라는 의미가 공명共鳴하고 있다고 하겠다.

결속을 겨냥하는 '나는 … 이다' 언명에서 그리스도는 제자들과 관계 — 목자와 양 떼, 포도나무와 가지들 — 의 관점에서 당신의 정체를 드러낸다. 둘째 경우에는 제자들에게 대놓고 말한다: "너희는 가지다"(15,5). 적수나 반대 경우를 알려 주는 방식으로 이원론이 부각된다. 도둑과 강도와 낯선 자(10,1.5; 복수형으로는 10,8)가 착한 목자와 대비된다. 생명 부여와 죽음 부여가 나란히 있다. 착한 목자는 양들을 위해 제 목숨을 내놓는 데서 드러나는 반면, 도둑과 강도는 다만 훔치고 죽이고 멸망시키려 한다(10,10). 여기서 구체적으로 누구를 가리켜 말하든 간에, 생명 부여 대신 죽음 부여를 받아들일 가능성은 언제나 존재한다. 이 구상적具象的 묘사는 에제키엘서 34,11 이하의 책임을 망각한 못된 이스라엘의 목자들을 상기시키는데, 필경 거기서 영향을 받았을 것이다. 포도나무와 관련된 '나는 … 이다' 말씀에서 "참포도나무"(15,1)라는 낱말이 양자택일을 암시한다. 짐작건대 이 대목은 한 전승을 수용했는데, 요한 이전의 형태에서는 양자택일을 더욱 강조했을 것이다. 현재 형태에서는 강조점이 열매 맺음 사상에, 또 따라서 훈계에 있다.[69] 배경으로 짐작되는 것은 야훼의 포도나무인 이스라엘이라는 상징인데, 여러 종교에서 만나 볼 수 있는 생명나무 상징도 덧붙일 수 있겠다.[70]

또한 14,6에서는 그리스도가 진리로 지칭된다. 이 중요한 개념을 요한이 어떻게 이해하는지 고찰하자. 진리 개념은 공관복음서 저자들에게는 중요한 의미가 거의 없으나,[71] 넷째 복음서 저자는 신학적 핵심 개념의 하나로 끌어올렸다.

---

[68] 구약성경에서 가장 뜻이 가까운 구절은 시편 118,20이다: "이것이 야훼의 문이니 의인들이 그리로 들어가네." 참조: J. JEREMIAS: ThWNT III 179. 영지주의에는 더 비슷한 구절들이 있다. 참조: SCHWEIZER, Ego eimi 143 Anm. 14.

[69] 참조: J. HEISE, Bleiben (HUTh 8) (Tübingen 1967) 81 Anm. 169.

[70] 참고문헌: BULTMANN, Joh 407 Anm. 6. BORIG[Weinstock(각주 57 참조) 79-128]는 구약성경적 배경을 강조하는데, 옳다고 생각한다.

이 개념의 해석에는 논란이 많으나, 공통점들도 있다. 예컨대 연구자들은 진리는 예수의 정체와, 그리고 그의 역사歷史에서 성취되는 일과 따로 떼어 놓을 수 없다는 견해에 널리 일치한다. 또한 진리는 각별히 유의해야 하는 요한식의 근본 의미 외에도, 그 개념에 전통적으로 충만히 담겨 있는 많은 요소와 결부될 수 있다고 본다. 불트만[72]은 요한식 진리를 신적 실재 göttliche Wirklichkeit로 규정한다. 이 진리는 믿음 안에서 그리스도를 만날 때 사람에게 열리며, 그래서 동시에 계시이기도 하다. 사람은 진리를 받아들임으로써 무슨 가르침을 얻는 것이 아니다. 어떤 의미에서 진리는 내용이 없다. 진리를 받아들임으로써 사람은 자기 자신에 대한 새로운 이해를 얻고, 자신에게 선포되는 계시 말씀 앞에서 자기를 포기하는 결단을 내림으로써 새로운 실존 이해를 얻는다. 죄에 의해 규정지어진, 하느님을 멀리하는 지금까지의 삶과 대조되는 새로 얻은 실존은, 사람에게 자기 존재의 고유하고 참된 가능성을 열어 준다. 이제부터 그의 실존은 그 안에 하느님이 현존하시는 예수의 역사상 말씀에 의해 규정지어져 있다. 그렇다면 "나는 진리이다"라는 말씀은 그리스도가 분명히 드러난 신적 실재임을 의미하는데, 이 실재는 믿는 사람에게 생명을 선사하니, 그는 이제 자신이 하느님 안에 있음을 깨닫는다.[73]

흔히들 슈낙켄부르크[74]의 견해는 불트만의 견해와 별로 다를 게 없다고 생각한다. 슈낙켄부르크도 하느님의 실재Gottes Wirklichkeit가, 더 정확히 말하면 그분의 분명한 구원 의지와 구원 권능으로서의 하느님의 실재가 그리스도 안에서 나타난다고 말한다. 또한 슈낙켄부르크도 진리는 그것을 받아들이는 사람에게 무슨 이성적 가르침이나 깨우침을 전달해 주는 게

---

[71] 진리라는 낱말은 공관복음서에 모두 7번 나오는데, 그중 6번은 '진리 안에'라는 형태로 나타난다.

[72] *ThWNT* I 245-248.

[73] BULTMANN, *Joh* 468 참조.

[74] *Joh* II 265-281, 특히 273-279.

아니라, 그를 성화하고 하느님의 생명으로 가득 채운다고 말한다. 한 인간의 태도와 행동에서 그가 진리 — 혹은 거짓 — 에 바탕하고 있는지가 드러난다. 다시 말해 인간은 자신의 윤리적 태도와 행동에서 역사적으로 계시된 하느님의 실재에 의해 규정지어져야 한다. 불트만과의 차이점은 슈낙켄부르크가 진리를 (주관적) 실존 이해 속으로 용해시키지 않으며, 진리를 그것의 (객관적) 소여성所與性 안에 보존되어 있는 것으로 보고 싶어 한다는 데 있다. 슈낙켄부르크는 이 차이를 영지주의 진리관 — 이에 따르면 진리는 새로운 자아 이해와 실존 이해로 귀결된다 — 과 유다교(특히 쿰란) 진리관 — 계시된 진리는 토라(율법) 안에 보존되어 있다 — 의 대비를 예로 들어 명시한다. 이와 유사하게 그리스도 교회도 하느님이 인간 구원을 위해 계시하신 모든 진리가 하느님의 종말 사자인 예수 그리스도 안에 보존되어 있다고 본다. 그러므로 요한의 진리 개념은 불트만이 말하는 영지주의 진리 개념이 아니라 유다교 진리 개념과 부합한다. 요한 복음서 14,6은 그리스도가 생명으로 인도하는 진리를 계시하며, 또 그 진리를 받아들이는 사람에게 참생명을 전달함을 의미한다.[75]

블랑크[76]도 진리를 인간이 새로운 실존 이해의 가능성으로서 얻는 진리가 아니라, 예수 안에 나타난 진리로 이해한다. 계시는 사람들을 진리 문제와 맞닥뜨리게 하는데, 여기서 말하는 진리는 순전히 과학적 성격의 외적 진실이나 개인적 확신이라는 의미의 진리가 아니다. 계시는 진리로서 말을 한다. 진리 주장과 함께 계시 주장이 주어져 있다. 그래서 블랑크에게는 1,14의 육화 언명이 결정적 언명이 된다. 블랑크는 진리를 하느님의 실재로 설명하는 것을 삼간다. 그가 그렇게 하는 까닭은, 마찬가지로 요한의 진리 개념에서 일정한 내용성을 박탈하고 싶지 않기 때문이라고 하겠다. "진리의 장소와 바탕은 육신이 되신 로고스다. '무엇'에 대한, 계시의

---

[75] *Joh* III 73.

[76] Der johanneische Wahrheits-Begriff: *BZ* 7 (1963) 163-173.

내용에 대한 모든 물음은 결국 이 나자렛 예수라는 존재에 대한 물음에 귀착된다."[77]

사실상 요한의 진리 개념의 고유한 특징은 그리스도론적 첨예화에 있다. 예수 안에서 하느님이 당신을 열어 보이셨다는 것이 '나는 … 이다'/'나다' 언명의 핵심 의미다. 하느님께 대한 예수의 관계가 주제다. 이 관계는 요한에게서 다양한 방식으로 표현되며 그래서 육화 언명에 국한될 수 없으나, 아무래도 여기서 심층 차원을 보유한다. 물론 육화 언명은 신학적 논쟁 수단 이상의 것이니, 신앙의 통찰의 표현이다. 동시에 유념할 것은, 진리는 빛 · 생명 · 부활 · 길과 나란히 나오며, 이 개념들과 밀접한 관계에 있고 거의 이것들과 교체될 수 있다는 점이다. 진리는 인간들을 위해 여기 있고, 그들의 구원을 위해 나타나 있다. 진리는 인간들을 자신의 의미 안에서 규정짓고자 한다. 이런 의미에서 인간은 진리를 실천해야만 한다고 말할 수 있다(3,21 참조). 이 진리는 이런저런 — 아무리 중요할지언정 — 끄집어낼 수 있는 진리를 말하는 게 아니다. 진리가 언제나 단수형으로 말해진다는 사실을 항상 유의해야 한다. 요컨대 그리스도는 세상의 빛이듯, 진리다. 이 맥락들은 요한 1서에서 계속 상응하여 숙고되니, 그리스도와의 친교가 진리를 실천함과 동일시된다(1요한 1,6). 여기서는 진리가 이단의 거짓과 맞세워지는데(2,21-25), 이는 일정한 정식화를 의미한다. 그럼에도 아버지에 대한 아들의 관계가, 또 따라서 본질적인 문제가 논쟁점이 되어 있음을 짐작할 수 있다.

3.2 사자使者

요한의 그리스도론은 무엇보다도 '사자 그리스도론'이다. 이는 예수가 하느님으로부터 인간에게 왔다는 것, 인간은 저세상으로부터의 말씀인 예수

---

[77] 같은 책 167.

말씀과 맞닥뜨린다는 것을 의미한다. 이 파견이 거듭 언급되는데, 표현들은 약간씩 바뀌며 정형적 특성을 획득한다. 파견하시는 분은 하느님 또는 아버지다[78](6,57에서 한 번 '살아 계신 아버지'라고 한다); '나를 보내신 분'($\acute{o}$ $\pi\acute{\epsilon}\mu\psi\alpha\varsigma$ $\mu\epsilon$)은 일종의 하느님 칭호가 된다.[79] 주목할 것은, 대부분의 경우 그리스도 자신이 이 파견을 정식적으로 표현한다는 점이다: "아버지(하느님)께서 저를 보내셨다[는 것을 믿게 되었습니다]", 또 고별기도에서 "아버지께서 저를 보내셨다[는 것을 세상이 믿게 하십시오]".[80] 등장하는 그리스도론적 칭호는 언제나 '아들'(요한 3,17; 5,23; 1요한 4,14), '당신의 아들' 또는 '당신의 외아들'(1요한 4,9-10)이다. 파견 목적지는 세상인데, 인간 세상으로 이해할 수 있다.[81] 파견을 나타내는 동사로는 $\acute{a}\pi o\sigma\tau\acute{\epsilon}\lambda\lambda\omega$와 $\pi\acute{\epsilon}\mu\pi\omega$[82]가 사용된다. 후자가 더 엄숙하다. 독일어로 구별하면 (동사의 명사화를 통해) 보내진 자 der Gesendete와 사자der Gesandte로 옮길 수 있겠다. '사자'는 공식적으로 위임받은 자에 대한 지칭이다.

하느님에 의한 이 세상으로의 예수 파견은 예수에 의한 제자들 파견으로 이어진다: "아버지께서 저를 세상에 보내신 것처럼 저도 이들을 세상에 보냈습니다"(요한 17,18). 여기에는 이미 부활 이후의 성령-파라클레토스 파견이 암시되어 있다고 하겠는데, 아버지와 아들이 부활 이후 파견하고자 하시는 성령이 제자들을 떠받치고 이끌 것이다.[83]

하느님 사자로서의 예수의 사명은 그 사명의 근원, 수행 그리고 목표와 관련하여 자주 언급된다. 여기서 예수가 사명을 부여하신 분, 아버지의 뜻에 온전히 정향되어 있음이 드러난다. 예수는 자기 뜻이 아니라 자신을 보

---

[78] 하느님: 요한 3,17.34; 1요한 4,9. 아버지: 요한 5,36-37; 6,44; 8,18; 12,49.

[79] 요한 4,34; 5,24.30; 6,38 등.

[80] 요한 17,8.21 등.

[81] 요한 3,17; 10,36; 17,18 등.

[82] $\pi\acute{\epsilon}\mu\pi\omega$는 요한 복음서에서만 사용되고, 요한 1서에는 나오지 않는다.

[83] 성령-파라클레토스 파견에는 $\pi\acute{\epsilon}\mu\pi\omega$가 사용된다: 요한 14,26; 15,26.

내신 분의 뜻을 실천하고(6,38) 그분의 일을 완수하기 위해(4,34) 하늘에서 내려왔다. 예수는 아버지를 대리하므로 그를 공경하지 않는 자는 누구나 그분을 공경하지 않는 것이다(5,23). 예수를 믿는 이는 그를 보내신 분을 믿는 것이다(12,44). 이 교호적交互的 정체성은 나아가 이렇게 표현될 수 있다: 예수의 말씀을 듣는 것과 그를 보내신 분을 믿는 것은(5,24) 결국 같은 일이된다. 아버지는 예수에게 그가 말하고 이야기해야 할 것을 명령하셨다(12,49). 7,18의 격언 같은 말씀은 거짓 사자는 자신의 영광을 찾고 참된 사자는 그를 보내신 분의 영광을 찾는 데서 서로 구별됨을 밝혀 준다. 예수는 '자기 스스로 온' 것이 아니다(8,42).

예수 파견의 목적은 믿음이다.[84] 예수 파견의 이 목적이 곧 그의 파견에 대한 믿음이라는 것은, 요한의 어법에 온전히 부합한다. 이른바 유사어 반복이 예수의 파견 주장을 강조한다. 이루어져야 할 일인즉, '아버지께서 저를 보내셨다는 것'을 세상이, 인간들이 믿는 것이다(17,8.21-22). 이 믿음은 또한 예수에 대한 믿음으로 규정될 수 있거니와, 이것은 곧 하느님이 파견하신 분에 대한 믿음이다(6,29; 17,3).

문제는, 이 모든 언명이 유다 · 동방 사절권使節權의 범위 안에 충분히 포섭되느냐 하는 것이다.[85] 언급된 측면들은 사절권의 내용과 유사점들을 가지고 있으니, 여기서 사절은 그를 파견한 사람을 대신한다는 것이 근본 원칙으로 통용된다. 사절이 사명 부여자에게 사태의 전말을 보고하고 책임을 져야 하듯이(요한 17장의 고별기도 참조), 예수 또한 지상 사명을 완수한 뒤 자신을 파견하셨던 분께 돌아간다(7,33). 하지만 파견되는 이가 아들, 외아들이라는 사실은 통상적 사절권을 넘어선다. 또한 예수는 많은 아들 중 하나가 아니라, 파견하시는 아버지와 유일무이한 관계에 있는 아들이다.

---

[84] 목적을 나타내는 파견 언명들에서 동사는 언제나 *ἀποστέλλω*가 사용된다.

[85] BÜHNER, *Der Gesandte*의 명제다. 참조: E. HAENCHEN, "Der Vater, der mich gesandt hat": DERS., *Gott und Mensch* (Tübingen 1965) 68-77; J.P. MIRANDA, *Der Vater, der mich gesandt hat* (Bern - Frankfurt a. M. 1972).

또한 "나를 보는 사람은 나를 보내신 분을 보는 것이다"(12,45) 같은 말씀은 사절권의 범위 안에 전혀 편입되지 않는다. 아버지를 뵙게 해 주십사는 제자들의 청은 헛되지 않으니, 예수를 봄으로써 이미 성취되었기 때문이다(14,8-9). 여기서 봄은 믿음과 같은 의미인데, 그러나 지상 예수에 정향된 봄이다. 5,17은 법률적 범주들을 넘어선다: "내 아버지께서 여태 일하고 계시니 나도 일하는 것이다." 이 말씀은 예수의 치유가 안식일 계명을 거스른다는 비난에 대한 응답이다. 요컨대 예수의 (그리고 아버지의) 일은 인간의 구원과 회복을 겨냥하고 있다.[86] 근본적으로 중요한 것은 아버지와 아들 일의 동일성인데, 이것은 다음과 같이 설명된다: "아버지께서 하시는 것을 보지 않고서 아들이 스스로 할 수 있는 것은 하나도 없다. 그분께서 하시는 것을 아들도 그대로 할 따름이다"(5,19).[87] 예수의 일에서 하느님의 일이 체험될 수 있고, 드러난다. 계시, 예수 안에서의 하느님 계시라는 범주는 타당한 범주다. 예수의 말씀과 행동에 대한 적수들의 반응은 상황에 적중한다: 예수가 하느님을 자기 아버지라고 하면서 자신을 하느님과 대등하게 내세운다는 것이다(5,18).

파견은 선재를 내포한다.[88] 아들은 하늘에서 내려오고(6,38), 그리로 돌아간다(7,33). 파견되기 전 아들은 아버지 곁에 있었다(7,29: "그분에게서"). 아버지는 아들을 '거룩하게 하시고' 성령으로 가득 채워 주신다(10,36).

요한계 문헌이 그리스도론적 파견 사상을 개진하면서, 우리가 바오로에게서 확인할 수 있었던 것처럼, 필경 기존 전승에 의존하고 있음을 유의해야 하겠다.[89] 이 전승은 한 파견 정식에 담겨 있었는데, 가장 근사近似한 것

---

[86] 참조: SCHNACKENBURG, *Joh* II 126-127은 일(Wirken) 대신 노동(Arbeiten)(물론 ' ' 속에 넣는다)에 관해 말함으로써, 안식일 치유와의 관련성을 강조한다.

[87] 이 문장은 비할 바 없는 공동성과 복종을 동시에 표현한다. 여기서 현재형 표현에 유의해야 한다.

[88] 이 점에서 예수 파견은 세례자 요한의 파견(1,6)과 본질적으로 다르다. 이 대비에서는 시간이라는 요소가 중요한 구실을 한다(1,15).

[89] 이 책 ②1 1.2 참조.

을 요한 1서 4,9-10에서 찾아볼 수 있다: "하느님의 사랑은 우리에게 이렇게 나타났습니다. 곧 하느님께서 당신의 외아드님을 세상에 보내시어 우리가 그분을 통하여 살게 해 주셨습니다. …"(요한 3,16-17 참조).[90] 선재, 파견 그리고 파견 목적의 언명은 구조적 요소들을 이룬다. 아들 칭호가 이것들에 각인되어 있다. 파견 정식의 맥락에서 구원의 보편성이 강조되는 것이 눈길을 끈다. 정식이 반복되면서 요한 1서 4,14에서는 하느님이 아들을 세상의 구원자로(4,10에서는 우리 죄를 위한 속죄 제물로) 보내셨다고 말하고, 요한 복음서 3,17에서는 "하느님께서 아들을 세상에 보내신 것은, 세상을 심판하시려는 것이 아니라 세상이 아들을 통하여 구원을 받게 하시려는 것이다"라고 한다. 이 언명들에서 뚜렷이 드러나는 것인즉, 파견은 죽음에 이르기까지 아들의 온 생애를 포괄한다는 사실이다. 고별기도에 따르더라도 파견과 보편적 구원은 긴밀히 결부되어 있다(17,21.23).[91]

아들의 파견은 하느님 사랑의 나타남, 계시다(1요한 4,9).[92] 그런데 여기에는 아들의 길 전체가 포괄되어야 하기에, 죽음 안에서 목숨을 내어 줌은 그분 사랑의 각별한 표현임을 깨달을 수 있다. 격언식으로 표현하자면, "친구들을 위하여 목숨을 내놓는 것보다 더 큰 사랑은 없다"(요한 15,13)고 하겠다. 아들이 '우리를 위하여' 목숨을 내놓은 사실에서 우리는 사랑을 깨달아야 한다(1요한 3,16). 이 사랑이 아버지의 사랑이며 또한 아들의 사랑이라는 것은 시사하는 바가 크다. 사랑이 더 상세히 규정되어 있지 않은 — 흔히들 인칭대명사가 붙은 '그분의 사랑'을 예상할 것이다 — 까닭은 필경, 이 사랑이 아버지 사랑과 아들 사랑이 함께하는 또는 그 안에서 이 둘이 표현되고 인식되는 신적 사랑이기 때문이라 하겠다. 이런 관점에서 보건

---

[90] 요한 1서 4,9-10은 추가적으로 요한 복음서 3,16-17에 의존하고 있다. 하느님의 사랑, 생명은 요한계 문헌의 각별한 모티브다.

[91] BECKER(*Joh* II 526)는 여기서 보편 구원 사상을 교란 요소로 여긴다.

[92] 사랑이란 주제: G. EICHHOLZ, Glaube und Liebe in 1. Joh: *EvTh* 4 (1937) 411-437; J. CHMIEL, *Lumière et charité d'après la Première Épître de s. Jean* (Rom 1971).

대, 아들의 목숨 내어 줌은 어디까지나 이 사랑의 표현이며, 그 배경에 (인간들의 죄가 당신에게 가한 모욕의 상쇄를 위해 목숨의 희생을 요구하셨다는) 복수하는 하느님상像 따위가 있는 게 아님이 분명하다. 오히려 아들은 하느님 사랑의 계시자로서 온전히 아버지 편에 서 있다.

하느님 (또는 아버지)의 사랑과 아들의 사랑은 다른 구절에서도 호환 가능한 것으로 나란히 나온다. 아들이 제자들을 사랑하듯(요한 13,34; 15,9.12) 하느님도 제자들을 사랑하신다(요한 14,23; 17,23; 1요한 4,10 등). 이 두 사랑은 향하는 곳이 세상이라는 데서도 일치한다. 그러나 파견 사상에서 관찰했던 것과 유사한 구별은 주목할 만하다. 그래서 사랑과 파견은 서로를 해석해 준다. 사랑은 (파견처럼) 그 원천이 하느님이다. 요한 1서 4,8.16은 말한다: "하느님은 사랑이십니다."[93] 이는 일종의 본질 언명이다. "사랑은 하느님에게서 오는 것이기 때문입니다"(4,7). 아들의 파견에서 하느님의 사랑이 나타나거니와(4,9), 그는 하느님이 세상 창조 이전부터 사랑하신 아들이다(요한 17,24). 하느님은 당신 아들을 내주셨다(3,16). 하느님은 똑같은 방식으로 큰 사랑을 베풀어 주셨다(1요한 3,1).[94] 이 둘은 동일하니, 이는 예수 고별기도의 마지막 말씀에서도 추론된다: "아버지께서 저를 사랑하신 그 사랑이 그들 안에 있고 저도 그들 안에 있게 하려는 것입니다"(요한 17,26).

이로써 사랑과 파견이 그 궁극목적을 성취한 것은 아니다. 아들 파견이 필연적으로 세상으로의 제자들 파견으로 이어지듯, 아버지의 사랑을 받는 아들의 사랑은 제자들의 사랑 안에서 속행되어야 한다. 이로써 제자들은 사랑의 능력뿐 아니라 의무도 지니고 있다. 예수는 사랑을 새 계명(요한 13,34), 나의 계명(15,12)이라 부른다: "이것이 나의 계명이다. 내가 너희를 사랑한 것처럼/때문에(καθώς) 너희도 서로 사랑하여라." 이어 주는 낱말

---

[93] 사랑에 관사가 없는 것에 유의해야 한다. 주어-술어 관계와도 관련되는 포괄적 숙고들: H. SYMANOWSKI (Hrsg.), *Post Bultmann locutum – Eine Diskussion zwischen H. Gollwitzer und H. Braun* (ThF 37) (Hamburg - Bergstedt 1965) 31(BRAUN은 관사를 붙이는데, 이는 잘못이다); E. JÜNGEL, *Gott ist Liebe: Festschrift für E. Fuchs* (Tübingen 1973) 193-202.

[94] 요한 1서 3,1의 표현 뒤에서 '아들을 내주심'을 알아보아도 될 것이다.

$\kappa\alpha\theta\omega\varsigma$는 두 가지 뉘앙스 — 본보기와 바탕(둘 다 예수의 사랑이다)에 대한 지적[95] — 를 지니고 있다. 이 계명을 새롭다고 말하는 까닭은 그 내용 때문이 아니라(사랑의 계명은 거의 모든 종교에 존재한다),[96] 이 계명이 아버지의 사랑인 예수의 사랑 안에 주어져 있고 또 거기서 도출되기 때문이다.[97]

예수의 이 사랑이 제자들 가운데서 어떻게 구체화되는지 또는 구체화되고자 하는지가 요한계 문헌에는 공관복음서 — 예컨대 산상 설교 — 에서처럼 선명히 묘사되어 있지 않다. 그러나 몇 가지 인상적인 예가 있다: 첫째로 제자들 세족洗足 장면을 떠올릴 수 있다. 세족은 가장 천한 노예 시중의 하나였다. 예수는 자신의 파견이 속행되어야 한다는 생각에 상응하여, 자기 행동의 본받음을 촉구한다: "너희가 나를 '스승님', 또 '주님' 하고 부르는데, 그렇게 하는 것이 옳다. 나는 사실 그러하다. 주님이며 스승인 내가 너희의 발을 씻었으면, 너희도 서로 발을 씻어 주어야 한다. 내가 너희에게 한 것처럼($\kappa\alpha\theta\omega\varsigma$) 너희도 하라고, 내가 본을 보여 준 것이다"(요한 13,13-15). 여기서도 사랑의 봉사를 할 수 있는 능력의 부여를 읽어 낼 수 있다. 덧붙여 언급해야 할 것은, 방금 인용한 구절 바로 다음에 제자들의 파견에 관한 말씀이 나오는데, 제자들이 넷째 복음서에서는 여기서만 사도/파견된 이($\alpha\pi\sigma\tau\sigma\lambda\sigma\varsigma$)로 불린다는 사실이다(13,16).[98]

예수가 제자들에게 행한 세족[99]은 십자가형刑과도 관계가 있다. 세족은 십자가에 달린 분의 사랑의 헌신을 상징적으로 선취한다. "제 발은 절대로

---

[95] 참조: BAUER - ALAND, *Wörterbuch* 794 — 요한 1서 4,10-11에서 제자들의 사랑의 능력과 의무는 곧장 하느님의 사랑에, 이를테면 그리스도의 사랑을 건너뛰어, 소급된다. 그러나 여기서도 아들의 파견을 언급한다.

[96] GNILKA, *Jesus* 228-231 참조.

[97] 참조: O. PRUNET, *La morale chrétienne d'après les éscrits joh* (Paris 1957) 96-107; C. SPICQ, *Agapé dans le NT III* (EtB) (Paris 1959) 170-180.

[98] 여기서 사도/파견된 이라는 개념은 온전히 기능적이므로, 전문 용어로 알아들어서는 안 된다.

[99] 참조: G. RICHTER, *Die Fußwaschung Jesu im Johannesevangelium* (BU 1) (Regensburg 1967); M.É. BOISMARD, Le lavement des pieds: *RB* 71 (1964) 5-24.

씻지 못하십니다"(13,8)라는 시몬 베드로의 거부반응은 그가 감지한 이 사랑의 헌신 요구와 관련되어 있는데, 이 요구는 그에게 사랑의 능력과 의무를 부여하고자 한다. 이 관련성은 요한 1서 3,16에서 뚜렷이 드러난다: "그분께서 우리를 위하여 당신 목숨을 내놓으신 그 사실로 우리는 사랑을 알게 되었습니다. 그러므로 우리도 형제들을 위하여 목숨을 내놓아야 합니다." 물론 이 지향은, 일차적으로는 포악한 죽음을 겨냥하고 있지만, 그것에 한정해서는 안 된다. 사랑의 계명은 요한 1서에서, 특히 이 세상 재물을 넉넉히 가지고 있는 부자들과 관련하여, 구체적으로 해석된다. 부자들은 궁핍한 형제들과 재물을 나누도록 촉구받는다. 이 일을 하지 않는다면, 그들의 하느님 사랑은 의심스럽게 된다(3,17). 하느님 사랑과 이웃 사랑의 이 실제적 결부는 4,20에서도 찾아볼 수 있으니, 형제 사랑은 하느님 사랑의 입증·신빙성·진정성을 나타낸다. 요한계 문헌의 이 실제적 형태 안에, 율법의 총괄 요약인 하느님 사랑과 이웃 사랑에 관한 공관복음서 전승(마르 12,28-34// 참조)이 존속하고 있다.

이웃 사랑 계명에 대한 요한의 해석에서 특징적인 것은 형제 사랑에 집중하는 것이다. 요한 복음서에 교회 구성원에 대한 지칭으로 단 한 번(21,23) 나오는 형제라는 명칭이 요한 1서에 각인되어 있다. 그러나 요한 복음서 20,17에서 부활하신 주님이 제자들을 당신 형제들이라 부른다. 요한 1서의 모습은 또한 형제라는 명칭이 거의 언제나 형제 사랑의 촉구나 그 반대인 형제 증오에 대한 경고 — 예로 카인의 형제(동생) 살해를 지적한다(3,12) — 와 결부되어 사용된다는 사실에 의해서도 규정지어져 있다.[100] 요한의 교회가 자신을 형제들의 모임으로 이해했음이 분명하다. 동일한 관념이, 비록 형제라는 명칭은 거의 나오지 않지만, 복음서에도 나타난다. 여기서 — 전적으로 제자들과 관련하여 — 요구는 서로 사랑하라는 것이다(참조: 13,34; 15,12). 또한 그리스도가 세상에 있는 당신의 사람들을 끝까지/

---

[100] 형제를 위해 목숨을 내놓음이 덧붙여진다(3,16). 유일한 예외는 5,16인데, 여기서는 죄 짓는 형제를 위한 전구에 관해 언급한다.

지극히(εἰς τέλος) — 두 번역 모두 가능하나, 후자를 우대해야 한다 — 사랑하셨다는 세족 전 언급도 유의해야 한다(13,1). '그분의 사람들'이라는 개념은 형제들의 모임이라는 관념과 상응한다.

요한계 문헌은 일종의 분파적 비밀결사 윤리를 내세우고 있는가?[101] 요한계 문헌에 원수 사랑 계명이 명시적으로 나오지 않는다는 지적은 옳다. 그렇다고 이 계명이 배제되어 있는가? 요한계 문헌이 쿰란처럼 원수 증오 계명에 관해 말하는 것은 물론 아니다. 그러나 요한식 이원론은 쿰란이 주창하던 이원론과 유사하다고 간주된다. 하지만 사실인즉, 단지 제자들에 대한 세상의 증오에 관해 말하고 있을 따름이다(15,18-19; 17,14).

무엇보다도 형제 사랑이 제자들의 특징으로 드러나야 한다: "너희가 서로 사랑하면, 모든 사람이 그것을 보고 너희가 내 제자라는 것을 알게 될 것이다"(13,35). 이 말씀은 거의 선전하는 증언으로 이해해야 한다. 모두가 이 특징을 알아보게 되어야 한다는 점에 유의해야 한다.

이로써 파견 사상과 사랑의 헌신의 병행 구조가 다시금 지적되었다. 아들 파견은 세상에 정향되어 있다. 제자들 파견도 마찬가지다. 이 병행성의 관점에서 보건대 3,16-17에 하느님의 세상 사랑과 세상으로의 아들 파견이 나란히 나오는 것은 그야말로 필연적이다. 하느님의 사랑은 무제한적 사랑이다. 그러나 이 사랑은 (앞에서 살펴보았듯이) 아들과 동일시되기 때문에, 또 아들이 세상에 의해 배척되고 오직 제자들에게만 받아들여졌기 때문에, 사랑이 제자들에게 집중되어 있는 듯 보이는 것이다.

요한 1서에서 형제 사랑 계명은 이원론적 구상과 결부된다. "자기 형제를 사랑하는 사람은 빛 속에 머무릅니다"(2,10). 그러나 사랑하지 않는 자는 죽음 속에 머물러 있다. 사랑하는 사람은 죽음에서 생명으로 건너간 것이다(3,14). 사랑이 하느님에게서 오듯이, 사랑하는 사람은 모두 하느님에게

---

[101] 이 관점에 근거한 비판들: W. MARXSEN, *"Christliche" und christliche Ethik im NT* (Gütersloh 1989) 263; M. RESE, Das Gebot der Bruderliebe in den Johannesbriefen: *ThZ* 41 (1985) 44-58. 논쟁: KLAUCK, *1 Joh* 277-282.

서 태어났고 그분을 알 수 있다(4,7). 하느님은 실로 사랑이시다. 그러므로 사랑하는 사람은 하느님에게서 태어난 다른 이들도 사랑한다(5,1). 형제 사랑이 근본적으로 중요하게 된다. 사랑은 세상으로부터 비롯하지 않는다. 하느님과 세상은 사랑의 영역과 미움의 영역으로 서로 맞서 있다. 세상 안에 있음이 세상으로부터 비롯함을 의미하는 것은 아니다. 처음부터 속박되어 있는 사람은 아무도 없다. 세상 안에 있음과 세상에 대한 사랑도 구별해야 한다. 후자는 물론 하느님의 세상 사랑과는 다른 것을 의미한다. 세상 안에 있으면서 세상을 그리고 세상 안에 있는 것들, 즉 육의 욕망과 눈의 욕망과 살림살이에 대한 자만을(2,15-16) 사랑하는 자는 '세상으로부터 비롯한' 자가 된다. 그는 세상의 본성을 따르니, 이것은 하느님의 본질과 상치되며 그분을 결코 인식할 수 없다. 이런 세분화된 배경에서 형제 사랑을, 또는 사랑이 한정적으로 보이는 형제를 향하는 마음을 판단해야 한다. 우리에게 요구되는 것은 보편적 사랑에 대한 무제한 자유로운 관점이 아니다. 사람은 누구나 사랑을 위한 변화, 새 창조, 다시 태어남이 필요하다. 이를 위해 사랑의 증거를 통해 그를 도와주어야 한다.

3.3 영도자인 인자人子

요한 그리스도론의 다층성은 다양한 그리스도론적 존칭의 사용에서만이 아니라, 그것들을 이용하여 독자적 사상들을 개진하는 데서도 드러난다. '인자 그리스도론'은 고유한 어휘 영역을 지닌다. '아들'이 파견 사상과 결부되어 있는 데 반해, 인자와 관련해서는 이 사상이 전혀 등장하지 않는다. 이 점은 파견이 복음서와 서간을 포괄하는 요한 그리스도론의 한 가지 본질적인, 아니 가장 인상적인 특징이기에, 그만큼 더 주목해야 한다.

인자 개념과 그 어휘 영역은 복음서에 집중되어 있다. 덧붙여 오직 예수가 인자인 자신에 관해 말한다. 부정적으로 표현하면, 아무도 예수를 인자라고 고백하지 않는다. 인자 상동相同 관계Homologie — 예컨대 '인자 예수'

— 는 요한에게서도 발견되지 않는다. 태생 소경 치유 사화의 결말은 신앙 고백 장면으로, 혹은 필경 더 낫게는 인식 장면으로 양식화되어 있는데, 각별한 중요성을 부여해야 마땅하다(9,35-38). 그러나 애석하게도 이 이야기 에도 상동 관계는 나오지 않는다. 인자라는 낱말이 예수의 말씀에 집중되 어 있다는 점에서 요한은 공관복음서 저자들과 일치한다. 이것은 이 의존 성을 간과할 수 없다는 사실에 대한 중요한 지적으로 여겨질 수 있다.

인자 개념의 고유한 어휘 영역은 세 동사 — 들어 올리다, 영광스럽게 하다, 올라가고 내려오다 — 에 의해 규정지어진다. 이 낱말들은 우선 분 명하고 각별하게 위로의, 하늘로의 방향을 가리킨다. 하늘의 반대 방향은 내려감($\kappa\alpha\tau\acute{\alpha}\beta\alpha\sigma\iota\varsigma$)이라는 낱말 안에 포괄된다. 이로써 이미 예수가 천상에 존재했던 인자로, 저세상에서 온 분으로, 또 그리로 다시 돌아가는 분으로 파악되고 있음이 암시된다. 동시에 들어 올림은 언제나 수동태로 하느님 에 의한 들어 올려짐이나(3,14; 12,32.34) 능동태로 인간들이 들어 올림으로 (8,28) 제시되며, 영광스럽게 함은 하느님에 의해 영광스럽게 됨으로(12,23; 13,31)[102] 제시되어 있음을 덧붙여 말해 두어야겠다. 들어 올림과 영광스럽 게 함이 예수'에게' 일어난다. 그러나 올라가고 내려옴은 인자로서의 예수 의 전권에 그 바탕이 있다(3,13; 6,62; 참조: 1,51). 이는 또한 예수가 이미 인자 로서 세상에 옴을 의미한다. 예수는 세상 내림來臨을 통해 인자가 되는 게 아니다. 인자는 인간이나 육화에 대한 우회적 표현이 아니다.[103] 요컨대 예 수는 인자로서 하느님 곁에 선재했다. 아무튼 들어 올림과 올라가고 내려 옴은 전적으로 인자와 결부되어 있다.[104] 이 결부에서 고유한 특징을 알아

---

[102] 인자 칭호와 관계없이, 아버지가 예수 또는 아들을 영광스럽게 한다는 사상이 능동태 로 표현되는 경우도 있다(8,54; 13,32; 17,1.5).

[103] 아마도 사람들을 당혹게 하는 이 확인은 유다교 묵시문학의 인자 표상의 기원과 관련이 있다. 거기서 인자는 본디 어디까지나 천상적 존재로 생각되었다. '인자'라는 명칭은 그가 외 적으로 나타난 모습을 표현하는 것이지, 그의 지상적 유래를 표현하는 것이 결코 아니다. 인 자에 관한 제 문제: W. BRACHT, Der Menschensohn (Diss. München 1972).

[104] 영광스럽게 함은 아들 칭호와도 결부된다(11,4; 17,1).

보아야 하겠다. 인자에게 심판의 권한이 주어진다는 것은(5,27) 인자 개념의 묵시문학적 기원에 부합한다. 과연 인자에 관한 필경 가장 오래된 언급인 다니엘서 7장의 문맥이 이미 하느님의 법정에 관해 말한다(7,10-14).[105] 인자 개념이 성찬례 전승에 나오는 것은 뜻밖이다(요한 6,53: 인자의 살과 피; 6,27 참조). 인자의 내려옴·올라감·들어 올림이 전형적 언명들로 여겨질 수 있다면, 종말 심판과 성찬례의 결부는 인자 전승 안에도 다양성이 있음을 암시해 준다. 미래적 종말론과 성사聖事는 사실 넷째 복음서에서 특수한 문제를 형성하고 있다.

연구 현황을 두루 살펴보건대 지금까지 너무나 적게 강조되어 온 것이 있으니, 인자는 넷째 복음서에서 번번이 구약성경의 상징들과 연결된다는 사실이다.[106] 이 상징들은 특히 인자의 활동을, 그를 통해 전달되는 구원을 묘사하는 데 이용된다. 암시되어 있는 그런 주요 상징들은 야곱의 사다리(1,51), 모세의 구리 뱀(3,14), 죽은 이들을 무덤에서 데려 나옴(5,25-27), 만나 식사(6,27) 등이다.[107] 12,34에서는 율법 이해와 연계하여 인자에 관해 유다인들과 논쟁이 벌어진다.

구약성경과 관련된 이 상징들은 더 나아가 요한의 인자 언명들을 한 특정 관점(단지 외면적일지언정) 아래 총괄할 수 있는 가능성을 보여 준다고도 하겠다. 사실 이 가능성은 논란 중에 있다. 주제상으로 보건대 (두 가지 예만 들자면) 심판 사상[108]에, 또는 인자를 통해 전달되는 구원[109]에 그런 총

---

[105] 에티오피아어 에녹서의 상징 말씀들은 더 명확히 표현한다. 62,5에 따르면 인자는 자신의 영광의 옥좌에 앉는다. VOLZ, *Eschatologie* 274-277 참조.

[106] S.S. SMALLEY[in: *Jesus und der Menschensohn* (FS A. Vögtle) 300-313]는 요한 복음서 1,51의 해석에서 구약성경의 자취를 너무 많이 찾아낸다. 그 밖에 중요한 것은 그때그때 인상 깊은 상징을 유념하는 일이다.

[107] BORGEN, *Bread* 곳곳 참조.

[108] BECKER, *Joh* I 142-143. 십자가형과 들어 올림이 하나로서, 동시에 세상에 대한 심판을 의미한다는 점에서 그렇다.

[109] SCHNACKENBURG, *Joh* II 321.

괄 가능성이 있다. 그러나 이 둘은 서로 그렇게 멀리 떨어져 있지 않다. 인자의 세상 도래는 세상에 대한 심판을 의미한다(3,19-20). 인자는 자신의 올라감을 통해 하느님께로의 결정적인 구원의 길을 연다(3,13). 이 측면들을 아래에서 좀 더 펼쳐 보여야겠다.

태생 소경 치유 사화 말미의 인식 장면(9,35-41)에서 시작하자. 오직 여기에만 인자에 대한 믿음의 표현이 나오는데, 이 믿음을 예수는 치유된 태생 소경에게 촉구한다. 그는 (회당에서) 쫓겨난 후[110] 예수에 의해 받아들여진다. 12,34에서 의심하는 자들에 의해 반복되고 9,37에서 예수의 자기 계시를 통해 대답되는 '인자는 누구인가'라는 물음은, 요한 특유의 서술 방식 — 이에 따르면, 예수는 그가 자기 정체를 밝혀 줌으로써 인식된다 — 에 속하며 따라서 은총과 계시라는 주제와 관련된다. 나아가 이 물음은 고대하던 '인자'라는 존재가 유다교에서 '메시아'보다 덜 알려져 있었음도 암시하고자 한다고 하겠다. 12,34에서는 인자가 군중에 의해 메시아와 동일시된다. 이로써 널리 퍼져 있던 메시아 대망으로 다시 돌아온 셈이다.

그런데 9,35-41에서 인자 칭호가 사용되는 까닭은 무엇일까? 그것은 분명 주제가 심판이기 때문이다: "나는 이 세상을 심판하러 왔다"(9,39). 여기서 심판 전에 구원(치유)이 있음을 유의해야 한다: 보지 못하는 이들은 보게 되고, 보는 자들은 보지 못하게 되어야 한다. 전자는 소경 치유에서 실증된다. 이 변증법적 표현은 자신은 세상의 빛이라는 예수의 자기 계시 말씀(8,12)과 연계된다. (구원 또는 멸망으로의) 심판이 통상 인자와 결부되듯이, 빛의 은유(3,19-21 참조)도 그렇다. 빛이 은유적으로 가리키는 것은 저세상에서 이 세상으로 온다. 하느님이 빛이시다(1요한 1,5). 이 빛이 길을 비추고 어둠에서 해방한다(요한 8,12; 12,44-46). 인자-고백은 예수에 대한 실로 타당한 고백이니, 그의 존재를 온전히 나타내 줄 수 있다.[111]▶

---

[110] 이 시간 옮기기는 복음서의 서술 지평을 근거로 이해해야 한다. 참조: 요한 9,22; 12,42; 16,2.

인자를 알아보는 일은 쉽지 않다. 그는 자신을 계시해 주고 싶은 사람들에게 자신을 계시한다. 제자 소명 사화들을 종결하는 첫 번째 '인자 토막 말씀'(1,51)은 근본적으로 이 사상을 내포하고 있다. "앞으로 그보다 더 큰 일을 보게 될 것이다"라는 나타나엘에 대한 뜻밖의 약속과 연계하여, 모든 제자에게 하늘 사다리에 관한 야곱의 꿈이 이루어지리라 약속한다: "너희는 하늘이 열리고 하느님의 천사들이 사람의 아들(인자) 위에서 오르내리는 것을 보게 될 것이다." 그 옛날 야곱은 베텔에서 한밤중 꿈에 하늘 사다리를 보았는데,[112] 땅 위에 세워져 꼭대기가 하늘에 닿은 그 사다리를 하느님의 천사들이 오르내렸다: "야훼께서 그 위에 서서 말씀하셨다." 아침에 깨어 야곱이 말했다: "이곳은 다름 아닌 하느님의 집이다. 여기가 바로 하늘의 문이로구나"(창세 28,12-17). 이 꿈에서 특징적인 것은, 무슨 멋진 사건이 아니라 비할 바 없는 환영을 담고 있다는 점이다. 제자들이 보게 될 것은 환영도, 눈으로 실제로 볼 수 있는 어떤 것도 아니다. 야곱을, 또는 베텔의 (베고 자던) 돌을 인자가 대체했다. 그런데 왜 다시금 예수가 다름 아닌 인자로 나타나는가? 그 까닭은 예수가 하느님의 현장으로, 인간들 가운데 하느님의 현존으로 인식되어야 하기 때문이요, 아버지께로의 문 또는 길이기 때문이다. 이런 대담한 표상을 어찌 떠올리게 되었든지 간에,[113] 이것은 인자-표상으로 특징지어져야 하니, 예수가 천상 출신이며 또한 우리에게 천상 본향을 열어 주었음을 분명히 알려 준다. 알아봄은 믿음 안에서 발생하며, 걸림돌인 나자렛 출신 그 남자의 지상적 제한성(1,46)을 꿰뚫어 볼 수 있다.

◄[111] BULTMANN, *Joh* 257은 예언자(9,17)로부터 하느님을 내세운 정당화(9,33)를 거쳐 인자(9,35-41)에 이르는, 요한 복음서 9장의 점층법 구조를 지적한다.

[112] C. WESTERMANN, *Genesis* II (BK.AT) Neukirchen 1981, 553은 여기서 바빌로니아 신전 탑들에 상응하는 하늘 계단을 염두에 두고 있다고 지적한다.

[113] 해석자들은 본보기로 마르코 복음서 8,38과 14,62를 고려한다. 하늘이 열린다는 것은 예수 세례 단락을 상기시킨다. 지상 인간과 천상 원상(原象)의 대비가 모델로 이용되었으리라는 추측은 빗나갔다고 하겠다. BULTMANN, *Joh* 74 Anm. 4도 마찬가지다.

올라가고 내려옴은 3,13에서도 말하는데, 이번에는 곧장 인자와 관련된다. 올라감과 내려옴은 이미 이루어졌다(현재완료):[114] "하늘에서 내려온 이, 곧 사람의 아들 말고는 하늘로 올라간 이가 없다." 예수가 '하늘 일'(12절)은 예고하기 때문에, 내려옴이 올라감보다 더 중요하리라고 흔히들 생각한다. 그러나 여기서는 올라감을 강조하여 시간상 순서와는 반대로 먼저 언급할 뿐 아니라, 또한 14절을 통해 설명한다. 13절과 함께 일련의 새로운 사유 과정이 시작된다. 관심은 올라감에 점착粘着되어 있다.

내려오고 올라감은 신화적 암호들로서, 하느님과 세상 사이의 간극의 극복을 시사하며, 이 극복이 인자에게는 손쉬웠다는 인상을 준다고 할 수도 있다. 우선 확언되는 것은, 인자가 이 간극을 극복할 수 있었던 유일한 존재이며, 이 극복은 오직 저세상에서 우리에게 오는 그 한 분을 통해서만 가능하다는 것이다. 올라감은, 내려옴의 목적이기도 했거니와, 극심한 고난을 통해 성취되었다. 인자에게 힘겨웠던 올라감의 구원 의의를 14-15절이 설명해 준다. 사유는 오로지 올라감에 점착되어 있다. 이제 올라감이 들어 올려짐에 의해 대체된다. 하느님이 들어 올리신다(신적 수동태). 하지만 유다인들도 인자를 들어 올린다(8,28). 후자는 승천이기도 한(!) 들어 올림이 십자가형을 포함함을 확실히 한다. 십자가형이 포함됨은 들어 올림이 일어나야만 한다는 필연성에 의해서도 확증된다: "사람의 아들도 들어 올려져야 한다"(3,14). 공관복음서 전승에서도 인자 칭호는 수난 예고와 결부되어 있다(특히 마르 8,31 참조).

들어 올려짐은 필연적이니, 하느님이 섭리하신 우리 구원의 방식이기 때문이다. 구원 사상은 우선 민수기 21,4-9에 나오는 구리(청동) 뱀 상징을 통해 인상 깊게 표현된다: 하느님은 이스라엘 백성이 모세에게 대들었기 때문에 불 뱀을 보내셨고, 많은 이가 물려 죽었다.[115▶] 죽음에서 구하는 방

---

[114] 현재완료 시제는 올라감을 아무도 하늘에 올라갈 수 없다는 의미로 해석해야 한다는 생각의 빌미를 거듭 제공해 왔다. 하지만 13절에 제시되어 있는 것은 '그리스도 말씀'이 아니라, 그것에 대한 신학적 숙고다.

법은 모세가 야훼의 명령으로 만든 구리 뱀이었다. 불 뱀에 물려 죽게 된 사람은 누구나 구리 뱀의 모습을 쳐다보면 목숨을 구했다. 이 일은 백성에 게 순종의 시험이었다. "모세가 광야에서 뱀을 들어 올린 것처럼 사람의 아들도 들어 올려져야 한다"(3,14). 유사점은 들어 올림이라는 표상과 죽음 에 붙여진 사람들에게의 생명 전달에 있다.[116] 믿는 사람은 누구나 들어 올 려진 인자 안에서 영원한 생명을 얻게 된다.[117] 대형對型(Antitypos) 역시 한 표상이니, 곧 십자가에 들어 올려진 예수다.[118] 이는, 들어 올려짐이 승천 을 포함하지만, 타당하다. 외적으로 인지할 수 있는 것은 십자가뿐이다. 그러나 믿음은 그 이상의 것을 볼 수 있다. 인자의 들어 올림에는 구리 뱀 의 들어 올림에서처럼 무엇인가 알아보아야 할 것이 있었음을 요한 복음 서 6,62가 확인해 준다. 여기서는 들어 올려짐이 다시금 승천에 의해 대체 되어 있다. 두 개념은 서로 교체될 수 있다: "사람의 아들이 전에 있던 곳 으로 올라가는 것을 보게 되면 어떻게 하겠느냐?" 이렇게 예수는 회의 적·비판적이 된 제자들에게 자신의 들어 올림에 내포되어 있는 믿음의 시험에 대한 준비를 시킨다. 그들이 십자가에 달린 분의 겉모습에 달라붙 어 믿음 안에서 참되고 본원적인 것으로 돌파하지 않는다면, 언제까지나 걸림돌에 걸려 생명을 얻지 못할 것이다.

인자의 들어 올림은 구원을 의미하기에, 들어 올림의 순간은 결단의 시 점이다. 거기서 인자의 '일'이 완결된 들어 올림은 인간들을 항구적이고 최 종적인 물음, 즉 그를 받아들일 것이냐 배척할 것이냐라는 물음 앞에 세운

◄[115] 이사야서 14,29에 따르면, 명칭이 전혀 확실히 밝혀지지 않는 이 불 뱀은 날개 달린 뱀으로서 특별히 위험하다고 여겨졌다. 참조: G. VON RAD, *Das vierte Buch Mose Numeri* (ATD 7) (Gütersloh 1966) 137.

[116] 복음서에서 '들어 올림'이라는 개념이 뱀에게 전용(轉用)됨을 유의해야 한다. 민수 21,8: "너는 불 뱀을 만들어 기둥 위에 달아 놓아라." 칠십인역의 표현도 비슷하다.

[117] BECKER, *Joh* I 143: 들어 올려진 그리스도는 '죽음에 맞선 치료제'다 — 우세한 견해에 따르면, 요한 복음서 3,15에서 ἐν αὐτῷ[그(사람의 아들) 안에서]는 영원한 생명의 원천에 대 한 언명이다.

[118] THÜSING, *Erhöhung* 3-9 참조.

다. 그래서 요한 복음서 6,60에 따르면, 이미 예수에게 등을 돌린 제자들에게 62절에서 들어 올림 안에 주어져 있는 결단 기회에 다시 한 번 주의를 환기시키는 것이 이해된다고 하겠다. 유다인들을 겨냥한 논란 많은 8,28의 말씀 역시 비슷하게 해석해도 된다. 그들은 하느님의 일인 예수의 들어 올림에 이를테면 인간 측 관계자로서 참여하고 있다: "너희는 사람의 아들을 들어 올린 뒤에야 내가 나임을 … 깨달을 것이다."[119] 이 말씀은 깨달음에 대한 확실한 약속은 아니지만, 그때 기회가 주어짐을 인정한다. 이 순간에 믿음의 역설적 모습이 드러난다.

십자가형이 인자가 영광스럽게 되는 시간이라는 사실이 이 역설적 모습에 상응한다(12,23; 13,31). 십자가형에서 구원의 포괄적 충만함이 방출된다. 땅에 떨어져 죽는 밀알의 상징이 이것을 말해 준다. 많은 열매를 맺는 밀알은 영광 사상을 해석해 준다(12,23-24). "나는 땅에서 들어 올려지면 모든 사람을 나에게 이끌어 들일 것이다"(12,32)라는 약속도 마찬가지다.

십자가형과 승천을 함께 보려는 뚜렷한 긴장 안에 부활 사화가 자리잡고 있다. 막달라 마리아가 첫째로 볼 수 있었던 부활하신 예수는 아직 아버지께 올라가지 않았다고 분명히 밝히고, 제자들 — 당신 형제들이라고 부른다 — 에게 다음과 같이 전하라고 마리아에게 이른다: "나는 내 아버지시며 너희의 아버지신 분, 내 하느님이시며 너희의 하느님이신 분께 올라간다"(20,17). 부활하신 분이 승천하기 전에 잠시 동안 현세 생명으로 되돌아왔다는 인상을 받을 수도 있겠다. 아무튼 승천은 시간상 십자가형과 떨어져 있다. 현세 생명으로 되돌아왔다는 생각은 물론 배격해야 한다. (공관복음서와) "나를 붙들지 마라"[120]라는 요구는 그런 오해를 방지하고자 한다. 십자가에 달렸던 분과 부활하신 분의 동일성 확보 의도가 달라진 묘

---

[119] 예고하는 것이 구원에 대한 깨달음인가 아니면 심판에 대한 깨달음인가라는 문제가 특히 논란되고 있다.

[120] 이 번역이 '나를 만지지 마라'(Noli me tangere)라는 통상적 번역보다 이 맥락에 더 명확히 적중한다.

사의 계기가 되었을 것이다. 부활하신 분이 십자가형의 상처 자국을 지니고 있는 토마-단락은 이 동일성 확보 노력을 강화한다(20,24-29).

앞에서 빵에 관한 설교 중 인자의 올라감에 관한 언명(6,62)을 살펴보았다. 이 언명은 내려옴에 관한 언명들과 상응하는데, 내려옴-언명은 넷째 복음서에서 다른 어느 곳보다 이곳에, 물론 인자 칭호와 관계없이, 많이 나온다.[121] 여기서 예수는 일인칭 단수 형식으로 말하며, 자신을 하늘에서 내려온 (하느님의) 빵과 동일시한다(6,33.38.41-42.50-51.58). 배경에는 만나의 기적이라는 예형豫型(Typos)이 자리잡고 있는데, 이 불완전한 기적은 하늘에서 내려온 참된 빵, 예수(6,32)를 예시하는 것이었다: "너희 조상들은 광야에서 만나를 먹고도 죽었다"(6,49). 그러나 하늘에서 내려온 참된 빵은 그를 먹는 사람, 즉 예수를 믿는 사람에게 영원한 생명을 준다(6,50-51).

이 대목에서 다양하게 정향된 그리스도론적 구상들 내부의 또 하나의 긴장이 드러난다: 한편 지상에 나타난 예수, 6장에서 하늘에서 내려온 빵이라 불리는 예수가 그를 믿는 사람들에게 영원한 생명을 준다. 다른 한편 영원한 생명의 방출은 십자가 및 들어 올림과 결부되어 있다. 현현顯現 그리스도론과 고양高揚 그리스도론이 맞서 있는가? 한편으로 죽음이 감춰져 있고, 다른 한편으로 구원이 탈세상화되어 있는가? 복음서 최종 편집은 조화에 힘쓰지 않고, 분별하기조차 어려운 갖가지 구상을 '보편적'ökumenisch 목적을 위해 병존하도록 그냥 놔두었던가? 이 추측은 어느 정도까지는 옳다고 하겠다. 연결 고리 구실을 하는 것은 논란 많은 6,51ㄷ이다: "내가 줄 빵은 세상에 생명을 주는(직역: 세상의 생명을 위한) 나의 살이다."[122] 과연 이 말씀에는 두 측면 — 현현 그리스도론의 핵심인 육화와 고양 구원론의 핵

---

[121] 참조: C.K. BARRETT in: *Jesus und der Menschensohn* (FS A. Vögtle) (Freiburg 1975) 352.

[122] 51ㄷ이 연결 고리 구실을 한다는 데 연구자들의 의견이 널리 일치하고 있다. 이는 상징 설교로부터 성찬례 설교로의 연결이다. 참조: SCHNACKENBURG, *Joh* II 83; WEHR, *Arznei* 247-248.

심인 예수의 죽음 — 이 결합되어 있다. '살'은 1,14에서처럼 인간이 되신 분을 겨냥하고 있으며, '위한'은 예수의 위타爲他 실존과 죽어 갈 자로서 헌신에의 기꺼운 각오를 겨냥하고 있다.[123] 이것은 헌신의 목표가 세상, 세상의 생명이기에, 그만큼 더 주목해야 마땅하다.

보편적 속죄사死는 (요한 1서를 포함하여) 다른 맥락에서도 언급되는데, 가장 인상 깊은 것은 "보라, 세상의 죄를 없애시는 하느님의 어린양이시다"(1,29; 참조: 11,51-52; 1요한 2,2)[124]라는 세례자 요한의 말일 것이다. '하느님의 어린양'이라는 상징은 두 가지 본보기, 즉 입을 열지 않고 묵묵히 도살장으로 끌려가는 어린양(이사 53,7)처럼 우리 죄를 대신 지는 하느님의 종(이사 53,4)과 파스카 어린양의 융합으로 이해하는 것이 가장 나을 것이다.[125] '파스카 어린양 예형론'에 대한 관심은 수난사화에도 나타난다.[126]

앞에서 상술한 바에 따르면 인자 예수는 하늘에서, 저세상에서 내려온 분이고 인간들 가운데 하느님의 현장이며, 특히 들어 올려질 분이며 그로써 인간들에게 아버지께로 가는 길을 열어 준다. 이 언명들은 언제나 지상 인자, 이 세상에 머무는 인자를 겨냥하고 있거니와, 내려옴과 올라감 사이에 걸쳐 있는 그의 지상 실존은 일시적 장난처럼 보일 수도 있다. 믹스[127]가 이 세상에서 인자의 타향살이를 강조한 것은 상당히 옳게 본 것이다.

---

[123] '내가 줄'이라는 미래형은 죽음을 가리킨다. 그러나 어쨌든 살(σάρξ)이라는 낱말의 선택에는 육화 사상이 함축되어 있다. 참조: BROWN, *Joh* I 291; SCHNACKENBURG, *Joh* II 83: "로고스(말씀)가 살이 된 것은, 이 살을 죽음에 내주기 위함이다." 성찬례 설교에 속죄 사상은 다시 수용되지 않는다. WEHR, *Arznei* 247-248 참조.

[124] 참조: 요한 10,11.15; 15,13; 17,19; 1요한 1,17; 3,5.16; 4,10.

[125] '하느님의 어린양'을 '하느님의 종'의 오역(誤譯)으로 보는 것은 지나친 처사다. 참조: F.C. BURNEY, *The Aramaic Origin of the Fourth Gospel* (Oxford 1922) 104-108.

[126] 이와 관련하여 수난 시기 언명(요한 13,1: "파스카 축제가 시작되기 전"), 그리고 19,36도 유의해야 한다. 시편 34,21보다는 탈출기 12,46 및 민수기 9,12와 관련되어 있다고 짐작된다.

[127] W.A. MEEKS, The Man from Heaven in Johannine Sectarianism: *JBL* 91 (1972) 44-72.

종말 심판과 성사를 주제로 다룰 때는, 들어 올려질 인자가 부각되지 않고 이미 들어 올려진 인자가 부각된다. 어떤 의미에서 이 두 종류의 언명은 공관복음서 전승의 종말론적 인자 언명들에 견줄 수 있다.[128] 예를 들어 요한 복음서 5,27ㄴ-29가 그렇다. 여기서 주목할 것은, 아들 칭호가 인자 칭호로 바뀐다는 점이다: "아버지께서는 또 그(아들)가 인자이므로 심판을 하는 권한도 주셨다"(5,27).[129] 여기서 관건은 행실에 따른 종말 심판이라는 것을, 무덤 속에 있는 자들의 '밖으로 나옴'이 명시해 주니, 이들은 부활하여 각자 행실에 따라 심판받을 것이다. 공관복음서 전승과는 달리, 이 종말론적 텍스트는 다니엘서 7,13과 하늘에서 구름을 타고 올 인자의 내림을 내세우지 않고 부활의 과정을 묘사한다. 아마도 칠십인역 이사야서 26,19 — "당신의 죽은 이들이 살아나리이다. 그들의 주검이 일어서리이다"(에제 37,12-13 참조) — 에 기대고 있다고 짐작된다.[130] 생명을 주고 죽음을 극복하는 힘은 인자의 목소리, 즉 말씀과 결부되어 있다. 구약성경-유다교 관념에 따르면, 죽은 이들을 깨워 일으키는 힘은 언제나 그리고 오로지 하느님과 결부되어 있기 때문에, 이 맥락에서 인자에게 넘겨진 전권이 특히 뚜렷이 부각된다.

성찬례의 빵과 잔의 수여는 부활 이후 교회에서 행해졌다. 두루 알다시피 넷째 복음서는 예수 성만찬에 관해 아무 말도 하지 않는다. 성찬은 '사람의 아들의 살 … 그의 피'(6,53)로, 다음에는 "내 살 … 내 피"(6,54-56)로 지칭된다.[131] 첫째 언급 속의 인자를 주목하자. 여기서 말하는 것은 들어 올

---

[128] 이 전승과 관련하여 두루 알다시피 흔히들 수난하는 지상 인자와 종말에 내림할 인자에 관한 언명들을 구별한다.

[129] 관사가 없는 것이 눈길을 끈다. 요한 복음서 4,25의 메시아 칭호와 10,36(이 텍스트는 논란에도 불구하고 신빙성이 있다)의 하느님의 아들 칭호도 마찬가지다. BECKER(Joh I 242)는 5,27을 전승사적으로 앞선 텍스트와 관련시키고 싶어 한다.

[130] 구약성경 구절들은 은유적으로 이스라엘 백성의 복원과 관련하여 해석된다. 이사야서 26,19에 대한 이런 이해: H. WILDBERGER, Jesaja II (BK.AT) (Neukirchen 1978) 994-995.

[131] '몸'(공관복음서 전승과 코린토 1서 11,24)에서 '살'로 바뀜: WEHR, Arznei 242-245.

려진 인자, 이미 죽음을 관통하여 아버지께 돌아간, 이 성찬 선물을 줄 인자다. 이는 썩어 없어질 양식을 얻으려 힘쓰지 말고 길이 남아 영원한 생명을 누리게 하는, '사람의 아들이 너희에게 줄'(미래 시제!) 양식을 얻으려 힘쓰라고 촉구하는 6,27과 관련되어 있다. 유다인들의 오해 ─ "저 사람이 어떻게 자기[132] 살을 우리에게 먹으라고 줄 수 있단 말인가?"(6,52) ─ 는 그들이 미래 시제를 간과했다는 사실, 요컨대 성찬 선물은 들어 올려진 인자가 주리라는 것을 깨닫지 못했다는 사실을 감안해서 생각해야 한다. 이 양식은 길이 남아 영원한 생명을 누리게 할 터이기에, 마지막 날 죽은 이들의 부활에서 입증될 인자의 생명을 주는 권능에 주의를 환기시키는 것은 의미심장하다(6,54ㄴ).[133] 이러한 종말론적 지평으로부터 인자 칭호가 6장의 성찬례 전승 안으로 밀고 들어왔다.[134]

3.4 오해받는 메시아

연구자들은 메시아/그리스도인 예수에 대한 믿음이 요한계 문헌에서 새삼 활성화되는 것을 거듭 놀랍게 여겨 왔다. 그 까닭은 이 믿음이 좀 오래된 전승층들에서도 이미 바래져 보이고 '예수 그리스도'가 (더 이상 신앙고백이 아니라) 고유명사로 여겨질 정도였기 때문이다. 20,31이 입증해 주듯이, 넷째 복음서는, 이 믿음을 다시 불러 일으키고자 한다: "이것(표징)들을 기록한 목적은 예수님께서 메시아이심을 … 여러분이 믿게 … 하려는 것이다." 이에 상응하여 요한 1서 2,22는 이렇게 말한다: "누가 거짓말쟁이입니까? 예수님께서 그리스도이심을 부인하는 사람이 아닙니까? 아버지

---

[132] 이 소유대명사는 본문비평에서 논란되고 있다. NESTLE-ALAND 편 그리스어 신약성경에는 이 소유대명사가 꺾쇠괄호로 묶여 있다.

[133] 6,54ㄴ의 나-말씀은 인자-말씀과 연결된다. 또한 5,28과도 관련되어 있다.

[134] 인자 칭호가 마르코 복음서 14,21로부터 성찬례 전승 안에 들어왔으리라는 것은 설득력이 덜하다. 논쟁: BECKER, *Joh* I 222-223; WEHR, *Arznei* 252-254.

와 아드님을 부인하는 자가 곧 '그리스도의 적'입니다"(참조: 5,1; 2요한 9절).
메시아 예수에 대한 믿음에 관한 이 관심은 요한계 전승들이 성장했던 환
경, 유다교 회당과의 대결에 의해 규정지어져 있던 환경을 감안하면 잘 이
해된다.[135] 신약성경에 '그리스도'라는 낱말은 531번 나오는[136] 반면, 동의
어인 '메시아'는 단 두 번, 그것도 요한 복음서(1,41; 4,25)에만 나온다는 사실
도 마땅히 언급해 두어야겠다. 두 번 모두 메시아 개념을 설명해 준다. 이
개념은 1,41에서 직역된다: "'메시아'는 번역하면 '그리스도'이다."[137] 4,25
에서는 사마리아 여인이 그렇게 한다: "저는 그리스도라고도 하는 메시아
께서 오신다는 것을 압니다." 사마리아 여인의 말은 사마리아인들 고유의
대망待望과 결부되어 있다고 하겠다. 그들은 타엡Taeb(글자 그대로는 '돌아올
자')의 재림을 고대했고, 그러면서 신명기 18,18에 예고된 모세와 같은 예
언자를 상정했던 것 같다. 따라서 4,25는 "저는 당신네 유다인들이 기름부
음받은자라고 부르는 메시아께서 오신다는 것을 압니다"라고 조금 바꿀
수 있다.[138] 여기서 예수가 여인에게 준 계시가 중심에 있다는 것은 옳은
지적이다. 그러나 넷째 복음서로서는 사람들의 다양한 갈망이 예수에게서
성취되었음을 명시하는 것도 한 중요한 관심사다.[139]

---

[135] W.C. VAN UNNIK, The Purpose of St. John's Gospel: *StEv* (TU 73) (Berlin 1959) 382-
411; J.A.T. ROBINSON, The Destination and Purpose of St. John's Gospel: *NTS* 6 (1959/60)
117-131. 이들은 넷째 복음서가 디아스포라의 헬라계 유다인들을 메시아 예수에 대한 믿음
으로 이끌기 위해 쓰였다고 주장한다. 아무튼 예수가 메시아인가를 둘러싸고 회당과 논쟁이
벌어졌을 환경 — 최우선적으로 시리아 — 에 대한 지적으로 충분하다. 여기서 요한은 마태
오와, 또 유스티니아누스와도 상통한다.

[136] 뮌스터 신약성경 텍스트 연구소의 컴퓨터 어휘 색인에 따름.

[137] BROWN(*John* I 76)은 '기름부음받은자'(Anointed)로 번역할 것을 요구한다.

[138] BULTMANN(*Joh* 141 Anm. 5)은 관계절이 특정하는 것이 외래어가 아니라 번역임을 확
인시켜 준다. 정치적 군주요 사제로서 대망되던 타엡: J. MACDONALD, *The Theology of the
Samaritans* (London 1964) 362-371.

[139] '예수 그리스도'라는 말의 특징적 사용 외에, 그 말이 평준화되고 거의 고유명사가 되어
버린 것도 관찰할 수 있는데, 물론 복음서보다 서간에서 더 그렇다: 요한 1,17; 17,3; 1요한
1,3; 2,1; 3,23; 4,2; 5,6.20; 2요한 3.7.

도래할 메시아 대망은 소명 사화에 뚜렷이 시사되어 있다. 안드레아가 자기 형 시몬에게 한 "우리는 메시아를 만났소"(1,41)라는 말에, 몇 절 뒤 필립보가 나타나엘에게 한 "우리는 모세가 율법에 기록하고 예언자들도 기록한 분을 만났소"(1,45)라는 말이 상응한다. 넷째 복음서가 성경 전거들을 상세히 밝히는 데 상당히 소극적이긴 하지만, 예수 등장의 성경 부합성은 의미심장하다. 이 성경 부합성이 무엇보다도 메시아와 관련된다는 것 역시 우연이 아니다.

그 밖에 요한 복음서에서 메시아 어휘권에 속하는 것으로는 '찾음'과 '만남'이 있다. 운 좋게 메시아를 만난 일에 관해서는 방금 소명 사화에서 살펴보았다. 여기서 예수의 말씀이 먼저 제시되니, 당신을 따르고 제자가 되고 싶다는 뜻을 은근히 드러내는 두 사람에게 그 말씀으로 다가간다: "무엇을 찾느냐?"(1,38). 이 찾음과 만남이 복음서의 둘째 해당 대목에서도 다시금 메시아 맥락 안에 자리잡고 있는 것은 확실히 우연이 아니다. 하지만 여기서는 상황이 부정적으로 바뀌어 있다. 백성 중 많은 사람에게서 예수가 그리스도이리라는 믿음이 싹튼다. 이 일을 알게 된 수석 사제들과 바리사이들이 예수를 체포하려 한다. 그러자 예수는 당신이 그들과 함께 있을 시간은 얼마 남지 않았다고 말한 다음 덧붙인다: "나는 … 나를 보내신 분께 간다. 그러면 너희가 나를 찾아도 찾아내지(만나지) 못할 것이다"(7,33-34). 찾음과 만남/만나지 못함이라는 어휘는 지혜문학적으로 각인되어 있다. 구약성경의 지혜도 비슷하게 말한다: "그때 그들이 나를 불러도 대답하지 않으리라. 그들이 나를 찾아도 찾아내지 못하리라"(잠언 1,28; 참조: 잠언 3,13; 집회 25,10; 지혜 6,12).[140]

다면多面적 요한 그리스도론에서는 지혜도 한 요소다. 그러나 유다인들에게 허락된 찾아 만남의 시간이라는 관념은 예수가 그들에게 약속된 메시아라는 데 그 요점이 있다.

---

[140] BULTMANN(*Joh* 233 Anm. 1)은 만데파의 유사 구절들을 지적한다. 그러나 이것들은 더 후대의 것이다.

넷째 복음서에서는 예수가 그리스도인지 아닌지가 각별한 논쟁 주제다. 논쟁은 두 가지 양상으로, 즉 세례자 요한의 제자들과 유다인들을 상대로 전개된다. 여기에는 요한 교회의 구체적 논쟁들이 담겨 있음이 분명하다. 세례자는 스스로 자기는 그리스도가 아니라고 분명히 밝히고 그로써 제자들 생각을 바로잡는다. 그러나 훗날 이들은 세례자를 그리스도로 떠받들며 그리스도인 교회와 경쟁을 벌였다. 그리스도, 즉 다윗 집안 출신의 왕족 메시아에 대한 제자들의 생각을 바로잡은 것은 결정적인데, 복음서는 다음과 같은 엄숙한 말씀으로 시작한다. "요한은 서슴지 않고 고백하였다 (직역: 고백하고 부인하지 않았다). '나는 그리스도가 아니다' 하고 고백한 것이다"(1,20). 그리고 곧이어 세례자에게 제기되는, 그러면 엘리야 또는 그 예언자인가라는 두 물음 — 부차적 의미를 지니고 있다 — 역시 부정적으로 대답된다. 세례자는 다만 광야에서 외치는 이의 소리, 앞서 길을 닦는 자(1,23), 신랑의 친구다(3,29). 이 맥락에서 신랑이 메시아를 가리키는 칭호로 나오는 것은 흥미롭다.[141]

그러나 더 결정적인 것은 역시 유다교 회당과의 논쟁이다. 여기서는 특정한 메시아적 · 교의적 관념에 근거한 반박들을 볼 수 있다.[142] 세례자의 말도 그런 관념들 중 하나와 관련된다: "너희 가운데에는 너희가 모르는 분이 서 계신다"(1,26). 이에 대한 반박으로 유다인들은 이렇게 말한다: "그러나 메시아께서 오실 때에는 그분이 어디에서 오시는지 아무도 알지 못할 터인데, 우리는 저 사람이 어디에서 왔는지 알고 있지 않습니까?"(7,27); "저 사람은 요셉의 아들 예수가 아닌가? 그의 아버지와 어머니도 우리가 알고 있지 않은가?"(6,42). 또 하나의 반증은, 분명히 그리스도(메시아) 칭호와 관련되거니와, 예수가 갈릴래아 출신이라는 사실이다. 메시아는 '다윗의 후손 가운데에서' 그리고 베들레헴에서 나와야 한다는 것이었다(7,41-

---

[141] 넷째 복음서 저자가 베들레헴에서의 예수 탄생 전승을 몰랐음이 확실하다.

[142] 참조: J. GNILKA, "Bräutigam" – spätjüdisches Messiasprädikat?: *TThZ* 69 (1960) 298-301; JEREMIAS, *Gleichnisse* 49. 또한 마르 2,19-20//; 마태 25,1 이하.

42).[143] 이와는 달리 예수가 나자렛 출신임을 알고 있는 나타나엘은 이 반증을 극복한다. 그는 예수를 이스라엘의 임금, 즉 메시아라 고백하고, '참으로 이스라엘 사람'이라는 칭찬을 듣는다(1,47-49). 끝으로 유다인들은 그리스도는 영원히 머물러 있으리라는 관념을 지니고 있었다(12,34). 이것은 빵의 기적에 이어 표출된, 예수를 억지로라도 자기네 임금으로 삼고자 하는 군중의 강렬한 열망 — 몇몇 사본[144]에 따르면 예수는 도망치듯 여기서 벗어난다(6,15) — 과 부합한다. 예수는 오히려 인자는 들어 올려져야 한다고 통고하는데, 용케도 그들은 이것을 그의 죽음에 대한 암시로 이해한다(12,32-34). 여기서 메시아적·교의적 관념의 수정뿐 아니라, 칭호가 그리스도에서 인자로 바뀌는 것도 유의해야 한다. 이를 다면적 요한 그리스도론 내부에서 다양한 그리스도론적 존칭들의 맞물림의 한 예증으로 여기는 것으로는 충분하지 않다. 이로써 예수를 그리스도로 믿는 신앙은 그의 사명 권위를 올바로 파악하기에 아직 충분하지 않다는 것도 드러났거니와, 이 올바른 파악 과정은 곧 더 깊이 고찰할 것이다. 아무튼 구원은 현세 영역 안에 포함되어 있지 않다는 것이 분명해졌다. 아버지께로 인도하는 이로서 인자는 사람들을 구원으로 이끈다.

교회 또는 교회의 유다계 그리스도인 구성원들과의 대결이 가장 극명하게 드러나는 사건은 유다계 그리스도인들을 회당에서 축출하기로 한 1세기 말엽의 결정이다.[145] 이 결정에 관해 처음 언급하는 9,22에서 메시아 고백이 명확히 거론된다: "누구든지 예수님을 메시아라고 고백하면 회당에서 내쫓기로 유다인들이 이미 합의하였기 때문이다." 이 고백은 걸림돌이었음이 분명하다. 이 대목의 태생 소경 부모의 경우와 비슷하게 12,42-43

---

[143] 참조: R. SCHNACKENBURG, Die Messiasfrage im Johannesevangelium: *Ntl. Aufsätze* (FS J. Schmid) (Regensburg 1963) 240-264 중 249; DODD, *Interpretation* 89-92.

[144] 시나이 사본, 라틴어 사본, 큐레톤(Cureton)–시리아어 사본.

[145] 개심시키기 위한 징계 따위가 아니라, 파문을 상정해야 한다. 참조: SCHÜRER, *Geschichte* II 507.543-544.

에서도 이 결정 때문에 사람들이 감히 예수에 대해 공개적으로 고백을 하지 못했다고 말한다(16,1-4 참조). 요한 1서 2,22-23을 규정짓는 것도 고백과 부인이다: "누가 거짓말쟁이입니까? 예수님께서 그리스도이심을 부인하는 사람이 아닙니까? … 아드님을 믿는다고 고백하는 사람이라야 아버지도 모십니다." 요한 1서에서도 이 대결이 여전히 중요하다.[146] 세례자 요한은 자신이 그리스도가 아니라고 '고백하고 부인하지 않음'으로써, 본보기 증인이 된다.

우리는 이미 요한 복음서 12,34에서 예수가 메시아인가라는 문제와 관련된 유다인들의 오해를 경험했다. 메시아는 영원히 머물러 있어야 한다는 것이었다. 오해는 임금 칭호의 사용에서 첨예화된다. 군중은 자기들에게 빵을 주는 예수를 임금으로 삼으려 한다(6,15). 임금 칭호가 수난사화를 지배하고 있으니, 여기에는 (공관복음서와는 달리) 그리스도 칭호가 나오지 않는다. 예수는 빌라도 앞에서 자신의 나라는 이 세상에 속하지 않는다고 밝힌다(18,36). 예수는 이스라엘의 임금으로서 환영받고, 어린 나귀를 타고 예루살렘으로 들어감으로써 예언 말씀을 성취한다(12,12-15; 참조: 즈카 9,9; 요한 1,49). 그리고 유다인들의 임금으로서 십자가에 처형된다(19,19). 넷째 복음서는 백성의 결별 선언을 묘사하기 위해 임금 칭호를 도입하고 극적 긴장을 고조시킨다.[146a] 백성이 말한다: "누구든지 자기가 임금이라고 자처하는 자는 황제에게 대항하는 것이오"(19,12); "우리 임금은 황제뿐이오"(19,15); "'유다인들의 임금'이라고 쓸 것이 아니라, '나는 유다인들의 임금이다' 하고 저자가 말하였다고 쓰시오"(19,21). 인간 측에서 예수와의 완전한 결별을 선언한다. 그러나 '유다인들'이라는 낱말의 양가성兩價性이 온전히 관통하고 있으니, '유다인들의 임금'이라는 칭호가 타당성을 보유하며 더구나 세 나라 말로 온 세상에 선포되는 것에 유의할 일이다(19,20).

---

[146] KLAUCK, *1 Joh* 161 참조.

[146a] J. BLANK, Die Verhandlung vor Pilatus Joh 18,28-19,16 im Licht johanneischer Theologie: *BZ* 3(1959) 60-81 참조.

그들은 오해와 자기들이 만들어 내고 교의적 의미를 부여한 관념들 때문에 메시아 예수에 대한 믿음을 스스로 가로막아 버렸다. 하지만 메시아 고백은 여전히 중요하며, 예수에 대한 올바른 이해로 이어져야 한다. 이 일을 부추기는 것이 단순한 낱말 '어디서'($\pi\acute{o}\theta\epsilon\nu$)인데, 복음서 특유의 어휘에 속한다. 관건은 **어디서** 예수가 왔는가를 아는 것이다. 그의 지상 유래를 아는 것으로는 전혀 불충분하다(7,28). 예수의 기원에 대한 물음은 거듭 제기된다(8,14; 9,29-30). 이 물음을 빌라도는 예수에게 대놓고 묻는다: "당신은 어디서 왔소?"(19,9). 이미 "라삐, 어디에 묵고 계십니까?"(1,38)라고 한 첫 제자들의 물음도 예수의 기원을 겨냥한다. 두 물음에 예수는 대답하지 않는다. 빌라도에게는 침묵하고, 제자들에게는 와서 보라고 권한다. 오직 믿음만이 앎을 얻는다. 믿지 않는 자들에게 예수는 말한다: "나는 내가 어디에서 왔고 어디로 가는지 안다. 그러나 너희는 내가 어디에서 왔는지, 또 내가 어디로 가는지 알지 못한다"(8,14). 기원에 대한 물음은 예수가 주는 선물에도 해당된다(2,9; 4,11; 6,5). 예수의 기원에 대한 물음에 대한 답은 이럴 수밖에 없다: 그는 하느님으로부터 왔다. 그런 까닭에 그리스도 고백도 언제나 하느님의 아들과 결부되어 있으며(1,49: 나타나엘; 더구나 여기서는 하느님의 아들이 먼저 나온다; 11,27: 베타니아의 마리아), 복음서가 불러 일으켜야 하는 믿음은 그리스도요 하느님의 아들 예수를 겨냥하고 있다(20,31).

4. 현재적 구원

4.1 제자 됨

세상의 구원자(4,42), 세상의 빛(9,5)으로서 예수는 모든 인간에게 향한다. 과연 모두에게 빛이 이르지만, 모두가 빛을 받아들이지는 않는다. 나아가 우리는 예수가 보여 주는 길을 따르는 사람들은 얼마 되지 않는다는 인상을 받기도 한다. 누구보다도 제자들이 그들에 속하는데, 넷째 복음서도 제자들에 관해 이야기한다. 물론 넷째 복음서는 제자상도 특유의 언어로 묘사하며 강조점을 다른 데 둔다. 무엇보다 제자들은 예수를 모든 길에서 — 수난의 길은 제외하고 — 동반하는 사람들이다. 수난의 길에는 예수가 각별히 사랑하던 제자('애제자')만이 있었으니, 그는 여인들과 함께 십자가 아래 등장한다(19,26). 예수와 제자들의 친교에는 상호 간의 친밀함, 정다움이 상당히 두드러지지만, 한편 이 우정은 일정한 조건 아래 있으며, 또 이 조건이 다시금 이 우정의 각별한 성격을 특징짓는다(15,13-15; 11,11). 예수가 제자들과 종종 함께 모이는 장소들이 있다(18,2). 그는 (특히) 제자들이 보는 앞에서 표징을 행한다(20,30). 세족 장면으로 시작되는 긴 고별 설교는 제자들에 대한 예수의 정다운 관심을 감명 깊게 전해 준다.

더 나아가 '제자'라는 개념은 일종의 의미 연관성을 획득하는데, 이것은 제자들과 추종자들이라는 좁은 범위를 넘어서며[147] 믿음으로 예수에게 다가오는 사람들을 포함한다(예컨대 7,3; 8,31). 그러나 이 개념은 부활 이후 공

---

[147] 상당히 국한된 제자 동아리의 구성은 2,2로써 완료된 것으로 보인다. 열두 사람 동아리 구성에 관해서는 이야기가 없다; 유다는 '제자들 가운데 하나'(12,4)로 불린다. 공관복음서에서는 "열두 제자 가운데 하나"(마태 26,14.47; 마르 14,10.20.43; 루카 22,3)로 불린다. 또한 요한 복음서 20,24 참조.

동체도 포괄할 수 있으니, 과연 그 구성원들은 예수의 제자들에게서 자신을 새삼 발견할 수 있었다. 부활 이후의 문제와 대결이 제자들에게 넘겨진다. 예컨대 앞에서 언급한 세례자 공동체와의 논쟁(4,1 참조)[148] 또는 회당과의 대결(9,28: 예수 제자와 모세 제자의 대립 참조)이 그런 일에 해당한다. 일정한 의미에서 제자들은 거부하는 세상의 대표 격인 유다인들과 맞서 있다고 말할 수 있다. 하지만 전환이 존재한다(8,31).

제자 됨은, 공관복음서의 관점에서 통상적으로 생각하는 것처럼, 무엇보다도 추종에 의해 정의된다. 요한 복음서의 소명 사화에도 추종 사상이 없지 않다(참조: 요한 1,37-38.40.43). 그러나 추종으로의 부름이 사명 부여 말씀을 동반하지 않는다. 사람 낚는 어부에 관한 토막 말씀(로기온)에 견줄 만한 명령이 없다. 십자가를 지고 따르라는 말씀도 나오지 않는다. 그 대신 부활하신 분이 추종으로 부르신다. 이 부르심은 베드로를 향한 것인데, 분명히 십자가 추종을 포함한다(21,19.22).[149] 공관복음서 식으로 윤색된 12,26도 비슷한 내용을 말한다. 추종이 요한에게 의미하는 것은 빛 안에 있고, 길을 알고, 생명의 빛을 얻음(8,12)이다. 이는 궁극적으로 예수가 자신을 추종하는 사람들을 아버지께로 이끈다는 것을 의미한다. 목자와 양 떼, 앞장서 가는 목자와 뒤따라 가는 양들에 관한 비유에 많은 것 — 생명의 수여자 예수, 서로 간의 친밀함, 길의 안전함, 목자의 목소리에 대한 양들의 본능적인 청종聽從 — 이 총괄되어 있다. 이 모든 것이 예정 관념과 관계가 있는데, 이는 다시 고찰할 것이다. 추종은 이 비유에서 약속의 성격을 지니고 있다(10,4-5.27). 명령은 그에 비하면 뒤로 밀려나 있거나 덧붙여진다. 베드로 외에 애제자도 부활하신 예수를 따랐다고 말하는 것은 시사하는 바

---

[148] 여기서 세례자가 자기 제자들을 예수에게 보낸 소명 사화도 상기할 수 있겠다(1,35-36). 참조: F. HAHN, Die Jüngerberufung Joh 1,35-51: *NT und Kirche* (FS R. Schnackenburg) (Freiburg 1974) 172-190.

[149] 참조: E. RUCKSTUHL, Zur Aussage und Botschaft von Joh 21: *Die Kirche des Anfangs* (FS H. Schürmann) (Leipzig 1978) 339-362.

가 크다(21,20). 그러나 그는 십자가의 길을 걸어가지 않아도 되며, 오히려 예수가 다시 올 때까지 살아 있으리라는 약속을 받는다.[150]

상술上述한 의미에서 제자를 일차적으로 규정짓는 것은 믿음이다. 그런데 여기서 주목할 것은, 항상 실천 중의 믿음을 겨냥한다는 점이다. 명사가 나오는 유일한 예외(1요한 5,4)를 제외하곤 언제나 동사가, 그것도 매우 자주 사용된다는 이 유별난 현상을 이것 외에 달리 설명할 수 있는 길은 없다고 하겠다. 이 현상은 복음서와 서간에 모두 해당된다. 이는 '믿는다'는 것이, 대체로 인간 삶의 기본적 실천들을 재해석하면서, 흔히 구상具象적 방식으로 달리 표현·설명될 수 있다는 사실과도 관계가 있다. 이 실천들을 요한 신앙관의 해석에서 반드시 유념해야 하니, 왜냐하면 이것들이 추상적인 믿음 개념을 연화軟化·명료화할 수 있기 때문이다. (슐라터[151]가 확인했듯이) 요한에게 '믿는다'는 것은 다른 모든 관심사 위에 있는 목표다. 궁극적으로 믿음은 사랑과 나란히 제자 됨이 귀착하는 유일한 목적이요, 제기되어 있는 유일한 요구이며, 제자 됨의 의미의 본질적 가능화可能化다. 믿는다는 것은 복합적이며, 회심 — 이것은 요한계 문헌에서 언급되지 않는다[152] — 같은 무언無言의 일을 여럿 내포하고 있다. 머묾·기억·열매 맺음 같은 제자 됨의 다른 표현들도 믿음과 관계없이는 생각할 수 없으니, 믿음의 측면·발로들이다.

믿음은 예수께 향해 있으며 그를, 그의 정체와 사명을 내용으로 한다. 예수께 향해 있다는 이 사실에서 요한이 의미하는 믿음의 특징을 알아보아야 한다. 공관복음서가 예수의 믿음에 관해 말하고 여러 치유 사화가 '네 믿음이 너를 구원했다'는 확인 정식으로 종결됨을 고려한다면, 이 특징을

---

[150] 요한 복음서 21,22-23은 종말 임박 대망에서 생겨난 약속을 바로잡는다. 이 바로잡음을 구체적으로 어찌 해석하든 간에, 이 뒤에는 애제자가 매우 나이 들었다는 사실에 대한 인식이 있다. 베드로든 애제자든 깎아내려선 안 된다. 하느님은 각자에게 나름의 길을 정해 주셨다. 참조: BULTMANN, *Joh* 554-555.

[151] A. SCHLATTER, *Glaube im NT* 486-487.

[152] 명사로도 동사로도 나오지 않는다.

더 분명히 깨닫게 된다. 요한 복음서의 첫째 기적사화는 "이렇게 예수님께서는 … 당신의 영광을 드러내셨다. 그리하여 제자들은 예수님을 믿게 되었다"(2,11)라는 문장으로 끝난다. 인간들 가운데 하느님 현존인 영광이 예수 제자들에게 인식되었다. 기적사화들은 그리스도론적으로 응축된 예수의 자기 계시 말씀으로 이어지고 또 설명된다. 기적을 표현하기 위해 선택된 표징이라는 개념부터가 이 맥락을 나타낸다.[153] 표징이란 뭔가를 시사하는 정도로 그치는 것이기 때문에, 이를 스스로 충분한 것으로 여기는 것은 완전한 오해다. 요한 복음서의 표징들은 예수에게 주의를 환기시키고자 하며, 예수에게서 하느님 영광의 계시가 발생한다는, 다시 말해 하느님이 그이 안에 현존한다는 것을 나타내고자 한다.

공관복음사가들과 요한의 차이가 뚜렷하다면, 요한과 바오로의 차이는 요한이 자기 복음서의 지향점을 십자가와 부활에 둔다는 데 있다. 요한에게서는 이 두 가지가 '들어 높임'이라는 개념에 결합되어 있음을 앞에서 살펴보았다. 일치점은 믿음이 신앙고백 형식으로 표현된다는 데 있다: "저는 주님께서 … 메시아시며 하느님의 아드님이심을 믿습니다"(11,27; 참조: 20,31; 1요한 5,1). 그러나 여기서도 요한의 특징이 나타난다: "스승님께서 하느님의 거룩하신 분이라고 저희는 믿어 왔습니다"(6,69). 또한 믿음은 "내가 나임"(8,24)에 대한, "아버지께서 저를 보내셨다는 것"(11,42; 16,27; 17,8.21)에 대한, "내가 아버지 안에 있고 아버지께서 내 안에 계시다고 한 말"(14,11)에 대한 믿음으로 요약된다.[154]

요한의 믿음은 또한 하느님에 대한 믿음이다. 나아가 하느님에 대한 믿음을 촉구하기도 한다. 물론 하느님에 대한 믿음은 하느님에 의해 예수 안

---

[153] 참조: D. MOLLAT, *La vie et la gloire* II (Paris 1980) 19-38; W. NICOL, *The Semeia in the Fourth Gospel* (NT.S 32) (Leiden 1972); W. WILKENS, *Zeichen und Wunder* (AThANT 55) (Zürich 1969).

[154] 여기서는 매번 ὅτι(영어의 that) 절(節)에서 믿음이 규정된다(요한 20,31 참조). 그 밖에 πιστεύειν εἰς(영어의 believe in)와 πιστεύειν + 3격 형태도 있다. 별다른 차이는 없다.

에서 일어난 계시 사건을 통해 새로운 모습을 획득했다. 하느님께 나아감은 이제야말로 예수를 통해 가능하다: "나를 통하지 않고서는 아무도 아버지께 갈 수 없다"(14,6).

이 문장은, 특히 다른 세계종교들과 그리스도교의 관계 규정과 관련하여, 중대한 결과를 낳는다. 이 점, 간략하게나마 언급해야겠다. 이 문장이 말하고자 하는 바는 예수와 상관 없이는, 예수 외에는 하느님과의 연결이 존재하지 않는다는 것인가? 이에 대한 대답은 부정적이다. 여기서 강조하는 것은, 예수 안에서 일어난 하느님 계시의 능가될 수 없는 중요함, 또 따라서 이 계시와 맞닥뜨리는 인간이 내려야 할 결단의 중대함이다. 이 계시가 예수와 불가분적으로 결부되어 있음은, 아버지−아들 관계를 통해 알려져 있다. 예수는 '아무도 하느님께 갈 수 없다'고 말하지 않고 '아무도 아버지께 갈 수 없다'고 한다. 아들이 아버지라고 부르는 하느님이 아들 안에서 우리에게 당신을 열어 보이신다. 물론 아버지는 아들과 함께하고, 아들을 위해 증언해 주신다(5,37 참조). 그런데 이것을 우리는 오직 아들의 말을 통해 아는 까닭에, 이런 맥락에서 믿음의 예수에 대한 집중성이 각별히 선명하게 드러난다. "하느님을 믿고 또 나를 믿어라"(14,1)는 말씀에서처럼 두 가지가 한꺼번에 언급될 때, 또는 "나를 믿는 사람은 나를 믿는 것이 아니라 나를 보내신 분을 믿는 것이다"(12,44)라고 변증법적으로 언명될 때, 하느님 신앙의 새로운 특징이 부각된다.

아버지와 아들의 이 해제될 수 없는 결합을 요한 1서는 간결한 문장으로 표현한다: "아드님을 부인하는 자는 아무도 아버지를 모시고 있지 않습니다. 아드님을 믿는다고 고백하는 사람이라야 아버지도 모십니다"(2,23). 이 서간의 특징은, 예수 믿음을 그의 이름에 대한 믿음으로 좀 더 상세히 규정한다는 것이다(3,23; 5,13). 그의 이름 — 셈어에서 이름은 한 인간의 본질을 나타낸다 — 이 가리켜 말하는 것은 '하느님의 아들'이다.[155]

믿음에는 단계가 있다. 표징($\sigma\eta\mu\epsilon\tilde{\iota}o\nu$)들로 말미암은 믿음이 있다. 예수는 이런 믿음에 회의적이다. 요한 복음서 2,23-24는 독일어로는 온전히 따라

갈 수 없는 말장난을 보여 준다: "많은 사람이 그분께서 일으키신 표징들을 보고 그분의 이름을 믿었다. 그러나 예수님께서는 그들을 믿지(신뢰하지) 않으셨다." 니코데모가 그런 이들에, 즉 키르케고르[156]가 예수 추종자들이 아니라 예수 경탄자들이라고 딱지 붙인 사람들에 속한다(3,2). '표징'이라는 말은 양가적으로 사용되는데(4,48 참조), 표징 요구는 완고한 불신의 표현이기도 하다(2,18; 6,30).[157] 일(ἔργον)들로 말미암은 믿음 역시 겨우 길에 들어선 것이지 목적지에 이른 것이 아니다. 이 구별이 10,37-38에 뚜렷이 나타난다. 예수는 믿지 않는 사람들에게, 자신을 믿지 않더라도 적어도 자기가 하는 일들은 믿으라고, 그러면 자신과 아버지가 결합되어 있음을 깨닫게 될 거라고 훈계한다. 일들(단수형으로도 나옴)은 표징들을 포함하지만 넘어서며 예수의 외적 활동 전체, 그의 죽음까지도 포괄한다. 옹근 믿음은 예수 말씀에 바탕을 두고 있다. 제자들을 "영께서 … 모든 진리 안으로 이끌어 주실 것"(16,13)이라는 말씀으로 미루어, 우리는 이 믿음이 부활 이후 비로소 가능해졌다는 인상을 받는다(참조: 2,22; 4,41-42). 아무튼 그런 다음에는 제자들의 말을 통해 사람들이 이 믿음에 이르러야 한다(17,20).

믿음은 감각적 요소를 지닌다. 믿음은 감각의 올바른 사용이요, 올바른 듣고 봄이다.[158] 이는 계시 이해와 관계가 있으며, 계시는 역사 안에서 발생한다는 사실에 근거한다. 여기서 한 구약성경적 관념이 중요하다. 흔히들 셈족은 '들음'을 더 중시하고 더 신뢰한다고 말한다. 성경의 인간은 말씀을 듣는 자다. 헬레니즘 인간은 '봄'을 외부에서 발생하는 것의 더 객관적인 전달로 여긴다. 요한계 문헌에서는 둘 다 찾아볼 수 있다. 요한 1서

---

[155] 참조: STRECKER, *Johannesbriefe* 201 — 그의 이름에 대한 믿음의 중요성은 다음 사실에 의해 강조되어 있다고 보아도 될 것이다: 그의 이름에 대한 믿음은 요한 1서에서 믿음에 관한 첫 언급과 마지막 언급으로 나온다(3,23; 5,13).

[156] W. REST (Hrsg.), *Einübung im Christentum* (Köln - Olten 1951) 314-320.

[157] 표징 요구는 공관복음서 전승에서 유래한다.

[158] 참조: I. DE LA POTTERIE, L'ascolto e l'interiorizzazione della Parola secondo s. Giovanni: *Parola, spirito e vita* 1 (1980) 120-140.

머리말은 촉각까지 끌어들인다: "처음부터 있어 온 것 우리가 들은 것 우리 눈으로 본 것 우리가 살펴보고 우리 손으로 만져 본 것, 이 생명의 말씀에 관하여 말하고자 합니다"(1,1). 이런 구체성과 정확성을 바탕으로 우선 목격자들이 말한다.[159] 이들이 계시의 정확성을 보증한다. 하지만 목격자라는 것만으로는 증인이 되는 데 충분하지 못하다. 유다인들도 목격자였다. 요한은 사실의 양가성을 잘 알고 있었다. 그러므로 봄과 들음도 (우선은) 양가적이다. 빵 설교 이후 회의적이 되어 가는 제자들의 반응은 더 이상 듣고 싶지 않다는 거부다: "이 말씀은 듣기가 너무 거북하다. 누가 듣고 있을 수 있겠는가?"(요한 6,60).[160] 요한에게 올바른 들음은 믿음과 같은 뜻이다(5,25 참조). 이 경우 사람은 마치 양들이 목자의 목소리를 듣는 것처럼 듣는다(10,16). 봄에 관해서도 비슷한 말을 할 수 있다. 믿는 사람은 살(육신)이 되신 말씀 안에서 영광을(1,14), 예수 안에서 아버지를(12,45) 본다. 이 봄은 뒷세대들에게도 가능하니, 똑같은 믿음이 존재하기 때문이다.

믿음은 출발한다, 예수께로 간다는 뜻이다. 요한이 믿음을 움직임의 한 시점으로 바꿔 놓는다는 것을 '오다'라는 동사가 분명히 알려 준다. 이 동사도 '믿는다'의 동의어로 사용될 수 있는데, 6,35ㄴ의 대구對句에 인상 깊게 나타나 있다: "나에게 오는 사람은 결코 배고프지 않을 것이며, 나를 믿는 사람은 결코 목마르지 않을 것이다." 움직임이라는 표상에는 예수에게의 인격적 결부(이것은 믿음에 포함되어 있다)가, 신뢰의 요소가 암시되어 있다. 예정론적 뉘앙스를 풍기는 6,44의 토막 말씀은 '옴'이 구원하는 믿음이라는 것을 알려 준다: "나를 보내신 아버지께서 이끌어 주지 않으시면 아무도 나에게 올 수 없다." 소명 사화에서는 실존적으로 규정지어진 두 표상이 믿음으로의 초대로 결합되어 있다: "와서 보아라"(1,39; 참조: 1,46).

---

[159] 참조: KLAUCK, *1 Joh* 60-61; STRECKER, *Johannesbriefe* 61-63. 이 요구는 계시의 구체성이란 의미에서 제기된다. 요한 1서 저자 자신도 목격 증인으로 여기는 것은 문제가 있다고 하겠다.

[160] GNILKA, *Verstockung* 50-51 참조.

믿음과 증언은 긴밀히 결부되어 있다.[161] 증언이 믿음을 겨냥한다는 것은 세례자 요한과 애제자의 증언에 관한 언급에서 뚜렷이 드러난다: "그는 증언하러 왔다. 빛을 증언하여 자기를 통해 모든 사람이 믿게 하려는 것이었다"(1,7; 참조: 19,35). 아무튼 이로써 원칙적인 사실이 확인되었다: 사람들의 믿음의 증언은 다른 사람들을 믿음으로 이끌고 또 그로써 그들을 구원할 수 있다(5,34ㄴ 참조). 그러므로 증언은 필수불가결하다. 하지만 믿음과 증언의 결부는 이보다 더 심원하다. 그 시작은 예수의 말씀이 증언으로 해석된다는 사실이다. 이는 요한계 문헌의 특유한 관점이다. 예수가 지향하는 것은 하느님의 증언이다. 예수는 명시적으로 증인이라 불리지는 않는다. 예수 말씀을 증언으로 보는 이 관점은 앞에서 논한 '사자 그리스도론'의 테두리에 속한다. 실상 예수는 하느님의 사자로서 그분의 증인이기도 하다. 그래서 예수는 자신에 관해 증언하며, 하느님도 예수에 관해 증언하신다. 그러나 예수 자신의 증언보다 더 중요한 이 하느님의 증언은 다시금 오직 예수의 말씀을 통해서만 접근할 수 있다(참조: 8,13-14.18; 5,37). 이 접근은 다른 방법으로는 전혀 가능하지 않으니, 오직 예수만이 자기가 증언하는 내용을 알고 있으며 오직 그만이 다른 이들에게 그것을 전달할 수 있기 때문이다(3,32 참조). 그러므로 이 증언 — 내용인즉 바로 예수가 하느님의 사자라는 것이다 — 은 오직 믿음 안에서만 받아들일 수 있다. 불트만은 이것을 다음과 같이 적확하고 인상 깊게 표현한다: "오직 믿음에게만 믿음의 대상이 자신을 열어 보인다; 믿음이 유일한 접근 방법이다."[162] 요한 1서는 이 맥락을 확증해 준다: "하느님의 아드님을 믿는 사람은 이 증언을 자신 안에 간직하고 있습니다. 하느님을 믿지 않는 자는 하느님을 거짓말쟁이로 만들어 버렸습니다. 하느님께서 당신의 아드님에 관하여 하신 증언을 믿지 않았기 때문입니다"(5,10).

---

[161] 참조: BEUTLER, *Martyria* (FTS 10) (Frankfurt a. M. 1972); N. BROX, *Zeuge und Mär-tyrer* (StANT 5) (München 1961).

[162] *Joh* 200.

공동체(교회) 역시 증언을 하며 이를 위해 부름 받았다. 텍스트들은 증언을 촉구하기 위해서가 아니라, 증언을 하기 위해 쓰였다. 이는 특히 서간에 해당된다. 여기서 서간은 증언으로 이해해야 한다고 추론해도 될 것이다. 증언은 일어난 일과 관계되며, 목격 증언으로 표현된다: "우리가 … 보고 증언합니다. 그리고 여러분에게 … 선포합니다"(1요한 1,2). 증언은 역사적 계시의 정확성을 보증하기 위해 다시금 행해진다. 그러나 물려받은 믿음이 뒷세대들에게도 '봄'을 가능하게 해 준다. 그래서 공동체는 자기 믿음의 증언을 수행한다: "우리는 아버지께서 아드님을 세상의 구원자로 보내신 것을 보았고 또 증언합니다"(1요한 4,14). 공동체의 증언은 예수의 증언과 동일하다.[163] 물론 공동체의 증언은 예수의 증언과는 다른 전제에 근거하고 있다. 후자는 앎의 증언이고, 전자는 믿음의 증언이다. 내용상으로는 일치한다: 즉, 아버지께서 아들을 보내셨다는 것이다.

증언을 하기 위해서는 영의 도움이 필요하다. 요한 복음서 15,26-27에 이 둘이 나란히 나오는 것은 주목할 만하다: "그분(영)께서 나를 증언하실 것이다. 그리고 너희도 처음부터 나와 함께 있었으므로 나를 증언할 것이다." 그러나 이 병존은 '함께 그리고 서로 합쳐'로 이해해야 한다. 영의 증언은 어디 다른 곳 아닌 바로 제자들의 증언 안에서, 공동체의 선포 안에서 이루어진다. "너희도 처음부터 나와 함께 있었으므로"라는 말씀, 곧 공동성과 목격 사실에 대한 주의 환기는 다시금 두 가지를, 즉 역사적 계시의 정확성과 믿음 안에서 그것의 전달(이것은 첫 제자들에 의해 수행되지만, 후대 공동체에 의해 동일한 방식으로 이루어진다)을 겨냥한다. 불트만[164]은 더 나아가 '처음부터 예수와 함께 있음'은 그와의 이별로써 끝나지 않았고, 존속한다고 말한다. 어떤 의미에서 이 말은 옳다. 다만 여기서 중요한 것이 역사적 계시의 정확성이라는 것을 간과하면 안 된다.[165]

---

[163] Brox(각주 161의 책 76-82 참조)는 이 점을 적절히 강조한다.

[164] *Joh* 427.

[165] 물론 불트만도 그런 의미로 말한 것은 아니다.

19,35에서 증언은 한 특정 사건과 관련된다.[166] 증언자는 (이 명칭으로 따로 소개되지는 않지만) 애제자다.[167] 사건은 예수의 죽음, 더 자세히는 그의 옆구리 상처에서 피와 물이 흘러나온 일이다. 애제자는 자신이 본 것을 증언한다. 여기서도 증언이 겨냥하는 것은 단순히 구체적 사건, 즉 죽음이 아니라, 무엇보다도 믿음의 '봄'으로 인지한 이 죽음의 구원 의미다. 피와 물이 이 의미를 알려 준다.[168]

제자를 특징짓는 것은 '머물러 있음'이다. 이 낱말 역시 요한 특유의 단어인데, 특히 요한 1·2서와 복음서의 고별 설교에서 제자 됨을 특징짓기 위해 사용되며, 포도나무와 가지 비유에서도 만나 볼 수 있다. 예수의 말씀 안에(요한 8,31; 15,7), 하느님의 말씀 안에(5,38), 그분의 사랑 안에(15,10), 빛 속에(1요한 2,10) 머물러 있음에 관해 말하거나, (의미는 같거니와) 그리스도의 가르침 안에(2요한 9절), 그리고 (가장 자주 나오기로는) 그분, 즉 예수 안에 머물러 있음에 관해 언급한다. 이 사상을 포도나무와 가지 비유가 명확히 알려 준다(요한 15,1 이하). 머물러 있음이라는 말이 거듭 겨냥하는 대상은, 이미 결단을 내려 예수의 제자가 되었으나 그에게서 떨어져 나갈 위험에 처한 사람들인데, 이 위험은 예컨대 빵에 관한 설교 이후 많은 제자가 떠나간 심각한 장면에 묘사되어 있다(요한 6,60 이하). 아무튼 중요한 일은, 참으로 예수의 제자가 되기 위해 그분의 말씀 안에 머물러 있는 것이다(8,31).[169] 제자 됨은 안전하지 않으며 위협받고 있다. 요한의 공동체는 이미 배교와 분열을 겪었다.

'~ 안에 머물러 있음'은 우선 새로운 공간과 새로운 시간의 부여로 이해할 수 있다.[170] 제자들은 이 새로운 공간으로 옮겨졌고, 새로운 시간을 부

---

[166] H.-J. VENETZ. Zeuge des Erhöhten: *FZPhTh* 23 (1976) 81-111 참조.

[167] 이 점에서 연구자들의 견해가 두루 일치한다.

[168] 이 문제와 관련된 토론은 아래(성사에 관한 상론)에서 다룰 것이다.

[169] F. MANNS, *La Verité vous fera libres* (SBF.CMi) (Jerusalem 1976) 참조.

[170] J. HEISE, *Bleiben* (HUTh 8) (Tübingen 1967) 173-174 참조.

여받았다. 머물러 있음은 요한 이원론의 배경에 비추어 명료성을 획득한다. 예전에 제자들은 죽음, 어둠, 분노 등의 영역 안에 있었다. 요컨대 '세상'의 범주들에 의해 규정지어져 있었다. 그래서 "사랑하지 않는 자는 죽음 안에 그대로 머물러 있습니다"(1요한 3,14)라고, 또는 형제가 궁핍한 것을 보고도 마음의 문을 닫는 자 안에는 하느님의 사랑이 머물러 있지 않다고 (3,17) 말한다. 아들에게 순종하지 않는 자는, 하느님의 진노가 그자 위에 머물러 있게 된다(요한 3,36). 믿지 않는 자의 죄는 머물러 있다(9,41). 이와는 반대로 "하느님의 뜻을 실천하는 사람은 영원히 남는다(머물러 있다)"(1요한 2, 17). 머물러 있을 수 있음에는 조건이 있다. 복음서의 틈새 없는 언어로 표현하자면, 그것은 고통 겪는 사람들을 상대로 입증되는 사랑과 느슨해지지 않는 믿음이다. 이것이 제자 됨의 모든 것이다(1요한 3,23 참조). 사랑과 믿음에 정향된 이 포괄적 실존은, 머물러 있음의 조건으로서 예수 계명의 준수나 열매 맺음이 거론될 때(1요한 3,24; 요한 15,5.16), 또는 예수가 살았던 것처럼 살라고 촉구할 때도(1요한 2,6) 요구된다.

머물러 있음을 반대로 표현할 수도 있다: 하느님의 말씀(1요한 2,14), 기름부음[즉, 영(2,27)], 하느님의 사랑(4,12), 진리(2요한 2절), 믿는 이들이 처음부터 들어온 것(1요한 2,24), 믿는 이들이 가르침받은 것(2,27)이 믿는 이들 안에 머물러 있다. 특히 대부분 명령형으로 되어 있는 뒷부분의 언명들은 물려받은 믿음의 고수를 촉구한다. 이 또 다른 '~ 안에 머물러 있음'은, 다른 영역으로 '옮겨져 있음'이라는 생각에다, 제자들이 풍성한 내적 선물을 받았다는 통찰을 첨가한다. 궁극적으로 이것들은 영의 선물과 결부되어 있다.

(우리는 그분의 말씀 안에, 그리고 그분의 말씀은 우리 안에 머물러 있다는) 머물러 있음의 상호성은, 그리스도와의 관계 안에서 자신의 고유한 중심을 체험한다. 그것은 확약이다: "내 안에 머물러라. 나도 너희 안에 머무르겠다"(요한 15,4). 이것이 클라우크가 요한 1서의 주도은유(Leitmetaphor)요 표상주형鑄型(Bildmatrix)이라고 부르는[171] 내재정식內在定式(Immanenz-formel)이다. 이는 포도나무와 가지에 관한 말씀에서 분명히 제시된다: "가

지가 포도나무에 붙어 있지 않으면 스스로 열매를 맺을 수 없는 것처럼, 너희도 내 안에 머무르지 않으면 열매를 맺지 못한다"(15,4). 그리스도와의 관계는 삶을 가능케 함이다. 그 관계를 잃는다면, 죽음이 들어선다. 비유로 말하자면, 가지는 말라 버린다. 바오로의 '그리스도 안에'를 연상시키는 이 요한식 표현의 그리스도와의 결합은 동시에 하느님과의 결합을 가능케 해 준다. 그리스도는 하느님과의 유일무이한 관계를 제자들과의 관계와 상응시킨다: "아버지, 아버지께서 제 안에 계시고 제가 아버지 안에 있듯이, 그들도 우리 안에 있게 해 주십시오"(17,21).[172] 그러므로 제자들이 아들과 아버지 안에 머물러 있음에 관해(1요한 2,24), 또는 그들이 하느님 안에 머물러 있음과 하느님이 그들 안에 머물러 계심에 관해서도(4,16) 말할 수 있다. 서로서로 '안에 머물러 있음'은 이루어져야 할 하느님과의 결합에 관한 가장 농밀한 언명이다. 하느님과의 결합이 제자 됨의 목적이다.

믿음은 새 생명을 선사한다. 이 과정은 구체적으로 하느님에게서 태어남으로 표현할 수 있다: "그분께서는 당신을 받아들이는 이들, 당신의 이름을 믿는 모든 이에게 하느님의 자녀가 되는 권한을 주셨다"(요한 1,12). 이 구체성에서 하느님에게서 태어남은 인간적 출생과 구별된다 — (부모의) 혈통[173]이나 육욕이나 남자의 욕망에서 난 것이 아니다(1,13). 요한 1서에도 이 사상이 자주 나온다. 여기서 무엇보다도 다음과 같은 결론이 이끌어 내어진다: 하느님에게서 태어난 이는 의로운 일을 실천하고(2,29) 죄를 짓지 않고(3,9; 5,18) 사랑하고(4,7) 예수께서 그리스도이심을 믿고(5,1) 세상을 이긴다(5,4). 니코데모와의 대화는 특히 시사하는 바가 크다. 예수는 그 바리사

---

[171] 1 Joh 264-265. 참조: P.R. JONES, A Structural Analysis of 1 Joh: RExp 67 (1970) 433-444 중 441.

[172] R. BORIG, Der wahre Weinstock (StANT 16) (München 1967) 215-236 참조. 여기에는 내재 언명의 다양한 형태들의 개괄도 발견된다(215). 참조: F.F. SEGOVIA, The Theology and Provenance of John 15,1-17: JBL 101 (1982) 115-128.

[173] 여기에는 쌍수(雙數)라는 드문 경우가 제시되어 있다.

이에게 하느님 나라는 새로이/위로부터($\check{\alpha}\nu\omega\theta\epsilon\nu$)[174] 태어나야만 볼 수 있다고 언명한다(요한 3,3). 요컨대 인간은 제 힘으로는 하느님 나라를 볼 수 없고, 선사받아야만 한다. 그것은 새 생명이라는 고귀한 선물이다. 여기서도 하느님에게서 태어남과 인간적 출생이 대비된다. 표어는 다음과 같다: 육에서 태어난 것은 육이고, 영에서 태어난 것은 영이다. 영에서 태어남은 바람에 관한 비유를 통해 설명되는데, 바람의 소리를 사람은 듣지만, 그 길은 알지 못한다(3,6-8).[175] 여기서 요점인즉, 영에서 태어난 사람은 다른 이들이 알지 못하는 새로운 근원과 새로운 목표를 얻었다는 것이다. 그는 이제 자신이 어디서 와서 어디로 가는지 안다(8,14 참조). 이것은 그에게 세상 한가운데에서 확실함을 선사해 준다. 재생과 하느님 나라 허락의 관계는 다른 하나의 관점에서도 중요하다. 요컨대 이 관계는 회개라는 사상을, 그것도 철저화된 형태로 내포하고 있다(마르 1,15 참조). 새로 태어남, 새 생명은 새 인간을 겨냥한다. 공관복음서에서 회개로 지칭되는 것이 여기서는 통사람(全人)의 본질적 변화로 나타난다. 요한 1서에서 도출된 결론이 여기에 상응한다. 이 서간도 '새로 됨'에 있어서의 예수의 본보기를 잘 알고 있다(2,6 참조).

제자 됨은 은총이니, 이는 재생에 관한 상론에서 이미 드러났다. 그런데 하느님의 예정을 직접 주제로 다루는 몇 개의 언명이 있다: "나를 보내신 아버지께서 이끌어 주지 않으시면 아무도 나에게 올 수 없다"(요한 6,44). 이 구절을 사람들은 일종의 은총론의 바탕 명제라고 불러왔다. 다른 언명들도 한결같이 아버지께서 허락하지 않으시면 아무도 아들에게 올 수 없다고(6,65), 또는 아버지께서 예정하신 이 사람들을 아들에게 주셨다고(6,37-39;

---

[174] $\check{\alpha}\nu\omega\theta\epsilon\nu$의 번역이 논란거리다. BULTMANN(Joh 95 Anm. 2)은 어디까지나 '새로이'를 의미한다고 본다. SCHNACKENBURG(Joh I 381)는 '위로부터'가 유일하게 옳은 번역이라고 본다. 그러나 둘 다 의미한다고 보아도 될 것이다. BAUER - ALAND, Wörterbuch 153 참조.

[175] 지혜문학에서도 바람은 불가사의한 것으로 나타난다: "바람의 길을 네가 알지 못하는 것처럼 … 너는 모든 것을 만드시는 하느님의 행위를 알지 못한다(Prd 11,5: 참조: 잠언 30,4; 집회 16,21).

특히 고별기도 중 17,2.6.9.11-12.24) 말한다. 여기서 이 예정된 사람들 전체가 한 단위로 총괄될 수 있다: "아버지께서 나에게 주시는 사람은 모두 나에게 올 것이다"(6,37; 참조: 39절). 서로를 잘 알고 사랑하는 목자와 양 떼 비유도 유사한 내용을 말해 준다(10,7-18). 여기서는 보호의 보증이 특히 강조되어 있다: "아무도 그들을 내 아버지의 손에서 빼앗아 갈 수 없다"(10,29). 이런 언명들은 위협받는 공동체에 확신과 위안을 불러 일으키고자 한다.[176] 짐작건대 이 언명들은 후대의 체험에서 유래한다. 여기서 우리는 구원의 확실성에 관해서는 말할 수 없을 것이다.

문제가 되는 것은 "그러나 너희는 믿지 않는다. 너희가 내 양이 아니기 때문이다"(10,26) 같은 부정적 유형의 언명들이다. 그러나 여기서 유의해야 할 것인즉, 착한 목자에 관한 말씀은, 예컨대 고별 설교와는 달리, 청자가 유다인들, 즉 믿지 않는 자들이라는 점이다. 목자에 관한 말씀에서 예수는 당신의 양들에 관해 유다인들에게 말한다. 근본적으로 우리는 이 말씀을 어디까지나 일종의 (역설적으로 보이지만) 초대로 이해할 수 있다.[177] 예정론적 언명들은 통상 불신에 대한 언급과 연계하여 나온다. 대립은 이원론 테두리 안에서 진행된다. 오직 빛의 영역 안에만 구원이 있다. 그리로 옮겨 가지 못한 자는 진노 아래 머물러 있다. 물론 아주 일반적 성격의 예정을 언급하는 경우도 종종 있다(3,19-21). 요한 1서 2,19는 시사하는 바가 크다. 여기서는 실제 사실에서 출발하여 은총의 선택으로 역추리해 간다. 분명히 밝히기를, 분열 책동자와 오설 유포자들이 예전에는 공동체 구성원이었다고 한다. 그리고 이어서 말한다: "그들은 우리에게서 떨어져 나갔지만 우리에게 속한 자들은 아니었습니다. 그들이 우리에게 속하였다면 우리와 함께 남아 있었을 것입니다. 그러나 결국에는 그들이 아무도 우리에게 속하지 않는다는 사실이 드러났습니다" — 여기서는 인간의 자유를 하

---

[176] BECKER(*Joh* I 338)는 교회가 변형시킨 이원론에 관해 말한다.

[177] BULTMANN, *Joh* 276.

느님의 자유 안으로 어떻게든 포섭하려 애쓰는데, 물론 이것은 궁극적으로는 풀리지 않는 문제다.

제자는 믿는 이로서 또한 아는 자이기도 하다.[178] 믿음과 앎은 매우 밀접한 관계에 있으며, 나아가 유사한 표현으로 사용될 수도 있다(요한 17,8 참조: "그리하여 이들은 제가 아버지에게서 나왔다는 것을 참으로 알고, 아버지께서 저를 보내셨다는 것을 믿게 되었습니다"). 이 유사성은 이 둘이 내용상 동일하게 규정될 수 있다는 사실에 의해서도 분명해진다. 예수가 아버지에 의해 파견되었고, 예수가 그이이며(8,28), 예수가 아버지 안에 있고 아버지가 예수 안에 계시다는(10,38) 것을 사람들은 믿을 뿐 아니라 알며, 예수와 아버지를 안다(14,7; 참조: 14,1). 여기서 말하고자 하는 것은 어디까지나 믿음 안에서의 앎, 믿음 고유의 이해이지, 이성적 앎이 아님은 두말할 것이 없다. 그래서 여러 맥락에서 앎은 믿음을 거쳐 가며 또 넘어선다. 이것은 더 큰 확실성을 획득한 믿음이다(참조: 6,69; 8,32). 믿음과 봄이 통합될 수 있듯이, 보는 앎도 있다(14,7 참조). 근본적으로 앎은 본질의 유사성에 근거한다. 본질이 유사한 존재들만이 서로를 참으로 안다. 이 전제가 목자와 양들의 상호 인식의 배경이거니와, 이 인식은 아버지와 아들의 상호 삼투적 인식에 상응한다: "나는 내 양들을 알고 내 양들은 나를 안다. 이는 아버지께서 나를 아시고 내가 아버지를 아는 것과 같다"(10,14-15). 하느님의 본질은 사랑이기에, 이렇게 말할 수도 있다: "사랑하는 이는 모두 하느님에게서 태어났으며 하느님을 압니다"(1요한 4,7). 여기서 또한 분명해지는 것인즉, 이 앎은 선사된 앎, 요컨대 사람이 스스로 얻을 수 없는 앎이라는 점이다. 이 앎은 인간의 변화에 근거하니, 그가 영역을 옮길 때, 죽음의 영역에서 생명의 영역으로 건너갈 때 변화가 발생한다. 그렇다면 세상이 말씀(로고스)을 알아보지 못하

---

[178] 참조: O. CULLMANN, Eiden kai episteusen. La vie de Jésus, objet de la vue et la foi d'après le quatrième Évangile: *Aux sources de la tradition chrétienne* (FS M. Goguel) (Neuchâtel - Paris 1950) 52-61; H. SCHLIER, Glauben, Erkennen, Lieben nach dem Johannesevangelium: *Besinnung auf das NT* (Freiburg 1964) 279-293.

는 것(요한 1,10), 아니 신적인 것은 보지도 알지도 받아들이지도 못하는 것은(14,17) 당연하다고 하겠다.

4.2 영/파라클레토스

영은 세상의 대척對蹠 존재다.[179] 하느님에 의해 주어지는 영은 인간으로 하여금 그분을 알고 영원한 생명을 얻을 수 있게 해 준다. 그러나 세상은 영을 보지도 알지도 받아들이지도 못한다(요한 14,17). 그런 까닭에 영이라는 주제의 논구는 다시금 요한 이원론에 주의를 환기시킨다.

영에 관한 어휘는 시사하는 바가 크다. 복음서 1부에서는 통상 프네우마(관사가 붙을 때도 없을 때도 있으나 설명하는 부가어 없음)에 관해 말한다. 예를 들어: "예수님께서 영광스럽게 되지 않으셨기 때문에, 영께서 아직 와 계시지 않았던 것이다"(7,39). 세례자 전승에서만 공관복음서 전승과 일치하여 거룩한 영에 관해 말한다: "바로 그분이 성령으로 세례를 주시는 분이다"(1,33; 참조: 마태 3,11//). 복음서 2부(더 자세히는 고별 설교)에서는, 어휘가 상당히 다양해진다: 거룩한 영 외에도 '진리의 영'(14,17.26; 15,26; 16,13), 특히 '파라클레토스'(παράκλητος)가 나온다. 그래서 '파라클레토스 말씀'이라 불리는 대목들이 있는데, 이것을 특별히 고찰해야겠다. 요한 1서에서도 한 차례 파라클레토스에 관해 말하지만, 영이 아니라 예수와 관련된다: "하느님 앞에서 우리를 변호해 주시는 분(파라클레토스)이 계십니다. 곧 의로우신 예수 그리스도이십니다"(2,1). 영에 관한 어휘는 복음서 1부와 부합한다. 4,13에

---

[179] 참조: G. Bornkamm, Der Paraklet im Johannes-Evangelium: *Geschichte und Glaube I* (BEvTh 48) (München 1968) 68-89; U.B. Müller, Die Parakletvorstellung im Johannes-Evangelium: *ZThK* 71 (1974) 31-77; M.E. Boring, The Influence of Christian Prophecy on the Johannine Portrayal of the Paraclete and Jesus: *NTS* 25 (1978/79) 113-123; D.A. Carson, The Function of the Paraclete in Joh 16,7-11: *JBL* 98 (1979) 547-566; U. Wilckens, Der Paraklet und die Kirche: *Kirche* (FS G. Bornkamm) (Tübingen 1980) 185-203; K. Grayston, The Meaning of Parakletos: *JSNT* 13 (1981) 67-82; F. Manns, Le Paraclet dans l'Évangile de Jean: *SBFLA* 33 (1983) 99-152.

서만 한 차례 하느님의 영에 관해 말한다: "하느님께서는 우리에게 당신의 영을 나누어 주셨습니다." 지금까지 언급한 것과 비교할 때 요한 1서 4장에는 특별한 용어가 등장한다. 프네우마는 사실 인간론의 한 범주이기도 하며, 영적 능력의 관점에서 인간을 나타낸다. 사람들은 참된 그리스도 고백에서 '하느님의 영'을 알 수 있다는 말은(1요한 4,2), 하느님의 영에 감응된 인간의 영에 관해 언급하는 것이다. '진리의 영' — '속이는 영'과 대비되어 있다 — 도 비슷하게 해석할 수 있다(4,6). 여기서도 참된 고백을 하도록 영 감받은 인간의 영을 가리켜 말한다. '기름부음'(2,20.27),[180] '그분의 기름부음'(2,27)이라는 개념도 한 특징인데, 구약성경에 본보기가 있는(참조: 1사무 16,13; 이사 61,1) 이 개념은 하느님의 영에 의한 신앙인의 무장을 가리킨다.

영은 어떤 일을 하는가? 새 생명, 영원한 생명, 하느님에게서 태어남을 선사한다(요한 3,6-8). 영에서 태어난 사람들은 하느님을 예배할 수 있다. 이에 관해 사마리아 여인은 야곱의 우물에서 가르침을 받는다(4,19-24). 진실한 예배자들이 '영과 진리 안에서' 아버지께 예배를 드리게 될 것이다.[181] '진실한'은 온전한 타당성과 부합을 목표로 한다. 이것이 신론적 정의定義처럼 보이는 설명을 통해 좀 더 정확히 표현된다: "하느님은 영이시다. 그러므로 그분께 예배를 드리는 이는 영과 진리 안에서 예배를 드려야 한다"(요한 4,24). 그러기 위해서는 먼저 인간에게 본질적 변화가 일어나야 한다. 이것은 구체적으로, 예배가 이제 더는 어떤 장소에 매이지 않는다는 것을 뜻한다. 21절과 23절은 유사한 도입부 — 그때가 온다 — 가 알려 주듯, 서로를 해석해 준다: 그리짐 산에서도 예루살렘에서도 아니고, 영과 진리 안에서 예배를 드려야 한다. 지금까지 유일하게 적법한 예배로 여겨지던 것, 특정 장소와 결부됨으로써만 적법성을 인정받던 예배는 낡은 것이 되었다. 예루살렘 성전은 끝장났다. 부활한 예수가 성전을 대체했거니와, 강조

---

180 KLAUCK, *1 Joh* 156: 엄밀히는 '기름부음받음'.

181 참조: O. BETZ, To Worship God in Spirit and in Truth: *Standing Before God* (FS J.M. Oesterreicher) (New York 1981) 53-72.

382 ④ 요한계 문헌의 신학

하기 위해 복음서 앞부분으로 옮겨 놓은 성전 정화 단락(2,13-22)에 대한 요한의 해석도 이 점을 명시하려 애쓰고 있다. 예배는 이제 어디서나 가능하다. 아버지는 그런 예배자들을 찾고 계시다. 우물의 물은 생수로 지칭될 수 있는, 모든 목마름을 달래 주고 영원한 생명으로 인도하는 영의 예형이 된다(4,10-14; 참조: 7,38-39). 그러나 '하느님은 영이시다'라는 말은 정의定義가 아니다. "하느님은 빛이시다"(1요한 1,5), "하느님은 사랑이시다"(4,8) 등의 문장은 그때그때 인간과 관련하여 하느님의 한 측면을 강조하거니와, 인간은 하느님께 동화될 수 있기 위해 그분의 다름을 분명히 의식해야 한다. 하느님은 영이시기에, 절대적 의미에서 그분을 맞아들임이 필요하다.

주목할 것인즉, (니코데모와의 대화에서 영으로부터 태어남의 필요성이 확언된 다음) 이를테면 첫째 결론으로서 사마리아 여인과의 대화에서 참된 예배의 가능성이 언급된다는 점이다. 이 예배가 복음서에서 상당히 중요하다는 것은 분명하다. 요한계 문헌에서는 바오로 교회들의 특징인 영의 특이한 현상들 ─ 예컨대 신령한 언어 ─ 이 밀려나 있는 것이 눈길을 끈다. 거의 평상적이고 꼭 필요한 것이 부각되어 있다. 예배에 관한 가르침이 한 여인에게 주어진다는 사실도 우연이 아니라고 하겠다. 남자는 낳게 하는 자고(요한 1,13), 여자는 낳는 자다(16,21). 기도는 선사받은 신적 생명을 지키고 보존할 수 있다. 마찬가지로 예수의 말씀을 올바로 이해하기 위해서도 기꺼운 수용 자세와 상응이 필요하다. 예수의 말씀은 영이요 생명이며(6,63), 영원한 생명의 말씀(6,68)이기 때문이다. 빵에 관한 설교 이후 떠나가 버린 많은 제자들과 예수의 말씀을 영원한 생명의 말씀으로 여기는 시몬 베드로가 이 맥락을 뚜렷이 드러내고 대비시킨다.

한편 시간 문제가 제기된다. 영에 관한 언명들은 현재부터 미래로의 시간적 연장을 보여 주는데, 압도적으로 미래에 정향되어 있다. 4,23이 시간적 연장을 나타낸다: "때가 온다. 지금이 바로 그때다"(5,25 참조). 이로써 영의 항구적 보유자 예수(1,32-33 참조)로 말미암아 원칙적으로 하느님께로의 길, 자유로운 통로가 열렸고 참된 예배가 가능해졌음이 암시되어 있다. 하지만 영의 선물은 부활 이후의 것이다. 이 선물은 예수가 아버지께 돌아간 후 비로소 주어질 수 있다(7,39). 부활 사화에서 부활하신 분이 입으로 숨을 불어 넣으며 제자들에게 성령을 전달한다(20,22). 이로써 약속되었던 것이 이야기 방식으로 옮겨져 있다. 이 경우 부활과 성령강림이 겹친다.[182]

이로써 고별 설교 중의 '파라클레토스 말씀'에 이르렀다. 이 말씀들은 분명히 미래를 가리킨다. 나아가 이 말씀들은 부활 이후 시기를 지정한다고 말할 수도 있다. 청자는 제자들이다. 이 말씀들의 미래 정향성은 삼중으로 [우선 한결같이 결정적인 미래 시제를 통해, 다음으로는 넷째 말씀의 분명한 확언 ─ "내가 떠나지 않으면 보호자(파라클레토스)께서 너희에게 오지 않으신다"(16,7ㄴ) ─ 을 통해, 그리고 끝으로 (가장 강조해야 하거니와) 이별의 상황을 통해] 확보되어 있다. 연구자들이 옳게 지적해 온 것은, 파라클레토스 말씀들은 곧 홀로 남겨질 제자들의 상황, 즉 이별을 항상 유념해야만 온전히 이해할 수 있다는 점이다.[183] 흔히들 파라클레토스를 예수의 계승자라 불러왔다.

파라클레토스에 관한 다섯 말씀에서(다섯째에는 파라클레토스라는 낱말이 빠져 있다) 영의 활동이 파라클레토스 개념을 이용하여 해석되는데, 거꾸로인 경우도 있다. 아마도 이 개념은 요한계 동아리들에서 영에 적용되기 전에, 이미 예수에게 사용되었던 것 같다(1요한 2,1 참조). 의미상 이 개념은 폭넓은 스펙트럼을 가지고 있다: 협조자, 변호자, 보호자, 중개자, 위로자, 전구자 또는 풀어 말하여, 돕도록 불린 자ad-vocatus, 협조자로 청해진 자.[184] 마지막

---

[182] 참조: M.-G. DE DURAND, Pentecôte johannique et Pentecôte lucanienne: *BLE* 79 (1978) 97-126; G. GHIBERTI, Il dono dello Spirito e i poteri di Giov. 20,21-23: P.R. TRAGAN (Hrsg.), *Segni e sacramenti nel vangelo di Giovanni* (StAns 66/3) (Rom 1977) 183-220; J. SCHMITT, Simples remarques sur le fragment Jo. 20,22-23: *Mélanges en l'honneur de M. Andrieu* (RevSR) (Strasbourg 1956) 415-423.

[183] MÜLLER, Parakletvorstellung(이 책 각주 179) 곳곳 참조.

[184] 참조: BAUER - ALAND, *Wörterbuch* 1249-50. 이 낱말은 형용사로도 사용될 수 있다. PASSOW에 따르면 이 경우의 의미들: (특히 법정에서) 돕도록 불린, 도움이 되는, 돕는.

것이 파라클레토스 말씀들에 가장 잘 어울린다. 해석자들은 이 개념을 거의 번역하지 않고 그대로 둔다. 아무튼 요한의 특징을 포착하기 위해 매번 텍스트의 뉘앙스를 탐색하는 것이 필요하다. 이 개념의 의미는 이별의 상황에 온전히 부합한다는 것을 전제할 수 있다.

조망을 위해 다섯 말씀을 제시하자:

① "그리고 내가 아버지께 청하면, 아버지께서는 다른 보호자를 너희에게 보내시어, 영원히 너희와 함께 있도록 하실 것이다. 그분은 진리의 영이시다. 세상은 그분을 보지도 못하고 알지도 못하기 때문에 그분을 받아들이지 못하지만, 너희는 그분을 알고 있다. 그분께서 너희와 함께 머무르시고 너희 안에 계시기 때문이다"(요한 14,16-17).

② "보호자, 곧 아버지께서 내 이름으로 보내실 성령께서 너희에게 모든 것을 가르치시고 내가 너희에게 말한 모든 것을 기억하게 해 주실 것이다"(14,26).

③ "내가 아버지에게서 너희에게로 보낼 보호자, 곧 아버지에게서 나오시는 진리의 영이 오시면, 그분께서 나를 증언하실 것이다. 그리고 너희도 처음부터 나와 함께 있었으므로 나를 증언할 것이다"(15,26-27).

④ "내가 떠나는 것이 너희에게 이롭다. 내가 떠나지 않으면 보호자께서 너희에게 오지 않으신다. 그러나 내가 가면 그분을 너희에게 보내겠다. 보호자께서 오시면 죄와 의로움과 심판에 관한 세상의 그릇된 생각을 밝히실 것이다. 그들이 죄에 관하여 잘못 생각하는 것은 나를 믿지 않기 때문이고, 그들이 의로움에 관하여 잘못 생각하는 것은 내가 아버지께 가고 너희가 더 이상 나를 보지 못할 것이기 때문이며, 그들이 심판에 관하여 잘못 생각하는 것은 이 세상의 우두머리가 이미 심판을 받았기 때문이다"(16,7-11).

⑤ "그러나 그분 곧 진리의 영께서 오시면 너희를 모든 진리 안으로 이끌어 주실 것이다. 그분께서는 스스로 이야기하지 않으시고 들으시는 것만 이야기하시며, 또 앞으로 올 일들을 너희에게 알려 주실 것이다. 그분께서 나를 영광스럽게 하실 것이다. 나에게서 받아 너희에게 알려 주실 것

이기 때문이다. 아버지께서 가지고 계신 것은 모두 나의 것이다. 그렇기 때문에 그분께서 나에게서 받아 너희에게 알려 주실 것이라고 내가 말하였다"(16,13-15).

영/파라클레토스는 아버지뿐 아니라 아들 또는 말하는 '나'인 예수와도 매우 긴밀한 관계에 있다.[185] 아버지께서 그분을 보내시고(①),[186] 예수의 이름으로 보내시며(②), 예수도 그분을 보낸다(③ ④). 마지막 말씀에서는 파라클레토스의 파견에 관해서는 더 이상 말이 없고, 그분의 오심에 관해서만 말한다(참조: ③ ④). 이것은 일종의 점층법으로 파악할 수 있는데, 말씀들의 순서도 점층법으로 구성되어 있다. 아무튼 여기서, 요한의 어법을 고려하건대, 모순에 관해 말하면 안 될 것이다.[187] 모순으로 여겨지는 것이 실상 마지막에 해명된다: "아버지께서 가지고 계신 것은 모두 나의 것이다"(⑤). 더불어, 영을 하느님 및 그리스도와 결부하여 언급하는 것은 신약성경의 다른 문서들에서도 발견된다. 그러나 '파라클레토스 말씀'에 특유한 것은, 하느님을 언제나 아버지라 부르고, 따라서 영이 아버지의 영으로 나타난다는 점이라 하겠다. 영은 아버지에게서 나온다(③). 우선 이 점에서 파라클레토스는 예수와 각별한 관계에 있으니, 전자가 후자를 대신한다. 지금까지는 예수가 이 파라클레토스였다. 과연 말씀 ①의 도입부가 의미하는 것이 바로 이 점이다: "그리고 내가 아버지께 청하면, 아버지께서는 **다른** 보호자를 너희에게 보내시어, …." 이렇게 아버지에게의 — 예수에게는 아직 아니다 — 파라클레토스의 결부가 앞머리에 자리잡고 있는 것은 매우 의미심장하게 여겨진다.

영/파라클레토스가 요컨대 지상 예수의 대리자요 계승자라면, 파라클레토스가 어떤 역할들을 지니고 있는지를 좀 더 상세히 밝힐 수 있다. 파라

---

[185] 한결같은 단수 일인칭 표현에 주목해야 마땅하다.

[186] 이하 숫자는 위의 말씀들의 번호를 가리킨다.

[187] 여러 저자는 여기서 전승사적 결론들을 이끌어 낸다. 논쟁: WILCKENS, Paraklet(각주 179) 186-189.

클레토스의 활동은 일차적으로 제자들에게 정향되어 있다. 그들은 파라클레토스가 자기들을 가르치는 분으로서(②) 자신들과 함께 머무르리라는(①) 약속을 받는다. 이로써 파라클레토스는 지상 예수의 한 가지 활동을 떠맡는데, 방식은 다르다. 파라클레토스는 상기의 능력이니, 과연 제자들이 예수의 모든 말씀을 기억하게 해 줄 것이다. 파라클레토스는 잊지 않도록 보살핀다. 아무것도 잊히지 않도록 하는 포괄적 상기는 단순히 예수 말씀이 존속함을 의미하는 게 아니라, 심화된 이해도 포함한다. 복음서는 이 심화된 성찰을 암시하고 또 두드러지게 성경 숙고와 결부되어 있는 상기의 예들을 다른 맥락에서 제시한다. 성전 정화 단락이 이 경우에 해당하는데, 여기서 잇달아 두 차례 상기가 성경과 결부된다. 하나는 예수의 죽음을 암시하는 구체적인 시편 말씀(요한 2,17; 참조: 시편 69,10)에 대한 상기이고, 다음으로 부활 이후의 상기(요한 2,22: "예수님께서 죽은 이들 가운데에서 되살아나신 뒤에야, 제자들은 예수님께서 이 말씀을 하신 것을 기억하고, …")는 성경과 예수 말씀에 대한 믿음의 표현이다. 비슷한 맥락이 예루살렘 입성 장면에 나타난다(12,16). 파라클레토스의 상기시키는 가르침은 요컨대 믿음을 심화시킨다.

파라클레토스의 또 다른 사명은 예수에 관해 증언하는 것이다(④ 3). 이 점이 파라클레토스를 지상 예수와 구별해 주는데, 사실 예수는 자신에 관해 증언할 수 있었고 또 증인들도 — 특히 아버지, 그리고 자기에게 맡겨진 일들과 성경도 — 내세웠다(5,36-40). 성경에는 물론 파라클레토스의 상기와의 접점接點이 있다. 아무튼 파라클레토스는 어떻게 예수에 관해 증언하는가? 그 본질은 바로 제자들이 증언을 한다는 사실에 있다.[188] 과연 다음 문장이 곧장 이어져 있다: "그리고 너희도 … 나를 증언할 것이다" (15,27). 파라클레토스는 제자들 증언의 내적 동력이다.

파라클레토스는 제자들을 모든 진리 안으로 이끌 것이다(5). 이끌다(όδη-γέω)라는 희귀한 낱말은 소경의 인도자에게도(마태 15,14), 목자에게도(묵시

---

[188] BULTMANN, *Joh* 426.

7,17) 사용된다. 넷째 복음서의 이 문맥에는 예수가 자칭한 길(요한 14,6)을 가리켜 주는 이정표가 있다고 하겠다. 여기서도 모든 진리란 온전한 상기된 예수 말씀 이외에 다른 것일 수 없기 때문에, 파라클레토스에 의해 보장되는 이끎은 이 말씀을 따라 이루어진다. 우리는 이끎이라는 말에서 실천적인 그리스도인 실존, 사랑 안에서 이루어지는 윤리적 입증을 떠올려야 할 것이다.

파라클레토스는 '앞으로 올 일들'(τὰ ἐρχόμενα), 즉 미래의 일을 알려 줄 것이다. 앞으로 올 일들이 가리켜 말하는 것은 무엇인가? 예언적인 미래를 열어 보여 줌? 묵시록적 가르침?[189] 이 독특한 개념은 한 번밖에 나오지 않기에 이해하기 더 어렵다.[190] 아무튼 이 알려 줌도 어디까지나 예수의 계시와 결부되어 있다(16,14). 앞으로 올 일들을 알려 줌에 관한 문장이 모든 진리 안으로 이끎에 관한 문장에 (근거로서) 이어져 있는 것에 유의해야 하겠다. 여기서 앞으로 올 일들이 계시라는 관점에서 내용상 새로운 것은 아무것도 야기시키지 않는다고 추론해도 될 것이다. 이 일들은 자신을 입증해야 하는 교회와 관련된다. 자신의 미래와 관련하여, 교회는 영의 도우심을 확신해도 된다.

넷째 말씀에서만 세상이 파라클레토스 활동의 직접적인 대상이다.[191] 세상을 상대로 한 파라클레토스의 사명은 심판이다. 이 점에서도 파라클레토스는 지상 예수의 활동을 계승한다(참조: 3,19; 5,22; 8,16). 파라클레토스의 심판 기능은, 세 가지로 전개되긴 하지만, 단 하나의 동사(ἐλέγχειν(밝히다,

---

[189] BECKER, *Joh* II 499가 이쪽으로 기울어져 있다. 파라클레토스에 관한 다섯째 말씀: J. RIEDL, "Der Heilige Geist wird euch in alle Wahrheit einführen": *BiLi* 44 (1971) 89-94; D. HOWELL-JONES, God's Pilgrim People: *ET* 90 (1978) 45-46; J. KREMER, Jesu Verheißung des Geistes: *Die Kirche des Anfangs* (FS H. Schürmann) (Freiburg 1978) 247-276.

[190] 칠십인역 이사야서 44,7 참조. '앞으로 오실 분'(참조: 요한 6,14; 11,27)이라는 개념은 널리 알려져 있었다.

[191] 이는 셋째 말씀에는 해당되지 않으니, 여기서는 제자들이 (영의 도우심으로) 세상 앞에서 증언할 것이기 때문이다.

폭로하다, 입증하다)] 안에 극히 농밀하게 집약된다. 죄, 의로움 그리고 심판이 밝힘의 세 가지 결과로 언급되는데, 셋째 것은 법정 판결의 의미로 이해해야 한다. 심판에 관여된 것으로 나타나는 그리스도와 이 세상 우두머리의 대결에 주목하자. 이 세상의 우두머리가 예수 죽음의 실제적 추진자로 파악되어 있음을(참조: 14,30; 13,27-30) 전제해도 된다면, 이 언명의 신화적 배경이 온전히 드러난다. 아무튼 이제 상황이 전도된다. 의로움은 예수의 무죄와 관련시켜야 한다.[192] 예수는 아버지께 돌아감으로써 의로움이 주어졌다. 악한 권세의 앞잡이들은 그를 더 이상 보지 못한다(7,34-36 참조).[193] 사탄은 유죄판결을 받는다. 이 신화적 어법은, 십자가 상 죽음이라는 오욕을 고려할 때에만, 어느 정도 이해할 수 있게 된다. 이 오욕은 교회가 신학적으로 어떻게든 처리해야 할 도전이었다.

파라클레토스와 세상의 소송訴訟인 의로움과 심판을 오직 믿음 안에서만 알 수 있다면, 세상의 죄는 좀 더 분명히 드러난다. 왜냐하면 복음서에서 죄의 본질은 통상 예수에 대한 불신에 있기 때문이다. 이 규정도 그 단선성單線性이 매우 인상적이다. 죄는 믿음과 짝을 이루는데, 믿음은 (사랑과 더불어) 적극적 요구를 의미한다. 예수는 불신을 겪고 그로써 죄를 폭로했거니와(요한 8,24; 9,41; 15,22-24), 이 일이 부활 이후 파라클레토스에 의해 떠받쳐지는 선포에서도 반복된다. 어쨌든 믿는 이들은 있었지만, 부정

---

[192] 참조: W. STENGER, ΔIKAIOΣYNH in Joh 16,8.10: NT 21 (1979) 2-12. 슈텡거도 그리스도론적 관련성을 옹호한다. BULTMANN(Joh 434-435)은 재판에서의 승리, 세상이 죄인으로 비난한 사람의 의인(義認)에 관해 말한다. 또한 THÜSING, Erhöhung 143 참조. '의로움'을 신앙인의 의인과 관련시키는 해석들[예컨대 E. HATCH, The Meaning of John 16,8-11; HThR 14 (1921) 103-105]은 설득력이 없다.

[193] 넷째 말씀에서 파라클레토스 활동의 대상이 세상이라면, 16,10을 그렇게 해석해도 된다. BULTMANN(Joh 435와 Anm. 2)은 10절에서 '너희'를 '그들'로 바꾸어도 된다고 생각한다. 그러나 이 구절은 제자들의 입장에 관해 말한다고 하겠다. BECKER(Joh II 497)에 따르면, 10절은 전통적인 재림 대망을 전제하고 있다. 여기서는 공동체에게 예수를 재림할 때에야 다시 보게 되리라 말한다고 한다. SCHNACKENBURG, Joh III 150: 제자들은 세상에 대한 파라클레토스의 심판에 관여한다. 갖가지 견해는 이 문제의 어려움을 알려 준다. 10절을 제자들과 관련시킨다면, 부활 발현들은 어찌 되는가?

적 언명과 긍정적 언명이 병치倂置(1,11-12; 15,20)되어 있는 것으로 미루어 믿는 이들의 수가 압도적으로 많지는 않았음을 알 수 있겠다.

죄를 불신과 결부시키는 것은 문제가 없지 않다. 근본적으로 이 결부는 예수 안에서 일어난 계시의 불가능가성不可凌駕性이라는 배경에 비추어서만 이해할 수 있다. 그러므로 이 결부는 이 계시의 절대적 자기주장의 표현이기도 하다. 요한 1서에는 죄에 대한 이런 이해가 포기되었다. 여기서는 교회 공동체 안에서 발생하는 죄, 그리스도인들의 죄에 주목한다. 특히 사랑을 거스름, 궁핍한 형제에 대한 도움의 거부 등이 그런 죄다(1요한 4,20-21; 3,17). 또한 죄짓는 형제에 대한 배려를 촉구하고, 죽을죄와 그렇지 않은 죄를 구별한다(5,16-17).[194] 그러나 예수는 '우리의 죄'만이 아니라 온 세상의 죄까지 모든 죄를 속죄했다(2,2). 이 구절에서 죄는 포괄적 의미를 지니고 있다. 이는 요한 복음서 1,29와 상응한다: "보라, 세상의 죄를 없애시는 하느님의 어린양이시다." 여기서 단수형 표현은 인류를 짓누르는 죄의 총체적 전횡을 더욱 강렬하게 나타낸다. 이 문장으로써 또한 복음서의 죄 관념 — 죄는 불신이다 — 이 돌파되고 또 확대된다.

파라클레토스는 예수가 했던 대로 활동한다. 그분은 동일한 계시를 상기시키고, 동일한 진리로 인도하며, 동일한 증언을 한다. 그분은 고양되신 그리스도에게 온전히 의존하고 있다. 지상 예수가 아버지에 관해 말했듯, 파라클레토스는 고양되신 주님에 관해 말한다. 고양되신 주님은 영/파라클레토스를 통해 교회와 세상 안에서 계속 활동한다고, 그러나 하느님 역시 계속 역사하신다고 말할 수 있겠다(요한 16,14-15 참조).

---

[194] 죄의 부인(否認)을 공박하는 언명들(1,8-10)과 죄로부터 자유로운 실존에 관한 언명들(3,6-10)의 긴장 관계를 판단하는 것은 어렵다. 이 언명들은 거짓 선생들과의 대결이라는 맥락에서 보아야 한다. 이 대결에서는 짐작건대 그리스도인은 죄로부터 자유롭다는 주장이 중요한 역할을 했다. 참조: KLAUCK, *1 Joh* 195-198; D.M. SCHOLER, Sins Within and Sins Without: *Current Issues in Biblical and Patristic Interpretation* (FS M.C. Tenney) (Grand Rapids 1975) 230-246; B. MAGGIONI, Il peccato in S. Giovanni: *ScC* 106 (1978) 235-252; H.C. SWADLING, Sin and Sinlessness in 1 Joh: *SJTh* 35 (1982) 205-211.

복음서의 묘사에 따르면, '예수께서 사랑하시던 제자'는 파라클레토스와 여러모로 관련이 있다. 이 제자는 증언을 하고(19,35; 21,24)[195] 계속 남아 있을 터인데(21,22), 이 두 언명은 파라클레토스에게도 해당된다. 이 제자는 예수와 각별히 가깝다(13,23). 하지만 그를 파라클레토스와 동일시하려는[196] 것은 잘못이라 하겠다. 애제자는 그의 개인적 역할을 넘어 이상적 제자상을 나타낸다.[197] 그러나 그는 제자로서 언제나 영/파라클레토스의 도움에 의지하고 있다. 복음서가 그와 관련된다면(21,24), 이는 결국 복음서가 진리로 인도하고 모든 것을 상기시켜 주는 파라클레토스의 한 산물임을 의미한다.

---

[195] 이 구절의 해석: SCHNACKENBURG, *Joh* III 339-340.

[196] A. KRAGERUD[*Der Lieblingsjünger im Johannesevangelium* (Oslo 1952) 92]의 명제다.

[197] WILCKENS, Paraklet(각주 179) 199-203 참조.

5. 현재의 결단과 미래 대망

이제 요한의 종말론에 이르렀다.[198] 이로써 그리스도인이 믿고 대망해도
되는 미래에 관해 거론하게 되었다. 또한 시간 문제, 현재와 미래의 관계
를 다루게 되었다. 구원은 예수 그리스도 안에 현존한다. 이것을 요한이
매우 강조했음은 두말할 나위가 없다. 그러나 미래는 어찌 될 것인가? 현
재가 미래를 내포하는가? 또는 더 나아가 현재 안에서 시간이 지양止揚되
는가? 시간의 극복이라면 영원이겠다. 실상 요한계 문헌은 믿는 이, 사랑
하는 이가 이미 얻은 영원한 생명에 관해 거듭 말한다(요한 3,15-16.36; 4,14
등; 1요한 1,2; 2,25; 3,15 등). 그러나 다른 한편 우리는 이미 영/파라클레토스
언명들의 맥락에서, 인간에게 구원이 도래하는 데는 시간이 필요하니, 구
원은 역사 안에서 실현될 뿐 아니라 이 구원의 실현에는 단계들이 있기 때
문이라는 것을 알 수 있었다. 이상의 암시들이 이미 알려 주는 것은, 요한
종말론의 실상은 복합적이고 요한 동아리에서 격렬히 토론되었음이 분명
하며, 아무튼 공관복음서와는 전혀 다른 방식으로 표현된다는 사실이다.

공관복음서 저자들과의 가장 두드러진 차이는, (그들에게서는 핵심적
의미를 지니는) 하느님 나라라는 개념이 요한에게서는 거의 완전히 밀려
나 있다는 점일 것이다. 이 개념은 단 한 군데, 즉 요한 복음서 아주 앞부
분 니코데모와의 대화에, 그나마 스쳐 지나가듯이 나오는데, 마르코 복음
서 시작 부분을 떠올리게도 한다: "누구든지 위로부터 태어나지 않으면 하
느님의 나라를 볼 수 없다. ⋯ 누구든지 물과 성령으로 태어나지 않으면,
하느님 나라에 들어갈 수 없다"(요한 3,3.5).[199] 마르코 복음서 1,15에서는 도

---

[198] 참조: L. VAN HARTINGSVELD, *Die Eschatologie des Johannesevangeliums* (Assen
1962); BLANK, *Krisis*; F.F. RAMOS, Escatología existencial: *Salm* 23 (1976) 163-216; J.
WANKE, Die Zukunft des Glaubenden: *ThGI* 71 (1981) 129-139.

래하는 하느님 나라 앞에서 회개가 요구된다면, 요한 복음서 3장에서는 위로부터 태어남이 하느님 나라 도달의 필수 전제다. 사람이 온통 새사람이 되어야 한다. 새로 태어남을 통해 참된, 신적인 생명을 선사받아야 한다. 새로 태어남이라는 표상을 통해 생명이라는 요한의 핵심 구원 범주가 포착되거니와, 그리하여 이 표상이 처음부터 하느님 나라 관념을 덮어 싸고 있다. 그러나 이 생명은 오직 하느님만이 사람에게 선사할 수 있다. 여기서 다시 한 번 마르코 복음서 1,15와 비교해 보면, 두 군데 다 인간의 쇄신이 하느님 나라에 이르기 위한 전제 조건이다. 그렇지만 이 쇄신은 요한 복음서 3장에서 더 본질적으로 이해되고 있다.

두 가지 하느님 나라 언명의 복합성의 본질은 다음 사실에 있다: 3,5의 '들어감에 대한 말씀'은 미래의 하느님 나라를 인정한다. 아니 더 나아가 그것을 필경 전제한다. 이 말씀은 언제나 미래의 하느님 나라를 겨냥하는 공관복음서의 유사한 말씀들(마르 10,15; 마태 5,20; 7,21; 19,23)을 본떴다. 그러나 이것이 요한 복음서 3,3에는 해당되지 않는다. 여기에는 요한의 전형적 해석이 나오는데, 이에 따르면 하느님 나라는 위에 있고, 이미 지금 천상 영역에 현존한다. 이 나라는 인간들의 암흑 세상 위에 있는 하느님의 광명 세상과 동일하다. 사람은 이 나라를 보아야 한다. 이 말씀도 사람을 근본적으로 포착하는 언명이다. 이 봄 역시 미래적이다. 하지만 이미 천상 영역에 현존하는, 얻을 수 있는 하느님 나라 앞에서 시간적 요소는 공간적 요소 뒤로 완전히 밀려나 있다. 우리는 하느님 나라를 봄은 사람이 죽은 후에 가능하다는 데서 출발해도 될 것이다.

그러므로 여기서 이미 확인해 두자: 요한에게는 이중적인 종말론적 관념, 즉 공간상으로 현재적인 종말론적 관념과 시간상으로 미래적인 종말론적 관념이 있다. 이 둘이 어찌 조화될 수 있을까? 아니 도대체 조화가 가능한가? 아무튼 전자를 요한 특유의 관념으로 보아야 한다.

---

[199] 여러 저자는 마태오 복음서 18,3과 관련 있다고 본다. 요점: B. LINDARS, John and the Synoptic Gospels: A Test Case: *NTS* 27 (1981) 287-294.

이 우선성은 요한 복음서 어디서도 마르코 복음서 13장 병행구나 마태오 복음서 25,31 이하와 견줄 수 있는 종말 사건들 혹은 종말 심판에 관한 묘사를 찾아볼 수 없다는 사실에서 이미 분명히 드러난다. 그러나 그런 것들과는 성격이 다른 구절들이 있는데, 여기서는 두 가지 종말론적 관념이 병존하거나 더 나아가 서로 맞물린다. 둘의 관계 규정을 가장 뚜렷이 보여 주는 것은 11,21-27에 나오는 예수와 라자로의 누이 마르타의 대화다.[200] (유다인 여자로서) 시간적 · 미래적 종말 관념을 익히 알고 있던 마르타는 이렇게 말한다: "마지막 날 부활 때에 오빠도 다시 살아나리라는 것을 알고 있습니다."[201] 예수는 이 말을 공간적 · 현재적인 새로운 관념으로 되받는다: "나는 부활이요 생명이다. 나를 믿는 사람은 죽더라도 살고, 또 살아서 나를 믿는 모든 사람은 영원히 죽지 않을 것이다." 이 언명은 두 가지를 내포하고 있다: 첫째, 폐기되지 않는 육신의 죽음이 영원한 생명의 획득에 의해 상대화되고 극복된다. 둘째, 믿음으로 말미암은 영원한 생명의 부여는 오로지 예수와 결부되어 있거니와, 그는 상응하는 계시 언명을 통해 자기 정체를 드러낸다. 육신의 죽음을 넘어서는 생명의 형태가 어떻게 상정되어 있는지는 — 현대적으로 표현하자면, 요한은 죽음에서의 몸의 부활을 고려하는가 아니면 영혼 불멸 관념에 동조하는가 — 말이 없다. 요한에게 인간론적 배경의 규정은, 육신의 죽음을 이겨 내는 영원한 생명이 예수에게의 결부를 통해 선사되어 있다는 믿음에 비하면 이차적임이 분명하다. 아무튼 이 두 종말론적 관념의 상호 관계를 바탕으로 이 본문을 규정하고자 할 때, 시간적 · 미래적 관념이 공간적 · 현재적 관념에 의해 폐기 · 극복되어야 한다고 말해서는 안 될 것이다. 그렇긴 해도 결정적인 것은 후자이니, 이것이 유다교가 익히 알고 오래된 전자보다 크게 우세하다.

---

[200] 참조: J.P. Martin, History and Eschatology in the Lazarus Narrative: *SJTh* 17 (1964) 332-343.

[201] '마지막 날'($\dot{\epsilon}\sigma\chi\acute{\alpha}\tau\eta$ $\dot{\eta}\mu\acute{\epsilon}\rho\alpha$)이라는 개념은 신약성경에서 요한 복음서에만 나온다(6, 39.44.54; 12,48). 요한 1서에도 요한 특유의 낱말 '마지막 때'($\dot{\epsilon}\sigma\chi\acute{\alpha}\tau\eta$ $\ddot{\omega}\rho\alpha$)가 나온다(2,18에 두 번).

마르타에게 주어지는 것은 일종의 신기新奇 체험, 새롭게 됨이다. 그녀는 대망의 지평에서 벗어나 직접 체험이라는 지평에 들어섰다. 종말론에서는 그리스도론적 관심이 온전히 관철된다.[202]

이로써 드러나는, 전체를 이해하는 데 중요한 종말론의 그리스도론적 함의含意는 3,17-20과 5,20-30에 동일한 방식으로 표현되어 있는데, 두 곳 모두 현재적 종말 관념의 테두리 안에서 신앙의 결단을 촉구한다. 앞 구절은 심판에 관해 말하고, 뒷 구절은 죽은 이들의 부활 또는 영원한 생명의 획득에 관해 말한다. 둘 다 본디 종말과 관련된 표상들이다. 그러나 여기서는 이 표상들이 현재에 전용轉用되어 있다. 심판과 '부활'이 예수와, 그의 세상 출현과, 그의 선포와 결부되어 있다.

결정적 척도는 두 구절에서 똑같이 믿음이다. 믿는 사람은 이미 심판을 이겨 냈다. 더 정확히 말하면, 심판하기 위해서가 아니라 구원하기 위해 세상에 파견된 하느님 외아들의 이름을 믿는 사람은 심판받지 않는다(3,17-18). 믿는 사람은 죽음에서 부활한다. 더 정확히 말하면, 그의 말을 듣고 또 그를 보내신 분을 믿는 사람은 영원한 생명을 얻으며, 심판에 떨어지지 않고 오히려 "이미 죽음에서 생명으로 건너갔다"(5,24). 뒤집어 말하면, 믿지 않는 자는 이미 심판을 받았고 죽음에 머물러 있다. 주목할 것은, 예수에게 정향된 믿음을 강조하는 한편, 그 믿음을 강력히 촉구하기 위해 이원론적 언명들을 이용한다는 점이다. 이로써 현재적 요소 외에 공간적 요소도 상응하여 부각된다: 죽음에서 생명으로, 어둠에서 빛으로 건너감. 이 건너감이 지금, 빛이신 그리스도와의 만남에서 이루어진다. 과연 그리스도는 죽음과 어둠에서 해방하는 종말론적 사건이다.

흥미로운 것은, 심판에 관해 말하고 죽은 이들의 부활에 관해 말하는 두 가지 현재적·종말론적 신앙 언명이 연속된다는 점이다. 그리고 이 속행

---

[202] 이 점을 뚜렷이 밝힌 것은 BLANK(*Krisis*)의 공로다. 그리스도론적인 관심이 종말론적 또는 인간론적 관심보다 우세한가 아니면 그 반대인가라는 물음은 도무지 쓸데없다. 중요한 것은 다만 그 관심들의 융합을 인식하는 일이다.

의 양상은 매우 다양하지만, (놀라운 일이거니와) 한 가지 점에서, 즉 인간의 윤리적 행동을 심판의 기준으로 믿음에 추가한다는 점에서 일치한다. 예컨대 행실에 따른 심판에 관한 매우 설득력 있는 묘사 등을 찾아볼 수 있다. 한편 그리스도가 오심으로써 이루어지는 현재적 심판이 묘사되고, 다른 한편 역사의 종말에 죽은 이들의 부활에서 이루어지는 심판이 묘사된다. 첫째 경우 빛-어둠 은유가 인상 깊은 배경을 형성한다. 여기서 강조점은 빛을 거부하는 데 있다: "빛이 이 세상에 왔지만, 사람들은 빛보다 어둠을 더 사랑하였다. 그들이 하는 일이 악하였기 때문이다"(3,19). 그다음 꽤 상세한 윤리적 근거 제시가 이어진다. 악을 저지르는 자(ὁ φαῦλα πράσσων)는 빛을 미워하여 빛으로 나아가지 않으니, 제 행실이 폭로되지 않게 하기 위해서다. 그러나 진리를 실천하는 사람은 빛으로 나아가니, 제 행실이 하느님 안에서 이루어졌음을 밝히 드러내려는 것이다(3,20-21).[203] 심판은 사람들을 구분 짓는다. 빛의 거부가 심판을 자초한다는 윤리적 설명에 하느님에게 적대적인 세상의 본성이 묘사되어 있다.[204] 하느님과 그분이 보내신 분을 미워하는 것이 세상의 반응이다(15,18 참조). 그러므로 그리스도가 세상에 오심으로써 그것의 본성이 폭로된다.[205] 믿는 이들을 윤리적으로 선한 이들과, 거부하는 자들을 악행자들과 동일시하는 것은 독특하고 대담해 보인다. 이것은 본질적으로 예정되어 있다는 의미가 아니라, 일종의 성향이라는 의미로 이해하면 된다.[206] 빛으로 나아가는 사람들은 믿는 이들이며, 또 '진리를 실천한다'라는 표현도 결국 믿음을 가리킨다.

---

[203] 요한 복음서 1,11-12의 구조와 비슷하다. 여기서도 전반적 거부에 대한 확언에 이어 기꺼이 맞아들이는 이들에 대한 언급이 나온다.

[204] BLANK, *Krisis* 100-101 참조.

[205] 3,19는 이 세상에 빛이 온 것에 관해 말한다. 빛이, 꼬집어 말하지는 않지만(12,46에서는 다르다), 그리스도를 가리킴은 두말할 것이 없다. 짐작건대 이로써 계속 작용하는 빛의 힘을 나타내려는 것이겠다. 그리스도가 선포될 때는 언제나 심판이 이루어진다.

[206] 이 문장을 영지주의식으로 읽는다면, 예정설적으로 이해할 수밖에 없다: 어둠에 파묻혀 있던 빛의 불씨들이 빛으로 쇄도한다. BULTMANN(*Joh* 115)은 실존주의적으로 해석한다: "하느님 문제에 대한 결단에서 그 사람이 본디 어떤 자인지가 드러난다."

둘째 경우(5,27 ㄴ-29)에서도 심판(이번에는 역사의 종말에 있을 심판이다)이 예수 — 사람의 아들(인자)이거니와 — 와 논리적이고 설득력 있게 결부되어 있다. 심판은 예수가 '무덤 속에 있는' 이들을 불러냄으로써 이루어진다. 심판의 윤리적 척도는 여기서도 아주 일반적으로 묘사되어 있다: 선을 행한 이들은 부활하여 생명을 얻고, 악을 저지른 자들은 부활하여 심판을 받을 것이다.[207] 여기서 심판은 처벌 판결을 의미한다.

이 구절의 문제성과 중요성은 앞에서 언급한 현재적 종말론에 관한 텍스트가 이 구절 바로 앞에 나온다는 것을 고려할 때에만 온전히 인식할 수 있다. 그 텍스트는 이미 지금 믿음을 통해 이루어지는 부활에 관해, 또 죽음의 영역에서 생명의 영역으로 건너감에 관해 말한다(5,24-26). 그러니까 여기에도 다시금 공간적 · 현재적인 종말론적 관념과 시간적 · 미래적 관념이 병존하고 있다. 후자는 추가된 것으로 여겨지지만, 현재적 모델을 문제 삼는 것은 결코 아님을 유의해야 한다.[208] 이 점은 매우 신중한 낱말 선택이 명시해 준다. 특히 텍스트가 무덤 속에 있는 이들에 관해 말하는 것에 유의해야 한다. 요컨대 24-25절의 언명을 고려 · 존중하고 있거니와, 그 구절에 따르면 죽은 이들, 즉 멸망의 어둠 속에 있는 이들이 믿음을 통해 이미 생명으로 들어갔다.

다른 한편 (11,21-27과는 반대로) 현재적 관념이 보정補正 · 진전되어야 한다는 인상을 준다. 특히 두 가지 점에서 그렇다: ① 윤리적 입증이 믿음에 추가되어야 한다.[209] ② 이미 지금 주어져 있는 영원한 생명은 마지막

---

[207] 3,20-21과의 상응이 눈길을 끄는데, 다만 거기서는 현재적 심판에 관해, 여기서는 미래의 심판에 관해 말한다. 심판 사상과 그 단편들에 대한 이 상이한 언명은 갖가지 전승 비평적 분석을 상당히 의심스럽게 만든다.

[208] 통상 불트만을 따라 이 텍스트를 이른바 교회의 편집에 귀속시킨다. Brown(*John* I 219)은 한 부본(副本)에 관해 말한다. 다른 이들, 예컨대 Blank(*Krisis* 172-182)는 통합을 위해 애쓴다. 요한 복음서가 하나의 과정을 통해 성립되었고, 그 과정 뒤에는 (위의 맥락들이 보여 주듯이) 학파 안에서의 집중적이고 또 논쟁적인 토론이 있었음이 확실하다. 하지만 이 과정을 믿을 만하게 재구성할 수는 없다.

[209] Blank(*Krisis* 179)는 너무 멀리 나갔다. 선행/악행을 각각 믿음/불신과 동일시한다.

날 죽은 이들의 부활에서 완성된다.[210] 12,48에 따르면 마지막 날의 심판관은 바로 예수가 한 말씀이다.[211] 이 언명 역시 예수의 말씀을 진지하게 받아들이라는 윤리적 명령을 흘려들을 수 없게 한다.

이 관점에 요한 1서가 널리 부합한다. 우선 공간적·현재적 관념이 철저히 고수된다. 영원한 생명은 이미 예수 그리스도 안에 나타났다(5,20; 1,2). 그리고 예수 안에 있는 이 영원한 생명을 하느님께서 우리에게 선사하셨다(5,11.13). 요한 복음서 5,24에서처럼 요한 1서 3,14는 이렇게 말한다: "우리는 … 우리가 이미 죽음에서 생명으로 건너갔다는 것을 압니다." 그러나 다른 한편 시간적·미래적 관념이 복음서에서보다 강하게 관철된다. 그리스도의 재림(2,28), 심판의 날(4,17)에 관해 말한다. 서간은 '그리스도의 적'-예고[212]를 알고 있는데, 물론 자의적 방식으로, 즉 아버지와 아들을 부인하는 자들과 관련시켜 해석한다(2,22). 그래서 많은 '그리스도의 적'이 존재하거니와, 이들은 교회 안에서 생겨났으나 이제 교회를 미혹하려 시도한다(2,18; 또한 2요한 7절). '그리스도의 적'이 활동한다는 것은 종말이 가까웠다는 징조다. 그러므로 이런 맥락에서 지금이 마지막 때라고 말할 수 있다(2,18). 종말 임박 대망을 수용함으로써 요한 종말론은 그리스도교 종말론의 첫 모습과 새삼 가까워진다. 이미 획득한 신분과 아직 오지 않은 것이 구별된다. 지금 우리는 하느님의 자녀이며(이 말은 영원한 생명의 획득이라는 배경에 비추어 읽어야 한다), 나중에 그리스도께서 재림하여 나타나시면 그분

---

[210] "나는 마지막 날에 그들을 다시 살릴 것이다"라는 표현은 네 차례(6,39.40.44.54) 나온다. 현재적 종말론에 대한 보정은 이미 지금 주어져 있는 영원한 생명을 언급하는 곳(6,40.54)에서 특히 뚜렷이 나타난다.

[211] 복음서 1부의 종결 단락(12,44-50)도 편집에 귀속된다.

[212] '그리스도의 적'이라는 개념은 신약성경에서 요한 1·2서에만 나온다. 그러나 이 예고는 다른 이름으로 여러 구절(예컨대 2테살 2,3-4)에 나온다. 참조: G.C. JENKS, *The Origins and Early Development of the Antichrist Myth* (BZWN 59) (Berlin 1991); G. STRECKER, Zum religionsgeschichtlichen Hintergrund von 1 Joh 2,18.22; 4,3 und 2 Joh 7: *Text and Testimony* (FS A.F. Klijn) (Kampen 1988) 247-254; H.J. KLAUCK, Der Antichrist und das johanneische Schisma: *Christus bezeugen* (FS W. Trilling) (Freiburg 1990) 237-248.

을 닮게 되리니, 그분을 있는 그대로 뵈올 것이기 때문이다(3,2). 그러므로 대면을 통한 변화가 목표다. 부활은 명시적으로 언급되지 않는다.

복음서에서 공간적·현재적인 종말론적 관념은 믿음의 결단과 결부되어 있다. 서간에는 이 맥락이 전혀 없다. 여기서는 사랑, 구체적인 이웃 사랑이 믿음을 대신한다. 요한 복음서 5,24가 죽음에서 생명으로 건너간 것은 믿음으로 말미암은 일이라고 말하는 반면, 요한 1서 3,14는 "우리는 형제들을 사랑하기 때문에" 그렇게 건너갔다고 말한다. 사랑하는 사람은 모두 하느님에게서 태어났다(1요한 4,7). 다시 말해 영원한 생명을 지니고 있다. 반대로 말할 수도 있다: 자기 형제를 미워하는 자는 아무도 자기 안에 영원한 생명을 지니고 있지 않다(1요한 3,15). 그렇다면 복음서의 믿음과 요한 1서의 사랑은 서로 이런 관계에 있다고 하겠다: 믿음은 비결의 전수요, 사랑은 그 입증의 영역을 창출한다. 요한 1서는 신앙인들을 상대로 하며, 매우 실천 지향적이다. 믿음은 형제 사랑 안에서 입증되어야 한다.

창출되어야 하는 또는 하느님에게서 창출될, 그리고 제자들이 들어서야 하는 이 사랑의 영역에 관해 예수의 고별 설교도 언급한다. 여기서도 관건은 종말론이다. 이 점에서 요한 1서와 고별 설교는 다시금 상통한다. 그리스도는 사랑하는 사람에게 자신을 드러내 보이고자 한다.[213] 여기서 흔히들 부활 발현을 떠올리고 싶어 할 것이다. 예수는 왜 세상 사람들이 아니라 오직 자기들에게만 당신을 드러내 보이고자 하는가라는 저 제자의 이의 제기도 이 방향을 가리킨다(사도 10,41 참조). 하지만 예수의 대답은 모든 종말론적 울타리를 뛰어넘는다: "누구든지 나를 사랑하면 내 말을 지킬 것이다. 그러면 내 아버지께서 그를 사랑하시고, 우리가 그에게 가서 그와 함께 살 것이다"(요한 14,23).

여기에는 언제나 가능한 한 과정이 상정되어 있다. 통상적으로 그리스도의 부활 발현과 재림을 둘러 말하는 개념들을 통해, 사랑하는 자로 드러

---

[213] "그에게 나 자신을 드러내 보일 것이다"(ἐμφανίσω αὐτῷ ἐμαυτόν: 요한 14,21). 이 동사가 '종말론적' 의미로는 마태오 복음서 27,53에서만 한 번 더 사용된다.

나는 믿는 사람 안의 하느님과 그리스도의 내주內住가 특징지어진다. 여기서는 시간적 경계들이 완전히 제거되어 있다는 인상을 받을 수도 있다. 이관점에서 보자면 과거의 일인 부활 발현이 반복될뿐더러, 미래의 재림이 선취된다. 재림이라는 낱말이 사용되는데, 하느님도 이 오심에 포함되어 있음을 물론 유념해야 한다. 다시 한 번 확인해야겠다: 과거와 미래를 현재 안에 들여오는 이 현재적 관점이 요한 복음서 저자의 특유한 종말론적 전망을 형성하고 있다. 저자는 예전에 있었던 것이나 앞으로 올 것이 아니라 지금 그리스도 체험과 구원 체험이 가능한 것을 중심에 놓고자 한다. 이것은 어떻게 이루어지는가? 성령 안에서, 파라클레토스의 오심 안에서 이루어진다. 영에 관한 언명들과 앞서 언급한 종말론에 관한 언명들의 상응이 이 맥락을 확증해 준다. 구원 체험은 사랑의 능력 안에서, 그러나 또한 평화의 선물(14,27)과 기쁨 안에서 드러난다: "내가 너희를 다시 보게 되면 너희 마음이 기뻐할 것이고, 그 기쁨을 아무도 너희에게서 빼앗지 못할 것이다"(16,22). 이 언명에서도 지나간 일(부활)과 대망하는 일(재림)이 현재를 겨냥하여 돌파된다.[214]

하느님과 그리스도가 사랑하는 사람에게 와서 내주하리라는 예고는, 현재적 종말론의 핵심 언명 가운데 하나인데, 고별 설교 시작 부분이 이와 짝을 이룬다. 여기서 예수는 당신 아버지 집에는 거처할 곳이 많아 제자들의 자리를 마련하러 떠난다며 말을 계속한다: "다시 와서 너희를 데려다가 내가 있는 곳에 너희도 같이 있게 하겠다"(14,3). 이 약속의 개념적 지평에는 분명히 재림이 각인되어 있다. 나아가 예수 재림과 뒤이은 공동체와 예수의 결합에 관한 단계적 표상에 의해 특징지어지는 테살로니카 1서 4,16-17의 내림 예고와의 친연성이 눈길을 끈다.[215] 하지만 고별 설교에는 재림에 대한 상세한 묘사가 전혀 없다; 테살로니카 1서 4장에서처럼 죽은 이들의 부활이나 주님 재림 때까지 남아 있음 등에 관해 아무 말도 하지 않는

---

[214] SCHNACKENBURG(*Joh* III 179)는 이 구절의 경우 재림을 포함시키는 것을 반대한다.

다. 아무래도 복음서 저자의 생각을 살핀다면, 필경 죽음에서 예수와의 재결합이 이루어진다고 상정할 수 있을 것이다. 천상 거처라는 표상은 묵시문학적이다.[216] 이것이 아버지의 집으로서 그리스도교적 색조를 얻는다. 다만 요한은 내세적인 것으로 나아가는 노선은 더 이상 따르지 않는다. 그 노선을 수용하지 않고, 현재 발생하고 가능한 것에 관심을 기울인다.

이 하느님의 사랑, 그분의 내주를 어떻게 체험할 수 있는가라는 문제는 여전히 남아 있다. 요한 교회에서 그런 체험을 했음은 거의 확실하다고 하겠다. 흔히들 신비체험에 관해 말한다. 아무튼 그 체험이 출중한 제자들에게만 주어졌던 것은 아님이 분명하다. 물론 믿음이 필수 전제다. "믿음이 고양되신 분 직관의 조건이다."[217] 다만 유의할 것은, 이 맥락에서는 무엇보다도 사랑, 더 정확히는 인간들의 하느님 사랑과 하느님과 예수의 인간 사랑에 관해 말한다는 점이다. 여기서 다음 사실을 상기해야 한다: 요한 복음서에는 사람들 — 예컨대 (앞에서 보았듯이) 대망의 지평에서 체험의 지평으로 이끌어진 마르타와 세족 장면의 제자들 — 과 예수의 매우 사적이고 친밀한 만남 이야기가 거듭 나온다. 사랑은 믿음의 능력 또는 선물이다. 믿음은 사랑으로 귀결되어야 하거니와, 그래서 복음서의 제자 부분 처음에 사랑의 새 계명이 자리잡고 있다(13,34-35). 그러나 (다시 한 번 말하거니와) 평화와 기쁨도 믿음의 열매들이다. 이것들은 추상적 개념이 아니다. 이것들 뒤에는 실존적으로 맞닥뜨린 내적 체험이 숨어 있다. 이런 체험을 얻는 것이, 복음서 저자의 견해에 따르면, 분명히 그리스도인 실존에 매우 중요하다. 그러면 여기서 기도, 더 정확히는 청원 기도에 관해서도 언급해야 마땅하려니와, (예수의 이름으로 청하는) 이 기도는 청허聽許가 보증되어 있다(14,13-14). 기도가 이런 본질적 은사들을 지향해야 함은 두말할 나위가 없다.

---

[215] 비교: SCHNACKENBURG III 70.

[216] 참조: VOLZ, *Eschatologie* 256-260; HOFFMANN, *Die Toten* 115-117.

[217] BULTMANN, *Joh* 483.

요한의 종말론을 개관하건대, 이 종말론은 엄정하고 통일적으로 구축되어 있지 않음을 결론적으로 확인해야겠다. 공간적 · 현재적 관념과 시간적 · 미래적 관념이 (물론 일정한 상관 관계 속에서) 나란히 자리잡고 있다. 전자가 복음서에서는 확고히 관철되고 요한 1서에서는 크게 밀려나 있는데, 이는 물론 활기찬 토론의 표지다. 그러나 인간의 육신성도 구원에 포함된다는 사실은 계속 견지되고 있다. 나아가 복음서는 부활하신 그리스도의 육신성을 강하게 부각시키는 부활 사화를 전해 준다(토마-단락). 만일 저자에게 영혼이나 영지주의식으로 이해된 자아의 광명계 귀환이 중요했다면, 십자가로부터 일종의 천상 여행에 관해 말할 수도 있었을 것이다. 그러나 그렇게 하지 않았다. 아무튼 요한 복음서 저자의 종말론은 공관복음서 저자들의 종말론과 크게 다르긴 하지만, 완전히 떨어져 있지는 않다. 현재적 모델은 종말론을 전달하고 체험되게끔 하는 하나의 인상 깊은 시도다.

6. 교회 공동체

요한계 문헌 뒤에도 그리스도인 교회(공동체)들이 있음은 물론이다. 이 점은 요한 3서에 명백히 나타난다. 여기에 에클레시아($\acute{\epsilon}\kappa\kappa\lambda\eta\sigma\acute{\iota}\alpha$)라는 낱말이 나오는데, 이는 구체적으로 교회 또는 교회 회중을 의미한다. 형제들이 교회 회중 앞에 나서서 가이오스에 관해 증언했다(6절). 원로인 필자가 교회에 편지를 써 보냈다(9절). 디오트레페스가 사람들을 교회에서 쫓아냈다(10절).[218] 흔히들 신약성경 시대 후기의 교회가 견고한 직무 구조를 가지고 있었다는 인상을 받는다. 하지만 이 짧은 서간의 해석은 논란이 분분하다. 이 편지 연구에 몰두한 천부적인 드라마 연출 재능을 지닌 해석자들은 역사적이고 신학적으로 광범위한 결론들을 이끌어 냈다. 이것들은 재론이 필요하다. 아무튼 운 좋게도 보존되어 온 이 짧은 편지는 이 교회들 안의 한 사건을 일화처럼 전해 주지만, 이 교회들의 또렷한 모습을 얻어 내기에는 우리에게 정보가 너무 부족하다는 것도 새삼 의식하게 해 준다.

요한계 교회들의 역사적 상황을 알면 여러모로 도움이 된다. 포괄적으로 통용되는 상식은 이렇다: 이 교회들은 한 도시 교회를 중심으로 하여 여러 지역에 흩어져 있었다. 대교회 변두리에 정착하여 그곳에서 고유한 전승들을 발전시켜 나갔으나, 대교회 측 공동체들의 인정을 받기 위해 애

---

[218] E. KÄSEMANN, Ketzer und Zeuge: *Exegetische Versuche und Besinnungen* I (Göttingen 1960) 168-187에서 특히 170은 $\acute{\epsilon}\kappa\beta\acute{\alpha}\lambda\lambda\epsilon\iota$(쫓아내다)를 '파문하다'의 의미로 이해해야 한다고 말한다. 디오트레페스를 한 가정 교회 책임자로 생각하는 사람들은 이 동사를 가택 출입 금지의 의미로 이해한다. 주교 징계권과 관련된 문서에서 이 동사가 사용된 예는 확인되지 않았다. H. THYEN: *TRE* VII 197-198 참조.

썼다. 이 교회들은 시리아 또는 동부 요르단 지역에 뿌리를 내렸다. 물론 에페소 가설도 많은 지지자를 확보하고 있다.[219]

첫째 단락에서 요한계 문헌의 교회론적 단서들을 추적한 다음, 둘째 단락에서 성사 문제를 다루자.

6.1 교회론적 주제들

요한계 교회들과 이스라엘의 관계는 틀어졌다. 복음에 관한 한 회당들은 이 교회들을 포괄적으로 거부했지만 이스라엘과의 신학적 연계에 대한 인식은 잃지 않았다. 이것은 온 세상 인류가 예수 활동권의 테두리라는 생각으로 나아갔다. "나는 빛으로서 이 세상에 왔다"(요한 12,46). 그분을 맞아들이지 않은 '그분의 백성'(1,11)은 유다인들이 아니라, 창조를 통해 그분에게 속한 인간들이다. 이렇게 의식적으로 테두리는 보편적으로 설정했지만, 예수 활동이 특전적으로 이스라엘에 정향되어 있었다는 사실은 남아 있었다. 이런 사정이 부정적 관점에서 가장 극명하게 드러난 것은, '유다인들'이 예수를 배척하는 세상의 대표자가 된 사실이라 하겠다. 보편적 지평이라는 배경에 비추어 보면 유다인과 거리를 두는 어법도 이해할 만하지만, 여기서는 예수 자신도 종종 유다인이라는 사실이 잊히기를 바라는 것 같다. 한편 예수가 유다인이라는 사실이 꼬집어 강조되기도 하며(4,9), 새롭게 이해된 아브라함과 모세는 여전히 중요했다(8,39-40; 1,45; 5,45-46).

나타나엘이 "참으로 이스라엘 사람"(1,47)이라 불리는 것도 이에 상응한다. 나타나엘은 예수를 하느님의 아들이요 이스라엘 임금이라 고백하는

---

[219] 참조: J.L. Martyn, *History and Theology of the Beloved Disciple* (Nashville ²1979); R.E. Brown, *The Community of the Beloved Disciple* (New York 1979); D.M. Smith jr., Johannine Christianity: Some Reflections on Its Character and Delineation: *NTS* 21 (1975) 222-248; K. Wengst, *Bedrängte Gemeinde und verherrlicher Christus* (BThST 5) (Göttingen ²1983); J. Kügler, Das Johannesevangelium und seine Gemeinde – kein Thema für Science Fiction: *Biblische Notizen* H. 23 (1984) 48-62.

(1,49) 믿음으로 말미암아 참이스라엘 사람이다. 여기서 사람들은 요한계 교회는 자신을 참이스라엘로 여겼으리라 추론하고 싶어 한다. '이스라엘' 이 매번 새 하느님 백성을 가리켜 말한다고 생각해도 되는가? 확실한 결론에 도달하기에는 진술들이 너무 부족하다. 아무튼 신중해야 한다.[220]

유다인들과 이방인들이 서로 멀리하는(4,9) 것은, 이방인들이 활동 중의 예수를 만나는 데서도 암시된다. 그런 경우가 두 번 있으니,[221] 사마리아 여인 그리고 필립보와 안드레아의 주선으로 겨우 예수를 만날 수 있었던 그리스인들의 경우다. 이것이 의미하는 바는 바로 (지상 활동 중의) 예수는 어디까지나 이스라엘에 파견되었다는 것이다. 땅에 떨어져 죽어야만 많은 열매를 맺는 밀알에 관한 말씀이 이 맥락 안에 자리잡고 있는 것은, 예수의 죽음 이후에야 비로소 이방인 선교가 가능하다는 것을 암시한다 (12,20-24).[222] '먼저 유다인, 그다음에 그리스인'(로마 1,16 참조)이라는 바오로의 말을 연상시키는 이 단계 설정이 다른 구절에도 나오는 것은 주목할 만하다. 목자와 양들 비유에서 그리스도는 다른 양들에 관해 말하는데, 우리에 들어 있지 않은 이 양들을 자신이 데려오면 그들도 다른 양들과 함께 한 양 떼가 될 것이라고 한다(10,16). 여기서도 말하고자 하는 바는, 유다계 그리스도인들과 이방계 그리스도인들이 하나의 새 하느님 백성으로 결합한다는 것이다. 고별기도에서 그리스도는 앞으로 제자들의 말을 듣고 당

---

[220] S. PANCARO, "People of God" in St. John's Gospel: *NTS* 16 (1969/70) 114-129 중 123-125는 '이스라엘'을 새 하느님 백성과 동일시하는 견해로 기운다. '이스라엘'이라는 개념은 1,49 외에 1,31(세례자의 활동과 관련된다)과 3,10(니코데모는 이스라엘의 스승이다) 그리고 12,13(예수가 예루살렘 입성 때 이스라엘의 임금으로 환영받는다)에도 나온다. 이 구절들은 모두 종교적 색조를 띠고 있다. 저자는 ('유다인들의 임금'이 아니라) '이스라엘의 임금'이 올바른 메시아론적 칭호라는 것을 알고 있는 듯이 보인다.

[221] 어떤 왕실 관리(4,46-54) — 필경 카파르나움의 이방인 백인대장(마태 8,5-13//)과 동일인일 것이다 — 는 이방인이라는 말이 전혀 없다.

[222] SCHNACKENBURG, *Joh* II 480: "예수의 죽음은 풍성한 선교의 열매를 얻는 데 반드시 필요하다." 참조: W.E. MOORE, "Sir, We Wish to see Jesus": *SJTh* 20 (1967) 75-93; M.D.L. SELICK, "To see Jesus": *ET* 95 (1983) 86-87.

신을 믿게 될 사람들을 위해서도 기도하는데(17,20), 이 말씀도 동일한 전망을 열어 준다(12,32 참조).[223] 요한계 교회가 신학적으로는 이스라엘의 우선성을 알고 있었고, 선교적으로는 이방인들을 얻는 데 힘썼다는 것은 확실하다.[224] 예언으로 특징지어진 대사제 카야파의 말과 이어지는 그 해석은, 세부적으로는 논란이 있지만, 동일한 방향을 가리킨다. 카야파는 한 사람이 백성을 위해($\acute{v}\pi\grave{\epsilon}\rho$ $\tau o\hat{v}$ $\lambda ao\hat{v}$) 죽는 것이 온 민족($\acute{o}\lambda o\nu$ $\tau\grave{o}$ $\acute{\epsilon}\theta\nu o\varsigma$)이 멸망하는 것보다 자신들에게 더 이롭다고 단언한다. 일차적으로 현실 정치적 의미를 지닌 이 말은 신학적으로는 이렇게 해석된다: 그 대사제는 예수가 단지이 민족을 위해서($\acute{v}\pi\grave{\epsilon}\rho$ $\tau o\hat{v}$ $\acute{\epsilon}\theta\nu o\upsilon\varsigma$)만이 아니라, 흩어져 있는 하느님 자녀들까지도 하나로 모으기 위해 죽게 되리라 예언했다(11,50-52). 그리스어 원문에서 $\lambda a\acute{o}\varsigma$가 $\acute{\epsilon}\theta\nu o\varsigma$로 바뀌는 것에 유의해야 한다. 이 두 낱말은 백성/민족을 가리키는데, 첫째 개념은 이미 구약성경 그리스어 역본에서 하느님 백성을 지칭하는 데 사용되었다. 이 예언과 해석은 교차대구법chiasmus적 의미로 이해하는 것이 가장 낫다. 이 경우 $\acute{\epsilon}\theta\nu o\varsigma$는 옛 하느님 백성을, 그러나 $\lambda a\acute{o}\varsigma$는 하나로 모아들여진 자녀들에 상응하는 하느님 백성 이스라엘을 의미한다. 이 언명은 이 새로운 회중, 새 하느님 백성을 염두에 둔다.[225]

새로운 회중의 일치, 교회의 일치가 복음서의 주요 관심사 가운데 하나라는 사실에 유의해야 한다. 양 떼, 즉 흩어진 하느님 자녀들을 데려다 한

---

[223] 십자가 명패가 세 가지 국제어 히브리어, 로마어, 그리스어로 쓰여 있었다는 것 역시 이 민족들에게의 정향을 시사한다.

[224] 그렇다고 요한 복음서가 일종의 선교 책자가 되는 것은 아니다. 그러나 요한계 교회들이 내향적 생활을 했으리라는 반대 견해도 옳지 않다. 일반적으로 소명 사화에 묘사된 인간 개개인에 대한 관심 안에 요한의 선교 전략이 나타나 있는 것으로 본다: 안드레아가 시몬을 찾고, 필립보가 나타나엘을 찾는다. 그렇다면 선교적 권유는 친밀한 대화에서 이루어졌을 것이다. 확실히 요란스럽지 않은, 그러나 매우 효과적인 선교 방식이라 하겠다.

[225] 이 구절의 중요성은 $\lambda a\acute{o}\varsigma$가 요한 복음서에서 오직 이 맥락(18,14에서 되풀이된다)에만 나온다는 사실에 의해 강조된다. $\acute{\epsilon}\theta\nu o\varsigma$는 11,48과 18,35에서도 분명히 유다 민족을 가리킨다. PANCARO의 해석(각주 220)은 상당히 복잡한데, 그래도 흥미로운 연구사(史) 개관을 제공해 준다. 복수형 $\tau\grave{a}$ $\acute{\epsilon}\theta\nu\eta$는 요한 복음서에 나오지 않는다.

데 모은다는 상징을 통해 신학적 일치 사상이 표현되어 있다. 한편 고별기도에서는 교회일치에 대한 위협이 긴급한 문제로 부각된다. 교회의 일치와 결속은 아버지와 아들의 일치를 본받아야 하며, 이것이 제자 파견의 신뢰성의 척도가 된다(17,21-23). 서간에서 보듯이, 일치는 위협받았고 부분적으로는 이미 상실되었다.

제자들의 파견은 부활 이후 시기에 집중되어 있다. 예수 지상 활동 시기의 제자 파견에 관해 요한 복음서는 전혀 모른다. 파견 명령은 부활하신 분이 내린다(20,21). 마태오 복음서 28,19에서와 같은 파견 목적에 대한 언명은 빠져 있다. 중요한 것은 파견이 예수 파견의 계승이라는 점이며, 더 정확히는 예수 파견에 참여한다는 점이다: "아버지께서 나를 보내신 것처럼 나도 너희를 보낸다"(20,21). 파견은 궁극적으로 세상으로의 파견이다(17, 18). 파견은 예수의 숨을 통해 제자들에게 불어 넣어진 영의 전권으로부터 비롯한다. 수확 때가 무르익은 들녘이 선교 활동에서 사람들 얻음의 은유가 된다(4,35-37). 칭호로서의 사도는 요한계 문헌에 나오지 않는다. 13,16에서 이 낱말은 단지 기능적 의미만 지닌다. '파견된 이'로서 제자들은 사람들의 맞아들임에 의지하고 있다(13,20). 이 문제는 서간들에서 이어진다.

새로운 회중 묘사에 이용되는 비유들은 구약성경에서 유래하거나 구약성경에서 큰 영향을 받았다. 이 점에서 '하느님 백성 사상'의 우선성이 드러난다. 무엇보다도 목자와 포도나무에 관한 두 비유가 있다(요한 복음서 10장과 15장). 이 두 비유에 모두 해당되는 특징은 다음과 같다.

① 이 비유들은 그리스도론적으로 정향되어 있다. 교회론이 그리스도론에 의해 규정지어져 있다. 그리스도는 목자요 포도나무다. 사람들은, 유다교에서 그분에게 오든 이교에서 오든, 그리스도에게의 결속을 통해 공동체에 이른다. 비유로 말하자면, 양들을 데려 나오고 데려다 함께 모으는 두 개의 우리가 있다. 못된 목자 · 삯꾼 · 도둑 · 강도에 관해 이야기하는 것으로 미루어, 에제키엘서 34장의 본보기가 영향을 미치고 있다. 인간 목자들은 제구실을 하지 못했다. 그래서 여기서는 그런 목자들 — 어울리는

소임을 맡았어야 했다 — 에 관해 말하지 않는다. 오직 그리스도만이 착한 목자이니, 그분은 자기 목숨을 내어 줌으로써 양 떼를 얻었다.

② (공동체 안에서) 개개인과 그리스도의 관계가 전면에 부각되어 있다. 목자는 양들의 이름을 하나하나 부른다(10,3).[226] 양들은 목자를 알고, 목자는 양들을 안다(10,14). 개인적 관계는 포도나무와 가지 비유에 더 강하게 각인되어 있다. 포도나무 가지는 나무에 붙어 있어야 하고 열매를 맺어야 하며, 손질되거나 잘린다. 이렇게 비유는 훈계의 성격을 띠는데, 기존 텍스트의 편집으로 이 성격이 강화되었을 것이다. 포도나무와 가지 비유를 몸인 교회에 관한 바오로의 유사한 비유(1코린 12장; 로마 12,5: '그리스도 안에 한 몸'. 역시 훈계의 성격이 강하다)와 비교하면, 요한 복음서 15장에서는 개인 상호 간의 관계가 완전히 밀려나 있는 것이 눈길을 끈다. 그래도 포도나무는 여전히 공동체(친교)의 상징이다: "나는 포도나무요 너희는 가지다"(15,5).

예수와 개인의 직접적인 관계가 깨지는 두 경우가 있다. 연결 고리를 형성하는 두 탁월한 제자는 시몬 베드로와 '애제자'다. 이들의 역할은 복음서가 의도적으로 이들을 함께 등장시켜 묘사한다는 점을 유념해야 옳게 평가할 수 있다. 시몬 베드로 — 그에게 특전적으로 주어진 이름이다 — 는 공관복음서에서와는 달리 처음으로 부르심을 받은 사람이 아니라 동생 안드레아를 통해 예수에게 인도되는데, 이는 그를 깎아내리는 일이다. 그러나 예수는 첫 만남에서 그에게 '케파'라는 새 이름을 준다. 이 이름은 (베드로라고) 번역되지만 풀이되지는 않아서, 실제로 무엇을 뜻하는지 불분명하다. 아버지 이름이 덧붙여진 '요한의 아들 시몬'이라는 호칭은 소명 사건의 엄숙성을 강조한다(요한 1,40-42).[227] 시몬 베드로는 충성(6,68)과 실패(18,15-18.25-27) 속에서 예수와 함께 길을 간다. 위기 상황에서 베드로는 예

---

[226] 20,16에 이것의 구체적 사례가 나온다: 마리아 막달레나는 부활하신 예수가 그녀의 이름을 불렀을 때 비로소 그를 알아본다.

[227] 시몬의 아버지 이름은 넷째 복음서에만 나온다. 마태오 복음서 16,17에 나오는 '바르요나'가 아버지 이름으로 해석될 수 있는지는 논란되고 있다. J. GNILKA, *Das Matthäusevangelium* II (HThK) (Freiburg ²1992) 60 참조.

수에게 "스승님께서 하느님의 거룩하신 분"(6,69)이라고 신앙고백을 한다. 마태오 복음서 16,16의 신앙고백과 견줄 수 있는 "주님께서 이 세상에 오시기로 되어 있는 메시아시며 하느님의 아드님"(11,27)이라는 고백은 한 여인이 입에 올린다. 애제자와 베드로의 동반 등장은 수난사화와 발현 사화에 유보되어 있는데, 그 장면은 최후 만찬(13,21-26)·예수의 무덤(20,1-10)·호숫가에서 나타나심(21장)이다. 애제자는 최후 만찬에서 '예수께서 사랑하시는 제자'라는 이름으로 처음 등장한다.

부활한 예수는 시몬 베드로에게 목자 직무를 넘겨준다. "내 어린 양들을 돌보아라"(21,15), "내 양들을 지켜 돌보아라"(21,16.17)라는 말씀은 양들이 목자 소유임을 강조하는 착한 목자에 관한 비유 말씀(10,11-14)에 의존하고 있다. 그러므로 이 임무는 온 교회와 관련되는 보편적 임무다. 양 떼는 여전히 그리스도의 소유이며, 그 제자에게는 단지 목자로서 보살피는 임무가 부과된다. 낱말의 변화[어린 양들 → 양들, 돌보다($\beta \acute{o} \sigma \kappa \omega$) → 지켜 돌보다($\pi o \iota \mu a \acute{\iota}-\nu \omega$)]에 별다른 뜻은 없고, 단지 이 보살핌의 포괄성을 암시하고자 한다.[228] 베드로는 예수처럼 십자가에 처형될 것이다. 사람들이 베드로를 그가 원하지 않는 곳으로 데려갈 것이다(21,18-19). 그러나 이것은 순종으로 감수하는 죽음이니, 어디까지나 예수 희생의 추종으로서 그 의미를 획득한다. 선행하는 많은 물고기를 잡은 이야기에도 상징적 의미를 부여할 수 있겠다. 시몬 베드로가 물고기 153마리가 가득 들어 있는 그물을 찢어지지 않게 뭍으로 끌어 올렸다는 것은, 교회일치의 생생한 상징으로 해석할 수 있다. 수수께끼 같은 153이란 숫자는 총괄적 숫자로 이해하면 무난하겠다.[229]

---

[228] PASSOW(해당 낱말)에 따르면, 이 두 그리스어 낱말은 다음과 같은 동일한 의미들을 지닌다: 방목하다, 목장으로 내몰다, 지키다, 먹이다, 기르다, 키우다, 돌보다, 보호하다. 목자라는 모티브는 고대 동방에 널리 퍼져 있었다. 이 모티브는 다마스쿠스 문서 13,7 이하에 아름답게 전개된다. 이미 함무라비 법전에서도 이 모티브를 찾아볼 수 있다. 참조: S. MOSCATI, *Die altsemitischen Kulturen* (Stuttgart 1958) 30-31.

[229] 참조: J.A. EMERTON, The 153 Fisches in John 21,11: *JThS* 9 (1958) 86-89; N.J. MCELLENEY, 153 Great Fisches: *Bib* 58 (1977) 411-417.

시몬 베드로가 포괄적 직무를 위임받았지만, 요한계 교회에서는 애제자가 더 중요한 인물이다. 그는 계속 남아(살아) 있을 터였다(21,22-23). 이 두 제자의 대비 — 근본적으로 매번 이 둘과 예수의 삼각관계를 내포한다 — 에서 시몬 베드로가 더 큰 권위를 지닌 자로 나타나지만,[230] 애제자와 예수는 더 친밀한 관계다. 최후 만찬에서 예수에게 질문하는 것은 애제자 몫이다. 베드로가 그에게 그 일을 부탁한다(13,21-26). 빈 무덤 장면에서 애제자는 경쟁하듯 달려온 뒤 베드로로 하여금 먼저 무덤에 들어가게 하지만, 그만이 이미 거기서 믿음에 이른다(20,3-8). 이로써 (부활하신 분이 마리아 막달레나에게 처음으로 나타나셨다고 전하는 요한 복음서 20,11-18은 제외하고) 통상 베드로에게 귀속되는 부활하신 분의 첫 발현의 특전(1코린 15,5; 루카 24,34)이 상대화되어 있다. 부활하신 분이 호숫가에서 제자들에게 나타나실 때도, 주님을 가장 먼저 알아보는 이는 애제자다(21,7). 그는 제자로서는 유일하게 십자가 곁에도 서 있다(19,26). 애제자의 '남아 있음'은 그에게서 유래한다고 여겨지고 그의 믿음에 의해 꼴지어진 전승들, 요컨대 복음서와 관계가 있다(21,24). 애제자는 그것을 통해 참된 증언을 했고, 교회가 온전한 진리로 인도되는 데 기여했다. 우리는 앞에서 파라클레토스와 유사한 그의 특징에 주목했다. 애제자가 파라클레토스는 아니지만, 후자는 전자의 활동에 각별히 작용했다.[231]

요한 복음서는 왜 애제자와 시몬 베드로를 그렇게 특유한 방식으로 맞세우는가라는 물음이 남아 있다. 이 두 사람은 그동안 교회에서 권위자들

---

[230] 요한 복음서 1,40-42의 이름 부여와 21,15-19 사이에 모종의 어원적 관련성을 성립시키기는 어렵다. 마태오 복음서 16,18에는, 베드로가 페트라(바위)라는 의미로 이해된다는 점에서, 그런 관련성이 존재한다. 참조: GNILKA, *Matthäusevangelium* (각주 227) 49-50.69.

[231] 애제자에 관한 문헌은 어마어마하게 많다. 참조: J. ROLOFF, Der joh. Lieblingsjünger und der Lehrer der Gerechtigkeit: *NTS* 15 (1968/69) 129-151; T. LORENZEN, *Der Lieblingsjünger im Johannesevangelium* (SBS 55) (Stuttgart 1971); M. DE JONGE, The Beloved Disciple and the Date of the Gospel of John: *Text and Interpretation* (FS M. Black) (Cambridge 1979) 99-114; E. RUCKSTUHL, Der Jünger, den Jesus liebte: *SNTU.A* 11 (1986) 131-167; J. KÜGLER, *Der Jünger, den Jesus liebte* (SBB 16) (Stuttgart 1988).

이 되었는데, 애제자는 그의 공동체들의 국지적 영역에서 그러했다. 이 공동체들은 대교회 변두리에 자리잡고 있었다. 이들이 대교회의 인정을 받기 위해 애썼음은 거의 확실한데, 방식은 이랬다: 한편으로는 시몬 베드로가 대표하는 대교회의 권위를 인정해 주고, 다른 한편으로는 그에 상응하여 자기네 대표자의 권위 또한 관철시켰다. 그 밖에 이 두 제자에게 모종의 상징적 의미를 부여하는 — 예컨대 베드로는 직무를, 애제자는 카리스마를 대표한다[232] — 것은 신빙성이 없다고 하겠다.

이미 애제자 생시에 한 동아리가 형성되어 그가 죽은 후 그 중요성이 더욱 강화되었을 것이다. 여기서 그의 전승들이 계속 보전·숙고되었고 또 요한계 문헌도 생겨났다. 신학자와 교사들로 이루어진 이 동아리는 오늘날 '요한 학파'라는 이름으로 불리며,[233] '우리-진술'에서 거듭 언급된다: "우리는 그의 증언이 참되다는 것을 알고 있다"(요한 21,24; 1요한 곳곳). 특히 요한 1서 머리말 — "처음부터 있어 온 것, 우리가 들은 것, 우리 눈으로 본 것, 우리가 살펴보고 우리 손으로 만져 본 것, 이 생명의 말씀에 관하여 … 여러분에게도 선포합니다"(1,1-3) — 에서 과거의 시작으로부터 현재의 선포까지 연결선이 그어지는 것은 시사해 주는 바가 크다. 사람들은 전승과 친숙해지고 전해 받은 것을 계속 전하고 처음부터 들은 것을 선포하는(1요한 2,24 참조) 데 힘썼음이 분명하다. 이 학파와 관련 있는 전승이 계속 보존·장려·발전되었다.[234]

이 전승은 올바른 가르침과 결부되어 있다. 거짓 선생들이 나타났다. 그들은 그릇된 그리스도를 선포하고 그리스도가 '사람의 몸으로 오셨다'는

---

[232] A. KRAGERUD[*Der Lieblingsjünger im johannesevangelium* (Oslo 1959)]의 해결책이다. 연구자들의 널리 일치된 견해에 따르면, 베드로의 권위를 각별히 강조하는 마태오 복음서가 시리아에서 생겨났기 때문에, 이 주장은 요한 복음서도 시리아에서 생겨났으리라는 견해의 한 논거가 된다. 이 복음서를 대교회에서 통용시키려는 의도가 애제자를 사도 요한과 동일시하는 데로 귀결되었다고 하겠다.

[233] R.A. CULPEPPER, *The Johannine School* (SBLDS 26) (Missoula 1975) 참조.

[234] 참조: KLAUCK, *1 Joh* 73-74; STRECKER, *Johannesbriefe* 59-64.

것을 부인하며(1요한 4,2-3), 육화의 신비를 의심했다. 서간들이 이 맥락에서 친교(κοινωνία)라는 낱말을 도입하는 것은 중요하다. 이 낱말은 외적 친교만이 아니라 그것의 내적 근거도 나타낸다. 그리스도인들의 친교는 또한 언제나 그리스도와의 친교이며 또 이를 통한 하느님과의 친교이기도 한데, 이 그리스도와의 친교에 뿌리와 바탕을 두고 있다. 이 친교는 선포되는 말씀을 받아들임으로써 이루어지며, 그로써 또한 선포자와의 친교를 창출하는, 일종의 중개된 친교다.[235] 앞에서 인용한 구절은 이렇게 계속된다: "우리가 … 선포합니다. 여러분도 우리와 친교를 나누게 하려는 것입니다. 우리의 친교는 아버지와 또 그 아드님이신 예수 그리스도와 나누는 것입니다"(1요한 1,3). 그렇다면 이 친교는 윤리 생활에도 필연적 결과를 가져온다(1,6-7). 교회관은 그리스도론에, 그리스도 신앙에 근거하고 있다.

그러나 이 통찰의 길은 믿는 이에게 직접적인 방식으로도 열려 있다. 그는 기름부음을 받는다. 요한 1서 필자만이 이 낱말을 사용하는데, 믿는 이 각자에게 주어지는 성령의 선물을 가리킨다. 이 기름부음은 믿는 이들에게 모든 것을 가르쳐 주고 그들을 거짓말, 오류로부터 지켜 준다. 그런 까닭에 그들은 선생이 필요하지 않다. 그런데 가르침의 중개성과 가르침에 대한 내적 통찰 사이에 일종의 모순을 상정하면 안 된다. 서간 필자는 영이 믿는 이들을 진리 안에서 굳세게 하고 그들이 거짓을 분별하게 해 주리라 확신하고 있다. 그러나 필자는 또한 믿는 이들에게 처음부터 들은 것을 간직하라고 당부한다(2,20-27). 요한계 교회에는 영의 그느르심이 각인되어 있거니와, 구성원 개개인은 이것을 알아야 한다.

포괄적 의미의 가르침, 전승의 전달에 종사하는 사람들은 교회에서 일종의 봉사, 직무를 수행했다. 그러나 직무의 명칭은 나오지 않는다. 요한 2서와 3서는, '원로'가 발신인으로 서명한다는 점에서, 어느 정도 예외다. 그러나 원로는 통상적인 직무 명칭이 아니라 그 이상이다. 이 원로는 지역

---

[235] 요한 2서 11절에 따르면, 거짓 선생들을 받아들이는 것은 그들의 나쁜 행실과의 친교(동참)를 낳는다.

교회를 넘어서는 역할을 수행했다. 그는 요한 3서를 가이오스라는 사람에게 써 보냈는데, 그는 자기 교회에서 우뚝한 위치를 지니고 있다. 또 다른 교회에 요한 2서를 써 보낸 원로는 교회에 심부름꾼을 보냈고, 또 교회들을 방문할 계획이었다. 이 원로는 요한계 교회 연합의 꼭대기에 있다는 인상을 준다. 그러므로 '원로'라는 명칭은 특별한 의미로 이해해야 한다. 이 명칭은 고령과, 또는 더 정확하게는 전승의 보증인이 될 수 있는 능력과 관련된다.[236]

디오트레페스라는 자가 이 원로의 지위를 인정하지 않았고, 그래서 셋째 편지가 쓰였다. 이 충돌의 좀 더 상세한 이유와 경과의 재구성은 논란되고 있으나, 서간의 간결함 때문에 전혀 신빙성 있게 밝혀낼 수 없다.[237] 관건이 된 것은 관행과 규율에 관한 논쟁 이상의 문제였다. 아무튼 모험적 가설들에 대해 경고해 두어야겠다.[238] 비난의 초점이 이단인가 직권 남용인가? 아마도 직권 남용인 것 같다. 원로가 이긴 것은 거의 확실하다. 그의 짧은 두 편지가 보존되어 왔고 나아가 정경의 지위를 얻은 사실이 그것을 말해 준다.

교회(공동체)의 개개 구성원 상호 간의 관계와 관련하여, 교회의 자기 이해는 서로가 형제자매라는 것이다. 형제 칭호는 서간들에서 자주 사용되는데, 요한 복음서 21,23에도 나온다: "형제들 사이에 이 제자가 죽지 않으리라는 말이 퍼져 나갔다." 여기에도 그리스도론이 깊이 뿌리내리고 있다. 그리스도는 단 한 번뿐이지만 결정적인 구절에서 제자들을 당신 형제라 부른다. 부활하신 분이 그렇게 말한다는 것은, 그분이 수난할 때 못나

---

[236] 참조: J.-W. TAEGER, Der konservative Rebell: *ZNW* 78 (1987) 267-287, 특히 282; STRECKER, *Johannesbriefe* 314-315.

[237] 이 주제에 대한 연구는, 갖가지 상이한 제안 때문에, 현재 주석학의 좌절 체험들 가운데 하나에 속한다. BROWN, *Epistles* 728ff; E. HAENCHEN, Neuere Literatur zu den Johannesbriefen: *Die Bibel und wir* (Tübingen 1968) 235-311 중 282ff가 개관을 제공해 준다.

[238] KÄSEMANN(각주 218)은 서간 필자를 복음서 저자와 동일시할 뿐 아니라, 이 원로를 애제자와 동일시한다. 요한 2·3서 필자가 요한 1서 필자와 동일인지는 지금도 논란이 분분하다.

게 처신했던 그들이 다시 받아들여졌음을 암시한다(요한 20,17). 형제 칭호를 통해 요한계 문헌은 다른 신약성경 공동체들과 조화를 이룬다(참조: 특히 마태 23,8; 마르 3,34-35//).

요한 3서의 끝인사가 명시해 주듯이, 요한의 고유한 특징은 교회를 친구 동아리로 이해하는 것이다: "친구들이 그대에게 안부를 전합니다. 그곳 친구들 한 사람 한 사람에게 안부를 전해 주십시오"(3요한 15절). 이런 문안은 교회 구성원 수가 한눈에 파악할 수 있었음을 전제한다. 그리스도 친히 고별 설교에서 제자들에게 당신의 우정을 베풀고, 친구들을 위해 기꺼이 목숨을 내놓을 각오를 표명했다. 이 우정은 책임을 지운다. 제자들은 그리스도가 자신들에게 명령한 것을 실천하면, 그의 친구가 된다(요한 15,13-15).

복음서에 여인들이 뚜렷이 등장하는 것을 특별히 언급해야겠다. 앞에서 살펴보았듯이, 마르타는 공관복음서에서 베드로가 했던 고백에 견줄 수 있는 그리스도 신앙고백을 하며, 마리아 막달레나는 부활하신 분을 처음으로 뵙는다. 더구나 후자는 제자들에게 부활 소식을 전해야 했는데(20,17), 이 일이 중세 때 그녀에게 사도들 중의 사도라는 영예로운 이름을 안겨 주었다.[239] 여인들의 이런 두드러진 모습은 교회 안의 여성 지위를 추론할 수 있게 해 준다. 여자들은 남자들과 나란히 교회생활에 적극적으로 참여하는 존재로 나타난다. 이런 해방적 활동은 교회 안에서는 남자든 여자든 모두가 하느님의 영을 가득 받았다는 뚜렷한 의식과 결부되어 있었다.

예수의 어머니는 예수 공적 활동의 처음과 끝, 즉 카나 혼인 잔치와 십자가 곁에 등장한다(요한 2,1-10; 19,25-27). 그녀의 이름은 언급되지 않는다. 예수가 그녀를 어머니라 부르지 않고 '여인'이라 부르는 것은 거리감을 나타낸다. 이 경우에도 넷째 복음서의 그리스도론 중심성을 고려하여 해석을 모색해야 한다. 그리스도는 다른 분에게 속한다. 활동의 시작과 끝, 전체 지상 사명의 성취에서 그는 오로지 아버지의 뜻에 묶여 있다.

---

[239] BROWN, *Community* (각주 219) 190 참조.

예수의 어머니는 애제자와 함께 십자가 곁에 서 있는 이로서, 형제들의 공동체에, 교회라는 친구 동아리에 속한다. 여기서도 그리스도론적 정향을 나타내는 그녀의 저 말을 간과해서는 안 된다: "무엇이든지 그가 시키는 대로 하여라"(2,5; 참조: 마르 3,34-35). 십자가 곁의 장면은 애제자가 어머니를 모셔야 한다는 일종의 유언적 지시를 넘어서는 것일까?[240]

오늘날 주석학도 상징적 해석으로 기운다. 두 해석을 살펴보자: 첫째, 예수의 어머니는 (다른 여인들과 함께) 십자가에 달린 분에게서 구원을 고대하는, 또는 십자가와 마주하여 거기 달린 분께 대한 믿음에 이르는 사람들을 대표한다. 예수는 그들을 이 믿음의 충실한 증인인 애제자에게, 결국은 복음에 맡긴다(A. Dauer, H. Schürmann).[241] 둘째, 예수의 어머니는 유다계 그리스도교를, 애제자는 이방계 그리스도교를 상징한다. 이방계 그리스도교는 유다계 그리스도교에게서 생겨났으므로 유다계 그리스도교를 존중해야 한다. 이방계 그리스도교는 대교회 공동체에 편입되어야 한다(R. Bultmann).[242] 첫째 해석이 텍스트에 더 부합하지만, 새로 생긴 어머니–아들 관계를 간과한다.[243] 둘째 해석이 이와 연결되는데, 방금 추정한 유다계 그리스도교와 이방계 그리스도교라는 상징을 여기서 끄집어내기는 매우 어렵다. 이 어머니–아들 관계는 텍스트의 풍부한 영향사史로 이어졌는데, 그

---

[240] 유언: BECKER, *Joh* II 440-445.

[241] DAUER, *Passionsgeschichte* 321-333; SCHÜRMANN, Jesu letzte Weisung Joh 19,26-27c: *Ursprung und Gestalt* (Düsseldorf 1970) 13-29.

[242] *Joh* 521.

[243] 순전한 유언적 지시라기에는 표현이 진기하다. 유언적 지시의 한 예: "나는 아레타이오스에게 내 어머니의 급양과 노후 봉양을 맡긴다"(코린토 출신 에우다미다스의 유언, LUKIAN, *Toxaris* 22).

[244] 영향사: I. DE LA POTTERIE, Das Wort Jesu "Siehe, deine Mutter" und die Annahme der Mutter durch den Jünger: *NT und Kirche* (FS R. Schnackenburg) (Freiburg 1974) 191-219, 특히 193-203. DE LA POTTERIE가 영향사에서 텍스트 의미의 점진적 심화에 관해 말하는 것은 (217) 타당하다고 생각한다. 다른 개관들: DAUER, *Passionsgeschichte* 323ff; SCHNACKENBURG, *Joh* 325-328.

6.2 죄의 용서, 세족례, 세례, 성찬례

요한계 문헌에는 성사聖事들, 즉 세례와 성찬례와 관련되는 전승들이 들어 있고 그와 가까운 전승들도 담겨 있다. 그런데 이 시기와 관련해 성사라는 낱말을 사용함에 있어, 성사 개념이 신학사적 발전 과정을 겪었고 게다가 논쟁 신학에서 열띤 토론을 벌였다는 사실을 분명히 알아 두어야 한다. 여기서 우리는 그 시작 단계에 서 있다.

교회는 예수의 죽음 안에서 죄로부터 해방되었음을 알고 있다(요한 1,29; 1요한 3,5). 그리스도에게 받은 말씀으로 인해 자신이 깨끗함을 알고 있다(요한 15,3). 그러나 교회는 자신이 죄를 용서하는 전권을 그리스도에게 받았다는 것도 알고 있다. 부활하신 그리스도가 이 전권을 맡김으로써, 이 권한의 중요성이 드러난다: "성령을 받아라. 너희가 누구의 죄든지 용서해 주면 그가 용서를 받을 것이고, 그대로 두면 그대로 남아 있을 것이다"(20,22-23). '용서하다/그대로 두다'는 '매다/풀다'라는 공관복음서의 낱말들(마태 16,19; 18,18)을 연상시킨다. 둘 다 전승사적 맥락 안에서 고찰할 수 있다. 죄를 그대로 둘 수 있는 가능성으로 말미암아, 전승은 일종의 법률적 권리까지 보유한다. 자신의 깨끗함과 거룩함을 유념하는 교회가 눈에 들어온다.

요한 1서는 죄에 관해 비교적 자주 말한다. 이는 이단 사설과의 대결과도 관련이 있다고 하겠는데, 거기서는 자기들이 죄로부터 완전히 자유롭다고 주장하기까지 했다. 그러나 더 중요한 점은, 죄의 용서와 사면이 교회에서 실행되었음을 짐작할 수 있다는 것이다. 요한 1서 2,12가 세례 때 받은 죄의 용서를 암시하는지는 논란거리다: "자녀 여러분, 내가 여러분에게 이 글을 쓰는 까닭은, 여러분이 그분의 이름 덕분에 죄를 용서받았기 때문입니다."[245] 다른 구절에서는 좀 더 구체적으로 말한다: "우리가 우리 죄를 고백하면, 그분은 성실하시고 의로우신 분이시므로 우리의 죄를 용서하시고 우리를 모든 불의에서 깨끗하게 해 주십니다"(1,9). 실상 여기서 말하는 것은 기도자가 하느님 앞에서 홀로 행하는 내면적인 죄의 고백이 아니라, 교회 회중 앞에서 행하는 공개 고백임을 전제해도 될 것이다.[246] 죄를 용서하시는 분은 하느님이신데, 교회 회중 안으로 역사해 들어오신다. 교회가 죄의 용서에 전구로써 동참했다고 짐작할 수 있다. 5,16에서도 죄짓는 형제를 위한 전구의 기도를 권유한다: "누구든지 자기 형제가 죄를 짓는 것을 볼 때에 그것이 죽을죄가 아니면, 그를 위하여 청하십시오. 하느님께서 그에게 생명을 주실 것입니다." 여기서 강조해야 할 것은, 죽을죄와 그렇지 않은 죄를 구별한다는 사실이다. 어떤 범행들을 죽음에 이르는 죄로 여겼는지는 언급되지 않는다.[247] 아무튼 자신의 오류 때문에 스스로 떨어져 나간 사람들과 관련이 있을 것이다(2,18-19 참조). 죽을죄를 짓는 사람들을 위해서는 청하지 말라는 지시(5,16)는 문제가 있다. 여기서 자신의 성성聖性을 유념하는 이 교회의 엘리트적 성격이 특히 뚜렷하게 드러난다. 교회 집회에서 공개 고백과 함께 죄의 용서가 실행되었다는 것은, 구성원 수가 적었고 형제회나 친구 동아리의 성격을 지녔음을 확인해 준다.

예수가 제자들의 발을 씻어 주는 장면은 넷째 복음서에만 나온다(13,1-15).[248] 고별 설교, 수난사화와 발현 사화를 포함하는 복음서 2부가 세족으로 시작된다. 무대는 예수와 제자들의 최후 만찬이다. 그러나 식사 자체에

---

[245] SCHNACKENBURG(*Johannesbriefe* 123)는 세례와 관련시키는 것을 반대한다. KLAUCK (*1 Joh* 133)은 찬성한다. '예수의 이름으로'가 세례를 암시하고, '어린 자녀들'은 세례를 통해 새 생명을 얻은 사람들이라는 것이다. 이미 WINDISCH(*Die katholischen Briefen* 115-116)도 유사한 견해를 내세웠다.

[246] 참조: KLAUCK, *1 Joh* 94-95와 그가 수집한 비교 자료들. STRECKER(*Johannesbriefe* 84)는 교회의 고해(告解) 실행에 관해 말하는데, 상당한 오해의 소지가 있다.

[247] 참조: STRECKER, *Johannesbriefe* 299-304 (Exkurs: Zweite Buße); I. GOLDHAHN-MÜLLER, *Die Grenze der Gemeinde* (1989); M. MIGUENS, Sin, Prayer, Life in 1 Joh 5,16; *Studia Hierosolymitana* (FS B. Bagatti) (SBF.CMa 22) (Jerusalem 1976) 64-82.

[248] G. RICHTER, *Die Fußwaschung Jesu im Johannesevangelium* (BU 1) (Regensburg 1967); J.D.G. DUNN, The Washing of the Disciples Feet in John 13,1-20: *ZNW* 61 (1970) 247-252; J. BEUTLER, Die Heilsbedeutung des Todes Jesu im Johannesevangelium nach Joh 13,1-20: K. KERTELGE (Hrsg.), *Der Tod Jesu* (QD 74) (Freiburg 1976) 188-204; E. MALA-TESTA, Le lavement des pieds: *Christus* 23 (1976) 209-223; H. WEISS, Foot Washing in the

는 관심을 기울이지 않는다. 식사는 제자들에게 예수의 봉사가 이루어지는 테두리일 따름이며, 또한 곧 예수를 넘겨줄 자를 드러내는 계기가 된다.[249] 성찬 빵과 잔을 건네줌에 관해서는 아무 말이 없다. 물론 세족이 성찬례 전승을 대체했다고 말할 수도 없을 것이다. 비록 이 둘이 시간상 동일한 방식으로 구성되어 있지만 말이다: "그들이 음식을 먹고 있을 때에 예수님께서 빵을 들고 …"(마르 14,22); "(예수님께서) 식탁에서 일어나시어 겉옷을 벗으시고 …"(요한 13,4).[250] 요한에게 중요한 것은, 예수가 삶의 마지막에 제자들의 발을 씻어 주는 노예의 봉사를 실행했음을 명시하는 일이다. 이 의도는 이야기 시작 부분에 분명히 암시되어 있다: "예수님께서는 이 세상에서 아버지께로 건너가실 때가 온 것을 아셨다. 그분께서는 이 세상에서 사랑하신 당신의 사람들을 끝까지 사랑하셨다"(13,1).[251]

눈길을 끄는 것은 예수의 행동을 시몬 베드로에게 집중시킨다는 점인데, 게다가 베드로는 시몬 이스카리옷의 (아들) 유다와 함께 삼인조로 배치된다: 예수 - 시몬 베드로 - 유다. 베드로는 예수의 봉사를 거부한다. 정확히 말하면, 그가 이 봉사에서 감지한 요구를 거부한다. 베드로는 예수가 수난해야 한다는 생각에 저항한다. 이는 마르코 복음서 8,31-33을 연상시키는데, 거기서도 베드로는 반드시 많은 고난을 겪어야 한다는 예수의

Johannine Community: *NT* 21 (1979) 298-325; F. MANNS, Le lavement des pieds: *RevSR* 55 (1981) 149-169; S.M. SCHNEIDERS, The Foot Washing: *CBQ* 43 (1981) 76-92; F. GENUYT, Les deux bains: *Sémiotique et Bible* 25 (1982) 1-21; M. SABBE, The Footwashing in Jn 13 and the Relation to the Synoptic Gospels: *ETL* 58 (1982) 279-308; F.F. SEGOVIA, John 13,1-20: *ZNW* 73 (1982) 31-51.

[249] 이 요한 복음서 13,21-30의 전승은 마르코 복음서 14,18-21//과 상응하며, 넷째 복음서 저자가 예수의 최후 만찬을 묘사하고자 한다는 것을 확인해 준다.

[250] 요한 복음서 13,4는 저녁 정찬(正餐)과 연회를 가리키는 τὸ δεῖπνον이라는 개념을 사용한다. 코린토 1서 11,20: κυριακὸν δεῖπνον = 주님의 만찬. δεῖπνον이 제의(祭儀)적 식사의 의미로 사용된 예증들: J. BEHM: *ThWNT* II 34-35. 요한 복음서 13,4는 연회, 친구들과의 식사로 보면 무난하다. 예수는 당신 친구들을 모은다.

[251] εἰς τέλος라는 표현에는, BAUER - ALAND (*Wörterbuch* 461)에 따르면, '끝까지'라는 뜻과 정도를 규정하는 '지극히'라는 뜻이 결합되어 있다.

말씀에 저항한다. 이런 점으로 미루어, 예수 수난의 필연성이 이 장면의 중심에 자리잡고 있다는 것은 옳은 지적이다.[252] 다만 여기서 양자택일을 이끌어 내면 안 된다. 마르코 복음서 8장에서 예수의 말씀 — 제 십자가를 지고 나를 따라야 — 이 그렇듯, 요한 복음서 13장에서는 예수의 행동이 더 집요하게 그 제자를 사로잡으려 한다. 예수가 앞서 가며 열어 주는 구원의 길은 굴욕을 관통한다: "내가 너를 씻어 주지 않으면 너는 나와 함께 아무런 몫도 나누어 받지 못한다"(13,8). 유다는 떨어져 나갔고, 시몬 베드로는 떨어져 나갈 위험에 처해 있다.[253] 예수의 노예 봉사를 감수하는 것이 구원에 필수적이라는 설명으로써, 세족의 해석 격인 시몬 베드로와의 대화는 끝날 수 있었을 것이다.

그런데 베드로의 과잉 반응이 이어진다. 그 일의 구원 의미를 알고 난 후, 베드로는 발만이 아니라 손과 머리도 씻어 달라고 한다. 그러나 그는 다시금 어리석은 자로 드러난다. 예수의 답변(13,10)은 요한 복음서에서 가장 까다로운 구절 중 하나로 여겨지는데, 특히 본문이 불확실하기 때문에 더 그렇다. 우선 두 가지 경우로 나누어 고찰하자:

① 긴 본문을 선호하는 경우: "목욕을 한 이는 온몸이 깨끗하니 발만 씻으면 된다. 너희는 깨끗하다." 이 언명을 교회와 관련시키면 뜻이 온전히 명료해진다. 목욕은 모두가 받은 세례다. 발 씻음은 반복되어야 할 행동으로 여겨지고 있음이 분명한데, 죄의 용서가 거듭 필요함을 암시한다.[254]

② 짧은 본문을 선호하는 경우:[255] "목욕을 한 이는 온몸이 깨끗하다." 예수의 이 답변이 베드로의 과잉 반응에 곧장 이어지는데, 짐작건대 한 속

---

[252] 참조: Becker, *Joh* II 424; Richter, *Fußwaschung* (각주 248) 190.

[253] 유다의 길은 13,2에서 10-11절과 18-19절을 거쳐 21-30절에 이른다. 베드로의 길은 13,6-10에서 36-38절을 거쳐 21,18-19에 이른다. Weiss [Foot Washing(각주 248)]는 순교 사상을 보는데, 그것만 너무 일방적으로 강조한다.

[254] 세족을 성찬례와 관련시켜야 한다는 견해는 (이미 모양새로 보아서도) 완전히 빗나갔다고 하겠다.

[255] 참조: Schnackenburg, *Joh* III 22-23.

담을 인용한 것 같다. 이 답변은 그 제자가 이용한 동일한 상징을 내포하고 있다. 베드로가 청한 일, 즉 온몸을 씻어 달라는 것은 이미 그에게 주어졌다. 그가 어리석어 그 사실을 아직 알아채지 못했을 뿐이다. 십자가 상 죽음을 미리 알려 주는 예수의 이 헌신적 봉사를 깨닫고 믿음으로 받아들이는 사람은, 이미 구원 안에 있는 것이다.

우리는 무엇보다도 더 나은 짜임새 — 예수와 베드로의 설명적 대화를 잘 떠받쳐 준다 — 때문에, 둘째 경우의 해석을 선호하고자 한다. 세족과 설명적 대화의 주제는 성사가 아니라, 모든 개인을 위해 예수가 성취한 구원이다. 여기에도 이미 종종 관찰했던, 요한 사유의 특징인 개인에 대한 관심이 다시금 드러나 있다.

이상이 세족에 대한 일차 해석이다. 그리고 그 자체로 아주 분명한 이차 해석이 이어진다(13,12-16). 예수의 행동은 생생히 추체험하고 따라 행해야 하는 본보기($\acute{\upsilon}\pi\acute{o}\delta\epsilon\iota\gamma\mu\alpha$)가 된다. 여기서도 일차 해석과의 양자택일을 내세우면 안 된다. 모든 사람이 따라 행해야 할 봉사는 '작은 것으로부터 큰 것까지'a minori ad maius라는 추론에 의해 뒷받침된다. 스승이요 주님이 행한 일을 종과 파견된 자들은 더욱 마땅히 행해야 하니, 서로 발을 씻어 주어야 한다. 이것이 의미하는 바는 바로 그들이 받은 사랑을 계속 베풀라는 것이다. 여기서 형제 사랑의 계명 부여와의 유사성에 유의해야 한다: "내가 너희에게 한 것처럼/했기 때문에 너희도 하라고, 내가 본을 보여 준 것이다"(13,15) — "내가 너희에게 새 계명을 준다. 서로 사랑하여라. 내가 너희를 사랑한 것처럼/했기 때문에 너희도 서로 사랑하여라"(13,34). 그리스어 $\kappa\alpha\theta\acute{\omega}\varsigma$(~처럼/때문에)는 비교와 근거 제시의 의미를 지닌다. 제자들의 사랑은 그 근거가 예수에게서 받은 사랑에 있다. 예수는 그들에게 사랑할 수 있는 능력을 주었다. 발 씻어 줌은 십자가 상 죽음에서 완성되는 그의 헌신적 사랑의 표출이다. 세족 장면이 사명 부여 말씀으로 끝나는 것에 각별히 유의해야 한다. 한편 신학사적으로 보건대, 사람들은 세족을 종종 성사로 파악했다. 이는 오해였으니, 왜냐하면 여기서 촉구하는 것은 의식儀式

의 속행이 아니라 구체적 봉사이기 때문이다. 이로써 봉사가 전례와 나란히 교회생활의 한 본질적 요소여야 함이 암시되어 있다.

세례와 성찬례에 관해 말하자면, 세례는 요한계 교회들에서 신약성경의 다른 교회들에서와 마찬가지로 가입의 성사로 여겨지고 실행되었다는 데서 출발할 수 있다. 이것은, 비록 세례(βάπτισμα)와 세례를 베풀다(βαπτίζειν)라는 낱말들이 복음서에도 서간에도 고유한 의미로 나오지는 않지만, 타당하다.[256] 세례의 가장 명백한 전거는 요한 복음서 3,5다: "누구든지 물과 영으로 태어나지 않으면, 하느님 나라에 들어갈 수 없다." 물 · 영 · 태어남이라는 개념에 의해, 요컨대 새 생명 획득에 의해 각인되어 있는 어휘권圈이 특징적인데, 가장 가까운 것으로는 티토서 3,5를 들 수 있다: "(하느님께서 우리를) 성령을 통하여 거듭나고 새로워지도록 물로 씻어 구원하신 것입니다." 이 표현들은 세례가 새로운 신적 생명뿐 아니라 성령도 부여함을, 또는 신적 생명이 성령의 선물에 근거함을 분명히 암시해 준다.

요한 1서도 이 영의 선물을 알고 있으며, 이 선물을 독자들에게 거듭 상기시키고 (앞에서 언급했듯이) 기름부음으로 표현한다: "그분에게서 기름부음을 받았고 지금도 그 상태를 보존하고 있으므로, …"(2,27; 참조: 2,20). 서간 필자가 독자들이 세례에서 이 기름부음을 받았음을 염두에 두고 있다는 것을 의심할 까닭은 없다. 또한 (세례와 나란히 시행된) 고유한 도유례塗油禮가 있었다고 반드시 생각해야 할 까닭도 없다. 기름부음은 일종의 은유적 언명이다.

요한 복음서 3,5의 세례 언명은 특히 세례의 의미와 그 신학적 배열이 요한 동아리에서 토론되었음을 시사해 준다. 우리는 이미 종말론에 관한 논구에서, 이 구절이 공간적 · 현재적 관념을 보정補正하면서 시간적 · 미래적 관념을 강조하려 한다는 것을 살펴보았다. 그러나 또 하나의 보정이 있으니, 거듭남 · 새 생명 얻음 · 구원을 세례와 결부시킨다. 1,12-13에 따

---

[256] 동사는 요한 복음서에서 요한의 세례와 관련해서만 나온다: 1,25-33; 4,1-2; 10,40.

르면, 하느님에게서 태어나는 것은 믿음을 통해 이루어진다. 이로써 드러난 긴장 관계는 성사를 이물異物로 치부한다.[257] 3,5 이후에 마술적 성사관, 즉 믿음을 포기하면서 구원의 능력을 성사에 묶어 놓는 성사관이 있다고 의심하는 것으로는 해결되지 않는다. 여기에는 믿음이 면제되어 있는 게 결코 아니다. 믿음은 의미 있는 성사 수령의 토대다. 믿음의 효력[258]에 관한 진술들은 성사에 의해 폐기되지 않고 오히려 진전된다.

요한계 문헌의 상징 언어와 관계 있는, 간접적 지칭 — 지금의 경우에는 세례의 효력을 가리키는 기름부음, 태어남 — 에 대한 애호는 그 밖의 증거들을 계속 찾아보라고 권고한다. 여기서는 특히 피와 물(또는 물과 피)이라는 상징어를 고찰하기로 하자. 십자가형 보도에서 로마 군사가 예수의 옆구리를 창으로 찌르는 장면을 읽게 된다: "그러자 곧 피와 물이 흘러나왔다." 이어지는 언급 — 십자가 곁에서 직접 본 사람의 증언이라는 것과 신앙을 위한 그 증언의 의의에 관해 말한다 — 이 알려 주듯, 이 장면에 각별한 중요성이 귀속된다(19,34-35). 물과 피(순서 유의!)에 관해서는 요한 1서 5,6-8도 잇달아 두 번 말한다. 한 번은 과거와 관련되어 있다: 예수 그리스도는 물만 통해 오신 것이 아니라 물과 피를 통해 오셨다. 또 한 번은 현재와 관련되어 있다: "증언하는 것이 셋입니다. 영과 물과 피인데, 이 셋은 하나로 모아집니다." 이 구절은 요한 복음서 19,34-35와 물과 피 언급에서 일치할뿐더러 증언 사상에서도 일치하는데, 이 사상은 요한 1서 5,6ㄴ에서 더욱 강화된다: "이것을 증언하시는 분은 영이십니다. 영은 곧 진리이십니다."

이 유사성을, 두 구절이 동일한 내용을 말하고 있다는 뜻으로 볼 필요는 없다. 물과 피가 과거를 겨냥할 때는, 예수 지상 활동의 단계들, 즉 그 시작과 끝인 요한의 세례와 십자가 상 죽음을 가리킨다.[259] 증언은 예수가 하

---

[257] BULTMANN(*Joh* 98 Anm. 2)이 그렇게 한다.

[258] BECKER, *Joh* I 138 참조: "3,5의 이해에서 성사가 아니라 말씀과 믿음의 관계가 구원을 위한 아르키메데스의 점이며, 세례관은 여기에 종속된다."

느님의 아들이라는 사실을 겨냥한다(참조: 1요한 5,5.9). 예수는 당신 수난에서도 하느님의 아들이다. 이 점을 거짓 선생들은 부정했던 것 같다.

현재를 겨냥할 때는 물과 피가, 명시적으로 예수에게 결부되지 않고 독립되어 있다(5,7-8). 물과 피는 영과 함께 증인들이다. 또는 좀 더 정확히 말하면, 물과 피는 (영이 근원이기에) 영의 능력에 힘입은 증인들이다. 물과 피는 세례와 성체 성사를 가리킨다고 매우 확실히 추측할 수 있다.[260] 이 성사들은 예수를 통해 전달된 구원이 항구적으로 작용하게 하는 증인들이다. 물이 먼저 나오는 것은 세례가 가입의 성사라는 사실과 상응한다.

요한 복음서 19,34-35에서는 사정이 어떤가? 예수의 옆구리에서 흘러나온 피와 물이 우선 그의 죽음의 실제성을 확인해 준다는 것은 확실하다. 여기서는 요한 1서 5,6에서와 유사한 의도가 결정적이다. 하느님의 아들이 참으로 인간의 죽음을 죽었다. 그러나 더 나아가 여기서도 계속 작용하는 상징적 의미를 고려해야 한다. 널리 유포된 한 견해에 따르면, 피와 물은 예수의 죽음을 통해 방출된 구원 선물들을 가리킨다. 여기서 요한 복음서 7,38을 관련시킬 수 있으니, 이 구절은 이 구원 선물들의 총괄인 도래할 영의 선물을 상응하는 은유를 통해 지적한다: "그(믿는 이) 속에서부터 생수의 강들이 흘러나올 것이다." 이 약속이 19,34-35로써 성취되었다는 것이다.[261] 이렇게 장래 구원 선물들에 대한 지적이 옳다 하더라도, 7,38을 관련시키는 것은 여전히 난점을 지니고 있다.[262] 요한 1서 5,6-8에서처럼 요

---

[259] 해석자들은 이 견해에 대체로 동의하며, 피를 통하여 오셨음을 강조하는 것(1요한 5,6)은 예수 죽음의 구원 의미를 의심하던 이단자들을 공박하려는 의도라는 데도 동의한다.

[260] BULTMANN(*Johannesbriefe* 83)은 정확하게 판단한다: "그분을 하느님의 아들이라 증언하는 것은 … 이제 세례와 주님 만찬의 성사다"; 그러나 그는 5,7-9를 편집상의 난외 주석으로 본다. SCHNACKENBURG와 STRECKER는 긍정적으로 판단한다. KLAUCK(*1 Joh* 301)은 신중한 입장을 취하여 전혀 불가능하지는 않다고 한다.

[261] KLAUCK(*1 Joh* 296-297) 등의 견해다.

[262] 7,38에서는 생수에 관해 말하는데, 19,34-35에서는 피와 물에 관해 말한다. 19,34-35에 따르면 피와 물은 예수의 옆구리에서 흘러나오는데, 7,38에 따르면 생수의 강이 믿는 이의 속에서 흘러나올 것이다. 이 은유들은 상당히 비슷하지만, 다른 점이 적지 않다.

한 복음서 19,34-35에서도 충분히 성찬례와 세례를 상정할 수 있다.[263] 성
찬례와 세례는 영의 능력에서 비롯하는 구원 선물이다. 피가 먼저 나오는
것이 중대한 문제는 아니다. 이것은 예수 죽음의 상황을 고려하고, 이 죽
음을 구원 선물들의 원천으로 확인해 준다. 하느님 아들의 실제적인 십자
가 상 죽음 안에 구원의 항구적 증언이 주어져 있다. 성체와 세례 성사를
통해 그 증언이 존속하고 계속 주어진다.[264]

　요한계 문헌 신약성경에서 예수에 대한 신앙고백($\acute{o}\mu o\lambda o\gamma\epsilon\tilde{\iota}\nu$) — 회당 추
방으로 귀결된 예수가 그리스도라는 고백(요한 9,22; 12,42)과 특히 이단자들
에 맞선, 예수가 사람의 몸으로 오셨고 하느님의 아들이라는 고백(1요한
2,23; 4,2-3.15) — 이 비교적 자주 나오는 것도, 세례와 관계가 있다고 하겠
다. 신약성경 그리스도교에서 세례는 신앙고백과 결부되어 있었다고 짐작
되는데, 수세자는 필경 예수를 사람의 몸으로 오신 그리스도요 하느님의
아들이라고 고백해야 했을 것이다. 이런 구체적 상황에서 신앙고백은 경
계를 설정했는데, 그러나 개인적 불이익을 초래할 수도 있었다.

　요한계 문헌에서 성사에 대한 가장 상세하고 명백한 언급은 빵에 관한
설교에 들어 있는 '성찬례 단락'인데, 이 단락에 관해서는 물론 논란이 분
분하다.[265] 여러 연구자가 이 단락을 성사에 대한 요한 복음서의 본래적 무

---

[263] 최근 사례: STRECKER, *Johannesbriefe* 274.

[264] 제문제: J. WILKINSON, The incident of the blood and water in Joh 19,34: *SJTh* 28
(1975) 149-172; H.-J. VENETZ, Zeuge des Erhöhten: *FZPhTh* 23 (1976) 81-111; S. PEN-
NELLS, The Spear Thrust: *JSNT* 19 (1983) 99-115.

[265] 참조: H. SCHÜRMANN, Joh 6,51c – ein Schlüssel zur großen johanneischen Brotrede:
BZ 2 (1958) 244-262; E. SCHWEIZER, Das johanneische Zeugnis vom Herrenmahl: *Neotesta-
mentica* (Stuttgart 1963) 371-396; P. BORGEN, *Bread from Heaven* (NT.S 10) (Leiden 1965);
G. BORNKAMM, Die eucharistische Rede im Johannesevangelium: *Geschichte und Glaube* I
(BEvTh 48) (München 1968) 60-67; H. SCHLIER, Johannes 6 und das johanneische Ver-
ständnis der Eucharistie: *Das Ende der Zeit* (Freiburg 1971) 102-123; U. WILCKENS, Der
eucharistische Abschnitt der johanneischen Rede vom Lebensbrot Joh 6,51c-58: *NT und
Kirche* (FS R. Schnackenburg) (Freiburg 1974) 220-248; L. SCHENKE, Die literarische Vor-
geschichte von Joh 6,26-58: *BZ* 29 (1985) 68-89; L. WEHR, *Arznei der Unsterblichkeit*
(NTA 18) (Münster 1987).

관심과 조화되지 않는 이물異物로 여긴다(Bultmann, Bornkamm, Langbrandtner). 또 연구자들은 빵 설교의 필수적 구성 요소로(Ruckstuhl, Schürmann, Schweizer), 상징 말씀의 재해석으로(Brown), 6장에 들어 있는 "그분께서는 하늘에서 그들에게 빵을 내리시어 먹게 하셨다"(6,31)라는 구약성경 말씀에 대한 2단계 미드라쉬의 구성 요소로(Borgen, Wilckens)[266] 여긴다. 아무튼 이런 차이점이 분명히 드러난다: 설교의 1부에서는 그리스도가 자신을 당신 아버지께서 주시는 하늘에서 내려온 빵, 세상에 생명을 주는 빵이라고 말하는데, 상응하는 '나는 ~이다' 말씀에서 정점에 이른다(6,32-35). 반면 2부에서는 그리스도가 세상의 생명을 위해 주게 될(미래형) 빵에 관해 말한다(6,51ㄷ. 58). 그리스도 안에서 일어난 계시로부터 빵을 먹는 성찬례로의 사유의 진전이 뚜렷하다. 여기서 두 부분을 이어 주는 사유상의 연결 고리들에 유의해야 한다. 연결 고리들은 특히 하늘에서 내려온 빵이라는 명제 — 물론 의미 전위轉位가 동반된 — 의 반복(6,33.58), 그리고 만나를 먹고도 죽은 광야의 조상들에 대한 주의 환기 — 이것이 사실상 설명의 미드라쉬적 성격을 강화한다 — 의 반복(6,31.49.58)에 있다. 이미 설교의 1부에 나오는, 길이 남아 영원한 생명을 누리게 하는 양식을 인자가 주리라는 예고(6,27)도 연결 고리 구실을 한다. 미래에 대한 지적이 확실히 성찬 빵을 겨냥할 뿐 아니라, 인자 칭호도 성찬례 단락에서 거듭 사용된다. 과연 거기서 인자의 살을 먹고 피를 마실 것을 촉구한다(6,53). 그러나 6,62에서 인자가 다시 한번, 그것도 '그가 전에 있던 곳으로' 올라감과 관련하여, 언급되는 것을 간과하면 안 된다.

성찬례 단락의 평가에서 우리는 이 단락이 6장 전체의 말씀을 염두에 두고 구상되었다는 데서 출발한다. 이것이 말하고자 하는 바는, 기존의 독립된 전승 — 성경 해설 등 — 은 없었다는 것이다.[267] 이 단락을 전체 구상

---

[266] 물론 BORGEN은 이 단락이 성찬례보다는 육화를 거론한다고 본다.

[267] WEHR, *Arznei* 277.

에 맞춰넣었다는 것은 당연히 어떤 다른 견해를 허용하지 않는다. 하지만 전승 요소들이 이 단락 안에 없다고 추론할 수는 없다. 오히려 이 단락의 구상에는 주님의 최후 만찬 전승[268]의 요소들이 수용되었다. 먹음/마심, 내 살/내 피, 줌, 대속 사상($\acute{\upsilon}\pi\acute{\epsilon}\rho$) 등이 그것이다.[269] 이 전승의 특별한 표지는 빵을 '내 살'(내 몸 대신)이라 지칭하는 것인데, 이는 요한계 문헌 전체에서 그리스도의 참 인간성을 강조한다. 요컨대 그리스도 가현설假現說 배격에 중점을 둔다.

이 단락의 구상은 개인을 위한 성체성사의 구원 의미와, 상정할 수 있는 그릇된 견해들에 맞서 성체성사에 대한 올바른 이해를 강조하고자 한다. 그러므로 이 단락은 지속적 보정補正을 의미한다. 이 보정을 위해 빵에 대한 계시 말씀이 적절한 장소에 자리잡고 있다. 예수와 제자들의 마지막 회동과 관련하여 최후 만찬에 관해 보도하는 것을 단념한 이유는, 이 단락의 성찬례 이해를 서술하고 나면 어느 정도 추정할 수 있을 것이다.

이 성찬례 이해에서 가장 눈길을 끄는 것은, 전적으로 개인의 구원에, 요컨대 개개인에 정향되어 있다는 점이다. 바오로가 강조하는, 성찬례 참석자들 상호 간의 결합에 대한 관념(1코린 10,17; 11,20-21)은 완전히 밀려나 있다. 계약 관념도 나오지 않는다. 이 인간 개개인에 대한 관심은, 그렇지 않아도 복음서 전체를 특징짓거니와, 6장 전체가 개개인에게 믿음을, 믿음의 결단을 촉구한다는 사실과 특히 관련이 있는 것 같다. 개개인은 성찬례 참석을 통해, 먹고 마심을 통해, 그리스도와의 인격적 결합을 얻는다: "내 살을 먹고 내 피를 마시는 사람은 내 안에 머무르고 나도 그 사람 안에 머무른다"(6,56). 이것은 결정적이고 특유한 언명이다. 유의해야 할 것은, 이 자리바꿈, 상호 내주內住의 언명이 보통은 아들 예수와 아버지의 관계에 사용된다는 점이다(10,38; 14,10-11). 그리스도와의 이 성사적 · 인격적 결합

---

[268] 이 전승은 신약성경의 어떠한 주님 최후 만찬 전승에도 매여 있지 않다. 짐작건대 고유한 전승인 것 같다. 참조: WEHR(*Arznei* 260)의 재구성 시도.

[269] 다수의 해석자에 따르면 51ㄷ은 성찬례 단락에 포함시켜야 한다.

안에서 성찬례 참석자는 하느님의 선물인 생명을 받는다. 신적 생명이 바로 구원의 선물임을 강조하는 점에서 — 그는 자기 안에 생명, 영원한 생명을 얻어 가지며, 그리스도께서 마지막 날에 그를 다시 살릴 것이다(6,53-54) — 텍스트는 복음서 전체와 일치하거니와, 다만 여기서는 이 생명의 선물이 성사와 결부되어 있을 뿐이다. 생명을 자신 안에 가지고 있다는 것은 매우 극단적인 표현이라 하겠으니, 왜냐하면 이 표현은 평소에는 하느님의 한 속성을 나타내기 때문이다(5,26 참조). 그래서 여러 연구자는 53절이 '성사주의자들'에게서 유래하는 명제를 넘겨받은 것이라고 본다.[270] 하지만 표현은 요한적이다. 이 명제 역시 요한 동아리에서 생겨났음이 분명하다. 이어지는 구절에서 이 명제는 널리 사용되던 '영원한 생명'이라는 표현을 통해 개진되고, 나아가 종말 부활에 관한 언급에 의해 보정된다.

그리스도와의 성사적·인격적 결합의 결과인 신적 생명을 자신 안에 가진다는 것이 요한 성찬례 이해의 핵심이다. 그런데 어떤 그리스도를 염두에 두고 있는가? 단지 지상 그리스도? 이것이 성찬례 배척으로 귀결되는, 논란을 야기한 오해라고 하겠다: "저 사람이 어떻게 '살'을 우리에게 먹으라고 줄 수 있단 말인가?"(6,52; 참조: 63절).[271] 살과 피는 인간론의 범주들인데, 통사람(全人)을 그의 우연성, 고통과 죽음의 가능성이라는 관점에서 지칭한다. 넷째 복음서에서 '살'은 그리스도에게 적용될 경우 육화에 대한 상기를 내포한다. 성찬례는 그리스도의 육화에 대한 신앙고백이다. 그러나 '피'는 구원의 죽음으로 이해된 예수의 십자가 상 죽음이라는 배경을 고려하지 않고는 제대로 이해할 수 없다(1,29 참조). 예수의 길 전체는 인자 칭호 안에 집약되어 있다: "너희가 사람의 아들의 살을 먹지 않고 그의 피를 마시지 않으면, … 생명을 얻지 못한다"(6,53). 인자 칭호는 예수의 내려옴 뿐

---

[270] WEHR, *Arznei* 271 참조.

[271] 52절에서 이 이문(異文)은 '자기 살'보다 선호되어야 할 것이다. 63절은 기존의 6장(성찬례 단락 포함)에서도 52절과 관련된다. WILCKENS[Der eucharistische Abschnitt(각주 265) 243-245]는 오랜 인간론적 해석을 다시 받아들인다. 참조: SCHNACKENBURG, *Joh* II 105-107.

아니라 올라감, 아버지께로의 돌아감도 포괄한다(3,13; 6,62). 논란을 야기한 오해(6,52)를 바로잡는 답변인 53절에서 인자 칭호로써 마땅히 주의를 환기시키는 것은, 성찬의 빵과 잔을 주는 분은 고양되고 영광스럽게 되고 죽음을 관통한 인자라는 사실이다. 이로써 앞에서 제기되었던 문제 — 왜 최후만찬에서 성찬례 제정에 관한 보도를 복음서에 들여오는 것을 단념하고, 이를테면 성찬례 단락에 맡겨 버렸는가 — 에 대한 추정적 답변도 할 수 있다: 지상 예수가 아니라 고양되신 분이 비로소 이 선물을 온전한 의미에서 주실 수 있었다고. 6,27의 약속은 최후 만찬의 방을 가리키지 않으며, 우리의 시선을 고양되신 분께 향하게 한다.

우리는 성찬례 단락은 6장의 계시 말씀 전체를 염두에 두고 구상되었다는 데서 출발했거니와, 따라서 그저 먹음과 마심에 붙박인 마술적인 성찬례 이해는 처음부터 배제되어 있다. 믿음은 여기서 아예 거론될 필요가 없었으니, 믿음이 이 계시 말씀의 대주제이기 때문이다. 믿음은 이 맥락에서 성찬 선물 수령의 필수 조건이다. 또한 진술들의 동일 정향성 — 그리스도와의 결합, 신적 생명의 획득, 하느님에게서 태어남은 통상 믿음과 결부되는데, 6,51ㄷ-58에서는 성사와 결부된다 — 도 두 계열의 진술을 병렬 접속시킨다. 성찬례 단락이 믿음을 배제하고자 했다고 생각하는 것은 허무맹랑하다고 하겠다. 비슷한 내용을 3,5에서 세례와 관련해서도 확인한 바 있다. 말씀에 대한 믿음이 바탕이다. 성사는 믿음의 바탕 위에서 더욱 심화하는, 그러나 (6,51ㄷ-58의 의미에서) 필요불가결한 보완이다.

참고문헌

M.L. Appold, *The Oneness Motif in the Fourth Gospel* (WUNT 2/1) (Tübingen 1976).

C.K. Barrett, *Das Johannesevangelium und das Judentum* (Stuttgart 1970).

R. Bergmeier, Glaube als Gabe nach Joh (BWANT 112) (Stuttgart 1980).

O. Betz, *Der Paraklet* (AGSU 2) (Leiden 1963).

J. Beutler, *Martyria* (FTS 10) (Frankfurt 1972).

W. Bittner, *Jesu Zeichen im Joh* (Tübingen 1987).

J. Blank, *Krisis* (Freiburg 1964).

J. Bogart, *Orthodox and Heretical Perfectionism in the Johannine Community as Evident in the First Epistle of John* (SBLDS 33) (1977).

J.-A. Bühner, *Der Gesandte und sein Weg im 4. Evangelium* (WUNT 2/2) (Tübingen 1977).

R.A. Culpepper, *Anatomy of the Fourth Gospel* (Philadelphia 1983).

A. Dauer, *Die Passionsgeschichte im Johannesevangelium* (StANT 30) (München 1972).

M. de Jonge, *Stranger from Heaven and Son of God* (SBL 11) (1977).

I. de la Potterie, *La vérité dans s. Jean* (AnBib 73.74) (Rom 1977).

R.T. Fortna, *The Gospel of Signs* (MSSNTS 11) (Cambridge 1970).

F. Grob, *Faire l'œuvre de dieu* (EHPhR 68) (Paris 1986).

H.-P. Heekerens, *Die Zeichen-Quelle der joh. Redaktion* (SBS 113) (Stuttgart 1984).

M. Hengel, *The Johannine Question* (London 1989).

Y. Ibuki, *Die Wahrheit im Johannesevangelium* (BBB 39) (Bonn 1972).

H. Kohler, *Kreuz und Menschewerdung im Joh* (Zürich 1987).

W. Langbrandtner, *Weltferner Gott oder Gott der Liebe* (BBE 6) (1977).

E. Malatesta, *Interiority and Covenant* (AnBib 69) (Rom 1978).

L. Martyn, *History and Theology in the Fourth Gospel* (Nashville ²1979).

J.P. Miranda, *Der Vater der mich gesandt hat* (EHS.T 7) (Frankfurt 1972).

U.B. Müller, *Die Geschichte der Christologie in der joh. Gemeinde* (SBS 77) (Stuttgart 1975).

W. Nauck, *Die Tradition und der Charakter des 1 Joh* (WUNT 3) (Tübingen 1957).

G.R. O'Day, *Revelation in the Fourth Gospel* (Philadelphia 1986).

T. Onuki, *Gemeinde und Welt im Joh* (WMANT 56) (Neukirchen 1984).

S. Pancaro, *The Law in the Fourth Gospel* (NT.S 42) (Leiden 1975).

F. Porsch, *Pneuma und Wort* (FTS 16) (Frankfurt 1974).

W. Rebell, *Gemeinde und Gegenwart* (BEvTh 20) (München 1987).

U. Schnelle, *Antidoketische Christologie im Joh* (FRLANT 144) (Göttingen 1987).

—, Joh. Ekklesiologie: *NTS* 37 (1991) 37-50.

L. Schottroff, *Der Glaubende und die feindliche Welt* (WMANT 37) (Neukirchen 1970).

E. Schweizer, *Ego eimi* (FRLANT 56) (Göttingen 1939).

F.F. Segovia, *Love and Relationship in the Johannine Tradition* (SBLDS 58) (1982).

E.M. Sidebottom, *The Christ in the Fourth Gospel* (London 1961).

M. Theobald, *Die Fleischwerdung des Logos* (NTA 20) (Münster 1988).

W. Thüsing, *Die Erhöhung und Verherrlichung Jesu im Joh* (NTA 21/1 u. 2) (Münster ³1979).

U.C. von Wahlde, *The Johannine Commandments* (Theol. Inquiries) (New York 1990).

K. Wengst, *Häresie und Orthodoxie im Spiegel des 1 Joh* (Gütersloh 1978).

—, *Bedrängte Gemeinde und verherrlichter Christus* (München 1990).

R.A. Whitacre, *Johannine Polemic* (SBLDS 67) (1982).

5
바오로
차명 서간의
신학

바오로가 사망한 뒤 그의 이름을 내세운 편지들과 온전한 서간 군群들이 생겨났는데, 이것들은 사도가 친히 쓴 편지들과 구별해야 한다. 그래서 바오로 친서와 차명 서간에 관해 말한다. 후자에 속하는 것으로는 특히 옥중서간으로 꾸며진 콜로새서와 에페소서 그리고 사목 서간 — 이 가운데에 티모테오 2서도 옥중서간으로 꾸며졌으며, 일종의 하직 편지로 여겨지길 바란다 — 을 들 수 있다. 옥중서간이라는 형식을 취한 것은 수긍이 가니, 사도가 남긴 마지막 인상이 감옥살이와 처형이었기 때문이다. 바오로의 감옥살이와 처형은 그의 교회들에 큰 충격을 불러 일으켰음이 확실하다. 오늘날 통상 바오로 차명 서간은 사도 제자들의 한 동아리, 바오로 학파에서 생겨났다고 보는데, 한편으로는 콜로새서 및 에페소서와 사목 서간의 현저한 상이점에 유의해야 할 것이다. 하지만 이 편지들은 교회라는 주제의 논구에, 요컨대 교회론적 문제들에 몰두하고 있다는 데서는 일치한다. 그러나 콜로새서와 에페소서가 교회의 보편적 성격이라는 관점에서 교회라는 주제에 접근하는 반면, 사목 서간에서는 교회 직무 문제가 중요해진다. 사도의 중요성 또한 상이하게 자리매김된다. 물론 모든 편지에서 바오로는 출중한 사도다. 그러나 콜로새서와 에페소서는 중요한 신학적 맥락에서 여전히 사도들을 전체로서 언급한다. 반면 사목 서간은 오로지 바오로 사도에게 집중한다. 사도 또는 사도들이 논란의 여지 없이 인정받는 현상은 교회의 사도적 성격에 대한 인식과 관련이 있으며, 그 자체로 사도 이후 세대의 한 표지일 수 있다.

히브리서는 콜로새서와 에페소서 그리고 사목 서간과 뚜렷이 구별된다. 관례적으로 히브리서는 바오로 서간집에 포함된다. 이 편지는 독특한 문서다. 바오로에 의존하는 부분도 더러 눈에 띤다. 특히 티모테오에 관해 언급하는 13,22-23의 끝인사가 그런 것이라 하겠는데, 사람들은 여기에 바오로와의 친연 관계가 확증되어 있다고 보았다.[1▶]

테살로니카 2서도 독특한 성격의 문서인데, 오늘날 통상 바오로 차명 서간으로 여긴다. 이 편지의 특징은 테살로니카 1서에의 심한 의존, 아니

모방에 있다. 명시적으로 바오로의 이름을 내세우고 있지만, 우리는 이 편지를 묵시문학의 영향을 실증해 주는 뚜렷한 사례로 보고자 한다.

1. 콜로새서와 에페소서

1.1 원자료

이 두 서간에는 바오로 신학 외에도, 흔히 '우주(론)적'이라고 특징지어지는 전승·사상·표상들이 영향을 끼치고 있다. 이 전승들은 이미 원자료에서부터 그리스도교적으로 이해·표현되어 있지만, 오늘날 대다수 학자는 여기에 담긴 사상들이 특히 알렉산드리아의 필론이 대표하는 헬라계 유다교에서 유래했으리라 추정하고 있다.[2] 이 전승들의 영향이 상당히 크기 때문에, 연구자들은 이 두 서간에서 바오로 사상이 이 전승들을 통해 해석되고 있는지 아니면 그 반대인지에 대한 물음을 제기해 왔다. 물론 중점은 바오로 사상에 있다고 해도 될 것이다. 동시에, 바오로 사상의 재해석이 바오로 텍스트의 직접 인용 방식이 아니라 바오로도 이용한 전승들 — 예컨대 세례 전승(참조: 로마 6,4-5; 콜로 2,12; 에페 2,5-6) — 의 수용이라는 방식으로 이루어지기도 한다는 점도 확인할 수 있다. 그러므로 이 두 서간이 그 안에서 움직이고 있는 전승권(圈)은 매우 복합적이다.

우주론적 전승들은 콜로새서 필자가 편지 앞머리에 놓은 그리스도 찬가(1,15-20)에서 가장 뚜렷이 드러난다. 필자는 이 찬가에 자신의 그리스도론

◀[1] 티모테오는 신약성경에서 바오로 서간집과 사도행전에만 나오는데, 사도행전에서는 바오로와 관련해서만 언급된다. 익명으로 쓰인 히브리서는 서방교회에서 380년까지 바오로가 쓰지 않은 것으로 여겨져 정경에 귀속되어야 할지도 논란거리가 되었다. 이 사정은 그 후에 바뀌었다. 참조: Q. WIKENHAUSER - J. SCHMID, *Einleitung in das NT* (Freiburg ⁶1973) 43.

[2] GNILKA, *Kol* 11-19 참조; DERS, *Eph* 33-45; LONA, *Eschatologie*. 영지주의 유래설의 고전적 대표자는 SCHLIER(*Eph*)였다. 또한 LINDEMANN, *Aufhebung* 참조.

적이고 교회론적인 사상을 위한 근본적 의의를 부여했다. 우리는 아래 텍스트를 원본으로 추정한다(괄호 안의 내용 제외).

> 그분은 보이지 않는 하느님의 모상이시며
> 모든 피조물의 맏이이십니다.
> 만물이 그분 안에서 창조되었기 때문입니다.
> 하늘에 있는 것이든 땅에 있는 것이든
> 보이는 것이든 보이지 않는 것이든
> 왕권이든 주권이든 권세든 권력이든
> 만물이 그분을 통하여
> 또 그분을 향하여 창조되었습니다.
> 그분께서는 만물에 앞서 계시고
> 만물은 그분 안에서 존속합니다.
> 그분은 또한 (당신) 몸(인 교회)의 머리이십니다.
>
> 그분은 시작이시며
> 죽은 이들 가운데에서 맏이이십니다.
> 그리하여 만물 가운데에서 으뜸이 되십니다.
> 과연 (하느님께서는) 기꺼이
> 그분 안에 온갖 충만함이 머무르게 하셨습니다.
> 그분 (십자가의 피)를 통하여 평화를 이룩하시어
> 땅에 있는 것이든 하늘에 있는 것이든
> 그분을 통하여 그분을 향하여 만물을 화해시키셨습니다.[3]

---

[3] 이 찬가 원본을 복원하려는 무수한 시도에서 거의 모든 절이 삭제되었다. 내가 아는 한, 오직 19절만이 훼손되지 않고 남았다. 참조: GNILKA, *Kol* 51-59 특히 53-54의 개관.

이 찬가는 그리스도에 관해 언명하고자 하며, 그래서 그리스도 찬가다.[4] 그러므로 찬가는 일차적으로 세상을 설명하고자 하지 않는다. 그러나 세상과의 관계 안에 있는 그리스도에 관해 말하며, 그로써 그리스도 안에 자신의 의미 중심을 발견한 세상에 관해서도 어느 정도 언급한다.

세상, 더 자세히는 우주 만물(τὰ πάντα)은 (창조계와 새 창조계라는) 이중 관점에서 고찰된다. 이에 상응하여 '창조하다'와 '화해시키다'라는 두 개의 주도적 동사, 그리고 그리스도 칭호들도 사용되는데, 이 칭호들 — 보이지 않는 하느님의 모상과 모든 피조물의 맏이, 그리고 시작과 죽은 이들 가운데에서 으뜸 — 에 의해 창조와 화해를 다루는 병렬 구성된 두 연이 시작된다. 창조와 새 창조에 그리스도는 유일무이하게 관련되어 있다. 그리스도는 그것들의 중보자요 목표이니, 그분을 통해 그리고 그분을 향하여 만물이 창조되었고 또 화해되었다.

통상적으로 접하기 힘든 그리스도 칭호들을 중첩시킴으로써 중요성을 부각시킨다. 고대의 이해에 따르면 이름이 많다는 것은 위대함의 표현이다. 보이지 않는 하느님의 모상으로서 그리스도는 세상(우주) 안에서 하느님을 나타내는데, 하느님 모습의 한 그림자가 아니라 그분 본질의 반영返影이다. 모든 피조물의 맏이로서도 그리스도는 하느님 편에 있으며, 세상과 마주하고 있다. 맏이는 법률적 지위다. 그리스도 안에서 만물이 창조되었다는 것은, 필경 창조주 하느님이 우주 만물을 창조하실 때 말씀(로고스)이신 그리스도를 염두에 두셨음을 의미한다.[5] 이로써 또한 이 언명에 각인되

---

[4] 찬가 맨 처음의 '그분은 … 이십니다'라는 말 앞에서, 독립적으로 쓰인 노래임을 고려하여, 기림받는 분의 명칭 — 예수, 예수 그리스도 — 을 떠올려야 한다. 참조: H.J. GABATHA-LER, *Jesus Christus. Haupt der Kirche - Haupt der Welt* (AThANT 45) (Zürich 1965); S. LYONNET, L'hymne christologique de l'Epître aux Col: *RSR* 48 (1960) 93-100; N. KEHL, *Der Christushymnus im Kol* (SBM 1) (Stuttgart 1967); F. ZEILINGER, *Der Erstgeborene der Schöpfung* (Wien 1974); P. BENOIT, L'hymne christologique de Col 1,15-20: *Christianity, Judaism and Other Greco-Roman Cults* (FS M. Smith) (SJLA 12) (Leiden 1975) 226-263; C. BURGER, *Schöpfung und Versöhnung* (WMANT 46) (Neukirchen 1975) 3-26; J.-N. ALETTI, *Col 1,15-20* (AnB 91) (Rom 1981).

어 있는 정신적 배경도 이미 언급한 셈이다. 그것은 필론과 지혜문학을 통해 우리에게 잘 알려진 로고스론과 지혜론이다.[5] 성경적인 것과 헬레니즘적인 것이 이 세계상 안에 섞여 있다. 창조 중보직, 우주 창조는 성경적이다. 보이지 않는 하느님이라는 말로 표현된 하느님과 세상의 거리는 헬레니즘 세계관에서 유래한다.

피조물의 총체성에 대한 강조가 눈길을 끈다. 우주는 이를테면 공간적으로 분할되는데(하늘과 땅), 그러나 또한 피조물의 다양한 특성들과 관련하여 언명된다(보이는 것과 보이지 않는 것). 여기에 왕권, 주권, 권세, 권력이 더해진다. 이것들도 이 세계상에 부속되어 있는데, 초세상적 · 우주적 힘, 천사, 운명의 힘을 가리켜 말한다. 유다교에서는 천사들을 숭배했다. 헬레니즘 인간들은 운명의 힘을 두려워했고 자기네는 그것들에게 내맡겨져 있다고 생각했으며 운명의 신인 아난케와 하이마르메네에 관해 말했다. 이 운명에 대한 두려움은 별들과, 인간 운명은 천체의 운행과 결부되었다.[7] 그리스도는 이 모든 권세, 능력, 운명의 힘들 위에 있다. 그분은 머리다.

여기서 '몸의 비유'가 대두된다. 우주를 거인으로, 몸과 유기체로 표상하는 것은 고대에 널리 유포되어 있었다.[8] 말씀이신 그리스도는 머리로서 이 몸을 지배하고 우주에 질서를 부여하며 존립케 한다.

지금까지 찬가에서 끄집어낸 관념들은 순정純正하게 그리스도교적인 것은 전혀 아니며, 철학으로부터 (회당의 중개를 거쳐) 그리스도에게 전용轉用되었다. 둘째 연에서 비로소 순정하게 그리스도교적인 사상이 표현된다.

---

[5] KEHL(각주 4) 102-108; A. FEUILLET, *Le Christ sagesse de Dieu* (EtB) (Paris 1966) 260-262. LOHSE(Kol 90 Anm. 4)와 H. HEGERMANN[*Die Vorstellung vom Schöpfungsmittler im hellenistischen Judentum und Christentum* (TU 82) (Berlin 1961) 96]은 '그분 안에서'를 도구적으로 해석한다; SCHWEIZER(*Kol* 60)와 BURGER(각주 4) 36은 공간적으로 이해한다.

[6] GNILKA, *Kol* 59-66 참조.

[7] 콜로새 교회에서 운명에 대한 두려움이 성신(星辰)숭배와 결합되었다. 콜로새서 필자는 이것과 싸우고 있기 때문에, 이 찬가를 기꺼이 받아들인다. 여러 해석자는 이 구절에서 찬가의 편집상 확장을 고려한다.

[8] 예증: E. SCHWEIZER, *ThWNT* VII 1025-1039; H. SCHLIER: *RAC* III 439-447.

시간적 의미로 그리고 근원이라는 의미로 이해된 '시작'이라는 칭호는 철학 영역에서도 로고스의 지칭으로 나오지만,[9] '죽은 이들 가운데에서 맏이'라는 칭호는 그리스도교 신앙고백과의 관련성을 확증해 준다.[10] 이제 새 창조가 시야에 들어온다. 당신의 부활을 통해 그리스도는 새 창조를 선도하셨다. 아니 (찬가의 열광적 언어로 표현하건대) 원칙적으로 이미 완성하셨다. 왜냐하면 그분 안에 온갖 충만함이 머묾으로써, 그분이 당신 부활 안에 만물을 포괄하심으로써, 만물을 화해시키고 평화를 이룩하셨기 때문이다. 여기서는 인간들의 화해만이 아니라, 서로 갈라진 자연 속의 이질적 세력들의 평화도 염두에 두고 있다. 우주 만물은 그리스도와 함께 자신의 구원 목표에 도달했다.

특징적인 것은 창조가 구원에 부속된다는 것이다. 이로써 구원의 우주적 작용이 확인되어 있다. 그리스도교적 성찰의 출발점은 예수 부활에 대한 믿음이다. 구원 계획은 마치 창조 계획에 대한 일종의 보정補正 같은 인상을 준다. 하지만 창조계의 타락에 관해, 새로운 시작이 필요하게 만든 원인들에 관해서는 말하지 않는다. 예수의 역사상 실존이 배제되어 있는 것은 이상하다는 인상을 준다. 예수의 선재와 후재, 그의 전前 세상적 존재와 후後 세상적 존재만 언급된다. 이것은 찬가라는 환경, 전례적 열광에 부합한다. 완성된 구원의 선취 또한 여기에 속한다. 전례에서 사람들은, 다른 구절에서 뚜렷이 확인되듯(콜로 2,13; 에페 1,3; 2,6), 천상적 영역으로 옮겨진다.

역사적 테두리의 결여는 수정과 보충이 필요하다. 이 점, 콜로새서 필자도 알고 있다. 그러나 우주론적 원자료에 좀 더 머물자. 이것은 에페소서

---

[9] 참조: PHILO, conf. ling. 146; leg. all. 1,43.

[10] 참조: 묵시 1,5; 로마 8,29; 1코린 15,20; 사도 3,15; 26,23. 영지주의 유래설은 배격되어야 한다. 나는 E. KÄSEMANN[Eine urchristliche Taufliturgie: Exegetische Versuche und Besinnungen I (Göttingen 1964) 34-51 중 39-42]에 반대하며 HEGERMANN(각주 5) 101에 동조한다.

2,14-17에도 들어 있다[11] 콜로새서의 찬가에서처럼 여기서도 그리스도가 우주적 평화를 이룩하셨다고 말한다. 그리스도는 적개심을 멸하고, 장애물로 세워진 장벽을 허무셨으며, 그 자신 '우리의 평화'라고 불린다. 서간의 문맥에서 우주적 평화 건설은 교회 안에서 유다인과 이방인의 화해와 관련된다. 그러나 우리는 그 배경에는 인간과 권세를 포함하는 우주적 영역을 포괄하는 한 구상이 잠복해 있다고 전제해도 될 것이다. 그렇다면 가르는 장벽은 본디 하늘과 땅을 갈라놓고 지상 인간들이 위에 있는 천상 영역에 접근하지 못하도록 만들어 놓은 장애물이었다. 그리스도가 '살 안에' 내려오심을 통해, 당신의 인간 되심을 통해 이 가르는 장벽을 치워 없애셨다. 새 인간은 그리스도 안에서 하나 된, 평화롭게 된 우주다. 당신의 올라가심에서 그리스도는 멀리 떨어져 있던 이들, 가까이 있던 이들, 온갖 권세와 인간에게 당신의 해방하는 평화를 선포하신다.[12]

그리스도의 올라가심에서 그때까지 우주를 지배하던 권세들이 폐출되었다는 것은 거듭 다루어지는 주제인데, 다음 찬가들에 담겨 있다: "하느님께서는 … 그분을 … 하늘에 올리시어 당신 오른쪽에 앉히셨습니다. 모든 권세와 권력과 권능과 주권 위에, … 뛰어나게 하신 것입니다. 또한 만물을 그리스도의 발아래 굴복시키시고, …"(에페 1,20-22); "그분은 모든 권세와 권력들의 머리이십니다"(콜로 2,10); "권세와 권력들의 무장을 해제하여 그들을 공공연한 구경거리로 삼으시고, 그리스도를 통하여 그들을 이끌고 개선 행진을 하셨습니다"(콜로 2,15; 참조: 필리 2,10). 너비와 길이와 높이와 깊이 역시 우주적으로 특징지어져 있고 우주의 척도들로 파악되는데, 이것들이 어떠한지를 깨닫는 것이 중요하다(에페 3,18).[13] 물론 이것들은 에

---

[11] 이것은 이 대목에 한 찬가가 자료로 사용되었는지 여부와 관계없이 타당하다. 참조: J. GNILKA, Christus unser Friede: *Die Zeit Jesu* (FS H. Schlier) (Freiburg 1970) 190-207. 근년에 SCHNACKENBURG(*Eph* 106-107)가 다시금 이 점에 반론을 제기했다.

[12] 이 우주적 선포와 관련하여 티모테오 1서 3,16의 찬가 "그분께서는 … 천사들에게 당신 모습을 보이셨습니다. 모든 민족들에게 선포되셨습니다"도 참조.

[13] GNILKA, *Eph* 186-189 참조.

페소서 필자에게는 그리스도와 그분 교회 안에서 알아보게 되는 탁월한 사랑의 척도들이다.

그러므로 이 두 편지가 자료로 사용한 것은 일종의 우주(론)적 레퍼토리다. 이것은 헬레니즘 철학에서 유래했으나, 그리스도교 영역에서 이미 찬가들의 언어 안에 나타난다. 그 찬가들을 통해 그리스도가 기림받는다. 이제 바오로 전승에서 비롯하는 이 두 편지에서 새로운 해석을 살펴보자.

1.2 그리스도와 그의 구원

이 우주적·보편적 지평을 두 서간이 넘겨받았다. 특히 이 지평은 '이 세상의 정령(원소)들'에 대한 숭배를 선전하는 이단 사설과 맞서 싸우던 콜로새서 필자에게 도움이 되었다(콜로 2,8.20).[14] 이 교설의 주창자들은 그리스도 숭배를 포기하지는 않았다. 그러나 우리로서는 파악하기가 매우 어려운 성신星辰 ─ 그들은 이것들 뒤에 인격적 존재, 천사, 운명의 힘 따위가 있다고 망상했다 ─ 숭배를 구원 획득에 필수적인 것으로 여겼다. 짐작건대 그들은 성신숭배에서 이승의 삶을 더 낮고 행복하게 영위할 수 있는 방법도 이끌어 낸 것 같다. 점성술占星術, 금기 계율, 음식 규정, 특정한 날과 절기 준수를 통해 그 목적을 이루려 시도했다(2,16-23 참조). 한편으로는 운명이 (점성술에서처럼) 결정되어 있다고 보았으며, 다른 한편으로는 '종교적' 비방秘方들을 통해 운명의 손아귀에서 벗어나려 애썼다. 이런 배경을 고려해야 그리스도가 "모든 권세와 권력들의 머리"이고(2,10), 그분 안에 "지혜와 지식의 모든 보물이 숨겨져" 있으며(2,3), 그분 안에 "온전히 충만한 신성이 … 머무르고" 있다는(2,9) 언명들이 구체적인 윤곽을 드러낸다. 이 언명들은 생명에, 생명의 충만함에 이르는 길은 오로지 그리스도를 거쳐 가며,

---

[14] 참조: G. BORNKAMM, Die Häresie des Kol: *Das Ende des Gesetzes* (BEvTh 16) (München 1958) 139-156; GNILKA, *Kol* 163-170; B. HOLLENBACH, Col 2,23: Which Things lead to the Fulfilment of the Flesh: *NTS* 25 (1979) 254-261.

다른 모든 시도는 미궁에 빠지게 된다는 것을 명확히 강조하고자 한다.

두 가지 그리스도론적 존칭, 즉 주님(퀴리오스)과 그리스도가 표상을 꼴짓고 있다. 주님 칭호의 선호는 그리스도의 우주적 지위뿐 아니라 콜로새서의 이단 사설과의 대결에도 잘 어울린다. 또한 주님 칭호가 아직 온전히 실감났으며, 일종의 상투어로 굳어지지 않았다는 사실도 드러난다. 주님 칭호가 개개인에게도 부과하는 요구는 훈계 텍스트에 나타난다. 여기서는 이 칭호가 우선적으로 사용된다: "여러분은 그리스도 예수님을 주님으로 받아들였으니 그분 안에서 살아가십시오"(콜로 2,6; 참조: 3,13.17-18 등); "여러분은 한때 어둠이었지만 지금은 주님 안에 있는 빛입니다. 빛의 자녀답게 살아가십시오"(에페 5,8; 참조: 5,10.17.19 등). 이런 맥락에서는 정형화된 '주님 안에'라는 표현도 여전히 효과적이다. 이 표현은 교우들이 예수를 주님으로 고백하고 그 고백이 삶에서 구체적 형태를 갖추어야 함을 주지시키고자 한다.

더욱 주목할 만한 것은, 그리스도 칭호도 (바오로 친서에서는 여러모로 이미 일종의 고유명사로 색이 바래졌거니와) 새삼 부각되고 신학적으로 중요하게 도입된다는 점이다. 이는 특히 에페소서에 해당된다. 에페소서 2,12에서 예전에 이방인이었다가 이제 그리스도인이 된 사람들에 관해 이렇게 말한다: "그때에는 여러분이 그리스도와 관계가 없었습니다." 또한 그들이 이스라엘 공동체·계약·희망에서도, 요컨대 하느님에게서도 배제되어 있었다는 구절은, 메시아(그리스도) 약속들을 가리켜 말하는 것이 분명하다. 그러나 서간 필자 자신도 그중 한 명인 유다계 그리스도인들에 관해서는 "이미 그리스도께 희망을 둔 우리"(1,12)라고 말한다. 전에는 멀리 떨어져 있던 사람들이 이제는 그리스도의 피를 통해 가까이 있는 이들이 되었다(2,13). 이 생생한 그리스도-이해가 다른 구절에서도 아직 어느 정도나 드러나는지 물을 수 있겠다. 한 예로 바오로에 관해 말하기를, 그는 이방인들에게 그리스도의 헤아릴 수 없는 풍요를 복음으로 전했다고 한다 (3,8; 참조: 3,4: 그리스도의 신비).

하느님의 아들 칭호가 뒷전으로 밀려나 있는 것이 눈길을 끈다. 이 칭호는 전통적으로 꼴지어진 찬가적 언어의 영향을 받은 문맥에 나타나는데, 중요한 맥락에는 두 번밖에 나오지 않는다: 한 번은 그리스도 찬가로 이어지는 문장에서, 우리를 어둠의 권세에서 구해 내시어 하느님이 사랑하시는 아드님 나라로 옮겨 주셨다고 확언한다(콜로 1,13). 또 한 번은 그리스도의 몸의 성장은 우리가 모두 하느님 아드님에 대한 지식에 다다르기 위함이라고 말한다(에페 4,13). 하느님 아들에 대한 앎, 그분의 충만한 경지는 다다라야 할 목표 같은 것이다.

예수에 의해 성취된 구원에 관한 한, 콜로새서 필자는 우선 그리스도 찬가를 실마리로 삼는다. 필자는 찬가에서처럼 화해를 언급한다. 그런데 이 화해에 대한 해석이 주목할 만하다. 그는 우주적 지평을 역사적 지평으로 변경시킨다. 우주적 지평에서는 하느님이 그리스도를 통하여 그리고 그리스도를 향하여 만물을 화해시키셨다면, 역사적 지평에서는 그리스도가 당신 십자가의 피를 통해 평화를 이룩했고(콜로 1,20),[15] 당신의 육체로 죽음을 통해 당신을 믿는 이들을 하느님과 화해시키셨다(1,21-22). 그리스도는 우리를 책잡던 빚 문서를 지워 버리고, 그것을 십자가에 못 박아 우리 가운데서 없애 버리셨다(2,14). 이 인상 깊은 상징어는 죄에서의 해방, 그리고 필경 운명의 권세들 — 이들 손 안에 빚 문서가 있다 — 의 지배로부터의 해방을 묘사한다.[16] 상징을 쓰지 않고 말하자면, 이것이 의미하는 바는 이렇다: "이 아드님 안에서 우리는 속량을, 곧 죄의 용서를 받습니다"(1,14); "우리는 그리스도 안에서, … 속량을, 곧 죄의 용서를 받았습니다"(에페 1,7). 이 역사적 구체화에서 교회가 화해의 공간으로, 그리스도가 성취한 만물의 화해가 세상에서 관철되고 또 관철되고자 하는 장소로 나타난다.

---

[15] 대다수 해석자가 십자가의 피에 관한 언급을 콜로새서 필자가 찬가에 덧붙인 편집상의 첨언으로 본다.

[16] 참조: F.J. DÖLGER, *Die Sonne der Gerechtigkeit und das Schwarze* (LF 2) (Münster 1928) 136-140.

우리에게 일어난 일을 에페소서 2,5.8에서는 구원이라고, 믿음을 통하여 은총으로 받은 구원이라고 말한다. 이 구원은 '여러분을 위한 구원의 복음'을 통해 중개되었다(1,13). 이 구절은 전적으로 로마서 1,16-17과 비교될 수 있다. 그런데 그럴수록 이 비교에서 더 눈길을 끄는 것은, 에페소서는 의화(의인) — 바로 2,5 이하에서 마땅히 언급될 만하거니와 — 에 관해 말하지 않으며, 또 구원을 이미 지금 이루어진 것으로 본다는 점이다. 바오로에게 구원은 언제나 '미래 선善'이었다. 이로써 변경된 종말론이 이미 나타난다.

그리스도에 의해 성취된 구원에 관한 가장 대담하고 포괄적인 언명은 에페소서의 거창한 서두 찬양에서 찾아볼 수 있다. 특징적인 것은, 이 찬양 역시 우주(포괄)적으로 표현되어 있고, (콜로새서의 찬가에서처럼) 하느님 중심적 관점 — 행동하시는 분은 하느님이다 — 으로 복귀한다는 점이다. 이 언명은 두 가지를 담고 있다: 첫째 하느님께서 그리스도 안에서 시간을 충만함으로, 완성으로 이끄셨다. 묵시문학적으로 꼴지어진 이 표현은 섭리, 예정 사상을 내포하고 있다. 둘째 하느님은 우주 만물을, 하늘과 땅에 있는 모든 것을 머리이신 그리스도 안에 총괄하셨다. 여기에 사용된, '~을 머리로 하여 한데 모으다'[17]로 번역된 희귀한 낱말은 그 전에 균열과 불화가 존재했음을 시사한다. 이 '한데 모음'은 그리스도, 부활하신 분이 만물에 머리로 주어짐으로써 이미 이루어졌다. 이는 새 세상에 대한 비전이거니와, 이 세상은 원칙적으로 그리스도와 함께 이미 주어져 있다.

에페소서 필자가 이 유토피아적 비전의 명백한 제시로 만족했는가 아니면 이 비전에 접근하는 길들도 제시했는가라는 물음이 제기된다. 필자는 우선 하느님의 역사役事에 관해 말한다. 요컨대 하느님 친히 성취된 또는

---

[17] 그리스어 낱말 ἀνακεφαλαιώσασθαι 가 κεφάλαιον(핵심 낱말, 요점, 요지)에서 파생되었지만, 에페소서의 이 문맥에서는 κεφαλή, 즉 머리(그리스도)에 대한 암시도 읽어 낼 수 있다. 참조: C. MAURER, Der Hymnus von Eph 1 als Schlüssel zum ganzen Brief: *EvTh* 11 (1951/52) 151-172.

성취되어야 할 목표를 보증하신다. 하느님은 그리스도 안에서 역사하셨다. 그리스도는 중보자다. 이 사상이 우리에게 콜로새서의 찬가를 통해 근본적으로 이미 친숙하다면, 이제 시간이 새로운 동인動因으로 덧붙여진다. 만물을 한데 모음은 시간의 충만함(때가 참) 안에서 이루어진다. 이로써 역동적 요소가 주어져 있다. 시간의 충만함은 종말론적 시간으로, 그리스도와 함께 이미 모든 것을 선사받은 마지막 시간으로 존속한다. 끝으로 필자는 시간의 충만함의 성취 안에서 만물을 한데 모음을 신비로(1,9), 요컨대 숨겨져 있는 어떤 것으로 지칭하는데, 이 신비는 환히 드러나려 재촉하며 (처음으로) 오직 우리에게만 알려져 있다. 이로써 아래에서 더 상세히 제시해야 할 하나의 진로가 드러났다.

1.3 그리스도와 그의 교회

방금 언급한 — "우리에게 당신 뜻의 신비를 알려 주셨습니다" — '우리'로 수신인 동아리, 결국 교회가 지칭된 셈이다. 하느님께서 "그리스도 안에서",[18] 즉 그리스도를 통해 역사하신 대상인 이 '우리'가 에페소서 서두 찬양 전체를 규정짓고 있다: "세상 창조 이전에 그리스도 안에서 우리를 선택하시어, … 예수 그리스도를 통하여 우리를 당신의 자녀로 삼으시기로 미리 정하셨습니다"(1,4-5). 그러나 나아가 서간의 교훈 부분도 포괄적으로 규정짓는다(2,4 이하 참조). 두루 알다시피 교회가 이 서간의 주요 주제다. 콜로새서는 이단 사설과의 대결에서 그리스도론에 집중하고 있다. 그렇지만 에페소서가 개진하는 교회론적 주제의 논구가 그 바탕에 깔려 있다.

두 서간은 매번 교회를 지역 공동체가 아니라 전체적이고 보편적인 공동체로 본다는 데서 일치한다. 이 점은 콜로새서에서 결정적이고 신학적인 영역에 통용된다.[19] 과연 이 편지는 교회에 대한 포괄적 고찰로의 이 진

---

[18] 에페소서에서 '그리스도 안에'라는 정식적 표현의 특징: GNILKA, *Eph* 66-69.

전을 주목할 만한 방식으로 뚜렷이 성취했는데, 좀 더 정확히 말하면 (흔히들 예상했으려니와) 우주론적 원자료와 연계하여, 구체적으로는 그리스도 찬가의 각색에서 그렇게 했다. 이 찬가 첫째 연에서 창조 중보자인 그리스도, 우주에서 그의 지배적 위치, 몸인 세상에 대한 머리인 그의 지위가 찬양받고 있음을 상기하자. 콜로새서 필자는 (찬가 원문에 손을 대어) 해석하는 말 '교회의'(τῆς ἐκκλησίας)를 끼워 넣음으로써, 이 우주론적 관점을 교회론적 관점으로 변경시킨다: "그분은 또한 당신 몸인 **교회의** 머리이십니다"(1,18).[20] 이로써 교회에 대한 고양되신 그리스도의 특별한 관계가 성립되었다. 교회가 그리스도의 몸이다. 오직 교회만이 그리스도의 몸이다. 이로써 확실히 순정純正한 바오로적 사상이 수용되었다. 다만 바오로는 그리스도를 교회의 머리라고 말하지 않고, 우주적 교회를 몸이라고도 말하지 않으며, 또한 교회를 (적어도 명시적으로는) 그리스도의 몸이라고도 말하지 않았다.

이렇게 우주 교회가, 그리고 교회의 그리스도 관련성이 교회론적 사상의 특징으로 부각된다. 당신 몸의 머리로서 그리스도는 교회를 사랑하여, 교회에 모든 생명력을 갖춰 주신다. 자신의 머리이신 그리스도로 말미암아 온몸은 결합되고 지탱되며, 그리스도는 성장의 힘들을 공급하고 연결시킨다(에페 4,15-16 참조). 머리 구실에 대한 이 묘사가 당시 의학의 표상들과 부합하는 것이 주목할 만한데, 이에 따르면 머리는 몸을 보살피는 중앙 기관器官이다.[21] 이 보살핌과 관련하여 구체적으로 선포의 말씀, 구원의 복음을 떠올릴 수 있으며, 또한 성사, 즉 그것을 통해 몸이 성장하는 세례, 그리고 필경 성찬례도 생각할 수 있다.[22]

---

[19] 콜로새서 4,15-16의 끝인사에는 가정 교회와 지역 교회도 나온다. 에페소서에서는 사정이 다르다.

[20] 내가 아는 바로는, 이 찬가 본문 복원에 애쓴 모든 해석자가 편집상의 손질을 인정한다.

[21] 히포크라테스 의학의 견해가 그랬다. 참조: F.W. BAYER: *RCA* I 430-437.

[22] 성찬례가 에페소서에서 명시적으로 언급되지 않는다는 사실이 반증은 되지 못한다.

교회에 대한 그리스도의 애정은 에페소서 5,21-33에서 혼인이라는 상징을 통해 묘사된다. 이로써 야훼와 이스라엘의 혼인(참조: 에제 16,1 이하; 예레 2,2; 호세 2,4)이라는 구약성경의 상징이 그리스도에게 전용되었는데, 이 상징은 주변 종교 세계에도 널리 알려져 있었다(거룩한 혼인).[23] 그리스도는 당신 신부를 사랑하여 그녀를 위해 자신을 내어 주었다. 요컨대 그리스도는 십자가 상 죽음에서 교회를 얻었다. 교회는 "말씀과 더불어 물로 씻어"(에페 5,26), 즉 세례를 통해 성장한다. 연구자들은 말씀(ῥῆμα)을 수세자가 세례 때 발설해야 했던 그리스도 신앙고백과, 더 정확히는 그리스도의 이름이 수세자 앞에서 불려졌던 세례 수여 정식과 관련시킨다.[24] 주목할 것은, 두 서간에서 오직 여기서만 우리 각자가 그리스도 몸의 지체라고 말한다는 사실이다(5,30). 문맥은 이로써 그리스도 몸에의 편입을 의미하는 세례 수령을 상기시킨다고 하겠다. 십자가 상 죽음에서 교회의 생성이 창세기 2,24("그러므로 남자는 아버지와 어머니를 떠나 아내와 결합하여, 둘이 한 몸이 된다")를 이용하여, 이미 유다교에서 '비의秘儀적으로' 해석되던 이 성경 구절에 대한 한 특별한 이해를 통해 설명된다.[25] 결정적 비교점은 남자와 여자의, 요컨대 십자가 상 죽음에서 그리스도가 그의 신부와 한 몸 됨에 있다. 에페소서 필자는 큰 신비에 관해 말한다(5,31-32). 이 파악하기 어려운 사상을 밝히려면, 무엇보다 십자가 상 희생에서 계시되는 그리스도의 사랑이 교회 안에 현존하며 항구적으로 작용한다는 사실을 지적해야 한다. 포괄적 몸째 사랑의 결합인 혼인은 이 신비와 각별히 결부된다.

교회는 각 지역 공동체들의 총합이 아니라 보편적 공동체로, 그리스도에 의해 가득 채워진 공간으로 상정되어 있다. 이런 의미에서 교회는, 그

---

[23] 참조: GNILKA, *Eph* 290-294; R.A. BATEY, Jewish Gnosticism and the Hieros Gamos of Eph 5,21-33: *NTS* 10 (1963/64) 121-127.

[24] SCHLIER(Eph 해당 구절)는 헤르마스의 『목자』 3,3,5; 1코린 6,11; 사도 2,38; 야고 2,7을 지적한다.

[25] J.B. SCHALLER, Genesis 1.2 im antiken Judentum (Diss. Göttingen 1961) 참조.

리스도의 몸이라 불리듯, 그리스도의 충만함이라고도 불릴 수 있다. 물론 이것은 에페소서에만 해당된다(1,23). 이 둘 — 몸과 충만함 — 은 긴밀히 관련되어 있다. 주변 종교 세계에서 빌려 온 충만함(πλήρωμα)이라는 개념은 신적 생명으로 가득 찬 영역을 가리킨다.[26] 그리스도는 교회라는 이 공간에 생명의 선물들을 갖춰 주셨다. 그러나 곧장 덧붙여야 할 것인즉, 교회에 선사된 생명의 충만함은 교회에 의해 '세상'에 계속 전해져야 한다는 점이다. 교회가 그리스도의 위임으로 수행해야 하는 이 도구적 기능이 1,23에 암시되어 있으니, 여기서 교회는 좀 더 구체적으로 '만물을 모든 면에서 충만케 하시는 그리스도로 충만해 있다'고 말한다. 콜로새서 1,18에서처럼 다시금 교회와 우주(만물)를 잇달아 겨냥하는 이 사상은 일종의 종교적 '보조성의 원리'를 전제한다.[27] 이것은, 고양되신 그리스도의 작용이 그분에게 귀속된 힘들의 중개를 통해 이루어진다는 것을 말하고자 한다. 이것을 상징을 통해 표현하면, 로마식 분수가 가장 적절할 듯싶은데, 여기서는 위에 있는 수조水槽로부터 아래쪽 수조로 물이 넘쳐 흐른다.

그리스도에게서 실제로 선사받은, 그리고 교회에 의해 계속 전해져야 하는 선물들은 화해와 평화다. 이 두 가지는 인류를 넘어 (현대적으로 말해서) 인간에 의해 파괴된 창조계 안에서의 화해에도 해당되지만(콜로 1,20), 우선 그리고 무엇보다도 균열된 인간 세상을 겨냥한다. 성경 전통에 따르면, 평화는 구원의 총괄 개념이다. 평화는 하느님과의 친선, 화해를 의미하며, 그래서 우리는 이제 하느님께 자유로이 나아갈 수 있다(에페 2,18). 또한 평화는, 하느님과의 화해에서 비롯하고 그것과 긴밀히 결부되어 있거니와, 인간들 상호 간의 평화를 의미한다. 그러나 셋째 측면, 즉 인간의 자기 자신과의 평화도 반드시 유념해야 한다. 인간이 내면의 온갖 분열과 자기소외로부터 해방된다. 이 삼중 의미에서 그리스도는 우리의 평화이시다

---

[26] 참조: CHerm 10,4; 12,15; 16,3; AELIUS ARISTIDES, orat. 45,21; J. ERNST, Pleroma und Pleroma Christi (BU 5) (Regensburg 1970). 후자는 영지주의도 고려한다.

[27] GNILKA, Eph 96-99 참조.

(에페 2,14). 이것은 덧붙여 말하면 예언자들의 메시아 대망待望과 상응한다 (이사 9,5; 미카 5,4).[28]

이 평화의 세상 안으로의 작용은 교회 안에 인류의 다양한 집단들이, 지금까지 서로 적대하던 민족들이 함께 모인 사실에서 뚜렷이 드러났다(에페 2,14-18).[29] 여기서는 유다인들과 이방인들을, 즉 유다인의 관점에 입각한 인류의 구분을 상정하고 있다. 그리스도는 이 둘을 가르는 장벽으로 구축構築되었던 율법을 그 모든 계명과 조문과 함께 철폐하셨다. 그리스도는 적개심을 없애시고 새로운 제3의 종족을 창조하셨다. 가르는 장벽이라는 표현에서는 하느님 세상과 인간 세상을 갈라놓았던 우주 장벽이라는 표상이 어른거리고 있다. 에페소서 필자는 이 장벽을 율법에 전용한다. 여러 해석자는 이방인들의 출입을 사형 위협으로 금지했던 예루살렘 성전 안뜰을 에워싸고 있던 벽을 염두에 둔다.

유다인들의 교회 편입 그리고 그리스도인들이라는 제3의 종족으로 유다인들과 이방인들의 결합은 오늘날의 관점에서 볼 때 문제가 있어 보인다. 그 자신 유다계 그리스도인인 에페소서 필자의 논증은 지금까지 밖에 있었고 성경의 하느님, 즉 한 분이신 하느님(4,6)께 나아가지 못했던 이방인들이 이제 그리스도를 통해, 그분의 죽음을 통해 그 통로를 얻었다는 사상에 정향되어 있다. 지금까지 그들은 필자에게 아예 하느님 없는(ἄθεοι) 자들로 간주되었다. 다시 말해 이 세상에서 하느님과 관계없이 살아가는 자들이었다. 2,11-22의 사유 과정 전체는 이방인들의 이 국외자 실존의 극복으로 귀결된다: "그때에는 여러분이 그리스도와 관계가 없었고, 이스라엘 공동체에서 멀리 떨어져 있었으며, 약속의 계약과도 무관하였고, 이 세상

---

[28] 라삐 요세 하게릴리스의 말에 따르면 메시아의 이름은 평화라 불릴 것이다. 참조: BILLERBECK III 587.

[29] 참조: P. STUHLMACHER, "Er ist unser Friede": *NT und Kirche* (FS R. Schnackenburg) (Freiburg 1974) 337-358; A. GONZÁLEZ-LAMADRID, Ipse est pax nostra: *EstB* 28 (1969) 209-261.

에서 아무 희망도 가지지 못한 채 하느님 없이 살았다는 사실을 기억하십시오." 그러나 "여러분은 이제 더 이상 외국인도 아니고 이방인도 아닙니다. 성도들과 함께 한 시민이며 하느님의 한 가족입니다. 여러분은 사도들과 예언자들의 기초 위에 세워진 건물이고, 그리스도 예수님께서는 바로 모퉁잇돌이십니다."

이방인들에게의 이 총체적 방향 전환, 이민족들을 이스라엘에게 데리고 온다는 것은 결국 숨겨져 있다가 이제 뚜렷이 드러난 신비이거니와, 이 신비는 만물의 새로운 한데 모음(1,10)과 관련된다. 이 우주적 비전의 역사적 실현이 의미하는 바는 "다른 민족들도 그리스도 예수님 안에서 복음을 통하여, 공동 상속자가 되고 한 몸[30]의 지체가 되며 약속의 공동 수혜자가 된다는 것"(3,6)이다. 유의해야 할 것은, 이 맥락에 다시금 신비 개념이 도입되어 있다는 점이다.

교회 안에서 분열의 타파는 민족·인종적 대립뿐 아니라 사회·계급적 괴리에도 해당된다: "여기에는 그리스인도 유다인도, 할례 받은 이도 할례 받지 않은 이도, 야만인도, 스키티아인도, 종도, 자유인도 없습니다"(콜로 3, 11). 여기서는 비슷한 내용을 언급하는 갈라티아서 3,28에서보다 사회적 대립의 타파를 더 강조하는 것이 눈길을 끌지만, 다른 한편 "남자도 여자도 없습니다"라는 말은 받아들이지 않았다. 이는 여성해방 풍조에 대한 반대를 의도한 것일 수도 있다. 자유에 대한 초창기의 각성이 여성의 사회적 지위에 맞춰 조절되었다. 그러나 곧 살펴보려니와, 교회들의 실제 구조는 전반적으로 여성에게 여전히 중요한 직분을 부여했다.

이 구조에 관해 말하자면, 우선 사도적이라고 해야겠다. 교회를 위한 사도들의 의의가 온전히 존중되고 있다. 그러나 사도적 교회라는 교회상은 에페소서에서만 개진된다. 콜로새서 1,26과 에페소서 3,5의 비교는 시사하는 바가 크다. 두 곳 모두 구원의 신비에 관해 말한다. 이 신비는 전자에

---

[30] 단 한 번 나오는 이 *σύσσωμα* 개념은 그리스도-몸과 관련된다.

따르면 '하느님의 성도들에게' 계시되었고, 후자에 따르면 '그분의 거룩한 사도들과 예언자들에게' 계시되었다. 여기서 콜로새서는, 바오로 사도의 선포자와 중개자로서의 봉사 직무가 비할 바 없는 의의를 지니거니와, 곧장 이 보편적 목표의 실현을 겨냥한다. 에페소서도 바오로 활동의 비할 바 없음을 강조하지만, 교회에 대한 이해理解에 다른 사도들도 포함시킨다. 예언자들 또한 활동에 참여하고 있음을 간과하면 안 된다. 여기서 말하는 것은 이스라엘 구원사의 예언자들이 아니라,[31] 이미 바오로가 거듭 언급했던 그리스도 교회들 안에서 활동하는 예언자들(과 그들의 예언)이다(1코린 12,28-29; 14,29 이하; 11,4-5).[32] '거룩한 사도들' — 에페소서에서 그 수가 열둘로 확정되어 있지 않다[33] — 이라는 말은, 이미 과거에 속하는 한 제도에 대한 공경심을 시사해 준다.

교회의 사도성과 사도들 활동의 과거 귀속성, 이 두 가지가 결정적으로 사도들과 예언자들을 교회의 기초로 특징짓게 한다: "여러분은 사도들과 예언자들의 기초 위에 세워진 건물이고, 그리스도 예수님께서는 바로 모퉁잇돌이십니다"(에페 2,20). 사도들과 예언자들은 그들의 선포와 그들이 완수한 복음이란 기초 놓기를 통해, 교회 건설에 방향을 제시해 준 사람들이다. 여기서 '기초'(θεμέλιος)라는 개념이 정확하게는 건물 전체가 그 위에 세워지는, 네 개의 벽으로 이루어진 지반을 가리킨다는 것은 중요하다고 하겠다.[34] 바오로 친서에는 이런 성찰이 뚜렷이 나타나지 않는다. 코린토 1서 3,10-11에 따르면, 예수 그리스도가 유일무이한 기초이니, 바오로가 그 기초를 놓았고 그의 협력자들과 다른 선교사들은 그 위에 건물을 세웠다.

바오로 사도의 우뚝한 지위는, 차명 서간 필자들의 사도 이름 차용에서

---

[31] CONZELMANN, DIBELIUS, SCHLIER는 그들의 주석서에서 구약성경의 예언자들을 생각하고 있다.

[32] 코린토 1서 11,4-5에 따르면 여성들도 예언을 했다는 사실에 유의해야 한다. 따라서 그녀들도 에페소서 2,20에서 말하는 '기초'에 포함될 수 있다.

[33] 수를 열둘로 확정하는 것을 바오로에게서는 끝까지 찾아볼 수 없다.

[34] A. FRIDRICHSEN, Themelios: *ThZ* 2 (1946) 316-317 참조.

이미 확증되거니와, 그의 활동에 대한 신학적 성찰에서 뚜렷이 부각된다. 이 성찰은 특히 콜로새서 1,24 이하와 에페소서 3장에서 찾아볼 수 있다. 우선 바오로가 교회를 위해 수행한 총체적 봉사를 염두에 둔다. 바오로는 복음의 일꾼이 되었듯(콜로 1,23), 교회의 일꾼이 되었다(1,25). 이민족들을 위한 바오로의 사도직, 온 세상에 걸친 율법에서 해방된 복음의 선포는 누구도 반박할 수 없다. 이것은 찬양과 무조건 존중의 대상이 되었다. 그런데 한편으로는 바오로가 그의 모든 길에서 수행해야만 했던 율법에서 자유로운 복음을 위한 투쟁의 흔적은 전혀 찾아볼 수 없다. 아무튼 그의 이 세계적 투신은 구원의 신비와 결부되니, 과연 이방인들의 구원 편입 자체가 바로 이 신비의 내용이다. 이 결부는 콜로새서 1,25-27에서 이렇게 표현된다: 바오로는 하느님 말씀을 꽉 채워야 (즉, 이방인들에게 말씀 선포를 완수해야) 했으며, 그 신비란 바로 이방계 그리스도인들 가운데에 그리스도가 계시다는 것이다. 유사한 언명인 에페소서 3,7-9에 따르면, 복음의 일꾼인 바오로에게는 이민족들에게 그리스도의 헤아릴 수 없는 풍요를 복음으로 전하는 은총이 주어졌다. 그렇게 바오로는 하느님께서 영원으로부터 결정하신 신비의 계획이 어떠한 것인지를 밝혀 주어야 했다. 이 신비는 다른 사도들과 예언자들에게도 계시되었지만(3,5), 엄밀한 의미에서 이를 밝힐 사명을 받은 사람은 바오로였다. 이는 이 서간의 종교적 보조성 사상의 노선에 부합한다. 그러나 문맥에서는 바오로가 힘입어 활동할 수 있었던 은총도 인상적인 말로써 묘사된다. 스스로 자격 없음에 대한 바오로의 강조는 이 사상을 더욱 강화해 준다: "모든 성도들 가운데에서 가장 보잘것없는 나에게 그러한 은총을 주시어, … 그 신비의 계획이 어떠한 것인지 모든 사람에게 밝혀 주게 하셨습니다."[35]

---

[35] 3,8에 나오는 *ἐλαχιστότερος*(가장 보잘것없는)는 최상급 표현의 강조다. 이 구절은 바오로가 사도들 중에서 가장 보잘것없는 자라고 자처하는 코린토 1서 15,9에 기대고 있다. 후자에서보다 과장이 더 뚜렷하다. 에페소서는 과거에 바오로가 자행한 교회 박해에 관해서는 전혀 말하지 않는다.

결국 바오로 사도의 삶과 활동은 구원론적 지평 안에 들여놓아진다. 이는 에페소서 3,1에 어느 정도 암시되어 있는데, 이 구절은 바오로 사도와 관련된 장章 — 바오로에 관한 일종의 교리문답이라 하겠다 — 을 이런 말로 시작한다: "그리스도 예수님 때문에 이민족 여러분을 위하여 수인이 된 나 바오로가 말합니다." 바오로의 감옥살이 — 전혀 안식 없던 사도의 희생적 삶이 남긴 마지막 모습이다 — 는 이방인들에게 유익했고, 그들에게 무언가 중요한 의미가 있었다. 바오로를 가둔 분은 결국 그리스도 예수이니, 그분이 사도에게 이 수난의 증언을 요구하셨다. 이로써 암시된 사상은 콜로새서 1,24를 함께 고려할 때 분명히 드러나는데, 이 본문이 에페소서 3,1에 퇴색한 형태로 계속 작용하고 있다: "이제 나는 여러분을 위하여 고난을 겪으며 기뻐합니다. 그리스도의 환난에서 모자란 부분을 내가 이렇게 그분의 몸인 교회를 위하여 내 육신으로 채우고 있습니다"(콜로 1,24).[36]

이 까다로운 본문을 이해하기 위해서는, 결정적인 그리스어 동사(하나의 관용적 표현)의 의미가 누군가의 부족함을 채우다, 보완하다($\dot{\alpha}\nu\tau\alpha\nu\alpha\pi\lambda\eta\rho o\tilde{\upsilon}\nu$ $\tau\dot{o}$ $\dot{\upsilon}\sigma\tau\acute{\epsilon}\rho\eta\mu\acute{\alpha}$ $\tau\iota\nu o\varsigma$)와 거의 같은 뜻이라는 데서 출발해야 한다.[37] 그리스도가 당신의 사람들과 교회를 위해 환난을 겪으셨듯이 바오로의 수난도 교회에 유익하다. 이 병렬은 엄청난 생각이다. 그러나 이 생각은 바오로 자신의 관념들 안에 뿌리박고 있다: 예컨대 바오로는 교회에 그리스도의 본을 보여 주고(1코린 11,1; 필리 3,17), 그리스도를 대신하는 사절이며(2코린 5,20), 그리스도가 바오로를 통해 말씀하시고(2코린 13,3), 무엇보다도 예수의 죽음을 사도의 몸에 짊어지고 다니며(2코린 4,10-12; 갈라 6,17), 그렇게 그리스도가 바

---

[36] 참조: J. KREMER, *Was an den Leiden Christi noch mangelt* (BBB 12) (Bonn 1956); E. KAMLAH, Wie beurteilt Paulus seine Leiden?: *ZNW* 54 (1963) 217-232; W.F. FLEMINGTON, On the interpretation of Col 1,24: W. HORBURY - B. MCNEIL, *Suffering and Martyrdom in the NT* (Cambridge 1981) 84-90.

[37] 이로써 이 동사를 '이미 정해져 있는 양 — 예컨대 마지막 시간을 위해 확정된 수난의 양 — 을 채우다'라는 의미로 이해하고자 했던 모든 해석은 탈락된다. 참조: O. CULLMANN, Le caractère eschatologique du devoir missionnaire et de la conscience apostolique de s. Paul: *RHPhR* 16 (1936) 210-245.

오로를 통해 찬양받는다(필리 1,20). 물론 이런 '채움'에는 그리스도가 당신 십자가로써 온전한 효력이 있는 구원을 성취하셨다는 것이 언제나 전제되어 있다(보편타당한 구원). '채움'은 그리스도가 십자가에서 성취한 구원을 인간들에게, 바오로식으로 말하면 이방인들에게 중개한다는 의미에서 필수적이다. 바오로의 활동 안에서 이방인 교회가 모습을 드러냈다. 이 중개가 수난과 결부되어 있음은, 그것이 십자가 구원의 중개이며 또 그 자체가 교회라는 그리스도의 몸 안에 포섭되어 있다는 사실에서 자명해진다. 바오로에게 본보기로 해당되는 사실이, 적절히 변경되어, 그리스도의 몸에 편입된 모든 선교 활동 종사자에게도 해당된다.

교회의 구조, 교회 기본조직의 이해에 관해 두 서간에서 가장 분명히 말하는 곳은 에페소서 4,7-16이다. 여기서 확인할 수 있는 가장 중요한 사실은, 바오로 친서에 나오는 카리스마적 구조(참조: 로마 12장; 1코린 12장)가 유지되고 있다는 것이다: "그리스도께서 나누어 주시는 은혜의 양에 따라, 우리는 저마다 은총을 받았습니다." 이 본문은, 특정 직무 보유자들에게 국한하지 않고 모든 신앙인에게 관련시킬 때에만, 올바로 평가하게 된다.[38] 이 해석은 무엇보다 에페소서가 — 콜로새서도 — 몸을 교회의 표상으로 고수하고 있다는 사실에 의해 보증된다. 그러나 사목 서간들에서는 사정이 달라질 것이다. 아무튼 한 몸 안에는 죽어 구실 못하는 지체가 존재할 수 없다. 그렇지 않다면 몸을 죽이게 될 것이다. 이 표상의 논리에 따르면, 요컨대 모두가 봉사할 능력을 주는 은총의 선물을 받아 지니고 있다고 전제할 수 있다. 에페소서 4,7은, 로마서 12,6과 코린토 1서 12,4.9.28.30-31처럼 은사에 관해 말하지 않고, 은총과 선물에 관해 말한다. 하지만 이 차이가 중요한 것은 아니다.[39] 은총으로 부르심 받은 사람은 소임을 맡는다. 부르심은 봉사 직무를 기꺼이 떠맡는 자세에서 입증된다.

---

[38] SCHLIER(*Eph* 해당 구절)와 MERKLEIN(*Amt* 59)의 견해는 다르다.

[39] 코린토 1서 12,4-6에서도 명칭이 바뀐다: 은사, 직분, 활동. 직분(직무)에 관해 에페소서 4,12 참조.

그러나 특별한 은총의 선물들이 있다. 이 특별한 선물들과 모두가 받는 봉사 직무의 대비에, 바오로 친서와 비교되는 교회 구조상像의 발전의 핵심이 있다. 고양되신 그리스도가 주시는 이 특별한 선물들에는 사도와 예언자 외에 복음 선포자, 목자, 교사가 있다. 이 다섯 직무 가운데 교회 안에서 (이미 명칭이 붙여진) 구체적이고 두드러진 직무들을 수행한 사람들에게 주목해야 할 것이다. 이들에 비하면 사도와 예언자들은 과거로 옮겨 가거나 이미 옮겨 갔다. 복음 선포자는 개별 교회 테두리를 넘어서는 활동에서 바오로 사도의 선교 활동을 속행했다. 목자와 교사는 지역교회에서 활동했다.[40] 카리스마적 직무에는 특히 "성도들의 직무를 수행하고 그리스도의 몸을 성장시키는 일을 하도록, 그들을 준비시키는"(에페 4,12) 소임이 귀속되었다. 이 직무는 요컨대 교회의 여타 구성원들, '보통' 신자들이 교회에서 각자 봉사할 일을 찾아 수행할 수 있도록 보살펴야 했다. 또한 검증이나 주의 환기가 필요했는데, 이는 교회가 커졌다는 사실과도 관련이 있었을 것이다. 몸, 머리, 관절, 기관이라는 발전된 표상(4,15-16)에서 이 구분이 새삼 분명해진다. 관절들은 머리와 지체들을 연결해 준다.[41]

교회 상황에 관한 구체적 정보는 콜로새서가 제공해 주는데, 사람들 이름과 관련되어 있다. 콜로새와 리코스탈 선교에서 에파프라스가 중요한 역할을 했다. 그는 1,7에서 "우리가 사랑하는 동료 종 … 여러분을 위하여 일하는 그리스도의 충실한 일꾼"이라 불린다.[42] 에파프라스는 이를테면 바오로 사도를 대리했다. 사도의 서간이 그의 복음을 보증해 준다. 그의 복음은 바오로의 복음과 일치한다. 이것은 콜로새 이단과의 대결에서 중요하며, 더 나아가 원칙적 의의를 지니고 있다(4,12-13 참조). 상황은 사도의 유

---

[40] 목자와 교사의 긴밀한 관계는 이 둘이 그리스어 원문에서 한 관사 아래 함께 나오는 데서 드러난다.

[41] 관절의 이 구실은 고대 의학의 관념들과 부합한다. 참조: F.W. BAYER: *RCA* I 430-437.

[42] 이 본문은 한 가지 점에서 불확실하다. 여러 사본에는 '여러분을 대신한'으로 되어 있다. 그렇다면 에파프라스는 교회의 대표자로 나타난다. 그러나 아무래도 위의 이문(異文)을 선호할 수밖에 없다. 참조: GNILKA, *Kol* 37.

산이 확실히 보존되어야 할 사도 이후 시대를 겨냥하고 있다.

인사 대목에서 필자는 한 가정 교회에 각별히 문안한다. 그러나 애석하게도 본문이 불확실하다: "님파와 그녀의(또는 님파스와 그의) 집에 모이는 교회에 안부를 전해 주십시오"(4,15). 첫째 이문異文을 선호한다면, 님파가, 그러니까 한 여성이 이 가정 교회에서 권위 있는 역할을, 짐작건대 책임자 구실을 한 것이 된다. 이 이문이 선호되어 마땅하니, 전반적 풍조가 원그리스도교에서 여성이 획득했던 의의를 축소하고 주변 세계의 사회적 조건에 순응하는 방향으로 나아가고 있었기 때문이다.[43]

우리에게 이런 구체적 통찰을 가능하게 해 주는 것은 콜로새서다. 에페소서에서는 포괄적 교회상이 지배적이다. 교회일치가 존중되었고 또 계속 보존되어야 했다. 이것이 우려로 나타날 수 있었다. 여기서 배경을 이루고 있는 것이 서로 갈라진 경향들에 대한 체험에서 비롯한 우려인가 아니면 다양한 공동체들을 결합시키려는 의도인가라는 물음을 제기할 수 있다. 아마도 둘 다 해당될 것이다. 교회일치라는 주제가 신약성경 후기 문서들의 한 특징이다. 에페소서 4장은 일치에 관한 가장 인상 깊은 텍스트 가운데 하나인데, 요한 복음서 17장과 상응한다. 사랑으로 서로 참아 주고 평화의 끈으로 영의 일치를 보존하도록 애쓰라는 호소 다음에, '하나'라는 말이 일곱 번이나 나오는 구절이 이어지는데, 셋씩 묶여 배열되어 있다.

> 하느님께서 여러분을 부르실 때에 하나의 희망을 주신 것처럼,
> 몸도 하나이고 영도 한 분이십니다.
> 주님도 한 분이시고 믿음도 하나이며 세례도 하나이고,
> 만물의 아버지이신 하느님도 한 분이십니다.
> 그분은 만물 위에, 만물을 통하여, 만물 안에 계십니다(에페 4,4-6).

---

[43] 이런 의미에서 본문 수정을 판단해야 한다. 참조: GNILKA, *Kol* 244.

환호성性 외침들이 일치를 확고히 하고자 한다.[44] 처음 셋은 교회의 단 하나인 형태와 관련된다. 그리스도의 몸으로서 교회의 일치는 오직 그리스도에 바탕해서만 파악될 수 있다. 일치는 이미 주어져 있다. 그러나 일치가 아직 구조상으로 안전장치가 되어 있지 않다. '교회는 하나'($\mu\iota\alpha$ $\epsilon\kappa\kappa\lambda\eta-\sigma\iota\alpha$)라는 외침은 빠져 있다. 하나인 영은 인간의 영이 아니라 그리스도가 선사하신 하느님의 영인데, 당신에게 순종하는 사람들을 생동하게 만들고 그들을 위해 일치를 창출한다. 하나인 공동의 희망은 그들이 받아들인 부르심을 통해 불러 일으켜졌다.

그다음 셋은 일치의 외적 동인들을 지칭한다. 한 분인 공동의 주님은 그들이 세례 때 발설한, 그로써 자기네 삶을 이 주님께 정향시키고자 한 신앙고백과 관련된다. 믿음과 세례는 서로 의미심장하게 결부된다. 하나인 믿음은 그 내용의 관점에서 고백으로서의 믿음으로 이해되어야 한다. 이렇게 믿음은 그리스도 신앙으로 드러난다. 하나인 공동의 세례는 그들을 그리스도의 몸에 편입시켰고, 단일체로 결합시켰다.

한 분 하느님 역시 교회일치를 확고히 하신다는 생각은 놀랍다고 하겠다. 그분은 창조주 하느님으로서 (숫자상 보잘것없는) 교회를 초월하여 역사役事하신다. 한 분 하느님께의 정향 안에서 교회는 자기 자신을 위해서가 아니라 세상을 위해 존재함을 언제나 의식해야 한다. 이 정향이 교회를 칩거로부터, 일개 분파로 전락할 위험으로부터 지켜낸다.

이런 배경에 비추어 보면 특히 콜로새서가 수신인들에게 보편 교회와의 결합을 거듭 상기시키는 것이 수긍이 간다: 그들은 '모든 성도를 향한', 즉 그리스도의 이름을 가슴에 품은 모든 사람을 사랑하고 있으며(1,4; 참조: 에페 1,15), 모든 성도를 위해 간구해 줄 것을 권고받는다(에페 6,18). 그들이 에파프라스에게서 배운 복음은 온 세상에 현존하며(콜로 1,6-7), 하늘 아래 있

---

[44] 참조: J.A.T. ROBINSON, The One Baptism as a Category of NT Soteriology: *SJTh* 6 (1953) 257-274; P. MENOUD, Éphésiens 4,11-16: *ETR* 30, Nr. 4 (1955) 75-76: F.-J. STEIN-METZ, "Bewahrt die Einheit des Geistes": *GuL* 54 (1981) 201-212.

는 모든 피조물에게 선포된다(1,23). 그들은 하느님께서 말씀을 전할 수 있는 문을 열어 주시어 그 (우주적) 신비를 널리 알릴 수 있도록 기도해야 한다(4,3). 이 우주적 정향 안에서 보잘것없는 무리는 자신에 대한 신뢰와 개방성을 획득하는 한편 패배주의와 고립을 극복한다.

1.4 세례, 윤리 그리고 종말론

콜로새서와 에페소서는 광범위하게 세례에 대해 언급하고 있다. 이는 구원론에 대한 설명과 수신인들의 그리스도인 실존으로부터 도출되는 윤리적 결론들에 해당된다. 세례라는 낱말이 명시적으로는 콜로새서 2,12와 에페소서 4,5에만 나오지만,[45] 아무튼 세례를 거듭 상기시키는 방식으로 그들이 선사받은 구원에 관해 말한다. 이 서간들의 그리스도인 세대에게는 아직도 세례 받는 것이 믿음 안에서의 복음 수용, 교회 가입과 더불어 대체로 그들 인생에서 하나의 전환점을 의미했다. 이교에서 개종하는 사람들 수가 처음부터 그리스도인 가정에서 자란 사람들 수보다 갈수록 많아진 것 같다. 그런 그리스도인들에게 세례를 상기시키는 것은 각별히 의미심장했다. 두 서간의 훈화는 주로 세례 훈화인데, 이 성사의 선물로부터 명령들을 이끌어 낸다. 그러나 원칙적 의미에서 세례의 생생한 상기가 여전히 중심에 놓여 있다. 또 두 서간에서는 세례와 종말론이 긴밀히 결합된다. 세례에서 결정적인 일이 일어났다. 구원은 지금 이미 주어져 있다. 이 서간들의 현재적인 종말론적 관념은 세례와 결부되어 있다. 이 점에서 이 관념은 요한 복음서의 비교 가능한 관점과 다르다.

  에페소서의 거창한 서두 찬양(1,3-14)은 세례에 정향되어 있다. 끝 부분의 '인장 받음'이라는 상징이 세례를 가리켜 말한다: "여러분도 … 약속된 성

---

[45] 에페소서 4,5에서는 $\beta\acute{a}\pi\tau\iota\sigma\mu\alpha$를 사용하는 반면, 콜로새서 2,12에서는 $\beta\alpha\pi\tau\iota\sigma\mu\acute{o}s$를 취한다. 전자는 그리스도교에서 만든 말로 여겨지며, 후자는 이미 주변 세계에서 제의적 씻음에 사용되었다. 동사는 두 서간에 모두 나오지 않는다.

령의 인장을 받았습니다." 이 찬가가 기리는 모든 것 — 축복, 자녀 됨, 은총 — 이 세례에서 실현되었다. 복음을 듣고 믿고 받아들임이 세례에 선행한다(1,13). 세례는 성령의 선물을 전달하고 죄의 용서를 선사한다. 이것은 이미 일반적인 그리스도교 전승이었다. 세례는 그리스도의 운명, 그분의 죽음 및 부활과의 결부이며, 그리스도의 몸 안으로의 편입이다: 이것은 바로 전승이다(로마 6장).[46] 그런데 에페소서 2장과 콜로새서 2장의 표현은 일치하지 않으며, 또 이 둘을 함께 보면 로마서 6장과 (특히 한 가지 점에서) 다르다. 두 본문을 나란히 제시하자.

> 여러분은 또한 그분(그리스도) 안에서 육체를 벗어 버림으로써, 사람 손으로 이루어지지 않는 할례 곧 그리스도의 할례를 받았습니다. 여러분은 세례 때에 그리스도와 함께 묻혔고, 그리스도를 죽은 이들 가운데에서 일으키신 하느님의 능력에 대한 믿음으로 그리스도 안에서 그분과 함께 되살아났습니다. 여러분은 잘못을 저지르고 육의 할례를 받지 않아 죽었지만, 하느님께서는 여러분을 그분과 함께 다시 살리셨습니다. 그분께서는 우리의 모든 잘못을 용서해 주셨습니다(콜로 2,11-13).

> (하느님께서는) 잘못을 저질러 죽었던 우리를 그리스도와 함께 살리셨습니다. — 여러분은 이렇게 은총으로 구원을 받은 것입니다. — 하느님께서는 그리스도 예수님 안에서 우리를 그분과 함께 일으키시고 그분과 함께 하늘에 앉히셨습니다(에페 2,5-6).

---

[46] 참조: R. SCHNACKENBURG, *Baptism in the Thought of St. Paul* (Oxford 1964); R.C. TAN-NEHILL, *Dying and Rising with Christ* (BZNW 32) (Berlin 1967); N. GÄUMANN, *Taufe und Ethik* (München 1967); H. FRANKEMÖLLE, *Das Taufverständnis des Paulus* (SBS 47) (Stuttgart 1970); G. SELLIN, "Die Auferstehung ist schon geschehen": *NT* 25 (1983) 220-237.

콜로새서 2장과 에페소서 2장이 로마서 6장과 다른 점은, 세례 받은 사람들은 이미 지금 그리스도와 함께 일으켜졌고 되살려졌다는 열광적 관념에 있다. 에페소서 2장에서 이 관념은 심지어 수세자들이 이미 하늘에 앉아 있다는 부언附言에 의해 더욱 강화된다. 바오로는 이런 열광적인 현재적·종말론적 전망의 개진을 삼갔다. 그는 이런 전망을 미래로 밀어 놓았고(로마 6,5: "그리될 것입니다"), 또한/그 대신 이를 윤리 문제로 옮겨 놓을 수 있었다: "그분과 함께 살리라고 우리는 믿습니다"(로마 6,8). 오늘날 많은 연구자가 세례를 그리스도의 운명과 결부시켜 해석하는 것은 그리스도-고백에 정향된 바오로 이전의 전승(1코린 15,3-4 참조: 그리스도께서는 돌아가셨고, 묻히셨고, 일으켜지셨다)에서 유래한다는 데서 출발한다. 그렇다면 이 전승 역시 열광적으로 꼴지어져 있었으나, 바오로가 로마서 6장에서 그럴 만한 까닭이 있어 완화시켰다고 추측할 수 있다.

일으켜지고 되살려짐은 죄의 용서 이상을 의미한다(물론 죄의 용서를 포함하지만). 이것은 이미 이루어진 그리스도 운명에의 편입을, 따라서 또한 그분 부활에의 편입을 가리킨다. 그리스도가 일으켜지셨기에, 그분에게 속하는, 세례를 통해 그분 운명에 동참하는 모든 사람도 함께 일으켜졌다. 여기서 유의할 것은, 이 두 가지가 하느님의 역사役事에 근거한다는 사실이다. 하느님이, 하느님의 권능이 그리스도에게 역사하시듯, 모든 수세자 개개인에게 역사하신다. 이 하느님의 역사는 믿음을 통해 수세자에게 작용할 수 있다. 이것은 생명을 창조하시는 하느님의 권능에 대한 믿음, 그분이 그런 일을 하실 수 있다는 믿음이다. 이렇게 믿음을 세례 사건과 곧장 결부시키는 것이 콜로새서 2,12의 두드러진 특징이다.

나아가 세례와 할례를 대비시키고, 세례를 그리스도의 할례(2,11)라고 지칭하는 것도 콜로새서 2장의 특징이다. 이 대비는 수긍이 가니, 할례와 마찬가지로 세례도 가입 의례이기 때문이다. 하지만 이 구절은 콜로새서의 이단 사설이 할례를 요구했다는 사실과도 관계가 있을 것이다.[47]▶ 그리스도인들은 세례에서 할례보다 좋은 것을 선사받았고, 그래서 할례를 받을 필요가 없다. 이들은 육신을 다른 방식으로 벗어 버렸다. '살의 몸'의 극복, 옛 아담의 극복을 통해 벗어 버렸다. '살의 몸'(의역: 육체, 2,11)이라는 희귀한 표현이 사변의 빌미를 제공했다. 사람들은 여기서도 죽음의 극복을 상정하거나, 더 나아가 이 구절을 곧장 그리스도의 죽음과 관련시켰다.[48] 하지만 이 표현은 아무래도 훈계와 관련하여 이해하는 것이 가장 낫다.

성사를 통해 인간이 새로 된다는 것은 그리스도의 모습과 같아짐을 의미한다. 이로써 이제부터 수세자의 실존을 규정짓는 과정이 시작된다. 훈화는 주로 세례 훈화다. 세례에서 선사된 것이 현실화되어야 한다. 그리스도와 같은 모습인 새 인간을 입고, 옛 인간을 벗어 버려야 한다. 이것이 두 서간의 훈화를 관통하는 핵심적 의미: "여러분의 영과 마음이 새로워져, 진리의 의로움과 거룩함 속에서 하느님의 모습에 따라 창조된 새 인간을 입어야 한다는 것입니다"(에페 4,23-24). "여러분은 옛 인간을 그 행실과 함께 벗어 버리고, 새 인간을 입은 사람입니다. 새 인간은 자기를 창조하신 분의 모상에 따라 끊임없이 새로워지면서 참지식에 이르게 됩니다"(콜로 3, 9-10).[49] 여기서 유의해야 할 것은, 마치 옷처럼 교체되는 옛 인간과 새 인간을 속성·악습·덕성들이 대체한다는 점이다: "그러나 이제는 분노, 격분, 악의, 중상, 또 여러분의 입에서 나오는 수치스러운 말 따위는 모두 버리십시오"(3,8); "그러므로 하느님께 선택된 사람, 거룩한 사람, 사랑받는 사람답게 마음에서 우러나오는 동정과 호의와 겸손과 온유와 인내를 입으십시오"(3,12); "그러므로 거짓을 벗어 버리고 '저마다 이웃에게 진실을 말하십시오'"(에페 4,25). 새 인간과 옛 인간은 이를테면 각각 특정한 지체들로 이루어져 있다. 그것은 속성, 생활 방식, 실존적인 것들이다. 여기서 이 교체

---

[47] 그렇다면 이단자들이 주장한 것은 단순히 유다교 할례가 아니라, 특수한 성격의 할례일 것이다. DIBELIUS는 아예 일종의 자해 의식(自害儀式)도 상정하고 있다.

[48] 참조: BURGER, *Schöpfung* 41; GNILKA, *Kol* 131-132.

[49] 이 구절은 콜로새서 2,11 — "여러분은 … 살의 몸을 벗어 버림으로써, …" — 에 대한 훈화적 해석을 위한 일종의 보충적 확증이다. 오직 이 두 구절에만 ἀπεκδύομαι(벗어 버리다)라는 드문 동사가 나온다.

는 본질적인 것임이 분명해진다. 옷이라는 상징은 내용을 온전히 포섭하지 못한다. 인간은 자기 행실과 똑같이 된다. 그의 행실에서 그의 존재가 드러난다. 콜로새서 3,5에서 속성들이 지체들로 지칭된다: "그러므로 여러분 안에 있는 현세적인 지체(의역: 것)들, 곧 불륜, 더러움, 욕정, 나쁜 욕망, 탐욕을 죽이십시오." 콜로새서에서는 통상 다섯 지체가 한 계열을 이루고 있는데, 이는 페르시아 종교에까지 소급되는 종교사의 한 모델과 관련이 있다.[50] 아무튼 이 구절이 겨냥하고 있는 것은 본질적 새로움이다.

끝으로, 인간의 새로움은 사람들을 갈라놓는 사회적 · 집단적 차이들을 폐기한다. 자기 창조주의 모상을 지닌 새 인간을 입으라고 촉구하는 세례 훈화는 다음과 같은 확언으로 끝난다: "여기에는 그리스인도 유다인도, 할례 받은 이도 할례 받지 않은 이도, 야만인도, 스키티아인도, 종도, 자유인도 없습니다. 그리스도만이 모든 것이며 모든 것 안에 계십니다"(콜로 3,11). 여기에는(갈라 3,28 참조) 새로운 대안적 삶의 양식과 사회형태로서의 교회에 관한 비전이 제시되어 있다는 인상을 받게 된다. 이것은 애써 추구해야 할 목표, 완수해야 할 사명인가? '네 자신이 되라'가 교회에도 통용되는가? 아니면 이것은 하느님에 의해 완세적 · 종말론적 현실이 될 터인 비전인가?

한편 콜로새서와 에페소서에는 사회적 · 집단적 차이들의 폐기와 어긋나는 텍스트들도 있으니, 이른바 가훈 목록들이다(콜로 3,18-4,1; 에페 5,21-6,9).[51] 콜로새서 필자가 이 형식의 훈화를 처음 시도했는데, 이 형식은 원그리스도교에서 비교적 짧은 기간 동안만 존속했고, 2세기에 그리스도교 문헌에서 다시 사라질 터였다. 이미 존재하고 있었던 이 형식은 스토아-퀴

---

[50] R. REITZENSTEIN, *Das Iranische Erlösungsmysterium* (Bonn 1921) 152-163 참조.

[51] 참조: K. WEIDINGER, *Die Haustafeln* (UNT 14) (Leipzig 1928); D. SCHROEDER, Die Haustafeln des NT (Theol. Diss. Hamburg 1959); W. LILLIE, The Pauline House-tables: *ET* 86 (1975) 179-183; J.-E. CROUCH, *The Origin and Intention of the Colossian Haustafel* (FRLANT 100) (Göttingen 1972); D. LÜHRMANN, Ntl. Haustafeln und antike Ökonomie: *NTS* 27 (1980) 83-97; K. THRAEDE, Zum historischen Hintergrund der "Haustafeln" im NT: *Pietas* (FS B. Kötting) (Münster 1980) 359-368; GNILKA, *Kol* 205-227.

니코스 학파의 도덕철학에서 유래하는데, 헬레니즘 회당을 거쳐 전달되었다. 그리스도교적 맥락에서 가훈 목록의 대의는 시민적 가정 질서로의 복귀였다. 다시 말해 남편에 대한 아내의, 부모에 대한 자녀의, 주인에 대한 노예의 구체적 복종이었다. 이 전개 과정의 다양한 요인을 지적할 수 있다: 종말 대망待望의 쇠퇴, 선교 단계로부터 교회들의 안정적 성장 단계로의 이행, 국가 공권력의 영향, 사회에의 적응, 그리고 필경 교회 내부의 금욕주의적 · 세상 도피적 경향들에 대한 배격. 가훈 목록들은 기존 상황을 안정시키고자 한, 억압적 사회의 대리점 구실을 했는가?[52]

여기서는 세분화된 판단이 필요하다. 우선 두 서간의 가훈 목록과 주변 세계의 기존 가훈 목록의 비교에서 일정한 변경에 주목해야 한다. 기존 질서의 고수固守가 목적이었던 것은 결코 아니다. 새로운 요소들이 밀고 들어왔다. 예컨대 부부의 사랑에 관해, 상호 순종에 관해 말한다(에페 5,21.25). 이런 것은 주변 세계 문헌에서는 찾아볼 수 없다. 노예 주인에게는 그들이 함께 같은 주님을 하늘에 모시고 있음과 그분은 사람 차별을 하시지 않음을 주지시킨다(6,9). 한편 그리스도교 가훈 목록에 나오지 않는 내용 — 예컨대 하느님 공경 — 에 관해 언급할 수 있겠다. 그리스도인들에게 하느님 공경은 시민적 덕목이 아니라 그들 실존의 중심이었다. 물론 이 변경들은, 방향 전환을 시사하기는 하지만, 그렇게 큰 의미가 있지는 않다. 콜로새서 3,11과 가훈 목록들 간의 이 딜레마를 전자는 구원 질서에, 후자는 세상 질서에 귀속시킴으로써 해결할 수도 없다.[53] 만일 여기서 세상 안의 교회에는 세상 질서가 통용된다고 추론한다면, 치명적인 일이 될 것이다. 아무튼 여기서는 교회의 좌절과 함께 교회에 부과된 사명의 어려움도 드러난다. 이 사명은 물론 언제까지나 존속한다. 사회적으로도 중요한 의미가 있는 이 사명을 에페소서 4,13이 거론한다고 하겠다. 여기서는 교회가 하느님

---

[52] 유사한 비판: W. Schrage, Zur Ethik der ntl. Haustafeln: *NTS* 21 (1975) 1-22 중 1.

[53] Conzelmann, *Kol* 199-200.

의 아들에 대한 믿음과 지식에서 일치를 이루기 위해서만 부르심을 받은 것이 아니라, '완전(성숙)한 사람이 되고 그리스도의 충만한 경지에까지 다 다르도록' 불리었다고 말한다. 완전한 사람, 대인大人은 성숙한 모습 안에 있는 교회다. 이것은 그리스도 사랑의 모습이어야 한다. 에페소서가 콜로새서 3,11보다는 뒤에 머물러 있지만, 단념하지는 않는다. 에페소서는 좀 더 실제적으로 판단한다고 하겠는데, 그러나 교회의 이 내적 성장과 성숙 과정을 지치지 않고 엄하게 가르친다. 이 과정이 이 서간의 상황에서는 선교 과정보다 더 중요하게 여겨졌다.

두 서간의 종말론[54]을 우리는 앞에서 현재적 종말론이라고 특징지었다. 이 종말론은 세례 이해와 밀접히 관련되어 있다. 세례에서 수세자들은 그리스도와 함께 일으켜지고 되살려졌으며 하늘에 앉혀졌다는 열광적 정조情調의 언명들이 말하고자 하는 바는, 영원한 참생명이 이미 주어져 있다는 것이다. 그들은 이미 구원받았다. 하지만 이 현실은 숨겨져 있는, 오직 믿음으로만 포착할 수 있는 현실이다: "여러분의 생명은 그리스도와 함께 하느님 안에 숨겨져 있기 때문입니다"(콜로 3,3). 아무튼 그들이 아직 목표에 최종적으로 도달한 것은 아니다. 희망이 언제까지나 근본적인 요소로 존속한다. 그것은 복음의 희망이며(1,23), 그리스도는 '영광에 대한 희망'이다(1,27). 그들의 부르심은 희망을 불러 일으키거니와, 이 희망은 성도들의 상속재산과 관련된다(에페 1,18; 4,4). 다른 한편 이겨야 할 전투가 아직 있으니, 악한 날에 악한 영들을 대적하려면 하느님의 무기로 무장해야 한다(6,10-17). 긴장으로 점철된 이 두 계열의 언명들의 병존 ─ 한편 이미 성취되어 있음과 다른 한편 입증이 요구됨 ─ 은 이반離反, 즉 은총으로부터 떨어져 나감이 여전히 전적으로 가능했음을 유념한 결과라고 이해할 수밖에 없다. 단연 눈길을 끄는 것은, 에페소서의 훈계가 아주 구체적이고 강력하다는 사실이다(예컨대 4,17-32).

---

[54] 참조: F.J. STEINMETZ, *Protologische Heilszuversicht* (FTS 2) (Frankfurt 1969); H.E. LONA, *Die Eschatologie im Kolosser- und Epheserbrief* (FzB 48) (Würzburg 1984).

바오로 친서와의 가장 눈에 꽂히는 차이점은, 그리스도의 재림에 관해 언급하지 않는다는 사실이다. 이 대망이 바오로 친서에서 얼마나 결정적인지를 상기할 일이다. 여기서 종말론에 대한 일종의 구조 조정을 지적해야겠다. 이것은 다른 (예컨대 요한 복음서의) 현재적인 종말론적 관념들에서도 찾아볼 수 있으니, 곧 시간적 범주들이 공간적 범주들 안으로 전이轉移된다는 것이다. 종말론의 차원은 위와 아래의 차원이다. 믿는 이들의 희망은 하늘에 마련되어 있으며(콜로 1,5), 더 나아가 그들은 이미 천상 영역으로 옮겨져 있다(에페 1,3; 2,6). 천상 영역으로 옮겨져 있음이 의미하는 바는, 마찬가지로 그곳에 계시는 그리스도(1,20) 곁에 있다는 것, 다시 말해 그분과 결합되어, 그분 운명에 편입되어 있다는 것이다. 더 쉽게 풀어 말하면, 사람이 자기 생명을 이제는 온전히 그리스도를 바탕으로 이해하고 삶과 세상에 대한 전혀 새로운 지향을 얻음을 의미한다고 하겠다.

그러나 연장이라는 의미에서의 시간적 차원도 존속한다. 믿는 이들이 그날을 위해 하느님의 성령의 인장을 받은 '속량의 날'(에페 4,30)은 마지막 날이다. 그때 일어날 일이 오직 한 구절에만 암시되어 있다. 표현에 유의해야 한다: "여러분의 생명이신 그리스도께서 나타나실 때, 여러분도 그분과 함께 영광 속에 나타날 것입니다"(콜로 3,4). 종말론적 관념이 철저히 견지되어 있다. 부활에 관해서는 전혀 말하지 않는다. 부활은 사실 이미 이루어졌다. 덧붙여지는 것은 영광, 즉 하느님 안에서 인간의 완성이다. 에페소서도 이 관점을 제시한다: 우리는 하느님의 온갖 충만하심 안으로 충만해져 갈 것이다(3,19).

참고문헌

W. BUJARD, *Stilanalytische Untersuchungen zum Kolosserbrief* (StUNT 11) (Göttingen 1973).

C. BURGER, *Schöpfung und Erlösung* (WMANT 46) (Neukirchen 1975).

G.E. CANNON, *The Use of Traditional Materials in Colossians* (Marcon 1983).

C.C. CARAGOUNIS, *The Ephesian Mysterion* (CB.NT 8) (Lund 1977).

E.J. GOODSPEED, *The Key to Ephesians* (Chicago 1956).

K.M. FISCHER, *Tendenz und Absicht des Epheserbriefes* (FRLANT 111) (Göttingen 1973).

ST. HANSON, *The Unity of the Church in the NT* (ASNU 14) (Uppsala - Kopenhagen 1946).

J.C. KIRBY, *Ephesians. Baptism and Pentecost* (London 1968).

J. LÄHNEMANN, *Der Kolosserbrief* (StNT 3) (Gütersloh 1971).

A. LINDEMANN, *Die Aufhebung der Zeit* (StNT 12) (Gütersloh 1975).

H.E. LONA, *Die Eschatologie im Kolosser- und Epheserbrief* (FzB 48) (Würzburg 1984).

H. MERKLEIN, *Das kirchliche Amt nach dem Epheserbrief* (StANT 33) (München 1973).

C.L. MITTON, *The Epistle to the Ephesians* (Oxford 1951).

F. MUSSNER, *Christus, das All und die Kirche* (TThSt 5) (Trier ²1968).

E. PERCY, *Die Probleme der Kolosser- und Epheserbriefe* (Lund 1946).

P. POKORNY, *Der Epheserbrief und die Gnosis* (Berlin 1965).

G. SCHILLE, *Liturgisches Gut im Epheserbrief* (Diss. Göttingen 1952).

H. SCHLIER, *Christus und die Kirche im Epheserbrief* (BHTh 6) (Tübingen 1930).

H. SCHLIER - V. WARNACH, *Die Kirche im Epheserbrief* (Münster 1949).

M.-A. WAGENFÜHRER, *Die Bedeutung Christi für Welt und Kirche* (Leipzig 1941).

B. YATES, Col. 2,15: Christ Triumphant: *NTS* 37 (1991) 573-591.

2. 사목 서간

2.1 원자료

짐작건대 사목 서간 필자가 원자료와 전승에 가장 크게 의존하고 있는 신약성경 저자다. 신론적·그리스도론적 내용의 신조들뿐 아니라, 전례적 정식들과 매우 실제적인 교회 규율들도 그런 자료에 해당된다. 이런 폭넓은 의존 때문에, 연구자들은 사목 서간 필자를 비자주적으로 작업하는 전승자라고 지칭할 수 있었다.[55] 물론 필자가 추구한 목적은 분명하다. 가장 눈에 꽂히는 것은 필자가 싸워 구축驅逐하고자 한 이단 사설과의 대결이다. 이 대결이 마치 대위법對位法의 주선율처럼 세 서간 모두를 관통하고 있다. 대결은 티모테오 1서 처음부터 시작된다: "그대는 에페소에 머무르면서 그곳의 일부 사람들에게 그릇된 교리를 가르치지 말라고 지시하십시오. 신화나 끝없는 족보에 정신을 팔지 말라고 지시하십시오. 그러한 것들은 믿음을 통하여 알려지는 하느님의 계획에는 도움이 되지 않고, 억측만 불러일으킵니다"(1,3-4). 그리고 티토서 끝까지 이어진다: "어리석은 논쟁과 족보 이야기, 분쟁과 율법 논란을 피하십시오. 그러한 것들은 무익하고 헛될 뿐입니다"(티토 3,9). 그런데 다음과 같은 점들이 눈길을 끈다: 대결이 매우 격렬함에도 불구하고, 이단 사설에 대한 묘사는 대개 일반적인 수준에 머문다; 좀 더 구체적인 설명 없이 공박한다; 짐작건대 이미 표준화된 이단자 공박 어법을 넘겨받아 사용한다.[56]

이단자들이 혼인을 금지하고 음식 규정 엄수를 요구했음을(1티모 4,3) 고

---

[55] BARTSCH, *Anfänge* 160.

[56] ROLOFF(*1 Tim* 229)와 KARRIS(*Background*)는 철학적·반(反)궤변 논쟁법의 전제론(前提論)을 확인해 준다.

려하면, 이 대결은 좀 더 구체적으로 된다. 또한 그들은 부활이 이미 이루어졌다고 주장한 것 같다(2티모 2,18). 이 이단이 나아가던 방향이 티모테오 1서 6,20의 충고에 드러나 있다고 보아도 된다: "사이비 지식의 속된 망언과 반론들을 멀리하십시오." 그렇다면 이 이단은 훗날 영지주의라는 개념으로 총괄된 경향과 관계가 있었다고 하겠다. 물론 이 개념은 아직 명확히 규정되어 있지 않으며 더 상세한 논구가 필요하다. 그리고 이 이단이 그리스도교 영지주의의 한 초기 형태라는 확인이 옳다 하더라도, 그렇게 큰 도움은 되지 못한다. 어쨌든 유의해야 할 것은, 이 이단은 교회 안에서 생겨난 것이지 비그리스도인들이 교회 안에 들여온 것이 아니라는 사실이다. 이는 물론 외부의 정신적 영향들을 배제하는 것은 아니다.[57]

필자가 이단과 맞세우는 것은 '건전한 가르침'(1티모 1,10; 2티모 4,3; 티토 1,9; 2,1), '건전한 말씀'(1티모 6,3; 2티모 1,13; 2,8), 잘 지켜야 할 '맡은 것'($\pi\alpha\rho\alpha\theta\eta\kappa\eta$: 1티모 6,20; 2티모 1,12.14)이다. 기탁법에서 유래하는 이 개념이 매번 '지키다' 동사와 결부되어 있는 것은 시사하는 바가 크다. 이에 상응하여, 기탁물의 양도를 명시하는 동사의 사용도 특징적이다: "내 아들 티모테오, … 그대에게 이 지시[58]를 내립니다"(1티모 1,18); "많은 증인 앞에서 그대가 나에게서 들은 것을, 다른 이들도 가르칠 자격이 있는 성실한 사람들에게 맡기십시오(『성경』: 전해 주십시오)"(2티모 2,2). 여기에 이미 전수(傳授) 활동의 속행 과정이 드러나 있다. 건전한 가르침이란 계속 전해야 할 전승들을 가리킨다. 이제 사목 서간의 중요한 원자료들을 고찰함에 있어서, 이단과의 대결이라는 특수한 역사적 맥락을 염두에 두어야 한다. 그리하면 전승의 식별이 이단의 좀 더 뚜렷한 윤곽을 얻는 데에도 꽤 도움 될 것이다.[59]

---

[57] 이 이단: ROLOFF, *1 Tim* 228-239; G. HAUFE, Gnostische Irrlehre und ihre Abwehr in den Past: K.-W. TRÖGER (Hrsg.), *Gnosis und NT* (Gütersloh 1973) 325-339; U.B. MÜLLER, *Zur frühchristlichen Theologiegeschichte* (Gütersloh 1976) 특히 58-74.

[58] $\pi\alpha\rho\alpha\gamma\gamma\epsilon\lambda\iota\alpha$라는 낱말은 사목 서간에서 지시, 선포, 교시의 뉘앙스를 지닌다. PAPE-SENGEBUSCH, 해당 낱말 참조.

[59] BROX, *Past* 여기저기 참조.

티모테오 1서 2,5-6ㄱ은 전승 자료에 속한다.

> 하느님은 한 분이시고
> 하느님과 사람 사이의 중개자도 한 분이시니
> 사람이신 그리스도 예수님이십니다.
> 당신 자신을 모든 사람의 몸값으로 내어 주신 분이십니다.[60]

이 텍스트를 그 자체로서만이 아니라, 사목 서간에 들어 있는 다른 그리스
도론/신론 전승들과 비교하면서 간략히 고찰하자. 분명히 이 텍스트는 한
분 하느님과 한 분 중개자(1코린 8,6 참조)에 관한 언명과 그분의 대속사代贖死
(마르 10,45 참조)에 관한 언명이 합쳐져 이루어진 텍스트다. 이 복합성을 고
려하건대, 이 텍스트가 가장 오래된 전승재財에 속하지는 않는다고 추론할
수 있다. 유일신 신앙고백은 유다교 신조인 신명기 6,4에서 유래하고, 한
분 중개자에 대한 신앙고백은 한 분 주님에 대한 고백(1코린 8,6; 에페 4,5)과
맞닿아 있다. 유다교적인 것이 헬라-그리스도교적인 것과 혼합되어 있
다.[61] 물론 한 분 주님으로부터 한 분 중개자로의 변경은 설명이 필요하다.
마르코 복음서 10,45 — "사실 사람의 아들은 … 많은 이들의 몸값으로 자
기 목숨을 바치러 왔다" — 가 이 텍스트에 영향을 끼쳤다면, '사람이신 그
리스도 예수님'이라는 말 뒤에 인자 칭호가 있다고 추측해도 된다. 이는 묵
시문학에서 유래하는 '인자' 칭호가 예수의 참된, 실제적 인간존재와 관련
지어 해석되었음을 의미한다. 이 인간존재는 예수의 십자가 상 죽음에서
실로 명백히 드러났거니와, 이 죽음이 보편적 대속사로 제시되어 있다. 중
개자는 요컨대 인간존재 안에 있는, 모든 이를 위한 그의 죽음 안에 있는
예수다. 그의 죽음이 모든 인간에게 중요한 의미가 있다면, 또한 그분 안

---

[60] J. JEREMIAS, Das Lösegeld für Viele: *Abba* (Göttingen 1966) 226-229 참조.

[61] '한 분 주님' 정식은 비교 가능한 주변 종교 세계의 정식들에 대한 반명제(Antithese)로서
생겨났다고 짐작된다. ROLOFF, *1 Tim* 110 참조.

에 온 인류가 총괄되어 있는 것이다. 구원이 역사 안에서, 한 구체적인 장소에서, 한 인간을 통해 성취되었다. 이 언명에는 선재도 육화 표상도 나타나지 않는다는 것은 옳은 지적이다. 그러나 예수는 중개자로서 뭐라 해도 하느님 쪽에 있다. 어디까지나 그분이 하느님과 각별한 관계에 있기 때문에, 이를테면 온 인류를 하느님 앞에 데려갈 수 있다. 물론 강조점은 인간 그리스도 예수가 중개자라는 데 있다.

지금까지 상론한 전승 신조의 주요 요소들의 내용은, 요컨대 그리스도 예수가 중개자이니, 자신의 역사상 죽음 안에서 구원을 하느님으로부터 모든 인간에게 전달했다는 것이다. 이 요소들은 다른 전승 신조들에서도 확인됨을 알아볼 수 있다. 부각되어 있는 것은 무엇보다도 구원 활동에서 하느님과 그리스도의 협력이다.

> 하느님께서는 우리의 행실이 아니라 당신의 목적과 은총에 따라
> 우리를 구원하시고 거룩히 살게 하시려고 우리를 부르셨습니다.
> 이 은총은 창조 이전에 그리스도 예수님 안에서
> 이미 우리에게 주신 것인데,
> 이제 우리 구원자 그리스도 예수님께서 나타나시어
> 환히 드러났습니다.
> 그리스도께서는 죽음을 폐지하시고,
> 복음으로 생명과 불멸을 환히 보여 주셨습니다(2티모 1,9-10).[62]

하느님은 그리스도 예수 안에서 우리를 구원하셨거니와, 이분은 당신의 죽음과 부활을 통해 구원자(소테르)가 되셨다. 죽음의 폐지와 불멸의 생명의 환히 빛남은 예수의 죽음과 부활의 맥락 안에 있다. 티토서 3,4-7[63]▸은 하느님과 그리스도의 협력을 다른 방식으로 묘사한다: 여기서는 "그러나 우

---

[62] 이 텍스트에는 전승이 각인되어 있다: 전체가 전승인지 아니면 필자가 부분적으로 석의(釋義)하면서 전수하는지는 여기서 다루지 않아도 되리라 생각한다. BROX, *Past* 230 참조.

리 구원자이신 하느님의 호의와 인간애가 나타난 그때"를 상기시키면서, 그분의 자비를 찬양한 다음, 계속 말한다: "하느님께서 우리를 구원해 주셨습니다. 우리가 한 의로운 일 때문이 아니라 당신 자비에 따라, 성령을 통하여 거듭나고 새로워지도록 물로 씻어 구원하신 것입니다. 이 성령을 하느님께서는 우리 구원자이신 예수 그리스도를 통하여 우리에게 풍성히 부어 주셨습니다" — 하느님뿐 아니라 그리스도도 구원자로 지칭된다. 이 협력은 이렇게 규정된다: 구원의 주도권은 구원자 하느님께 귀속되고, 그리스도는 구원의 중개자이며, 하느님은 구원자 그리스도를 통해 구원을 성취하신다. 그리스도는 중개자다. 하느님은 여전히 보이지 않는 분으로 남아 있다. 그리스도 안에서 하느님의 호의와 인간애가 나타난다. 사목 서간의 한 특징인 현현(ἐπιφάνεια, 나타남) 개념이 여기서 열망하는 하느님 도우심의 나타남에, 또는 구원자 모습에 사용된다.[64]

그리스도는 단 한 분 하느님의 중개자요, 바로 여기에 그분의 유일무이함의 본질이 있다. 사목 서간은 이 점을 강조하는 한편, 하느님의 아들이라는 칭호 사용을 포기한다. 사목 서간에서는 구원 업적이 더 중요하다. 전례적 언어에 의해 꼴지어져 있고 전승에 의해 각인된 상당히 긴 문구들이 하느님에 관해 말하는 것은 하나의 특징으로 보아야 한다. 여기서도 유다교 신조에 상응하여 하느님의 유일하심을 확언하며, 또한 그분의 불가접근성과 불가시성을 찬미한다.

> 복되시며 한 분뿐이신 통치자
> 임금들의 임금이시며 주님들의 주님이신 분
> 홀로 불사불멸하시며
> 다가갈 수 없는 빛 속에 사시는 분 …(1티모 6,15-16).[65]

◀[63] 전승 문제: BROX, *Past* 306.

[64] 현현 개념은 헬레니즘 영역에서 이미 이런 의미로 꼴지어져 있었다. 참조: DIBELIUS - CONZELMANN, *Past* 77-78; E. PAX, *Epiphaneia* (MThS.H 10) (München 1955).

영예와 영광은 "영원한 임금이시며 불사불멸하시고 눈에 보이지 않으시며 한 분뿐이신 하느님"(1티모 1,17)께 바쳐진다. 여기에 묘사된 하느님상은, 중개자 그리스도 예수가 이제 더욱 뚜렷한 빛 속에 나타난다는 점에서, 전승 영역과 부합한다. 그리스도가 보이지 않는 하느님의 중개자이기 때문에, 사람들은 그만큼 더 그분을 향하도록 촉구받는다. 이 하느님은 그리스도를 통해 역사하시고, 또한 고대하는 예수 그리스도의 현현(재림)에서도 역사하실 것이다. 하느님은 이 현현을 정해진 때 우리에게 보여 주실 것이다 (1티모 6,14-15). 하느님의 최종적 구원의 나타남인 그리스도 재림에도 현현 개념이 마땅히 사용된다.

이로써 전승, '맡은 것', 지켜야 할 것이 그 신론/그리스도론적 내용의 관점에서 부각되어 있다. 신론적 언명들은 그리스도론을 겨냥한다. 근본적인 내용인즉, 다가갈 수 없는 하느님이 당신의 최종적 구원 결의를 유일한 중개자인 예수의 역사상 활동 안에서 실행하기로 작정하셨다는 것이다. 또한 유의해야 할 것은, 이 구원 결의가 모든 인간에게 해당된다는 점이다. 이 사상도 거듭 개진된다: "하느님께서는 모든 사람이 구원을 받고 진리를 깨닫게 되기를 원하십니다"(1티모 2,4; 참조: 1,15; 2,6). 이것이 고수해야 할 그리스도론적 신앙재라면, 이단은 예수의 역사상 활동을 통해 열려진 하느님께로의 길과는 다른 길들 — 예컨대 내면적·개인적 깨달음의 길 — 이 가능하다고 여기고 또 선전했다고 추론해도 된다. 짐작건대 여기에는 하느님의 불가 접근성과 불가시성도 한몫을 했다.

이에 맞서 강조된 역사성은 "예수 그리스도 … 그분께서는 다윗의 후손으로, 죽은 이들 가운데에서 되살아나셨습니다"(2티모 2,8),[66] 또는 "그리스

---

[65] 이 텍스트는 전통적인 서임식 훈시에 속하는 것으로 추정된다. 참조: E. KÄSEMANN, Das Formular einer ntl. Ordinationsparänese: *Exegetische Versuche und Besinnungen* I (Göttingen 1960) 101-108; R.-H. ESNAULT, *1 Tim* 6,12-16: *ETR* 30 Nr. 4 (1955) 40-45; ROLOFF, *1 Tim* 343-345.

[66] 이 문장은 로마서 1,3-4에 기대고 있는데, 후자에 비해 이차적임이 분명히 드러난다.

도께서는 우리를 위하여 당신 자신을 내어 주시어, 우리를 모든 불의에서 해방하셨습니다"(티토 2,14) 같은 전통적 언명들에도 나타난다. 그리스도론적 전승재의 마지막 보기로 티모테오 1서 3,16의 찬가 텍스트를 들어야겠는데, 강조하는 확언으로 시작된다.

> 우리 신앙의 신비는 참으로 위대합니다.
> 그분께서는 사람(직역: 육)으로 나타나시고
> 그 옳으심이 영으로 입증되셨으며
> 천사들에게 당신 모습을 보이셨습니다.
> 모든 민족들에게 선포되시어
> 온 세상이 믿게 된 그분께서는
> 영광 속으로 올라가셨습니다.[67]

구원의 보편성이 우주적으로 확장되어 있다. 그리스도가 세상에서, 모든 민족에게 받아들여진 일이 그야말로 승리주의적으로 선포된다. 그리스도의 구원이 모든 이를, 만물을 위한 것으로 규정되어 있다. 또한 천상계의 존재들도 그분을 칭송한다. 땅과 하늘을 대비시키는 대조對照들을 통해 그리스도의 개선 행진이 세 차례 묘사된다. 온 세상에서 이루어지는 그리스도 선포를 믿음과 결부시키는 것이 이 찬가의 특징으로 여겨질 수 있다. 그리스도의 운명, 그분의 죽음과 부활이 첫째 복합행行에 나온다. '육으로 나타나시고'가 육화 관념을 내포하고 있는지(참조: 요한 1,14; 필리 2,7) 아니면 단지 예수의 참된 인간존재를 가리키고자 하는 것인지는(로마 1,3 참조) 논란되고 있다.[68] 역시 확실하게 판정될 수 없는 문제로, 본디 더 길었던 텍스

---

[67] 참조: W. STENGER, Der Christushymnus in 1 Tim 3,16: *TThZ* 78 (1969) 133-148; R.H. GUNDRY, The Form, Meaning and Background of the Hymn quoted in 1 Tim 3,16: *Apostolic History and the Gospel* (FS F.F. Bruce) (Grand Rapids 1970) 203-222; F. MANNS, L'hymne judéo-chrétien de 1 Tim 3,16: *ED* 32 (1979) 323-339; A. O'LEARY, The Mystery of our Religion: *Way* 21 (1981) 243-254.

트의 한 단편만이 이 서간에 수용되었을 가능성에 대한 고려를 들 수 있다.[69] 텍스트의 짜임새로 미루어 아무래도 그 가능성에 반대해야겠다. '그 옳으심이 영으로 입증되셨다'는 죽음과 부활을 한데 묶는다. 십자가에 달렸던 분에게 부활에서 인간들에게 당한 능욕의 대상代償으로 그 옳으심에 대한 인정이 하느님으로부터 주어진다(요한 16,10 참조).

그리스도론이 '맡은 것'으로서 거의 온전히 전승이기 때문에, 또는 전승에 의해 각인되어 있기 때문에, 많이 다루어져 온 문제, 즉 티토서 2,13에서 그리스도를 곧장 '위대하신 하느님'이라 지칭하고 있는가라는 문제에 대해서도 여기서 대답할 수 있다. '위대하신 하느님'이라는 드문 칭호가 이를 부인한다고 볼 수도 있다.[70] 해석자들의 견해는 서로 엇갈린다.[71] 이 구절의 표현은 분명하지 않다: '이 은총이 우리를 … 위대하신 하느님이시며 우리의 구원자이신 예수 그리스도의 영광의 나타남을 기다리게 합니다'로 번역하든지 '… 위대하신 하느님의 영광의 나타남과 우리의 구원자이신 그리스도의 나타남을 기다리게 합니다'로 번역할 수 있다. 사목 서간이 아직 이루어지지 않은 현현(나타남)에 관해 말할 때, 다른 곳에서는 언제나 그리스도를, 다시 말해 그리스도의 재림을 염두에 두고 있다(1티모 6,14; 2티모 4,1.8). 하느님의 미래 현현에 관한 말은 다른 곳에서 전혀 찾아볼 수 없다. 이미 현재 (그리스도 예수 안에) 하느님의 은총 또는 호의와 인간애가 나타났다(티토 2,11; 3,4). 그러므로 이 구절은 아무래도 그리스도를 위대하신 하느님이라 지칭한다고 보아야겠다. 그렇다면 이것은 그리스도가 재림에서 당신의 신적 권능을 실증하시리라는 의미로 이해할 수 있겠다.

---

[68] ROLOFF(*1 Tim* 204)는 육화 언명이라는 데 반대한다. 이미 H. WINDISCH[Zur Christologie der Pastoralbriefe: *ZNW* 34 (1935) 213-238]도 그렇게 보았다. 동조자들: DEICHGRÄBER (*Gotteshymnus* 133-134); WENGST (*Lieder* 158). 육화는 그리스도론적 현현 유형(Epiphanie-typus)의 필수적 구성 요소는 아니지만, 어려움 없이 그것과 연결될 수 있다고 하겠다.

[69] 참조: W. METZGER, *Der Christushymnus 1 Tim 3,16* (AzTh 62) (Stuttgart 1979).

[70] 티모테오 1서 1,11에서도 하느님에게 한 가지 수식어('복되신')가 붙는다.

[71] 훌륭한 개관: BROX, *Past* 300.

신론/그리스도론 전승 외에 사목 서간 필자는 교회 규범과 직무와 관련된 원자료[예컨대 감독, 원로, 봉사자 지침(1티모 3,1 이하.8 이하; 티토 1,5 이하)]도 이용했다. 그 밖에 남자와 여자들(1티모 2,8 이하)을 위한 지시(가훈 목록들에 견줄 수 있는 이것들은 가정생활뿐 아니라 교회생활과도 관련된다), 그리고 과부(1티모 5,9 이하) — 교회에서 한 고유한 신분이었다 — 와 종들(6,1-2)에 관한 지시도 있었다. 티토서 2,1 이하에는 이 두 가지가 합쳐져 있다. 아마도 이 경우에는 가훈 목록 대신 교회 규범 목록이라 말하는 게 더 나을 것이다.[72] 또한 교직 서임이 이미 전제되어 있다. 그러므로 필자가 서임을 거론하는 것은 그것을 도입하기 위해서가 아니라 확증하기 위함이다. 이 모든 것이 바오로 친서 이후, 또한 에페소서 이후 이루어진 발전을 알려 준다.

2.2 교회와 그 조직

사목 서간에서도 근본적으로는 교회가 주제다. 이 점에서 사목 서간은 에페소서와 비견된다. 하지만 이 주제가 전혀 달리 제시된다. 에페소서에서는 유다인과 이방인이 그리스도의 몸인 보편적 교회 안에서 결합한다는 것이 주도적인 사상이었으나, 사목 서간에는 이 사상이 완전히 빠져 있다. 그리스도의 몸이라는 교회론적인 실제적 은유도 찾아볼 수 없고, 구원사적으로 의미심장한 유다인과 이방인의 종말론적·최종적 하느님 백성으로의 결합도 거론되지 않는다. 이 문제에 접근하기 위해서는, 사목 서간에서 에클레시아(교회)라는 낱말이 어떻게 사용되는지 물어야 한다. 이 단어는 티모테오 1서에만 나오지만, 세 구절이 시사해 주는 바 크다. 우선 분명한 것인즉, 무엇보다도 지역교회를 염두에 두고 있다는 점이다: 지역교회에 꼭 필요하지 않은 구호 임무의 짐을 지워서는 안 된다(5,16); 자기 집안을 다스릴 줄 모르는 사람(감독)이 어떻게 하느님의 교회를 돌볼 수 있겠는

---

[72] GNILKA, *Kol* 205-206 참조.

가?(3,5). 이와 함께 사목 서간을 이끌어 가는 교회론적 은유가 언급되어 있으니, 곧 하느님의 집인데, 이것이 (그리스도의) 몸 은유를 밀어냈다. 핵심적 중요성을 지니는 것은 3,15다. '바오로'는 곧 티모테오에게 갈 수 있게 되기를 바란다는 희망을 표명한 뒤, 이렇게 말한다: "내가 늦어지게 될 경우, 그대가 하느님의 집에서 어떻게 처신해야 하는지 알게 하려는 것입니다. 이 집은 살아 계신 하느님의 교회로서, 진리의 기둥이며 기초입니다." 이로써 사목 서간의 근본 의도가 확실히 시사되었다. 티모테오를 만난 적이 없는 '바오로'가 교회를 위한 지시를 내린다. 교회라는 주제가 중심이라는 것이 이로써 확증되어 있다. 다른 한편 에클레시아 개념은 여기서 지역교회를 넘어 확장된다. '진리의 기둥이며 기초'라는 규정은 적어도 지역교회들을 하나의 더 큰 통일체로 결합시킨다. 사목 서간에서는 바오로가 활동했던 도시들과 속주들 이름 외에, 그것을 넘어서는 지명들도 언급된다(1,3: 마케도니아; 2티모 4,9-13: 갈라티아, 달마티아; 티토 1,5: 크레타). 서간 필자는 확실히 속주들을 포괄하는 실재로서의 교회 관념을 가지고 있다.

교회의 기둥과 기초인 진리는 구원의 진리임을 교회가 깨닫는 것이 중요한데(1티모 2,4; 4,3; 2티모 2,25; 3,7), 사람들은 이 진리를 저버리거나(1티모 6,5; 2티모 2,18; 티토 1,14) 이에 대항할 수도 있으니(2티모 3,8), 지금 이단자들이 그렇게 하고 있다. 진리 인식의 소중함이 매우 강조된다. 이 진리가 신앙에 따른 진리라고 불리는(티토 1,1) 것은, 진리는 행해져야 한다는 것이 잊혀지지 않았음을 의미한다. 진리와 교회의 관계는 진리가 교회에 의해 지켜지고 선포된다는 데 그 본질이 있다. 진리의 말씀(2티모 2,15), 복음(1티모 1,11; 2티모 1,8.10), '맡은 것'이 있다. 진리와 믿음은, 믿음과 훌륭한 가르침이 그렇듯(1티모 4,6), 나란히 놓일 수 있다(2,7). 믿음은 다른 덕성들처럼 한 덕성이다(2티모 3,10). 믿음을 포기하지 않는 것이 중요하다. 교회 구성원들은 믿는 이들(οἱ πιστοί)이다.[73] 믿음은 거짓이 없어야 한다(1티모 1,5). 영원한 생명의

---

[73] 1티모 4,3.10.12; 5,16; 6,2 등.

원천인 그리스도에 대한 믿음은 오직 티모테오 1서 1,16과 티모테오 2서 1,12에서만 상기된다. 인간은 믿음으로 말미암아 하느님께 의롭다고 인정받는다는 바오로의 중심 사상이 사목 서간에서는 발견되지 않는다. 선교 사명 역시 뒷전으로 밀려나 있다. 이 모든 관찰은 우리가 이미 얻은 표상에 부합한다. 여기서 제시되는 교회는 공고화, 유지, 조직화의 단계에 들어섰다. 이단과의 대결로 말미암아 이 움직임이 촉진되었다. 그러는 가운데 물론 개방성과 내적 역동성을 상실할 위험성이 증대되었다.

교회의 내적 조직화와 공고화는 과거를 회고하며 이루어진다. 여기서 사람들은 바오로 사도와 연결된다. 이는 물론 교회들이 바오로와 그의 제자들의 예전 선교 지역에 자리잡고 있다는 사실과도 관계가 있다. 과연 그들의 이름부터가 방향을 지시해 준다. 하지만 (에페소서에서와는 달리) 다른 사도들은 언급되지 않는 것이 눈길을 끈다. 여기서 달리 규정지어진 교회들과의 일종의 경계 설정 시도를 읽어 내서는 안 될 것이다. 앞으로 보려니와, 사람들은 교회 구조 문제에서 조정과 동화에 힘썼다. 교회의 사도적 성격으로의 복귀를 오로지 바오로에 맞추어 시도한 것은, 전진하는 연속성을 추구한 것과 관련이 있다. 요컨대 사목 서간은 이미 바오로와 상당한 시간 간격을 두고 쓰였던 것이다. 사람들은 (바오로 차명 서간 집필을 통해) 바오로를 다시 붙잡음으로써, 사도적 연속성을 확보하려 시도했다.

이것은 다음과 같이 이루어졌다: 맨 앞에 바오로가 나온다. 바오로는 (누구나 예상하려니와) 세 편지(티모테오 1·2서, 티토서) 모두 인사말에서 사도로 불릴 뿐 아니라, 선포자와 이민족들의 교사로도 불린다(1티모 2,7; 참조: 2티모 1,11). 후자는 바오로 권위의 확고함과 그가 선포한 복음의 보편성을 강조한다. 바오로 친서에서 사도는 교사 칭호를 자신에게 사용한 적이 한 번도 없다. 그러나 필경 더 중요한 것은, 바오로에게 복음이 맡겨졌다는 언명이다.[74] 예전에 바오로가 박해하고 모독했던 그리스도 예수께서 그에

---

[74] 티토서 1,3에 따르면, 바오로에게 복음 선포의 임무가 맡겨졌다.

게 자비를 베푸시고, 그를 성실한 사람으로 여기시어 그 직무를 맡기셨다(1 티모 1,11-13). 낱말 선택에 유의해야 한다. '맡겨진 것'의 믿을 만한 수령자와 수호자가 될 수 있는 자격이 전면에 부각되는데, 이미 사도부터 그렇다. 이 사도관이 첫째 편지 앞머리에 (이단에 관한 첫 번째 언급에 곧이어) 자리잡고 있는 것은 주목할 만한데, 다른 두 편지에서는 이렇게 상세히 나오지 않는다. 우리는 이 세 편지가 하나의 앙상블로 구상되었다는 데서 출발할 수 있거니와, 이 짜임새있는 앙상블은 숙고된 배분을 통해 동일한 관심사를 주장하고 또 그로써 더욱 인상 깊게 표현할 수 있었다. 다만 순서에서 티모테오 2서를 마지막에 놓아야 할 것이다. 바오로의 순교에 대한 예상이 이 앙상블을 종결한다.

바오로 사도 시대와 사목 서간이 묘사하고 있는 현재 사이에 사도 유산의 중개자인 티모테오와 티토가 자리잡고 있다. 그들이 바오로에게서 받았고 계속 전해야 하는 것을 다양하게 둘러 말할 수 있다: "내 아들 티모테오, … 그대에게 이 지시를 내립니다"(1티모 1,18); "많은 증인 앞에서 그대가 나에게서 들은 것을, 다른 이들도 가르칠 자격이 있는 성실한 사람들에게 전해 주십시오"(2티모 2,2); "그대가 맡은 것(παραθήκη)을 잘 지키십시오"(1 티모 6,20); "그대는 건전한 가르침에 부합하는 말을 하십시오"(티토 2,1); "그대는 … 복음 선포자의 일을 하고 그대의 직무를 완수하십시오"(2티모 4,5). 지시, 사도에게서 들은 말, 맡은 것, 건전한 가르침, 복음이 사도성과 권위를 특징짓는다. 복음 선포자의 직무를 완수한다는 것은 이 권위 있는 말씀을 선포하고 관철하는 것과 다른 것이 아니다.[75]

티토서 1,5에서 티토에게 크레타의 고을마다 원로들을 임명하는 임무가 부여되는 데서 또 다른 차원이 나타난다. 위임 의식儀式은 "많은 증인 앞에서"(2티모 2,2)라는 언급에 이미 암시되어 있다. 위임은 안수를 통해 이루어졌다. 교직 서임은 사목 서간 교회들에서 통상적으로 행해졌다.[76]▶ 서임 과

---

[75] '복음 선포자'라는 낱말은 사도행전 21,8과 에페소서 4,11에도 나오는데, 복음에의 공동 정향에도 불구하고, 각기 고유한 뉘앙스를 지니고 있다.

정에 관해 몇 가지 상세한 내용을 말하는 것도 가능하다. 물론 여기서는
여러 가지가 논란되고 있다. 특히 눈에 꽂히는 것은, 서임 시행을 위한 상
세한 지침들은 제시하지 않고, 예전의 서임을 상기시킨다는 점이다. 티모
테오는 자신의 서임을 상기해야 한다! "나는 그대에게 상기시킵니다. 내
안수로 그대가 받은 하느님의 은사를 다시 불태우십시오"(2티모 1,6); "원로
단의 안수와 예언을 통하여 그대가 받은 은사를 소홀히 여기지 마십시오"
(1티모 4,14). 이 비교적 상세한 상기에 비해 안수에 대한 셋째 언급은 색이
바랬다: "아무에게나 선뜻 안수하지 말고 …"(5,22). 덧붙여 이 구절은 서임
과 관련되는지 아니면 죄인의 교회 복귀와 관련되는지가 불확실하다.[77] 그
러나 아무래도 둘째 견해는 신빙성이 없다. 다른 어느 곳에서도 죄인의 참
회 후 교회 복귀의 전례적 거행에 관한 암시를 찾아볼 수 없기 때문이다.
그러므로 이 구절은 서임 후보자를 꼼꼼히 검증하라는 훈계다.

티모테오의 서임이 한 번은 바오로에 의해, 또 한 번은 원로단에 의해
이루어진 것은 설명이 필요하다. 가장 선호되는 설명은 티모테오 1서와 2
서의 상이한 성격과 관련된다. 1서는 공식적 서술이고, 2서는 이를테면 티
모테오에게의 고별 서간으로서 사적 서술이라는 것이다.[78]

필자의 의도에 따른 두 편지의 실제적 관계는 무엇인가라는 물음이 남
아 있다. 둘 다 문학적 허구다. '역사상' 티모테오는 바오로에 의해서도 원
로단에 의해서도 서임되지 않았다. 그러나 이중의 이 허구는 바오로와 원

---

[76] 참조: VON LIPS, *Glaube*; E. FERGUSON, Jewish and Christian Ordination: *HThR* 56 (1963) 12-19; W.B. HUNT, Ordination in the NT: *SWJT* 11 (1969) 9-27; E. BERBUIR, Die Herausbildung der kirchlichen Ämter von Gehilfen und Nachfolgern der Apostel: *WiWei* 36 (1973) 110-128; H. KRAFT, Die Anfänge des geistlichen Amtes: *ThLZ* 100 (1975) 81-98.

[77] 참조: N. ADLER, Die Handauflegung im NT bereits ein Bußritus?: *Ntl. Aufsätze* (FS J. Schmid) (Regensburg 1963) 1-6; P. GALTIER, La réconciliation des pécheurs dans 1 Tim: *RSR* 39 (1951/52) 317-320; J.W. FULLER, Of Elders and Triads in 1 Tim 5,19-23: *NTS* 29 (1983) 258-263.

[78] 참조: DIBELIUS - CONZELMANN, *Past* 56-57; ROLOFF, *1 Tim* 258-259; H. BOOTH, Stir it up: *ExpT* 91 (1980) 369-370.

로단에 의해 티모테오가 서임되었음을 전제할 때에만 의미 있게 보인다. 실은 이로써 지금 교회들에서 시행되고 있는 서임이 사도에게까지 소급된 다는 것이 알려져야 했던 것이다.[79]

서임은 대략 다음과 같이 이루어졌으리라 추정할 수 있다: 서임은 '많은 증인 앞에서', 즉 소집된 회중 앞에서 시행되었다. 이것이 티모테오 2서 2,2도 서임식과 관련됨을 암시한다면, 여기서 '맡은 것'(티모테오가 바오로에게 들은 것)의 일종의 양도가 이루어졌음이 분명하다. 수임자는 이것을 '많은 증인 앞에서' 신앙고백을 통해 확증했다(1티모 6,12). 그리고 믿음을 위한 훌륭한 싸움을 촉구하는 권고의 말이 주어졌다(참조: 6,11-16; 4,11-16; 1,18-19). 중심 행위는 안수였는데, 이를 통해 직무 카리스마가 부여되었다. 이 의식은 유다교 라삐 임직식의 손받치기를 본뜬 것인데, 그러나 카리스마로 말미암아 고유한 의의를 획득했다.[80]

선출도 공개적으로 이루어졌다고 추정할 수 있다. 서임과 관련하여 예언(προφητεία)이 두 차례 언급된다: "내 아들 티모테오, 전에 그대에 관하여 선포된 예언에 따라 그대에게 이 지시를 내립니다"(1티모 1,18); "원로단의 안수와 예언을 통하여 그대가 받은 은사를 소홀히 여기지 마십시오"(4,14). 예언이 서임되어야 할 사람을 지명했다. 예언은 안수에 선행했고, 아마도 교회 집회에서 발설되었을 것이다.[81]▶ 그런 다음 서임식에서 예언적 지명이 반복되었을 것이다. 그러므로 여기 사목 서간에서 예언 활동의 마지막 자취를 확인할 수 있다. 예언 직분은 제도화된 직무로 대체되었다.

---

[79] 사목 서간과 사도행전의 관계가 어떻든 간에, 두 문서가 보여 주는 바오로상들은 서로 닮았다. 교회들 안에 퍼져 있던 바오로상에 두 문서가 의존했다고 추측할 수 있다. 사도행전 14,20-23에 따르면, 바르나바와 바오로는 데르베, 리스트라, 이코니온 그리고 안티오키아에서 안수를 통해 원로들을 임명했다. 그리고 사도행전 16,1-3에 따르면, 바오로는 리스트라에서 티모테오를 협력자로 얻었다. 이 정보들로부터 바오로와 원로들(리스트라의)에 의한 티모테오의 서임이 어렵지 않게 추정되었다.

[80] 안수: E. Lohse, *Die Handauflegung im Spätjudentum und im NT* (Göttingen 1951); P.A. Elderenbosch, *De Oplegging der Handen* ('s-Gravenhage 1953); J. Behm, *Die Handauflegung im Urchristentum* (Darmstadt ²1968).

바오로 친서와 비교해 볼 때, 그 이후의 발전 과정이 특히 카리스마(은사)라는 낱말의 사용에서 뚜렷이 나타난다. 이 단어가 바오로에게서는 교회에서의 봉사 수행을 위해 성령이 자유로이 선사하신 카리스마를 가리켰던 반면, 여기서는 의식(儀式)과 결부된 직무 카리스마다. 물론 바오로 교회들에도 이미 사도·예언자·교사 같은 특정한 사람들 동아리를 지칭하는 카리스마들이 있었으나, 사목 서간에서 비로소 카리스마가 제도화되었다. 직무 카리스마는 항구적으로 부여된다. 직무 위임은 결코 취소될 수 없다. 교회 회중은 서임식 이후 누가 직무를 넘겨받았는지 알고 있다. 카리스마가 직무 수행 자격을 전달한다. 직무 수행은 '맡은 것'의 보존에 국한되지 않고, 그것을 관철하고자 한다. 이 일은 무엇보다 선포와 가르침을 통해 이루어지는데, 다른 사목 활동 방식들에도 해당된다. 카리스마가 위축되거나 발휘되지 않을 수도 있다. 그래서 카리스마를 소홀히 하지 말고 다시금 불타오르게 하라는 격려가 행해진다. 카리스마가 오직 이런 격려의 맥락에서만 언급되는 것은 실로 주목할 만하다. 아무튼 자유와 책임의 영역이 전적으로 보존되어 있다.

서임에서 중심에 있던 것이 직무 카리스마의 부여인가 아니면 '맡은 것'의 넘겨줌인가라는 물음이 제기된다. 이와 연계하여 계승, 즉 사도(들)에게 소급되는 전권의 계속된 위임이라는 관념이 이미 존재했던가라는 물음도 제기된다. 직무 카리스마 부여가 더 중요했음이 확실하다. 이것은 하느님에게서 비롯한다. 수임자는 인간에 의해 중개된, 습득한 자격을 넘겨받는 게 아니라, 하느님 은총의 선물을 받는다. '맡은 것'의 넘겨줌은 그것을 계속 전하고 사람들에게 나누어 주는 임무를 겨냥하고 있다. '맡은 것'의 넘겨줌, 계승은 사목 서간에서 상당히 뚜렷이 나타난다고 말할 수 있겠다.

◀81 DIBELIUS - CONZELMANN(*Past* 26)도 같은 견해인데, 이들은 사도행전 13,1-3을 지적한다. 이렇게 보아야만 티모테오 1서 1,18의 분사 τὰς προαγούσας(전에 선포된)를 올바로 이해하게 된다. BAUER - ALAND, *Wörterbuch* 1406 참조. 반면 ROLOFF(*1 Tim* 102)는 예언을 권고와 훈계의 말과 동일시한다.

이것은 바오로 사도로부터 사도의 제자들을 거쳐 직무 보유자들에게까지 이어졌다. 카리스마 부여 행위인 안수가 이 과정을 동반했고 신학적으로 해명해 주었다. 안수를 한 번은 바오로가, 또 한 번은 원로단이 했다는 것이 안수의 계승을 반증反證하지는 않는다. 결정적인 것인즉, 사도에 관해 말한다는 사실이다. '맡은 것'만이 아니라 안수도 바오로에게 소급된다. 이 이중 의미에서 우리는 계승에 관해 말할 수 있다.[82]

사목 서간의 교회론은 대체로 교직 신학이다. 여기에는 여러 원인 — 교회 초창기의 영 체험의 쇠퇴, 이단자들의 영 보유 주장, 교회들 내부의 권태와 이탈 현상 — 이 있다. 그리스도의 재림 지연 문제를 너무 중대하게 평가하면 안 될 것이다. 아무튼 연속성이라는 실제적 문제가 발생했고, 사람들은 사도성이라는 길을 통해 문제 해결을 시도했다. 이는 에페소서가 택한 노선이기도 하다. 사목 서간에서 이 길은 사도전승의 보증으로서의 제도화된 직무에 이르렀다. 이 전승은 무엇보다도 그리스도론적으로 규정지어진 전승, 요컨대 그리스도교 신앙의 토대들을 내용으로 하는 전승이라는 것을 앞에서 확인했다. 아무튼 그것은 필요한 — '불가피한'이라고 말하지는 않겠다 — 전개 과정이었다. 초창기의 카리스마적·성령 운동적 분출 상황은 지속될 수가 없었다. 그러나 교회의 다른 구성원들, 직무 보유자 아닌 사람들은 어떻게 배열되었는지 물어야겠다. 여기서 그들이 (사진寫眞 용어로 말하자면) 노출 부족 상태에 있었음을 비판적 안목으로 유의해야 한다. 살아 있는 유기체, (그리스도의) 몸으로서의 교회라는 표상이 포기되고 '하느님의 집'이라는 표상에 의해 대체된 후, 그들은 (계속 비유를 사용하자면) 이 집의 규범들을 따라야 하는 거주자들로 나타났다. 이에 상응하여 그들은 가르침을 받았다. 그러나 이 집은 복음의 공간이기도 했다.[83] 이 집은 그들에게 그릇된 교설의 침해에 맞서 확신을 제공해 주었다.

---

[82] VON LIPS(*Glaube* 278)에 따르면, 사목 서간에서 직무 보유자들의 계승은 전승의 연속성에 봉사한다.

[83] ROLOFF(*1 Tim* 214)는 이 점을 강조한다.

이단은 교회 안에서 생겨났지, 밖에서 교회 안으로 들어온 게 아니다. 사람들은 이단을 강력히 배격했으나, 다른 한편 이단자들을 다시 얻으려 애썼다(1티모 1,20 참조).

모두가 영을 받았다. 이 일은 세례에서 일어났다. 세례는 '성령을 통한 거듭남과 새로워짐'이니, 인간을 구원하며 고대하는 영원한 생명의 상속자로 만든다(티토 3,5-7). 그러므로 영에 관한 다른 언명들도 수세자들과 관련시켜야 한다. 그들 역시 능력과 사랑과 절제의 영을 받았고(2티모 1,7), 그들 안에도 거룩한 영이 머물러 계시다(1,14). 따라서 최소한 잠재적으로 그들은 직무 보유자들 서임의 단순한 증인 이상의 존재다. 그들이 직무 보유자들과 다른 점은 다만 후자는 직무 카리스마를 받았다는 사실뿐이거니와, 그러나 이 사실이 이들을 구원해 주는 것은 아니고 직무 수행 자격을 부여한다. 사목 서간 교회론의 결점은 성령론이 발전하지 못했다는 것이다. 신앙인의 삶에서 영의 활동에 관해 아무것도 찾아 읽을 수 없다.[84]

부각되는 직무는 감독과 원로다. 이 두 직무에는 직무 지침이 마련되어 있는데, 수임자 선출에 유용하게 쓰였음이 분명하다(1티모 3,1 이하; 티토 1,6 이하). 두 직무 모두 거의 전반적으로 시행되었다. 훌륭한 가장의 성품과 가르치는 능력이 강조되었다. 바깥사람들의 좋은 평판도 중요하게 여겨졌다. 감독에 관한 직무 지침에는 그 밖에 새로 입교한 사람이나 갓 영세한 사람은 자격이 없다고 되어 있다(1티모 3,6). 감독과 원로에 대한 요구에서 서로 다른 것은 거의 없다. 나아가 이 두 개념은 바꿔 쓸 수도 있었다(참조: 티토 1,5.7). 동일한 현상을 사도행전 20,17.28에서도 알아볼 수 있다. 이 현상은 두 가지 교회 조직, 즉 원로 중심 조직과 감독 중심 조직의 혼합과 관련이 있다. 둘 다 본디 동료들로 구성된 일종의 협의체였다(필리 1,1 참조). 사목 서간에서 감독은 단수형으로(1티모 3,2; 티토 1,7), 원로는 복수형으로(1티모 5,17; 티토 1,5; 예외: 1티모 5,19) 언급하는 것이 큰 의미는 없다.[85] 아직은 한

---

[84] 사목 서간이 공동체 서간이 아니라는 사실이 이 결점을 메워 주지는 못한다.

명의 '군주적' 감독에 관해 말할 수 없음이 확실하다. 그러나 추세는 동료 단에서 한 명이 좌장 직분을 맡는 데로 나아갔다. 그러나 이것 역시 원로 단에 근거하여 해명된다: "지도자 직무를 훌륭히 수행하는 원로들은 이중으로 존대를 받아 마땅합니다"(1티모 5,17).

봉사자들은 감독들에게 종속되어 있다(필리 1,1 참조). 봉사자에 관한 지침이 감독에 관한 지침에 이어 나오는(1티모 3,8 이하) 것은 이 관계에 대한 기억을 아직 보존하고 있다고 하겠다. 요구되는 자격은 일반적인 것이지만, 그래도 눈길을 끄는 점은 가르치는 능력과 관련될 수 있는 것들은 빠져 있고, 주로 사회적 봉사 임무와 관련되는 것들을 거론한다는 사실이다(3,8 ㄷ: 봉사자는 부정한 이익을 탐내서도 안 된다). 봉사자도 직무 수임 전에 꼼꼼히 검증되어야 한다.[86] 봉사자에 관한 지침 중간에 여자들에 관해 말하는데, 이들에게도 봉사자처럼 특정한 자격이 요구된다. 이 구절이 여성 봉사자들을 가리켜 말한다는 것은 의심의 여지가 없다.[87]

여기서 봉사자의 아내에 관해 말한다고 보는 견해는 배격되어야 한다. 그렇다면 왜 감독/원로의 아내에 관해서는 별다른 훈계가 없는지 전혀 이해할 수 없다. 3,11에 '(여)봉사자'(로마 16,1-2 참조)라는 직명이 나오지 않는 까닭은, 이 여성들이 3,8의 '봉사자들'이라는 개념 안에 포괄되어 있기 때문이다. 여성 봉사자직은 바오로계 교회들의 주목할 만한 유산이다.

---

[85] 티모테오 1서 5,1에서는 '원로'가 직무 보유자를 의미하는 게 아니라, 단순히 교회 내의 젊은 사람과 대비되는 나이 많은 남자를 가리킨다.

[86] 티모테오는 직명(職名)과 관계없이 '그리스도 예수님의 훌륭한 봉사자(일꾼)'라 불리는데 (1티모 4,6), '봉사'라는 개념 역시 넓은 의미로 바오로와 티모테오에게 사용될 수 있다(1티모 1,12; 2티모 4,5). 모든 직무가 봉사다. 참조: J. HAINZ, Die Anfänge des Bischofs- und Dia-konenamtes: *Kirche im Werden* (Paderborn 1976) 91-107; J. ROHDE, *Urchristliche und früh-katholische Ämter* (ThA 33) (Berlin 1976); G. LOHFINK, Die Normativität der Amtsvorstel-lungen in den Past: *ThQ* 157 (1977) 93-106; J.P. MEIER, Presbyteros in the Pastoral Epistles: *CBQ* 35 (1973) 329-345.

[87] 참조: G. LOHFINK, Weibliche Diakone im NT: G. DAUTZENBERG u. a. (Hrsg.), *Die Frau im Urchristentum* (QD 95) (Freiburg 1983) 239 이하.

교회 구조와 관련하여 노인과 젊은이에 대한 각별한 관심이 눈길을 끄는데, 그것도 성별로 나누어 나이 많은 여자와 젊은 여자 그리고 나이 많은 남자와 젊은 남자에 관해 말한다(1티모 5,1-2; 티토 2,4.6). 필자는, 비록 여기서도 대부분 일반적 지침에 그치기는 하지만, 다양한 대화·권면 방식을 잘 알고 있다. 비슷한 내용을 신약성경에서는 베드로 1서 5,5에서만 더 찾아볼 수 있다. 사도행전 5,6으로 미루어 짐작하건대, 젊은 남자들은 시신 매장 같은 특정 봉사를 맡았던 것 같다.

티모테오 1서 5,3-16은 과부들에 관한 (그리고 과부들에게 내리는) 지침을 제시하는데, 이것 역시 교회를 질서짓는 의미를 지니고 있다.[88] 교직자들은 과부들을 각별히 보살펴야 한다. 과부 보살핌은 사도행전 6,1에 주목할 만한 상응 구절이 나온다. 티모테오 1서 5장과 관련하여 흥미로운 사실을 전제할 수 있으니, 그것은 교회들 안에 일종의 제도화된 과부 신분이 존재했다는 것이다. 이것은 직무 제도가 아니라 구호 제도였는데, 이와 관련된 합당한 자격이 제시되어 있다: 예순 살 이상이어야 하고, 사고무친四顧無親이어야 하며, 일찍이 선행으로 좋은 평판을 받아야 한다.[89] 이 제도의 배경은 고대사회의 홀로 남겨진 과부들의 통상적 곤경이었다. 교회의 과부회에 받아들여진 여성들은 부양받을 권리를 지니고 있었다. 서약을 통한 정식 입회가 있었던가?(5,12 참조). 과부들이 공동생활을 했던가? 아무튼 이 과부 제도가 그리스도교 수도생활의 전형태는 아닐까라는 물음을 제기할 수 있다.[90]

사목 서간에는 교차되는 부분이 더러 있음을 유의해야 한다. 특히 지시하는 언설들에서 그렇다. 과부, 젊은이와 노인, 노예 등을 가르치고 보살

[88] 참조: J. MÜLLER-BARDORFF, Zur Exegese von 1 Tim 5,3-16: *Gott und die Götter* (FS E. Fascher) (Berlin 1958) 113-133.

[89] BARTSCH, *Anfänge* 112-138 참조.

[90] 참조: J. ERNST, Die Witwenregel des 1 Tim - ein Hinweis auf die biblischen Ursprünge des weiblichen Ordenswesens?: *ThGl* 59 (1969) 434-445.

피라고 티모테오와 티토에게 내리는 지시들은 간접적으로는 언제나 그들 자신에게도 해당된다. 더 중요한 것은, 티모테오와 티토가 그들의 직분 수행을 위해 준수하는 지시들이 늘 교직자들도 염두에 두고 있다는 사실이다. 이런 지시들에 속하는 것으로는, 사람들이 건전한 가르침을 받아들이려 하지 않고 귀에 듣기 좋은 꾸민 이야기들로 돌아설 때 꿋꿋하게 나서서 말씀을 선포하라는 훈계(2티모 4,1-5)와, 말과 행실과 사랑 등에서 믿는 이들의 본보기가 되라는 격려(1티모 4,12)를 들 수 있다. 또한 반대자들을 온유하게 바로잡아 주고 나아가 악을 기꺼이 견뎌 내라는 촉구(2티모 2,24-26)도 언급할 가치가 있다.

2.3 윤리와 종말 대망

이 교차 언설들을 통해 윤리에 관해서도 몇 가지가 거론된 셈이니, 이것들이 신앙인의 삶에도 이어지기 때문이다. 이 교차를 통해 종종 상투적인 인상을 주는 전통 윤리적 가르침이 활기를 띤다. 바오로 사도와 그의 제자들은 그리스도인 삶의 본보기다. 특히 수난과 순교에서 보여 준 바오로 사도의 모습이 그러하다: "우리가 그분과 함께 죽었으면 그분과 함께 살 것이고 우리가 견디어 내면 그분과 함께 다스릴 것입니다"(2티모 2,11-12). 순교에 대한 예상은, 여러 협력자의 고립무원의 체험과 결부되어 있거니와, 사람들의 마음을 흔들어 놓고자 한다(4,9-18). 또한 바오로는 은총을 의심해서는 안 되는 사람들을 위해, 하느님의 자비와 인내의 본보기로도 제시된다. 확실히 역사상 바오로 역시 자신의 사도 실존을 온전히 은총을 바탕으로 이해하고 살아 냈다. 사도는 자신의 다마스커스 체험을 고양되신 주님이 자기를 부르시어 복음을 깨우쳐 주신 일로 이해했다. 사목 서간에서는 이 체험이 죄인의 회심, 불신에서 믿음으로의 전환이 된다(1티모 1,12-16).[91]

---

[91] 이 점에서도 사도행전과 상통한다. 참조: K. LÖNING, *Die Saulustradition in der Apg* (NTA 9) (Münster 1973).

그리스도교적 자녀 교육은 사목 서간의 한 주요 관심사다. 여기서 티모 테오의 사례가 제시된다. 그의 교육에 관해 회고적으로 언급하는 내용을 사람들은 본받아야 한다. 어린아이였을 때 티모테오는 믿음의 말씀과 훌륭한 가르침으로(1티모 4,6), 진실한 믿음으로(2티모 1,5) 키워졌다. 여기서 신자였던 그의 할머니 로이스와 어머니 에우니케가 거명되는 것은, 아이 교육이 여인들 소관이었던 고대 관습에 부합한다. 나중에는 교육을 아버지가 넘겨받았다.[92] 또한 티모테오는 어릴 때부터 성경을 익혔거니와, 성경은 하느님의 영감으로 쓰였고 여러모로 유익하다(3,15-16).

사목 서간의 한 특징적 개념은 에우세베이아($\epsilon\dot{v}\sigma\acute{\epsilon}\beta\epsilon\iota\alpha$)[93]인데, 대충 '경건'으로 번역되지만 정확하지는 않다. 이 개념은 그리스 도덕철학에서 넘겨받았는데, 거기서는 신과 인간(통치자, 부모)에 대한 경외의 자세(인간이 세운 질서들에 대한 존중 포함)를 가리켰다.[94] 이 의미를 사목 서간에서도 전제해도 될 것이다. 그러나 물론 그리스도를 이 질서의 중심으로 본다는 점을 유념해야 한다. 이로써 하나의 긴장 관계가 드러난다. 그리스도를 끌어댐으로써 세상의 기존 상황이 변화되는가 아니면 정당화되는가라는 물음이 제기된다.

이렇게 에우세베이아 개념은 교회와 세상 관계에 관한 흥미로운 척도가 된다. 헬레니즘의 에우세베이아 이해에 상응하는 것을 티모테오 1서 2,1-2에서 확인할 수 있다: "나는 무엇보다도 먼저 모든 사람을 위하여 간청과 기도와 전구와 감사를 드리라고 권고합니다. 임금들과 높은 지위에 있는 모든 사람을 위해서도 기도하여, 우리가 아주 신심 깊고 (모든 에우세베이아 안에서) 품위 있게, 평온하고 조용한 생활을 할 수 있도록 하십시오."

---

[92] 고대의 교육: P. BLOMENKAMP: *RCA* VI 502-559(참고문헌 수록).

[93] W. FOERSTER, Eusebeia in den Past: *NTS* 5 (1958/59) 213-218; S.C. MOTT, Greek Ethics and Christian Conversion: *NT* 20 (1978) 22-48; D. KAUFMANN-BÜHLER: *RCA* VI 985-1052.

[94] 참조: D. KAUFMANN-BÜHLER: *RCA* VI 986.

그리스도론과의 결부는 3,16에 나온다. 여기서 그리스도론적 신조를 다음과 같은 말로 도입한다: "우리 신앙(에우세베이아)의 신비는 참으로 위대합니다." 이 맥락에서는 에우세베이아 개념이 신앙이나 '우리 종교'라는 뜻의 의미와 가까워진다. 여러 구절에서는 에우세베이아가 거의 부각되지 않으며(4,7-8; 6,5-6), 많은 덕성 중 하나다(6,11). 에우세베이아는 수난 사상과 관련하여 그리스도교적 특성을 띤다. 바오로는 티모테오에게 또 따라서 결국 모든 이에게 그리스도를 위한 수난의 본보기로 내세워진다. 여기서 격려는 이렇게 끝난다: "사실 그리스도 예수님 안에서 경건(에우세베이아)하게 살려는 이들은 모두 박해를 받을 것입니다"(2티모 3,12). 사실 편지 수신인들은 바오로가 로마의 칼, 즉 국가 공권력에 의해 처형되었음을 잘 알고 있었다. 티모테오 2서가 마지막에 로마에서의 사형 판결에 관해 전혀 전해 주지 않는(덧붙여 사도행전도 마찬가지다) 것은 주목해야 마땅하다. 궁극적이고 참된 의미에서 바오로는 에우세베이아를 보존·수호했으니, 현실의 질서를 어지럽히지 않았을뿐더러 오히려 참된 질서를 초래했다.

한 가지 문제에서 통상적 질서에 대한 사목 서간의 순응이 극명하게 드러나니, 여성(1티모 2,8-15; 5,11-15)과 노예(6,1-2)에 관한 지침이 그것이다. 이 두 집단이 함께 거론되어야 했다는 사실부터가 주목할 만하다. 여기서 억압적 질서가 고착화되었다는 것은 오늘 우리가 똑똑히 알고 있는 바다. 그리스도인의 자유에 관한 바오로의 사상은, 계속 발전해야 마땅했음에도, 차단되었다. 달리 조명하면, 이단자들과의 대결에서 질서는 새삼 창조 질서로 나타난다. 혼인과 특정 음식을 금하는 이단자들에게는 이렇게 반박한다: "하느님께서 창조하신 것은 다 좋은 것으로, 감사히 받기만 하면 거부할 것이 하나도 없습니다. 사실 그것들은 하느님의 말씀과 기도로 거룩해집니다"(4,4-5).

좋은 일을 하고, 선행으로 부요해지고, 아낌없이 베풀고 나누어 주라고 부자들에게 사회적 의무를 상기시키는 것은 그리스도교 전통과 거의 부합한다(6,17-19). 부의 추구의 위험성을 경고한다. 모든 이에게 절제를 촉구한다. 그 논증은 마치 지혜문학의 금언처럼 들린다: "우리는 이 세상에 아무 것도 가지고 오지 않았으며 이 세상에서 아무것도 가지고 갈 수 없습니다" (6,7; 참조: 욥기 1,21).

윤리적 가르침에서의 종말론적 근거 제시, 윤리적 동력으로서의 그리스 도 재림 대망이 밀려나 있는 것이 눈길을 끈다. 여기서 특징적인 것은, 묵 시문학 어휘들이 사목 서간에서 여전히 자주 사용될 수 있었다는 사실이 다. 재림의 날과 동일시되는 '그날'(2티모 1,12.18)에 관해, 어떤 이들은 믿음 을 저버릴(지금 이미 조짐을 보인다) 마지막 때에(1티모 4,1)[95] 관해, 힘든 시기가 닥쳐 올 마지막 시대(2티모 3,1)에 관해 말한다. 바로 이 표현이 사람들이 종 말을 먼 미래로 옮겨진 것으로 보았음을 암시해 준다. 요컨대 묵시문학 어 휘들은 존속했지만 그 내용들이 현재를 규정짓지는 않았다. 더 나아가, 그 내용들은 재고품 목록이 되어 버렸다. 그러나 어쨌든 그리스도의 재림이, 사목 서간의 용어로는 그리스도의 현현(나타남)이 도래할 것은 확실하다. 복 되신 오직 한 분의 통치자 하느님께서 정해진 때 그것을 보여 주실 것이다 (1티모 6,14-15). 구원자께서 당신의 영광 속에 나타나실 때 '이 세상'(2티모 4, 10 참조)을 끝장내고, 산 이와 죽은 이를 심판하실 것이다(4,1). 그때까지 '맡 은 것'을 계속 전해야 하고, 위임받은 직무를 수행해야 한다(1티모 6,14 참조). 죽음을 앞둔 바오로의 열망은 주님의 하늘 나라(2티모 4,18)에, 그리스도 예 수의 나라(4,1)에 받아들여지는 것이다. 이는 죽음 직후에 그리스도와의 결 합이 이루어짐을 가리켜 말하는 것이라고 전제해도 될 것이다. 그리스도 가 아버지께 주권을 넘겨드림(1코린 15,28 참조)에 관해서는 아무 말이 없다. 그러나 우주적 심판의 날을 오게 하는 것은 하느님의 일이다(1티모 6,14-15). 그날 바오로 사도와 사도를 닮았음이 입증된 사람들은 모두 칭찬받고 의 로움의 화관을 받을 것이다(2티모 4,8).

---

[95] 그리스어 표현은 *ἐν ὑστέροις καιροῖς*다.

참고문헌

H.-W. BARTSCH, *Die Anfänge urchristlicher Rechtsbildungen* (ThF 34) (Hamburg-Bergstedt 1965).

B. FIORE, *The Function and Personal Example in the Socratic and Pastoral Epistles* (AnBib 105) (Rom 1986).

A.T. HANSON, *Studies in the Pastoral Epistles* (London 1968).

R.J. KARRIS, The Background and Significance of the Pastoral Epistles: *JBL* 92 (1973) 549-564.

G.W. KNIGHT, *The Faithful Sayings in the Pastoral Letters* (Kampen 1968).

W. LÜTGERT, *Die Irrlehrer der Past* (BFChTh 13/3) (Gütersloh 1909).

H. MAEHLUM, *Die Vollmacht des Timotheus nach den Past* (Basel 1969).

W. NAUCK, Die Herkunft des Verfassers der Past (Diss. Göttingen 1950).

R. SCHWARZ, *Bürgerliches Christentum im NT?* (ÖBS 4) (1983).

P. TRUMMER, *Die Paulustradition der Past* (Beiträge zur bibl. Exegese und Theologie 8) (Frankfurt a. M. 1978).

D.C. VERNER, *The Household of God* (SBLDS 71) (Chico 1981).

H. VON LIPS, *Glaube – Gemeinde – Amt* (FRLANT 122) (Göttingen 1979).

S.G. WILSON, *Luke and the Pastoral Epistles* (London 1979).

M. WOLTER, *Die Past als Paulustradition* (FRLANT 146) (Göttingen 1988).

3. 히브리서

3.1 원자료

히브리서는 많은 점에서 수수께끼다. 발신인과 수신인[96]을 명시하지 않고 '격려의 말'(히브 13,22)로 자임하는 서간 자체가 부모 없는 불가사의한 인물 멜키체덱(7,3)을 닮았다. 하지만 많은 해석자가 필자를 독창적 사상가로 치켜세우는데, 그는 유려한 그리스어를 구사할 뿐 아니라, (독단적이지는 않지만) 매우 독자적인 신학적 구상을 펼칠 수 있었다. 그런 까닭에 전승들을 분명히 가려내기가 매우 어렵다. 필경 필자가 수용한 전승과 구상들을 전혀 새로이 꼴지었으리라고 생각해야 할 것이다. 그러므로 히브리서를 다룰 때는 우선 이 고유한 특징에 유의하는 것이 상책이다.[97]

이 서간이 수용한 전승 유동체는 극히 제한적으로만 바오로적이라고 말할 수 있다. 믿음으로 말미암은 의인(의화)이나 수세자의 그리스도 안의 실존 같은 바오로 신학의 근본 내용들은 나오지 않는다. 이와 견줄 수 있는 것들이 달리 구상·표현되어 나타난다. 서간은 그리스도의 부활 대신 천상으로의 고양을 특히 즐겨 말한다. 앞으로 보려니와, 율법에 대한 견해가 바오로와 전혀 다르다. 유다인과 이방인의 구별은 서간의 역사 구상에서 아무런 구실도 하지 않는다.[98] 한편 비슷한 내용들 — 예컨대 예수가 자신의 피로써 성취한 속죄에 관한 신조(로마 3,25-26)나 순종하지 않는 모세 세

---

[96] '히브리인들에게'라는 제목은 이미 가장 오래된 사본들에 들어 있는데, 원그리스도교 서간들의 집성 시기에 생겨났을 것이다.

[97] 내가 받은 인상으로는, WEISS(*Hebr*)가 이 노선을 단호히 따른다.

[98] GRÄSSER(*Hebr* I 17-18)는 히브리서 13,22-25를 이차적인 것으로 본다. 그렇다면 바오로와의 외적 연결 고리도 없어져 버린다고 하겠다. 그러나 이 구절이 이차적이라면, 그 가필자가 바오로와의 연결 고리를 더 분명히 만들어 넣지 않았을까?

대의 경고적 사례(1코린 10,1-11) — 이 바오로에게서도 전승에서 길어 온 자료로 여겨지며, 그래서 흔히들 히브리서와 바오로가 함께 동일한 전승 유동체에 의존하고 있으리라고 생각하는 것은 우연이 아니다.[99]

히브리서 그리스도론의 핵심 언명인 대사제 예수 그리스도 — 신약성경에서 오직 이곳에만 나온다 — 와 관련해서도, 전승과의 구체적 연결점을 찾아내기가 어렵다. 그리스도교 영역에서 이 그리스도론적 존칭은 클레멘스의 첫째 편지에 다시 나타난다. 하지만 그 구절들은 기존의 한 전례적 용법에 소급된다고 하겠다(36,1; 61,3; 64). 물론 당대 유다교(쿰란)에도 메시아론적 대사제 대망이 존재했고, 주변 세계에 갖가지 멜키체덱 사변 — 여기서 멜키체덱은 천상 천사나 구원자, 신적 로고스로 제시된다 — 이 있었다.[100] 그러나 여기서도 편차가 너무 커서 직접적인 기원 찾기는 헛일이며, 히브리서 필자가 멜키체덱의 본을 따른 대사제 예수 그리스도라는 사상을 개진할 때 의존하고 또 이해와 동의를 할 수 있었던 하나의 전승 유동체를 꼬집어내기란 전혀 불가능하다.

1,1-4의 머리말은 좀 더 구체적인 귀납적 추론을 허용한다. 연구자들의 일치된 견해에 따르면, 필자는 서간 맨 앞에 교회의 신앙고백을 놓고(로마 1,3-4와 견줄 수 있다), 이 고백을 성찰의 출발점으로 삼는다. 나아가 고백에 대한 해석이 서간의 내용을 근본적으로 규정짓는다. 신앙고백과 해석[101]은 실제로 서간을 각인하는 요인들이다. 서간은 다음과 같이 시작된다.

---

[99] HEGERMANN(*Hebr* 14-16)은 히브리서와 바오로의 전승 텍스트들의 각별한 관계를 강조한다.

[100] 특히 필론이, 그다음으로는 쿰란(11 Q Melch), 메르카바-밀교, 영지주의가 논구 대상이다. 참조: G. WUTTKE, *Melchisedech der Priesterkönig von Salem* (BZNW 5) (Gießen 1927); M. SIMON, Mélchisédek dans la polémique entre Juifs et Chrétiens et dans la légende: *Recherches d'histoire judéo-chrétienne* (Paris 1962) 102-124; S. NOMOTO, Die Hohepriester-Typologie im Hebr (Diss. Hamburg 1965); THEISSEN, *Untersuchungen* 135-152; M. DELCOR, Melchizedek from Genesis to the Qumran Texts and the Epistle to the Hebrews: *JSJ* 2 (1971) 115-135; LOADER, *Sohn und Hoherpriester* 220-222.

[101] LAUB, *Auslegung* 참조.

하느님께서 예전에는 예언자들을 통하여 여러 번에 걸쳐 여러 가지 방식으로 조상들에게 말씀하셨지만, 이 마지막 때에는 아드님을 통하여 우리에게 말씀하셨습니다. 하느님께서는 아드님을 만물의 상속자로 삼으셨을 뿐만 아니라, 그분을 통하여 온 세상을 만들기까지 하셨습니다. 아드님은 하느님 영광의 광채이시며 하느님 본질의 모상으로서, 만물을 당신의 강력한 말씀으로 지탱하십니다. 그분께서 죄를 깨끗이 없애신 다음, 하늘 높은 곳에 계신 존엄하신 분의 오른쪽에 앉으셨습니다. 그분께서는 천사들보다 뛰어난 이름을 상속받으시어, 그만큼 그들보다 위대하게 되셨습니다.[102]

하느님께서 말씀하셨다. 인간들에게 선포되었고 또 선포되는 하느님 말씀과 함께 전체가 시작된다. 이로써 하느님 말씀의 신학의 우위가 뚜렷이 확인된다. 필자가 그리스도에 관해 말하기 전에 이 하느님 말씀이 상기되어야만 하거니와, 이 말씀은 물론 아들을 통해 결정적 방식으로 선포되었다. 사유 과정은 하느님의 말씀으로부터 아들 — 그리스도교 신앙고백의 핵심 내용이다 — 로 나아간다. 이 신앙고백으로 비로소 전승을 포착할 수 있게 된다. 필자는 말씀 신학을 신앙고백 앞에 놓았고, 이로써 이 고백에 그리스도 **사건**이 매우 중요함을 암시한다.

이 고백이 전승으로부터 취해졌다는 것은, 그 구조에서 잘 알 수 있다. 구조는 선재(그분을 통해 온 세상을 만드셨다)로부터 하강(그분은 죄를 깨끗이 없애셨다)을 거쳐 고양(그분은 존엄하신 분의 오른쪽에 앉으셨다)까지 세 단계로 되어 있다. 이와 견줄 수 있는 형식의 세 단계를 필리피서 2,6-11의 그리스도 찬가에서도 만날 수 있다.[103] 텍스트는 아들과 하느님의 관계에 대해(그분은 하느

---

102 참조: E. GRÄSSER, *Hebr* 1,1-4 (EKK,V 3) (Zürich 1971) 55-91; D.W.B. ROBINSON, The Literary Structure of Hebr 1,1-4: *AJBA* 2 (1972) 178-186; J.P. MEIER, Structure and Theology in Hebr 1,1-4: *Bib* 66 (1985) 168-189; D.A. BLANK, Hebrews 1,1-4: *WThJ* 49 (1987) 175-194.

님 영광의 광채, 하느님 본질의 모상이다), 그리고 세상 및 인간들과의 관계에 대해(그분은 만물을 지탱하신다) 말한다. 선재하던 아들이 하느님에 의한 창조에 함께했다는 관념, 즉 창조 중보자직에 대한 관념 역시 그리스도론적 신앙고백 전승에서 확인할 수 있으며(요한 1,3; 콜로 1,16), 아들을 통해 보장되는 창조계의 보존(콜로 1,17)도 마찬가지다. 아들의 고양과 책봉을 표현하기 위해 내세워지는 시편 110,1 — "야훼께서 내 주군께 하신 말씀. '내 오른쪽에 앉아라'" — 은 신약성경에서 가장 자주 인용되는 구약성경 구절 가운데 하나다. 우리의 텍스트는 이 구절을 위엄 있고 능동적인 스스로 앉음으로 변경시켰는데, 이에 관해서는 다른 맥락에서도 언급한다(히브 8,1; 10,12; 12,2). 이름을 상속받음은 다시금 필리피서 2,9를 상기시킨다.[104] 이 이름이 천사들의 이름보다 뛰어남을 강조하는데, '영적 권세들 위에 계시는 그리스도'라는 이 연상聯想 — 이어서(히브 1,5-14) 계속 펼쳐진다 — 역시 그리스도론적 신앙고백 자산에 계류시킴으로써 촉진되었다고 하겠다(참조: 필리 2,10; 콜로 1,16).[105] 물론 히브리서가 (일차적으로) 염두에 두고 있는 것은, 인간을 노예화하는 운명의 권세들이 아니라, '구원을 상속받게 될 이들에게 봉사하도록 파견된 시중드는 영들'인 선한 영적 존재들이다(1,14).

머리말의 그리스도론적 전승의 원문을 확보하는 것은 불가능하다. 필자가 나름대로 꼴지었고 필경 부분적으로는 표현을 바꾸기도 했을 터이기 때문이다. 전승의 원문은 최소한 2ㄷ, 3ㄱ.ㄴ에 들어 있다고 여겨진다. 그런데 세상 창조와 보존은 결국 서간의 향후 전개에서 거의 아무런 구실도

---

[103] 여기서는 이렇게 말한다: 그분은 하느님의 모습을 지니셨지만, 자신을 낮추셨고, 드높이 올려지셨다. O. HOFIUS, *Der Christushymnus Phil 2,6-11* (WUNT 17) (Tübingen 1976) 75 이하 참조.

[104] 어떤 이름을 가리켜 말하는지는 불분명하다. GRÄSSER(*Hebr* I 66)에 따르면 아들이라는 이름이다. 이에 반대하여 WEISS(*Hebr* 153-154)는 하느님의 이름이라고 생각한다.

[105] 그릇된 천사론에 대한 공박이 담겨 있는 것 같지는 않다. '능가 도식'(그리스도는 만물 위에 뛰어나다)은 히브리서의 한 특징이다. H. BIETENHARD, *Die himmlische Welt im Urchristentum und Spätjudentum* (WUNT 2) (Tübingen 1951) 129 Anm. 1 참조.

못한다. 심지어 그것은 필자의 세계관과 일정한 긴장 관계에 있다. 이 세계관은 이원론적으로 꼴지어져 있다. 지상계는 유한하고 덧없고 흔들리며 변전을 향해 서둘러 나아가는 반면, 천상계는 영원하고 언제까지나 흔들리지 않고 남아 있다(12,27-28).

코스모스(κόσμος: 우주, 세계, 세계 질서)가 아니라 아이온(αἰών: 세상, 시대, 시간)을 창조했다고(1,2) 말하는 것은, 암시적 해석이라 할 수 있다. 이는 공간적 측면과 더불어 시간적 측면을, 시간의 경과에 포괄되는 전체[106]를, 세상의 시대들을 강조하고자 하거니와, 그래서 그리스도는 모든 공간의 주님만이 아니라 모든 시간의 주님으로 고백된다. "아드님은 … 만물을 당신의 강력한 말씀으로 지탱하십니다"(1,3)라는 표현 역시 필자에게서 유래하지는 않을지언정, 그의 사상과 매우 가깝다. 왜냐하면 여기서 다시금 말씀 신학이 부각되기 때문이다. 창조의 말씀은 구원의 말씀 안에 존속한다. 말씀은 그 자체로 보존의 권능을 지니고 있다.

특히 "하느님 영광의 광채이시며 하느님 본질의 모상"(1,3)이라는 표현은 이미 주어져 있던 것으로 보아야 한다. 신약성경 전체에서 상응하는 것을 전혀 찾아볼 수 없는 이 표현은 전승이 헬라 유다계 그리스도교 환경에 뿌리박고 있음을 증언해 준다. 지혜서 7,26에서도 하느님의 창조에 함께한 지혜가 "영원한 빛의 광채이고 하느님께서 하시는 활동의 티 없는 거울이며 하느님 선하심의 모상"이라 불린다.[107] 아들의 신적 지위가 (필자 표현 방식의 한 특징이거니와) 성경 성찰을 통해 계속 개진되는데(히브 1,5-13), 아들을 '하느님'이라고 부르는 데서 정점에 이른다고 하겠다: "오, 하느님! 당신의 왕좌는 영원무궁하며 …"(1,8 = 칠십인역 시편 44,7).

이 전승에 대한 필자의 해석을 계속 유의해서 살펴보면, 상속(자)의 우위가 중요하다. 아들은 고양될 때 '만물의 상속자'(1,2ㄴ)로 세워졌다.[108] 교

---

[106] WEISS, *Hebr* 143 참조. RIGGENBACH도 비슷한 견해를 밝힌 바 있다.

[107] 그 밖의 예증들(특히 필론): BRAUN, *Hebr* 24-25.

회에 영원한 유산의 상속이 약속되었다(9,15; 참조: 11,7-8; 12,17). 이는 아들의 죽음을 통해 중개되었다. 이 상속 사상은 근본적으로 가나안-예형론에, 이스라엘 백성의 각 지파에게 제비($\kappa\lambda\tilde{\eta}\rho o s$)를 통해 상속 지분이 분배되었던 그 백성의 가나안 땅 점령에 뿌리를 두고 있다. 힘겹게 이동하며 가나안 땅을 향해 나아가던 모세 세대는 우리 서간에서 새 하느님 백성의 예형이다. 예고된 것의 소유가 약속되어 있다. 그러므로 영원한 재산을 상속받는 것이 추구할 만한 목표로 제시된다. 그리스도는 상속자로서 무엇보다도 이 확약의 보증인이며,[109] 나아가 당신 유산을 기꺼이 나누어 주고 선사하신다. 계약뿐 아니라 유언遺言도 의미하는 그리스어 개념 디아테케($\delta\iota\alpha\theta\dot{\eta}\kappa\eta$)의 양의성이, 필자가 계약의 약속이 그리스도의 죽음을 통해 이행되었다는 추가적 성찰을 하는 계기가 되었다(9,15 이하).

서간의 향후 전개에서 핵심적 의미를 지니는 것은 낮춤과 고양에 관한 언명이다(1,3ㄷ. ㄹ). 전자는 온전히 십자가형에 정향되어 있는데, 여기서 아들이 죄를 깨끗이 없앴다. 오직 이렇게만 우리의 악에 물든 양심의 정화가 가능했으니(10,22), 다른 모든 속죄 의식과 정화 시도는 효력 없는 것으로 머물 수밖에 없었다(참조: 9,13-14.23; 10,1-4). 십자가 상 죽음을 통해 이루어진 정화의 효력은 특히 정화된 이들이 지금 가나안 땅에, 하늘의 성소에 들어갈 수 있다는 데, 기진맥진한 유랑자들이 그들 여정의 목적지에 도달한다는 데 있다. 그리스도가 그들을 들어갈 수 있게 해 주었고, 길을 열어 주었다. 그러므로 시편 110,1의 말씀을 빌린 이 고양 언명은 그리스도론적으로만이 아니라 구원론적으로도 중요하다.

요컨대 이것은 서간 머리말에 신앙고백을 수용한 사실에서 이미 설명되고 또 계속 개진된다. 중요한 주제들이 언급되어 있다: 아들 예수 그리스도는 천상 본향을 향한 우리 현세 여정의 영도자다. 그분은 아들로서 약속

---

[108] 상속자를 먼저 언급함으로써 '연대기적' 순서까지 깨진다. 이는 필자에게 이 사상이 얼마나 중요했는지를 말해 준다.

[109] 배경에는 시편 2,7이 있다. 같은 구절이 히브리서 1,5에 인용된다.

을 보증하신다. 당신의 낮춤과 고양에서 우리를 구원하셨다. 죄로부터의 정화에서 대사제라는 주선율이 본격적으로 울리기 시작한다. 서간의 향후 전개에서 하느님 아들 고백은 대사제에 정향되어 해석될 것이다. 이 고백을 변치 말고 굳게 지켜 나아가라고 교회에 촉구한다(4,14; 10,23). 결국 독자들로 하여금 이 고백을 더욱 충실히 고수하도록 하려는 것이 서간 전체의 근본 관심사다.

3.2 하느님 말씀 신학

하느님께서 말씀하셨다. 하느님께서 예부터 예언자들을 통해 조상들에게 말씀하셨으나, 이 마지막 때에는 당신 아들을 통해 우리에게 말씀하셨다. 서간 맨 앞에서 이렇게 주의를 환기시킴으로써 하느님 말씀의 특별한 의의를 강조한다. 여기서 두 가지를 유의해야 한다. 첫째, 구원은 하느님 말씀과 결부되어 있다. 하느님께서 말씀하셨기에, 그로써 당신을 드러내셨기에, 우리에게 구원과 보호가 주어졌다. 둘째, 히브리서에서 이 하느님 말씀은, 맨 처음에 나오듯이, 늘 예전과 지금의 연속 안에서 고찰된다.

하느님 말씀은 지금 당신의 아들 안에서 결정적 말씀이다. 물론 하느님 말씀은 옛날부터 멎은 적이 없다. 히브리서 필자가 성경의 하느님 말씀을 대하는 놀랍게 참신한 자세의 본질은, 그 말씀을 직접 작용시키는 방식으로 현재와 관련짓는다는 데 있다. 물론 유의해야 마땅한 단계와 등급이 있다. 하느님 말씀의 시간상 단계(예전 — 지금)는 가치상의 등급도 의미한다. 지금 일어나는 일이 더 훌륭하고 더 효력 있다. 지금 더 나은 희망(7,19), 더 나은 계약(7,22), 더 나은 약속(8,6)이 존재한다. 하느님은 "우리를 위하여 더 좋은 것을 내다보신다"(11,40). 이 '더 나은'이 서간 필자의 논증에서 하나의 근본적 범주인 까닭에, '능가'에 관해 말하는 것은 마땅하다. 하느님은 예전의 당신 말씀을 취소하지 않으셨으나, 그것을 능가하셨다. 아들 안에서의 말씀으로써 하느님은 이를테면 당신 자신을 능가하셨다. 이는 12,18-24

에서 인상 깊은 표상들을 통해 선명히 묘사된다.[110] 예전에 선포되었고 지금은 능가된 말씀을 재수용하는 것은, 경고하는 본보기라는 의미로 해석될 수 있다: "천사들을 통하여 선포된 말씀이 유효하고, 그것을 어기거나 따르지 않는 자들은 모두 정당한 벌을 받았는데, 하물며 우리가 이렇듯 고귀한 구원을 소홀히 하면 어떻게 벌을 피할 수 있겠습니까?"(2,2-3).

구원사적 의미에서 예전과 지금, 낡은 것과 새것의 구별을 유념한다면, 예전에 선포된 (성경 속) 하느님 말씀은 그리스도론과 훈계 영역에서 직접 교회에 하시는 말씀으로 이해될 수 있다. 그래서 1,5-6.8-13에 따르면, 서간 필자가 그리스도론적으로 중요하다고 생각한 몇몇 성경 구절이 하느님께서 직접 그리스도에게 말한 것으로 되어 있다: "너는 내 아들. 내가 오늘 너를 낳았노라"(시편 2,7; 참조: 칠십인역 시편 44,7).[111] 구약성경의 말씀이 직접적인 그리스도 선포가 된다. 그 말씀이 그리스도 사건 안에 끌어들여져 있다. 시편 40,7-9 말씀을 대담하게 아들의 입에 올린다: "당신께서는 희생과 제물을 기꺼워하지 않으시고 오히려 저의 귀를 열어 주셨습니다. 번제물과 속죄 제물을 당신께서는 바라지 않으셨습니다. 그리하여 제가 아뢰었습니다. '보소서, 제가 왔습니다. 두루마리에 저에 대해 쓰여 있습니다. 저의 하느님, 저는 당신의 뜻을 즐겨 이룹니다.'" 필자는 이 말씀을 아들이 세상에 올 때 말하도록 함으로써 다른 모든 제사를 영원히 끝내는 아들의 십자가 죽음을 그분 현세 여정의 목표로 특징짓는다(히브 10,5-10).[112]

---

[110] 12,18-24에서 시나이 산과 아들에게서의 하느님 계시가 '여러분은 … 아니다 — 여러분은 …이다' 도식에 따라 구체적으로 대비된다: "여러분이 나아간 곳은 …이 아닙니다. … 그러나 여러분이 나아간 곳은 …입니다."

[111] 이와 유사하게 히브리서 2,6-7(칠십인역 시편 8,5-7) — 물론 하느님 말씀은 아니다 — 도 직접 그리스도에게 적용된다. 여기 제시된 성경 해석 방법에서 특징적인 것은, 시편이 말하는 '인간'을 그리스도와 동일시할뿐더러, '당신은 그를 천사들보다 잠깐 낮추셨습니다'라는 언명을 매우 구체적으로 그리스도의 인간존재와 죽음의 고난과 결부시킨다는(9절) 사실이다. P. Auffert, Note sur la structure littéraire d'Hébr 2,1-4: *NTS* 25 (1978/79) 166-179 참조.

[112] 참조: Schröger, *Schriftausleger* 172-177; J.C. McCullough, The Old Testament Quotations in Hebrews: *NTS* 26 (1979/80) 363-379; Kistemaker, *Citations* 88.

히브리서 3,7-4,11에서 시편 95편을 훈계 목적으로 인용하는 것이 특히 인상 깊다. '오늘' 하느님의 목소리를 귀 기울여 듣고 마음을 완고하게 가지지 말라는 훈계는, 마침내 그분의 안식(처)에 들어갈 수 있게 하기 위함이다. 훈계를 위해 불신으로 완고했던 모세 세대를 끌어들인다. 그들은 안식에 이르지 못했다. 그들의 몸은 광야에 쓰러져 썩어 버렸다. 이 논증에서 필자가 모세 세대와 현재의 그리스도인 공동체를 선포된 하느님 말씀 아래 결부시킨다는 점이 참신하다. 그 말씀은 언제까지나 유효하다. 그것은 약속의 말씀이었다. 당신의 안식에 들어가게 되리라는 하느님의 약속은, 모세 세대에게서는 성취되지 못했으나 여전히 유효하며, 그리스도인 공동체에서 성취되어야 할 터였다.[113]

하느님 말씀의 동일성은 약속으로부터 복음으로의 이행(4,1-2)에서 잘 드러난다: "… 약속은 계속 유효합니다. … 사실 그들이나 우리나 마찬가지로 기쁜 소식을 들었습니다." 신학적 논증은 당신 약속에 대한 하느님의 신실하심이라는 사상에 근거하고 있다.[114] 그러나 이 문맥에서 강조점은 훈계에 있다. 특별한 기회를, 하나의 끝을 향해 달려가는 기한을 나타내는 '오늘'이 지금 갱신되었다. 하느님께서 다시 '오늘'이라는 날을 정하셨다(4,7). 성령께서 성경에서 말씀하시는 그대로다(3,7).

하느님 말씀을 들음에 구원이 있다. 이는 옛 하느님 백성에게 선포되었고 지금 예수 그리스도 안에서 갱신된 하느님 말씀에 해당되며, 예수 그리스도께서 선포하신 말씀에 해당된다. 구원 사건은 근본적으로 말씀 사건이다. 구원은 주님의 선포를 통해 시작되었고, 그것을 들은 사람들이 우리에게 확증해 주었다(2,3). 이로써 말씀을 지상 예수의 선포에 역사적으로

---

[113] KÄSEMANN, *Gottesvolk* 12: "하느님 말씀이 그리스도 안에서 새로운 까닭은, 오로지 그 성취가 더는 옛날처럼 위협받거나 파기될 수 없고 오히려 취소될 수 없는 것이 되었기 때문이다."

[114] WEISS(*Hebr* 277)는 이 점에서 필자가 유다교 묵시문학의 근본 문제의 전통 안에 있다고 본다.

귀착시킨 것이 중시되며, 또한 이 말씀이 계속 전해져, 이를테면 그리스도교 전승이 형성된 것도 중시된다. 이것은, 비록 히브리서가 복음서에서 만날 수 있는 예수의 선포에 관해 아무것도 전해 주지 않지만, 타당하다. 또한 이것은, 내용 문제를 넘어, 하느님이 예수 그리스도 안에서 당신을 결정적으로 계시하셨다는 사실 자체가 중요하다는 것을 가르쳐 준다.

그러나 하느님의 말씀은 구원일 뿐 아니라 심판이기도 하다. 히브리서의 첫째 주요부 끝에, 시편 95편의 훈계 말씀과 연계하여, 하느님 말씀의 심판 작용이 증언된다. 하느님 말씀은 살아 있고 힘이 있으며 어떤 쌍날칼보다도 날카롭다. 사람의 혼과 영은, 관절과 골수를 꿰뚫고 갈라놓는다.[115] 사람들에게 결단을 촉구하고 그들의 생각을 폭로하는 말씀의 권능은, 말씀이 하느님과 거의 동일시됨으로써 더욱 강조된다(4,12-13). 이것 역시 말씀의 계시 성격과 관련이 있다.

3.3 대사제 예수 그리스도

히브리서 신학의 독자성은 대사제론에서 가장 두드러지게 나타난다. 이 서간에서만 그리스도에게 사용되는 '대사제' 칭호만 독특한 것이 아니다. 이 칭호로써 신학적 구상의 축점軸點이 놓였고, 이를 중심으로 여타 관념들이 대체로 제자리를 찾는다. 유랑하는 하느님 백성 관념이나 성경 해석 또는 대사제 표상 가운데 무엇을 히브리서의 중심으로 언명해야 하는가라는 물음에는, 단호히 마지막 것을 택해도 될 것이다. 그러면서 필자를 증인으로 내세울 수 있다: "지금 하는 말의 요점은 우리에게 이와 같은 대사제가 계시다는 것입니다. 곧 하늘에 계신 존엄하신 분의 어좌 오른쪽에 앉

---

[115] 해석자들은 첫째 주요부가 말씀에 대한 주의 환기(1,1-2와 4,12)에 의해 양괄식(兩括式)으로 꽉 짜여져 있음에 주목한다. 이것 또한 말씀 신학의 중요성을 강조한다. 두 구절 모두 지혜문학의 표상들과 상통한다: 1,2는 창조 중보자 표상과 상통하며, 4,12-13과 관련해서는 지혜서 7,22-23을, 4,3과 관련해서는 지혜서 7,26을 참조할 것.

으신 … 분이십니다"(8,1). 대사제론 안에 그리스도의 신원과 구원이 떼어 놓을 수 없이 하나가 되어 있다는 점이 여기서 드러난다. 그러므로 대사제 론을 통해 그리스도론과 구원론의 근본 관심사들을 밝혀 보일 수 있다.

히브리서는 대단하다고 해야 마땅할 정도로 철저히 교회의 신앙고백을 새로이 해석한다는 것을 앞에서 확인했다. 이제, 아들의 자기 낮춤과 고양 에 관한 신앙고백이 대사제론에 의해 새로이 해석된다. 그리스도와 그의 구원이 새로운 빛 안에 나타난다. 2,17의 대사제 칭호에 관한 첫 언급과 그 문맥부터가 시사하는 바가 크다. 1장에서 일련의 성경 인용문을 통해 천사 들과 온 창조계 위에 우뚝한 아들의 지위를 확증한 후, 하느님 말씀 신학 과 말씀에 대한 경청의 필요성을 강조한(1,1-2; 2,1-4) 다음, 필자는 시편 8,5-7과 연계하여 아들의 자기 낮춤을 실마리로 삼아 본격적으로 대사제-주제 로 넘어간다: "그분께서는 하느님의 은총으로 모든 사람을 위하여 죽음을 겪으셔야 했습니다. 만물은 하느님을 위하여 또 그분을 통하여 존재합니 다. 이러한 하느님께서 많은 자녀들을 영광으로 이끌어 들이시면서, 그들 을 위한 구원의 영도자를 고난으로 완전하게 만드신 것은 당연한 일이었 습니다"(2,9-10). 요컨대 하느님이 아들을 믿어지지 않을 정도의 엄청난 연 대連帶의 길로 파견하셨다. '자녀들'(직역: 아들들)[116]이란 말이 ('아들'과 상응 하거니와) 연대를 암시하는데, 이 연대는 무엇보다도 아들이 떠맡는 수난 을 통해 이루어지거니와, 이 사상은 곧이어 상세히 개진될 것이다. 아들은 '영도자'로서 길을 걸어가며, 영광에 이르는, 마침내 하느님께 이르는 길을, 구원의 길을 열어 준다.

2,11은 아들과 자녀들의 이 연대에 관해 진기하고 논란 많은 근거를 제 시한다: "사람들을 거룩하게 해 주시는 분이나 거룩하게 되는 사람들이나 모두 한 분에게서 나왔습니다. 그러한 까닭에 예수님께서는 그들을 형제 라고 부르기를 부끄러워하지 않으십니다." 이로써 아들과 자녀들은 거룩

---

[116] 구원이 남자들에게만 국한되어 있음을 말하는 것은 결코 아니다.

하게 해 주시는 분과 그분을 통해 거룩하게 된 이들로서 마주 서 있다. 아들은 자녀들을 당신의 영도 아래 하느님께로 향하는 길을 걸어갈 수 있게 해 주었다. 그들은 완전하게 된 자들이지만 아직 도정에 있다. 하느님께 가까이갈 수 있게끔 하는 것은 결국 어디까지나 하느님의 일이다. 아들은 이 일이 이루어지도록 함으로써, 당신의 신적 품성을 실증한다. 여기서 아들과 자녀들이 하나의 동일한 근원에서 나왔다는 설명이, 아들의 그런 전대미문의 행동 근거로 제시된다.

아들과 자녀들이 거기서 나온 동일한 근원은 누구 또는 무엇인가라는 물음이 제기된다. 여기서 염두에 두고 있는 것이 어떤 상태(ἕν)가 아니라 인격(εἷς)이라는 점은 처음부터 분명하다고 하겠다. 갖가지 견해 — 아담, 안트로포스(인간), 아브라함 등[117] — 가 제시되었다: 오늘날에는 하느님을 가리켜 말한다는 견해가 점점 더 널리 받아들여지고 있다. 그러나 창조와 관련지어, 일찍이 아들과 자녀들이 하느님에 의해 창조되었다고 말할 수는 없다. 선재하던 아들은 창조된 것이 아니라, 영원으로부터 존재하기 때문이다. 그러나 이것은 자녀들 역시 선재했었다는 결론에 이를 수도 있다.[118] 필자는 안트로포스 신화 식으로 자녀들이 아들 안에서 선재했었다고 생각했던가? 그렇다면 자녀들의 현세 실존은 비극적 운명을 암시한다고 하겠다. 이어지는 상술, 즉 현세 실존은 죽음에 대한 공포가 각인되어 있으며 죽음의 지배자 악마에게 내맡겨진 노예의 실존이라는 상술은, 그

---

[117] 논쟁: WEISS, *Hebr* 212-215; J.C. DHÔTEL, La "sanctification" du Christ d'après Hébreux 2,11: *RSR* 48 (1960) 420-452; G.W. GROGAN, Christ and His People: *VoxEv* 6 (1969) 54-71; D.G. MILLER, Why God Became Man: *Interp.* 23 (1969) 408-424; E. GRÄSSER, Die Heilsbedeutung des Todes Jesu in Hebr 2,14-18: *FS E. Dinkler* (Tübingen 1979) 165-184; C.J.A. HICKLING, John and Hebrews. The Background of Hebrews 2,10-18: *NTS* 29 (1983) 112-116.

[118] 이것은 영지주의에서 유래하는 일족(一族) 교설의 한 모방이라 하겠다. 이 견해의 지지자: GRÄSSER, *Hebr* I 126-142; BRAUN, *Hebr* 64. 한편 WEISS(*Hebr* 212-213)는 '일족 해석'을 '아브라함 해석'과 연결지으려 애쓴다. HEGERMANN(*Hebr* 75)은 11절이 아들과 자녀들의 인간적(피조물적) 기원에 관해 말한다고 본다. LAUB(*Schaut auf Jesus* 427-428)에 따르면, 필자는 신학적 목적을 위해 영지주의화하는 관점을 이용한다.

렇게 생각했을 가능성을 지지한다고 볼 수도 있다(2,14-15).[119]

그렇다면 연대 또한 그 고유한 특성이 부각된다. 연대는 아들의 인간 됨에서 성취되었거니와, 그의 운명은 자녀들의 운명에 의해 조건지어져 있다. 아들이 자녀들을 구원하려면, 그들의 운명을 공유하고, 사람이 되어 그들 실존의 조건들을 감수해야 했다. 이런 의미에서 "그것은 당연한 일이었습니다"(2,10)라는 말도 이해해야 한다. 이 말은 성경 부합성이라는 의미가 아니라, 인간의 소여성所與性이 강요한 필연성의 표현으로 이해해야 한다.[120] 하지만 이 사건은 은총이며, 사랑하는 자유를 통해 일어난다. 이것은 다음 문장에 암시되어 있다: "그러한 까닭에 예수님께서는 그들을 형제라고 부르기를 부끄러워하지 않으셨습니다"(2,11). 그러나 아들은 자녀들과 한 가지 점에서 다르니, 죄가 없다는 것이다(4,15; 7,27). 구원의 은총성이 히브리서를 영지주의로부터 떼어 놓으니, 후자의 세계관과 구원관에서는 물리-신학적 법칙들이 작용한다. 그런 까닭에 또한 히브리서 필자가 영혼들의 선재를 참으로 가르치려 했다고 말할 수는 없을 것이다. 실상 필자는 기존의 일족一族 표상을 인간들과의 완전한 연대에 대한 아들의 각오를 인상 깊게 명시하기 위한 표현 수단으로만 이용한다.[121]

이 연대가 확증된 뒤에야 비로소, 필자는 대사제 칭호를 도입하는 것이 적절하다고 여긴다. 그러면서 형제들과의 공감을 다시 한번 강조한다: "그렇기 때문에 그분께서는 모든 점에서 형제들과 같아지셔야 했습니다. 자비로울 뿐만 아니라 하느님을 섬기는 일에 충실한 대사제가 되시어, 백성의 죄를 속죄하시려는 것이었습니다"(2,17). 자비롭고 충실하다는 것이 대사제를 특징짓는다.

---

[119] 이 세계관은 필리피서 2,6-11의 그리스도 찬가를 연상시킨다. 여기서 인류를 종살이시키는 것은 운명의 권세들인데, 그리스도에 의해 끝장난다.

[120] GRÄSSER, *Hebr* I 126.

[121] 내 생각에, 우리에게는 기발한 논증으로 보일 수도 있는 것을 수신인들은 그들 나름대로 이해할 수 있는 만큼 그럭저럭 받아들인 것 같다.

3,1에서는 예수가 '우리 신앙 고백의 사도이며 대사제'라 불린다. 여기서는 통상 서간들에서 널리 사용되는 형태인 '예수 그리스도'가 아니라 '예수'라는 이름만 나온다. 물론 히브리서 필자도 '예수 그리스도'라는 형태를 알고 있는데(10,10; 13,8.21; 참조: 13,20에서는 "우리 주 예수님"), 아무튼 방금 언급한 현상은 주목할 만하다. 이 현상은 지상 예수에 대한 각별한 관심을 두드러지게 나타내고 있음이 확실하다.[122] 물론 이 관심의 대상은 예수 지상 활동의 역사적 세부 내용이 아니다. 이 방향으로 해석될 수도 있을 몇몇 텍스트에서도 의도는 다른 데 있다. 우리는 이제 가장 중요한 의도들을 살펴볼 텐데, 그 역시 대사제와 관계가 있기 때문이다. 아무튼 예수라는 이름의 사용도 통상 대사제의 직무 및 역할, 특히 그의 죽음과 관련되어 있다(2,9; 10,19; 12,24; 13,12; 또한 4,14; 6,20; 7,22). 그러니까 필자의 관심은 역사적이 아니라 신학적인, 더 정확히는 구원론적인 관심이다. 중요한 것은 역사적 세부 내용이 아니라 예수가 지상에서, 인간의 삶을 살았다는 사실이다. 그가 왔었다는 사실 자체가 중요하다. 이는 대사제로서의 그의 봉사에 실로 필수불가결한 것이다. 예수가 3,1에서(신약성경에서 오직 여기서만),[123] 사도로 불리는 것은 그의 선포 활동(2,3 참조)을 시사한다고 하겠다.

'역사적'이라는 인상을 가장 강하게 주는 텍스트는 5,7-9다.[124] 이 텍스

---

[122] 참조: LAUB, *Schaut auf Jesus*; E. GRÄSSER, Der historische Jesus im Hebr: *ZNW* 56 (1965) 63-81; J. ROLOFF, Der mitleidende Hohepriester: *FS H. Conzelmann* (Tübingen 1975) 143-166.

[123] GRÄSSER(*Hebr* I 161 Anm. 24)는 사도 교부들도 예수에게 사도 칭호를 사용하지 않았음을 확인해 준다. 물론 동사는 요한 복음서에서 거듭 예수에게 적용된다.

[124] 참조: A. STROBEL, Die Psalmengrundlage der Gethsemane-Perikope Hebr 5,7ff: *ZNW* 45 (1954) 252-266; M. RISSI, Die Menschlichkeit Jesu nach Hebr 5,7-8: *ThZ* 11 (1955) 28-45; T. BOMAN, Der Gebetskampf Jesu: *NTS* 10 (1963/64) 261-273; E. BRANDENBURGER, Text und Vorlagen von Hebr 5,7-10: *NT* 11 (1969) 190-224; G. BORNKAMM, Sohnschaft und Leiden: *Ges. Aufsätze* IV (München 1971) 214-224; C. MAURER, "Erhört wegen der Gottesfurcht": *FS O. Cullmann* (Zürich - Tübingen 1972) 275-284; A. VANHOYE, Situation et signification de Hébr 5,7-10: *NTS* 23 (1977) 445-456; H.W. ATTRIDGE, "Heard because of His Reverence": *JBL* 98 (1979) 90-93.

트는 '위대한 대사제'요 '하느님의 아들'인 예수(4,14)와 관련되며, 그의 고뇌, 더 정확히는 죽음을 앞둔 기도 투쟁을 다루는데, 그때 예수는 "당신을 죽음에서 구하실 수 있는 분께 큰 소리로 부르짖고 눈물을 흘리며 기도와 탄원을 올리셨다". 사실상 이 텍스트는 공관복음서의 겟세마니 단락(페리코페)을 연상시킨다. 하지만 이 단락에 의존한 것보다 더 신빙성 있는 것은, 텍스트가 의인의 수난에 관한 시편의 언어 — 이것을 공관복음서의 수난 사화도 사용한다 — 로 말한다는 추측이다[참조: 시편 22,25; 39,13]. 예수의 기도 투쟁을 히브리서 5장에 들여온 것은 역사적 세부 내용을 알려 주기 위해서가 아니다. 그보다는 예수가 대사제가 되는 데 결정적인 한 전제 조건 — 즉, 사람들과 함께 괴로워하고 그들의 연약함을 동정하는 능력과 공감(히브 4,15) — 을 채웠다는 것을 명시하기 위해서다. 자신의 진정한 인간 실존 안에서 예수는 죽음에 내맡겨졌을 뿐 아니라 유혹도 겪었다. 예수가 이겨 내야 했던 유혹의 본질은 구체적으로 수난을 하느님의 뜻으로 받아들일 것인가 아니면 거부할 것인가에 있거니와, 하느님은 우리 구원의 영도자를 고난을 통해 완전하게 만드시기로 결정하셨다. 그러므로 이것은 결코 사소한 문제가 아니었다. 예수가 배운 순종에 이 갈등이, 그러나 또한 그것의 극복이 암시되어 있다.

예수는 아들인데 대사제가 되었다. 대사제에 관한 언설은, 과정 중에 있는 그리스도론과 관계가 있다. 이는 타당하다. 비록 히브리서가 그리스도 사건 전체를 언제나 유념하고 있으며, 그래서 5,5-9에서 선재(5절: 그분께 … 말씀하신 분께서 그렇게 해 주신 것입니다)로부터 낮춤(7절: 이 세상에 계실 때)을 거쳐 고양(9절: 완전하게 되신 뒤에)에 이르기까지 그의 길의 단계들을 찾아볼 수 있다 해도 그렇다.[125] 예수의 자기 낮춤, 즉 지상 실존 단계는 그의 죽음의 고난의 시점 안에 총괄되어 있다. 죽음의 고난 안에서 예수는 사람들과 함께 괴로워할 수 있음을 실증했고 대사제가 되기 위한, 또 그로써 '영원한 구원

---

[125] 참조: LAUB, *Bekenntnis* 59; GRÄSSER, *Hebr* I 267.

의 근원'이 되기 위한 전제 조건을 채웠다(5,9-10). 아들과 대사제의 병존은 여기서도 다시금 신앙고백으로부터 해석으로 한바탕 나아감이다. 나아가 이 두 칭호는 여기서 일정한 긴장 관계에 있는 것처럼 보인다: 아들이지만 순종을 배웠고,[126] 이 과정 자체에서 완전해져서, 대사제와 영원한 구원의 근원이 되었다. 긴장 관계는 여러 단계 안에서도 하나로 여겨지는 예수의 길이라는 맥락 안에서 움직이고 있다: 예수는 아들로서 하느님 편에 있고, 대사제로서 인간들 편에 있다.

히브리서의 대사제론에서는 예수의 대사제 임명과 관련하여 특유한 준거 인물이 중요한 구실을 하는데, 이 인물 안에서 예수의 대사제직이 예루살렘 성전 대사제직과 맞세워진다. 여기서는 '더 나은'이라는 부합과 능가의 도식이 지배하고 있다. 이를테면 구원론적 관점에서 이 인물은 더욱 확장된다.

서간 필자가 이 대립적 준거 인물을 내세우게 된 특별한 동기가 있었는가? 연구자들은 그 동기를 수신자 동아리에서 찾았고, 그들은 왕년의 사제들이나 쿰란-에세네파 사람들(어쩌면 교회의 소수파였다) 또는 유다계 그리스도인들 — 이들 모두가 아직도 예전의 성전 제의에 매혹되어 있었다 — 이었으리라 생각했다.[127] 이런 견해는 오늘날 거의 포기되었다. 이 인물은 주변 세계의 정신적 환경의 영향을 받은 필자의 사변에서 생겨났다. 그러나 대사제직의 유비Analogie는 유랑하는 하느님 백성의 유비와 관련지어 고찰해야 한다. 그래야 비로소 둘 다 자제력을 얻는다.

예수의 대사제직은, 사제들에게 요구되는 조건들이라는 관점에서, 성전 대사제직보다 '더 낫다'. 예수는 하느님께 부르심을 받았고 사람들을 위해

---

[126] 5,8에 나오는 καίπερ(~임에도 불구하고, ~이지만)에 대한 어려운 판단: F. SCHEIDWEILER, *Hermes* 83 (1955) 220-230; LAUB, *Bekenntnis* 133-134 — 오늘날 주석학자 대부분이 7 ㄷ을 이렇게 번역한다: "그 경외심(두려움이 아니라) 때문에 들어주셨습니다." 또한 참조: BAUER - ALAND, *Wörterbuch* 651.

[127] 참조: WEISS, *Hebr* 66-78과 신약성경 입문서들. '히브리인들에게'(혹은 '히브리인들을 거슬러'?)라는 (이차적인) 제목도 그런 추측에 기인한다.

임명되었다. 예수는 무지하여 길을 벗어난 이들을 너그러이 대함(이해 · 동정함, μετριοπαθεῖν)[128]으로써 이를 실증했다(5,1-2). 그는 자신의 열정(분노)을 그들에게 맞추어 절제하고 그들과 함께 느꼈다. 예수의 연대는 (그의 죽음의 고투에서 실증되었거니와) 비교가 안 될 만큼 더 강했던 것이다. 그는 우리의 연약함을 함께 괴로워할(4,15: συμπαθῆσαι) 수 있다. 예수는 아들로서 하느님의 말씀(5,5-6)과 맹세를 통해(7,20-21) 부르심을 받았으며, 아들이 종보다 귀하듯 모세를 능가한다(3,5-6). 대사제는 자기의 죄 때문에도 거듭 제물을 바쳐야 했다(5,3). 그러나 예수는 죽음의 고투 중에 기도와 탄원[129]을 올렸고 청허되었으며, 그리하여 영원한 구원의 근원이 되고 대사제로 임명되었다(5,7-10).

예수가 유다 지파 출신이라는, 즉 사제 지파 출신이 아니라는 언급(7,13-14)은 역사적으로 채색된 것이다. 이는 메시아 임금이 유다 지파에서 나오리라는 통념과 부합한다. 그러나 여기서도 역사적으로 논증하려는 것은 아니며, 또 이 점이 예수 대사제직에 난관이 되는 것도 결코 아니다. 오히려 이것은 예수가 낡은 사제직을 극복하는 새로운 성격의 사제직을 체현한다는 사실의 출발점이다. 이 더 나은 사제직의 상징 인물이 예루살렘의 사제 임금 멜키체덱이니(7장), 창세기 14,18-20에서 그가 등장한 것부터가 이미 보편적 특성들을 지니고 있다.[130] 멜키체덱이 사제요 임금이라는 사실이 그를 상징 인물에 적합하도록 만들어 주는데, 특히 유용한 것은 시편 110,4를 인용하여 멜키체덱에 관해 다시 한 번 언급한 것이었다. 거듭 인용되는 이 시편 구절은 두루 알다시피 멜키체덱의 영원한 사제직에 관한 결정적 언명이다.[131] 아브라함과 멜키체덱의 만남 이야기는 아브라함(과

---

[128] 이 동사: PASSOW 해당 낱말.

[129] 5,7의 동사는 희생 제사 용어다.

[130] C. WESTERMANN, *Genesis* II (BK.AT) (Neukirchen 1981) 246 참조.

[131] 히브리서 5,6의 멜키체덱에 관한 첫 언급에 시편 110,4가 인용된다. H.-J. KRAUS[*Psalmen* II (BK.AT) (Neukirchen ³1966)]에 따르면, 멜키체덱은 사제 임금 직분의 전범적 전승 담지자다.

레위 지파)를 능가하는 멜키체덱의 위대함에 강조점을 두고 서술된다: 아브라함은 멜키체덱에게 십일조를 바치고 축복을 받았는데, 그는 레위 지파의 조상이다(7,9). 아무튼 하느님의 맹세는 영구히 남아 있다: "너는 멜키체덱과 같이 영원한 사제다"(7,17). 이를테면 이 영원성은 (멜키체덱과 관련해서도) 과거로도 연장되니, 과연 그는 부모도 족보도 생애의 시작도 끝도 없는 자로 제시된다(7,3). 필자는 이렇게 멜키체덱이 예수의 경쟁자 격이 되는 모험을 감수하는 것처럼 보인다. 하지만 이 언명은 결국 아들에 관한 것이며, 그이에게서 실현된다. 성경에 대한 사변적 성찰이 여기서 특히 뚜렷이 드러난다.

아들의 영원한 사제직은 멜키체덱에 관한 사변이 궁극적으로 지향하는 사상이다. 이것은 두 가지를 내포한다: 첫째, 이로써 시간적으로 한정되어 있고 여러 인물을 통해 거듭 다시 세워지는 낡은 사제직은 폐기되었다. 그것은 무력하고 무익하다(7,11-18). 둘째, 예수의 대사제직은 영구하고 언제나 타당하고 효력 있다. 이는 (오직) 예수가 인간들을 구원하고 하느님께 인도할 수 있음을 의미한다(7,22-25). 거듭 언명되듯이, 그는 새 계약의 중재자다(9,15; 12,24; 참조: 10,16-18).

예수의 영원한 대사제직은 어떻게 실현되는가? 오직 그의 십자가 상 죽음에서? 아니면 천상 예배에서? 이 문제를 두고 주석학에서 논쟁이 불붙었는데, 많은 부분이 종교사 영역에서 전개되고 있다. 예수 대사제직에 대한 구원론적 관점의 이해를 위한 상징(9,9: παραβολή)은 유다교의 대속죄의 날(욤 키푸르) 예식이다. 더 자세히 말하면 이 축제에서 결정적으로 중요한, 현임 대제관이 둘째 휘장 뒤에 있는 지성소에 들어가는 의식이다. 논증은 실제로 수행되었던 현세의 사제 직무와는 일정한 거리를 두고(예루살렘 성전은 이미 오래전에 파괴되었다), 이 제도와 예식에 관한 성경 규정, 즉 의식 율법에 근거해서 전개된다. 성령께서 이렇게 규정하셨다(9,8): "사제들은 언제나 첫째 성막으로 들어가 예배를 집전합니다. 둘째 성막에는 대사제만 일 년에 단 한 번 들어가는데, 그때에는 반드시 자기와 백성이 모르고 지은 죄 때문에 바치는 피를 가지고 들어갑니다"(9,6-7). 이렇게 현세의 최고위 사제가 홀로 지성소에 들어간다는 것이, 그 유일성으로 인해 매혹적인 상징이 된다. 그러나 능가라는 의미에서 보면, 그 들어감은 불능不能의 상징이 된다. 왜냐하면 그 들어감은 결국 아무것도 성취하지 못하기 때문이다. 대사제는 짐승의 피를 가지고 들어갔다(레위 16장). 이렇게 규정하셨던 성령께서는 이로써 참성소로 들어가는 길이 아직 열려 있지 않았음을 분명히 알려 주셨다.[132]

이 길을 그리스도께서 여셨다. 대속죄일의 대사제 행동의 상징성은, 그 휘장 뒤로 들어감이 결국 헛일임을 우리가 볼 때, 비로소 온전히 드러난다. 현세 사제직은 한낱 그림자일 따름이다. 그것은 본원적인 것, 하늘에 있는 것의 '모조품과 그림자' 구실을 함으로써(8,5), 상징적으로만 의미를 얻는다. 하느님께 이르는 참된 길은 이 세상을 넘어 나아간다.

이어지는 히브리서의 논증은 하늘, 하느님의 어좌에 관한 사실적 화법에 유의할 때 제대로 이해된다. 사람들은 심지어 천상계가 지상계보다 더 실제적이라는 인상을 받는다. 대사제 그리스도는 하늘에 속해 있다. 그의 대사제 직분은 천상계에까지 미친다. "그리스도께서는 이미 이루어진[133] 좋은 것들을 주관하시는 대사제로 오셨습니다. 그분께서는 사람 손으로 만들지 않은, 곧 이 피조물에 속하지 않는 더 훌륭하고 더 완전한 성막으로 들어가셨습니다. 염소와 송아지의 피가 아니라 당신의 피를 가지고 단 한 번 성소로 들어가시어 영원한 해방을 얻으셨습니다"(9,11-12).[134] 예수가

---

[132] 부문장 "첫째 성막이 서 있는 동안에는"(9,8 ㄱ)은 현세 사제들 행위의 불능성을 강조한다. HEGERMANN(*Hebr* 174)은 하느님 법에 의한 현세 사제직의 폐기와 그것의 실제적 소멸을 구별한다. 여기서는 후자를 염두에 두고 있다고 한다.

[133] 이문(異文)들 중 $\gamma\epsilon\nu o\mu\acute{\epsilon}\nu\omega\nu$(이루어진)이 $\mu\epsilon\lambda\lambda\acute{o}\nu\tau\omega\nu$(이루어질)보다 선호되어야 한다.

[134] 참조: A. VANHOYE, "Par la tente la plus grande ⋯": *Bib* 46 (1965) 1-28; J.A. SWETNAM, The greater and more perfect tent: *Bib* 47 (1966) 91-106; P. ANDRIESSEN, Das größere und vollkommenere Zelt: *BZ* 15 (1971) 76-92; L. SABOURIN, Liturge du Sanctuaire et la Tente Véritable: *NTS* 18 (1971) 87-90.

하늘의 참성소로 들어갔다는 것은 우리 구원의 표현이 된다. 이 들어감은 표현을 바꾸어 여러 번 반복된다: "우리에게는 하늘 위로 올라가신 위대한 대사제가 계십니다"(4,14); "이 희망은 우리에게 … 휘장 안에까지 들어가게 해 줍니다. 예수님께서는 … 우리를 위하여 선구자로 그곳에 들어가셨습니다"(6,19-20); "그리스도께서는, … 바로 하늘에 들어가신 것입니다"(9,24). 이 길에서 예수는 당신만 완전하게 된 것이 아니라 우리를 위해서도 길을 열어 주었고, 그래서 이제 우리는 은총의 어좌로 나아갈 수 있다(4,16). 우리의 희망은 휘장 안에까지 다다른다(6,18-19). 그리스도의 낮춤과 고양에 관한 신앙고백에 대한 해석에서 그분의 고양이 이제 하늘에 들어감으로 파악되어 있다. 우리의 대사제는 존엄하신 분의 오른쪽에 앉으셨고, '사람이 아니라 주님께서 세우신 성소와 참성막에서 직무를 수행하시는 분'이다(8,1-2).

그리스도는 당신의 십자가 상 죽음을 통해 우리를 하느님께 나아갈 수 있게 해 주셨다. 낮춤이 고양에 앞서 규정되어 있다. 이 대사제는 당신 자신을 희생 제물로 바치셨다(7,27). 그런데 이 희생의 효과로서 죄가 씻겨짐이 강조된다는 사실이 눈길을 끈다(1,3; 2,17: 그분은 백성의 죄를 속죄하시려는 것이었다; 9,14: 그리스도의 피는 우리의 양심을 죽음의 행실에서 깨끗하게 한다; 9,15: 첫째 계약 아래에서 저지른 범죄로부터 사람들을 속량하시려고 그분께서 돌아가셨다; 9,26: 죄를 없애려고 당신 자신을 제물로 바치셨다). 그러나 이것은 온전히 성경적이니, 성경에 따르면 죄는 하느님께로 가는 길에 최대의 장애물이다.[135] 이렇게 그분의 희생은 우리도 거룩하게 만들었고(10,10), 거룩해진 사람들을 영구히 완전하게 해 주셨다(10,14). 이런 의미에서 우리는 하느님께 나아가라고 촉구받으니, 맑은 물로 말끔히 씻겨졌기 때문이다(10,22: 세례에 대한 시사).

그리스도 희생 제사의 궁극성도 강조되고 부각된다. 단 한 번 그분은 당신 자신을 바치셨고(7,27), 성소에 들어가셨고(9,12), 죄를 없애기 위해 나타

---

[135] KÄSEMANN, *Gottesvolk* 155 참조.

나셨으며(9,26), 우리는 거룩해졌다(10,10). 이 '단 한 번'은 구원의 궁극성 그리고 보편적 유효성과 관계된다. 이것은 예전의 효력 없는 희생 제사를 폐기한다.

하느님과 세상 사이의 간극과 하느님의 접근불가성이라는 표상에 상응하는 것들이 주변 세계에서 발견된다: 라삐 유다교에서는 천상 성소 표상과 연계되어 있고,[136] 필론 · 알렉산드리아 학파에서는 이원론적 현세/내세 사유가 지상 성소와 천상 성소의 대비로 표현되는데, 이 사유가 영지주의의 앞마당으로 옮겨 와 자리잡았다.[137] 여기서 기존의 어떤 종교사적 모델을 어느 정도나 이해의 실마리로 삼아도 되는가라는 물음이 제기된다. 연구자들은 이 기존 모델들의 과대평가를 경고하고, 우선 마땅히 텍스트 자체에 물어보아야 한다고 충고했다.[138]

실상 이 두 모델, 즉 라삐 유다교 모델 그리고 철학적-영지주의화 모델과 견줄 수 있는 것을 많이 찾아낼 수 있다.[139] 그래도 히브리서의 세계 정서情緒는 후자와 더 가깝다. 현세는 노예 주인 같은 악마가 권세를 쥐고 있는, 죽음의 공포로 가득 찬 영역으로 여겨졌다(2,14-15). 이 세상은 흔들리며 이 흔들림과 변전變轉을 향해 나아가는 반면, 하느님의 흔들리지 않는 세계, 나라는 언제까지나 남는다(12,27-28). 현세로부터 벗어나 우리의 선구자요 영도자인 그리스도께서 가신 길(6,20)에 들어서려는 열망은, 이 세상을 동굴 같은 곳으로 보이게도 하거니와, 아무튼 이곳에서 동굴 의식意識을 지니고 존재하던 사람들에게 이제 바야흐로 자유로의 길이 열린다. 이 상승과 탈출이 참된 구원 행위로서, 십자가를 밀어냈고 그것을 한 에피소드로 만들어 버렸다고까지 말해도 될까?[140]

---

[136] 풍부한 자료에 바탕한 연구: Hofius, *Vorhang*.

[137] Laub: *BZ* 35 (1991) 74-76 참조.

[138] 특히 Laub, *Bekenntnis* 곳곳.

[139] Hofius(*Vorhang*) 외에 특히 Braun의 히브리서 주석서를 참조할 것. 그런데 이 책은 주석서라기보다는 풍부한 비교 자료 모음집이라 불러야 할 것이다.

우리는 앞에서 인간을 하느님께 나아갈 수 있게 해 주는 죄의 용서와 양심의 정화가 그리스도의 십자가 상 죽음의 희생에 묶여 있음을 살펴보았다. 그리스도 죽음의 희생이 결정적인 것을 가져온다. 하느님께 다가갈 수 있음은 거기서 비롯하는 한 결과다. 이 희생의 궁극성은, '단 한 번'에서 확증되거니와, 모든 관심을 이 사건에 집중케 하며 천상 성소에서 계속되는 속죄 의식을 의심스러운 것으로 보이게 만든다. 덧붙여 히브리서의 이원론은, 그 세계 정서는 부정적이지만, 형이상학적 이원론이 아니다. 모든 것은, 지상계 역시, 성경의 창조 신앙과 일치하여, 하느님께서 창조하신 것으로 여겨진다(11,3). 그리스도는 창조의 중개자다(1,2-3.10).

앞에서 제기된 문제와 관련하여 히브리서 10,19-20에 각별한 중요성이 부여된다:

> 그러므로 형제 여러분, 우리는 예수님의 피 덕분에 성소에 들어간다는 확신을 가지고 있습니다. 그분께서는 그 휘장을 관통하는 새롭고도 살아 있는 길을 우리에게 열어 주셨습니다. 그것은 곧 그분의 육체입니다.[141]

이어서 하느님께 나아가자는 권고가 따른다(10,22). 요컨대 그리스도께서 길을 열어 주신 것을 기린다. 그분은 당신 피와 살을 통해, 죽음의 힘으로

---

[140] GRÄSSER(*Hebr* I 65)는 십자가 자체는 구원론적으로 해석되어 있지 않으며, 그리스도가 천상 지성소에서 자기 피를 봉헌하기 위한 전제 조건이기 때문에, 승천이 고유한 구원론적 의의를 획득한다고 생각한다. 참조: KÄSEMANN, *Gottesvolk* 140-151; BRAUN, *Hebr* 307.

[141] 이 구절은 열띤 토론을 불러 일으켰다. 특히 관계 문장 '그것은 곧 그분의 육체입니다'에 초점을 맞추었다. 이 문장은 휘장, 길, 또는 20ㄱ 전체 중 어느 것과 관련되는가? 참조: P. ANDRIESSEN - A. LENGELT, Quelques passage difficiles de Épître aux Hébreux: *Bib* 51 (1970) 207-220; O. HOFIUS, Inkarnation und Opfertod nach Hebr 10,19-20: *FS J. Jeremias* (Göttingen 1970) 132-141; N.H. YOUNG: *NTS* 20 (1974) 100-104; LAUB, *Bekenntnis* 179-185 — 나는 20절을 19절의 병행 진술로 이해한다. 육체(σάρξ)에 전치사가 붙어 있지 않음에 유의해야 한다. 이것이 포괄적인 관련짓기를 허용한다.

그 길을 열어 주셨다. 이 사상은 히브리서의 구원론적 구상과 온전히 부합한다. 그리스도가 하느님의 세계와 인간 세상을 갈라놓는 장벽에 들어설 때 당신의 육체, 인간존재를 벗어 버렸으리라는[142] 것은 전혀 암시되어 있지 않다. 그리스도는 당신의 육체, 인간존재를 통해 우리 인간과의 연대를 실증했고, 자비롭고 충실한 대제관임을 입증하셨다. 그리고 언제까지나 그런 분으로 머물러 계시다. 그리스도는 우리를 위해 하느님 어좌 앞에 그런 분으로 나타나셨다(9,24). 그런 분으로서 언제나 우리를 위해 빌어 주신다(7,25). (십자가 상 죽음을 연장하는 천상 제의가 아니라) 이 자비롭고 성실한 간청과 중재에 그리스도의 영구적 대사제 직분의 본질이 있다.

그리스도가 하늘로 고양되는 것에 관해 히브리서가 자주 강조하여 말하는 것이, (육신 적대적 입장에서) 죽은 이들의 부활 사상의 거부를 의미하는 것은 아니다.[143] 이 사상은 믿음의 기초에 속한다(6,1-2). 하느님은 죽은 이들을 일으키실 수 있으니(11,19), 양들의 위대한 목자를 죽은 이들 가운데에서 끌어 올리셨다(13,20).

3.4 유랑하는 하느님 백성

그리스도론에 관한 앞 단락에서 공동체(교회)의 자기 이해도 이미 일별一瞥했다. 이는 공동체의 교회론적 입장뿐 아니라 종말론적 입장에도, 그리고 과거 · 현재 · 미래와 관련한 공동체와 그리스도인들의 자기 이해에도 해당된다. 이 자기 이해는 유랑하는 하느님 백성이라는 상징으로써 아마 가장 적절히 요약 · 표현된다고 하겠다. 모세 세대가 힘겹게 광야를 가로지르며 약속의 땅으로 행군했듯이, 그리스도인 공동체는 천상 본향으로 유랑 중에 있다. 광야―세상 연상聯想은 어디서도 명시적으로 언급되지 않지

---

[142] 영지주의적 견해를 지지하는 해석자들은 그렇게 생각한다. Braun, *Hebr* 306 참조.
[143] Braun, *Hebr* 308.162. 히브리서 6,2를 전승으로 치부하는 것으로는 충분하지 않다.

만, 모세 세대-교회 연상에 의해 암시되어 있다. 이 세상은 본향이 아니고, 언제까지나 남아 있는 도성이 아니다. 이 세상이 아직 그리스도인들 앞에 놓여 있다.

유랑뿐 아니라 하느님 백성 관념도 지배적이다. 여기서 특징적인 것은, (하느님) 백성(λαός) 개념이 옛 하느님 백성과 새 하느님 백성에게 모두 사용된다는 사실이다. 경계선은 전혀 없다: 이 둘은 한 통일체를 이룬다. 그러나 이에 상응하는 신학적 사유는 개진되지 않는다. 우리는 마치 옛 하느님 백성이 지금 새 하느님 백성과 똑같은 유랑 길에 있었다는 인상을 받을 수도 있다. 그러나 순종하지 않던 자들은 불신 때문에 안식(처)에 들어가지 못했다(3,18-19). 이 사실이 새 하느님 백성에게 경고로서 말해진다. 훈계적 관심이 압도적이다. 이 점은 시편 95편의 적용에서 특히 뚜렷이 드러난다: "오늘 너희가 그분의 소리를 듣거든 마음을 완고하게 갖지 마라"(3,7). 이 '오늘'이 지금 다시금 정해져 있다. 저들이 안식에 들어가지 못했기 때문에, 하느님이 다시금 '오늘'을 정하셨다. '오늘'은 선사된 구원의 시간이요, 그러나 흘려버릴 수도 있는 기회이며, 회개의 기간이다(12,17 참조).

이로써 시간적 거리가 지적되었거니와, 이는 실질적 거리이기도 하다. 본질적 차이는 그리스도께서 비로소 천상 성소로 들어가는, 새롭고도 살아 있는 길(10,20)을 열어 주셨다는 데 있다. 옛 하느님 백성 가운데 충실하게 머문 이들은 이 길을 고대하며 바라보았다. 그들은 새 공동체의 눈앞에 본보기로 제시될 수 있다(11,4 이하). 하지만 그들은 자신들에게 약속되었던 것을 얻지는 못했다. 그들은 이 '더 좋은 것'을 우리와 관계없이 얻어서는 안 되었고, 우리를 제쳐 두고 그들만 완전하게 될 수가 없었던 것이다(11, 39-40). 이 관계는 불연속성 속의 연속성이라고 에둘러 말할 수 있다. 그래서 백성, 하느님 백성(2,17; 4,9; 5,3 등) 같은 교회론적 개념들뿐 아니라, 집(3, 3-6),[144] 모임(ἐκκλησία: 2,12; 12,23)[145]▶도 이 멀리 확장된 '구원사적' 의미에서

---

[144] P. AUFFRET, Essai sur la structure littéraire et l'interpretation d'Hébr 3,1-6: *NTS* 26 (1980) 380-396.

사용될 수 있다. 그리스도에게 속한 무리는 '아브라함의 후손들'이다(2,16). 유사한 불연속성 속의 연속성을 이미 '하느님의 말씀'이라는 말의 사용에서 확인할 수 있었다. 하느님께서는 예언자들을 통해 조상들에게 말씀하셨고, 이 마지막 때에는 아들을 통해 우리에게 말씀하셨다(1,1-2). 말씀하시는 하느님이 언제나 계시다. 그러나 그분은 아들 안에서 마지막 말씀을 하셨다. 이전 말씀은 이 말씀 안에 지양止揚되어 있다. 옛 말씀이 자기 목표인 그리스도 정향성에서 떨어져 나가면, 그 말씀은 자신의 의의를 상실한다(8, 13; 7,19).

훈계가 주조主調를 이루고 있는 데는 구체적 계기가 있다. 모세 세대가 경고가 된다. 그들이 불신 때문에 자신들에게 약속되었던 것을 얻지 못한 사실이 지금 되풀이될 수 있다. 교회는 목적 달성을 안심하면 안 된다. 엄한 질책이 편지 전체를 관통하고 있다. 둔감함(2,1; 5,11), 심화되는 신앙적 미성숙(5,12-6,3), 이반離反(3,12), 이단의 침투(13,9) 등의 현상이 계기를 제공했다.[146] 이 전개 과정은, 공동체가 예전에 외부의 심한 괴롭힘 앞에서 믿음을 입증했던 만큼, 더욱 우울한 일이었다(6,10; 10,32-36). 이 상황을 구체적으로 밝히기는 어렵다. 그리스도께서 구원을 성취하셨는데도 당시 공동체는 여전히 그렇게 믿음 약한 상태에 있었던가? (자기들 생각에는) 구원이 여전히 눈에 보이지 않아 괴로워했던가?[147] 대단히 현대적인 이런 판단 외에, 혹독한 박해 체험도 함께 고려해야 할 것이다. 믿음이 쓸모 있는가라는 세속적 심보가 모습을 드러냈다고 하겠다.

이런 부정적 전개 과정에 직면하여 필자는 종말 임박 대망을 무리하게 강조하지 않는다. 종말 임박 대망 텍스트로 보일 수 있는 본문들이 있지만 (10,25.37-38: 뒷 구절은 칠십인역 이사야서 26,20과 하바쿡서 2,3-4의 혼합 인용문이다),

---

[145] F. DOORMANN, "Deinen Namen will ich meinen Brüdern verkünden": *BiLe* 14 (1973) 245-251 참조.

[146] 이상하게도 13,9에 암시된 이단을 분명히 밝히지 않는다.

[147] GRÄSSER, *Glaube* 200-203 참조.

강조점은 마련되어 있는 구원의 확실성에 있다.[148] 그리스도의 재림도 단 한 번, 거의 지나가는 듯이 언급한다(9,28). 필자가 공동체의 꺾여 가는 믿음의 용기에 맞세우는 것은, 대사제 그리스도의 모습과 공동체 또한 자기 길로 포착해야 할 그분이 걸어가신 길이다. 이것 역시 그리스도의 자기 낮춤과 고양에 관해 물려받은 신앙고백을 새롭게 해석한 것이다. 모진 괴롭힘을 당해야 했던 공동체는, 자신이 이 그리스도의 길 위에 있다고 여기고 또 이 길이 목적지에 도달한다는 것을 확신해야 한다. 공동체는 새삼 그리스도 추종으로 불린다.

히브리서의 종말론적 구상에 각인되어 있는 것은 강렬한 내세 지향성이다. 비록 시간적 요소는 뒤로 밀려나 있지만, 이 구상은 성립된다. 믿는 이들은, 당장은 아니지만 확실하게, 저세상 목적지에 도달할 것이다. 공간적 요소가 시간적 요소를 대체했다. 다른 곳에서는 현재적인 종말론적 구상에서 이런 전위轉位가 이처럼 두드러지지는 않다(참조: 요한 복음서와 에페소서). 히브리서는 구원이 이미 성취되었다는 언명을 의도적으로 삼간다. 오히려 천상 목적지에의 도달이 위협받고 있다.

저세상에, 천상 하느님의 도성에 확실함과 안전함, 구원이 있다. 이 도성은 이것들을 베풀어 줄 수 있으니, 언제까지나 머물러 있기 때문이다. 반면 하늘[149]과 땅은 뒤흔들릴 것이니, 만들어졌기 때문이다. 하느님이 의로운 이들을 위해 마련하신 하느님의 도성은 변하지 않고 흔들리지 않는다(12,27-28; 11,10.16). 구원은 요컨대 탈출(엑소더스)이다. 이 탈출은 마침내 하느님께 이른다. 여기서는 영원한 것, 영원한 구원(5,9), 영원한 해방(9,12), 영원한 상속(9,15), 영원한 계약(13,20) 그리고 또한 영원한 심판(6,2)[150] 같은 범주들이 통용된다. 여기서 이런 세상 도피적 관점에도 불구하고 어떻게 그리스도인 실존이 윤리적으로, 요컨대 이 세상 안에서, 구현될 수 있는가

---

[148] WEISS, *Hebr* 548-549 참조.

[149] 여기서는 (당시 세계상에 따라) 지구 위에 펼쳐져 있는 창궁을 가리킨다.

[150] 심판 사상이 강조된다(9,27; 10,27.39).

라는 물음을 제기해야 하겠다. 유랑의 목적은 하느님의 안식일 휴식이다 (4,9). 여기서도 종말론 안의 신론적 차원이 드러난다. 약속된 안식일은 하느님 안식에 참여함이다.[151] 신론적 차원은 이미 시편 95,11에 제시되어 있다: 약속은 하느님의 안식에 들어가는 것인데, 이 약속은 바로 저들이 그르쳤으나 이제 다시금 유효하게 되었다. 천지창조 후의 이 하느님의 안식으로써 하느님 존재의 한 주목할 만한 측면이 드러나는데, 이것에 참여하는 것이 인간에게는 완성을 의미한다. 이는 하느님께서 천지창조 과업을 마치고 쉬셨듯이 삶의 힘겨운 유랑 이후 쉬는 것이 마땅하다는 비교 이상을 의미한다(4,10). 안식은 또한 애써서 받은 마땅한 보수를 의미하는 것도 아니다. 하느님의 안식에 들어감은 허락된다. 인간의 완성은 오직 하느님의 안식일 휴식(참안식) — 분명히 영원히 지속되는 것으로 상정되어 있다 — 에의 참여로 의미심장하게 표상될 수 있다.

여기서 하느님의 안식에 대한 희망이 사실寫實적 · 공간적으로 구상된 천상 성소, 천상 도성, 천상 본향(2,5; 11,10-11.14.16; 12,22.28; 13,14)이라는 다른 표상들을 무색하게 하고 뒷전으로 밀려나게 만드는가라고 물어도 되겠다. 이렇게 하느님 곁에 있음이 완성이라는 목표로서, 예컨대 바오로에게 특징적인 완세적 · 종말론적인 그리스도와의 결합 표상을 대체하며, 히브리서의 현저히 신론적인 특성을 부각시킨다는 사실을 강조해야 할 것이다. 많이 논구되는, 하느님의 안식(또는 κατάπαυσις, 그침)이라는 표상이 기존의 표상들에 기대고 있는가라는 문제에서는, 하느님께의 결부가 그 핵심인 히브리서 필자 고유의 표현을 존중해야 할 것이다.[152] 개인의 죽음도 상

---

[151] 참조: HOFIUS, *Katapausis*; THEISSEN, *Untersuchungen* 124-129; G. VON RAD, Es ist noch eine Ruhe vorhanden dem Volk Gottes: ZZ 11 (1933) 104-111; J. FRANKOWSKI, Requies: *VD* 43 (1965) 124-149.225-260; H.A. LOMBARD, Katapausis in the Letter to the Hebrews: *Neotestamentica* 5 (1971) 60-71; J.W. THOMPSON, *The Beginning of Christian Philosophy* (Washington 1982) 81-102; A.E. NIELSEN, Sabbatmotivet i Hebraeerbrevet: *DTT* 49 (1986) 161-176.

[152] WEISS, *Hebr* 268-273 참조.

당히 뚜렷이 시야에 들어온다. 개인의 죽음이 그리스도의 죽음의 희생 가까이 놓인다(9,27-28). 이는 그리스도 추종의 의미로 이해할 수 있을 것이다. 죽음 이후 곧 개인적 심판이 인간을 기다리고 있다.

교회의 구조와 삶과 관련해서는 그저 몇 가지 통찰만 얻을 수 있다. 특별한 책임을 진 교회 구성원들이 있다. 서간의 마지막 훈계에서 이들이 언급되는데, 지도자들(ἡγούμενοι)이라 불린다(13,7.17.24).[153] 이들에게는 무엇보다도 복음 선포 임무와 더불어 공동체 지도 임무도 귀속되었다.[154] 초보적 교리에 대한 상기(6,1-2)는 세례 준비 교리로 시작되는 정규적 교리 교수에 대한 암시로 보아도 된다. 세례는 빛을 받음이며(6,4), 죄를 씻어 낸다(10, 22). 성찬례가 히브리서에 (어느 정도나) 나오는지에 대한 판단은 논란이 분분하다. 아무튼 13,10("우리에게는 제단이 있는데, 성막에 봉직하는 이들은 이 제단의 음식을 먹을 권리가 없습니다")은 성찬례와 관련시켜야 한다.[155] 이 표현에서도 서간의 많은 부분을 규정짓고 있는 옛 계약과 새 계약의 대비가 어른거리고 있다. 너무 멀리 나가는 추측들에는 경고를 해야 한다. 아무튼 필자가 어떤 그릇된 성찬례관과 대결하고 있었으리라는 것은 입증할 수 없다. 또한 이번에는 거꾸로, 새롭고도 살아 있는 길(10,20)이 성찬례를 통해 열렸다거나 공동체 구성원들이 성찬례 거행을 통해 신비스럽게 천상 집회로 옮겨졌으리라고 말할 수도 없다.[156] 필자에게 핵심적인 것은 그리스도론이고, 그리스도의 '단 한 번' 희생이다. 모든 구원이 여기서 나온다.

---

[153] 직명(職名)으로는 신약성경에서 여기에만 나온다. 그러나 사도행전 15,22도 참조.

[154] F. LAUB, Verkündigung und Gemeindeamt: *SNTU* 6/7 (1981/82) 169-190 참조.

[155] 참조: HEGERMANN, *Hebr* 274-275; BORNKAMM, *Bekenntnis* 194; MICHEL, *Hebr* 341-343. MICHEL은 13,10을 히브리서에서 가장 까다로운 구절의 하나로 꼽는다. 논쟁: BRAUN, *Hebr* 463-465. BRAUN은 성찬례와의 관련성을 부인한다.

[156] 참조: J. SWETNAM, Christology and the Eucharist in the Epistle to the Hebrews: *Bib* 70 (1989) 74-95; F. SCHRÖGER, Der Gottesdienst in der Heilsgemeinde: *MThZ* 19 (1968) 161-181; LAUB, *Bekenntnis* 265-272.

3.5 윤리

윤리적 가르침은 10-13장에 집중되어 있다. 이 가르침은 위협받던 공동체 상황에, 그리고 히브리서의 신학적 구상에도 부합한다. 또한 논증의 훌륭한 짜임새를 인상 깊게 확증해 준다. 다시 한 번 두 가지 명제를 통해 신학적 구상과 공동체 상황을 유념하자: 유랑하는 하느님 백성은 대사제 그리스도를 추종하여 천상 본향으로의 여정 중에 있다. 유랑자들 중 적지 않은 이가 지쳤고 낙오되려 하고 있다.

아무튼 주목할 것인즉, 가장 강력히 촉구되는 자세는 믿음이라는 사실이다.[157] 11장에 모아들여진 구약성경 믿음의 증인들의 긴 목록은, 교회에 믿음의 본보기를 제시한다(전범 목록). 아벨에서부터 라합 또는 사무엘까지 이르는, 그리고 그 밖의 널리 알려진 믿음의 본보기들이 더해진 이 명단은 요컨대 지금 그리스도인 공동체에게 요구되는 믿음을 명시해 줄 터다. 여기서 중요한 것은, 이미 구약성경에서 '그리스도교적' 믿음이 가능했던가 라는 문제보다는 믿음의 구조를 분명히 제시하는 일인데, 필자의 견해에 따르면 이 구조는 그때나 지금이나 동일하다. 이 구조의 두 가지 결정적 요소는 확증과 희망이니, 이를 명단 앞에 나오는 정의定義도 다음과 같이 표현한다: "믿음은 우리가 바라는 것들의 보증이며 보이지 않는 실체들의 확증입니다"(11,1).

요컨대 믿음은 보이지 않는 것을 지향한다. 바오로도 로마서 8,24-25에서 희망을 보이지 않는 것과 결부시켰다. 히브리서에서 믿음의 대상이 언급되지 않는 사실, 즉 믿음이 하느님이나 그리스도를 지향한다는 말이 나오지 않는 사실도 믿음의 이런 희망 구조와 관계가 있다. 11,6에서 사람은 하느님이 계심과 그분을 찾는 이들에게는 상이 주어짐을 믿어야 한다고

---

[157] 믿음: GRÄSSER, *Glaube*; G. DAUTZENBERG, Der Glaube im Hebr: *BZ* 17 (1973) 161-177; J.W. THOMPSON, *The Beginnings of Christian Philosophy* (Washington 1982) 53-80; E. BRANDENBURGER, Pistis und Soteria: *ZThK* 85 (1988) 165-198.

말하는 것은 하나의 예외다(6,1 참조). 물론 이것은 단지 그리스도교의 초보적 교리에 관한 말이며, 이를 상기시키는 것은 이방계 그리스도인들에게 그리고 이방인들에게 둘러싸여 살고 있는 그리스도인들에게 중요했다. 그러므로 보이지 않는 것을 지향하는 믿음은 특유하며, 구약성경의 믿음의 증인들과 그리스도교 신앙을 연결지을 수 있는 가능성을 제공하는데, 이는 확실히 바오로적 신앙 형태와는 다른 신앙 형태다. 그에 따르면 복음과 예수 그리스도에 대한 믿음이 인간을 의화(의인)하고 거룩하게 만든다. 이 희망 구조는 믿음을 고대하는 것, 아직 오지 않은 것으로 향하게 한다. 그래서 일련의 본보기 인물을 제시하면서 비슷한 상황에 거듭 주의를 환기시킨다: 방주를 만든 노아, 고향을 버리고 떠난 아브라함, 이집트를 떠난 모세가 모두 하느님의 말씀을 따랐는데, 그 말씀은 그들에게 그들이 보거나 알지 못하는 어떤 것을 약속했다(11,7.8.27). 이런 희망을 깊이 품고 있는 믿음은 그 바탕을 이 모든 믿음의 증인들에게 주어진 하느님의 말씀에 두고 있다.

히브리서 필자가 믿음은 보이지 않는 것을 지향한다고 강조하는 데는 근본적으로 두 가지 이유가 있다. 하나는 구원의 약속 구조[158]이고, 다른 하나는 말씀의 불명료성이다. 그동안 회의(懷疑)하는 자가 되어 버린 공동체의 여러 사람에게 말씀은 너무 불충분했다고 하겠다. 이 회의 뒤에는 필경 듣는 것보다 보는 것을 중시한 헬레니즘적 관점도 있었을 것이다. 하느님 말씀 신학을 개진하는(⑤ 3.3.2 참조) 필자는 이와 반대로 들음의 중요성을 주장하며, 이로써 오랜 성경적 관점을 고수하니, 이에 따르면 인간은 하느님과의 관계에서 말씀을 듣는 자다.

박해 때 말씀의 불명료성은 회의하는 자들에게 각별한 시련이었다. 믿음의 함축으로서 요구되는 확증은(11,1) 이 사실과 관계가 있다. 그래서 본보기 인물 목록은 시험을 굳건히 견뎌 낸 믿음의 증인들 — 아들 이사악을

---

[158] LAUB, *Bekenntnis* 244-246 참조.

기꺼이 제물로 바친 아브라함(11,17), 이집트를 버리고 떠난 모세(11,26) 그리고 믿음 때문에 겪은 시련이 매우 구체적으로 묘사되는 많은 익명의 사람들(11,33-38) ─ 도 열거한다.[159] 이 증인들의 도움으로 믿음은 말씀의 불명료성이라는 배경 위에서 일정한 명료성을 획득한다. 교회 구성원들은 이 증인들에게서 자신을 재인식해야 한다는 것이 모세의 예에서 특히 뚜렷이 드러나는데, 그는 파라오 딸의 아들이라 불렸으나 그리스도를 위해 받는 모욕(직역: 그리스도의 모욕)을 이집트의 보물보다 더 큰 재산으로 여겼다고 말한다(11,24-26). 모세의 수난과 그리스도를 위해 받는 모욕을 이렇게 동일시하는 것은 회의에 빠진 그리스도인 공동체를 위해서다. 그들은 하느님 백성이 학대받을 때에 그 백성의 일원임을 그 무엇보다 중시한 모세에게서 배워야 한다(11,25).

히브리서 사유 세계의 헬레니즘적 특성은 하느님의 교육 모델인 파이데이아(παιδεία, 훈육)도 확인해 준다(12장).[160] 이 모델은 하느님이 이용하시기에, 인간의 교육 규범들을 넘어선다. 파이데이아는 징계도 아니고 강박은 더더욱 아니며, 그리스도인 실존이 제대로 꼴을 갖추게 하는 수단으로 여겨진다. 그러나 무엇보다도 파이데이아는 그리스도인을 그리스도 옆에 놓으며, 그리하여 그가 하느님 자녀로 받아들여졌음을 보증한다(12,1-3). 이 길에서 고난을 헤쳐 나가는 것은 그야말로 필수적이다. 견뎌 낸 훈육은 평화를 가져다준다(12,11).

어떤 윤리 문제도 피상적이지 않지만, 여기서 각별히 두 번째 회개 불허에 관해 한 마디 해야겠다. 이 불허는 세 군데에서 언급된다: "한 번 빛을 받아 하늘의 선물을 맛보고 성령을 나누어 받은 사람들이, … 떨어져 나가

---

[159] BRAUN(*Hebr* 337)은 히브리서 필자가 믿음을 혹사시킨다고 말한다. 그와 동시에 히브리서의 신앙 방식을 자기 나름대로, 예컨대 바오로와 구별하여 특징짓는다.

[160] 참조: J. BEHM: *ThWNT* V 620-622: W. JENTSCH, *Urchristliches Erziehungsdenken* (BFChTh 45/3) (Gütersloh 1951); ST. P. LOGAN, The Background of paideia in Hebrews (Diss. Southern Baptist Seminary 1986).

면, 그들을 다시 새롭게 회개하도록 만들 수가 없습니다. 그런 사람들은
스스로 하느님의 아드님을 다시 십자가에 못 박고 욕을 보이는 것입니다"
(6,4-6; 참조: 10,26-31; 12,12-17: 에사우의 예를 들어 설명한다).[161] 여기서 문제가 되
는 것은 윤리적 비행非行, 죽을죄 또는 그와 유사한 것들이 아니라, 이미 세
례 받은 사람의 배교임을 분명히 밝혀 두어야겠다. 이를테면 그의 배교는
빛을 받았다가 다시 어둠으로 돌아가는 짓이다. 또 한 번의 빛 받음은 허
용되지 않는다. 이에 대한 논증은 그리스도에게 주의를 환기시키면서, 두
가지 점에서 행해진다. 첫째 그리스도의 단 한 번 십자가 상 희생과 한 번
(ἄπαξ, 6,4) 이루어진 빛 받음의 상응성을 알아볼 일이다.[162] 둘째 (방금 말한
것과 긴밀히 결부되거니와) 배교자들은 그리스도를 또다시 십자가에 못
박는 것이다(10,29 참조). 이것은 심리학적 논증이 아니라, 그들이 새로운 십
자가 상 희생을 도발한다는 것을 암시한다. 여기서 결정적인 것은, 두 번
째 회개 불허에 관한 이 언설을 법률적으로 이해해야 하는가, 다시 말해
이에 상응하는 교회법규가 이미 시행되고 있었던가라는 문제다. 히브리서
와 관련해서는 아니라고 대답해야 한다. 두 번째 회개는 청원되지 않았음
이 분명하다. 에사우의 예가 암시하듯, 이 모든 것은 경고하기 위해 쓰였
다. 에사우는 돌이킬 수 없게 된 상황에 스스로 빠져 들어갔다.

참고문헌

G. BORNKAMM, *Das Bekenntnis im Hebr: Studien zu Antike und Urchristentum* (München ²1963) 188-203.

E. GRÄSSER, Das Glaube im Hebr (MThSt 2) (Marburg 1965).

---

[161] 참조: C. SPICQ, La penitentia impossibile: *CTom* 44 (1952) 353-367; P.E. HUGHES, Hebr 6,4-6 and the Peril of Apostasy: *WThJ* 35 (1973) 137-155; P. PROULX - L. ALONSO SCHÖKEL, Hebr 6,4-6: *Bib* 56 (1975) 193-209; V.D. VERBRUGGE, Towards a New Interpretation of Hebr 6,4-6: *CTJ* 15 (1980) 61-73; D. TOUSSAINT, The Eschatology of the Warning Passages in the Book of the Hebrews: *Grace Theol. Journal* 3 (1982) 67-80.

[162] WEISS, *Hebr* 349 참조.

O. HOFIUS, *Katapausis* (WUNT 11) (Tübingen 1970).

—, *Der Vorhang vor dem Thron Gottes* (WUNT 14) (Tübingen 1972).

E. KÄSEMANN, *Das wandernde Gottesvolk* (FRLANT 55) (Göttingen ³1959).

S. KISTEMAKER, *The Psalm Citations in the Epistle to the Hebrews* (Amsterdam 1961).

B. KLAPPERT, *Die Eschatologie des Hebr* (TEH 156) (München 1969).

F. LAUB, *Bekenntnis und Auslegung* (BU 15) (Regensburg 1980).

—, "Schaut auf Jesus": *Vom Urchristentum zu Jesus* (FS J. Gnilka) (Freiburg 1989) 417-432.

—, Zum Verständnis des Kreuzestodes im Hebr: *BZ* 35 (1991) 65-85.

W.R.G. LOADER, *Sohn und Hoherpriester* (WMANT 53) (Neukirchen 1981).

D. PETERSON, *Hebrews and Perfection* (SNTS.MS 47) (Cambridge 1982).

M. RISSI, *Die Theologie des Hebr* (WUNT 41) (Tübingen 1987).

F.J. SCHIERSE, *Verheißung und Heilsvollendung* (MThS.H 9) (München 1955).

F. SCHRÖGER, *Der Verfasser des Hebr als Seelsorger* (BU 4) (Regensburg 1968).

J. SMITH, *Priest for Ever* (London 1969).

J. SWETNAM, *Jesus and Isaac* (AnBib 94) (Rom 1981).

F.C. SYNGE, *Hebrews and the Scriptures* (London 1959).

G. THEISSEN, *Untersuchungen zum Hebr* (StNT 2) (Gütersloh 1969).

W.G. ÜBELACKER, *Der Hebr als Appell* 1 (CB.NT 21) (Lund 1989).

A. VANHOYE, *Our Priest is Christ* (Rom 1977).

H. ZIMMERMANN, *Das Bekenntnis der Hoffnung* (BBB 47) (Köln - Bonn 1977).

부설 1 테살로니카 2서

테살로니카 2서는 바오로 차명 서간으로서 바오로 서간집에 포함되지만, 신약성경에서 특이한 문서다. 그 특이성은 이 서간이 유일하게 관련 있는 테살로니카 1서를 모방하면서 그것을 계승·수정, 또는 대체[163]하려 한다는 데 있지 않다. 테살로니카 1서의 독특성은 주제에 대한 집중적 논구에 있다. 근본적으로 이 편지는 그리스도의 재림 지연이라는 단 하나의 문제에 몰두한다. 이 주제는 신약성경 여러 곳에서 발견되지만, 여기에 제시된 형태로는 나오지 않는다. 그리스도의 재림이 지체되고 있기에 공동체를 가르치는 게 아니라, 공동체가 주님의 날이 이미 왔다고 생각하기에 꾸짖고 바로잡는다(2테살 2,2). 대답은 실상 공동체가 영구히 존속한다는 사실 안에 이미 주어져 있는 것처럼 보인다. 대답은 묵시문학 레퍼토리에 대한 포괄적 재해석을 통해 주어진다. 그런 까닭에 우리는 이 서간을 신약성경의 묵시록 가까이 옮겨 놓고, 또 그 특수한 위상 때문에 부설附說로 다룬다.

1. 종말론적 가르침

종말 임박 대망 반대! 이것이 이 서간의 주조主調다. '주님의 날이 이미 왔

---

[163] 참조: W. TRILLING, Literarische Paulus-Imitation im 2. Thess: K. KERTELGE (Hrsg.), *Paulus-Rezeption im NT* (QD 84) (Freiburg 1980) 146-156. LINDEMANN[*ZNW* 68 (1977) 34-47]은 두 서간의 관계와 관련하여 다시 대체 가설을 주장한다. 일정한 의미에서 이와 견줄 만한 관계가 에페소서와 콜로새서 사이에도 존재한다.

다'는, 공동체 안에 유포되어 있던 표어는 물론 종말 임박 대망의 의미로만 이해될 수 있다. 그러므로 (영지주의자들에게 결정적으로 중요한 영적) 부활이 이미 이루어졌다는 영지주의적·영적 이해는 배격되어야 한다.[164] 오히려 사람들은 '그날' 임박의 징후들을 확실히 식별할 수 있다고 망상했다. 죽은 이들의 부활이 아니라 그리스도의 재림에 관해 말했다. 무엇이 이런 엉뚱한 종말론적·이단 분파적 견해에 빌미를 제공했는지는 밝혀내기 어렵다. 어쨌든 사람들은 바오로의 편지들에, 특히 이 문제에서는 테살로니카 1서에 몰두했는데,[165] 거기서 이런 견해를 이끌어 낼 수 있다고 생각했다(특히 1테살 4,13-5,11 참조). 이에 대해 다른 이들은 바오로의 이름을 내세운 테살로니카 2서로 맞섰다. 요컨대 바오로 제자들이 바오로 제자들과 맞서는 주목할 만한 상황이 벌어졌다(2베드 3,15-16 참조). 그 밖에 다른 원인들도 있었던가? 예컨대 사람들을 혼란시키던 '예언들'?(2테살 2,2).

임박한 재림의 징후는 아직 없지만, 하느님의 의로운 심판 — 이것의 시간적 거리에 관해서는 아무 말이 없다 — 의 전조는 있으니, 곧 공동체가 겪고 있는 박해와 환난이다(1,4). 종말론적 가르침(2장)[166]은 그리스도의 재림을 예고하는 한 가지 전조를 알고 있으니, '무법자'의 출현 그리고 그와 결부된, 그로써 야기되는 배교가 그것이다. 그러나 가르침이 의도하는 것은 이 전조를 세심히 살피라는 게 아니라(사실 이것은 쉽게 눈에 띌 터다), 과열된 임박 대망을 식히자는 것이다. '무법자'는 아직 나타나지 않았다. 그러나 이미 지금 무법의 신비의 작용을 알 수 있다(2,7). 이것이 어떻게 작용하고 또 그것을 어떻게 알 수 있는지에 관해서는 상세한 말이 없다. 소유격

---

[164] 다른 견해: W. SCHMITHALS, *Paulus und die Gnostiker* (ThF 35) (Hamburg 1965) 147.

[165] 테살로니카 2서 2,2에 언급된 편지는 테살로니카 1서와 관련짓는 게 가장 낫다. 참조: TRILLING, *2 Thess* 76; RIGAUX, *Thess* 650. 물론 Rigaux는 테살로니카 2서가 바오로 친서임을 전제한다.

[166] 참조: J.T. TOWNSEND, *2 Thess* 2,3-12; P. ACHTEMEIER (Hrsg.), (SBL Seminar Papers Series) (Missoula 1980) 233-250; F. MARIN, *Pequeña apocalipsis de 2 Tes* 2,3-12: *EE* 51 (1976) 29-56.

표현이 이 작용을 모호하게 둘러 말한다.[167] 무법은 신비스러운 방식으로 작용하니, 그 근원은 전혀 꿰뚫어 볼 수 없으며, 아는 이만이 그 무법 안에서 지금 이미 무법자의 힘이 작용하고 있음을 인식할 수 있다. 이 불가투시성이 인간의 이해 능력을 벗어나는 무법의 정도를 알려 준다.

'멸망하게 되어 있는 그자'(멸망의 아들: 2,3)라고도 불리는 무법자의 출현은 묵시문학 레퍼토리에서 익숙한 색조로 묘사된다. 무법자가 성전에 나타나 신으로 자처한다는 것은 안티오코스 4세의 독신瀆神과 상응한다. 그는 예루살렘 성전에 우상의 제단을 세웠는데, 올림푸스 산의 제우스에게 봉헌된 이 제단을 유다인들은 '황폐를 부르는 혐오스러운 것'이라 불렀다 (2,4; 참조: 1마카 1,54; 6,7; 다니 11,31; 12,11; 9,27; 마르 13,14//). 끔찍한 역사적 기억이 존속·강화되어, 묵시문학적 공포의 미래상으로 묘사되었다. 무법자는 하느님께 대적하는 '그리스도의 적'이다. 그는 거짓 표징과 이적으로(2,9) 메시아의 활동을 흉내낸다. 테살로니카 2서 2장은 신약성경에서 '그리스도의 적' 표상에 관한 가장 명백한 증언인바, 이 표상은 훗날 문학가들을 끊임없이 부추겼다.[168] 이것은 '그리스도의 적'이라는 개념을 명시적으로 사용하지 않는 경우에도 해당된다. 그는 다양한 이름으로 불린다. 주목할 것은, 그의 활동이 정치적인 것으로 묘사되지 않고, 어디까지나 신앙인들을 미혹하기 위한 것으로 묘사된다는 점이다. 배교(마태 24,12 참조)는 ('그리스도의 적' 표상과 관계없이도) 묵시문학의 고정 소재이며, 종말 시기는 극심한 악의와 타락의 시기가 되리라는 일반적 예상도 마찬가지다.

무법자가 아직 나타나지 않았다는 것이 하나의 (소극적) 시기 언명이라면, 그를 저지하고 있는 힘에 관한 말도 하나의 시기 언명이다. 이 언명은

---

[167] TRILLING, *2 Thess* 93 참조.

[168] 참조: E. LOHMEYER: *RCA* I 450-457; B. RIGAUX, *L'Antéchrist et l'opposition au Royaume Messianique dans l'Ancien et le NT* (Gembloux - Paris 1932); J. ERNST, *Die eschatologischen Gegenspieler in den Schriften des NT* (BU 3) (Regensburg 1967) 24-79.278-291. 특히 러시아 문학이 '그리스도의 적' 신화를 즐겨 다뤘는데, 예컨대 W. SOLOWJEW에게서는 신학박사 '그리스도의 적'이 등장한다.

극히 불가사의하다. 무법자의 나타남을, 또 그로써 종말의 도래를 아직 저지하고 있는 어떤 것 혹은 어떤 이가 있다. 낱말의 성性이 바뀌는 — 저지하고 있는 어떤 것(중성)/이(남성)(2,6-7) — 것도 기묘하다. 이 저지하고 있는 힘이 물러나야, 멀어져야, 자신의 제지력을 버려야, 비로소 무법자가 나타날 수 있다. 이 골치 아픈 구절이 구체적으로 어찌 해석되든 간에, 텍스트의 하느님 중심적 관점을 강조해야 한다.[169] 저지하는 힘을 치우거나 버리는 이는 결국 하느님이시니, 그분이 자유로운 절대주권으로 종말의 시점을 결정하신다. 이것은 동시에 온갖 종말시점 계산을 헛짓으로 만든다.

이 저지하고 있는 것/이는 무엇/누구인가?[170] 필경 아무래도 로마제국이다. 로마제국이 질서 확립의 동인動因으로서 악이 통제할 수 없는 지경이 되지 않도록 저지한다. 물론 로마제국은 신약성경에서 흔히 부정적으로 여겨진다. 하지만 이 사실이 위의 가능성을 배제하는 것은 아니다. 오늘날에는 저지하고 있는 것/이를 하나의 형식적 개념 — 단순히 종말 전에 시간 연장 기능을 수행해야 하는 — 으로 보는 해석이 선호되고 있다.[171] 여기서는 반드시 수호되어야 하는 하느님 중심적 관점이 잘 드러난다. 그렇지만 우리는 필자가 더 구체적으로 생각했던 것은 아닐까 물을 수 있다.[172] 확실히 재림 지연 문제는 한 포괄적 전승 안에 존재하는데, 여기서 하바쿡서 2,3-4("지금 이 환시는 정해진 때를 기다린다. 끝을 향해 치닫는 이 환시는 거짓말하지 않는다. 늦어지는 듯하더라도 너는 기다려라. 그것은 오고야 만다, 지체하지 않는다")가 중

---

[169] K. MÜLLER(*TRE* I 224)는 전반적으로 묵시문학적 사유에서의 하느님 중심성에 관해 말한다.

[170] 참조: J. SCHMID, Der Antichrist und die hemmende Macht: *ThQ* 129 (1949) 323-343; P. ANDRIESSEN, Celui qui retient: *Bijdr* 21 (1960) 20-30; R.D. AUS, God's Plan and God's Power: *JBL* 96 (1977) 537-553; M. BARNOUIN, Les problèmes de traduction concernant 2 Thess 2,6-7: *NTS* 23 (1977) 482-498; TRILLING, *2 Thess* 94-402.

[171] TRILLING, *2 Thess* 92 참조. 한편 GIBLIN(*Threat*)은 복잡한 해석에서 저지하고 있는 힘을 교회 내적 결속과 관련짓는다.

[172] 2,7ㄷ의 번역들은 언제나 구체적인 인상을 준다: '저지하고 있는 이가 물러날 때까지입니다'(TRILLING); '다만 아직 저지하고 있는 이가 우선 제거되어야 합니다'(G. FRIEDRICH) 등.

요한 구실을 했다.[173] 재림 임박 대망을 바로잡으려 매우 애쓰기는 하지만, 서간 필자 역시 여전히 종말에 정향되어 있다. 아직 나타나지 않은 무법자와 지금 이미 작용하고 있는 무법의 신비의 관계에는 일종의 긴장된 관점까지 암시되어 있다. 그리스도의 재림은 무법자가 제압됨이고(2,8), 안식의 허락과 믿는 이들이 하느님 나라에 받아들여짐이며, 그러나 또한 하느님 모르는 자들에 대한 심판이기도 하다(1,5-10).

2. 윤리적 가르침

윤리적 가르침은, 믿음에 대한 해석에서 분명히 드러나듯, 종말론적 가르침과 상응하는데, 이 해석은 바오로와의 차이도 의식하게 해 준다. 믿음은 인내와 호환적으로 사용될 수 있으며(1,4), 진리에 대한 믿음이다(2,12 참조). '믿는 이들'은 교회 구성원들의 일종의 동의어가 되었다(1,10). 그래서 믿음은 아무나의 일이 아니라고 말할 수도 있다(3,2). 여기서 하느님의 절대주권이, 물론 믿음의 허락이 아니라 불허와 관련하여, 강조된다(2,11).

인내의 각오가 요구된다. 인내는 (히브리서에서처럼) 끝까지 충실함을 내포한다. 교회가 겪는 환난을 통해 인내는 한층 더 강화된다(1,6). 그러나 환난은 구원 현존의 표지가 아니라, 검증의 수단이다. 전통 준수의 촉구도 뒷 세대의 주된 성향에 부합한다(2,15; 3,6). 바오로 사도의 수난은 (테살로니카 1서 1,6에서처럼) — 위로 혹은 자극을 위해 — 공동체에 제시되지 않는다. 사도는 그야말로 우월한 사람이다(2테살 3,14).

바오로 사도는 밤낮으로 일함으로써(3,7-10) 시민적 덕성의 본보기가 되었다. 공동체의 상당수 사람이 일하기를 그만두었다. 이것이 그리스도의 재림 임박 대망과 관련이 있는지는 말이 없으나, 그렇다고 추측할 수 있다. 그들이 명심해야 할 명제가 제시된다: "일하기 싫어하는 자는 먹지도

---

[173] A. STROBEL, *Untersuchungen zum eschatologischen Verzögerungsproblem* (NT.S 2) (Leiden 1961) 참조.

말라"(3,10). 문맥상 이 명제는 의미심장하게 보인다. 그러나 그 자체로 고찰할 때는 인간 적대적이라 하겠다.[174] 종말론적 법석을 떨고자 하는 자들은 교회가 세상 앞에서 지켜야 할 좋은 평판을 손상시킨다.

참고문헌

CH. H. GIBLIN, *The Threat to Faith* (AnBib 31) (Rom 1967).

D.W. KEMMLER, *Faith and Human Reason* (NT.S 40) (Leiden 1975).

F. LAUB, *Eschatologische Verkündigung und Lebensgestaltung nach Paulus* (BU 10) (Regensburg 1973).

A. LINDEMANN, Zum Abfassungszweck des 2. Thess: *ZNW* 68 (1977) 35-47.

R. RUSSEL, The Idle in 2 Thess 3,6-10: *NTS* 34 (1988) 105-119.

J.L. SUMNEY, The Bearing of a Pauline Rhetorical Pattern on the Integrity of 2 Thess: *ZNW* 81 (1990) 192-204.

W. TRILLING, *Untersuchungen zum 2. Thess* (EThSt 27) (Erfurt 1972).

---

[174] 구소련은 이 명제를 헌법에 원용했다.

6
요한
묵시록의
신학

1. 원자료

요한 묵시록의 원자료를 밝혀 보려 시도할 때부터 이미, 이 신약성경 마지막 문서의 유별난 특성을 인식하게 된다. 저자는 확정된 꼴을 갖춘 독립된 개별 전승들을 이용한다기보다는, 오래된 상징들과 결부되어 있는 특징적 상징 언어를 사용하여 부분적으로는 기발한 새로운 상징틀들을 빚어낸다. 이 상징들은 대부분 구약성경에서, 특히 요한 묵시록의 문체와 상응하는 또는 그 문체 형성에 도움이 된 책들, 즉 다니엘서와 에제키엘서에서 빌려온 것이다.

이 상징 언어는 요한 묵시록의 신학을 파악하는 데 매우 중요하므로 연구자들은 여기에 더 많은 관심을 기울여야 할 것이다. 아무튼 이 작품에서는 확정된 신조들이 제시되지 않고, 그럭저럭 개념화할 수 있는 것도 별로 없으며, 오히려 꿈을 연상시키는 진기한 환시들이 독자 앞에 펼쳐진다. 천상 세계들로부터의 목소리들이 울려 퍼진다. 독자의 상상력을 부추겨, 상징들을 통해 신학적 사유를 하고 메시지를 마음에 새기도록 한다. 예컨대 이 작품은 인자(사람의 아들)에 관해 말하지 않고, 일곱 개의 황금 등잔대에 둘러싸여 있거나(1,12-13) 흰 구름 위에 앉아 있는(14,14) 것을 이 책의 환시자가 본 '인자 같은 분'에 관해 말한다. 예수는 그리스도라고 불릴 수 있다. 그런데 그 의미는 이렇다: 그분은 유다 지파에서 난 사자 곧 다윗의 뿌리요(5,5; 참조: 22,16), 다윗의 열쇠를 가진 이다(3,7; 참조: 이사 22,22).[1]

지적할 수 있는 수많은 것 가운데 몇 가지만 골라 제시하자면, 우선 여러 기존 상징 또는 연상이 한 환시 속에 융합되는 경우가 드물지 않음을

---

[1] 그리스도라는 낱말은 요한 묵시록에 7번 나온다: 11,15; 12,10; 20,4.6에서는('그리스도') 그리스도론적 존칭이라는 느낌을 주지만, 1,1.2.5에서는('예수 그리스도') 그런 의미가 많이 퇴색했다.

유의해야 한다. 예컨대 하느님 어좌에 관한 시작 환시(4장) 속에, 에제키엘 예언자가 소명 받을 때 보았던 하느님 병거兵車에 관한 환시(에제 1장)의 본질적 요소들이 다시 나타난다고 말할 수 있다. 하느님 어좌(그분 권능의 표상)에 관해 말한다는 것 자체가 에제키엘서 1장의 영향을 받았다고 하려니와, 어좌 둘레에 관한 묘사도 마찬가지다. 무지개, 번개, 횃불, 귀중한 보석들, 이 모든 것은 하느님의 영광과 아름다움과 불가 접근성의 표현이다(묵시 4,2-5; 에제 1,5.13.18.22.26-28). 하느님 어좌 앞에 서 있는 비밀스런 네 생물은 에제키엘서 1,5에서 영감을 받은 것이다(묵시 4,6).[2] 원자료의 결정적 돌파는 '살해된 것처럼 보이는' 어린양의 제시에 있다(5,6). 어린양에게 일곱 번 봉인된 두루마리가 넘겨지는데, 오직 그만이 봉인을 뜯고 그로써 역사 종말의 사건들을 진행시키고 목표에 이르게 할 자격이 있기 때문이다. 이 두루마리에 대한 묘사(앞뒤로 글이 적혀 있다)도 에제키엘서 2,10에 기대고 있다.[3] 어린양(5,5에 따르면 다윗의 뿌리)에 관해 살해된 것처럼 보인다고, 그러나 승리했다고 말하는데(5,5-6), 예수의 죽음과 부활에 대한 그리스도론적인 근본 신앙고백을 표명하고 있음이 확실하다. 이 신앙고백을 요한 묵시록 그리스도 신앙의 중심이라 지칭해도 될 것이다(참조: 1,18; 2,8).

구원과 재앙을 나타내는 상징들은 앞에서 언급한 전승들 안에 그 전前형태를 가지고 있다. 바다(혼돈 세력의 상징)에서 올라오는 재앙의 짐승(13,1)은 로마 세계 제국을 상징하는데, 다니엘서 7,3 이하에 원형이 나온다. 요한은 바로 이 짐승에 관심을 집중하고, 이것에 표범 · 사자 · 곰(다니 7장: 연속되는 세계 제국들)의 속성들을 모두 귀속시킨다. 로마 세계 제국에 집중함으로써 요한은 마지막 때로 여겨지는 이 시대에 정향된 자신의 관심을 암시한다. 이 짐승이 지니고 있는 많은 뿔과 머리는 요한에게도 묵시문학 방식

---

[2] 네 생물에 관한 묘사가 서로 좀 다른 것은, 요한 묵시록 저자가 에제키엘서의 엉클어진 묘사에 좀 더 명료성을 부여하고자 했기 때문이라고 볼 수 있겠다.

[3] 세부 내용에서는 차이점이 있다. 예컨대 에제키엘서 2,10에 따르면, 두루마리에 비탄 · 탄식 · 한숨이 적혀 있다. 요한 묵시록 5장에는 그런 언급이 없다. 그러나 일곱 봉인의 개봉은 유사한 결과를 가져온다.

에 따라 역사에 관한 사변을 전개하는 계기가 되는데, 이 사변은 독자들에게 마지막 시대에 살고 있다는 의식을 전달할 뿐 아니라 종말 역사에서 자신의 위치를 좀 더 정확히 정할 수 있는 가능성도 제공하고자 한다(17,9 이하; 참조: 다니 8,21 이하). 요한은 바다에서 올라온 짐승에 '땅에서 올라온' 짐승을 대비시키는데(묵시 13,11 이하), 앞의 짐승에게 전적으로 예속된 신하요 그의 뜻의 집행자인 이 짐승이 혹독한 박해를 준비·시행하며, 그리스도인 공동체들은 거기에 방치되어 있다.

교회가 하느님으로부터 받는 보호가 다양한 전통적 상징을 통해 표현된다. 교회 구성원들은 해를 입지 않도록 지켜 주는 인장을 이마에 받는데(7,3), 에제키엘서 9,4-6에서도 하느님 마음에 드는 예루살렘 주민들이 이마에 표를 받아, 그 덕분에 죽음과 멸망에서 벗어난다. 또한 성전과 제단의 측량과 거기서 예배하는 사람 수 계산(묵시 11,1-2)은(성전 바깥뜰, 즉 이방인의 구역은 측량되지 않는다) 교회에 주어진 보호구역을 나타내는데, 에제키엘서 40,3 이하의 비슷한 사건을 상기시킨다. 그러나 짐작건대 측량이라는 상징에는 유다-로마 전쟁 때 예루살렘을 방어하던 유다인들에게 주어진 약속, 즉 성전 안으로 철수하면 보호와 구조를 받으리라는 약속도 배경이 된 것 같다.[4]

그 짐승에게 승리를 거두고 그의 박해를 이겨 낸 사람들은, 모세가 이스라엘 백성과 함께 홍해를 건너고 이집트인들이 물 속에 모두 빠져 죽은 후 승리의 노래를 불렀듯이(탈출 15,1 이하), 하느님의 종 모세의 노래를 부른다(묵시 15,3). 이 노래에 일정하게 상응하는 것이 대바빌론(로마) 덕분에 이익을 보고 부를 쌓았던 자들이 그 도시의 멸망을 두고 부르는 애가다(18장). 이 애가는 이미 에제키엘서 27장의 티로의 멸망을 애도하는 노래에서 찾아볼 수 있는 여러 모티브를 수용했다.[5]

---

[4] 참조: JOSEPHUS, *bell*. 6,285; M. HENGEL, *Die Zeloten* (AGSU 1) (Leiden 1976) 249.

[5] 참조: 묵시 18,3.9.11-19; 에제 27,12-22.30-32.36.

회개하려 하지 않는 인간들이 금이나 은이나 구리나 돌이나 나무로 만든 우상들을 숭배하는(묵시 9,20) 것은 다니엘서 5,4와 상응한다. 거룩한 도성을 향한 가공架空의 민족들 대군의 돌격은 곡과 마곡이라는 수수께끼 같은 이름들로 꾸며진다(묵시 20,8; 참조: 에제 38-39장). 그리고 희고 붉고 검고 푸르스름한 말을 탄 묵시록의 네 기사(묵시 6,1 이하)는 갖가지 솜씨를 발휘하는데, 필경 하느님의 명령으로 세상을 순찰하는 비슷한 빛깔의 말을 탄 기사들에 관해 말하는 즈카르야서 1,8 이하에서 영감을 얻었을 것이다. 물론 요한 묵시록의 환시자는 넷으로 나누어진 인상 깊은 장면을 전혀 새로이 꼴짓는데, 사실 그는 평소에도 기존 자료를 매우 독자적으로 다룬다.

상징에서의 이런 의존 목록은 끝없이 이어질 수 있다. 예컨대 낙원의 성전 샘물과 다달이 열매를 내고 그 잎은 치료에 쓰이는 강가에 서 있는 나무들(묵시 22,1-2; 참조: 에제 47,1.12), 생명나무 열매(묵시 2,7; 참조: 창세 2,9), 승리하는 이에게 주어지리라 약속된 만나(묵시 2,17; 참조: 탈출 16,32 이하) 등을 지적할 수 있겠다. 또한 환시자가 천상 인자를 뵙고 엎드리거나(묵시 1,17; 참조: 다니 8,18) 두루마리를 받아 삼키는 — 이를 통해 환시자는 그가 전해야 하는 하느님의 말씀과 이를테면 한 몸이 된다(묵시 10,9; 에제 3,1-3) — 따위의 개별적인 묵시문학적 장면들의 모방도 시사하는 바가 크다. 아무튼 지금까지 소개한 사례들만으로도 충분할 것이다.

미카엘과 그의 천사들과 용이 싸운 에피소드(묵시 12,7-8)는 종말 사건들의 진행에서 매우 중요하므로 특별히 언급해야 마땅하다. 사탄은 하늘에서 내던져졌고 그로써 원칙적으로는 권세를 잃었지만, 이제 일정 기간 동안 자신의 극렬한 분노를 땅에, 특히 교회를 적대하여 쏟아 부을 수 있다. 추측건대 요한은 용의 추락 표상에서 한 (이방계?) 유다교 전승에 의존하고 있는 것 같다.[6] 그렇다면 요한은 이 전승을 크게 변경시킨 셈이다. 그의 견해에 따르면, 용을 이긴 승자는 결국 어린양이다(12,10-11).

엘리야와 모세의 특징적 면모 — 하느님 원수들을 불로 멸망시킴, 가뭄과 비에 대한 전권, 물을 피로 변화시킴, 하늘로 들어 올려짐 — 를 지닌

두 증인에 관한 이야기(11,3-13)는 판단하기가 더 어려운데, 요한은 이들을 집합적으로 이해한다.[7] 그들이 살해되었으나 다시 살아났고 천상 하느님께 들어 올려졌다는 이야기는, 신자들이 혹독한 박해를 받아도 최종적 구원을 기대할 수 있음을 교회에 말해 주자는 것이다. 여러 해석자는 여기에도 종말 시기의 (부활한) 모세 및 엘리야와 악마의 전투, 그들의 죽음과 부활을 다룬 한 유다교 전승이 끼워 넣어져 있다고 본다. 문제는 (하늘로 들어 올려진 사람들의 죽음 외에도) 비교 가능한 전승이 시간상 더 후대의 (요한 묵시록 12장의 영향을 받은?) 문서들에서만 확인된다는 사실이다.[8]

요한 묵시록 저자의 전승 환경의 마지막 특징으로 제시해야 할 것은 숫자 놀이다. 저자가 즐겨 사용하는 것은 7과 12 그리고 거기서 파생되는 숫자들이다. 저자의 서신들은 일곱 교회에 보내졌다(2,1-3,22). 숫자 7은 충만과 완전을 상징한다. 그 짐승의 수는 666인데(13,18), 불법의 산술적 총합이다($6 = 7 - 1$). 열두 별이 태양을 입은 여인의 머리 둘레에서 면류관처럼 빛나고(12,1), 스물네 원로가 하느님 어좌 앞에 앉아 있으며(4,4 등), 인장을 받은 선택된 사람의 수는 144,000($= 12 \times 12 \times 1000$)이다(7,4-8; 참조: 21,7; 14,3). 물론 12는 이스라엘 열두 지파와 관계가 있다(21,12). 어쨌거나 환시자가 이

---

[6] 이 전승을 꼬집어내기는 어렵다. HOLTZ(*Christologie* 93-94)는 미카엘에 의한 용의 추락 표상과 엄밀하게 상응하는 것을 유다교 문헌에서 찾아내기는 불가능하다고 본다. 용의 추락은 요한 묵시록 12장에 따르면, 시작 시기가 아니라 마지막 시기에 일어난다. 오늘날 연구자들은 가장 상응하는 사례로 1 QM(특히 17,5-7)과 11 QMelch를 꼽는다. P. VON DER OSTEN-SACKEN, *Gott und Belial* (StUNT 6) (Göttingen 1969) 206-213 참조. 그러나 여기에도 차이점들이 있다. 요한 묵시록 12장에서 용의 추락은 아직 종말이 아니다.

[7] VÖGTLE, *Buch* 88-91 참조 — 모세가 하늘로 들려 올라간 이야기는 JOSEPHUS, *ant.* 4, 326; *Sifre Dt* §357 zu 34,5에 나온다.

[8] 유다교 전승설 지지자: K. BERGER, *Die Auferstehung des Propheten und die Erhöhung des Menschensohnes* (StUNT 13) (Göttingen 1976); R. PESCH, Zur Entstehung des Glaubens an die Auferstehung Jesu: *ThQ* 153 (1973) 201-228. 반대자: R. BAUCKHAM, The Martyrdom of Enoch and Elijah: Jewish or Christian: *JBL* 95 (1976) 447-458. 참조: J.M. NÜTZEL, Zum Schicksal der eschatologischen Propheten: *BZ* 20 (1976) 59-94. 죽은 이들로부터의 예수 부활에 대한 이해의 전제들을 염두에 두고 논의가 폭넓게 이루어졌다.

숫자들의 우주론적 의미를 알고 있었을 가능성을 고려해야 한다[항성들과 수
대(獸帶)의 숫자].[9] 아무튼 그는 숫자들을 별들과 관련짓는다(1,16; 12,1).

2. 종말 시기의 교회

'반드시 일어날 일' — 요한 묵시록 1,1에 따르면, 이것이 이 책에 기록된
계시의 내용이다(참조: 22,6과 칠십인역 다니 2,29). 여기에 '머지않아'가 덧붙여
져, 팽팽히 긴장된 종말론적 관점이 드러난다. 이 표현은 앞일이 하느님에
의해 짜여지고 계획되어 있다는 인상을 준다. 여기에 확신과 위로가 있다.
독자는 계시의 특별한 세계로 이끌려 들어갈 터인데, 이 세계는 비밀스런
상징들 안에서 독자에게 열리며 또 동시에 그에게서 달아난다. 갖가지 통
찰에도 불구하고, 엿볼 수 있는 경계선은 여전히 지켜진다. 그러나 해석자
들은 오랜 해석사史에서 종종 이 경계선을 넘어갔다.[10]

1,19에서 시간적 관점이 현재와 미래 — '지금 일어나는 일들과 그다음
에 일어날 일들' — 로 분리된다.[11] 그런데 일곱 교회에 보내는 편지들에 이
어 4,1에서 후반부가 다시 언급되기 — "이다음에 일어나야 할 일들을 너
에게 보여 주겠다" — 때문에, 흔히들 현재('지금 일어나는 일들')는 편지들에서
기록되었고, 이어지는 모든 내용은 미래와 관련된다고 생각한다. 이것은
원칙적으로 옳지만, 불명료한 점들이 남아 있다.[12] 그런 까닭에 4장 이하에
도 현재의 체험들이 종종 섞여 들어 있음을 배제하면 안 된다.

요한의 '역사 관심'은 전적으로 현재와 미래를 겨냥하는데, 현재 역시 미
래에 의해 규정지어진 현재다. 이 점이 요한을 비교 가능한 유다교 묵시문

---

[9] Bousset, *Offenbarung* 곳곳(특히 186-187.247-248) 참조.

[10] Kretschmar, *Offenbarung* 참조.

[11] 비교 가능한 표현들은 물론 과거, 현재, 미래 세 부분으로 나누어져 있다. 예증들: Mül-
ler, *Offenbarung* 86-87.

[12] 메시아 탄생(12,5)이나 로마 황제들의 치세(17,9-10) 같은 과거 사건들의 경우에는 분명
하게 알 수 있다.

학가들과 구별해 주니, 그들은 언제나 지나간 시대들도 함께 고찰한다.[13] 요한이 서술하는 역사는 그리스도의 십자가와 고양으로 시작된다. 이것은 그가 교회의 시대를 염두에 두었음을 의미하는데, 이 시대는 역사 종말에 정향되어 있고 또 그럴 수밖에 없다. 그런 까닭에 요한 묵시록은 우선적 의미에서 교회의 책이다. 그리스도는 교회와의 친연성 안에서 이해된다. 개시開始 환시에서 '인자 같은 분'이 일곱 황금 등잔대 한가운데 나타난다. 일곱 등잔대는 일곱 교회다(1,12.20). 교회를 증오하는 적수는 로마제국인데, 그 위협적이고 미혹하는 모습이 바다에서 올라온 짐승 또는 대탕녀 바빌론으로 묘사된다(17,1 이하). 역사 종말 시기 전체가 (거듭 우주적 재앙들에 의해 돌파되거니와) 근본적으로 교회와 이 제국의 대결의 역사로 서술된다. 이 대결을 위해 요한은 위로와 가르침으로 교회를 준비시키고자 한다. 이 책을 규정짓는 성격은 논란되고 있다. 그러나 그 성격은 명백히 위로에 있다고 하겠다.[14] 약속된 보호와 그리스도인들이 그리로 부름 받은 천상 예루살렘 대망待望이 위로를 안겨 준다.

아무튼 편지들을 통해 소아시아 교회의 현재 상황을 그려 볼 수 있다. 지도[15]에서 에페소로부터 스미르나 · 페르가몬 · 티아티라 · 사르디스 · 필라델피아 · 라오디케이아로의 길이 하나의 원을 이루며, 잇달아 거명된 교회들이 편지 전달자의 여행 경로를 나타낸다고 볼 수 있다면, 구체성은 더해진다. 하지만 일곱이라는 숫자는 의식적으로 선택되었을 것이다. 이 숫자는 요한 묵시록이 소아시아 그리스도인 공동체들을 넘어 전체 교회에

---

[13] 다니엘서 2장; 7-8장; 9,24 이하에서 역사 성찰은 바빌론 유배로 시작되고, 에녹서 85-90은 전체 (성경) 역사에 관한 개관을 제공한다. 유다교 묵시문학가들과의 또 다른 차이점은 요한은 가명을 쓰지 않고 제 이름을 밝히며, 자기 작품을 서간 형식으로 저술한다는 것이다. KARRER, *Brief* 참조.

[14] KARRER(*Brief* 210)는 위로의 책이라는 성격에 이의를 제기하면서, 그 논거로 희망이나 희망하다라는 낱말이 나오지 않는다는 사실을 내세운다. 하지만 희망해야 할 일이 이 책의 중심에 자리잡고 있다.

[15] A. STROBEL: *TRE* III 177에 수록된 지도 참조.

전하는 말씀이라는 자기주장을 하고 있음을 암시하려 한다. 이로써 연구자들은 이 편지들의 지역적으로 제한된 지평과, 범세계적 범위를 지닌 이 책의 방대한 주요부 사이에서 번번이 확인될 수 있다고 여기던 긴장을 너끈히 감당할 수 있게 되었다. 명백히 온 세상을 염두에 두고 있는 3,10도 하나의 연결 고리를 이룬다.

요한은 정선된 상징들을 통해 고유한 방식으로 교회의 보편성을 묘사한다. 그러면서 아주 특정한 신학적 목적들을 추구한다. 언제나 지역교회(들)를 염두에 두고 '에클레시아'라는 개념을 사용한다. 이 개념이 편지들(2-3장)과 그 머리말(1,11.20) 그리고 작품 전체의 서간식 인사말(1,4) 외에는 22,16에 단 한 번 더 나오는데, 여기서도 소아시아 지역교회들을 염두에 두고 있다.

우선 이 교회들의 상황을 잠시 살펴보자. 요한은 파트모스 섬에 유배되어 있었지만, 그 상황을 잘 알고 있었다. 그를 불안하게 만든 사건은 근본적으로 두 가지다. 하나는 교회에 이단이 침투한 것이고, 또 하나는 이와 긴밀히 결부된 국가 기관들과의 첨예한 갈등이었다. 니콜라오스파로 불리는 선동자들은 이 갈등에서 요한이 전혀 용납할 수 없는 입장을 취했다. 연구자들이 옳게 판단했듯이, 불륜과 우상에게 바친 제물을 먹는 것에 대한 비난(2,14.20)은 이교인들과 타협하는 그들의 자세를 시사한다. 발락, 발라암(2,14), 이제벨(2,20)이라는 차명借名도 이교로 미혹된 경향을 나타내는데, 짐작건대 역시 니콜라오스파에 대한 지칭이겠다(2,6.15).[16] 니콜라오스파는 세상 순응적인 이방계 그리스도인들보다 한 술 더 떴다. 그들은 자기네 입장을 영지주의적으로 정립했다.[17] 편지들은 그들의 영향을 거부했는

---

[16] 아마도 이 명칭은 사도행전 6,5에 언급된 니콜라오스에게서 유래한다. 그는 유다교로 개종한 이방인으로서 일곱 사람 동아리의 일원이었다. 참조: N. Brox, Nikolaos und Nikolaiten: *VigChr* 19 (1965) 23-30; E. Schüssler-Fiorenza, Apocalyptic and Gnosis in the Book of Revelation and Paul: *JBL* 92 (1973) 565-581; P. Prigent, L'hérésie asiate et l'Église confessante de l'Apocalypse à Ignace: *VigChr* 31 (1977) 1-22.

[17] Müller, *Offenbarung* 98-99 참조.

지 아닌지에 따라 개별 교회들을 평가하고 있다. 게다가 로마 문명이 특히 중류 이상의 주민 계층에 감명을 주었는데, 이것이 개별 교회들 안에도 파고들었다.[18] 강권 정치의 외적 위협은 소아시아 지역에서 성행하던 황제숭배로부터 닥쳐왔다.[19] '사탄의 왕좌'(2,13)도 황제숭배와 관련이 있는데, 페르가몬의 제우스 제단을 암시한다. 그곳에서 '나의 충실한 증인' 안티파스가 죽임을 당했다. 스미르나 교회에는 신자들 가운데 몇 사람이 감옥에 갇히리라 예고된다(2,10). 이미 일어난 박해가 어느 정도였는지는 밝히기 어렵다. 환시자가 본 '하느님의 말씀과 자기들이 한 증언 때문에 살해된' 이들의 영혼들(6,9)은 그들의 운명과 함께 전적으로 미래와 관련지어야 하는 것일까? 아무튼 환시자는 곧 시련의 시간이 온 세계에 닥쳐오리라 예상하고 있다(3,10).

안팎에서 닥친 이 두 가지 중대한 위협, 즉 이단과 박해 외에, 요한은 극히 모질게 공박하는 회당과의 대결(2,9; 3,9)과 질책할 만한 몇 가지 다른 일 — 예컨대 라오디케이아 교회가 자기 안전 확보를 위해 이룩한 부(3,17) — 에 관해 기록한다.

교회의 내적 구조에 관해 말한다면, 숫자가 열둘로 확정된 사도들(21,14)과 예언자들이 부각된다. 사도들은 과거의 인물이지만, 그들의 근본적 의의가 존중되고 있다. 천상 예루살렘의 열두 초석에 그들의 이름이 적혀 있다. 예언자들의 사명은 무엇보다도 말씀의 선포인데, 그 말씀은 특히 거듭 예언의 책이라 불리는 책에 담겨 있다(22,7.10.18-19; 1,3). 요한 역시 이 예언자 집단에 속했다는 사실로 미루어, 교회들을 지도하는 가르침을 주는 일도 예언자들의 책무였다. 요한이 개별 교회를 넘어서는 직분을 지녔다면, 교회 내부의 예언자도 있었다고 추측해도 될 것이다. 진술들이 빈약하기 때문에, 이 문제에서는 불명료한 것이 매우 많다. 예언자와 천사의 가까움

---

[18] KLAUCK: *Bib* 73 (1992) 177 참조.

[19] 참조: KLAUCK: *Bib* 73 (1992) 153-182; W. PÖHLMANN, Die heidnische, jüdische und christliche Opposition gegen Domitian (Diss. Erlangen 1966).

도 눈길을 끈다(22,9). 천사가 그리스도의 계시 말씀을 전해 주었다(1,1).[20] "에페소 (그리고 다른 도시들) 교회의 천사"(2,1.8.12.18; 3,1.7.14)라는 표현은 신약성경에서 요한 묵시록에만 나오는데, 각 천사는 각 서간의 수신인이 며 질책과 칭찬을 듣는다! 사람들은 흔히 이 천사에게서 교회 천사, 교회 의 천상 수호자를 보아 왔는데, 이 표상은 민족들의 수호천사들에 관한 유 다교의 표상과 상응한다. 이 해석에 물론 동의할 수 있지만, 교회 천사가 셈을 바쳐야 한다는 것은 여전히 이상하게 여겨진다. 여기서도 천사와 예 언자의 결부를 상정해도 될 것이다.[21]

　보편적 교회는 상징들, 특히 태양을 입은 여인이라는 상징 안에 나타난 다(12장). 이 환시를 교회와 관련짓는 것이, 그동안 일별할 수도 없을 만큼 숱한 견해가 제시된 이래, 요즈음 갈수록 널리 받아들여지고 있는 한 결론 이다.[22] 이 여인이 하늘에 큰 표징으로 나타났는데, 태양을 입었고 달은 그 녀 발 밑에 있으며 머리에는 열두 별로 된 관을 썼다고, 그리고 메시아임 이 분명한 아들을 낳았으며 그가 쇠지팡이로 모든 민족을 다스리게 되리 라고 말한다. 이 아이는 하느님과 그분 어좌로 들어 올려짐으로써, 거대한 용의 치명적 공격에서 벗어난다. 이제 땅에 머물게 된 이 여인도 광야에 마련된 처소로 달아남으로써 치명적 공격에서 벗어난다. 하늘에서 권세를 빼앗기고 땅으로 추락한 거대한 용은 이제 자신의 분노를 여인의 나머지 자녀들, "여인의 나머지 후손들, 곧 하느님의 계명을 지키고 예수님의 증 언을 간직하고 있는 이들"(12,17)에게 쏟아 붓는다.

---

[20] 10,7; 11,18; 16,6; 18,20.24; 22,6.9에서 예언자에 관해 말한다. 11,3.10에 나오는 두 증 인 예언자가 교회 공동체를 의미한다면, 예언의 영이 전체 교회 안에서 활동했음을 유추할 수 있다. SATAKE, *Gemeindeordnung*, 특히 47-81 참조.

[21] SATAKE, *Gemeindeordnung* 150-155 참조.

[22] 권할 만한 저작: H. GOLLINGER, *Das "große Zeichen" von Apk 12* (SBN 11) (Stuttgart 1971); J. ERNST, Die himmlische Frau im 12. Kap. der Apk: *ThGI* 58 (1968) 39-59; A. VÖG-TLE, Mythos und Botschaft in Apk 12: *Tradition und Glaube* (FS K.G. Kuhn) (Göttingen 1971) 395-415; A. SATAKE, Sieg Christi-Heil der Christen: *AJBI* 1 (1975) 105-125; R. BERG-MEIER, Altes und Neues zur Sonnenfrau am Himmel: *ZNW* 73 (1982) 97-709.

잇달아 나오는 상징들로부터 엄격한 논리를 기대하면 안 되고, 개별적 특징들에 유의해야 한다.[23] 그 여인은 하늘의 큰 표징으로 제시된다. 곧이어 다른 표징, 즉 왕관을 쓴 머리와 뿔을 가지고 사납게 날뛰는 크고 붉은 용의 표징이 뒤따른다(12,3). 요한 묵시록에서 하늘에 나타나는 표징은 미래를 예시한다. 이는 하늘의 셋째 큰 표징, 즉 마지막 재앙들을 예고하는 일곱 재앙 천사에게서 특히 분명해진다(15,1). 천상 여인과 용은 하늘에 나타난 표징들로서 사탄과 결탁한 제국과 교회의 엄청난 대결을 예고한다. 그들의 속성이 그 대결을 특징짓는다. 열두 별로 된 관은 이스라엘 열두 지파의 상징으로 이해할 수밖에 없다. 메시아 아기의 탄생이 이 상징을 이스라엘과 묶어 준다. 이 상징적 언명은 로마서 9,5와 상응한다: "그리스도께서도 육으로는 바로 그들에게서 태어나셨습니다." 하지만 이 천상 여인은 이스라엘이 아니라 교회와 동일시된다. 그러나 교회는 이스라엘과의 연속성 안에서 고찰되는데, 이 연속성은 그리스도를 통해 성립된다. 메시아의 탄생을 통해 하느님 백성은 하나의 새로운 특성을 얻었다. 이제는 하느님의 계명을 지키고 예수를 위한 증언을 간직하고 있는 모든 사람이 하느님 백성에 속한다(12,17). 이들도 그 여인의 자녀들이기에, 이들과 아들의 긴밀한 관계가 확언되어 있는데, 이는 로마서 8,29("많은 형제 가운데 맏이") 또는 히브리서 2,11("예수님께서는 그들을 형제라고 부르기를 부끄러워하지 않으시고")과 비견될 수 있다.

요한 묵시록의 보편적인 교회론적 구상은 이렇게 하느님 백성 사상에 의해 규정지어져 있다. 그러므로 이 구상은 이스라엘의 과거를 의미심장한 전사前史로 포함할 수 있다. 우리가 확인한 풍부한 구약성경 자료의 이용은 여기서 근거를 얻는다. 지상에서 용에 의한 여인의 박해는 그녀에게 주어진 보호의 관점에서 묘사된다(12,13-17). 이 보호는 한 피난처의 마련과 기간의 한정으로 표현된다. 삼 년 반은 정해진 박해 기간을 나타낸다(다니

---

[23] 예컨대 용은 12,9에서 땅에 내던져지는데, 12,5의 사내아이의 탄생과 하느님께로 들어 올려짐은 용이 이미 땅에 있음을 전제한다.

7,25 참조). 여인과 그 자녀들을 떼어 놓는 것은, 교회 구성원들은 박해를 당하지 않으리라는 생각을 못하게 하려는 것이다. 오히려 그 반대다! 용은 바닷가 모래 위에 자리잡는다(12,18). 각본대로 극이 시작된다.

메시아의 실제 어머니 마리아는 천상 여인에 관한 이 환시 안에 명시적으로는 존재하지 않는다. 폭넓은 가톨릭 해석 전통은 이 환시에서 함축적이고 명시적으로 마리아를 보아 왔다. 물론 터무니없는 생각은 아니지만, 텍스트의 신학적으로 의미심장한 영향사史에서 다룰 문제다.

옛 하느님 백성과의 연속성은 다시금 열둘이라는 숫자를 통해 성립되니, 증언자는 인장을 받은 사람 수가 144,000(= 12 × 12 × 1000)명이라는 소리를 듣는다(7,4). 그리고 열두 지파의 이름이 거명된다. 열두 지파는 새 이스라엘을 이루는 현세 교회에 해당된다. 유다계 그리스도인들만 부름 받은 것이 아니다.[24] 지파 명단은 두 가지 점에서 눈길을 끈다. 첫째, 메시아가 배출되는 유다 지파가 맨 처음으로 거명된다. 둘째, 흔히 '그리스도의 적'이 배출되리라 여겨지던 단 지파가 므나쎄 지파로 대체되었다(7,5-8). 인장이라는 보호 표지는 인장 받은 사람들을 하느님 소유로 특징지으며, 그들을 구원 상실이라는 결정적 재앙으로부터 지켜 준다.[25] 옛 계약과 새 계약의 계통들은 하느님의 도성인 천상 예루살렘에 관한 환시에서 하나가 되니, 도성 성문들에는 이스라엘 열두 지파의 이름이, 그리고 초석들에는 열두 사도의 이름이 적혀 있다(21,12.14). 새 하느님 백성 안에서 모든 종족·민족·백성·언어의 사람들이 하나 된다(참조: 5,9; 7,9).

3. 멸망과 구원

구원론은 요한 묵시록 신학에서 가장 문제가 되는 부분이다. 구원론은 각각 일곱 개의 봉인, 나팔, 대접을 통해 우리 눈앞에 전개되는 파멸적 사건

---

[24] KRAFT, *Offenbarung* 126.   [25] MÜLLER, *Offenbarung* 178-179 참조.

들의 연속에 끼워 넣어져 있다. 묵시문학에서 세상에 예정된 재앙들이 하나도 빠짐없이 모두 발생한다: 전쟁, 내란, 전염병, 기근, 죽음, 자연 재해가 쉴 새 없이 인류를 덮친다. 그런데 이 재앙들은 거의 무의미하게 보인다. 이것들은 아무것도 이루지 못한다. 거듭 확언하기를, 재앙으로 죽임을 당하지 않고 남은 인간들이 악한 행실에서 돌아서지 않는다고 한다(9,20-21; 16.9.11). 세상은 구제 불능이다. 그리스도께서 성취하신 구원이 세상에 변화를 일으키지 못한다. 세상에 대한 이 부정적 판단을 요한 묵시록은 묵시문학과 공유하고 있다. 물론 묵시문학에서 무도하게 타락한 세상과 새 세상 사이의 간극을 특징짓는 '이 세상 — 도래할 세상'이라는 개념들은 사용하지 않는다. 그러나 동일한 내용을 21,1-5에서 묘사한다. 첫 번째 땅과 하늘, 바다는 사라진다. 새 땅과 새 하늘이 나타난다. 그리고 창조주 하느님은 마치 땅과 하늘을 지으신 것을 후회하듯이 말씀하신다: "보라, 내가 모든 것을 새롭게 만든다." 요한이 염두에 두고 있는 것은 땅과 하늘의 변형이 아니라, 그것들의 무화無化와 새 창조다.[26]

그러나 이 세상에서 그리스도의 교회가 살아간다. 교회 안에서 그리스도가 성취하신 구원이 작용한다. 이는 일차적으로 그분이 당신의 죽음을 통해 얻어 주신 죄의 용서로 묘사된다: "우리를 사랑하시어 당신 피로 우리를 죄에서 풀어 주셨다"(1,5). 또는 상징적으로 "저들은 어린양의 피로 자기들의 긴 겉옷을 깨끗이 빨아 희게 하였다"(7,14)라고 말한다. 혹은 구체적으로, "주님의 피로 모든 종족과 언어와 백성과 민족 가운데에서 사람들을 속량하셨습니다"(5,9)라고 표현한다. 그리스도의 죽음은 또한 순교자들에게 힘을 주어 자기 목숨을 바치고, 그리하여 스스로 악을 이겨 내게 한다(12,11). 죄로부터의 해방은 궁극적 목적을 성취할 수 있는 능력을 부여한다. 여기서 구원은 완세적·종말론적 구원이다. 상징적으로 바꾸어 표현하면, 천상 예루살렘에 들어감이다. 그곳으로 가는 길에 그리스도인들은

---

[26] E. SCHILLEBEECKX, *God among us* (London 1983) 144-148 참조.

인장 받은 자들로서, 생명의 책에 이름이 기록된 자들로서(3,5; 13,8; 17,8; 20,12; 21,27), 성전 안뜰에 속한 자들로서(11,1-2), 하느님의 보호를 기대할 수 있다. 요한은 구원받는 사람들의 수가 매우 많으리라 기대한다(7,9: "아무도 수를 셀 수 없을 만큼 큰 무리").

그리스도인들은 시련을 겪는 존재이기 때문에 보호가 필요하다. 그런데 다른 측면이 있다. 요한은 대립쌍들을 통해 위협을 분명히 알려 준다.[27] 하늘의 여인이 대탕녀 바빌론과 대립한다. 그리스도인들이 보호 표지를 받듯이, 다른 자들은 오른손이나 이마에 그 짐승의 표지를 받아 황제숭배 거부자들에게 닥치는 고통을 당하지 않는다(13,15-17). 그리스도의 대척자對蹠者는 '그리스도의 적'이다.

책 전체를 통해 독자들에게 감사와 찬미의 노래들이 제시되는 데서, 격려의 한 특별한 방식을 알아볼 수 있다고 하겠다.[28] 이 노래들은 묘사되는 거의 모든 환시를 동반하며 그것들을 해석해 주는데, 연속되는 사건들은 결국 하느님이 당신의 통치와 권능을 관철하심을 의미한다는 것을 알게 해 준다. 이 노래들은 하느님 어좌에 대한 환시에서 하느님의 거룩함에 대한 삼성송三聖頌으로 시작된다(4,8). 5,13에는 온 창조계의 찬양이 나온다. 모든 민족으로 이루어진 거대한 무리(7,9), 그 짐승을 무찌르고 승리한 이들(15,2), 특히 천사들, 스물네 원로(7,12; 11,16; 16,5; 19,1)가 하느님을 찬양한다. 하늘에서 들려오는 큰 목소리가 온 세상에 대한 주님과 그분의 그리스도의 통치(11,15), 용에 대한 하느님과 그분의 그리스도의 승리(12,10), 하느님 심판의 의로우심(16,7)을 선포하며, 끝으로 주 우리 하느님께서 다스리기 시작하셨으니 할렐루야를 부르라고 모두에게 촉구한다(19,5 이하). 이로써 하느님의 궁극적 승리로 귀결되는 과정의 윤곽이 뚜렷이 드러날 뿐 아니라, 우리는 그 배경을 이루는 이 '천상 전례'가 지상교회의 예배와 밀접

---

[27] GÜNTHER, *Nah- und Enderwartungshorizont* 277 참조.

[28] JÖRNS, *Evangelium* 참조.

한 관계가 있다고 추측해도 될 것이다. 숱한 찬양 텍스트가 이를 위해 저자에 의해 꼴지어졌음이 확실하니, 과연 이것들은 해당 문맥에 끼워 맞춰져 있음이 아주 뚜렷이 드러난다. 아무튼 교회가 잘 알고 있어서 예배에서 사용하던 전례 요소와 양식이 수용되어 있다. 더 나아가 교회가 자신이 거행하는 예배가 천상 전례와 결합되어 있음을 의식하고 있었거나, 아니면 저자가 교회로 하여금 그렇게 결합되어 있다고 생각하도록 부추기려 했다고 추측해도 될 것이다. 이런 방식으로 교회는 예배 안에서 완세적·종말론적 구원을 앞당겨 체험했다. 22,17.20(3,20 참조)의 초대에는 주님의 성찬이 암시되어 있다고 볼 수 있다.[29]

오직 요한 묵시록에만 (거의 비슷하게 세 번) 나오는, 그리스도께서 믿는 이들을 "한 나라를 이루어 당신의 아버지 하느님을 섬기는 사제가 되게 하셨다"(1,6)는 확언 역시 이 맥락에 포함된다.[30] 5,10에서 이 언명이 반복되며 또한 미래의 전망이 더해진다: "주님께서는 그들이 우리 하느님을 위하여 한 나라를 이루고 사제들이 되게 하셨으니, 그들이 땅을 다스릴 것입니다." 20,6의 천년왕국 대망의 맥락에서는 다만 미래의 전망이 결정적이다: "그들은 하느님과 그리스도의 사제가 되어, 그분과 함께 천 년 동안 다스릴 것입니다." 천년왕국 사상에 관해서는 뒤에서 얼마간 다룰 것이다. 사제가 됨은 세례에서 이루어진다. 여기서 표현은 수세자 개개인 모두를 염두에 두고 선택되었으며, 그래서 베드로 1서 2,5.9가 추상적으로 수세자들의 '사제단'에 관해 말하는 것과는 달리 구체적으로 사제들에 관해 말한다. '임금들이 되게 하셨다'라는 표현을 삼간 것을 억지 해석하면 안 된다. 다스림은 여전히 확약되어 있지만, 미래와 관련해서다! 이로써 교회의 어려운 처지를 고려하는데, 강조점은 역시 현재의 사제 실존에 있다. 이 사

---

29 KARRER(*Brief* 278)는 22,15도 지적한다. 이 구절에 언급된 이들은 스스로 성찬례에 참여하지 않았다. R.T. ETCHEVERRIA, El discurso profético de este libro: *Sal* 29 (1982) 283-308 참조.

30 SCHÜSSLER-FIORENZA, *Priester* 참조.

제 실존이 어떻게 구현되는지에 관해서는 아무 데서도 분명한 말이 없다. 탈출기 19,6["너희는 나에게 사제들의 나라가 되고 거룩한 민족이 될 것이다"(이사 61,6 참조)]이 배경에 있다고 추측해도 될 것이다.[31] 그러므로 사제들이 되고 나라를 이룬다는 것은 하느님 가까이로 불리었음을 의미한다고 생각해도 되겠다. 이 가까움 안에서 하느님의 왕권이 이미 지금 그들 가운데 작용하고자 한다. 이 가까움 안에서 그들은 자신을 입증해야 하고 그들이 공유하는 사제 실존을 구현해야 한다. 이렇게 그들에게 제기된 요구를 바탕으로 시간상의 변동을 이해할 수 있다. 예컨대 20,6의 약속은 기꺼이 순교하기까지 충실하라는 격려다. 종말에 온전히 구현되는 사제 실존은 하느님 가까이 있음을 의미한다는 것을 22,3-4가 ('사제'라는 낱말은 사용하지 않지만) 확증해 준다: "그분의 종들이 그분을 섬기며 그분의 얼굴을 뵐 것입니다." 앞에서 언급한 예배라는 배경에 비추어 보면, 이것은 이런 사상을 담고 있다: 완전한 예배는 종말에야 비로소 거행될 것이며, 그때는 하느님과 그리스도의 다스림이 온전히 받아들여질 것이다.[32]

4. 그리스도상

요한 묵시록이 묘사하는 사건들의 진행 안에 이 책의 그리스도상을 근본적으로 특징짓는 그리스도 환시가 세 가지 있다. 언어의 명료성은 어느 정도 자구적 의미에서 그리스도상에 관해 말하는 것을 가능하게 해 준다. 우선 일곱 편지에 앞선 개시 환시에 나오는 '사람의 아들 같은 분'(인자)이 있다(1,12 이하).[33] 그는 가슴에 금띠를 둘렀고, 대사제처럼 발까지 내려오는 긴 옷을 입었으며, 천상적 · 신적 존재임을 나타내 주는 특징적 면모들을 지니고 있다. 그러나 무엇보다도 그는 교회들에게 애정을 가지고 있다. 일

---

[31] 같은 책 337.

[32] 같은 책 420.

[33] 참조: C. ROWLAND, The Vision of the Risen Christ in Rev. 1,13ff: *JThS* 31 (1980) 1-11.

곱 교회를 상징하는 일곱 등잔대가 그의 모습에 앞서 언급된다(1,12). 요컨대 요한은 예수, 인자를 교회들에 정향시킨다.

5,6 이하에서는 그리스도가 어린양으로 나타나는데, 이 어린양은 살해된 것처럼 보이고 일곱 번 봉인된 두루마리를 하느님의 손에서 넘겨받으며 또 그로써 세계 역사를 종말에 이르게 할 소임을 받는다.[34] 여기서도 그리스도를 고양된 분으로 보는데, 그는 죽음과 부활을 관통하는 자신의 길을 갔고 그 길에서 세계 지배권을 얻었다. 그러나 그가 지금 부여받아 지니고 있는 이 지배권은 그의 내림(파루시아)에서 비로소 완성될 것이다. 19,11 이하에서는 재림하는 그리스도가 흰말을 타신 분으로 나타나는데, "임금들의 임금, 주님들의 주님"(19,16)이라 불린다. 그는 하느님께 대적하는 권세들을 싸워 섬멸함으로써, 자신의 지배권을 결정적으로 관철한다. 관점은 한결같이 이 징벌의 심판에 정향되어 있다.[35] 놀랍게도 여기에는 구원과 보호를 위한 심판은 일어나지 않는다고 말해도 될 것이다. 이는 무엇보다 천년왕국과 연관되어 있다. 메시아 전사戰士에 관한 묘사는 무시무시하지만, 그래도 유다교의 특정한 메시아 대망들과 부합한다.[36]

어린양이요 인자 같은 그리스도는 14장에 다시 등장한다. 14,1에 따르면, 어린양은 144,000명과 함께 시온 산 위에 서 있다. 그의 상처에 관해더는 언급하지 않는다. 시온은 피난과 구출의 장소로 상정되어 있다.[37]

---

[34] 참조: H.-P. MÜLLER, Die himmlische Ratsversammlung: *ZNW* 54 (1963) 254-267; W.C. VAN UNNIK, "Worthy is the Lamb": *Mélanges bibliques* (FS B. Rigaux) (Gembloux 1970) 445-461.

[35] HOLTZ(Christologie 170)는 19,11의 "그분은 정의로 심판하시고"를 하느님 백성에게 구원을 선사하는 심판과 관련짓고 싶어 한다. 그러나 이것은 시야에 들어오지 않는다.

[36] 가장 널리 알려진 예는 쿰란의 전쟁 두루마리다. 참조: M. RISSI, *The Future of the World* (London 1972); S. LAWS, The blood-stained Horseman: *Studia Biblica* III = JStNT Suppl. Series 3 (Sheffield 1980) 245-248.

[37] KRAFT, *Offenbarung* 187. 여기서 144,000이라는 수가 지상교회를 가리키는지 아니면 종말의 구원을 얻은 사람들을 예변법(豫辨法, Prolepse)적으로 가리키는지는 논란되고 있다. 아마도 후자일 것이다.

14,14 — "내가 또 보니 흰 구름이 있고 그 구름 위에는 사람의 아들 같은 분이 앉아 계셨는데, 머리에는 금관을 쓰고 손에는 날카로운 낫을 들고 계셨습니다" — 는 격렬히 논란되고 있다. 한 천사가 그분에게 낫을 대어 수확을 시작하시라고 큰 소리로 외친다. 사람들은 여기서 가리켜 말하는 존재는 단연코 그리스도라는 데 이의를 제기해 왔다.[38] 그러나 1,13과의 친연성은 이 점에 있어 전혀 의심을 불허한다.[39] 물론 그리스도가 마치 한 천사처럼 보인다. 우리는 여기서 훗날 상당히 널리 확인되는 천사-그리스도론의 흥미로운 흔적을 발견한다.[40] 요한은 이 환시를 그리스도 재림에 대한 예변법像辨法으로 이해한다.

요한 묵시록의 독특한 그리스도론적 구상들의 또 다른 예로 12,5를 지적할 수 있다. 하늘의 여인에 관한 환시의 테두리 안에서 메시아 아기의 탄생을 이야기하는데, 용에게 위협받던 아기는 하느님과 그분 어좌로 들려 옮겨진다. 이것이 예수의 (죽음을 제외하고) 지상 실존과 관련되는 유일한 구절이다. 이는 물론 예수의 삶 전체를 '영霙으로' 약분約分하는 셈이다.[41] 탄생과 들려 옮겨짐('승천'과 곧장 동일시될 수 없다)으로의 이 약분은 필경 그리스나 이집트에서 이야기되던 신적 아기의 구출에 관한 신화를 넘겨받았음을 전제해야 설명된다.[42] 요한은 이 신화를 넘겨받아 그리스도에게 전용轉用할 수 있었으니, 아기의 들려 옮겨짐 안에 고양高揚이 표현되어 있다고 보았기 때문이다. 요한 묵시록에서는 오로지 고양되신 그리스도가 중심에 자리잡고 있다는 사실이 다시 한 번 확인된다.

---

[38] 한 천사를 가리킨다고 보는 견해: J. COPPENS, La mention d'un Fils d'homme angélique en Ap 14,14: J. LAMBRECHT u. a. (Hrsg.), *L'Apocalyse johannique et l'Apocalyptique dans le NT* (BEThL 53) (Leuven 1980) 229; KRAFT, *Offenbarung* 197; KIDDLE, *Revelation* 274ff.

[39] 그 밖의 논거: HOLTZ, *Christologie* 128-134.

[40] JUSTIN, *dial.* 127,4; *apol.* 6,2; KARRER, *Brief* 147-148. 인자 같은 분에 의해 실행된 수확이 심판을 의미하는지 아니면 믿는 이들의 소집을 의미하는지도 논란되고 있다. HOLTZ (*Christologie* 133-134)는 후자를 지지한다. 그렇다면 여기서도 인자 같은 분은 1,12 이하에서처럼 교회에 정향되어 있다고 하겠다. 하지만 "날카로운 낫"이란 표현이 이를 반박한다.

[41] BOUSSET, *Offenbarung* 338.

잇단 그리스도상들은 고양과 재림 사이의 기간에 활동하는 고양되신 그리스도를 보여 주는데, 이 기간은 곧 교회의 시간이며 요한이 유일하게 관심을 기울이는 시기다. 그리스도는 교회를 사랑하고 역사를 이끌며, 당신 지배권을 최종적으로 확립하기 위해 다시 올 것이다. 이 시간적 짜 맞춤 외에 그리스도상을 규정짓는 또 하나의 특징이 있다. 그것은 그리스도의 하느님께의 정향이니, 이것이 그를 하느님의 전권 대리인으로 나타나게 한다. 그리스도는 하느님의 전권을 위임받아 행동하고 일한다. 모든 것은 하느님에게서 오고 또 그분께로 향한다. 이 하느님 중심적 관점을 뚜렷이 보여 주는 것이, 예상해야 할 종말 사건들에 관한 묘사 앞에 하느님 어좌에 대한 환시가 자리잡고 있다는 사실이다(4장). 하느님 어좌 — 하느님의 통치권을 나타낸다 — 에 마땅하고 충분히 주의 환기를 시킨 다음, 비로소 일곱 번 봉인된 두루마리가 어린양에게 넘겨지는 이야기로 넘어간다(5장). 또한 새 창조를 이룸으로써 종말의 우주적 대사건을 종결하시는 분도 하느님이다. 하느님이 창조의 말씀을 하신다: "보라, 내가 모든 것을 새롭게 만든다"(21,5). 이 하느님 중심적 테두리 안에서 그리스도의 신원과 활동이 고찰된다. 이런 맥락에 비추어 볼 때 '전능자'(만물의 주재자, παντοκράτωρ)라는 칭호가 오직 하느님께만 귀속됨을 이해할 수 있다.[43] 주님 칭호도 우선적으로 하느님께 사용된다. 그러나 재림하는 그리스도도 "임금들의 임금, 주님들의 주님"(19,16; 17,14)이라는 이름을 가진다. "오십시오, 주 예수님!"(22,20)이라는 외침 기도는 그리스도가 각별히 교회의 주님으로 여겨졌음을

---

[42] 연구자들은 Python 용(龍)과 아폴로에 관한 그리스 신화 또는 Typhon-Seth 용과 Hathor-Isis에 관한 이집트 신화를 상정한다. 나아가 이 신화가 이미 헬라계 유다교에서 메시아에게 전용되었고, 그것을 요한이 넘겨받았으리라 추측한다. 참조: W. Foerster: *ThWNT* II 284-286; W.F. Otto, *Mythos von Leto, dem Drachen und der Geburt*: K. von Fritz (Hrsg.), *Das Wort der Antike* (Stuttgart 1962) 90-128; M. Münster, *Untersuchungen zur Göttin Isis vom Alten Reich bis zum Ende des Neuen Reiches* (MÄSt 11) (München 1967).

[43] Holtz, *Christologie* 176. 이 하느님 칭호는 9번 나오는데, 거듭하여 '전능하신 주 하느님'이라고 표현된다. 묵시록 외에는 신약성경에서 코린토 2서 6,18에 단 한 번 나온다.

알려 준다고 하겠다(11,8 참조).[44] 그리스도 칭호는 상당히 밀려나 있지만, 그리스도의 통치권 및 나라와 관련하여 그 메시아적 특성이 온전히 느껴진다(11,15; 12,10; 20,4.6).[45] 앞서 보았듯이 '인자'는 칭호로 사용되지 않으며, 다니엘서 7,13에 기대어 '사람의 아들 같은 분'이라고 말한다. 가장 자주 나오는 그리스도 칭호는 어린양이다. 이는 요한의 상징어 선호를 확인해 주며, 구원이 예수의 일이라는 사실도 증언해 준다.[46]

유다 지파에서 난 사자, 다윗의 뿌리이며 그의 자손(5,5; 22,16) 그리고 (아마도) "빛나는 샛별"(22,16) 같은 구약성경적으로 각인된 그리스도 칭호들은 예수에게서 약속이 성취되었음을 암시하고자 한다.[47] 예수가 단 한 번만 [티아티라 교회에 보내는 편지에서(2,18)] 하느님의 아들로 불리는 것은 좀 이상하다. 그러나 아버지라는 하느님 이름이 예수에게만 관련됨을, 다시 말해 하느님은 그의 아버지로 불림을 유의해야 한다.[48] 유다인들이 스미르나 교회에 퍼부은 신성모독이라는 비난은 예수를 하느님처럼 받든 행위를 겨냥한 것일 수 있다.[49]

예수를 '처음이며 마지막'이라고 부르는 것은, 하느님의 칭호를 예수에게 전용한 것이다(1,17; 2,8; 참조: 22,13). '하느님의 말씀'이라는 그리스도의 이름(19,13)은 논란되고 있다. 이 명칭을 후대의 난외 주석으로 삭제하지 않

---

[44] MÜLLER, *Offenbarung* 56 참조. "이제부터 주님 안에서 죽는 이들은 행복하다"(14,13)에서 주님은 예수 그리스도를 가리킨다.

[45] 그리스도 칭호는 모두 7번 나오는데, 그중 3번은 상투적 형태인 '예수 그리스도'로 되어 있다.

[46] 모두 29번 나온다. BÖCHER(*Johannesapokalypse* 47)는 요즈음 다시금 ἀρνίον(어린양)을 숫양으로 번역한다. 어원학적으로는 가능하지만, 내용적으론 미심쩍다. HOLTZ(*Christologie* 44-47)는 파스카 어린양 상징에서 파생되었다는 견해를 지지한다.

[47] 참조: HOLTZ, *Christologie* 156-159; M.S. MOORE, Jesus Christ: "Superstar": *NT* 24 (1982) 82-91.

[48] 1,6; 2,28; 3,5.21; 14,1. 그러나 21,7에서는 승리하는 사람에게 하느님이 그의 아버지가 되고 그는 하느님의 아들이 되리라는 약속이 주어진다.

[49] KARRER, *Brief* 192-194 참조.

는다면(그래야 할 납득할 만한 이유는 없다),[50] 이 이름에 그리고 "그분 말고는 아무도 알지 못하는 이름"(19,12)에도 특별한 중요성이 부여된다. 이 경우 이 이름은 지혜서 18,15-16 — 하느님의 전능한 말씀이 마치 사나운 전사처럼 하늘에서 내려온다 — 의 의미로 이해하거나, 요한 묵시록이 자주 언급하는, 선포되어야 할 (하느님의) 말씀과 관련지어 이해할 수 있다. 그렇다면 그리스도는 이 말씀의 담지자, 전달자로 여겨진다. "그분 말고는 아무도 알지 못하는 이름"은 아직 밝히 드러나지 않은 그분의 깊디깊은 본질을 가리킨다. 고대 관념에 따르면 이름은 본질과 같은 뜻이다.

새 예루살렘에서 어린양은 하느님과 어좌에 함께 앉는다(22,1.3). 두 분은 새 예루살렘의 성전이요 빛이기도 하다(21,22-23).[51] 이 도성에 들어갈 수 있는 완전하게 된 사람들이 그분을 섬길 것이다(22,3: λατρεύσουσιν αὐτῷ). 이는 하느님 및 어린양과의 궁극적 결합의 표현인 완전한 예배를 가리켜 말한다.[52] 바로 이 하느님과 어린양에게로 궁극적인 방향을 정하는 것 또한 그리스도와 아버지의 관계가 역할의 일치를 넘어 일종의 동등화로 나아가고 있음을 암시해 준다.

5. '앞으로 일어날 일들'

종말의 파멸적 재앙들 속에서 관철되는 하느님과 그리스도의 다스림이 요한 묵시록[의 방대한 둘째 부분(4-22장)]의 큰 주제다. 멸망과 구원의 이 대립 — 여기서 끝내 하느님의 구원이 승리한다 — 에 관해 앞에서 살펴보았다(圆 3. 멸망과 구원' 참조). 이제 요한 묵시록이 수용하고 새로이 꼴지은 몇 가

---

[50] 반박: MÜLLER, *Offenbarung* 329-330. 토론: HOLTZ, *Christologie* 175-179; COMBLIN, *Christ* 80-84.

[51] 22,5에 따르면, 하느님만이 빛이시다.

[52] 2격 대명사('그분의' 종들이)나 3격 대명사(그들이 '그분을' 섬길 것이다)가 단수형으로 표현되어 있다. 정확히 해석하자면, 이 두 표현은 하느님과 어린양이 앉아 있는 어좌와 관련된다. 예배가 하느님과 어린양을 향한 것임은 분명하다.

지 중요한 종말론적 자료, 즉 종말 임박 대망과 이와 결부된 '그리스도의 적' 표상, 메시아의 천년왕국, 심판, 완성을 더 살펴보자.

요한은 자기 책 처음과 마지막에 "그때가 다가왔기 때문입니다"라고 선언한다(1,3; 22,10). "내가 곧 간다"라고 주님이 약속하시고(22,12), 교회는 주님께 어서 오시라고 간청한다(22,20). 이 종말 임박 대망의 지평에서 요한 묵시록이 쓰였다. 이 지평은 두 가지 방식으로 좀 더 뚜렷이 밝혀진다.

이것은 우선 로마제국과의 대결을 통해 이루어진다. 우리가 여기서 읽게 되는 내용은 예상되던 혹은 부분적으로는 이미 겪은 환난들에 대한 통찰을 제공해 줄뿐더러, 종말 임박 대망을 좀 더 상세히 파악하게 해 준다. 요한은 책의 이 부분 묘사에 각별한 극적 긴장감을 부여한다. 교회를 대적하는 섬뜩한 세 존재가 있으니, 곧 용과 바다에서 올라온 짐승과 땅에서 올라온 짐승인데, 필경 '하느님 – 어린양 – 영' 삼체三體의 반대 표상으로 파악해도 될 것이다. 사탄인 용은 바닷가 모래 위에 자리잡고(12,18), 다른 두 짐승을 이를테면 자기 대리인으로 나서게 한다. 이것들의 닮은 모습과 협력이 인상 깊게 묘사된다. 바다에서 올라온 짐승은 로마제국인데, 사탄의 은덕에서 비롯한 나라라는 표상은 터무니없는 도착倒錯을 나타낸다. 땅에서 올라온 짐승은 소아시아에서 황제숭배를 선전하던 사제들로 보는 것이 가장 그럴 듯하다. 그들이 획책한 황제숭배 거부자들에 대한 박해가 13,15-17에 암시되어 있다. 이런 맥락에서 우리의 관심을 끄는 것은 로마제국과 동일시되는 바다에서 올라온 짐승인데, 이 짐승은 13,1-10에서 언급되며 또 17,8 이하에 이것에 관한 시대사적 세부 내용이 (암호화된 방식으로)[53] 제시된다. 여기서 일곱 임금에 관해 이야기한다. 이들은 로마 황제들을 가리키는데, 흔히 임금이라 불렸다. "다섯은 이미 쓰러졌고 하나는 지금 살아 있으며 다른 하나는 아직 나오지 않았다. 그러나 그가 나오더라도 잠깐밖에 머무르지 못할 것이다"(17,10). 이는 요한 묵시록 저자가 지금

---

[53] 머리와 뿔에 관한 암호화된 진술은 다니엘서 8장을 본뜬 것이다.

이 종말 직전이라고 (잘못) 생각했음을 의미한다. 사실 지금은 여섯째 임금의 치세다! 이 임금 치세에 요한 묵시록도 쓰였다. 오늘날 많은 연구자의 견해에 따르면, 이 여섯째 임금은 81~96년 로마 황제였던 도미티아누스인데, 그의 치세에 소아시아에서 황제숭배가 강화되었다.[54]

그러나 여덟째 임금이 올 것인데 그는 꼬집어 여덟째로 헤아려지지 않으며, 일곱 가운데 하나였던 자라고 수수께끼처럼 말한다(17,11). 이는 사람들이 이 일곱 임금 가운데 하나가 다시 오리라 생각했음을 암시한다. 13,3은 그자에 관해, 치명상을 입었지만 다시 나았다고 은유로 말한다. 그리스도의 운명을 모방하는 동안, 그자가 '그리스도의 적'임이 드러난다.[55] 요한 묵시록에 '그리스도의 적'이라는 개념은 나오지 않지만(테살로니카 2서 2장에서도 마찬가지다), '그리스도의 적'에 대한 예상이 수용되었음은 확실하다. '그리스도의 적'은 역사를 종결하고 그리스도의 재림으로 이어 준다. '그리스도의 적'이 등장하면 다시 한번 사탄의 모든 권세가 집결하는 까닭에, 17,8에서 '그리스도의 적'은 로마제국의 화신인 그 짐승과 동일시된다.

널리 통용되는 견해에 따르면, 여덟째 임금('그리스도의 적')이 일곱 임금 가운데 하나이고 치명상을 입었던 그자가 다시 나았다는 기이한 언명의 배경에는 네로의 환생에 관한 전설이 있다.[56] 그 내용은 자살한 네로가 살아서 파르티아인들에게로 달아났는데, 다시 돌아오리라는 것이다. 그리스도인들에게는 나쁜 기억들이 최초의 교회 박해자 네로와 결부되어 있었다. 이것이 네로라는 인물과 '그리스도의 적'이라는 인물의 융합을 용이하

---

[54] 다양한 해석에 관한 유익한 개관: GÜNTHER, *Nah- und Enderwartungshorizont* 130. 여러 해석자는 여섯째 임금을 베스파시아누스라고 본다. J.H. ULRICHSEN, Die sieben Häupter und die zehn Hörner: *ST* 39 (1985) 1-20 참조.

[55] 참조: P.S. MINEAR, The Wounded Beast: *JBL* 72 (1953) 93-101; H. SCHLIER, *Vom Antichrist. Die Zeit der Kirche* (Freiburg 1956) 16-29: B. REICKE, Die jüdische Apokalyptik und die johanneische Tiervision: *RevSR* 66 (1972) 165-172.

[56] 참조: SUETON, *Nero* 57; DIO CHRYSOSTOMOS, *or.* 21,10; TACITUS, *hist.* 1,2; 2,8-9; DIO CASSIUS, *Hist. Rom.* 44,9; 46,19. 참고문헌 목록: GÜNTHER, *Nah- und Enderwartungshorizont* 119 Anm. 162.

게 했을 것이다. 그 밖에 요한은 종말 전에 로마제국, 대탕녀 바빌론이 패망하리라 예상했다. 외국 임금들이 이 패망에 한몫 거들게 될 터였다.[57]

이렇게 종말 임박 대망의 지평이 미래 역사에 관한 사변과 예측들을 통해 장황하게 펼쳐지지만, 그 예측들에 제동이 걸린다. 이것은 하느님이 정해 놓으신, 하느님의 말씀과 증언 때문에 살해되어야 하는 사람 수에 대한 주의를 환기시킴으로써 이루어진다.[58] 하늘의 '제단 아래에 있는' 그리고 하느님께 '언제까지 미루시렵니까?'라고 절박하게 묻는 이미 살해된 순교자들의 영혼들은, 그들 동료 종들과 형제들의 이 수가 찰 때까지 기다려야 한다는 대답을 듣는다(6,9-11). 이 기간이 길지는 않지만(6,11), 아무튼 이런 식으로 결국 하느님이 시간들을 정하신다는 데 주의를 환기시킨다. 요한 묵시록에서 오직 이 구절에서만 하느님을 주재자(δεσπότης. 주님: 6,10)라고 지칭하는 것도 중요하다고 하겠다. 물론 이로써 하느님의 충만한 권능을 암시하고자 한다.

요한 묵시록에서 완세적 · 종말론적 드라마는 메시아 천년왕국 대망으로 말미암아 한 가지 특별한 뉘앙스를 지닌다.[59] 이 왕국은 모든 죽은 이들의 부활과 보편적 심판 전에 세워지게끔 정해져 있다(20장). 이 사상 역시 묵시문학에서 유래한다.[60] 예수에 대한 증언과 하느님 말씀 때문에 살해된

---

[57] 이 대탕녀를 미워하는 열 명의 임금(뿔)은 파르티아 제후들과 관련지을 수 있다(참조: 17,12.16). 파르티아인들이 로마 세계 제국을 침공하리라는 예측이 당시 특히 제국 동부 지역 백성들 사이에 널리 퍼져 있었다.

[58] W. HARNISCH[*Verhängnis und Verheißung der Geschichte* (FRLANT 97) (Göttingen 1969) 248ff]는 동일한 묵시문학적 결정론을 에즈라기 4서에서도 확인한다. 그는 역사 경과의 필연성이라는 개념을 만들었다. 무엇보다 중요한 것은, 이 역사 고찰의 하느님 중심주의에 유의하는 일이다.

[59] 참조: A. WIKENHAUSER, Weltwoche und tausendjähriges Reich: *RQ* 127 (1947) 399-417; H. BIETENHARD, *Das tausendjährige Reich* (Zürich ²1955); SCHÜSSLER-FIORENZA, *Priester* 295-344; E. LOHSE: *ThWNT* IX 455-460; A.H. LEWIS, *The Dark Side of the Millennium* (Grand Rapids 1980).

[60] 참조: 에녹서 91,12 이하.93; 바룩 묵시록 29,3 이하; 40,3; 에즈라기 4서 7,28-29; Sib 3,652 이하.

순교자들과 그 짐승에게 경배하지 않은 사람들이 그리스도와 함께 천 년 동안 다스리게 될 것이다(20,4). 후자를 순교자들로만 생각해서는 안 된다. 이들 모두가 첫 번째 부활을 얻으며(20,5), 그리하여 이 땅에서 그리스도와 함께 다스릴 수 있게 된다.[61] 이 메시아 왕국은 상세히 묘사되지 않는다. 어쨌거나 이 왕국에는 어떠한 악도 없으니, 사탄이 이 기간 동안 묶여 있기 때문이다. 그리스도와 함께 천 년 동안 다스리는 사람들이 이어서 새 예루살렘에 참여하게 되리라는 것을 요한이 염두에 두고 있음은 분명하다. 이 환시는 박해에서 의연하게 순교를 각오하라는 촉구 이상의 것이다. 이 환시에는 세상이 하느님의 피조물이라는 판단도 함축되어 있다. 세상은 여기 사는 사람들의 불법 때문에 멸망에 붙여졌으나, 그리스도와 그분께 충성스러웠던 이들의 다스림에서 복된 존속의 전망을 얻는다. 과연 이것은 시공간적으로 구상된 현세적 다스림이다.

이 텍스트를 은유적으로 해석하는 것은 그릇된 이해일 것이다. 아우구스티누스가 기초 놓은 '교회사적' 해석 역시 텍스트를 지나쳐 간다.[62] 천년왕국을 지상에서 실현하려던 시도들은, 그 정치적 오용은 아예 제쳐 두고도, 위험한 일로 판명되었다. 확실히 우리는 이 구상이 그런 생생한 유토피아적 전망을 강력히 부추긴다고 비판할 수 있다. 그러나 이 구상에 신약성경의 한 진기한 특징으로서의 고유한 의미를 부여해야 할 것이다.

보편적 심판과 (두 번째) 부활은 천년왕국에 이어 이루어진다.[63] 그러므로 순교자들은 이 하느님의 법정에 서지 않는다. 심판관은 메시아가 아니

---

[61] 요한 묵시록 20,4에서 순교자들에게도 심판할 권한이 주어지는지는 논란되고 있다. LOHSE(*Offenbarung* 103-104)는 그렇게 본다. MÜLLER(*Offenbarung* 335-336)는 견해가 다른데, 그는 법정과 순교자들을 떼어 놓는다. SCHÜSSLER-FIORENZA(*Priester* 304-305)는 어좌들을 순교자들의 다스림의 상징으로 본다.

[62] MÜLLER, *Offenbarung* 342 참조.

[63] 참조: W. THÜSING, Die theologische Mitte der Weltgerichtsvisionen in der Johannes-apokalypse: *TThZ* 77 (1968) 1-16; A. VIVIAN, Gog e Magog nella tradizione biblica, ebraica e cristiana: *RivBib* 25 (1977) 389-421; T.F. GLASSON, The Last Judgement in Rev 20 and related Writings: *NTS* 28 (1982) 528-539.

라 하느님인데, 이는 요한 묵시록의 하느님 중심적 관점을 새삼 강조한다 (20,11-15). 이 심판은 특히 징벌의 심판으로 묘사되어 있다. 곡 및 마곡과의 전투 — 이를 통해 악마, 그 짐승 그리고 거짓 예언자가 섬멸된다 — 가 심판에 선행한다. 심판은 천상의 책들에 기록된 대로 각자 행실에 따라 내려진다(20,12-13; 22,12). 이는 징벌의 심판이기 때문에, 악한 행실을 염두에 두고 있다. 선택받은 이들은 '(어린양의) 생명의 책'에 세상 창조 때부터 이름이 기록되어 있다(17,8; 20,12; 21,27). 이 책이 보편적 심판과 관련해서도 언급되기 때문에, 천년왕국에 불린 이들 외에 종말에 비로소 심판을 받는 선택된 사람들도 있음을 전제할 수 있다. 생명의 책에 기록되어 있다는 것은, 은혜로운 예정의 선택을 의미한다. 모든 것이 묵시문학적으로 결정되어 있는가? 특히 격려와 경고를 담고 있는 책 앞부분의 편지들은 자유로운 결단의 여지를 남겨 둔다.

요한 묵시록은 신약성경에서 천상 세계를 상세히 묘사하는 유일한 책이다. 새 예루살렘에 관한 멋진 은유적 환시를 통해 그렇게 한다(21장).[64] 땅과 하늘이 천상 세계로 융해되는데, 이 세계는 하나의 입방체를 이루며 열두 성문은 보석들로 만들어져 있다. 영광, 광채, 풍요로움 그리고 그밖의 현세적 은유들은 더는 눈물과 탄식을 모르는 지복至福의 표현이다. 그러나 핵심 언명은 하느님과 어린양이 이 도성에 거주하신다는 것, 다시 말해 이제 하느님과 그리스도와의 영원한 결합이 선사되어 있다는 것이다.

특히 예정설적으로 여겨지는 구절들에서 구원받는 사람들의 수가 적다는 인상을 받을 수도 있지만, 21,24에서 민족들이 천상 도성의 빛 가운데서 거닐고 땅의 임금들이 자기들 보화를 그곳으로 가져가리라는 말을 읽게 된다. 이로써 요한은 민족들의 순례라는 예언자들의 사상을 수용한다

---

[64] M. WILCOX, Tradition and Redaction of Rev. 21,9-22,5; J. LAMBRECHT (Hrsg.), *L'Apocalypse*(이 책 각주 38) 205-215; O. BÖCHER, *Kirche in Zeit und Endzeit* (Neukirchen 1983) 157-167; E. SCHILLEBEECKX, Belief in a New Heaven and a New Earth: *God among us* (London 1983) 144-148.

(참조: 이사 60,3.11; 62,10-11). 이 사상은 또한 우리 책의 관점에서는 구원받는 사람이 많다는 암시로 평가될 수 있다(7,9 참조: "아무도 수를 셀 수 없을 만큼 큰 무리"). 구원과 멸망에 관한 이원론적 구상 — 상징 언어로 표현되기에 논리적 불명료성을 드러낸다 — 에서 구원에 대한 생각이 더 우세하다.[65]

6. 윤리적 가르침

요한 묵시록의 윤리는, 특히 편지들 안에 뚜렷이 나타나 있거니와, 박해받는 사람들의 상황과 박해를 예상하는 교회에 맞추어져 있다. 믿음은 충실, 끈기, 인내와 거의 같은 의미다. '믿음'과 '인내'는 나란히 등장한다(13,10). 형용사 '충실한'($\pi\iota\sigma\tau\acute{o}\varsigma$)은 자주 나오는[66] 반면, 동사 '믿다'($\pi\iota\sigma\tau\epsilon\acute{u}\epsilon\iota\nu$)는 전혀 나오지 않는다. "너는 죽을 때까지 충실하여라"(2,10)가 표어다. 죽임을 당한 안티파스는 예수의 충실한 증인이다(2,13). 이 믿음에 충실함은 마찬가지로 '충실한 증인'이라 불리는 예수의 충실함에 부합한다(1,5; 3,14; 참조: 19, 11). 이 충실함에 선포 말씀의 확실성이 상응한다[21,5; 22,6: $\lambda\acute{o}\gamma o\iota$ $\pi\iota\sigma\tau o\acute{\iota}$(확실한 말씀)].[67] 믿음은 내용상 예수에 대한 믿음, 또는 더 낮게 표현하여 예수에 대한 충성이다(2,13; 14,12). 요한 묵시록은 믿음에 대한 이해에서 히브리서를 연상시킨다.

묵시문학의 윤리적 가르침에 관해 말하자면, 전반적으로 신중하고 조심스럽다고 하겠다.[68] 깨어 있고 준비하고 견뎌 내고 인내하라는 지시가 압

---

[65] KARRER(*Brief* 280-281)는 22,2("그 나뭇잎은 민족들을 치료하는 데에 쓰입니다")와 22, 21("주 예수님의 은총이 모든 사람과 함께하기를 빕니다")도 지적한다. 그는 요한 묵시록 저자가 하느님의 다스림이라는 문제와 씨름했음을 알려 주는 절박한 긴장에 관해 말한다.

[66] 8번 나온다. LOHSE (*Offenbarung*)는 종종 '믿음에 충실한'으로 번역한다.

[67] 요한 묵시록 17,14에서 $\pi\iota\sigma\tau o\acute{\iota}$(충실한 이들)는 '믿는 이들', 그리스도인들과 거의 같은 의미다.

[68] J. GNILKA, *Apokalyptik und Ethik: NT und Ethik* (FS R. Schnackenburg) (Freiburg 1989) 464-481 참조.

도적이다. '공관복음서 묵시록'(마르 13장//)이 그 뚜렷한 예다. 요한 묵시록은 이 전반적 인상에 전적으로 부합한다. 다만 편지들이 상례에서 벗어난다. 물론 여기서도 윤리적 가르침의 윤곽은 별로 뚜렷하지 않다.

박해와 이단과의 대결 때문에 교회들은 극도로 시달렸다. 여러 교회가 요한이 기대했던 만큼 자신을 입증해 보이지 못했다. 요한은 이 교회들에게 회개를 촉구한다: "그러므로 네가 어디에서 추락했는지 생각해 내어 회개하고, 처음에 하던 일들을 다시 하여라"(2,5; 참조: 2,16.21-22; 3,3.19). 그러므로 회개가 의미하는 것은 복음으로의 첫 전향이 아니라, 잃어버렸던 자세를 되찾음이다. 사람들은 요한이 윤리적 엄격주의를 내세웠으며, 거기서 금욕주의적 성향을 감지할 수 있다고 뒷말을 해 왔다.[69] 무엇보다도 그리스도인들은 하느님을 위한 '나라와 사제들'이 되도록, 하느님의 다스림이 온전히 받아들여지는 영역이 되도록 부름을 받았다는 사실을 지적할 수 있다. 그리스도께서 능력을 주셨기에, 그들은 이 사명을 수행할 수 있다. 그러나 이상과 현실은 크게 어긋난다. 엄한 요구와 탄식이 이런 말씀에서 들린다: "너는 차지도 않고 뜨겁지도 않다. … 네가 이렇게 미지근하여 뜨겁지도 않고 차지도 않으니, 나는 너를 입에서 뱉어 버리겠다"(3,15-16).

히브리서에서 살펴보았던 훈육(견책) 모티브가 요한 묵시록 3,19에 나오는데, 물론 잠언 3,12의 인용이다: "내가 사랑하는 사람들을 나는 책망도 하고 징계도 한다." 부(富)와 같은 거짓 안전책에 의지하지 말라는 라오디케이아 교회에 대한 경고에는 사회 비판적 어조가 보인다: "'나는 부자로서 풍족하여 모자람이 없다' 하고 네가 말하지만, 사실은 비참하고 가련하고 가난하고 눈멀고 벌거벗은 것을 깨닫지 못한다"(3,17). 로마제국, 대탕녀 바빌론의 멸망을 묘사하는 어조는 더욱 준엄하다. 그녀의 사치, 불륜, 엄청

---

[69] 참조: KARRER, *Brief* 210-212; B. LOHSE, *Askese und Mönchtum in der Antike und in der alten Kirche* (München - Wien 1969) 127ff; C.H. LINDIJER, Die Jungfrauen in der Offenbarung des Johannes 14,4: *Studies in John* (FS J.N. Sevenster) (NT.S 24) (Leiden 1970) 124-142.

난 부를 모질게 비난한다. 열거되는 사치 품목에 노예도 들어 있는 것이 눈길을 끈다(18.11-13). 이 세상의 임금, 상인, 선장, 선원, 호상豪商들이 그녀와 더불어 부유해졌고 그녀의 짝패들이 되었다. 그들이 이제 깊은 비탄의 외침을 터뜨린다. 교회는 이 부유하고 사치스런 생활과 가파르게 맞서 있다. '바빌론'의 멸망은 심판이요 경고다.

참고문헌

A.J. BEAGLEY, The "Sitz im Leben" of the Apocalypse (BZNW50) (Berlin 1987).

O. BÖCHER, Die Johannesapokalypse (EdF 41) (Darmstadt 1975).

J. COMBLIN, Le Christ dans l'Apocalypse (Paris 1965).

J.M. COURT, Myth and History in the Book of Revelation (London 1979).

A. FEUILLET, L'Apocalypse (SN.S 3) (Paris 1963).

H.W. GÜNTHER, Der Nah- und Enderwartungshorizont in der Apk des hl. Johannes (FzB 41) (Würzburg 1980).

R. HALVER, Der Mythos im letzen Buch der Bibel (ThF 32) (Hamburg 1964).

T. HOLTZ, Die Christologie der Apk des Johannes (TU 85) (Berlin 1962).

F. JENKINS, The OT in the Book of Revelation (Grand Rapids 1972).

K.-P. Jörns, Das hymnische Evangelium (StNT 5) (Gütersloh 1971).

M. KARRER, Die Johannesoffenbarung als Brief (FRLANT 140) (Göttingen 1986).

H.-J. KLAUCK, Das Sendschreiben nach Pergamon und der Kaiserkult in der Johannesoffenbarung: Bib 73 (1992) 153-182.

G. KRETSCHMAR, Die Offenbarung des Johannes (CThM 9) (Stuttgart 1985).

G. MAIER, Die Johannesapokalypse und die Kirche (WUNT 25) (Tübingen 1981).

F.D. MAZZAFERRI, The Genre of the Book of Revelation from a Source-critical Perspective (BZNW54) (Berlin 1989).

P. PÖHLMANN, Die heidnische, jüdische und christliche Opposition gegen Domitian (Diss. Erlangen - Nürnberg 1966/67).

W.W. READER, Die Stadt Gottes in der Johannesapokalypse (Diss. Göttingen 1971).

M. RISSI, Was ist und was geschehen soll danach (Stuttgart 1965).

F. ROUSSEAU, *L'Apocalypse et le Milieu Prophétique du NT* (Tournai 1971).

A. SATAKE, *Die Gemeindeordnung in der Johannesapokalypse* (WMANT 21) (Neukirchen 1966).

E. SCHÜSSLER-FIORENZA, *Priester für Gott* (NTA 7) (Münster 1972).

M.H. SHEPHERD, *The Paschal Liturgy and the Apokalypse* (ESW 6) (Richmond ²1964).

U. VANNI, *La Struttura Letteraria dell'Apocalisse* (Aloi 8) (Rom 1971).

A. VÖGTLE, *Das Buch mit den sieben Siegeln* (Freiburg 1981).

7
교회 서간의
신학

교회 서간 또는 가톨릭 서간이라는 명칭은 대부분 짧은 일군의 신약 성경 후기 문서들에 해당하니, 야고보와 베드로와 유다 그리고 (이차적으로)[1] 요한이 썼다는 편지들이다. 요한의 서간들은 ④에서 살펴보았다. 야고보, 베드로 그리고 유다가 썼다는 편지들은 한 가지 외적 양상에 의해 함께 묶이니, 곧 수신인의 보편성이다. 이 점은 이른바 요한 서간들에는 해당되지 않는다. 수신인을 보편적으로 설정한 것이 베드로 2서("우리처럼 귀한 믿음을 받은 이들")와 유다서("부르심을 받은 이들, 곧 하느님 아버지께서 사랑하시고 예수 그리스도께서 지켜 주시는 이들")에서는 신학적 동기에서 비롯했다. 베드로 1서와 야고보서는 유다교의 디아스포라 서간들처럼 보인다:[2] "폰토스와 갈라티아와 카파도키아와 아시아와 비티니아[3]에 흩어져 나그네살이를 하는 선택된 이들에게"(1베드 1,1); "세상에 흩어져 사는 열두 지파에게"(야고 1,1). 연구자들은 이 서간들이 일차적으로 유다계 그리스도인들을 대상으로 한다는 견해와 거리를 둔다. 그리스도인들은 자기네를 열두 지파로 이루어진 민족의 영적 후예로, 그리고 이 세상에서 마치 디아스포라에서처럼 살아가는 나그네로 이해했다.

그러나 사상과 신학에서는 이 편지들은 각자의 길을 간다. 베드로 2서와 유다서 사이에만 긴밀한 친연성이 있으며(베드로 2서가 유다서에 의존한다고까지 말할 수 있다), 그래서 이 둘은 함께 논구할 수 있다. 신학적으로는 베드로 1서가 가장 중요하다.

---

[1] 두루 알다시피 요한 1서에는 필자가 명기되어 있지 않고, 2·3서에는 '원로'가 필자를 자처한다.

[2] 한 유다교 디아스포라 서간에는 수신인이 다음과 같이 되어 있다: "바빌론 디아스포라에 사는 우리 형제들과 메디아의 형제들과 이스라엘의 그 밖의 전체 디아스포라에게"(bSanh 11b, WINDISCH, *Kath. Briefe* 51에서 재인용).

[3] 이 명칭들이 지역을 가리키는지 로마제국의 속주를 가리키는지는 논란거리다.

1. 베드로 1서

1.1 원자료

베드로 1서는 다양한 전승들의 유동체 안에 있다.[4] 그래도 오늘날 연구자들은 서간 필자의 자주성을 꽤 크게 인정하니, 필자는 전승되어 온 것을 마물러 자기 사상에 들여올 줄 안다. 그래서 연구자들은 마땅히 광범위한 전승사적 분석과는 거리를 두며,[5] 편지 전체를 하나의 특정한 비서간적 선포 양식(세례 설교, 강론 논문)으로 보려는 데 대해서도 회의적이다.[6] 방금 언급한 필자의 자주성이, 적어도 텍스트의 정확한 형태와 관련하여, 하나로 작성된 텍스트라는 규정을 어렵게 만든다. 예전에는 베드로 1서를 바오로 서간들과 밀접히 연관 짓곤 했다. 사람들은 이 서간이 바오로 신학의 영향을 많이 받았다고 보았다.[7] 이에 대해서도 요즘은 거리를 둔다. 물론 몇 가지 '바오로적인 것들'이 확인되지만, 바오로에게 근본적으로 중요한 개념과 표상들은 나오지 않는다. 이 서간의 신학적 구상을 명시할 때 이 점을 상세히 다룰 것인데, 이 구상도 바오로와는 다른 베드로 1서의 독창성을 입증해 준다.

특정 전승들을 밝혀 보이기 전에, 이 서간의 근본 관심사를 거론하는 것이 옳겠다. 그것은 믿음 때문에 심한 곤경에 처한 교회에 힘을 주는 데 있다. 교회는 자신에게 닥친 고난을 견디고 이겨 낼 동기를 부여받아야 한

---

[4] 참조: N. Brox, Der 1 Petr in der literarischen Tradition des Urchristentums: *Kairos* 20 (1978) 182-192.

[5] 연구자들은 베드로 1서가 여러 부분으로 짜 맞추어져 있다고 보았다. 이 경우 4,11.12는 솔기에 해당한다. 토론: Brox, *1 Petr* 16-38.

[6] 참조: R. Perdelwitz, *Die Mysterienreligion und das Problem des 1 Petr* (RVV 11,3) (Gießen 1911) 5-28; B.H. Streeter, *The Primitive Church* (London 1929) 115-136; Cross, *1 Petr* 35-41.

[7] 전형적 예: Goldstein, *Gemeinde*.

다. 거듭 암시되는 이 고난이[8] 구체적으로 무엇인지는 뒤에서 살펴볼 것이다. 우선 중요한 일은, 교회가 겪고 있는 이 고난이 필자가 그리스도의 수난에 주의를 환기시키는 계기가 되었다는 사실을 인식하는 것이다. 그런데 바로 여기서 필자는 전승되어 온 (필경 아주 오래된)[9] 한 수난 그리스도론을 이용하는데, 이런 유형의 수난 그리스도론은 신약성경에서 유일하다. 이 전승재傳承財에 아래 텍스트가 포함된다.

> 그리스도께서도 여러분을 위하여 고난을 겪으시면서, 당신의 발자취를 따르라고 여러분에게 본보기를 남겨 주셨습니다.
> "그는 죄를 저지르지도 않았고
> 그의 입에는 아무런 거짓도 없었다."
> 그분께서는 모욕을 당하시면서도 모욕으로 갚지 않으시고 고통을 당하시면서도 위협하지 않으시고, 의롭게 심판하시는 분께 당신 자신을 맡기셨습니다. 그분께서는 우리의 죄를 당신의 몸에 친히 지시고 십자 나무에 달리시어, 죄에서는 죽은 우리가 의로움을 위하여 살게 해 주셨습니다. 그분의 상처로 여러분은 병이 나았습니다(1베드 2,21-24).

필자가 이 수난가歌에 해석을 위해 덧붙인 것이 무엇인지는 논란이 심하다. 여러 연구자는 이 노래를 줄이고, 또 여럿은 늘린다.[10]▶ 두 개의 목적문("당신의 발자취를 따르라고"; "죄에서는 죽은 우리가 의로움을 위하여 살게")이 아마 그런 덧붙인 구절일 것이다. 짐작건대 이 노래는 본디 '우리'-형식으로 표현되어 있었을 것이다. 인칭의 변경은 이 노래를 훈계에 사용하는 것을 용이하게 해 준다.

---

[8] 동사 πάσχω(고난당하다)는 신약성경에 모두 42번 나오는데, 그중 12번이 베드로 1서에 나온다.

[9] 바오로 이전의 전승인지는 물론 판정이 나지 않았다. Brox, 1 Petr 51 참조.

노래는 예수의 수난에, 또 따라서 지상 예수에 집중한다. 예수의 부활은 별도로 언급되지 않는다. 도입 문장 "그리스도께서도 여러분을 위하여 고난을 겪으시면서"로써 주제가 명시된다. 이 주제가 네 개의 관계 문장에서 개진된다: 그분은 죄를 저지르지 않았다; 그분은 모욕으로 갚지 않는다; 그분은 우리 죄를 친히 지셨다; 그분의 상처로 여러분이 나았다. 여기서 주목할 것은, 텍스트에 고난 당하는 하느님의 종의 넷째 노래가 각인되어 있다는 점이니, 그 노래의 내용과 표현이 거듭 섞여 들고 특히 이 관계 문장들 안에 나타난다(참조: 이사 53,9.4.12.5).[11] 덧붙여 이 텍스트는 신약성경에서 제2이사야 텍스트를 예수 수난과 가장 명백하고 상세히 관련시킨다. 수난 그리스도론은 하느님의 종의 모습에서 수난하는 예수를 알아보고, 그의 수난을 이해 · 해석할 수 있다. 또한 이 배경에 비추어 중요한 것은, 이 노래가 그리스도의 죽음이 아니라 수난에 관해 말한다는 사실이다.[12] 해석은 이사야서 53장에 상응하여 두 방향으로 진행된다. 첫째, 이 수난은 우리의 구원을 의미한다. 그분은 우리를 위해 수난했다. 이 대속代贖 사상은 죄의 말소를 포함하니, 과연 하느님의 종이 많은 사람의 죄를 지고 또 악인들 대신 책임을 졌듯이, 그리스도는 우리의 죄를 십자가 위에 지셨기 때문이다. 이 표상은 십자가를 진 그리스도의 상처받은 몸에 주목함으로써 더욱 뚜렷해진다. 그분의 상처로 우리가 낫게 되었다. 이 예언서의 말씀도

◀10 WINDISCH(*Kath. Briefe* 65)는 25절도 이 노래에 포함시키고 싶어 한다. BROX(*1 Petr* 134-138)는 이미 꼴지어진 한 그리스도론적 텍스트의 단편들을 언급하면서 그 텍스트를 21-23절에 국한한다. 참조: DEICHGRÄBER, *Gotteshymnus* 140-143; WENGST, *Lieder* 83-85; SCHILLE, *Hymnen* 45-46; E. COTHENET, Liturgie et vie chrétienne d'après 1 Pierre: A.M. TRIACCA u. a. (Hrsg.), *La liturgie, expression de la foi* (Rom 1979) 97-113; J. SCHLOSSER, *Le Christ-Serviteur: Études sur la première lettre de Pierre* (LeDiv 102) (Paris 1980) 83-93; T.P. OSBORNE, Guide Lines for Christian Suffering: *Bibl* 64 (1983) 381-408.

11 필자는 이사야서 텍스트를 해석하면서 부분적으로 약간 변경시켰다. "그의 입에는 아무런 거짓도 없었다"에 관해서는 이사야서 53,9 참조.

12 "고난을 겪으셨고" 대신 "돌아가셨고"라는 이문(異文)은 이차적이며, 정형화된 조정이라 평가될 수 있다.

우리의 시선을 십자가에 못 박히신 분의 몸으로 향하게 만들고자 한다. 둘째, 수난하는 예수의 비범한 자세가 부각된다. 예수는 당신 운명에 저항하지 않았고, 당신을 모욕하는 자들에게 모욕으로 갚지 않았으며, 당신에게 고통을 가하는 자들을 위협하지 않았다. 더구나 그는 죄 없는 분이었다. 코린토 2서 5,21; 요한 복음서 8,46; 요한 1서 3,5에서도 찾아볼 수 있는 이 표상도 하느님의 종의 모습에 맞추어져 있다. 죄 없는 분으로서 예수는 당신 운명을 의롭게 심판하시는 하느님께 맡길 수 있었다.

하느님의 종에 정향된 수난 그리스도론을 곧장 자신의 구상 속에 통합시킬 수 있었던 베드로 1서 필자는, 특히 분사 구문 "여러분에게 본보기를 남겨 주셨습니다"를 연결 고리로 여긴 것 같은데, 이 문장을 우리는 전승에 포함시키고자 한다. 과연 여기에는 필자에게 각별히 중요한 훈계적 관심이 드러나 있다. 예수 추종과 의로운 삶을 촉구하는 두 개의 목적문(21ㄹ과 24ㄷ. ㄹ)을 (앞에서 추측했듯이) 필자의 편집에 귀속시킬 수 있다면, 훈계적 관심은 한층 강화된다고 하겠다. 이런 강화는 집안의 하인들에 대한 지시를 포함하고 있는 문맥에 의해 더욱 촉진된다.

아래의 텍스트 단위Texteinheit를 규정하는 것은 더 어려운데, 이 텍스트도 이미 꼴지어져 있던 전승으로 짐작된다.

> 사실 그리스도께서도 죄 때문에 단 한 번 고난을 겪으셨습니다. 여러분을 하느님께 이끌어 주시려고, 의로우신 분께서 불의한 자들을 위하여 고난을 겪으신 것입니다. 그러나 육으로는 살해되셨지만 영으로는 다시 생명을 받으셨습니다. 그리하여 감옥에 있는 영들에게도 가시어 말씀을 선포하셨습니다. 옛날에 노아가 방주를 만들 때 하느님께서는 참고 기다리셨지만 그들은 끝내 순종하지 않았습니다. 몇몇 사람 곧 여덟 명만 방주에 들어가 물로 구원을 받았습니다. 이제는 그것이 가리키는 본형인 세례가 여러분을 구원합니다. 세례는 몸의 때를 씻어 내는 일이 아니라, 예수 그리스

도의 부활에 힘입어 하느님께 바른 양심을 청하는 일입니다. 예수 그리스도께서는 하늘에 오르시어 하느님 오른쪽에 계시는데, 그분께 천사들과 권력들과 권능들이 복종하게 되었습니다(3,18-22).

이 텍스트는 앞의 것과 전혀 달리 꼴지어져 있다. 그리스도의 승리, 부활, 고양과 승천, 초세상적 권세들의 제압과 관련되어 있다. 우리는 이 텍스트가 하나의 짜임새 있고 통일적인 찬양이나 교리 텍스트가 아니라, (필자에게 내용, 그리고 부분적으로는 표현도 이미 주어져 있던) 몇 개의 교리 단편, 신앙고백 명제의 합성물이라는 데서 출발해야 한다.[13] 예수의 십자가와 부활에 정향된 "육으로는 살해되셨지만 영으로는 다시 생명을 받으셨습니다"라는 문구는 그런 교리 단편의 하나로 볼 수 있다. 그러나 예수 그리스도가 하느님 오른쪽에 앉고 권세들이 순종한다는 것도 신앙고백의 통상적 소재들이다.

텍스트 중간에 세례에 관한 짧은 '부설'附說이 들어 있는데, 이는 방주를 타고 홍수에서 구출된 사건과 비교될 수 있다. 이것은 원그리스도교의 예형론적 성경 해석의 좋은 예인데, 꼼꼼하게도 구원된 사람이 여덟이라고 한다. 그리스도가 노아 시대에 순종하지 않았던 영들이 있는 감옥에 갔다는 것은 묘한 호기심을 자극한다.[14] 구원받은 사람을 이렇게 소수에 한정한 것이 무엇을 의미하는지는 거의 알아낼 수 없다. 사실 죽은 이들의 보편적 세계는 (이 '영들'을 일부로써 전체를 나타내는pars pro toto 제유법提喩法적 표현으로 보지 않는다면) 노아 시대와의 이 매우 제한된 결부와 관련지을 수 없다. 오히려 아름다운 인간의 딸들에게 욕정을 일으켰던 하느님의 아들들에 관한 신화적 이야기(창세 6,1-4)를 떠올리는 것이 낫다고 여겨진

---

[13] 참조: R. BULTMANN, *Bekenntnis- und Liedfragmente im 1 Petr* (CNT 11) (Uppsala 1947) 1ff; WENGST, *Lieder* 161; DEICHGRÄBER, *Gotteshymnus* 170-172; K. SHIMADA, The Christological Credula Formula in 1 Peter 3,18-22 Reconsidered: *AJBI* 5 (1979) 154-176; A. HANSON, Salvation Proclaimed (1 Peter 3,18-22): *ET* 93 (1982) 100-108.

[14] 3,19의 ἐν ᾧ를 둘러싼 논란: BROX, *1 Petr* 170.

다. '영들'이라는 말은 이 하느님의 아들들에게 더 잘 어울린다. 더구나 이 방종한 소행이 노아와 그에게 충실한 이들만 살아남은 대홍수를 야기했다. 그리스도가 감옥의 영들에게 가서 말씀을 선포했다는 것은, 본디 그리스도가 죽음에 대한 승리를 통해 주님으로 공포됨을 의미했거나, 또는 (덜 신화적으로 말하자면) 그리스도가 하느님에 의해 책봉된 우주의 통치자로서 존재의 모든 영역을 다스림을 의미했다고 볼 수 있다. 아마도 이와 관련하여 서간 필자는 그리스도의 저승행desensus ad inferos ── 이때 그리스도는 죽은 이들도 당신이 성취한 구원에 참여토록 하기 위해 그들에게 복음을 선포했다 ── 도 상기했을 것이다. 과연 그랬을 법하니, 필자가 필경 신약성경에서 이곳에만 나오는[15] 이 신앙 표상에 관해 4,6에서 좀 더 명확하게 말하고 있기 때문이다.

3,18-22의 그리스도론적 폭넓음과 다양함은 서간 맥락의 관심사들을 멀리 넘어서며, 바로 이 점에서도 전승임이 드러난다. 여기서도 필자에게 연결 고리들은 그리스도의 수난[16] ── 익히 알려진 그리스도교의 패러다임으로서, 이미 꼴지어진 텍스트 앞머리에 자리잡고 있다 ── 과 세례에 대한 언급(1,23이 이에 상응한다고 하겠다)이었다.[17]

1.2 은총의 상태와 그리스도의 본보기

베드로 1서의 숙고된 신학적 구상의 훌륭한 짜임새는, 다양한 진술이 하나의 특정 목적에 정향되어 있다는 데서 잘 드러난다. 그 목적은 시련을 겪는 신자들의 그리스도인 실존을 강건케 하는 것이다. 바로 이 정향과 신학

---

[15] 그리스도의 저승행이라는 표상은 짐작건대 마태오 복음서 27,52-53 뒤에도 있는 것 같다. GNILKA, *Mt* II 476-478 참조.

[16] 여기(18절)에도 2,21처럼 '고난을 겪으셨다' 대신 '돌아가셨다'(ἀπέθανεν)라는 이문(異文)이 있다.

[17] 전승 또는 전승 요소들은 1,3-9.20과 2,4-10에도 들어 있는 것으로 짐작된다. 복원은 아직도 어렵다.

적 방법을 통해 교회를 육성하고 공고히 하는 능력에 이 서간의 의의가 있다. 첫째가는 관심사는 훈계라고 하겠지만, 이 서간이 시종일관 훈계만 늘어놓는다고 생각한다면 크게 빗나가는 것이다. 오히려 수신인들에게 그들이 그리스도에게 속함으로써 얻은 은총을 인상 깊은 방식으로 분명히 깨우쳐 준다. 은총의 선물과 더불어, 또는 그 선물로부터 비롯하는 의무가 존재한다. 이 의무 또한 힘겨운 짐이 아니라, 역시 선사된 것으로, 따라서 은총으로 이해해야 한다.

그런 까닭에 베드로 1서의 구원론, 그리스도론, 윤리를 꼼꼼히 분리하려는 것은 거의 불가능할뿐더러, 신학적 구상의 완결성에 대한 통찰을 흐려 버릴 수도 있다. 또한 구원론과 그리스도론과 윤리의 의도적 교차를, 또 따라서 논증의 방향과 목표를 자칫하면 간과하게 된다. 그러므로 우선 이 서간의 기본 윤곽을 따라 교회의 상황을 서술하려 시도하는 것이 옳다고 생각한다. 그리하면 무엇보다도 교회가 고난을 겪고 있다는 사실이 눈길을 끈다. 이 고난은 구체적으로 무엇이었던가?

필자는 종말론적 기쁨, 마지막 결정적 시기의 환호에 관해 언급한 다음, 현재, 지금을 거론하는데, 이 현재는 갖가지 형태의 시련으로 말미암아 슬픔이 각인되어 있지만, 이 불가피한 시련들은 그 기간이 얼마 남지 않았다(1,6-7). 이교인들이 그리스도인들을 악을 저지르는 자들이라 헐뜯는다는(2,12) 것을 고려하면, 이 시련이 어떤 것인지 꽤 분명해진다. 그리스도인들은 의로움 때문에 고난을 겪을 수밖에 없지만, 이교인들의 협박을 두려워해서도 무서워해서도 안 된다(3,14).[18] 신자들은 그리스도의 이름 때문에, 즉 그리스도의 이름을 지니고 있기 때문에, 모욕을 당한다(4,14). 신자들이 그리스도인(Χριστιανός)[19]으로서 고난을 겪어야 한다면, 그걸 부끄러워해서는 안 된다(4,16). 세상 다른 곳의 형제들도 고난을 당할 수밖에 없다(5,9):

---

[18] 이 표현은 이사야서 8,12에 근거한다.
[19] 이 낱말은 사도행전 11,26과 26,28 외에는 이곳에만 나온다.

이미 그리스도인들이 트라야누스 황제 치세에 그랬듯이, 그들이 지니고 있는 이름(nomen ipsum) 때문에 고발당했음을 이 암시들이 전제하는지는 논란되고 있다.[20] 그리스도인을 적대하는 국법상의 조처를 위한 법률적 근거 따위를 추론하기는 어렵다. 그리스도인들이 일반인들과는 다른 대안적 삶의 방식 때문에 눈총을 받았다는 4,4의 암시도 고려해야 한다. 그리스도인들은 떠들썩한 술자리, 방탕, 우상숭배를 피했고, 그래서 이웃 시민들의 분노와 의심을 불러 일으켰다. 국외자 처지가 된 그들은 시기와 적의의 대상이었다. 그런 분위기에서 그리스도인들을 악행하는 자들이라 헐뜯었을 것이다. 이런 배경을 염두에 두면, 아무 잘못 없이 당하는 고난과 당해 마땅한 고난을 거듭 구별하는(3,13-17; 4,15-16) 것이 이해가 된다. 우리는 국가 당국도 이미 그리스도인에 대한 적대 조처를 취했고, 그래서 교회는 언제라도 박해를 당할 수 있는 상황에 있었다고 전제해도 될 것이다. 자신이 그리스도인이라는 사실을 부끄러워한다는 것은, 그렇다면 믿음이 굳세지 못한 사람들이 보인 태도였겠다. 그들에게 각별한 훈계가 내려진다(4,16).

마땅한 고난과 부당한 고난의 이 구별이 노예(하인)들에게도 적용되는 것이 눈길을 끈다.[21] 노예들은 사회에서 가장 저항력 없는 집단이었다. 그들이 변덕스러운 주인을 만나면, 그런 처지를 절감하게 되었다(2,18-20). 여기서는 그리스도인 노예의 비그리스도인 주인에 대한 예속 관계를 말하고 있다고 하겠다.[22] 나아가 이 관계에 특별히 주목하는데, 이 구절에 이어 그리스도의 본보기를 상세히 제시하려는 까닭이다(2,21-25). 그러고는 부인들을 대상으로 말한다. 여기서도 일차적으로 비그리스도인 남자와 결혼한

---

[20] 토론: BROX, *1 Petr* 220-222; J.B. BAUER, Der 1 Petr und die Verfolgung unter Domitian: *Die Kirche des Anfangs* (FS H. Schürmann) (Freiburg 1978) 513-527; DERS., Aut maleficus aut alieni speculator: *BZ* 22 (1978) 109-115.

[21] 참조: M. CARREZ, *L'esclavage dans la Première Épître de Pierre: Études sur la première lettre de Pierre* (LeDiv 102) (Paris 1980) 207-217.

[22] 콜로새서 4,1과 에페소서 6,9의 가훈 목록에서와는 달리, 노예 주인에게는 아무 말이 없는 것도 눈길을 끈다.

여자들을 염두에 두고 있다(3,1-7). 이런 것들로 미루어, 교회에 노예와 여자들의 비율이 상당했다고 추론해도 되겠다.

의인은 부당하게 고난을 겪기 마련이라는 사실의 본보기가 그리스도다. 우리는 그분의 발자취를 따라야 한다(2,21). 이 그리스도론적 논증은 노예에 대한 훈계에 곧장 연결되어 있으나, 그리스도의 본보기는 노예들만이 아니라 모든 그리스도인에게 해당된다. 과연 모든 그리스도인이 이름 때문에 불이익과 따돌림을 당하고 있다. 노예의 운명은 이를테면 다른 이들도 비슷하게 겪어야만 하는 고난의 응축이라 하겠다. 그러나 그리스도는 본보기 이상이다. 그분은 부당한 취급을 받아들이고 견뎌 낼 수 있는 힘도 주신다. 이것이 까다로운 다음 문장의 중심 사상이라고 하겠다: "그러므로 그리스도께서 육으로 고난을 겪으셨으니, 여러분도 같은 각오로 무장하십시오. 육으로 고난을 겪는 이는 이미 죄와 관계가 끊어진 것입니다"(4,1). 여기서 말하는 것은 이런저런 인간적 고난이 아니라, 그리스도인들이 겪는 고난, 더 자세히는 그리스도인이기 때문에 감수해야만 하는 고난임이 분명하다. 그리스도인들은 이 고난을 그리스도께서 그것을 받아들이셨던 마음가짐과 똑같은 마음가짐으로 받아들이려 애써야 한다. 그렇게 함으로써 그들은 자신의 그리스도인 실존의 근저에 이른다. 그리스도인 실존이 시련을 겪게 된다는 것은 서간 필자에게는 거의 자명하고 필연적인 귀결이다. 고난을 겪는 사람은 이미 죄와 관계가 끊어졌다고 논거 삼아 말하는 것은, 예수와 같은 각오로 고난을 받아들일 수 있음을 의미한다고 하겠다. 이 능력이 은총이다.[23]

이로써 우리는 베드로 1서의 은총론에 이르렀다. 그리스도인 실존의 은총적 성격이 강조되는 것은 바로 환난과 노고 때문이다. "그것이 바로 은총입니다"(2,19)라는 말로 마무리되는, 일종의 은총 정의定義 문장이 두 개 있다(2,20 참조). 은총은 요컨대 "불의하게 고난을 겪으면서도, 하느님을 생

---

[23] 여기에 로마서 6,1 이하의 사상을 들여오는 것은 불필요할뿐더러 빗나갔다고 하겠다. 토론: MILLAUER, *Leiden* 114-130.

각하는 양심 때문에[24] 그 괴로움을 참아 내는"(2,19) 것이고, "선을 행하는 데도 겪게 되는 고난을 견디어 내는"(2,20) 것이다. 이 역설적 정의는 우선 외적인 힘겨운 상황을 고려한 것이다. 그러나 이 정의는 그 상황을, 거기서 그리스도의 본보기가 뚜렷이 부각된다는 점에서, 은총이 구체화되는 기회로 판단한다. 이는 이를테면 수난을 통해 영광에 이른 그리스도의 길에 함께하고 있다는 보증이다. 그런 까닭에 고난의 상황은 은총의 상황으로서 기쁨과 즐거움의(1,8), 그리고 희망의(1,3.21; 3,15) 표현이기도 하다. 이 은총의 구체화에서 베드로 1서 고유의 은총 사상을 알아보아야 한다. 은총의 수위성은 은총이 거의 인격화되고 그리스도와 동일시될 수 있다는 데서도 드러난다. 1,10.13이 그런 경우다: "여러분이 받을 은총을 두고 예언한 예언자들"이 있거니와, "그러므로 마음을 가다듬고 정신을 차려, 예수 그리스도께서 나타나실 때 받을 은총에 여러분의 모든 희망을 거십시오"라고 한다. 은총은 예언자들이 예언할 때부터 그리스도 재림 때 최종적으로 받는 순간까지 뻗어 있다.

은총에 포섭되어 있는 실존과 현재의 괴로운 상황 사이에 검증이 자리한다. 그리스도와 같은 각오로 무장함은 투쟁을 촉구한다(4,1). '적대자 악마'가 사자처럼 으르렁거리며 누구를 삼킬까 찾아 돌아다닌다(5,8). 자신의 상황을 신론적으로 평가하는 한 가지 놀라운 모티브로서, 하느님의 특별한 총애를 거론한다. 이 마지막 결정적 시대에 태어난 것은 특전이다. 그러므로 탐구하고 예언할 때 이 마지막 시대에 관심을 쏟았던 예언자들은 결국 교회에 봉사한 것이다. 예언자들이 앞서 통고한 일들이 복음 선포에서 궁극성을 획득했다. 천사들조차 이 일들을 보기를 갈망했다(1,10-12).

---

[24] 이 표현은 본문비평상으로나 내용상으로나 논란이 분분하다. 한 이문(異文)은 '선한 양심 때문에'로 되어 있다. 내용상으로는 설득력 있어 보이나, 완화하는 이문이라 하겠다. 무엇보다도 συνείδησις(의식, 양심 등)라는 개념이 논란거리다. 갖가지 번역이 논란의 양상을 말해 준다: '하느님 의식 때문에'(WINDISCH - PREISKER), '하느님 의식 안에서'(SCHNEIDER), '하느님께의 결부 안에서'(BROX), '하느님께 매인 양심 때문에'(GOPPELT), '하느님 앞에서의 양심 안에서'(SCHELKLE). 번역에서 '양심'을 살리는 게 좋다고 생각한다.

마지막 시대를 비할 나위 없이 특징짓는 것인즉, 그리스도께서 이 시대에 나타나셨다는 사실이다. '계시 도식'의 테두리 안에 끼워 넣어져 있는 한 언명에서 이 사실이 확언된다(1,20). 이 도식은 하느님의 계획 — 그분의 영원성에 소급되며 인간의 구원을 겨냥한다 — 을 그 계획의 시간 안에서의 실현 — 이로써 마지막 시간이 된다 — 과 끊임없이 대비시킨다(참조: 로마 16,25-26; 1코린 2,7.10; 에페 3,5.9-10; 콜로 1,26; 2티모 1,9-10). 베드로 1서에서는 하느님의 계획이나 신비에 관해 말하지 않고 그리스도 자신에 관해 말하는데, 그분은 세상 창조 이전에 이미 뽑히셨지만 이 마지막 때에 나타나셨다고 한다(1베드 1,20 참조). 계시 도식의 (신약성경에서 유일한) 그리스도론화를 통해 예언자들의 탐구의 본원적 목표가 뚜렷이 드러난다. 그리스도의 나타남이라는 우주사적 과정이 교회에 정향되어 있다는 것 또한 놀라운 일이다: '여러분을 위하여' 그분이 나타나셨다는 것이다.[25]

이로써 이미 선택 사상이 거듭 언급되었다. 서두 인사말에서 수신인들을 '흩어져 나그네살이를 하는 선택된 이들'이라 부르는(1,1) 것을 제외하면, 이 사상은 2,8-9에서 가장 강력히 부각된다고 하겠다. 여기서 '선택된 겨레'(칠십인역 이사 43,20 참조)라는 이스라엘의 영예로운 명칭이 교회에 전용되는데, 물론 옛 이스라엘과 뚜렷한 경계 설정을 하는 것은 결코 아니다. 이에 앞서 믿지 않는 자들에 관해 그들이 말씀에 순종하지 않았기에 차여 넘어지게 하는 돌(그리스도)에 걸려 넘어진 것은 정해진 일이었다고 말하는 것은, 일차적으로 교회로 하여금 자신에게 주어진 구원의 선물을 분명히 의식하게 하기 위함이다. 하느님을 믿지 않는 자들이 복음을 받아들이지 않는 것은, 한 민족이나 시대에 국한되지 않거니와, 그들의 불순종과 상응한다. 여기서도, 다른 유사한 구절들에서처럼, 하느님의 자유와 인간 자유의 상호 작용이라는 어려운 문제는 풀리지 않는다.[26]

세 차례 나오는 '그리스도 안에'라는 표현은 바오로를 연상시킨다. "그

---

[25] BROX(*1 Petr* 101)는 '고통받는 작은 무리의 엘리트적 자기 확인'에 관해 말한다.

리스도 안에서 이루어지는 여러분의 선한 처신"(3,16)이라는 말은 상당히 상투적이다. 온갖 은총을 베푸시는 하느님께서 "그리스도 예수님 안에서 당신의 영원한 영광에 참여하도록 (지금 고난을 겪고 있는) 여러분을 불러 주셨다"(5,10)는 확언은 신론적으로 힘을 지니고 있다. '그리스도 안에'에 대한 해석 또한 바오로를 연상시킨다. 과연 이 해석도 그리스도인 실존이 십자가와 부활에 의해 (베드로 1서의 어휘로 말하자면 고난과 영광에 의해) 규정지어져 있다는 사실과 결부되어 있다. 결국 이로써 그리스도인 실존의 은총상태가, 은총에 대한 특유한 이해가 다시금 언급되었거니와, 은총의 본질은 그리스도처럼 영광에 이르기 위해 그리스도처럼 — 바오로라면 그리스도와 함께라고 말했을 것이다 — 고난을 당한다는 데 있다. 이런 의미에서 편지를 끝맺는 평화의 인사를 한다: "그리스도 안에 있는 여러분 모두에게 평화가 있기를 빕니다"(5,14).

수신인들은 예수의 구원의 죽음을 기억하고 있어야 한다. 이 죽음이 그들의 구원을 의미하기 때문이다. 여기서 눈길을 끄는 것은, 예수 죽음의 구원 작용이 구약성경의 은유들을 통해 묘사된다는 점이다. 그들은 덧없는 금이나 은으로 속량(해방)된 게 아니라, 흠 없고 티 없는 어린양 같은 그리스도의 피로 속량되었다(1,18-19). 그리스도의 희생은, 흠 없는 희생 동물이라야 효력이 있다는 구약성경의 희생 제사(레위 22,19-21 참조)에 비견된다. 나아가 파스카 어린양이 본보기로 상정되어 있는지는 논란되고 있다. 어쨌든 지나친 추론은 금물이다.[27] 수신인들이 아버지 하느님에 의해 미리 선택되어 "성령으로 거룩해져 예수 그리스도께 순종하게 되었고, 또 그분의 피가 뿌려져 정결하게 되었다"(1,2)는 서두 인사말은 모세를 통해 하느

---

[26] WINDISCH - PREISKER(61)는 견해가 다르다. 이들은 여기에 악으로의 예정(praedestinatio in malam partem)이 나타나 있다고 본다. 더 적절하기로는, 불가해한 궁극 신비에 관해 말하는 SCHNEIDER(*Kirchenbriefe* 59)의 견해다. J. SCHLOSSER, Le Christ-Pierre: *Etudes*(각주 21) 72-82도 참조.

[27] R. LE DEAUT[Le Targum de Gen 22,8 et 1 P. 1,20: *RSR* 49 (1961) 103-106]는 이 구절 뒤에 파스카 어린양과 이사악 제헌의 예형이 있다고 추측한다. MANKE, *Leiden* 84-87 참조.

님이 계약을 맺은 사건을 상기시키는데, 그때 백성은 하느님 뜻에 순종할 것을 약속했고 계약의 피가 그들에게 뿌려졌다(탈출 24,7-8). 여기서 추론할 수 있는 것은, 그리스도인들이 이제 그리스도를 통해 하느님과 새 계약을 체결했다고 믿었다는 사실이다.

이런 구약성경적 분위기 ― 서간은 대체로 여기에 잠겨 있다 ― 는 그리스도론적 존칭들 중 유독 그리스도(메시아) 칭호가 중요하고 두드러지게 사용된다는 사실과도 상응한다.[28] 여기서 그리스도 칭호에 아무런 부가어가 붙지(예컨대 예수 그리스도) 않는 구절들에 주목해야 마땅하다. 이 구절들은 모두 그리스도의 수난을 주제로 다루고 있다. 이 용법은 이미 꼴지어져 있던 전승과 언어에도 나오는데(2,21; 3,18; 4,1), 필자에 의해 계승되었다. 그러면서 그리스도의 고난만이 아니라 그리스도인들이 그리스도처럼 견뎌 내야 하는 고난도 겨냥한다(1,11; 4,13-14; 5,1). 이것이 바로 이 서간의 핵심 관심사로 여겨지는 주제다.

이 관찰들로부터 분명해지는 것은 무엇인가라고 물어야겠다. 그것은 두 가지다: 첫째, 필자는 여기서 매우 오래된 한 맥락을 수용했는데, 이에 따르면 그리스도 칭호는 예수의 죽음과 부활에 대한 신앙고백과 결부된다(1 코린 15,3 참조).[29] 둘째, 이에 관해 숙고하는 필자의 생각에, 예수는 그리스도(메시아)로서 고난을 당했다. 이로써 예언자들이 앞서 선포한 일이 그리스도에게서 이루어졌다.[30] 동시에 교회는 자신이 거대한 구원사의 맥락 안에 있음을 깨닫게 된다.

그리스도께서 성취하신 구원이 성령 안에서 전해지는 복음을 통해 사람

---

[28] 주님(퀴리오스) 칭호는 적게 그리고 종종 상투적으로 사용되며(1,3), 하느님께도 적용된다(3,2.12). 그리스도에게는 5번 사용된다. 반면 그리스도 칭호는 22번 나온다. 한편 그리스도는 한 번도 하느님의 아들이나 아들로 지칭되지 않는다.

[29] 앞에서 언급한 베드로 1서의 구절들에 그리스도 칭호가 (코린토 1서 15,3에서처럼) 관사 없이 나오는 것이 눈길을 끈다. 4,13과 5,1에만 ("그리스도의 고난"이라는 표현에) 관사가 붙어 있다.

[30] 1,11에 따르면 그리스도의 영이 예언자들 안에서 작용한다.

들에게 선포된다(1,12). 복음의 수용은 다시 태어남으로, 새 생명의 획득으로 귀결된다(1,23). 말씀의 신뢰성은 (이사야서 40,6-8의 인용문 맥락 안에서) 그것이 영원히 머문다는 데서 입증된다(1,24-25). 이 인용문은 인간의 덧없음도 한탄하는데("모든 인간은 풀과 같고 …"), 이는 '주님의 말씀'의 영원함과, 또 그리스도인들이 그리로 다시 태어난 영원한 새 생명과도 인상 깊은 대조를 이룬다.[31] 덧붙여 말하면 상당히 긴 구약성경 인용문들은 앞에서 언급한 구약성경적 분위기를 산출하고 또 성경 전통과의 연계를 강조하는 데 기여한다(참조: 3,10-12/시편 34,13-17).

베드로 1서 그리스도론의 구원론적 색조는 목자 모티브에서 다시 나타난다. 길 잃고 헤매던 사람들이 그리스도의 양 떼로 모였고, 그분은 그들 영혼의 목자요 보호자임이 밝혀진다(2,25). 이 구절은 하느님이 아니라 그리스도와 관련지어야 할 것이다(5,4 때문에라도).[32] 에피스코포스($\epsilon\pi\iota\sigma\kappa o\pi os$: 감독, 보호자)라는 낱말이 그리스도에게 사용되는 경우는 이곳이 유일하다. 감독 직무와의 관련성은 암시되어 있지 않다. '목자'와 더불어 이 개념은 여기서 보호자, 지킴이를 의미한다. 그리스도께서 종말에 보편적 목자[으뜸 목자($\alpha\rho\chi\iota\pi o\iota\mu\eta\nu$)는 이 의미로 이해해야 할 것이다]로 나타나실 것이다(5,4). 이런 맥락에서 원로들에게 하느님의 양 떼를 돌보라고 말한다. 그들에게 그리스도께서 시들지 않는 영광의 화관을 나누어 주실 것이다.

1.3 사제다운 하느님 백성

그리스도에게 속하는 것은 믿고 따르겠다는 결단에 근거한다. 그리스도에게 함께 귀속됨으로써 교회가 생겨난다. 이 언명들 안으로, 베드로 1서 필

---

[31] 말씀에 대한 불순종: 2,8; 3,1.

[32] WINDISCH - PREISKER, BIGG, SCHNEIDER의 견해다. FRANKEMÖLLE, BROX는 견해가 다르다. 길 잃고 헤매는 양 떼라는 모티브는 이사야서 53,6에서 유래하는데, 베드로 1서 2,21 이하의 그리스도론적 전승도 여기서 영향을 받았다.

자가 다시금 구약성경에서 취한 상징들을 통해 교회의 생성에 관해 말하는 내용이 요약된다. 그리스도는 살아 있는 돌이요, 사람들에게는 버림받았으나 하느님께 선택된 값진 돌이다(참조: 시편 118,22; 이사 28,16). 그분은 하느님이 시온에 놓으신 선택된 값진 모퉁잇돌이요, 말씀에 순종하지 않는 사람들이 차여 넘어지는 돌이요 걸려 비틀거리는 바위다(참조: 이사 28,16; 8, 14). 그러나 순종하는 사람들은 살아 있는 돌들로서 영적인 집으로 세워진다(1베드 2,4-5.6-8).

베드로 1서에서 핵심적인 이 교회론적 상술에서는 사실상 그리스도에게 귀속된다는 사상이 지배적이다. 이렇게 순종하는 그리스도인들이 결합되었거니와, 또한 무엇보다도 각자 스스로 그리고 모두 함께 그리스도와 하나가 되었다. 여기서는 은유적인 어법으로 말하고 있음이 분명하다. 이 점이 텍스트 해석을 어렵게 만들지만, 또한 지나친 해석에 대한 경고이기도 하다. 아무튼 그리스도가 모퉁잇돌이고 믿는 이들은 세워져야 할 돌들인 집의 건축에 관한 이 은유에서, 그리스도와 믿는 이들 둘 다 살아 있고 선택되었다고 말하는 것에 유의해야 한다(2,4-5.6.9). 선택 관념은 베드로 1서의 사상에서 지배적이다. 살아 있는 돌(그리스도) — 살아 있는 돌들(믿는 이들)이라는 지칭은 우선 이 언명이 하나의 은유임을 주지시키려 함이 확실하다. 그러나 이를 넘어 그로써 그리스도께서 부활하셨고(사람들에게는 버림받았으나 하느님께 선택되었다), 믿는 이들은 그분의 생명에 참여한다는 것도 언명되었다고 하겠다.[33] 교회는 요컨대 그리스도와의 생명 공동체.

베드로 1서의 교회론은 하느님 백성 관념에 정향되어 있다. 에클레시아라는 개념은 다루어지지 않는다. 오히려 구약성경에서 이스라엘을 가리키는 다양한 별칭 — 선택된 겨레, 임금의 사제단,[34] 거룩한 민족, 하느님의

---

[33] BLINZLER(*Hierateuma* 64)는 '살아 있는 돌들'을 제한적으로 해석하고자 한다. 그리스도인답게 살아가는 그리스도인들만을 가리켜 말한다는 것이다. 그러나 이 훈계적 해석은 권할 만하지 않다.

[34] ELLIOTT, *The Elect* 149-154 참조.

소유가 된 백성(2,9; 참조: 이사 43,20-21; 탈출 19,6; 말라 3,17; 이사 42,12) — 이 이제 '교회'에 전용되는데, 새 하느님 백성과 옛 하느님 백성의 관계에 대한 성찰은 뚜렷이 나타나지 않는다. 이런 맥락에서 호세아서 1,6.9(1베드 2,10) — "여러분은 한때 하느님의 백성이 아니었지만 이제는 그분의 백성입니다. 여러분은 자비를 입지 못한 자들이었지만 이제는 자비를 입은 사람들입니다" — 가 인용되는데, 여기서 수신인들이 이방계 그리스도인들임을 알 수 있다. 특히 눈길을 끄는 것은 '임금의 사제단'이라는 지칭이다. 요한 묵시록에서처럼 교회가 임금과 사제라는 명칭에 의해 특징지어진다. 이 구절은 특별한 영향사史를 창출했다.[35] 이 구절에는 (훗날의) 모든 그리스도인의 보편 사제직 사상이 뿌리내리고 있다. 이 해석사史는 신학적으로 매우 중요하다. 아무튼 텍스트가 제공하는 것은 무엇인가?

주석학적으로 확실히 말할 수 있는 것은, 2,4-5가 뒤이어 나오는 '성경 인용 집성문'을 앞서서 해석하고, 그에 대한 이해를 독자들에게 제시하고자 한다는 사실이다.[36] 서로 상응하는 내용들을 함께 묶자: 영적인 집/임금의 집, 거룩한 사제단/임금의 사제단, 하느님 마음에 드는 영적 제물을 예수 그리스도를 통하여 바치기 위함/어둠에서 당신의 놀라운 빛 속으로 여러분을 부르신 분의 위업을 선포하기 위함.

여기서 추론되는 것은, 선포는 하느님께 영적 제물을 바치는 일과 다름없다는 사실이다. 선포의 내용은 하느님께서 (그리스도를 통해) 성취하신 구원인데, 이것이 구약성경적인 빛–어둠 은유로 표현되어 있다. 임금의 사제단을 이해하기 위해서는, 이것이 동일한 사실의 두 가지 측면, 즉 선택과 성성聖性과 관계되는 이중 은유라는 데서 출발해야 한다. 이 둘은 개

---

[35] 훌륭한 개관: Brox, *1 Petr* 108-110(문헌 정보).

[36] 이는 2,6-10의 "성경 인용 집성문"을 필자가 (전거 모음집으로서) 입수했음을 의미하는 것은 아니다. 오늘날 대다수 연구자는, 필자가 성경 구절들을 스스로 찾아 모았다고 보는데, 옳다고 여겨진다. 혹시 구전 자료들에 의존했던가? 참조: Goppelt, *1 Petr* 148; Elliott, *The Elect* 130-133. .

개인이 아니라 하느님 백성 전체를 지향하고 있다. 추상명사들을 사용하는 것에 유의해야 한다. 요컨대 믿는 이들이 임금과 사제가 되었다고 말하지 않고, 그들이 전체로서 선택되었고 거룩하다고 말한다. 이 둘은, 이미 탈출기 19,5-6의 원형에서처럼, 계약 사상의 지평에서 해석되어야 한다. 성성의 본보기는 하느님이시다: "내가 거룩하니 너희도 거룩한 사람이 되어야 한다"(1베드 1,16; 참조: 레위 11,44-45; 19,2). 하느님은 믿는 이들을 이를테면 사제단團으로서 당신 가까이로 부르셨다. 이 거룩함이 그들의 삶에서 드러나야 한다. 선택되었다는 의식은 그리스도인들의 자기 이해의 근본 바탕이다. 끝인사가 이 점을 인상 깊게 표현해 준다: "여러분과 함께 선택된 바빌론 교회와 나의 아들 마르코가 여러분에게 인사합니다"(5,13). 이 모든 것은 교회가 적대적인 주변 세계와 벌이고 있는 대결을 배경으로 보아야 한다. 세상에서 그리스도인들은 선택된 사제단으로서 디아스포라 안에 현존한다. 그들은 자기 신분을 깊이 자각함으로써 디아스포라 실존을 견뎌 낼 수 있어야 한다.[37]

베드로 1서를 이해할 때 세례가 지나치게 강조되곤 했다. 물론 수세受洗는 교회 안의 모든 이에게 전제되어 있지만, 이 성사에 대한 직접적 언급은 1,3.23과 3,21에만 나온다. 처음 두 구절에서 세례와 결부되어 있는 관념은 무엇보다도 '새로 태어남'이다. 3,21은 좀 까다롭다. 노아의 방주에 견주면서, 우리의 구원을 세례에 돌린다. 그리고 세례의 결과는 몸의 때를 씻어 냄이 아니라 ─ 사람들은 영혼이나 양심이라는 말을 예상했을 것이다 ─ 하느님께 바른 양심을 청함(συνειδήσεως ἀγαθῆς ἐπερώτημα εἰς θεόν)이

---

[37] 참조: E. SCHÜSSLER-FIORENZA, *Priester für Gott* (NTA 7) (Münster 1972) 56-59. 텍스트가 세례에 관해 언급하지 않는 것도 주목해야 한다. 사제직과 세례의 관련성은 명시적으로 제시되지 않는다. '영적인 집'으로 성전을 상정했던가에 관한 토론은 다소 부질없어 보인다. 이 텍스트의 언어는 어차피 은유에 불과하다. ELLIOTT(*The Elect* 153)는 '거룩한 임금의 장소'에 관해 말한다. 전체에 관해: E. BEST, 1 Peter 2,4-10: *NT* 11 (1969) 270-293; J. COPPENS, Le sacerdoce royal des fidèles: *Au service de la parole de Dieu* (FS A.M. Charue) (Gembloux 1969) 61-75; P. SANDEVOIR, Un royaume des prêtres?: *Etudes*(각주 21) 219-229; D. HILL, The Offer Spiritual Sacrifices: *JStNT* 16 (1982) 45-63.

라고 한다. 다수의 해석자가 그렇게 번역한다. 그러면서 이 표현을 압축된 것으로 여기며, 그 안에 세례식에서 행해지던 수세자에 대한 질문이 암시되어 있다고 본다. ἐπερώτημα(청함)는 본디 질문을 뜻한다. 연구자들은 일종의 세례 서약[38] 또는 '마귀를 끊어 버림'abrenuntiatio[39]을 상정하고 있다. 그러나 여러 가지가 여전히 불분명하다. '바른 양심'이라는 번역은 그냥 두는 편이 좋을 것이다. 세례가 그런 양심에 대한 효과적 청원이라는 생각은 그럴 듯하다. 헬레니즘 문화 속에 살던 사람들은 인간의 자기 자신에 대한 앎, 윤리적 의식을 매우 중요시했다.[40]

교회 구성원 각자가 하나의 카리스마(은사)를 받았다는 인식이야말로 베드로 1서와 바오로 서간과의 주목할 만한 공통점 가운데 하나다(4,10-11). 그러므로 베드로 1서와 관련하여 일종의 카리스마적 교회 모델에 관해 충분히 말할 수 있다. 각자 자기 은사를 상호 봉사에 사용해야 한다. 여기에는 로마서 12장이나 코린토 1서 12장에서처럼 다양한 은사가 제시되지는 않지만, 말씀(선포)과 봉사 ─ 교회 지도와 사회적 봉사 직무를 생각하면 되겠다 ─ 를 거론함으로써, 가장 중요한 것들은 언급한 셈이다. 필자는 이 맥락에서 바오로와는 달리 몸이라는 표상이 아니라 집안 관리라는 표상을 제시한다. 그리스도인들은 하느님의 다양한 은사의 훌륭한 관리자로서 활동해야 한다.

교회 모델은 카리스마적이지만, 베드로 1서 5,1은 원로들, 요컨대 교회 안의 직무의 존재를 전제한다. 여기서 원로들을 카리스마적 구조에 부속시키거나, 아니면 상이한 전통들에 관해 말할 수 있다. 그러나 둘 다 불만족스럽다. 이를테면 이 과도기적 상황에서 아직은 직무가 카리스마적인 교회생활의 상부 구조를 이루고 있었다고 하겠다(어느 정도나?). 원로들 ─ 동료단이었음이 거의 확실하다 ─ 에게는, 그들에 대한 지시에서 목자와

---

[38] BROX(*1 Petr* 164)는 '하느님께의 견고한 결속의 약속'으로 번역한다.

[39] 참조: GOPPELT, *1 Petr* 259ff; D.H. TRIPP, Eperotema: *ET* 92 (1981) 267-270.

[40] FRANKEMÖLLE, *1 Petr* 60 참조.

양 떼의 모티브가 지배적인 것으로 미루어(5,2-4), 교회 지도 소임이 귀속되었음이 분명하다. 카리스마적 교회 모델을 강조한다면, 원로들의 소임은 다양한 은사를 교회 안으로 통합하는 것이라고 표현할 수 있는데,[41] 이는 다른 직무 명칭들이 나오기는 하지만 에페소서 4,11-12와 견줄 수 있다. 그런데 눈길을 끄는 것은, 바오로 식의 감독/봉사자 구조(필리 1,1)가 아니라 유다계 그리스도교의 원로단 중심 구조가 관철되었다는 사실이다.[42] 이 편지가 베드로를 원로들에게 '같은 원로'로 소개하는 것은 실로 주목할 만하다. 신약성경에서 사도를 이렇게 지칭하는 것은 여기뿐이다. 여기에는 두 가지 목적이 있겠다: 첫째, 이로써 베드로가 본보기 교직자, 원로의 전범(1 베드 5,3 참조)이 된다. 교회가 고통받는 상황에서 베드로가 그런 전범일 수 있는 것은, 무엇보다도 그가 "그리스도께서 겪으신 고난의 증인"(5,1)이기 때문이다. 이로써 그의 순교도 암시되었다고 하겠다. 둘째, 이 구절에서 서간의 실제 필자 — 우리가 모르는 어떤 원로 — 는 시몬 베드로를 내세워 자기 말을 함으로써, 자신의 정체를 (물론 매우 빈약하지만) 암시하려 했다고 볼 수 있다. 또한 필자는 이 동일시를 통해 원로 직무를 예수와 관련지을 수도 있었다.[43]

세상에서 타향살이하는 나그네처럼 살고 있는 교회는 세상과 맞서면서도 반감의 빌미를 제공하지 않으려고 조심했다. 이것은 겁먹은 순응의 표현이 아니라, 부당한 비난을 피하는 방법이었다. 특징적인 것은, 이 서간의 처신 규범들(2,11-3,12)이 철학적 시민론의 국가 · 가정 · 결혼과 관련된

---

[41] 같은 책 66 참조.

[42] 몇몇 사본에는 베드로 1서 5,2에 ἐπισκοποῦντες(돌보다)라는 말이 덧붙여져 있다. 감독(ἐπίσκοπος)이라는 낱말은 동일한 어간에서 나왔다. 이 말이 본래 텍스트에 속하고 이미 전문적 의미를 지니고 있다면, 여기서도 사목 서간이나 사도행전 20,17.28에서와 유사한, 원로 개념과 감독 개념의 융합이 나타난다고 하겠다.

[43] 참조: GOPPELT, *1 Petr* 322; F. MUSSNER, *Petrus und Paulus – Pole der Einheit* (QD 76) (Freiburg 1976) 특히 55-57.

[44] SCHÜSSLER-FIORENZA, *Zu ihrem Gedächtnis* (München 1988) 316 참조.

의무에 대한 지침들과 부합한다는 사실이다.[44] 국가권력·황제·총독에게 복종하라는 권고(2,13-15)는, 로마서 13,1-7에 상응하는 내용이 나오지만, 요한 묵시록의 로마제국에 대한 판단과는 크게 다르다. 그러나 그리스도 인들은 노예로 자처해서는 안 되고, 오히려 자유인으로, 그러나 '자유를 악 행의 구실로 삼지 않는 자유인'으로 자임해야 한다(2,16).

그리스도인 실존의 중심 기둥은 믿음이다. 하느님에 대한 믿음(1,21), 예 수 그리스도에 대한 믿음(1,8; 2,6), 그분을 죽은 이들 가운데에서 일으키신 하느님에 대한 믿음(1,21)이다. 바오로를 연상시키는 믿음의 순종적 특성에 관해 앞에서 언급했다. 이 특성은 복음을 거부하는 자들의 불순종에 관한 언명들에서 분명히 나타난다. 한편 피스티스(πίστις: 믿음, 신뢰)-언명들을 눈 여겨보면, 신약성경 후기 문서들의 믿음 관념이 뚜렷이 드러난다. 믿음은 사람으로 하여금 저세상 것을 지향하게 한다. 믿음을 통해 사람은 구원을 얻도록 보호받거니와(1,5), 믿음의 목적은 영혼의 구원이요 삶의 구원이다 (1,9).[45] [영혼은 이분법적으로 이해되어서는 안 되고, 통사람(全人)을 가리키 는 까닭이다.] 그러므로 믿음은 희망과, 저세상에 대한 희망과 짝을 이룬 다(1,21). 히브리서에서처럼 믿음의 대상은 보이지 않는 것인데, 이 점이 베 드로 1서에서는 그리스도에게 적용되니, 믿는 이들은 그분을 보지 못하면 서도 믿고 보지 못하면서도 사랑하면서(1,8), 그분의 나타나심을 고대하기 때문이다(1,7; 5,4). 그러나 지금 믿음은 시험받고 있으니, 온갖 시련을 겪으 면서 믿음은 불로 정련되지만 결국 없어지고 마는 금보다 훨씬 값지고 순 수한 것으로 드러나야 한다(1,7). 믿음이 굳건한 사람은 적수 악마에게 대 항할 수 있다(5,9). 믿는 이는 (심판 때) 부끄러움을 당하지 않을 것이다(2,6). 베드로 1서와 바오로 서간의 가장 중요한 차이점은, 후자에게서는 믿음의 맥락에 속해 있는 의인(의화)이라는 주제가 나오지 않는다는 사실이다.[46]

---

[45] BROX, *1 Petr* 67 참조. 배경은 묵시문학적으로 규정지어져 있다.

[46] '의로움'이라는 낱말이 2,24에 3,14에 나오지만 바오로적 의미를 지니지 않으며, 2,24에 서는 오히려 윤리적으로 이해되고 있다.

교회는 하느님이 찾아오시는 날(2,12) 예수 그리스도의 나타나심을 대망하며 살아가거니와, 그날 산 이들과 죽은 이들이 각자의 행실에 따라 공정하게 심판받을 것이다(4,5; 1,17). 이런 원칙상의 종말론적 정향이 통용되는 까닭에, 4,7 — "만물의 종말이 가까웠습니다" — 에 어떤 의미를 부여해야 하는지가 논란되고 있다. 시간 문제를 상대화하더라도,[47] 아무튼 교회는 근본적으로 오실 분을 바라보며 자신의 곤경을 견뎌 나간다.

참고문헌

M. ADINOLFI, *La prima lettera di Pietro nel mondo greco-romano* (Rom 1988).

J. BLINZLER, *Hierateuma: Episcopus* (FS M. Faulhaber) (Regensburg 1949) 49-65.

E. BOSETTI, *Il pastore* (Bologna 1990).

E.P. CLOWNEY, *The message of 1 Peter: the way of the cross* (Leicester 1988).

F.L. CROSS, *1 Peter. A Paschal Liturgy* (London 1954).

J.H. ELLIOTT, *The Elect and the Holy* (NT.S 12) (Leiden 1966).

—, *A Home for the Homeless* (Philadelphia 1981).

R. FELDMEIER, *Fremde in einer entfremdeten Welt* (Tübingen 1990).

H. GOLDSTEIN, *Paulinische Gemeinde in 1 Petr* (SBS 80) (Stuttgart 1975).

P. HEIMANN, *Der griechische Wege zu Christus* (Stuttgart 1991).

H. MANKE, Leiden und Herrlichkeit (Diss. Münster 1975).

H. MILLAUER, *Leiden als Gnade* (EHS.T 56) (Frankfurt a. M. 1976).

K. PHILIPPS, *Kirche in der Gesellschaft nach dem 1 Petr* (Gütersloh 1971).

E.-P. PROSTMEIER, *Handlungsmodelle in 1 Petr* (Würzburg 1990).

P.R. RODGERS, *Some Uses of the OT in 1 Peter* (Oxford 1977).

F. SCHRÖGER, *Gemeinde im 1 Petr* (Passau 1981).

---

[47] 참조: BROX, *1 Petr* 203; FRANKEMÖLLE, *1 Petr* 63.

2. 유다서와 베드로 2서

2.1 원자료

서로 밀접히 관련되어 있어서 함께 다룰 수 있는 이 두 서간은, 이미 원자료에서부터 여타 신약성경 문서들과 구별된다. 이 사실은 중요하다. 베드로 2서 3,1에서 베드로 1서에 이은 두 번째 편지라고 분명히 밝히고 있지만, 사실은 두 편지가 아주 다르다. 가장 눈길을 끄는 것은, 예수의 죽음과 부활에 관한 그리스도교의 핵심 케뤼그마는 명시적으로 언급하지 않으며 (그저 시사만 한다), 그 대신 베드로 2서 1,16-18에서 영광스런 변모에 관한 예수 전승에, 따라서 공관복음서 전승(마르 9,2-8//)에 의존하고 있다는 사실이다. 그 까닭을 물어보아야 할 것이다. 아무튼 그 밖의 예수 전승은 찾아볼 수 없다. 그러나 베드로 2서 3,15-16은 한 바오로 서간집의 존재를 이미 전제하고 있다.[48] 필자 자신이 그 서간집을 어느 정도나 알고 있었는지는 말하기 어렵다. 왜냐하면 단지 바오로의 편지들을 곡해하는 자들이 있다는 사실만 지적·경고하기 때문이다.[49] 우리는 베드로 2서를 통해 원자료들, 또는 좀 더 정확히 말해 점차 퍼져 가던 원그리스도교 문헌들에 관한 통찰을 어느 정도 얻게 된다.

유다서와 함께 베드로 2서는 구약성경적 원자료들, 특히 도래할 하느님 심판을 명시하는 데 적절한 상투적 소재들 — 카인, 대홍수와 노아의 구출, 발라암, 소돔과 고모라, 모세 세대, 코라 일당 — 을 이용한다(2베드 2,5-6.15; 3,6; 유다 5-7.11).[50]▶ 또한 죄를 지은 천사들에 대한 징벌 같은 위경僞經

---

[48] 특히 이 언명이 베드로 2서가 후대의 것임을 알려 준다. 아마도 신약성경의 마지막 문서로 보아야 할 것이다.

[49] W. MARXSEN, *Einleitung in das NT* (Gütersloh 1963) 206 참조.

전승들도 도입한다(2베드 2,4; 유다 6절; 참조: 에녹서 10,4.11-14; 91,15).[51] 유다서 14절에서는 심지어 에녹이 각오해야 할 심판의 예고자로 등장하는 구절이 인용되는데,[52] 주님께서 수만 명이나 되는 당신의 거룩한 무리(천사들)와 함께 심판하러 오시리라고 한다. 베드로 2서가 유다서를 원자료로 이용했음이 확실하다. 베드로 2서는 이미 문서 전승으로 꼴을 갖추고 있었을 것이다. 이런 사정은 이 두 서간을 지배하고 있는 이단자 공박의 일부 거친 어법과 관련해서도 고려되어야 한다. 이것이 그 이단자들에 대한 구체적 서술을 어렵게 만든다. 왜냐하면 특히 그들의 비윤리적 처신에 대한 판단에서 상투적 표현들을 사용하고 있음을 셈에 넣어야 하기 때문이다.[53]

2.2 종말론 논란

유다서와 베드로 2서는 근본 관심사에서도 긴밀히 관련되어 있다. 이 관심사는 베드로 2서에서 매우 뚜렷이 제시된다. 이 점도 베드로 2서가 더 늦게 쓰였다는 사실의 강력한 논거를 제공한다. 아무튼 이 공동 관심사는 교회 안에서 생겨난 이단[54]의 배격이다. 우선 통상적인 이단자 공박을 넘어서는 비난들[55]을 살피건대, 가장 중요한 것들은 이렇다: 그들은 잔치를 벌

◀[50] 이 점에서 유다서가 베드로 2서보다 더 상세하다.

[51] 배경에 창세기 6,1-4가 있다.

[52] 에녹서 1,9 참조. 에녹서는 유다서에서 정경 대접을 받는 것으로 보인다. 베드로 2서 2, 22에서는 잠언 26,11 외에도 한 그리스 저자(데모크리토스?)를 인용하는 것 같다.

[53] 이단자 은유: J. BLANK, Zum Problem "Häresie und Orthodox" im Urchristentum: G. DAUTZENBERG u. a. (Hrsg.), *Zur Geschichte des Urchristentums* (QD 87) (Freiburg 1979) 142-160 중 145-146; W. BAUER, *Rechtgläubigkeit und Ketzerei im ältesten Christentum* (BHTh 10) (Tübingen ³1964) 134-149.

[54] BAUER[*Rechtgläubigkeit*(앞의 각주 53) 93-94]는 유다서 4절의 "몇몇 사람이 몰래 숨어 들어왔습니다"라는 말은 이단자 공박 문체에 속한다고 보는데, 옳다고 생각한다. SELLIN[*ZNW* 77 (1986) 224]에 따르면, 이 이단자들은 본격적 의미의 영지주의자도 아니고 자유주의자도 아니며, 열광적 성령파였다.

이면서 애찬을 더럽히는 자들이고(유다 12절), 꿈꾸는 자들이며(8절), 영을 지니지 못한 현세적 인간들이다(19절). 또한 거짓 교사들이고(2베드 2,1), 자유를 약속하지만(2,19), 바오로의 편지들을 곡해한다(3,16).

결국은 빈약한 이 언명들에 근거해서 조심스럽게 몇 가지를 추론하자면, 그 사람들은 (적어도 유다서 집필 당시에) 아직 교회에 통합되어 있었고, 신자들의 회합과 애찬에도 참석했다. 이 외의 모든 것은 영지주의적 성향을 보여 준다. 물론 그들은 현세적 인간이 아니라 특별한 영적 능력을 지닌 영적 인간으로 자처했다. 이 점에서 그들은 강력한 반박을 당했다. 짐작건대 그들은 계시(환시?)들을 근거로 내세운 것 같다. 그런 까닭에 유다서에서 꿈꾸는 자들(ἐνυπνιαζόμενοι: 글자 그대로는 꿈들 속에 잠겨 있는 자들)이라 불린다. 그들이 자유를 약속했다는 말은, 윤리적 방종과 관련된다고 하겠다. 그들은 이 자유관의 근거로 바오로를 내세웠다고 짐작된다. 그러나 안타깝게도 좀 더 상세한 언급은 찾아볼 수 없다.

베드로 2서에서는 종말론이 중심 주제이기에, 이단자들의 입장이 달리 묘사된다. 이 주제는 유다서에도 나오지만, 논쟁에서 상당히 조심스럽게 다루어진다. 그리스도의 재림을 예고한 다음(14절), 마지막 때 나타나게 마련인 조롱꾼들에 관해 말한다(17-18절; 참조: 2베드 3,3). 이 조롱이 아무래도 재림 대망을 겨냥하고 있다는 것은, '영원한 생명으로 이끌어 주시는 우리 주 예수 그리스도의 자비'를 기다리라고 신자들을 격려하면서 의심하는 사람들을 보살피라고 촉구하는 데서 그런대로 짐작할 수 있을 뿐이다(21-22절). 그러나 베드로 2서에서는 사정이 전혀 다르다. 여기서는 이미 1,16에 일종의 주제 문장이 자리잡고 있다: "우리는 여러분에게 우리 주 예수 그리스도의 권능과 재림을 알려 주었습니다." 재림이 의심받고 부정되고 있었다. 적수들의 주요 논거는 재림의 지연이었다. 그들은 조상들이 세상을

---

55 여기에 속하는 것들: 그들은 지각 없는 짐승들이고(유다 10절; 2베드 2,12), 은총을 방탕의 방편으로 악용하는(유다 4절) 저주받은 자들이다(2베드 2,14); 그들은 의로움의 길을 알지 못했던 편이 오히려 나았을 것이다(2,21).

떠난 후, 모든 것이 창조 이래 그대로 있다고 말했다(3,4).

그러므로 사람들이 베드로 2서가 원그리스도교 종말론의 한 변호서라고 말한 것은 타당하다.[56] 어쨌든 이단자들의 영지주의적 성향과 그들이 재림을 부정하게 만든 종말론적 결론들이 서로 어떻게 연결되었는지 더 물어볼 수 있겠다. 짐작건대 그 배후에는 육신·현세적인 것에 대한 평가 절하뿐 아니라, 이미 구원을 충만히 소유하고 있다는 의식도 있었던 것 같다. 미래는 필요하지 않다는 것이다. 그런데 흥미로운 것은, 베드로 2서가 그런 입장에 대처하면서 한편으로는 그것에 가까워진다는 사실이다. 요컨대 앞서 인용한, 신자들에게 그리스도의 권능과 내림來臨을 알려 주었다는 말은 그리스도의 두 번째 오심이 아니라 첫 번째 오심과 관련된다.[57] 첫 번째 오심은 예수의 영광스런 변모에서 각별히 표현되었다. 베드로를 비롯한 제자들은 그때 그분 위대함의 목격자(ἐπόπτης)들이 되었다(1,16). 왜 필자가, 우리에게는 의아하게 여겨지거니와, 지상 예수의 삶을 영광스런 변모에 농축하려 했는지가 이제 분명해진다. 영광스런 변모는 필자에게 대망해야 할 그리스도의 두 번째 내림의 선취 혹은 전前묘사가 된다. 이 논증의 진행에 따르면 첫 번째 내림은 두 번째 내림을 보증한다고 말하는 것이 실로 타당하다. 나아가, 이른바 환시와 계시를 선사받았다면서 자기네가 목격한 것을 자랑했던 적수들의 어휘와 반론들을 받아들인 듯하다.[58]

이에 맞서 베드로 2서 필자가 내세우는 것은 (현대신학의 용어로 말하자면) 종말론적 유보eschatologischer Vorbehalt다. 아직 종말에 이르지 않았다는 것이다. 그리스도의 재림은 아직 오지 않았다. 재림이 지연된다고 해서 그것의 폐기가 분명해지는 것은 아니다. 이에 관해 필자는 많은 논거를 제시한다 — 하느님의 초超시간성(그분께는 하루가 천 년 같다), 그분의 인내(이로써

---

[56] KÄSEMANN, *Apologie* 135.

[57] MARXSEN, *Einleitung*(앞의 각주 49 참조) 207.

[58] 베드로 2서 1,16은 밀교 언어의 한 개념을 받아들였다. 목격자(ἐπόπτης)는 최고신의 비밀들을 아는 자다. 예증: BAUER - ALAND, *Wörterbuch* 619.

인간들에게 회개의 시간을 주신다), 시한의 부정不定성(주님의 날은 도둑처럼 올 것이다) 등 — 그런 다음, 고대의 불에 의한 멸망 교설을 취하여, 묵시문학적인 장황한 표현으로 다가올 세계 멸망을 묘사하고 (요한 묵시록에서처럼) 새 하늘과 새 땅을 약속한다(3,7-13).[59]

필자는 이단자들에 맞서 말한 것이 안전장치를 하기 위해 이미 널리 알려져 있던 '전승 원칙'을 이용한다. 자신이 주장하는 것은 전승되어 온 믿음과 부합한다는 것이다. 신자들에게는 "성도들에게 단 한 번 전해진 믿음을 위하여 싸우라"고 권면한다(유다 3절; 참조: 2베드 2,21). 믿음은 여기서 객관적 신앙재財다. '단 한 번 전해진'은 이 신앙재의 완결성을 나타낸다. 이 개념은 사목 서간에서 '맡은 것'(παραθήκη, depositum)이라 지칭되었던 것에 귀착된다. 이것은 사도들이 전해 준 '귀한 믿음'이요(2베드 1,1; 참조: 3,2; 유다 17절),[60] 신자들 가운데 현존하는 진리다(2베드 1,12). 베드로 2서는 세상을 떠나는 사도의 유언이 되거니와, 이것이 신자들이 이 모든 것을 기억할 수 있게 해 주어야 할 터다(1,14-15). 여기서는 믿음에 대한 이해가 일면에 치우쳐 있기에, 바오로 사도에게 매우 중요했던 생생한 믿음의 실천이 전혀 보이지 않는다.[61]

하지만 필자는 자기 의도를 위해 베드로와 바오로를 내세우며, 한편으로는 바오로 서간에 대한 곡해를 경고한다(3,15-16).[62] 필자는 성경의 어떠한

---

[59] 참조: C.-M. EDSMAN, *Ignis divinus* (Lund 1949); DERS., *Le baptême de feu* (ASNU) (Leipzig - Uppsala 1940); D. VON ALLMEN, L'apocalyptique juive et le retard de la parousie en 2 Pierre 3,1-13: *RThPh* 99 (1966) 255-274.

[60] 여기서 개념이 바뀐다. 믿음 대신 사도들의 계명 또는 말씀에 관해 말한다.

[61] 믿다(πιστεύω)라는 동사는 이 두 서간에 단 한 번, 그것도 이집트 탈출 당시의 믿지 않은 자들과 관련하여 나온다(유다 5절).

[62] 유다서 1절은 유다를 '야고보의 동생'이라고 말한다. 이로써 교회를 위해 베드로와 바오로가 가장 중요한 사도인 것처럼, 예수 가족의 가장 중요한 대표자들이 거명된 것일까? 그리하여 정통 신앙을 위한 가장 중요한 인물들의 공동전선을 구축한 것일까? 교회에 대한 예수 가족 구성원들의 의의를 두고 많은 사변이 전개되었다. 참조: J.D. CROSSAU, Mark and the Relatives of Jesus: *NT* 15 (1973) 81-113.

예언도 제멋대로 해석하면 안 된다고 원칙적으로 확언한다. 왜냐하면 예언은 인간의 뜻에서 나온 것이 아니라, 사람들이 '성령에 이끌려 하느님에게서 받아(= 하느님의 지시로) 전한 것'이기 때문이다(1,21). 그러므로 훗날 성경의 성령감응설의 전거로 내세워진 이 구절은 성경 해석이라는 맥락 안에 자리잡고 있다. 성경 해석 역시 영 안에서만 이루어질 수 있다. 그런데 이단자들 또한 자기네 주장의 근거로 영을 끌어대니, 그렇다면 영이 영을 거스른단 말인가? 필자는 오직 사도들의 믿음을 내세움으로써만 이 딜레마를 벗어날 수 있다고 생각한다. 그래서 이렇게 말할 수 있었다: "이로써 우리에게는 예언자들의 말씀이 더욱 확실해졌습니다"(1,19). 이 표현("우리에게는")은 교회론적 강조점을 지니고 있으며, 필자의 교회론적 구상을 엿보게 해 준다. 교회는 사도들의 믿음이 수호 · 보존되고 또 그것을 찾아 얻을 수 있는 공동체다.

2.3 구원자 예수 그리스도에 대한 인식

베드로 2서는 헬레니즘 용어에 가장 가까이 동화된 어휘를 구사하는 신약성경 문서일 것이다. 덕(ἀρετή), 경건(εὐσέβεια, 신심), 인식(γνῶσις, ἐπίγνωσις), 형제애(φιλαδελφία) — 가장 중요하고 자주 나오는 것들만 꼽았다 — 같은 개념들이 이 서간의 언어에 각인되어 있다. 그리고 주도적인 그리스도론적 존칭은 구원자(σωτήρ)다.[63] 덧붙여 말하면 이 점이 베드로 2서를 유다서와 구별해 준다(여기에는 위의 개념들도 나오지 않는다). 한 번의 예외로 유다서 25절에 구원자 칭호가 나오지만, 하느님께 사용된다.

각별히 주목해야 할 것은 그노시스(인식, 앎, 영지)다. 앞에서 이미 확인한 바를 유념하자: 이 두 서간은 일종의 객관화된 믿음 관념을 개진하는데, 적극적 믿음 실천 — 구현된 믿음fides qua의 의미에서 — 에 관해 말하지 않

---

[63] 이 점이 (확정된 전승이라는 관념과 마찬가지로) 베드로 2서를 사목 서간과 연결시킨다.

고 또 믿다(πιστεύειν) 동사를 그리스도교 믿음과 관련하여 사용하지 않는 것도 이 관념과 관계가 있다. 믿음의 자리에 인식이 들어섰다고 보충 부언할 수 있겠다. 이것은 특히 예수에 대한 인식, 또한 하느님에 대한 인식이다. 인식이 인간 각자를 구원에 이르게 하는 필수적 성취로 나타난다. 서간 인사말에서 은총과 평화를 축원하는데, 이는 하느님과 우리 주님이신 예수에 대한 인식(앎)을 통해 주어진다(2베드 1,2). 인식은 덕으로부터 절제, 인내, 신심을 거쳐 형제애와 사랑에 이르는 상승선 안에서 하나의 필수적 요소다(1,5-6). 인간은 인식 없이는 앞을 보지 못하고 자신에게 주어진 구원을 망각하지만(1,8-9), 인식을 통해 세상의 더러움에서 벗어난다(2,20). 은총을 키워 나가듯이 인식도 키워 나가기를 촉구 받는다(3,18).

특히 신자들이 하느님 본성에 참여하도록 부름 받았다는 사실이 인식과 결부되어 있다. 신약성경에서 유일한 이 언명은 각별히 주목해야 마땅하다.[64] 상당히 복합적인 문장 구조 때문에 하느님 본성에 참여하는 일이 어디에 기인하는지가 그리 명확하지는 않다. 본문은 이렇다: "그리스도께서는 우리를 영광과 능력을 가지고 부르신 분을 알게(인식하게) 해 주심으로써, 당신이 지니신 하느님의 권능으로 우리에게 생명과 신심에 필요한 모든 것을 내려 주셨습니다. 그분께서는 그 영광과 능력으로(δι᾿ ὧν) 귀중하고 위대한 약속을 우리에게 내려 주시어, 여러분이 그 약속 덕분에(διὰ τούτων), 욕망으로 이 세상에 빚어진 멸망에서 벗어나 하느님의 본성에 참여하게 하셨습니다"(1,3-4). 두 개의 괄호 속의 그리스어 표현들이 '자신의 영광과 능력'을 가리킨다는 것은 거의 확실하다. 그래서 하느님 본성에의 참여가 결국 그리스도의 권능에 돌려지지만, 이를 위한 인간 측의 전제 조건이 인식이다. 주어져 있는 인식이란 길을 통해 인간은 하느님 본성에 참여하게 된다.[65]▶

---

[64] 로마 미사 전례의 성찬 준비 기도 안에 이 사상이 존속한다: '주님의 잔은 우리를 그리스도의 신성에 참여하게 하소서.' 여기서는 그리스도와 관련된다. 이는 한 오래된 성탄 기도에서 유래하는 것 같다. 참조: J.A. JUNGMANN, *Missarum Sollemnia* II (Freiburg 1952) 78.

여기서 두 가지에 유의해야 한다. 오래전부터 해석자들은 하느님 본성에 참여하는 것이 헬레니즘적 신심의 이상적 목표임을 잘 알고 있었다.[65] 그러나 그런 인식 덕분에 목표가 달성된다면, 필자는 총체적인 표현과 아울러 이번에도 적수들의 관념 — 그들은 이를 통해 신자들에게 감명을 주고자 했다 — 을 수용했을 것이다. 그런데 필자는 이 관념을 수용하면서도 현저히 변경시켰으니, '종말론적 유보'라는 개념이 바로 그것이다. 이미 목표를 달성한 게 아니라는 것이다. 목표는 소중하고 위대한 약속으로 주어져 있다. 필자가 하느님 본성에의 참여를 무엇이라고 생각했는지 물을 수 있겠다. 그 '참여'가 "우리의 주님이시며 구원자이신 예수 그리스도의 영원한 나라에 들어감"(1,11)과 관련되어 있음은 확실하다. 그러나 이를 넘어 그 '참여'를 그 후에 얻을 수 있는 그리스도 및 하느님과의 농밀한 결합의 우회적 표현으로 이해해도 될 것이다. 그리스도와의 영원한 결합이라는 관념에서 필자는 신약성경 신학의 광범위한 부분과 부합한다고 하겠다.

지금까지 서술한 맥락에서도 드러났듯이, 그 밖에 우리 필자의 사유 방식을 특징짓는 것으로 하느님과 세상의 가파른 대비를 들 수 있다.[67] 하느님 본성에의 참여와 욕망으로 이 세상에 빚어진 멸망의 대비는 일종의 이원론인데, 그렇게 엄정한 것으로 생각할 건 없다. 신자들은 이 세상에서 어두운 곳에 살고 있으며, 거기서 동이 트고 샛별이 떠오르기를 고대하고 있다(1,19). 예수 그리스도를 어떤 의미의 구원자(소테르) — 그분을 갈수록 깊이 인식해야 한다 — 로 이해하는지는 분명하다고 하겠다. 그분은 우리를 옛 죄에서 깨끗이 씻어 주었을 뿐 아니라(1,9), 두 번째 내림에서 결정적으로 구원하실 것이다. 여기서도 다시금 유다서와 연결된다. 유다서 수신인들은 "부르심을 받은 이들, 곧 하느님 아버지께서 사랑하시고 예수 그리스도께서 지켜 주시는 이들"이다(유다 1절).[68]

◄[65] WINDISCH - PREISKER, *2 Petr* 85.

[66] 예증들: WINDISCH - PREISKER, *2 Petr* 85.

[67] KÄSEMANN(*Apologie* 144)은 일종의 헬레니즘적 이원론에 관해 말한다.

참고문헌

T. FORNBERG, *An Early Church in a Paralytic Society* (Lund 1977).

F. HAHN, Randbemerkungen zum Judasbrief: *ThZ* 37 (1981) 209-218.

R. HEILIGENTAHL, *Zwischen Henoch und Paulus* (TANZ 6) (Tübingen 1992).

E. KÄSEMANN, *Eine Apologie der urchristlichen Eschatologie: Exegetische Versuch und Besinnungen* I (Göttingen 1960) 135-157.

J.H. NEYREY, The Form and the Background of the Polemic in 2 Peter (Diss. Yale, New Haven 1977).

D.J. ROWSTON, The Setting of the Letter of Jude (Diss. South. Baptist Theol. Seminary Louisville 1971).

G. SELLIN, Die Häretiker des Judasbriefes: *ZNW* 77 (1986) 206-225.

F.D. WATSON, *Invention, Arrangement and Style. Rhetorical Cristicism of Jude and 2 Peter* (SBL Diss. Series 104) (Philadelphia 1988).

---

[68] 이런 의미에서 '그리스도 소유격'을 풀이해도 된다.

부설 2 야고보서

마르틴 루터의 유명한 말에 따르면, 야고보서는 '순전히 짚으로 된 편지'요 자체로 '복음적 성격이 없'을뿐더러,[69] 사실 신약성경 신학의 변두리에 자리한다. 헤르더는 루터의 말을 반박했다: "이 편지가 짚으로 되어 있다면, 그 짚 속에는 아주 살지고 단단하고 영양 풍부한, 다만 잘 까서 진열해 놓지 않은 열매가 들어 있다."[70] 이 서간은 변두리에 자리잡고 있는데도 격렬한 토론의 대상인데, 물론 이 토론은 거의 논쟁 신학적으로 전개되지는 않는다. 이 서간은 많은 부분이 주석학상 만족스럽게 규명되어 있지 않으며, 아마도 결코 명백히 밝혀질 수 없을 것이다.

가장 눈에 꽂히는 것은, 예수라는 이름과 이에 상응하는 그리스도론적 칭호들이 뒷전으로 밀려나 있다는 점이라 하겠다. 예수라는 이름은 단 두 번, 그것도 그리스도 칭호와 함께(그러니까 '예수 그리스도') 인사말(1,1: "하느님과 주 예수 그리스도의 종 야고보가 세상에 흩어져 사는 열두 지파에게 인사합니다")과 2,1("영광스러우신 우리 주 예수 그리스도를 믿으면서, 사람을 차별해서는 안 됩니다")에 나온다. 분량이 야고보서의 오분의 일 정도에 불과한 유다서에 예수 이름이 여섯 번 나오는 것을 고려하면, 이 점은 더욱 이상하다. 야고보서가 다른 점에서도 매우 유다교적이며 특별히 그리스도교적이라는 인상을 주지 않기 때문에, 본디 유다교 서간이었다거나(1,1: "야고보가 세상에 흩어져 사는 열두 지파에게"), 한 유다교 문서를 토대로 했다는 견해가 주장되기도 했다.[71] 그러면서 사람들은 예수 이름이 두 번 언급되는 것을 나중에, 그러니까 그리스도교 측에서 이 문서를 넘겨받았을 때 끼워 넣은 것으로 설명했다.[72]

---

[69] WA, DB 6,10. MUSSNER, *Jak* 44에서 재인용. 이 책은 야고보서에 관한 루터의 다른 말들도 모아 놓았다(42-47).

[70] DIBELIUS, *Jak* 1에서 재인용   [71] SPITTA, *Jak* 4.

유다교 문서를 토대로 했다는 가설은 오늘날 포기되었으나, 전승 문제는 아직 해결되지 않았다(아래 '1. 원자료' 참조). 주님(퀴리오스) 칭호 사용도 논란거리다. 이 서간에서 '주님'은 하느님을 가리킨다. 5,7-8에서 '주님의 재림'을 두 번 언급하는데, 흔히 그리스도를 의미하는 것이라고 생각하고 싶어 한다. 이는 그리스도인 수신자들에게는 자명한 일이었다. 그러나 본디 심판을 위한 하느님의 재림을 말했을 가능성을 완전히 배제할 수는 없다.[73]

디벨리우스는 범주상 야고보서는 신학을 담고 있지 않다고 단언했다. 이 서간이 제공하는 내용은 훈계라는 것이다.[74] 이 판단도 상당히 수정되어야 한다. 사실 이 서간은, 이미 암시했듯이, 그리스도론을 포함하고 있지 않다. 그리고 훈계적 특성은 여러 가지 — 예컨대 다른 순서로 다룰 수도 있었을 믿음과 의심, 가난과 부, 분노 같은 훈계·교리 교수상의 기본 틀들의 병렬[75] 그리고 아마 편지의 갑작스런 종결[76]도 — 를 이해할 수 있게 해 준다. 그러나 신학적 관점에서 이 서간은 하느님에 관한 언설이 탁월한데, 덧붙여 말하면 이 점이 흔히 간과되고 있다. 이와 관련하여 구원론에 관해서도 해야 할 말이 상당하다.

1. 원자료

신약성경 후기 문서들이 흔히 그렇듯, 야고보서는 전통적인 것을 많이 넘겨받았는데, 필경 확인할 수 있는 것보다 더 많을 것이다. 그것들이 어느

---

[72] MEYER, *Rätsel* 120 참조. 사실 2,1에서 '영광의'(영광스러우신)라는 2격이 후치되어 있는 것은 이상하다. HOPPE(*Hintergrund* 76)도 인정하듯이, "우리 주 예수 그리스도를"을 빼 버리면 문장이 매끄러워진다. 몇몇 사본은 (이차적으로) 낱말 순서를 바꿔 놓았다. '영광스러우신 주'라는 표현은 신약성경에서 이곳 외에는 코린토 1서 2,8에 한 번 더 나온다.

[73] DIBELIUS, *Jak* 223-224; WINDISCH - PREISKER, *Jak* 31.

[74] Jak 19.　　　　　　　　　　　[75] POPKES, *Adressaten* 참조.

[76] 베드로 2서와 유다서에는 영광송이 나온다. 그러나 야고보서는 진리를 벗어나 헤매는 형제에게 마음을 쓰라는 훈계로 끝맺는다.

정도나 이미 꼴을 갖추고 있었는지는 말하기 어렵다. 아무튼 그중 지혜문학 자료가 압도적이며, 그래서 이 서간은 구약성경과 초기 유다교의 지혜문학 저작들과 가장 가까운 신약성경 문서로 통한다. 여기서 지혜는 체험과 결부된 지혜다. 몇 가지 예를 드는 것으로 충분하겠다: 야고보서 1,5는 지혜를 지니는 것이 꼭 필요하다고 강조하는데, 잠언 2,3-6 등도 그렇게 말한다. 야고보서 1,19는 집회서 5,11처럼 듣기는 빨리하되, 말하기는 더디게 하라고 충고한다. 야고보서 2,6은 잠언 14,21처럼 가난한 사람을 업신여기는 짓을 질책한다. 집회서 14,1처럼 야고보서 3,2는 말할 때 실수하지 않도록 애쓰라고 권고한다. 야고보서 3,5-6과 잠언 16,27은 혀를 불에 비유하면서, 엄청난 화를 초래할 수 있음을 경고한다. 야고보서 4,11과 지혜서 1,11은 비방에 대해 경고한다. 이 목록은 계속 이어질 수 있다. 한 가지만 더 말해 두자면, 일상에서 예를 끌어오고 비유에 힘쓰고 체험과 결부시키는 방식 또한 지혜문학의 화법과 상응한다.

더 중요한 것은 그러나 야고보서에 공관복음서 전승이 들어 있다는 점인데, 특히 산상 설교와의 친연성을 지적할 수 있다. 그래서 야고보서는 복음서 다음으로 예수 전승을 가장 많이 담고 있는 신약성경 문서로 통한다. 이리하여 매우 유다교적으로 보이는 이 서간이야말로 그리스도교적인, 더 정확히는 예수적인 분위기를 보존하고 있다. 하지만 여기서 신중히 생각할 필요가 있다. 야고보서는 여러 언명에서 예수 전승보다는 지혜문학 전승과의 친연성이 더 크다.[77] 덧붙여 말하면 이 점은 예수가 지혜 스승처럼 활동하기도 했다는 사실에 대한 하나의 추후적 확증이다. 예수 전승의 가장 인상 깊은 예는 야고보서 5,12의 맹세 금지령이다. 연구자들은 여기에 마태오 복음서 5,34-37의 산상 설교의 넷째 대당 명제에 들어 있는 것보다 더 본래적인 형태가 전승되어 있다고 본다.[78] 그리고 야고보서 2,5

---

[77] 참조: MUSSNER, *Jak* 48-50(비교 목록); G. KITTEL, Der geschichtliche Ort des Jakobusbriefes: *ZNW* 41 (1942) 71-105 중 84-90.

[78] GNILKA, *Mt* I 172-173 참조.

는 마태오 복음서 5,3.5의 첫째와 셋째 참행복 선언을 연상시킨다: "하느님께서는 세상의 가난한 사람들을 골라 믿음의 부자가 되게 하시고, 당신을 사랑하는 이들에게 약속하신 나라의 상속자가 되게 하지 않으셨습니까?" 물론 간과할 수 없는 차이점들도 존재한다.[79] '나라'에 대한 언급은 주목해 마땅하다. 물론 이 '나라'가 서간 다른 곳에서는 그리 큰 역할을 하지 않는다.

필자가 바오로 서간을, 여기서는 특히 로마서와 갈라티아서를 잘 알고 있었던가라는 물음은 각별히 중요하다. 이 물음의 계기를 제공한 것은 많이 논구된 야고보서 2,14-26이다. 이 텍스트는 믿음과 실천의 관계를 다루는데, 사람이 믿음만으로는 의롭게 되지 못하고 실천을 통해 의롭게 된다는 사실의 본보기로 아브라함을 내세운다. 그래서 일견 바오로가 로마서 4장에서 말하는 내용과 정반대되는 것을 주장하는 듯이 보인다. 이 첫인상은 야고보서를 성급하게 곧장 바오로와 대립시키는 데 번번이 큰 몫을 했다. 그런데 전승사적 관계는 더 복잡하다고 하겠다. 야고보서는 일차적으로 [덧붙여 말하면 바오로와 여타 초기 그리스도교 저자들도 마찬가지이거니와(참조: 히브 11장; 클레멘스의 첫째 편지 10장)] 아브라함 이야기에 대한 당대 유다교 해석 전통에 의존하고 있다.[80] 이 사실은 예를 들어 이사악 제헌을 아브라함의 탁월한 실천으로 언급하고, 아브라함을 '하느님의 벗'이라고 부르는 데서 알아볼 수 있다. 바오로와의 한 가지 중요한 차이점은, 바오로는 율법의 실천을 염두에 둔 반면, 야고보서는 율법의 실천에 관해서

---

[79] KITTEL, Ort(앞의 각주 77) 84-85 참조. 이 논문 90쪽에 따르면 야고보서는 개별적 유사점들의 목록이 알려 주는 것보다 더 많이 예수 말씀에 의존하고 있다. "전체 정신과 자세가 예수의 자세와의 내적 친연성을 입증"해 준다. 참조: R.P. MARTIN, The Life-Setting of the Epistle of James in the Light of Jewish History: *Biblical and Near Eastern Studies* (FS W.S. LaSor) (Grand Rapids 1978) 97-103.

[80] 참조: F. HAHN, Genesis 15,6 im NT: *Probleme biblischer Theologie* (FS G. von Rad) (München 1971) 90-107; R.B. WARD, The Works of Abraham: *HThR* 61 (1968) 283-290; H. THYEN, *Der Stil der Jüdisch-Hellenistischen Homilie* (FRLANT 47) (Göttingen 1955) 14ff; DIBELIUS, *Jak* 157-163.

는 전혀 말하지 않고 언제나 일반적으로 실천에 관해 말한다는 사실이다. 문맥에서는 그런 일반적 실천의 예로 헐벗고 굶주린 사람들에게 옷과 음식을 제공하는 일을 든다(2,15-17). 다른 한편 바오로의 관념들이 수용되었다가 비판적으로 평가받았을 개연성을 배제할 수 없을 것이다. 오직 믿음으로 말미암은 인간의 의화(의인)라는 관념은 바오로 이전에는 잘 알려져 있지 않았다. 하지만 야고보서 필자가 직접 바오로의 텍스트들과 씨름했으리라는 것은 극히 미심쩍다. 필자는 바오로 서간에 대한 그릇된 해석을 공박해야 했던가? 왜 그는 좀 더 분명히 말하지 않는가? 2,18의 반론은 갈수록 사랑이 식어 가던 교회를 자극하기 위해 필자 자신이 만들어 낸 것일까? 너무 확실하게 주장하는 견해들은 조심해야 한다.[81]

또 하나, 별로 주목받지 못하는 예를 언급해야겠다: 2,10은 율법을 한 가지라도 어긴다면 율법 전체를 어기는 것이 된다는 견해를 내세운다. 바오로도 갈라티아서 5,3에서 비슷한 말을 한다. 여기서도 우리는 두 사람이 유다교에서 유래하는 한 명제에 의존하고 있다는 데서 출발해야 한다.[82] 그러나 두 사람은 그 명제를 아주 달리 도입했다. 의식儀式 율법도 포함시켜 생각하는 바오로는 율법 준행의 무거운 짐에 대해 경고하는 반면, 야고보의 관심사는 기본 계명들의 준수다.

2. 만군의 주님 — 신관

야고보서의 한 신학적 구상의 실마리들을 신관神觀에서 포착할 수 있다. 이 신관은 대체로 구약성경–유다교적으로 각인되어 있다. 전형적인 예를 들자: 신약성경에서 하느님 이름의 유다교적 정조情調의 부연敷衍인 '만군

---

[81] MUSSNER(*Jak* 17)에 따르면, 문제는 누가 누구를 공박하는가라는 물음에 전혀 대답할 수가 없다는 것이다. 참조: C.E. DONKER, Der Verfasser des Jak und seine Gegner: *ZNW* 72 (1981) 227-240.

[82] DIBELIUS, *Jak* 135-137 참조.

의 주님'은 칠십인역 이사야서 1,9의 인용인 로마서 9,29 외에는 야고보서 5,4에만 나온다. 그리고 하느님은 '주님이신 아버지'(1,27; 3,9), '빛의 아버지'(1,17)시다. 아버지라는 이름을 예수 그리스도와 관련짓지는 않는다.

이로써 야고보서의 한 가지 고유한 특징이 확증되었는데, 이는 지금까지의 고찰과 부합한다. 그것은 바로 이 서간의 비그리스도론적 특성이다. 물론 신약성경의 다른 문서들에서도, 하느님이 구원의 근원이요 목표로 여겨진다는 점에서 하느님 중심주의가 지배하고 있다. 하지만 구원은 예수 그리스도를 통해서만 성취된다고 강조한다. 그러나 이 그리스도론적 관점이 야고보서에서는 이상하리만치 뒤로 밀려나 있다. 이 점을 가장 인상적으로 보여 주는 것은, 원그리스도교 케뤼그마의 핵심인 예수의 죽음과 부활이 언급되지 않는다는 사실이다. 이것은 우연일까? 예수의 죽음과 부활은 자명한 것으로 전제되어 있는 것일까? 이는 확실해 보인다. 그럼에도 확인할 수밖에 없는 것은, 이로써 전前그리스도교적인, 유다교적인 신관이 생겨난다는 사실이다. 이 문제를 간략히 살펴보아야겠다.

야고보서 '신론'의 중심에 자리잡고 있는 것은 한 분이신 하느님께 대한 신앙고백이다: "그대는 하느님께서 한 분이심을 믿습니까? 그것은 잘하는 일입니다"(2,19). 그리스도교가 유다교로부터, 신약성경이 구약성경으로부터 넘겨받은 이 유일신 신앙고백은 물론 다른 신약성경 문서들에도 나오지만(예컨대 마르 12,29//; 1코린 8,4; 에페 4,6), 야고보서에서는 지금까지 서술한 테두리 안에서 고유한 의미를 획득한다. 게다가 이 고백은 상응하는 언명에 의해 보완된다: "입법자와 심판자는 한 분뿐이십니다. 구원하실 수도 있고 멸망시키실 수도 있는 그분이십니다"(4,12). 이 고백 역시 정형화되어 있는데, 유다교에 상응하는 구절들이 나온다.[83] 하느님이 구원을 주도하고 시작하시거니와, 개개인과 관련해서도 그렇다. 하느님은 가난한 사람들을 택하셨다(2,5). 하느님은 그들을 편드시고, 그들은 그분의 신실하심에 의지

---

[83] Dibelius, *Jak* 211 참조.

할 수 있다. "온갖 좋은 선물과 모든 완전한 은사는 위에서 옵니다. 빛(직역: 빛들, 광채들)의 아버지에게서 내려오는 것입니다. 그분께는 변화도 없고 변동에 따른 그림자도 없습니다"(1,17). 이 구절은 [운행하는 광채들, 별들과 대비하여(아니면 고정된 항성들에 상응하여?)] 본디 아무도 유혹에 빠지게 하지 않으시는 하느님의 신실한 구원 의지와, 온갖 좋은 것의 선사에서 드러나는 그분의 항구성을 묘사한다. 하느님이 주시는 좋은 선물에는 특히 지혜가 포함되는데, 이것도 위에서 내려온다(3,15).

수신인들은 이 하느님을 지향하며 자기 삶을 영위해야 한다. 제 혀로 하느님을 찬미하고(3,9), 그분께 복종하고(4,7), 가까이 나아가고(4,8), 그분의 현존을 의식하며 이런저런 일을 계획하고 시도해 보아야 한다(4,15). 사람들이 당한 불의가 하느님께 울부짖는다(5,4). 교회는 하느님의 내림을 고대해야 하니(5,7-8), 그분이 심판자이시며(4,12) 너그러우시기 때문이다(5,11). 여기서 이미 언급한 바 있는 주님의 내(재)림이라는 표현의 이중적 성격을 다시 한번 상기해야 한다.

그런데 이 모든 언명에 앞서는 한 구절이 있으니, 이 구절로 인해 그 모든 언명이 그리스도교적인 빛 속으로 떠오르게 된다. 이 구절은 수신인들의 그리스도인 실존의 시작과 관련된다: "하느님께서는 뜻을 정하시고 진리의 말씀으로 우리를 낳으시어, 우리가 당신의 피조물 가운데 이를테면 첫 열매가 되게 하셨습니다"(1,18). 이 구절은 천지창조와 관련시킬 수 없다.[84] 유다교 문서라면 이 구절을 필경 이스라엘 민족의 창출과 관련지을 수 있을 것이다. '당신의 피조물 가운데 첫 열매'가 이에 상응한다고 하겠다. 하지만 진리의 말씀으로 낳았다는 것은 그리스도교 영역으로 들어감을 가리킨다. 진리의 말씀이 암시하는 것이 세례 신앙고백이 아니라 복음 — 이를 받아들임으로써 수신인들은 새로운 생명으로 태어났다 — 이긴 하지만, 배경이 세례라는 것을 알아볼 수 있다.[85] 사람들은 본디 이 구절이

---

[84] Spitta가 그렇게 한다. 1,18ㄷ에서 소유대명사가 앞에 나오는 것에 유의해야 한다.

진리의 말씀을 좀 더 명확히 복음으로 규정하거나(에페 1,13 참조) 그리스도에 관해 언급했기를 바랄 수도 있겠다. 하지만 이것은 알 수 없는 이유로 이루어지지 않았다. 그러나 수신인들이 세례를 통해 그리스도에게 귀속된다는 사실은 나중에 "여러분이 받드는(직역: 여러분 위로 불린) 그 존귀한 이름"(2,7)이라는 구절에 드러난다. 이 존귀한 이름은 그리스도를 가리킨다. 이 구절은 유다교의 정형화된 표현을 본뜬 것이다. 사람들은 이스라엘을 하느님 백성으로 특징짓고자 할 때, 이 백성은 야훼의 이름으로 불린다고 말했다(참조: 신명 28,10; 2역대 7,14; 2마카 8,15; 예레 14,9; 이사 43,7 등).

3. 믿음과 실천

믿음과 실천의 관계 문제가 많이 논구되고 있는데, 이에 대한 상론은 야고보서의 유다교적 특성에서 출발하는 것이 좋다고 생각한다. 믿음이 무엇인지는 어디서도 상세히 정의하지 않지만, 믿어야 하는 것의 내용상 규정이 (2,1 외에) 한 군데에 나오니, 곧 하느님은 한 분이라는 것이다(2,19). 이 유다교, 그리스도교의 유일신 신앙고백은 우리가 주목하는 믿음과 실천에 관한 단락(2,14-26) 안에 들어 있기에, 그만큼 더 의미심장하다.

요컨대 이 단락에서는 '믿음'이라 할 때 무엇보다도 한 분 하느님께 대한 믿음을 염두에 두고 있다. 이 믿음은 특정한 공동체, 유다교·그리스도교 공동체를 꼴짓고 특징짓는 하나의 확신이다. 믿음은 공동체를 창출하는 힘을 지니고 있다. 여기서 말하는 믿음 개념은 신앙인들의 공동체 귀속을 의미한다. 그런 다음 이 공동체의 꼭대기에 있는 믿음 깊은 아브라함을 본보기로 내세워, 믿음은 도전적인 상황에서, 시련과 박해에서 입증되어야 함을 밝힌다. 이리하여 믿음은 고백이 된다. 공동체 창출 요소로서의 믿음

---

85 "여러분 안에 심어진 말씀을 공손히 받아들이십시오. 그 말씀에는 여러분의 영혼을 구원할 힘이 있습니다"(1,21)도 복음을 에둘러 말한 것으로 볼 수 있다.

과 고백으로서의 믿음 이 두 가지가 야고보서의 믿음 개념 이해에서 짝을 이룬다.

그러나 이 서간의 이해에 따르면, 믿음은 특히 이웃 사랑과 자비의 실천 속에서 작용하고 활성화되어야 마땅하거니와, 이것을 2,15-16의 예가 분명히 가르쳐 준다. 이 실천을 거부하는 신자는, 영이 없는 몸이 죽은 것처럼, 죽은 믿음을 가지고 있는 것이다. 믿음의 입증과 활성화라는 의미에서 믿음과 실천의 불가분리성은 유다교에 뿌리를 두고 있으나, 그리스도교에 의해서도 수용될 수 있었다. 그리고 바오로도 이 불가분리성에 대해 전혀 이의를 제기하지 않았을 것이다. 마귀들의 믿음(2,19)에 관한 말은 좀 억지스럽다고 하겠다. 아무튼 이 구절의 의도는 분명하다. 결실 없는 믿음의 부조리함을 뚜렷이 밝혀 주자는 것이다. 덧붙여 마귀들의 믿음에 관한 말은, 서간이 우선 염두에 두고 있는 것은 예수 그리스도에 대한 믿음이 아니라 한 분 하느님께 대한 믿음이라는 것을 새삼 확증해 준다. 마귀들도 하느님이 계심을 알고 있으나, 이것이 그들에게는 아무 쓸모가 없다.

논증은 의인(의화) 관념을 실마리 삼아 결정적 단계로 나아간다. 여기서는 믿음과 실천이 분리된다. 더 정확히 말하면, 실천을 모르는 믿음과 실천을 보여 주어야 하는 믿음이 맞세워진다. 이 둘이 2,18에서 뚜렷이 대비된다: "나에게 실천 없는 그대의 믿음을 보여 주십시오. 나는 실천으로 나의 믿음을 보여 주겠습니다." 논증의 목적은 실천을 보여 주어야 하는 믿음만이 가치 있고 온전한 믿음임을 분명히 밝히는 것이다. 이 목적은 교리적이 아니라 사목적이다. 아브라함은 이런 온전한 믿음을 지니고 있었고, 그래서 의롭다고 인정받았다. 마찬가지로 사람들도 믿음으로만이 아니라 실천을 통해, 실천을 보여 주어야 하는 온전한 믿음을 통해 의롭다고 인정받는다.

바오로와의 차이는 현저하다. 바오로에게 아브라함의 의인은 죄인의, 불경한 자의 의인이요, 무無로부터의 창조creatio ex nihilo인 의인이다(로마 4,1-6 참조). 그러나 야고보서에서 의인은 믿음에서 비롯하는 실천에 대한 인정이다. 물론 이것은 의식儀式 규정들까지 포함하는 율법의 실천이 아니라, 자비와 이웃 사랑에서 정점에 이르는 '완전한 법, 곧 자유의 법'(1,25; 참조: 2,8.12)의 실천이다.[86] 야고보와 바오로 사이에서 일종의 조정이나 더 나아가 아예 융화를 시도하려 애써서는 물론 안 된다. 또한 '오직 믿음으로만? 안 돼!'Non sola fide 보기를 마치 토끼가 뱀 보듯 하면서, 야고보가 바오로를 끝장내기로 발벗고 나섰다고 야고보를 비난하면 안 된다.[87] 야고보는 헬라 유다계 그리스도인으로서, 또는 더 낮게 표현하여 그리스도교적 유다인으로서, 믿음의 실천이 느슨해져 가던 신자들을 자극하기 위해, 믿음과 실천에 관한 자신의 견해를 주장한다. 그러나 안타깝게도 믿음의 성립에 관해서는 전혀 말이 없다. 오직 2,1에서만 예수 그리스도에 대한 믿음을 언급한다. 그래도 여기에서 2,14-26이 한 줄기 빛을 던지는 것은, 이 구절에서 논하는 믿음이 공동체 귀속의 표현으로서 예수에 대한 믿음이기 때문이다. 1,18에 따르면, 하느님은 진리의 말씀으로 우리를 낳으셨다. 야고보도 그리스도인 실존이 하느님 은총 덕분임을 알고 있다. 비록 이 사상을 개진하지는 않지만 말이다.

사람이 자기 목표를 성취하기 위해 필요한 것은 지혜. 도입부인 1,2-12에 이 문서 전체의 이해를 위한 중요한 의의를 부여한다면,[88] 이 인상은 더욱 심화된다. 사람은 하느님과 인간들 앞에서 가난하게 되고 또 그래서

---

[86] 여기서 율법의 완성인 하느님 사랑과 이웃 사랑 계명을 곧장 떠올리면 안 될 것이다. 유의할 것은, 야고보는 결코 개별적 계명(ἐντολή)에 관해 말하지 않고 언제나 (율)법(νόμος)에 관해 말한다는 점이다. 짐작건대 '자유의 법'은 헬레니즘 또는 헬라 유다교의 관념을 수용한 것인데, 이에 따르면 신의 법은 인간 이성과 부합한다. 참조: DIBELIUS, *Jak* 110-113; R. FABRIS, *Legge della libertà in Giacomo* (Supplementi alla RivBib 8) (Brescia 1977).

[87] 견해가 제각각이다. 참조: C.E.B. CRANFIELD, The Massage of James: *SJTh* 18 (1965) 338-345; W. NICOL, Faith and works in the Letter of James: *Neotestamentica* 9 (1975) 7-24; T. LORENZEN, Faith without works does not count before God: *ET* 89 (1978) 231-235; C. BURCHARD, Zu Jak 2,14-26: *ZNW* 71 (1980) 27-45; M. HENGEL, Der Jak als antipaulinische Polemik: *Tradition and Interpretation in the NT* (FS E.E. Ellis) (Tübingen 1988) 248-278.

[88] LIPS(*Traditionen* 424)는 1,2-12를 요약·설명이라 규정한다. 이 텍스트에 관해서는 HOPPE, *Hintergrund* 18-43 참조.

올바른 삶의 판단을 얻기 위해, 지혜가 필요하다. 특히 항존恒存하는 유혹을 이겨 내기 위해 지혜가 요구된다. 그런 까닭에 하느님께 지혜를 청해야 한다(1,5). 지혜는 하느님의 선물이다(3,15 참조). 물론 야고보서에서 지혜로부터 어떤 구원론적 구상을 짜 맞출 수는 없다.[89] 지혜-신화는 나오지 않는다. 지혜는 행동에 정향되어 있다. 지혜는 실천을 통해 입증된다(3,13). 지혜라는 맥락에서 필자는 일종의 이원론적 실존 이해를 은근히 드러낸다. 순수하고 평화롭고 자비로운 지혜만이 아니라, 세속적이고 저열하고 악마적인 지혜도 있다(3,15-18).[90] 하느님과 친구 됨은 세상과 원수 됨이요, 거꾸로도 마찬가지다(4,4).

야고보서의 교회는, 자주 나오는 호칭 '나의 형제 여러분'이 시사하듯, 자신을 형제들의 모임으로 이해했다. 다루어야 할 어떤 사안에 관한 말을 시작하는 "어떤 형제나 자매가 …"(2,15; 참조: 4,11; 1,9)라는 도입부가 이를 확인해 주는데, 덧붙여 다시금 산상 설교를 연상시킨다. 이 형제 호칭도 유다교에서 유래한다. 지금까지 관찰한 것을 고려하면, 야고보서가 그리스도인 공동체의 모임을 유다교 개념 쉬나고게(συναγωγή, 2,2)로 지칭하는 유일한 신약성경 문서라는 사실은 놀라울 것이 없다. 바오로는 비슷한 맥락에서 에클레시아(ἐκκλησία, 예컨대 1코린 11,18)라는 개념을 사용한다. 여기서 둘 다 활동 중인 모임을 가리키고 있음에 유의해야 한다.[91]

필자도 교회에 대해 신약성경의 여타 문서들처럼 에클레시아라는 낱말을 사용하는데, 병자 보살핌에 관한 지시에서 그렇게 한다: "여러분 가운데에 앓는 사람이 있습니까? 그런 사람은 교회(에클레시아)의 원로들을 부르십시오"(야고 5,14).[92] 병자들에 대한 관심을 거론하는 것은 이 문서 전체에

---

[89] 이런 시도들: HOPPE, *Hintergrund*; U. LUCK, Die Theologie des Jak: *ZThK* 81 (1984) 1-30.

[90] 이 이원론의 배경: LIPS, *Traditionen* 435-436.

[91] 어원학상 쉬나고게('함께 모이다'에서 파생)와 에클레시아('불러 모으다'에서 파생함)는 매우 가깝다. 하지만 원그리스도교는 후자를 자기를 특징짓는 개념으로 선택했는데, 쉬나고게와 구별되기 위해서였음이 분명하다.

각인되어 있는 가난한 이들에 대한 관심과 부합한다. 기도와 결부되어 주님(예수)의 이름으로 행해지는 병자 도유塗油는 기존 관습으로 전제되어 있는데, 이 관습 역시 유다교에서 넘겨받았을 것이다.[93] 심지어 교회 안에는 원로단 전체가 병상을 지키며 성사를 행하는 경우도 있다.[94] 이것이 후대의 상황이라는 것은, 치유 — 기도와 도유의 우선적 효과다 — 가 더 이상 (코린토 1서 12,9에서처럼) 카리스마 보유자에게 유보되지 않고 일종의 제도가 되었다는 데서도 드러난다. 그래도 '믿음의 기도'가 여전히 치유의 카리스마적 배경을 상기시켜 준다(야고 5,15). 도유의 또 다른 효과는, 죄를 지은 병자가 자신의 죄를 용서받는 데 있다.

이어지는 구절 — "서로 죄를 고백하고 서로 남을 위해 기도하십시오. 그러면 여러분의 병이 낫게 될 것입니다"(5,16) — 은 이해하기가 어렵다. 이런 행위의 장소가 병상이 아니라 공동체 집회임은 확실하다. 이 집회에서는, 아마도 기도를 위한 준비로서, 죄의 공동 고백이 있었던 것 같다. 이것을 앞 구절과 관련지어 본다면, 죄지은 병자 역시 (원로들 앞에서) 죄를 고백했다고 볼 수 있다. "여러분의 병이 낫게 될 것입니다"라는 확언과 공동체 기도의 관계는 특히 불분명하다. 연구자들은 이것을 신체적 질병과 관련짓거나, 전의轉義적 의미에서 죄의 치유와 관련짓는다.[95]

---

[92] 참조: J. Coppens, Jacques 5,13-15 et l'onction des malades: *EThL* 53 (1977) 201-207; G.C. Bottini, Confessione e intercessione in Giac. 5,16: *SBFLA* 33 (1983) 193-226.

[93] 참조: 집회 38,9; Billerbeck III 759(후기 라삐 문헌의 예증들). 영지주의에도 도유성사가 있었다.

[94] 정교회의 병자성사는 일곱 명의 사제에 의해 집전된다.

[95] J. Wanke[Die urchristlichen Lehrer nach dem Zeugnis des Jak: *Kirche des Anfangs* (FS H. Schürmann) (Leipzig o.J.) 489-511]는, 특히 3,1-2의 언급을 지적하면서, 교회 내에 교사 신분이 있었거나 원로들이 그 소임을 담당했으리라 추측한다.

참고문헌

E. BAASLAND, Literarische Form, Thematik und geschichtliche Einordnung des Jak: *ANRW* II 25.5 (1988) 3646-3684.

G. EICHHOLZ, *Glaube und Werke bei Paulus und Jakobus* (TEH 88) (München 1961).

C.H. FELDER, Wisdom, Law and social Concern in the Epistle of James (Diss. Columbia University, New York 1982).

R. HOPPE, *Der theologische Hintergrund des Jak* (FzB 28) (Würzburg 1977).

K. KÜRZDÖRFER, Der Charakter des Jak (Diss. Tübingen 1966).

A. MEYER, *Das Rätsel des Jak* (Gießen 1930).

W. POPKES, *Adressaten, Struktur und Form des Jak* (SBS 125/126) (Stuttgart 1986).

H. VON LIPS, *Weisheitliche Traditionen im NT* (WMANT 64) (Neukirchen 1990).

J. ZMIJEWSKI, Christliche Vollkommenheit: *SNTU* 5 (1980) 50-78.

8
마무리

① 신약성경 신학을, 더 정확히 말하면 신약성경 개개 문서들의 다양한 신학적 구상을 돌이켜 보는 작업은 수많은 모델의 발견으로 귀결되었다. 지금 여기서 관건은 체계화를 시도하는 일이 아니다. 그런 시도는 진술들의 내용이 매우 풍부·다양하고 부분적으로는 현저히 상충되기 때문에, 전혀 불가능하다. 아니 사실 기피되고 있다. 독자들은 다만 확실히 밝혀진 것들을 새삼 상기할 일이고, 우리는 그중에서 몇 가지를 골라 마무리 삼아 쪼아볼 것이다. '신학'의 지정 역驛들을 다시 한번 잠깐씩 돌아본 다음, 다양한 내용·구상들을 묶어 주는 무엇인가가 있지 않은지 묻기로 하자.

우리는 바오로, 마르코 등의 다양한 구상 안에서 특정 주제들 — 몇 가지만 예를 들면 인간관·하느님이 성취하신 구원(바오로), 하느님 백성·메시아의 교회·역사관(마태오), 만군의 주님이신 하느님·믿음과 실천(야고보서) — 을 뚜렷이 밝히려 노력했다. 이 주제들이 밖으로부터, 예컨대 하나의 조직적 체계에 따라 우리에게 제시되도록 하지 않고, 오히려 가능한 한 그리고 의미 있다고 여겨지는 한, 우리를 성경 텍스트에 맞추었다. 그런데 개별 주제들의 논구에서 거듭 판명된 사실인즉, (필경 독자들도 여러 곳에서 감지했으려니와) 주제들이 서로 맞물려 있다는 것이다. 특히 그리스도와 구원, 그리스도론과 구원론은 긴밀히 결부되어 있다. 이런 얽힘은 문서들의 비체계적 성격과 관계가 있다고 하겠는데, 그러나 집중적인 신학적 사유의 표현으로 해석될 수도 있다. 아무튼 이런 얽힘이 사유에 생동력과 설득력을 부여하는 경우가 드물지 않다.

② 그리스도상은 참으로 다양하다! 바오로의 경우 자신의 그리스도론을 대부분 전승에서, 신앙고백문(신조)들과 그리스도 찬가들에서 길어 온 것이 눈길을 끈다. 코린토 1서 15장의 신조와 필리피서 2장의 그리스도 찬가만 떠올려 보아도 충분하다. 일찍이 바오로는 이 전승들과 연계하여 그리스도 선재 사상으로 도약跳躍했다. 코린토 1서 15장의 신조와 연계하여 그리스도의 십자가와 부활을 자기 선포의 핵심으로 얻었다. 그리스도론 전승

들에 대한 이처럼 강한 의존은 사목 서간과 베드로 1서에도 나타난다. 다른 공관복음서 저자들과 마찬가지로 그리스도의 선재 사상을 몰랐던 마르코는, 선포되는 그리스도를 선포하는 예수에 관한 전승과 연결시키려 시도했고, 그로써 복음서라는 문학 양식을 창출해 냈다. 이 연결을 가능케 하고 또 분명하게 하기 위해, 마르코는 메시아(또는 하느님의 아들) 비밀이라는 가설을 개진했다. 이로써 그는, 그 길에 십자가와 부활을 포함시킬 때에만 비할 바 없는 역사적 행로를 걸어간 예수가 온전히 이해될 수 있다는 통찰을 전해 주었다. 유다계 그리스도교권을 대표하는 마태오는 예수를 그리스도로서 전면에 내세우는 반면, 루카계 문헌에서 예수는 영의 보유자, 구원자, 생명의 영도자로 제시된다. 가장 발전되고 독자적인 그리스도론은 필경 요한 복음서에 나온다고 하겠다(여기서도 특히 머리글은 전승과 연계되어 있지만). 예수는 하느님으로부터 오신 살이 된 로고스(말씀), 하느님의 사자, 거듭 '나는 ~이다'라는 말씀으로 당신 자신을 계시하는 계시자, 길 자체인 분, 아버지께 돌아가는 인자다. 콜로새서와 에페소서에서는 우주를 포괄하는 그리스도론이 펼쳐진다. 그리스도는 창조의 중개자요 목표이며, 만물 위에 세워진 머리로서 생명을 선사하시는 당신의 권능으로 각별히 교회를 사랑하시는 분이다. 히브리서의 독특한 대사제 그리스도론은 뜻밖이라 하겠는데, 저자는 이 그리스도론으로 그리스도의 자기 낮춤과 고양에 대한 신앙고백을 해석한다. 요한 묵시록은, 인자 같은 분이요 살육의 상처를 지니고 있으며 아직 오지 않은 종말 역사를 진행시킬 전권을 받은 어린양인 그리스도를 제시한다. 야고보서에서는 그리스도라는 이름이 이상하리만치 뒷전으로 밀려나 있지만, 그래도 그분의 존귀한 이름이 우리 위로 불려졌다는 확언이 나온다.

③ 가장 뚜렷한 인간상은 바오로가 그려 보여 준다. 인간은 하느님의 창조물이지만, 아담의 죄로 말미암아 악에 얽혀 들어가 있다. 인간은 죄·육·죽음의 권세 아래 있으며, 선을 행할 능력이 없다. 온 인류가 하느님 앞에 죄스럽게 되었다. 이 보편적 구상에 견줄 만한 것으로는 요한의 구상

정도가 있을 뿐이다. 하느님은 언제까지나 최고 근원이시지만, 세상, 인간 세상은 하느님에게서 떨어져 나감으로써 어둠·거짓·죽음의 영역이 되어 버렸다. 모든 인간이 영적으로 죽어 있다. 요한 묵시록에서 로마제국은 하느님을 거스르는 권세의 하수인이 된다. 끊임없이 이어지는 파멸적 사건들 속에서 역사는 종말을 향해 나아간다. 여기서는 모든 것이 세상에서 벗어나려 애쓴다면, 에페소서와 콜로새서에는, 특히 거기 수용된 찬가 자료에는 훨씬 긍정적인 세계상이 나온다. 여기서도 세상의 분열과 모순에서 출발하지만, 아무튼 삼라만상은 그리스도 안에서 다시금 올바로 세워질 것이다. 이에 따라 사람들은 훈시들 안에 담겨 있는 시민적 윤리도 기꺼이 넘겨받는다(가훈 목록들).

④ 이에 상응하여 인간의 구원은 예수 그리스도와, 그분의 삶·죽음·부활·고양과 결부되어 있다. 바오로는 예수의 십자가와 부활에 바탕을 둔, 율법 행업이 아니라 오직 믿음으로 말미암은 인간의 의인(의화)에 관한 복음을 선포하는데, 이 복음은 유다인이든 그리스인이든 모든 믿는 이를 위한 하느님의 능력이다. 믿음을 통해 인간은 그리스도와의 결합 안으로 받아들여진 새로운 창조물이 되고, 율법의 요구, 즉 사랑의 계명을 완수할 수 있게 해 주는 영으로 무장한 '그리스도 안에' 있는 존재가 되며, 하느님과의 화해를 선사받는다. 바오로 차명 서간인 에페소서와 콜로새서에서는 죄인의 의화가 뒷전으로 밀려나 있지만, 물론 구원과 죄의 용서에 관한 언급은 나온다. 화해와 평화 ─ 그리스도, 우리의 평화 ─ 가 우주적·보편적 지평에서 강조되는데, 평화는 유다인과 이방인을 포함한 인류를 제3의 종種으로 하나 되게 하는 능력으로 파악되어 있다.

히브리서에서는 속죄가 대사제 예수 그리스도의 희생과 강하게 결부되어 있거니와, 그분은 사람이 되어 인간들을 형제라고 부르고 그들의 죽음의 운명을 함께하는 것을 부끄러워하시지 않았다. 베드로 1서는 아주 특별한 의미에서 은총에 관해 말한다. 이미 하느님의 종의 노래들에 각인되어 있는 운명을 기꺼이 지신 그리스도는 우리가 그분의 길을 따를 수 있게 해 주셨다. 이것은 능욕으로부터 영광에 이르는 길이며, 그렇기에 은총이다. 이 구원론적 사상들이 모두 하나의 비교 가능한 수준에 있다면, 요한 묵시록은 — 물론 예수를 통해 얻은 죄의 용서도 알고 있다 — 예수의 증인들에게 주어지는 하느님의 보호에 관해 언급하는데, 이것이 그들로 하여금 종말의 소용돌이를 견뎌 낼 수 있게 해 준다. 문제가 되는 것은 특히 야고보서다. 이 문서는 예수의 죽음과 부활을 명시적으로 언급하지는 않지만 인간의 의화에 관한 서술에서 그것을 전제하는데, 여기서 필자는 바오로의 의화론과, 아니 더 정확히는 바오로 의화론에 대한 곡해와 대결하고 있는 듯이 보인다. 야고보서가 믿음으로부터 마땅히 생겨나야 하는 실천을 촉구하는 것은, 구약성경적·유다교적인 그리고 결국은 또한 그리스도교적인 관심사를 주장하는 것이다. 그러나 필자는 믿음과 실천을 분리하고 인간은 믿음만으로 의롭게 되는 것이 아니라 실천으로 의롭게 된다고 말함으로써, 바오로와 맞선다. 물론 그는 율법의 실천에 관해서는 말하지 않으며, 그래서 그의 차원이 온통 바오로와의 대결 차원은 아니다.

공관복음서에서는 하느님의 나라(다스림)가 구원의 총괄 개념인데, 이 나라는 아직 오지 않은 미래의 것이지만, 한편으로는 그 구원의 능력을 통해 이미 현재 안으로 작용해 들어오기도 한다. 공관복음서 저자들도 속죄 사상 — 루카계 문헌에서는 잘 드러나지 않는다 — 을 익히 알고 있지만(최후 만찬 전승), 그럼에도 하느님 나라 사상이 지배적이다. 루카는 영의 중요한 의의를 포착하고, 성령론으로써 그리스도 재림 지연의 문제성을 보정補正할 수 있었다. 마태오 복음서의 용어인 '의(로움)'(δικαιοσύνη)의 용법에서도 한 사상이 윤곽을 드러내는데, 이것을 필요에 따라 변경하면 야고보서의 사상과도 비교할 만하다. 하지만 선물로서의 하느님/하늘 나라가 지배적 사상이라는 것을 언제나 유념해야 한다. 이 선물은 또한 요구이기도 한데, 이는 산상 설교에서 가장 감명 깊게 부각된다. 요한계 문헌에서 가장 귀중한 구원의 선물은 생명이다. 믿는 이들은 언제까지나 남아 있는 이 영원한 생명에로 다시 태어나며, 이를 통해 이원론이 갈라놓은 구원과 멸망 사이의 간극을 극복한다. 예수의 고별 설교에서만 파라클레토스라 불리는 영은 믿는 이들의 이해와 증언을 돕고 그들을 온전한 진리로 이끈다.

⑤ 종말론은 두 가지 측면을 지닌다. 첫째, 종말론은 최종적인 것과 관련된다. 신약성경에서 종말론은 예수 그리스도와 함께 최종적인 것이, 마지막 시간이 시작되었다는 사실에 대한 앎이다. 예수 그리스도 안의 최종적인 것에 대한 이 앎 또한, 언제나 명시적으로 언급되지는 않지만, 신약성경 문서들을 하나로 결합시키는 요소의 하나라 하겠다. 이 최종적인 것의 현실화 정도에 관한 견해에서는 상이점들이 존재한다. 그래서 시간 문제가 제기되고, 둘째 측면이 거론된다. 그럭저럭 현재적 종말론과 미래적 종말론에 관해 말하는 것이 통례가 되었다. 현재적 종말론은 구원의 실현과 관련하여 현재에 강조점을 두며 모든 것이 이미 현재 성취되었다고 보는 반면, 미래적 종말론은 미래에 강조점을 둔다. 현재적 종말론과 미래적 종말론이라는 용어들은 계속 사용될 수 있다. 아무튼 전자나 후자의 입장 중 하나만을 배타적으로 주장하는 신약성경 문서는 (최종 편집을 거쳐 우리에게 전해진 현재 형태 안에) 없다는 사실을 유념해야 한다. 미래적 종말론을 옹호하기 위해 공관복음서 저자들을 내세울 때는, 그들도 구원의 현재성을 알고 있음을 유의해야 한다. 루카는 그리스도의 재림 지연 문제와 씨름하며, 종말 임박 대망에 맞서 영의 선물을 제시한다. 또 현재적 종말론을 옹호하기 위해 요한 복음서·콜로새서·에페소서를 끌어댈 때는, 이 문서들의 양면성도 염두에 두어야 한다. 물론 요한 복음서에서는 현재적 시각이 실로 특징적이고 결정적인 시각이며, 대응하는 미래적인 종말론적 언명은 논쟁의 맥락 안에 비로소 나타난다. 그러나 이 넷째 복음서도 빈 무덤과 발현에 관한 부활 사화를 포기하지 않고, 나아가 그것을 꽤 우직한 방식으로 이야기한다. 요한 1서는 분명히 미래적 관점을 수용하고 있다(3,2). 에페소서도 고대해야 할 그날에 관해 말하는데(4,30), 이는 콜로새서에서 더 분명히 부각된다(3,4). 바오로도 자기 교회들과 함께 종말 임박 대망 속에 살아가지만, 개벽Äonenwende이 이미 일어났음도 알고 있다.

종말 임박 대망 안에서 유다교 묵시문학의 본보기들과 연계하여 종말의 과정을 예측하려 하는 요한 묵시록은 이런 맥락에서 어려움이 많다. 그러나 이와 함께 역사 진행의 필연성을, 다시 말해 홀로 당신 전권으로 그날을 정하시는 하느님의 절대 주권을 잘 알고 있다. 테살로니카 2서와 베드로 2서는 나름의 방식으로 이 문제와 씨름한다. 후자는 그리스도의 재림 대망 속에 살아가는 것이 그리스도인 공동체의 실존에 필수적이라고 보기 때문에, 중요한 문서가 되었다. 바로 이 관점이 히브리서에서는 결정적이다. 하느님 백성은 천상 목적지를 향해 가는 도중에 있다.

⑥ 신약성경의 교회는 이스라엘과의 관련성을 잘 알고 있다. 이 관련성은 다양한 방식으로 성찰·묘사되는데, 언제나 교회론적으로 중요한 의미를 지닌다. 이 일을 바오로가 가장 인상 깊게, 특히 로마서 9-11장에서 수행한다: 이스라엘은 귀한 올리브나무요 접붙여진 야생 올리브나무를 지탱해 주는 뿌리이며, 마침내 온 이스라엘이 구원되리라는 약속이 주어진다. 공관복음서에서는 새 하느님 백성과 옛 하느님 백성의 비연속성 안의 연속성을 묘사하는 비유들 — 악한 소작인들, 임금의 혼인 잔치 비유 등 — 에 대한 우의적 해석으로부터 좀 억지스럽게 이끌어 낸 구원사적 구상들을 찾아볼 수 있다. 이스라엘 문제에 깊은 관심을 지니고 있던 마태오가 특히 이 방법을 즐겨 사용한다. 그에게 새 하느님 백성은 불멸을 약속받은 메시아의 교회(에클레시아)다. 루카는 복음서의 예수 시대와 사도행전의 교회 시대를 분리함으로써, 비연속성 안의 연속성을 표현할 수 있었다. 그러나 요한 복음서 역시, 뚜렷이 드러나진 않지만, 이 이행을 염두에 두고 있으니, 예컨대 목자의 비유에서 우리 안에 들어 있는 양들과 이제 데려와야 할 양들을 구별한다(요한 10,16). 에페소서에서 새 하느님 백성은 유다인들과 이방인들이 하나로 결합된 제3의 종種이며, 이방인들에게 동등성과 시민권이 부여된다. 베드로 1서에 따르면, 선택된 겨레요 임금의 사제단에 관한 오랜 약속이 바야흐로 성취된다. 히브리서에서는 모세와 함께 가나안으로 향하던 유랑하는 하느님 백성이 예형이 된다. 나아가 두 백성은 종

말론적 '오늘'이라는 관념 아래 함께 고찰될 수 있다. 실로 분명한 것은, 그리스도께서 비로소 천상 성전으로 가는 길을 열어 주셨다는 사실이다. 요한 묵시록은 상징 언어를 사용하여 극히 독특한 방식으로 연속성을 표현한다. 열두 별로 된 관을 쓰고 태양을 입은 하늘의 여인이 두 백성을 결합시키는 상징이 된다.

교회의 자기 이해에 따르면, 교회는 종말 시기에 하느님의 영에 의해 함께 부름 받은, 예수 그리스도를 믿는 사람들의 공동체다. 이것이 지역교회를 염두에 두고 있는 바오로의 관점이다. 그러나 지역교회는 전체를 나타낼 수 있다. 이런 교회관의 초기 단계에서는 부름 받은 사람들의 함께-모임 안에서 교회(에클레시아)가 어떻게 구성되는지도 인상적인 방식으로 드러난다. 영이 카리스마(은사)들을 통해 작용했다. 각자가 하나의 은사를 받았고, 공동체 건설에 참여했다. 이 카리스마적 교회관의 모델은 몸이라는 표상인데, 이 몸은 그리스도 안에 포섭되어 있으며, 그리스도의 몸이다. 이 모델에서 사도는 카리스마 보유자들 가운데 첫째로서 전체 안에 편입되어 있었다. 교회생활은 구체적으로 가정 교회들 안에서 이루어졌다. 베드로 1서와 에페소서에 카리스마적 모델이 변형되어 존속하는데, 베드로 1서에서는 원로 직무가 부상浮上하고 에페소서에서는 다른 직무들도 늘어난다. 그다음으로 사목 서간에서 큰 변화를 찾아볼 수 있다. 직무에의 임명이 통례가 되고, 카리스마가 직무 카리스마로 되었다. 예언 카리스마만이 겨우 남았다. 직무 보유자들에게는 신앙재財의 보존과 수호가 소임으로 맡겨졌다. 베드로 2서도 비슷한 관점을 보여 준다. 교회는 제도가, 진리의 기둥이며 기초가 되었다.

복음서들에서 교회는 회고적으로 성찰된다. 예수 전승이 교회를 염두에 두고 해석된다. 제자들의 태도, 그들의 실패와 추종, 의심과 믿음이 묘사되는데, 그리스도인들은 거기서 새삼 자신의 모습을 깨달아야 한다. 제도로서의 교회가 가장 뚜렷이 나타나는 곳은 필경 마태오 복음서인데(18장), 여기에는 교회라는 개념도 명시적으로 나오며(16,18; 18,17), 교회법적 사고의 최초의 흔적들을 알아볼 수 있다. 교회는 형제들의 단체로 이해되고 있다(덧붙여 말하면 야고보서에서도 그렇다). 사목 서간에서처럼 감독들과 원로들이 비슷하게 묘사되는 루카계 문헌에서 인원 수가 열둘로 확정된 사도들이 예수 시대와 교회 시대의 연속성을 위해 중요해진다. 요한 복음서에서 교회는 그리스도 안에, 그리고 그리스도를 중심으로 모인 영적 공동체다(목자와 양 떼, 포도나무와 가지 비유). 여기에는 직무들이 존재하지 않는 것처럼 보인다. 그러나 요한 3서를 포함시켜서 보면, 좀 다른 모습이 나타난다. 여기서 우리는 주도적 교회 구성원들 간의 경쟁 관계에 관해 읽게 된다. 애제자와 시몬 베드로의 대립은 시사하는 바가 큰데, 그럼에도 이 대립은 두 사람의 우뚝한 의의를 확증해 준다. 베드로 직무(요한 21장)는 마태오 복음서 16장과 견줄 수 있는 관점을 보여 준다.

⑦ 이스라엘과의 긴밀한 결부는 이미 하느님 백성 관념과 관련하여 언급했다. 이 결부는 구약성경 — 아예 '책'이라 불리며, 권위를 시사하는 '이렇게 쓰여 있습니다' 같은 정식적 표현을 도입부로 하여 인용된다 — 의 숱한 인용에 의해 확증된다. 구약성경의 이용과 평가 방식은 다양하다. 바오로에게는 하느님께서 당신의 예언자들을 통해 복음을 성경에 미리 약속해 놓으셨다는 로마서 인사말의 구절(1,2)이 강령 구실을 한다. 구약성경에 대한 성찰은 이미 예수 어록과 원수난사화 같은 가장 오래된 출전들에서 확인할 수 있다. 그 배후에 하나의 학파가 있었던 게 아닐까라는 추측까지 낳게 한 숱한 (성취) 인용문이 마태오 복음서에 들어 있으며, 그 빈도수는 얼마 되지 않지만 요한 복음서에도 나온다. 예형론이 적지 않은 신약성경 문서에 나타난다. 본보기와 경고로서 각별히 선호되는 것으로 유랑하는 하느님 백성(요한 6장; 1코린 10장; 히브)과 아브라함의 믿음을 꼽을 수 있다. 구약성경의 특정 구절들이 (예컨대 시편 110,1이 그리스도의 고양에 대한 언명으로, 이사야서 6,9-10이 이스라엘의 완고함에 대한 확증으로) 두드러진 의의를 획득했다. 요한 묵시록에는 에제키엘서와 다니엘서의 상징 언어가 살아남아 있다. 그러나 다른 문서들에서도 문체가 구약성경의 영향

을 받은 경우가 드물지 않다. 넷째 복음서의 '나는 ~이다' 언명과 마태오와 루카 복음서의 예수 유년 사화만 떠올려 보아도 충분하다.

⑧ 세례와 성찬례는 신약성경의 주요 문서들에서 찾아볼 수 있다. 바오로가 본디 코린토 교회 성찬례 거행에서의 불화 때문에 성찬례에 관해 거론하게 되었다는 사실은, 특히 서간들의 우연적 성격이라고 흔히들 말하는 것을 실로 분명히 보여 주는 한 예다. 그러나 바로 그 바오로가 그리스도와의 결합과 더불어 성찬 참석자 상호 간의 결합에 관해서도 언급함으로써, 성찬례 이해를 심화시켰다. 이 신자들 상호 간의 결합 사상이 요한 복음서 6장 — 빵에 관한 설교 안에 주님의 최후 만찬 전승을 해석하는 한 텍스트를 끼워 넣었다 — 에서는 완전히 밀려나고, 그리스도와 하나 됨이 그만큼 더 강하게 부각된다. 최후 만찬 전승과 관련하여 설명 말씀이 마르코 복음서/마태오 복음서와 루카 복음서/코린토 1서에 두 가지 텍스트로 있음을 유의해야 한다. 바오로는, 세례 수여가 아니라 말씀 선포를 자신의 각별한 사명으로 여기긴 했지만, 세례 신학에서도 심화된 이해를 제공해 준다. 세례는 바오로에게 예수의 죽음과 부활이라는 구원 사건과의 성사적 결합이다. 서간들의 훈계는, 옛 인간을 벗어 버리고 그리스도의 모상을 따라 창조된 새 인간을 입으라고 촉구한다는 점에서, 대체로 세례 훈계다. 예전–지금이라는 훈계 도식도 세례와 관계가 있다. 이 도식은 세례를 삶의 근본 분기점으로 삼던 사람들에게 적용될 수 있었다. 마태오 복음서 끝에서는 세례 수여가 선교 명령과 결부된다.

죄의 용서는 신약성경 교회들에서 처음부터 실행되었다. 이 일이 구체적으로 어떻게 이루어졌는지는 밝혀내기 어렵다. 야고보서만이 병자 도유를 확인해 준다(마르 6,13 참조). 사목 서간의 직무 구조는 원로단의 안수를 통한 직무 위임을 전제하고 있다. 에페소서 5장에서 혼인은 세속 일이 아니니, 혼인을 그리스도와 교회의 관계에 견준다.

⑨ 지금까지 살펴본 신약성경 내의 관점들의 변화와 차이에, 변화하는 신앙관이 상응한다. 바오로에게 예수 그리스도에 대한 믿음은 인간의 온

실존을 규정짓는 행위이거니와, 요컨대 믿음을 통해 개개인은 해방하는 복음에 자신을 내맡기고, 믿음으로 말미암아 하느님께 의롭다고 인정받는다. '오직 믿음으로'가 율법의 행업과 반립反立한다. 이 믿음의 본보기가 아브라함이니, 그는 가망 없는 상황에서 자신의 온 실존으로 하느님의 약속의 말씀에 의지했고, 실망하지 않았다. 이 믿음이 '사랑으로 행동하는 믿음'(갈라 5,6)이라는 것은 거의 자명하다. 기적사화들에 '믿음'이라는 낱말이 많이 나오는 공관복음서에서는, 믿음이 신뢰의 악센트를 강하게 지니고 있다. 회개하고 복음을 믿으라는 것이 근본 요구다(마르 1,15). 회개가 무엇을 의미하는지는 산상 설교(평지 설교)가 잘 밝혀 준다. 요한 복음서에서는 온전히 그리스도에게 결부된 믿음이 집중적 성찰의 대상이다. 실존적인 삶의 실천들의 맥락에서, 단순한 동사들을 사용하여 이 믿음을 설명한다: 예수에게 오고, 그를 찾고, 발견하고, 그의 영광을 보고, 아버지에 의해 이끌려지는 일이 믿음이다. 믿음과 함께 형제 사랑이 (새 계명으로서) 결정적 명령으로 제시된다. 그 밖의 요구들은 이 그리스도 안에, 그분 말씀 안에 머물러 있는 것, 증언을 하는 것이다.

신약성경 후기 문서들에서 믿음은 덕(덕성)이 된다. 히브리서는 이에 관한 인상적인 한 예를 제시한다. 유랑하던 하느님 백성처럼 순례하는 이들은 고대하는 궁극적 구원의 도래를 믿음으로 준비하며 기다린다. 믿음은 저세상 것과 관련되고, 아직 볼 수 없는 것을 지향하고, 시련과 박해와 불의를 기꺼이 견뎌 내며, 그렇게 희망이라는 구조를 얻는다. 구약성경의 인물들이 이 신앙관에 맞갖은 믿음의 본보기로 제시될 수 있다. 요한 묵시록의 신앙관도 비슷하다. 곤경을 겪었고 앞으로 더 큰 곤경에 처할 교회들에게 믿음을 촉구하는 것은, 모든 일을 인내 속에 견뎌 내며 희망을 소중히 간직하고 끝끝내 충실하라는 것과 거의 같은 의미다. 사목 서간과 일맥상통하는 베드로 2서에서는 신앙관이 다시금 좀 달라진다. 신앙재信가 위협받는 상황에서 믿음은 진리를 고수함, 신앙재를 포기하지 않음을 뜻한다. 실존적이고 생동하는 믿음의 실천은 뒤로 밀려나 있다. 예컨대 가훈 목록들의 훈계에서처럼, 시민적 덕성들을 촉구한다. 사목 서간에서는 주변의 헬레니즘 세계에서 중시되는 덕성의 하나인 경건(εὐσέβεια, 신심)이 중심에 자리잡고 있는 것도 특징적이다. 물론 베드로 1서의 결정적 취지는 그리스도와 함께 수난하고 그분의 발자취를 따를 각오를 하자는 것이다.

여기서 교회와 국가의 관계에 대한 아주 상반되는 견해들에도 주목해야겠다. 로마서 13,1-7에 따르면, 국가권력자들은 인간들의 안녕을 위해 세워진 하느님의 일꾼이다. 베드로 1서 2,11-17은 모든 공권력에 복종할 것을 촉구한다. 마르코 복음서 12,13-17//은 하느님의 주권과 황제의 주권을 구별한다. 요한 묵시록에서 로마제국은 괴물, 사탄의 하수인, 대탕녀 바빌론이 된다.

⑩ 이로써 간략하나마 신약성경의 풍부한 사상과 구상들을 다시 한 번 살펴보았다. 이 풍부함은 매혹적이다. 그러나 여럿은 서로 모순되는 것처럼 보인다. 종말론에서 현재적 종말론과 미래적 종말론 간의, 의화론에서 바오로와 야고보 간의, 교회관에서 바오로의 카리스마적 모델과 사목 서간의 직무 모델 간의 상이점들이 특히 눈길을 끈다. 이에 대해 무엇을 말해야 할까?

신약성경 문서들의 성립은 하나의 해석 과정으로 이해할 수 있거니와, 그 과정을 주도한 저자들은 거기에 자신과 자기 공동체의 체험들을 들여왔다. 여기서 물론 갖가지 상이한 체험은, 이 저자들 대부분이 아주 재능 있는 신학 저술가로 입증된다는 사실과는 전혀 상관없이, 상이한 대응으로 귀결되었다.

신약성경 문서들의 성립이 하나의 해석 과정이라는 사실을, 우리는 매번 저자들이 이용한 원자료에 관해 물음으로써 뚜렷이 밝히려 노력했다. 이 원자료는 매우 다양하고 폭넓은데, 이 점은 공관복음서에서 가장 두드러진다. 다종다양한 문서를 하나로 묶어 주는 끈은 문서들 자체에서가 아니라, 그것들의 원자료에서 찾아야 한다. 그것은 바로 예수의 죽음과 부활에 관한 케뤼그마다. 이 케뤼그마는 그 안에 우리 구원의 근원, 바탕이 표현되어 있다는 인식에 근거하여 수용되었다. 그런 까닭에 이 케뤼그마는 결국 그것으로부터 신약성경 신학이 다양한 방향으로 성립하게 된 근원, 원천이기도 하다고 말할 수 있다. 이 케뤼그마는 거의 모든 문서에 들어 있다. 야고보서 안에도 잠재되어 있다고 짐작된다. 여기서 우리는 케뤼그마의 표현은 가변적이지만, 항상 예수의 죽음과 부활과 고양에 귀착된다는 데서 출발할 수 있다. 케뤼그마의 지배는 복음서들에도 해당되는데, 이 점은 앞서 가장 오래된 마르코 복음서를 예로 들어 밝혀 보일 수 있었다.[1] 빈 무덤 발견에 관한 종결 단락은 천사가 발설하는 케뤼그마에 초점을 맞추고 있다: 십자가에 못 박히신 나자렛 사람 예수는 부활하셨다(16,6). 흔히들 복음서는 긴 도입부가 붙은 수난사화라고 말해 왔는데(M. Kähler), 이 말을 바로잡아야 하겠다: 복음서는 케뤼그마 앞에 예수 이야기를 제시한다고. 요컨대 중심과 통일성이 예수의 죽음과 부활에 관한 케뤼그마 안에 포착되어 있다.

이 해석 과정은 구체적으로 설명할 수 있다. 많은 문서가 서로 의존하여 생겨났다. 공관복음서들은 서로 얽혀 있다. 요한 복음서는 공관복음서 전승들을 수용했다(또는 그것들에 의존하고 있다?).[2] 넷째 복음서와 요한 1·2·3서 사이에도 밀접한 관련성이 있다. 바오로 차명 서간(특히 콜로새서와 에페소서)은 바오로의 이름만 빌린 게 아니라, 그의 신학도 이용한다. 이 상세한 목록은 계속 이어질 수 있다. 이런 상호 의존과 영향은 하나의 문학적 현상을 훨씬 넘어선다. 이것은 (독자적인 내용들이 많이 보존·개진되어 있기는 하지만) 신약성경 신학(들)이 하나의 그물로 얽혀 있음을 가르쳐 준다. 이는 신약성경의 어떤 한 가지 신학적 구상만을 골라잡거나, 불가침적이고 규범적인 것으로 단언하는 것은 사리에 어긋남을 깨우쳐 준다고 하겠다. 상호 맞물림과 포섭이 계속 이루어졌다. 개개 문서들의 성립과 발전

---

[1] 이 책 207-208쪽 참조.
[2] 이 문제에 대한 논구가 요즈음 다시 활발해졌다.

과정은 종종 극적으로 전개되었다. '교회에 의한 편집'이 거론되는 요한 복음서를 새삼 떠올려 볼 일이다. 또한 후기 문서들이 이미 선배들이 손질한 전승들을 받아들였다는 것도 확인할 수 있다.[3]

앞에서 신약성경의 다양한 신학 사상과 구상은 다양한 신앙 체험과 관련이 있다고 말했다. 두루 알다시피 바오로의 신앙 체험은 '야고보'의 신앙 체험과 달랐다. 바오로의 신앙 체험을, 또 그로써 그의 신학도 실존적으로 — 그저 책상에서가 아니라 — 추체험追體驗하기 위해서는, 바오로가 견뎌 내야 했던 어려운 상황 안으로 이끌려 들어감이 필요하다.[4] 신약성경의 신학적 구상들 뒤에 있는 체험들은, 오늘의 새로운 신앙 체험들 그리고 오늘날 교회 안에서 교회와 함께하는 체험들에 견주어 평가해야 한다. 예컨대 오늘날 전 세계적으로 절박한, 교회도 견해를 표명하고 대처해야만 하는 갖가지 사회문제에 직면하여, 산상 설교를 포기하고 싶어 하는 사람이 있을까? 산상 설교를 모세식 율법주의라고 딱지 붙이거나 혹은 아예 폐기하려고 생각할 사람이 있을까?

우리의 과제는 골라잡는[5] 것도, (억지로) 융화시키거나 평준화하는 것도 아니다. 가령 야고보와 바오로를 평준화하는 것은 불가능할 것이다. 우리의 과제는 오히려 이 해석 과정 — 사실 언제나 계속되어 왔다 — 에 동참하여, 신약성경 문서들에서 길어 낸 신앙 체험들을 포착하고 우리의 신앙 체험·필요·곤경들과 맞세우며, 그 체험들을 효과적으로 작용케 하고 번역하는 데 있다고 하겠다. 신약성경 신학의 다양성이 우리에게 가르쳐 주는 것인즉, 이 해석 과정의 속행은 이 과정의 최종적 비완결성에 대한 의식에 바탕하여 이루어져 왔다는 사실이다. 다시 말해 이 해석 과정은 결코

---

[3] 에페소서와 콜로새서가 바오로와 공유하고 있는 세례 전승, 바오로에게서도 나오는 히브리서의 이집트 탈출 전승, 그리고 사목 서간과 베드로 1서의 오래된 그리스도론 전승을 떠올려 보라.

[4] 이 문제에 관한 계발적 상론: DIBELIUS, *Jak* 168.

[5] ROLOFF, *Kirche* 322-323 참조.

끝나지 않으며, 또 그리스도인들과 교회가 존재하는 한, 끝나서도 안 된다. 그러므로 신약성경 정경이 교회일치의 바탕이 되는가라는 물음도 쓸데없으니, 우리 시대의 신앙 체험들이 교회 안의 그리스도인들의 일치를 외치고 있기 때문이다. 바오로의 말을 뒤집어 말하자: "모든 것을 간직하고, 좋은 것을 분별하십시오"(1테살 5,21 참조).

참고문헌

각 항목이나 단락 끝에도 참고문헌 목록을 실었다.
자주 참조한 주석서들은 아래 참고문헌 목록에 넣지 않았다.
주석서들은 각주에서 축약 표기했다(예: Conzelmann, 1 Kor).

잡지와 총서의 약어는 다음 책을 따랐다:
S. SCHWERTNER, *Internationales Abkürzungsverzeichnis für Theologie und Grenzgebiete*
(Berlin 1974).

BALZ, H.R., *Methodische Probleme der ntl. Christologie* (WMANT 25) (Neukir-
chen 1967).

BAUER, W. - ALAND, K. und B., *Wörterbuch zum NT* (Berlin - New York 61988).

BECKER, J., *Paulus, der Apostel der Völker* (Tübingen 1989).

BILLERBECK, P. - STRACK, H., *Kommentar zum NT aus Talmud und Midrasch*, 6
Bde. (München 1926ff).

BONHÖFFER, A., *Epiktet und das NT* (RVV 10) (Gießen 1911).

BRANDENBURGER, E., *Adam und Christus* (WMANT 7) (Neukirchen 1962).

BRAUN, H., *Qumran und das NT*, 2 Bde. (Tübingen 21969).

BULTMANN, R., *Die Geschichte der synoptischen Tradition* (FRLANT 29) (Göttin-
gen 41971). Mit Ergänzungsheft.

—, *Theologie des NT* (Tübingen 51965).

CAMPENHAUSEN, H. FRH. VON, *Kirchliches Amt und geistliche Vollmacht in der er-
sten drei Jahrhunderten* (BHTh 14) (Tübingen 1953).

CHRIST, F., *Jesus Sophia* (AThANT 57) (Zürich 1970).

CONZELMANN, H., *Grundriß der Theologie des NT* (München ⁵1992).

DEICHGRÄBER, R., *Gotteshymnus und Christushymnus in der frühen Christenheit* (StUNT 5) (Göttingen 1967).

DIBELIUS, M., *Die Formgeschichte des Evangeliums* (Tübingen ³1959).

DUNN, D.G., *Christology in the Making* (London ²1989).

ELLIS, E.E., *The Old Testament in Early Christianity* (Tübingen 1991).

GNILKA, J., *Jesus von Nazaret – Botschaft und Geschichte* (Freiburg 1993). Sonderausgabe (= 요아힘 그닐카 『나자렛 예수 — 말씀과 역사』 정한교 옮김, 분도출판사 2002).

—, *Die Verstockung Israels* (StANT 3) (München 1961).

GOPPELT, L., *Theologie des NT*, hrsg. von J. ROLOFF (UTB 850) (Göttingen ³1978).

HOFFMANN, P., *Die Toten in Christus* (NTA 2) (Münster ³1978).

HÜBNER, H., *Biblische Theologie des NT* I & II (Göttingen 1990 & 1993).

JEREMIAS, J., *Die Gleichnisse Jesu* (Göttingen ⁷1965).

KÄSEMANN, E., The Problem of a NT Theology: *NTS* 19 (1972/73) 235-245.

KRAMER, W., *Christos, Kyrios, Gottessohn* (AThANT 44) (Zürich 1963).

KÜMMEL, W.G., *Die Theologie des NT nach seinen Hauptzeugen* (Göttingen ⁴1980).

LUCK, U., *Welterfahrung und Glaube als Grundproblem biblischer Theologie* (München 1976).

LUZ, U., *Das Geschichtsverständnis des Paulus* (München 1968).

MERKLEIN, H., *Studien zu Jesus und Paulus* (WUNT 43) (Tübingen 1987).

POLAG, A., *Die Christologie der Logienquelle* (WMANT 45) (Neukirchen 1977).

ROLOFF, J., *Die Kirche im NT* (Göttingen 1993).

SANDERS, E.P., *Paulus und das palästinische Judentum* (StUNT 17) (Göttingen 1985).

SCHNACKENBURG, R., *Gottesherrschaft und Reich* (Freiburg ³1963).

—, *Die Person Jesu Christi im Spiegel der vier Evangelien* (Freiburg 1993).

—, *Die sittliche Botschaft des NT*, 2 Bde. (Freiburg 1986 & 1988).

SCHNELLE, U., *Gerechtigkeit und Christusgegenwart* (Göttingen ²1986).

SCHRAGE, W., *Die konkreten Einzelgebote in der paulinischen Paränese* (Gütersloh 1961).

SCHÜRER, E., *Geschichte des jüdischen Volkes im Zeitalter Jesu Christi*, 3 Bde. (Nachdruck Hildesheim 1964).

—, The history of the Jewish people in the age of Jesus Christ, 4 Bde., hrsg. von G. VERMES, F. MILLAR, M. BLACK (Edinburgh 1987).

SCHWEIZER, E., *Gemeinde und Gemeindeordnung im NT* (AThANT 35) (Zürich 1959).

STECK, O.H., *Israel und das gewaltsame Geschick der Propheten* (WMANT 23) (Neukirchen 1967).

STUHLMACHER, P., *Biblische Theologie des NT* I (Göttingen 1992).

THEISSEN, G., *Studien zur Soziologie des Urchristentums* (WUNT 19) (Tübingen 1979).

THÜSING, W., *Gott und Christus in der paulinischen Soteriologie* I (NTA 1/1) (Münster 1986).

VOLLENWEIDER, S., *Freiheit als neue Schöpfung* (FRLANT 147) (Göttingen 1989).

색인 사항

몸/몸 존재 29 31 54 60-7 70 75-7 80 82-3 85 113 121 134 136 140 143 150-2 155-6 160-6 324 358 394 408 411 424 435 437 442 445-7 449 452-6 458 460 474-5 481 498 565-7 580-1 602 615

복음 27 43-54 68 80 86 94 103 105 110 117 119 125 128 137 146 148-9 156 167-8 187 191-3 209-11 214 220 222 228 230-2 236 241 249-50 253 255 260 265-6 271-3 276 282 284-6 291 293-5 320 329 404 415 441 443 445 449-51 454 456-8 463 469 475-7 481 485 498 517 519 558 569 573-4 576-7 583 600-1 611 616 618

부활 13 24-31 35-7 44 47 53-4 57 62-6 76 104 107 109-10 113 116 119 131 143 151 158-9 161 174 184-5 190 197 199-202 204 207-8 212-4 228 231-2 235 239-40 244 248 251 266-8 270-5 283-4 287 293-5 298 306 330 334 339-40 346 355-6 358-9 366-7 369 371 382 384 387 389 394-400 402 407-10 413-6 427 438 443 458-9 464 467 469 472-3 490 512 524 532 535 547 554-5 566 568 575-6 578 585 599 609-13 617 619-20

사도 14 16-7 23 27-9 31-4 41 43-5 47-55 58-9 63-5 68 71 73 77 80-1 83 85-7 90 92 94-6 101 103-5 119-20 124 126-8 130 132-3 137-9 143-4 147-9 151-4 157 159-60 162-3 166-75 177 232 235 272 277 284 292-9 345 407

414 433 449-52 454-5 476-7 479-81 485 488 503 527 539 542 582 589-90 615-6

사랑 51 73-5 78 80 91 96 102 114 117 120-2 124-5 133 142-3 146 153 160 163 186 188 192 225 256-7 259 277 287-8 291 323-4 343 348 368 375-7 379-80 383 388-92 399-401 418 420 440 442 446 455 462-3 482 485 591-2 598 602-3 610-1 618

사륵스 64 79 81

서임敍任 471 474 477-80 482

선재 34-6 38 41 107 140 206 247 254 316 331 334 342-3 349 438 469 492-3 501-2 504 609-10

성찬례 28 32 41 155-6 162-6 350 356-9 416 418-9 421 424-8 445 517 545 617

세례 106-7 109 125 136 138 140 155-62 166 186 189 207 215 224 253 257-8 260 272 276 279-80 284 287-8 293 298 308 315 317-8 352 381 416-7 419 421-4 428 434 445-63 482 509 517 521 545 564 567-9 580-1 600-1 617 621

세상 24 47-8 54 61 66-8 79-82 84 88-93 97-9 102 108-9 114 119-21 125-6 131-2 136 141-2 152 170-1 174-5 188 203 218 221-2 235-7 244-5 248 255 261 283 312-3 317-28 333 339-49 350-1 353 356-7 364 366-7 374 376-8 380-1 385 388-90 393 395-6 399 404 407 409 418 425 436-7 440 442-5 447-8 451 456 462 464 472 486 488 492-4 497 504 508 510 512-3 515 528 534 538 543-4 555-6 559 563 570 574 580 582 587 589 591-2 594 597 604 611

7,5	**81**	5,1	**123**
8,9	**39**	3	**101 598**
23	**48**	5	**113-4 116**
9,9	**105**	6	**117 618**
10,10	**61**	13	**124**
13,4	**25**	18	**102**
5	**135**	19-21	**142**
		19-23	**83**
□ 갈라		22	**118 142**
1,1	**49**	6,13	**80**
4	**33**	15	**125**
12	**43**	16	**168**
13.22-23	**147**	17	**452**
15	**50**	18	**77**
15-16	**43**		
16	**44 49 279**	□ 에페	
22-23	**147**	1,3-4	**457-8**
2,2	**46-7**	4	**456**
4	**123**	4-5	**444**
7-10	**45**	7	**442**
16	**80 95 97 112**	10	**449**
19	**103**	12	**441**
20	**33 70 80 116 135**	13	**443**
3,10	**101**	20-22	**439**
13	**32 121**	23	**447**
19	**98**	2,5	**443**
27-28	**160**	5-6	**159 434 443 458**
20	**98**	5.8	**443**
22	**87**	11	**460**
24	**100**	11-22	**448**
26	**160**	12	**441**
27	**160**	13	**441**
28	**134 449**	14-17	**438-9**
4,4-5	**34**	20	**450**
6	**140 143**	3,1	**452**
9	**102**	5	**449**
19	**52**	6	**449**
21-31	**171**	7-9	**451**

요아힘 그닐카 Joachim Gnilka

1928년 쉴레지엔 출생. 신학자·성서학자·성서주석가. 1947~1953년 아이히슈테트·뷔르츠부르크·로마에서 신학·철학·중근동어를 공부하고 1955년 뷔르츠부르크 대학에서 *Ist 1 Kor 3,10-15 ein Schriftzeugnis für das Fegefeuer? Eine exegetisch-historische Untersuchung*으로 신학박사 학위를 받은 후, 1959년에는 *Die Verstockung Israels. Isaias 6,9-10 in der Theologie der Synoptiker*로 교수 자격을 취득했다. 1959~1962년 뷔르츠부르크 대학 사강사를 시작으로 1962~1975년 뮌스터 대학 신약성서학 교수, 1975~1997년 뮌헨 대학 신약주석학 및 성서해석학 교수를 역임했다. 1973~1988년 교황청 성서위원회 위원, 1984~1994년 국제 성서위원회 위원으로 봉직했으며, 1992년 교황 요한 바오로 2세로부터 명예 고위 성직자 직위를 수여받았다. 주요 저작은 다음과 같다:

- *Das Evangelium nach Matthäus* (Herders theologischer Kommentar zum Neuen Testament 1, 1986)
- *Der Brief an die Kolosser* (Herders theologischer Kommentar zum Neuen Testament 10/1, 1991)
- *Der Brief an die Epheser* (Herders theologischer Kommentar zum Neuen Testament 10/2, 1990)
- *Der Brief an die Philipper* (Herders theologischer Kommentar zum Neuen Testament 10/3, 1986)
- *Der Brief an Philemon* (Herders theologischer Kommentar zum Neuen Testament 10/4, 1982)
- *Jesus von Nazaret. Botschaft und Geschichte* (Herder 1990,『나자렛 예수』 정한교 옮김, 분도출판사 2002)
- *Theologie des Neuen Testaments* (Herder 1994)
- *Paulus von Tarsus. Apostel und Zeuge* (Herder 1996,『바울로』 이종한 옮김, 분도출판사 2008)
- *Die frühen Christen. Ursprünge und Anfang der Kirche* (Herder 1999)
- *Petrus und Rom. Das Petrusbild in den ersten zwei Jahrhunderten* (Herder 2002)
- *Das Evangelium nach Markus* (Evangelisch-Katholischer Kommentar zum Neuen Testament 2, Neukirchner Verlag 2002)
- *Wie das Christentum entstand* (Herder 2004)
- *Johannesevangelium* (Echter-Verlag 2004)
- *Die Nazarener und der Koran. Eine Spurensuche* (Herder 2007)
- *Bibel und Koran. Botschaft und Geschichte* (Herder 2007) 등.

이종한

고려대 사회학과와 서강대 대학원 종교학과를 졸업하고, 독일 프라이부르크 대학교 신학부에서 수학했다. 『경향잡지』 기자와 서강대·성심여대 강사를 역임하고, 현재 전문 번역가로 활동하고 있다. 제16회 한국가톨릭학술상 번역상을 수상했다. 분도출판사에서 펴낸 역서로는 칼 바르트의 『볼프강 아마데우스 모차르트』(1997), 메다르트 켈의 『교회는 어디로 가고 있는가?』(1998), 한스 큉의 『믿나이다』(1999), 『그리스도교』(2002), 『그리스도교 여성사』(공역, 2011), 라이문트 슈봐거의 『사냥꾼의 올가미에서 벗어나』(2001), 클라우스 샤츠의 『보편공의회사』(2005), 요아힘 그닐카의 『바울로』(2008), 안셀름 그륀의 『사도 바오로와 그리스도 체험』(2010), 에리히 쳉어의 『구약성경 개론』(2012), 마르틴 에브너·슈테판 슈라이버의 『신약성경 개론』(2013) 등이 있다.